"十二五"普通高等教育本科国家级规划教材

教育部经济类专业主干课程推荐教材

[高等院校国际经贸专业规划教材]

（第三版）

计量经济学

Econometrics

于俊年 编著

对外经济贸易大学出版社
University of International Business and Economics Press

图书在版编目（CIP）数据

计量经济学／于俊年编著. —3 版. —北京：对外经济贸易大学出版社，2014

“十二五”普通高等教育本科国家级规划教材 高等院校国际经贸专业规划教材

ISBN 978-7-5663-1010-1

Ⅰ.①计… Ⅱ.①于… Ⅲ.①计量经济学－高等学校－教材 Ⅳ.①F224.0

中国版本图书馆 CIP 数据核字（2014）第 081329 号

计量经济学（第三版）

于俊年 编著

责任编辑：李晨光 许曙宏

对 外 经 济 贸 易 大 学 出 版 社

北京市朝阳区惠新东街 10 号 邮政编码：100029

邮购电话：010－64492338 发行部电话：010－64492342

网址：http://www.uibep.com E-mail：uibep@126.com

山东省沂南县汇丰印刷有限公司印装 新华书店北京发行所发行

成品尺寸：185mm×260mm 29.25 印张 675 千字

2014 年 7 月北京第 3 版 2014 年 7 月第 1 次印刷

ISBN 978-7-5663-1010-1

印数：0 001－5 000 册 定价：49.00 元

总　序

奉献在读者面前的这套教材，由对外经济贸易大学国际经济贸易学院教师根据多年的教学科研经验精心编写，从2007年年初开始陆续出版，是一项重要的教材建设工程。它与我国改革开放的新时代同步发展，标志着学院为国家培养创新型高等人才所作出的一份特殊贡献。这套教材自问世以来，得到了国内高校广大师生的一致好评，被广泛采用。五年过去了，教材的编写者们根据学科的发展以及师生的反馈意见进行了较大幅度的修订，呈现出新的风貌。

作为有着60年专业建设历史的国家重点学科点，国际经济贸易学院历来重视教材建设，在国际经济与贸易、国际金融、国际运输与物流、经济学等专业领域先后出版了大量教材，在全国产生了较大的影响。例如，《国际贸易实务》教科书曾相继被评为外经贸行业和高校优秀教材与精品课程，并列入“十一五”国家级规划教材，曾多次获省、部级奖，并获国家级优秀教学成果奖。迄今为止，该书累计发行量超过300万册。《国际贸易》也累计发行超过170万册，成为国家精品教材。本系列教材的出版和再版，是对学院最近十多年来学科建设成果的持续检验。自“九五”以来，以“211工程”建设为契机，学院对本科和研究生教育进行了认真全面的专业梳理和课程体系优化，以面向新世纪、面向全球化、面向提升学生职业生涯竞争力为导向，在课程建设和教材建设方面视野开阔、目标明确、标准严格、工作扎实，老、中、青三代学者共同努力，完成了学院所开设专业课程的教材和教学辅助资料的编写工作。学院“九五”以来的课程体系建设，一以贯之走过了一条清晰的发展之路。首先是课程群的界定和建设，围绕着学院长期积累的在国际经济与贸易、国际金融、国际运输与物流、经济学、财政税务等专业所形成的专业优势，借鉴国际上高水平大学的课程建设经验，设定了培养学生具有国际竞争力所需要的课程群。在此基础上牢牢抓住师资队伍建设这一根本，通过海内外招聘和支持现有教师的国际深造访学，以国际化的高标准打造了一支高水平的师资队伍，凝聚了学科建设的核心力量。然后以国际高水平大学的科研和教学标准评价师资队伍，以提高人才培养水平为根本目标，以高水平科研促进高水平教学。时至今日，国际经济贸易学院的国际学术发表水平已跻身国内经济与管理学院的前列，并具备了较强的国际竞争力，实现了科研与教学的相互促进。随着学科建设的不断进步，学院的专业领域和课程覆盖面均有了很大的突破。

进入21世纪以来，学院以国家级和北京市级重点学科建设为导向，为课程建设提供了巨大的推动力。通过“211工程”的持续建设，学科建设迈向新台阶，涌现了大量的研究成果，对课程建设和教材建设产生了直接的推动作用。本套系列教材的再版，得益于“211工程”建设所带来的师资队伍水平的提高、科研成果的丰富和国际学术交流的经验分享。这些教材的作者都是学院教学科研第一线的骨干教师，他们积累了丰富的教学经验，对本课程的核心问题都有深入的研究，对教学的疑点和难点问题有着深刻的理解，对本领域的前沿变化有着敏锐的洞察力，并将其体现在教材的体例安排和知识点的表述之中。在这套教材的再版编写过程中，一直坚持建设精品教材、方法与国际接轨、内容面向全球化时代的原则，相信使用这套教材的教师和学生会有切身的体会。

本套教材的出版和再版得到了对外经济贸易大学出版社的大力支持，从社长、总编辑到责任编辑都倾注了大量的心血，共同创造着精品。

这套教材的再版得到了国内各高校教师和学生的支持、鼓励，也吸收了他们的宝贵建议，相信本套教材在作者和读者的互动下会日臻完善，成为经典。

对外经济贸易大学副校长

赵忠秀教授

2012年6月15日

第三版前言

本教材第一版在2000年6月出版以来，受到了广大读者的欢迎。2001年被教育部选为向全国推荐的“经济类专业主干课程推荐教材”，全国许多高等院校纷纷采用本书作为教材。本教材第二版被选为国家“十一五”规划教材，它是第一版的改进和完善，也是作者多年教学经验的总结。本教材第三版又被选为国家“十二五”规划教材。

第三版仍然保留了第二版的基本结构和由浅入深、通俗易懂的特点。本教材第二篇较系统地介绍了单方程回归分析理论和方法。第三篇讲述违背经典回归假定单方程模型的异方差、自相关、多重共线性、线性联立方程模型和与回归模型有关的若干问题，最后介绍时间序列分析和协整理论。第四篇介绍计量经济学的应用。

与第二版不同之处是第二篇增加了概率与统计的基础知识，便于学生在学习时查阅，第三篇对于当代计量经济学的新发展，例如向量自回归模型（VAR）、因果关系检验、条件异方差（ARCH）模型等理论的介绍进一步系统和完善。另一个最大不同之处是全书凡是应用EViews软件来估计模型参数的地方，全部由EViews 3.1改用EViews 6.0。但是，由于篇幅的限制，关于EViews 6.0软件的详细使用，请参阅于俊年编著《计量经济学软件——EViews的使用（第二版）》（对外经济贸易大学出版社2012年8月出版）一书。

本书第一、二、三、四、五、六、七、八、十、十一（可根据需要）为基础部分，可作为本科教材，其余部分可作为本科高年级或研究生低年级教材。

本书在编写过程中，参考了我国已出版的多本计量经济学教材，其中有些内容为本书所引用，在此向有关作者表示感谢；同时，本书的编辑出版得到了对外经济贸易大学出版社、国际经济贸易学院的领导以及有关人员的大力支持和帮助，还得到了北方工业大学李则果教授的大力支持和帮助，在此深表感谢。

由于作者水平有限，书中谬误难免，恳切希望读者及专家批评指正，以便再版时认真修改。

于俊年

2013年12月于北京

第二版前言

目　录

第一篇　导　论

第二篇　单方程线性回归模型

第三篇　违背经典回归假定的计量模型

第一篇　导　论

第一章　计量经济学概述

✓ 本章要点

(1) 本章主要介绍计量经济学的起源和发展;(2) 了解计量经济学的学科性质、基本概念与内容;(3) 掌握建立计量经济模型的主要步骤。

计量经济学是一门由经济学、统计学和数学结合而成的交叉学科,但归根结底,它是一门经济学,是经济的计量学或计量的经济学。经济学为它提供理论基础,统计学为它提供资料依据,数学为它提供研究方法。作为一门实证科学,计量经济学要以一定的经济理论作假设,然后通过统计资料和数学方法加以验证。可见,经济理论既是出发点又是归宿,自始至终都是经济计量学的核心,统计数据和数学方法要服务并服从经济理论。当前,计量经济学的理论和方法已被广泛应用到社会经济生活的各个领域,通过本章的学习帮助读者建立对计量经济学的总体认识。

§1.1　什么是计量经济学

一、什么是计量经济学

计量经济学作为一门独立的学科产生于 20 世纪 30 年代。经过 80 多年的发展,今天的计量经济学已经成为经济学的一个重要分支,其实用价值也正在越来越广泛的范围内表现出来。

"Econometrics"一词最早是由挪威经济学家,第一届诺贝尔经济学奖获得者拉格纳·费瑞希(Ragnar · Frisch)仿照 Biometrics(生物计量学)一词提出的。中文译名有两种:一种由英文直译为经济计量学,而且强调该学科的主要内容是经济计量的方法;另一种译为计量经济学,即通过名称强调它是一门经济学科。

1930 年 12 月 29 日费瑞希、荷兰经济学家丁伯根(Tinbergen)等和一些国家的经济学家在美国成立了"国际计量经济学会",该学会于 1933 年创办了《计量经济学》(Econometrica)杂志。在这个杂志的创刊号上费瑞希对什么是计量经济学作了一个较详细的描述:"对经济的数量研究有几个方面,其中任何一个就其本身来说都不应该和计量经济学混为一谈。既不能认为计量经济学就是经济统计学;也不能把计量经济学和所谓的一般经济理论等同起来,尽管经济理论大部分具有确定的数量特征;计量经济学也不应看作数学应用于经济的同义语。经验证明,要真正了解现代经济生活中的数量关系,经济理论、统计学和数学三个方面观点的每一种都是必要的,然而单独一方面的观点则又是不充分的。这三方面观点的结合才是强有力的,正是这种结合才构成了计量经济学。"

图 1.1.1 表明经济学、统计学、数学三者形成不同交集的关系,每个交集是一门特定的学科,彼此不能混淆或替代。计量经济学是经济学、统计学、数学三者的交集,说明它们之间彼此相互联系、相互制约、缺一不可。

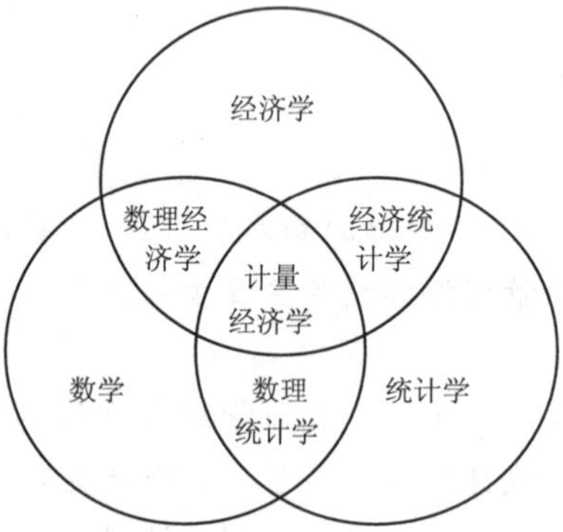

图 1.1.1 计量经济学与有关学科的关系

但是三者的关系不是并列的,经济学提供理论基础、统计学提供资料依据,数学提供研究方法。作为一门实证科学,计量经济学要以一定的经济理论作假设,然后通过统计资料和数学方法加以验证。可见,经济理论既是出发点又是归宿,自始至终都是计量经济学的核心,统计数据和数学方法要服务并服从经济理论。

根据以上分析,可以把什么是计量经济学概括为"计量经济学是一门由经济学、统计学和数学结合而成的交叉学科,经济学为它提供理论基础,统计学为它提供资料依据,数学为它提供研究方法的一门经济学,是经济的计量学或计量的经济学。"

二、计量经济学在经济学中的地位

著名经济学家诺贝尔经济学奖获得者萨缪尔森曾经说:"第二次世界大战后的经济是经济计量的时代。"诺贝尔经济学奖获得者克莱茵教授在其《计量经济学教科书》中阐述"经过 20 世纪 50 年代扎实的发展和 60 年代的扩张,计量经济学已经在经济学中居于重要地位,在大多数大学和学院中,计量经济学的讲授已经成为经济学课程中最具权威的一部分。"从 1969 年设立诺贝尔经济学奖开始至 2011 年 42 年中共有 69 位获奖者,其中四分之三都是与计量经济学密切相关。直接因为对计量经济学的创立和发展作出贡献而获奖者达 19 位。他们或者在计量经济学理论方面作出重大贡献,或者在利用计量经济学理论和方法解决经济问题方面取得了杰出成就。这些诺贝尔经济学奖的获得,从一个侧面反映了计量经济学在经济科学中的地位。

1969 年首次诺贝尔经济学奖颁给创立计量经济模型的拉格纳 · 费瑞希和推广应用计量经济模型的 J · 丁伯根,表明计量经济学已经成为经济学的发展趋势。

2000 年诺贝尔经济学奖获得者詹姆士 · 赫克曼(James J. Heckman)的"选择性样本

数据分析理论和方法和丹尼尔·麦克法登(Daninel L. Mcfadden)"对自由选择行为进行分析的理论和方法",标志着计量经济学的发展从宏观研究转向微观研究,为经济学家研究主体的经济活动提供了有效的实证分析方法。

2003年诺贝尔经济学奖再次垂青计量经济学家,美国的罗伯特·恩格尔(Robert F. Engle)和英国的克莱夫·格兰杰(Clive W. J. Granger)因为他们在时间序列数据研究方法方面的重要贡献,再一次向世人证明计量经济学是经济学中最重要的学科之一。

绝大多数诺贝尔经济学奖获得者即使其主要贡献不在计量经济学领域,也都普遍应用了计量经济学方法。

三、计量经济学的发展概况

计量经济学从20世纪30年代诞生之日起就显示出其强大的生命力,经过20世纪40年代至50年代的大发展及60年代的大扩张,使计量经济学在经济学中占据重要地位。

计量经济模型实际上是一组方程,模型所使用的数据,有时间序列数据和截面数据等。这些数据不是从实验中得到的结果,而是经济学家被动地观测到的经济变量数据资料,而且经济变量大都是不独立的,因此,使得在经济分析中应用统计方法受到一定限制。这就为计量经济方法的研究提出了新的课题。

1941年哈维尔默(Haavelmo)发表了以概率论和统计推断为依据的《计量经济学的概率方法》之后便进入了一个以方法论研究为主的时期。在20世纪50年代,当时的一流统计学者瓦尔德(Wald)、库普曼斯(Koopmans)、安德森(Anderson)、鲁宾(Rabin)和沃尔福威茨(Wolfowitz)等人的研究工作使计量经济学理论系统化,学科体系基本形成。特别是泰尔(H·Theil)发表的二阶段最小二乘法是对计量经济学的一大贡献。

20世纪60年代佛兰克·莫迪里亚尼(Franco Modigliani)、默顿·米勒(Morton H. Miller)、哈里·马科维茨(Harry M. Markowitz)、威廉·夏普(William F. Sharpe),将计量经济学方法应用于证券与投资研究,开创了金融计量经济学应用的新领域。

20世纪70年代以来,计量经济学的理论和应用又进入一个新阶段。一方面由于计算机的广泛应用和新的计算方法大量出现,使所用的计量经济模型和变量的数目越来越多。另一方面表现为宏观计量经济模型的研制和应用方面。目前已有一百多个国家编制了不同的宏观计量经济模型,模型也由地区模型逐步发展到国家模型乃至世界模型。宏观计量经济模型的发展趋势,一是模型的规模越来越大(例如克莱因发起的世界连接模型,包括7 000多个方程、3 000多个外生变量),二是模型体系日趋完善,涉及生产、需求、价格及收入等经济生活的各个领域。

与此同时,近十几年计量经济学的理论方法又有新的突破,例如协整理论的提出,使计量经济学产生了新的理论体系;模型识别理论、参数估计方法也有了重大发展;对策论、贝叶斯方法等理论在计量经济学中的应用已成为计量经济学新的增长点。

总之,计量经济学是一门在经济科学中占有重要地位,正在不断发展的综合性边缘学科。计量经济学在一定程度上反映了社会大生产对各种经济因素和经济活动进行数量分析的客观要求。经济学从定性研究向定量分析的发展,是经济学向更加精确更加科学的方向发展的表现。正如马克思指出:一种科学只有在成功地运用了数学以后,才算达到了完善的地步。计量经济学中的各种方法和技术,多数是从数学或统计学中来的,这些方法和技术完全可以在研究中国经济问题时借鉴,一定能够在中国的经济理论研究和现代化经济建设中发挥重要作用。

中国计量经济学真正快速发展是在改革开放以后。1979 年成立了中国数量经济研究会和数量经济研究所,并出版了会刊《数量经济技术经济研究》。1982 年召开了第一届数量经济学会,从此计量经济方法得到了广泛应用。20 世纪 80 年代中期中国社会科学院开始建立"中国宏观经济年度预测模型"、"世界连接计划"中国模型等。从 1992 年开始,我国每年春秋两季对中国宏观经济进行分析和预测,并于同年 11 月出版《中国经济蓝皮书》。

1998 年 7 月教育部高等学校经济学学科教学指导委员会决定将"计量经济学"列为高等学校经济学门类各专业的八门核心课程之一(八门核心课包括政治经济学、西方经济学、计量经济学、货币银行学、财政学、统计学、会计学、国际经济学)。将计量经济学列入经济学各专业核心课,是我国经济学学科教学走向现代化和科学化的重要标志,对提高我国经济学人才培养质量和研究水平具有重要意义。

§1.2　计量经济学的研究对象、内容与步骤

一、计量经济学的研究对象

我们知道计量经济学是以经济理论为基础,利用数学方法,根据实际观测的统计数据,分析研究经济过程,探讨经济规律的学科。因此,可以说计量经济学研究的对象是经济现象,是研究经济现象中的具体数量规律。或者说,计量经济学是利用数学方法,根据统计测定的经济数据,对反映经济现象本质的经济数量关系进行研究。

二、计量经济学的研究内容

计量经济学的内容可概括为两个方面:一方面是它的方法论,即计量经济学方法或理论计量经济学;另一方面是它的实际应用,即应用计量经济学。

理论计量经济学研究如何建立合适的方法去估计模型所确定的变量之间的关系,目的是为应用计量经济学提供方法。理论计量经济学是以介绍、研究计量经济学的理论、方法为主要内容,侧重于计量经济学的理论基础、参数估计方法和模型检验方法。

应用计量经济学是运用理论计量经济学提供的工具,以建立计量经济模型为主要内容,侧重于实际经济问题,侧重于具体经济现象和经济关系,研究它们在数量上的联系及其变动的规律性。

但是,无论理论计量经济学还是应用计量经济学,它们都应包括:理论、方法和数据三要素,缺一不可。理论即经济理论,也就是研究对象的行为理论,它是计量经济学的基础;方法即模型的建立和计算方法,它是计量经济研究的工具和手段;数据即反映研究对象活动的信息,它是计量经济研究的原料。

从学科角度计量经济学可划分为广义计量经济学与狭义计量经济学。广义是指利用

经济理论、数学方法和统计资料研究经济现象的数量方法的总称。它包括回归分析方法、时间序列分析方法、投入产出方法等,甚至数理经济学的方法也包括其中。狭义是指我们通常定义的计量经济学,主要研究经济变量之间的因果关系,采用的数学方法主要是回归分析基础上发展起来的计量经济方法。本书介绍的主要是狭义计量经济学的内容。

三、计量经济模型的研究步骤

应用计量经济学方法,建立计量经济模型并用于研究客观经济现象,一般可分为以下五个步骤。

(一)理论计量经济模型的建立

计量经济学方法,就是定量分析经济现象中各因素之间数量关系的经济计量方法。因此,首先根据经济理论分析所研究的经济现象,找出经济现象间的因果关系及相互间的联系。把问题作为因变量(或被解释变量),影响问题的主要因素作为自变量(或解释变量),非主要因素归入随机项。其次,按照它们之间的行为关系,选择适当的数学形式描述这些变量之间的关系,一般用一组数学上彼此独立、互不矛盾、完整有解的方程组表示。

变量的正确选择关键在于能否正确把握所研究经济现象的经济学内涵。理论模型的建立主要依据经济行为理论。例如,常用的生产函数、消费函数、投资函数等,在数理经济学中,已有广泛的研究。但是,现代经济学比较重视实证研究,任何理论模型的建立,如果不能很好地解释过去,那是不能为人们所接受的。这就要求理论模型在参数估计、模型检验的过程中不断得到修正,以便得到一个较好地反映客观经济规律的数学模型。此外,还可以根据散点图或模拟的方法,选择一个拟合效果较好的数学模型。

(二)样本数据的收集

建立了模型之后,应该根据模型中变量的含义、口径,收集并整理样本数据。样本数据质量的好坏直接影响模型的质量。

常用的样本数据有时间序列数据和截面数据(或横断面数据)。

时间序列数据是一批按时间先后排列的统计数据,一般由国家统计部门提供,充分利用这些统计数据可以减少收集数据的工作量。

截面数据是一批发生在同一时间截面上的调查数据,例如家计调查数据、农业普查数据、工业普查数据、人口普查数据等。

样本数据质量的好坏与样本数据的完整性、准确性、可比性和一致性有着密切关系。所谓完整性是指经济数据作为系统状态和其外部环境的数量描述,必须是完整的。所谓数据的准确性,一是它必须准确反映研究对象的状态,二是它必须是模型中所要求的数据。数据的可比性问题就是通常所说的数据统计口径必须是一致的。所谓一致性是指样本数据的来源与被估计母体应属于同一个母体。

(三)模型参数的估计

建立了理论计量经济模型之后,要根据样本数据选择适当的方法对模型中的参数进行估计。如何通过样本观测数据正确地估计出总体模型的参数,是计量经济学的核心内容。模型的参数估计过程是一个纯技术的过程。它包括对模型识别(对联立方程模型而言)、估计方法的选择和参数的具体计算(包括应用软件的使用)等。

(四) 模型的检验

模型的检验就是对估计的模型参数进行检验。所谓检验就是对参数估计值加以评定,确定它们在理论上是否有意义,在统计上是否显著。只有通过检验的模型才能用于经济实际,所以模型检验也是模型建立的重要一环。模型检验的准则有以下方面:

1. 经济意义准则

经济意义准则是由经济理论决定的,主要是参数的符号和大小是否符合经济理论对这些参数的符号和大小的约束。如果不符,则要查找原因并采取必要的修正措施,否则,参数估计值视为不可靠。

2. 统计检验准则

统计检验是由统计理论决定的,其目的在于评定模型参数估计值的可靠性。常用的统计检验有拟合优度检验、t 检验、F 检验等。应该指出,统计检验准则相对经济意义准则来说是第二位的。如果违背了经济意义准则,即使统计检验通过了,估计的参数也是没有意义的,也是不可取的。

3. 计量经济学检验准则

计量经济学检验是由计量经济学理论确定的,主要是用来检验所采用的计量经济方法是否令人满意,计量经济方法的假设条件是否得到满足,从而确定统计检验的可靠性。常用的检验方法主要包括随机项的序列相关检验、异方差检验和解释变量的多重共线性检验等。

4. 模型预测检验

模型预测检验主要检验模型参数估计值的稳定性以及相对样本容量变化时的灵敏度,确定所建立的模型是否可以用于样本以外的范围,即模型的所谓超样本特性。

总之,模型参数估计值的评定是一个相当复杂的工作,需要进行反复试算,逐一检验,才能确定对它们的取舍。如果样本数据较丰富,还可以进行模型的预测检验,进一步检验估计值的稳定性和相对样本容量变化时的灵敏度,以确定是否可以延拓到样本以外的范围。

其具体做法一般是:

首先,利用扩大了的样本重新估计模型参数,将估计值和原有的估计结果进行比较,并检验其间差异的显著性,如果差异不显著,表明原估计的模型比较稳定,可靠性较高。

其次,将所建立的模型用于样本以外某个时期的实际预测,并将这个预测值和实际的观测值进行比较,然后检验其间差异的显著性。如果差异不显著,表明模型对实际经济系统的代表功能较强,应用价值较大。

上述检验通过后,可以说模型较好地模拟了研究对象的经济规律,可以将它用于预测。

(五) 经济计量模型的应用

某个经济系统的经济计量模型建立并通过检验,一般即可认为该模型就是实际经济系统的缩影，因而对实际问题的分析就转化为对该问题的经济计量模型的研究。经济计量模型的应用，又可分为经济结构分析、政策评价和经济预测三个方面。

所谓经济结构分析，是指用已经估计出的模型，对所研究的经济关系进行定量的分析，来说明经济变量之间的数量关系。也就是分析当其他条件不变时，模型体系中的解释变量发生一定的变动，对被解释变量的影响程度。常用的经济结构分析方法有边际分析、弹性分析、乘数分析和比较静力分析等。

所谓政策评价是利用计量经济模型对各种可供选择的政策方案的实施后果进行模拟测算，从而对各种政策方案做出评价。在这种情况下，我们是把模型当作经济运行的"实验室"去模拟所研究的经济系统，分析整个经济系统对各种假设的政策条件的反映。在实际的政策评价中，经常把模型中的某些变量或参数看作可用政策调整的"政策变量"，然后分析"政策变量"的变动对被解释变量的影响。

所谓经济预测是指利用估计了参数的计量经济模型，由已知的或预先测定的解释变量，去预测被解释变量在样本范围以外的数值，即点预测，也可以是提供被解释变量在未来取值的一个可能范围，即区间预测。经济预测可以是对被解释变量在未来时期状态的动态预测，也可以是对被解释变量在不同空间状况的空间预测。

以上建立计量经济模型的五个步骤可以表示为图 1. 2. 1：

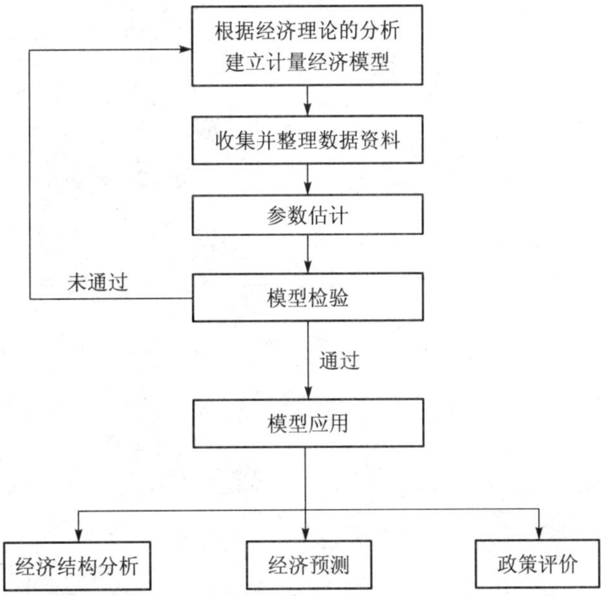

图 1. 2. 1　建立与应用计量经济模型的主要步骤

由图 1. 2. 1 可以看出，一个完整正确的计量经济模型就是在上述各个环节的不断修正和完善的过程中建立起来的。

§1.3 小 结

1. 计量经济学的含义
2. 计量经济学在经济学中的地位
3. 计量经济学的研究对象
4. 计量经济学的研究内容
5. 计量经济模型的研究步骤
6. 计量经济模型检验的准则

复习思考题

1. 什么是计量经济学?
2. 计量经济模型一般由哪些要素组成?
3. 计量经济模型的检验准则有哪些?
4. 计量经济模型主要应用在哪些方面? 结合一个具体经济实例加以说明。

第二篇　单方程线性回归模型

第二章　概率与统计基础知识

✓ 本章要点

(1)随机变量的概率分布及数学期望、方差、协方差和相关系数、偏度和峰度等概率分布的数字特征；(2)估计量优劣的评价标准：无偏性、有效性、最佳性、渐进无偏性与一致性的概念；(3)一些常用的概率分布：正态分布(normal distribution)、χ^2 分布[chisquare (χ^2) distribution]、t 分布(t distribution)与 F (F distribution)分布的概念。

§2.1　随机变量的概率分布及其数字特征

随机变量(Random Variable)是取值具有随机性的变量。随机变量按其取值情况可分为离散型和连续型两种。

一、概率分布

(一) 概率分布的概念

随机变量 X 取每个值 x_i 的概率称为随机变量 X 的概率分布。对离散型随机变量 X，可以给出概率分布表达式如下：

$$P(X=x_i)=p_i \qquad (i=1,2,3,\cdots) \tag{2.1.1}$$

由概率的性质知，$p_i \geqslant 0$，$(i=1,2,3,\cdots)$，并且 $\sum p_i = 1$

例如，抛一枚硬币只有“正面朝上”和“背面朝上”两种结果，用 $X=1$ 代表“正面朝上”，用 $X=0$ 代表“背面朝上”，则概率分布可表示为

$$P(X=1)=p, P(X=0)=q$$

由抛硬币的例子知，$p=0.5$，$q=0.5$，$p+q=1$，满足概率分布的性质。

(二) 累积分布函数

对于随机变量 X 可以确定实值函数

$$F(x)=\mathrm{P}(X \leqslant x) \tag{2.1.2}$$

称为累积分布函数(Cumulative Distribution Function, CDF)。表示随机变量 X 小于等于 x 的概率。

(三) 连续型随机变量的分布函数和概率密度函数

对于连续型随机变量,取任何特定数值的概率都是0,因此,只有度量该随机变量在某一特定区域内的概率才有意义。

设 $F(x)$ 是随机变量 X 的分布函数,对于任意实数 x,存在非负函数 $f(x) \geqslant 0$,使得

$$F(x) = \int_{-\infty}^{x} f(t)\,dt \tag{2.1.3}$$

则称 $f(x)$ 为 X 的概率密度函数(PDF),并且具有性质:

$$f(x) \geqslant 0, \int_{-\infty}^{+\infty} f(x)\,dx = 1 \tag{2.1.4}$$

$$P(a < x < b) = \int_{a}^{b} f(x)\,dx \tag{2.1.5}$$

二、随机变量的数字特征

我们有多种数值指标来描述随机变量分布的特征,其中最重要的是数学期望(也称均值)和方差。数学期望是随机变量的平均值,它是随机变量集中趋势的度量。方差是随机变量偏离平均值的离散程度的度量。

(一) 数学期望

数学期望又称为总体的均值。假设我们研究一个离散型随机变量 X,设 $x_1, x_2, \cdots, x_N$ 为随机变量 X 的 N 个取值(总体为 N),则数学期望值是所有可能结果的加权平均值,权重是各可能结果的发生概率,即

$$E(X) = p_1x_1 + p_2x_2 + \cdots + p_Nx_N = \sum_{i=1}^{N} p_ix_i \tag{2.1.6}$$

式中 p_i 为 X 发生 x_i 的概率,并且 $\sum p_i = 1$。

如果 X 是连续型随机变量,则数学期望为

$$E(X) = \int_{-\infty}^{+\infty} xf(x)\,dx \tag{2.1.7}$$

在计量经济学中经常的处理方法为,对于样本的 n 个观测值中的每一个观测值发生的可能性都认为是相同的,因此有 $p_i = \frac{1}{n}$,对于样本均值有

$$\bar{x} = \frac{1}{n}x_1 + \frac{1}{n}x_2 + \cdots + \frac{1}{n}x_n = \frac{1}{n}\sum_{i=1}^{n} x_i \tag{2.1.8}$$

式中 n 为样本容量,x_i 为观测值,$i = 1, 2, 3, \cdots, n$。

用来描述随机变量集中趋势的还有中位数。中位数定义为一组 n 个观测值 $x_1, x_2, \cdots, x_n$,按数值大小排列,处于中央位置的观测值称为中位数,用 Md 表示。

$$\mathrm{Md}=\begin{cases}x_{(n+1)/2} & n\text{ 为奇数}\\ \dfrac{x_{n/2}+x_{(n/2)+1}}{2} & n\text{ 为偶数}\end{cases}\tag{2.1.9}$$

（二）方差

随机变量 X 的方差刻画了随机变量偏离均值的程度，记作 σ_X^2。对离散型随机变量其方差为

$$\sigma_X^2 = V(X) = E[X-E(X)]^2 = \sum_{i=1}^{n} p_i(x_i-\mu_X)^2 \tag{2.1.10}$$

其中 μ_X 为总体均值，$\mu_X=E(X)$。

对于连续型随机变量其方差为

$$\sigma_X^2 = V(X) = E[X-E(X)]^2 = \int_{-\infty}^{+\infty}(x-\mu_X)^2 f(x)dx \tag{2.1.11}$$

方差不可能为负值，如果随机变量 X 偏离均值幅度很大，即比较分散，则方差就较大，反之，则方差较小。

在计量经济学中，对于样本的 n 个（总体为 N）观测值中的每一个观测值发生的可能性都认为是相同的，因此有 $p_i=\frac{1}{n}$（总体 $p_i=\frac{1}{N}$），此时便有总体方差

$$\sigma_X^2 = V(X) = E[X-E(X)]^2 = \frac{1}{N}\sum_{i=1}^{N}(x_i-\mu_X)^2 \tag{2.1.12}$$

而总体标准差定义为

$$\sigma_X = \sqrt{\sigma_X^2} = \sqrt{\frac{1}{N}\sum_{i=1}^{N}(x_i-\mu_X)^2} \tag{2.1.13}$$

式中 N 为总体容量，x_i 为观测值，μ_X 为总体均值。

样本方差定义为

$$S_X^2 = \frac{1}{n-1}\sum_{i=1}^{n}(x_i-\bar{x})^2 \tag{2.1.14}$$

样本标准差定义为

$$S_X = \sqrt{\frac{1}{n-1}\sum_{i=1}^{n}(x_i-\bar{x})^2} \tag{2.1.15}$$

式中 n 为样本容量，x_i 为观测值，$\bar{x}$ 为样本均值。

（三）数学期望与方差的运算性质

（1）对任意常数 a,b 和随机变量 X，有

$$E(X+b)=E(X)+b \tag{2.1.16}$$

$$E(aX)=aE(X) \tag{2.1.17}$$

$$V(X+b)=V(X) \tag{2.1.18}$$

$$V(aX)=a^2V(X) \tag{2.1.19}$$

（2）对 n 个随机变量 $X_1,X_2,\cdots,X_n$，若相应的均值都存在，则

$$E(X_1+X_2+\cdots+X_n)=E(X_1)+E(X_2)+\cdots+E(X_n) \tag{2.1.20}$$

(3) 若随机变量 $X_1, X_2, \cdots, X_n$ 相互独立,且均值都存在,则

$$E(X_1X_2\cdots X_n) = E(X_1)E(X_2)\cdots E(X_n) \tag{2.1.21}$$

(4) 若随机变量 $X_1, X_2, \cdots, X_n$ 相互独立,且方差都存在,则

$$V(X_1 + X_2 + \cdots + X_n) = V(X_1) + V(X_2) + \cdots + V(X_n) \tag{2.1.22}$$

(四) 偏度和峰度

偏度 S(skewness)和峰度 K(kurtosis)也是描述随机变量 X 的数字特征。偏度 S 衡量了围绕其均值的非对称性,峰度 K 度量凸起或平坦程度。

总体偏度 S 是用三阶中心矩除以标准差的立方来计算:

$$S = \frac{E(X-\mu_X)^3}{\sigma_X^3} \tag{2.1.23}$$

其中 μ_X 为总体均值,σ_X 为随机变量 X 的总体标准差。

如果随机变量 X 的概率密度函数是对称的,S 值为0。如果 S 值为正值表明序列分布有较长的右拖尾(右偏),如果 S 值为负值表明序列分布有较长的左拖尾(左偏)。

样本偏度定义为

$$\hat{S} = \frac{1}{n}\sum_{i=1}^{n}\left(\frac{x_i - \bar{x}}{s}\right)^3 \tag{2.1.24}$$

式中 $\hat{S}$ 表示样本偏度,x_i 表示观测值,$\bar{x}$ 表示样本均值,$s = \sqrt{\frac{1}{n-1}\sum_{i=1}^{n}(x_i - \bar{x})^2}$ 表示样本标准差的估计值,n 表示样本容量。

总体峰度 K 定义为

$$K = \frac{E(X-\mu_X)^4}{\sigma_X^4} \tag{2.1.25}$$

正态分布是最常见的分布。对于标准正态分布,$K=3, S=0$。如果 K 值大于3,表明该分布的凸起程度大于标准正态分布;如果 K 值小于3,表明该分布相对于标准正态分布是平坦的。所以,了解标准正态分布峰度 K 和偏度 S 有助于比较其他概率分布的分布状况。

样本峰度定义为

$$\hat{K} = \frac{1}{n}\sum_{i=1}^{n}\left(\frac{x_i - \bar{x}}{s}\right)^4 \tag{2.1.26}$$

式中 $\hat{K}$ 是样本峰度(总体峰度的估计值),x_i 表示观测值,$\bar{x}$ 表示样本均值,$s = \sqrt{\frac{1}{n-1}\sum_{i=1}^{n}(x_i - \bar{x})^2}$ 表示样本标准差的估计值,n 表示样本容量。

(五)协方差和相关系数

1. 协方差

对于两组数据常常要比较它们之间的关系强弱程度。一般用协方差和相关系数来描述。

总体协方差的定义:设有两个随机变量 X、Y 的观测值为 x_i 和 y_i,$i=1,2,3,\cdots,N$,则总

体协方差定义为

$$\begin{aligned} COV(X,Y) &= E[(X-\mu_X)(Y-\mu_Y)] \\ &= \frac{1}{N}\sum_{i=1}^{N}(x_i-\mu_x)(y_i-\mu_y) \end{aligned} \tag{2.1.27}$$

式中 COV 表示总体协方差，x_i 和 y_i 表示观测值，μ_x 和 μ_y 分别表示 x_i 和 y_i 的总体均值，N 表示总体容量。

总体协方差定义表明协方差等于各观测值离差乘积之和的平均值。如果两个随机变量（两组数据）相互独立，则其协方差值等于零。如果两个随机变量（两组数据）协方差值不等于零，则两个随机变量（两组数据）之间存在线性关系。

样本协方差的定义：设有两组数据（两个变量）x_i 和 y_i，$i=1,2,3,\cdots,n$，则样本协方差定义为

$$\widehat{COV}(x_i,y_i) = \frac{1}{n-1}\sum_{i=1}^{n}(x_i-\bar{x})(y_i-\bar{y}) \tag{2.1.28}$$

式中 $\widehat{COV}$ 表示样本协方差，是对总体协方差的估计，x_i 和 y_i 表示观测值，$\bar{x}$ 和 $\bar{y}$ 分别表示 x_i 和 y_i 的样本均值，n 表示样本容量。

2. 相关系数

这里我们介绍两个变量之间线性相关的度量，叫做简单线性相关系数，简称相关系数。

总体相关系数 ρ 的定义为

$$\begin{aligned} \rho &= \frac{COV(X,Y)}{\sigma_X\sigma_Y} = \frac{\frac{1}{N}\sum_{i=1}^{N}(x_i-\mu_x)(y_i-\mu_y)}{\sqrt{\frac{1}{N}\sum_{i=1}^{N}(x_i-\mu_x)^2}\sqrt{\frac{1}{N}\sum_{i=1}^{N}(y_i-\mu_y)^2}} \\ &= \frac{\sum_{i=1}^{N}(x_i-\mu_x)(y_i-\mu_y)}{\sqrt{\sum_{i=1}^{N}(x_i-\mu_x)^2}\sqrt{\sum_{i=1}^{N}(y_i-\mu_y)^2}} \end{aligned} \tag{2.1.29}$$

式中 N 为总体容量，x_i 和 y_i 为观测值，μ_x 和 μ_y 为总体均值。

样本相关系数 r 的定义为

$$\begin{aligned} r &= \frac{\frac{1}{n-1}\sum_{i=1}^{n}(x_i-\bar{x})(y_i-\bar{y})}{\sqrt{\frac{1}{n-1}\sum_{i=1}^{n}(x_i-\bar{x})^2}\sqrt{\frac{1}{n-1}\sum_{i=1}^{n}(y_i-\bar{y})^2}} \\ &= \frac{\sum_{i=1}^{n}(x_i-\bar{x})(y_i-\bar{y})}{\sqrt{\sum_{i=1}^{n}(x_i-\bar{x})^2}\sqrt{\sum_{i=1}^{n}(y_i-\bar{y})^2}} \end{aligned} \tag{2.1.30}$$

式中 $\bar{x}$，$\bar{y}$ 分别表示 x_i 和 y_i 的样本均值，n 表示样本容量。样本相关系数 r 是总体相关系数

ρ 的估计值。通常是利用样本观测值计算出 r 值,来判断总体相关系数 ρ 是否为零。

§2.2 估计量优劣的评价标准

在实际中一般只能取得总体的样本值,那么,如何利用有限的样本值对总体进行尽可能准确地推断,这就要求我们寻找到的估计量具有优良的性质。

假设总体的一个参数 β,我们选择一个样本统计量作为 β 的估计量。评判估计量优劣通常有以下标准。

一、无偏性

由于估计量是随机变量,不同的样本值就有不同的估计值,自然我们希望这些估计值的平均值等于待估参数的真值。假设 $\hat{\beta}$ 是 β 的估计值,当

$$E(\hat{\beta})=\beta \tag{2.2.1}$$

时,称 $\hat{\beta}$ 为 β 的无偏估计量,否则称为有偏估计,并称

$$b=E(\hat{\beta})-\beta \tag{2.2.2}$$

为估计量 $\hat{\beta}$ 的偏倚(bias)。

可以证明样本均值是总体均值的无偏估计量。假设样本容量为 n 的均值为 $\bar{x}$,总体的均值是 μ_X,则有

$$E(\bar{x})=\frac{1}{n}\sum_{i=1}^{n}E(x_i)=\mu_X \tag{2.2.3}$$

可知,$\bar{x}$ 是 μ_X 的无偏估计量。

二、有效性与最佳性

若有 $E(\hat{\theta}_1)=\theta, E(\hat{\theta}_2)=\theta$,并且 $V(\hat{\theta}_1)<V(\hat{\theta}_2)$,则相对 $\hat{\theta}_2$ 来说 $\hat{\theta}_1$ 是有效估计量,即 $\hat{\theta}_1$ 具有有效性。也就是,相对 $\hat{\theta}_2$ 来说 $\hat{\theta}_1$ 更密集在 θ 附近。若在所有无偏的估计量中,$\hat{\theta}$ 的方差最小,我们就说估计量 $\hat{\theta}$ 具有最小方差性(称为最佳性)。可以证明,$\bar{x}$ 是 μ_X 的最佳无偏估计量。

三、渐进无偏性

若 $\hat{\theta}_n$ 是样本容量为 n 时参数 θ 的估计量,如果满足条件

$$\lim_{n\to\infty}E(\hat{\theta}_n)=\theta \tag{2.2.4}$$

则称 $\hat{\theta}_n$ 是 θ 的渐近无偏估计量。

这个条件的含义是在小样本情况下,$\hat{\theta}_n$ 是 θ 的有偏估计量,但是,随着样本容量的逐渐增大,$\hat{\theta}_n$ 与 θ 的系统偏差逐渐缩小,逐渐趋于零。通过增加样本容量,可以改善参数估计量的精度。

四、一致性

若 $\hat{\theta}_n$ 是样本容量为 n 时参数 θ 的估计量，如果随着样本容量的增大，估计量 $\hat{\theta}_n$ 几乎处处趋于 θ，即

$$P\{\lim_{n\to\infty}\hat{\theta}_n=\theta\}=1$$

则称 $\hat{\theta}_n$ 为 θ 的一致估计量，或称 $\hat{\theta}_n$ 依概率收敛于 θ。记为

$$P\lim_{n\to\infty}\hat{\theta}_n=\theta \tag{2.2.5}$$

式中 Plim 表示概率意义下的极限。

可以证明，当且仅当

$$\lim_{n\to\infty}E(\hat{\theta}_n)=\theta \qquad \lim_{n\to\infty}V(\hat{\theta}_n)=0 \tag{2.2.6}$$

成立时，则 $\hat{\theta}_n$ 为 θ 的一致估计量。

因此，一致估计量一定是渐进无偏的，并且在真值附近离散的程度随样本容量的增大逐渐趋于零。

§2.3　一些常用的概率分布

一、正态分布

正态分布（normal distribution）是一个连续型，曲线形状为钟形的概率分布。正态分布可以由它的均值 μ 和方差 σ^2 描述出来。它的形状如图 2.3.1 所示。

定义：若随机变量 X 的概率密度函数

$$f(x)=\frac{1}{\sqrt{2\pi}\sigma}e^{-\frac{(x-\mu)^2}{2\sigma^2}} \qquad (-\infty<x<+\infty) \tag{2.3.1}$$

称随机变量 X 服从正态分布，记作 $X\sim N(\mu,\sigma^2)$

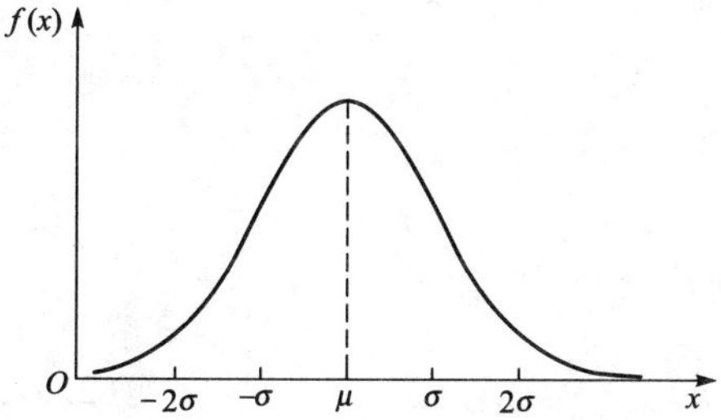

图 2.3.1　正态分布的密度函数曲线

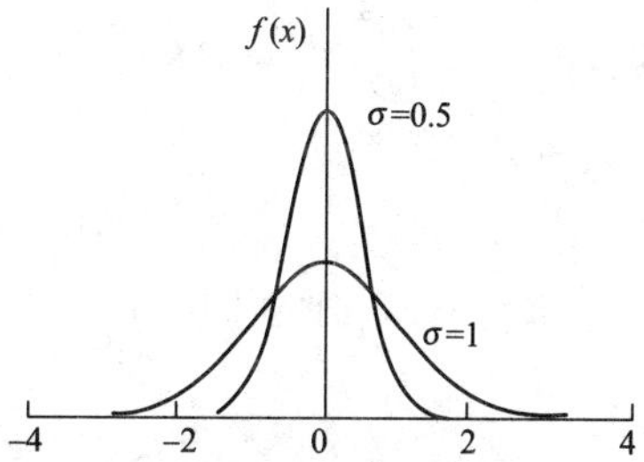

图 2.3.2　均值相同而方差不同的密度函数曲线

由图 2.3.2 可以看出，方差越小的正态分布越瘦高，这是因为均值处的密度值为$1/(\sqrt{2\pi}\sigma)$。

标准正态：

当$\mu=0,\sigma^2=1$时,$X\sim N(0,1)$,称随机变量X服从标准正态分布。此时的密度函数表达为

$$f(x)=\frac{1}{\sqrt{2\pi}}e^{-\frac{x^2}{2}} \quad (-\infty<x<+\infty) \tag{2.3.2}$$

正态分布的几个重要性质:

(1) 正态分布密度函数曲线以均值为对称轴。

(2) 正态分布密度函数曲线中间高、两边低,在均值处达到最高峰。

(3) 正态分布随机变量的线性组合仍然服从正态分布。

(4) 正态分布的线性变换仍然服从正态分布。

根据这个性质可将一般正态分布$X\sim N(\mu,\sigma^2)$变换成标准正态分布(简称一般正态的标准化),即

$$z=\frac{X-\mu}{\sigma}\sim N(0,1) \tag{2.3.3}$$

对于概率计算

$$P(a<X<b)=P\left(\frac{a-\mu}{\sigma}<\frac{X-\mu}{\sigma}<\frac{b-\mu}{\sigma}\right)=P\left(\frac{a-\mu}{\sigma}<z<\frac{b-\mu}{\sigma}\right)$$

这样就可以由标准正态分布表查到一般正态分布变量在某个区间的概率值。

二、χ^2 分布[chisquare(χ^2) distribution]

(1) **定义**:若随机变量X的概率密度函数是

$$f(x)=\begin{cases}\dfrac{1}{2^{\frac{n}{2}}\Gamma\left(\frac{n}{2}\right)}x^{\frac{n}{2}-1}e^{-\frac{x}{2}} & x>0\\ 0 & x\leqslant 0\end{cases} \tag{2.3.4}$$

则称X服从n个自由度的χ^2分布。

其中:① 参数n取自然数

② $\Gamma(t)=\int_0^{+\infty}x^{t-1}e^{-x}dx$

记作$X\sim\chi^2(n)$

(2) 基本定理

设$X_1,X_2,\cdots,X_n$独立同分布于$N(0,1)$,则统计量

$$\sum_{i=1}^{n}X_i^2\sim\chi^2(n) \tag{2.3.5}$$

称为服从自由度为n的χ^2分布。

对于不同自由度的χ^2分布密度函数曲线,他们的基本变化趋势是一致的,但在起始部分是有一定的差别的,如图 2.3.3 所示。

χ^2分布具有如下性质:

①χ^2分布只取正值,并且是偏斜分布。随着自由度的增大逐渐对称,接近正态分布。

②χ^2分布具有均值等于自由度n,方差为$2n$的特性。

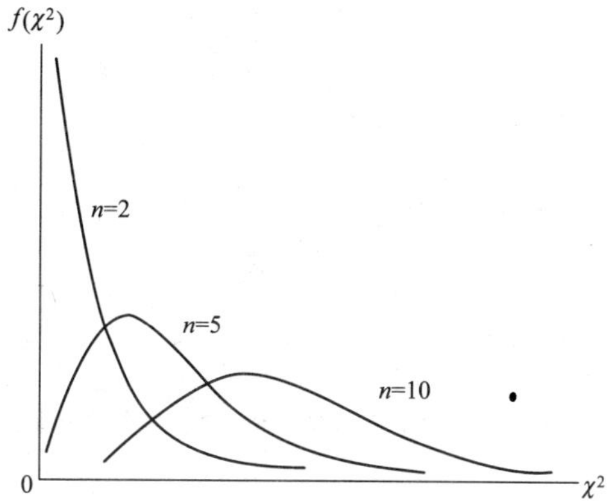

图 2.3.3 χ^2 分布的密度函数曲线

③ 如果来自方差为 σ^2 的一个正态分布的 n 个观测值的样本方差为 S^2，则

$$(n-1)S^2/\sigma^2 \sim \chi^2(n-1) \tag{2.3.6}$$

三、t 分布

t 分布（t distribution）又称学生分布（student's t distribution）是计量经济学中常用的分布之一。

（1）**定义**：若随机变量 X 的概率密度函数是

$$f(x)=\frac{\Gamma\left(\frac{n+1}{2}\right)}{\sqrt{n\pi}\,\Gamma\left(\frac{n}{2}\right)}\left(1+\frac{x^2}{n}\right)^{-\frac{n+1}{2}} \quad (-\infty<x<+\infty) \tag{2.3.7}$$

式中参数 n 取自然数，则称 X 为服从自由度为 n 的 t 分布，记作 $X \sim t(n)$。

（2）基本定理

设 $U \sim N(0,1)$ $V \sim \chi^2(n)$ U,V 相互独立，则统计量

$$\frac{U}{\sqrt{V/n}} \sim t(n) \tag{2.3.8}$$

服从自由度为 n 的 t 分布。

t 分布和正态分布一样，也是对称分布，其对称轴固定在 $x=0$ 处。t 分布的期望值为 0，方差为 $n/(n-2)$，n 为自由度的个数。可以看出，t 分布的方差大于标准正态分布的方差 1，因此，t 分布的尾部要比标准正态分布厚些。但是，随着自由度 n 的增大，方差逐渐接近 1，即逐渐接近标准正态分布。如图 2.3.4 所示。

推论：设 $\{x_i, i=1,2,\cdots,n\}$ 来自正态总体 $X \sim (\mu,\sigma^2)$ 的样本，则

$$t=\frac{x_i-\mu}{S} \sim t(n-1)$$

其中

$$S=\sqrt{\frac{1}{n-1}\sum_{i=1}^{n}(x_i-\bar{x})^2}$$

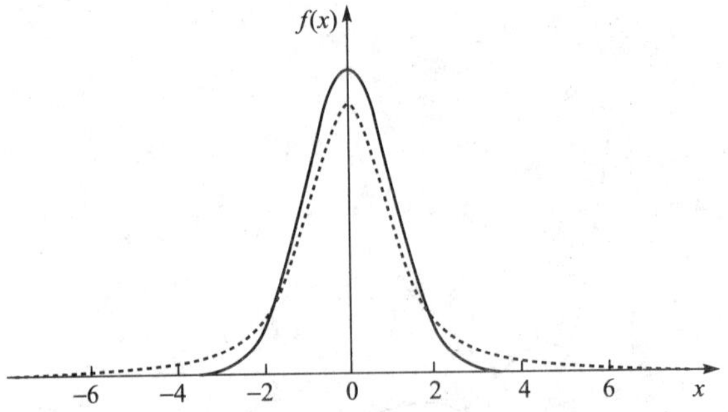

图 2.3.4　t 分布(虚线)与标准正态分布(实线)密度函数曲线

四、F 分布

在多元回归分析中,常用到 F 分布检验模型的显著性。

(1) **定义**:若随机变量 X 的概率密度函数是

$$f(x)=\begin{cases}\dfrac{\Gamma\left(\dfrac{k_1+k_2}{2}\right)k_1^{\frac{k_1}{2}}k_2^{\frac{k_2}{2}}}{\Gamma\left(\dfrac{k_1}{2}\right)\Gamma\left(\dfrac{k_2}{2}\right)}\dfrac{x^{\frac{k_1}{2}-1}}{(k_2+k_1x)^{\frac{k_1+k_2}{2}}} & x>0\\ 0 & x\leqslant 0\end{cases} \tag{2.3.9}$$

则称 X 服从第一(或分子)自由度 k_1, 第二(或分母)自由度 k_2 的 F 分布。记作 $X\sim F(k_1,\ k_2)$

(2) 基本定理

设 $U\sim\chi^2(k_1)V\sim\chi^2(k_2)U,V$ 相互独立,则统计量

$$\frac{U/k_1}{V/k_2}\sim F(k_1,k_2) \tag{2.3.10}$$

服从第一(或分子)自由度 k_1,第二(或分母)自由度 k_2 的 F 分布。

F 分布与 χ^2 分布类似,只取非负值并且是正向拖尾分布,随着自由度逐渐增大,F 分布逐渐对称,接近正态分布,如图 2.3.5 所示。

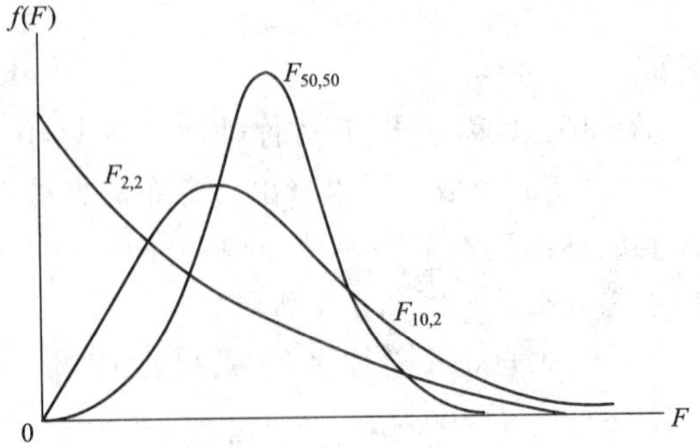

图 2.3.5　不同自由度下的 F 分布密度函数

由 t 分布和 F 分布的基本定理,可以知道 t 分布变量的平方服从分子自由度为 1,分

母自由度为 n 的 F 分布,即

$$[t(n)]^2 = F(1,\ n)$$

推论:设 $\{x_i, i=1,2,\cdots,n_1\}$ 和 $\{y_i, i=1,2,\cdots,n_2\}$ 分别来自两个相互独立的正态总体 $X \sim (\mu_1, \sigma_1^2)$, $Y \sim (\mu_2, \sigma_2^2)$ 的样本,则统计量

$$\frac{S_1^2/\sigma_1^2}{S_2^2/\sigma_2^2} \sim F(n_1 - 1, n_2 - 1) \tag{2.3.11}$$

服从第一自由度为 $n_1 - 1$,第二自由度为 $n_2 - 1$ 的 F 分布。

§2.4 小　结

1. 随机变量的概念
2. 概率分布的概念
3. 累积分布函数的概念
4. 概率密度函数的概念
5. 数学期望(均值)的概念及计算
6. 方差的概念及计算
7. 数学期望与方差的运算性质
8. 偏度和峰度的概念及计算
9. 协方差和相关系数的概念及计算
10. 估计量优劣的评价标准:无偏性、有效性、最佳性、渐进无偏性与一致性
11. 正态分布的概念及概率计算
12. χ^2 分布的概念及概率计算
13. t 分布的概念及概率计算
14. F 分布的概念及概率计算

复习思考题

1. 什么是概率分布?
2. 随机变量的数学期望及方差的计算公式是怎样的?
3. 偏度和峰度的计算公式是怎样的?
4. 无偏估计量的概念是什么?如何判断一个估计量是否是无偏的?
5. 如何判断一个估计量的最佳性?
6. 常用的概率分布有哪些?他们的分布特征是什么?

第三章　一元线性回归分析

✓ 本章要点

(1) 最小二乘法的基本思想;(2) 能应用最小二乘法估计一元线性回归模型的参数;(3) 并能够对参数的性质进行讨论;(4) 能应用一元线性模型进行预测;(5) 掌握 EViews 的使用方法,能应用 EViews 软件计算和分析一元线性回归模型的实际经济问题。

§3.1　一元线性回归模型及基本假定

参数的估计和检验是理论计量经济学研究的主要内容,其中最简单、最基础的是单方程中只含有两个变量的线性模型的参数估计和检验。

设有如下关系

$$y_i = \alpha + \beta x_i + u_i \quad (3.1.1)$$

$$(i = 1, 2, \cdots, n)$$

其中 x_i 和 y_i 分别代表两个经济变量,y_i 称为因变量或被解释变量,x_i 称为自变量或解释变量;u_i 是一个随机变量,称为随机项;α 和 β 是两个常数,称为回归参数;角码 i 表示变量的第 i 个观察值或与之对应的随机项。

关系(3.1.1)称为一元线性回归模型。模型(3.1.1)是对总体而言的,因此也叫做总体回归模型。

这里线性一词有两层含义。它一方面指被解释变量 y 与解释变量 x 之间为线性关系,另一方面也指被解释变量 y 与参数 α、β 之间为线性关系。在一般情况下,我们更关注被解释变量 y 与参数 α、β 之间的线性关系。

随机项 u 代表未被考虑到模型中去而又对 y 有影响的所有因素产生的总效应。在回归模型中随机项 u 的引进是很重要的,正是随机项 u 才导致了因变量 y 的随机性。计量经济学对模型的研究也正是由此开始。

由于随机项 u 的存在使得模型中的参数 α 和 β 的数值不可能准确算出来,只能进行估计,而在计量经济学中,能否成功地估计出这些参数值,取决于随机项 u 和自变量 x 的性质。因此,对于 u 和 x 的统计假定,以及检验这些假定是否满足的方法,在计量经济学中占有十分重要的地位。

要求随机项 u 和自变量 x 满足的统计假定有五个,这些假定称为回归模型的基本假定或称经典假定。

假定1 每个 $u_i(i=1,2,3,\cdots,n)$ 均为服从正态分布的实随机变量。

假定2 每个 $u_i(i=1,2,3,\cdots,n)$ 的期望值均为0,即

$$E(u_i)=0 \qquad (i=1,2,3,\cdots,n)$$

假定3 每个 $u_i(i=1,2,3,\cdots,n)$ 的方差均为同一个常数,即

$$V(u_i)=E(u_i^2)=\sigma_u^2=\text{常数}$$

称之同方差假定或等方差性。

假定4 与自变量不同观察值 x_i 相对应的随机项 u_i 彼此不相关,即

$$COV(u_i,u_j)=0 \qquad (i\neq j)$$

这个假定称为非自相关假定。

假定5 随机项 u_i 与自变量的任一观察值 x_j 不相关,即

$$COV(u_i,x_j)=0 \qquad (i,j=1,2,3,\cdots,n)$$

显然,如果 x 是非随机变量,则假定5将自动满足。

以上假定通常也叫高斯-马尔可夫(Gauss Markov)假定,也称古典假定。满足以上古典假定的线性回归模型,也称为古典线性模型或经典线性模型。

由于我们今后遇到的大多数单方程模型其自变量都将假定是非随机变量,所以假定5大多数情况都将自然满足。之所以提出这一假定是由于在建立回归模型时,我们用随机项 u 综合了未包含在模型中的那些自变量以及其他因素对因变量的影响,因此应该把 x 对 y 的影响和 u 对 y 的影响区分开来。如果两者相关,就不可能把各自对 y 的影响区分开。

根据假定2,对(3.1.1)式两边同时取期望值,则有

$$E(y_i)=\alpha+\beta x_i \tag{3.1.2}$$

表明点 $(x_i,E(y_i))$ 在直线(3.1.2)上,这条直线叫做总体回归直线(或理论回归直线)也称总体方程。

上述五个基本假定中1~4是针对随机项 u_i 的假定,最后一个是针对 u_i 和 x_i 两者的假定。

基本假定1~3决定了 u_i 的分布:

$$u_i\sim N(0,\sigma_u^2) \tag{3.1.3}$$

同时也决定了模型(3.1.1)中 y_i 的分布。

事实上,由于 y_i 是 u_i 的线性函数,而 u_i 服从正态分布,所以 y_i 也服从正态分布。

根据假定3,由(3.1.1)和(3.1.2)式可得

$$V(y_i)=E(u_i^2)=\sigma_u^2=\text{常数} \tag{3.1.4}$$

因此,y_i 服从期望值为 $\alpha+\beta x_i$,方差为 σ_u^2 的正态分布:

$$y_i\sim N(\alpha+\beta x_i,\sigma_u^2) \tag{3.1.5}$$

这一分布今后在对参数进行区间估计和计算因变量预测误差时都要用到。

上面假定中的 σ_u^2 实际上是未知的,这是模型中的一个重要参数。在下文中我们将在根据观测值对参数 α、β 进行估计的同时,也给出 σ_u^2 一个估计。

§3.2　回归参数的最小二乘估计

对模型

$$y_i = \alpha + \beta x_i + u_i \tag{3.2.1}$$

两边取期望值得总体方程：

$$E(y_i) = \alpha + \beta x_i \tag{3.2.2}$$

这里参数 α 和 β 是未知的，实际上总体回归直线是无法求得的，它只是理论上的存在。我们可以获得的信息是样本观测值 (x_i, y_i)，$i = 1, 2, \cdots, n$。这就提出一个问题，如何做一条直线使它成为总体回归直线(3.2.2)的最好估计？自然我们会想到给样本观测值配一条直线。使它作为样本观测值的最好拟合直线，这条直线我们叫做样本回归直线。假设样本回归直线已做出，设它为

$$\hat{y}_i = \hat{\alpha} + \hat{\beta} x_i \tag{3.2.3}$$

其中 $\hat{\alpha}$ 是 α 的估计量，$\hat{\beta}$ 是 β 的估计量，这样就可以用样本回归直线(3.2.3)估计总体回归直线(3.2.2)。下面的问题就是如何根据样本观测值 (x_i, y_i)，$i = 1, 2, \cdots, n$，求出样本回归直线(3.2.3)。

设给定的样本观测值 (x_i, y_i)，$i = 1, 2, \cdots, n$，在直角坐标系里，做出它们的对应点 (x_i, y_i)，$i = 1, 2, \cdots, n$，构成散点图，如图 3.2.1 所示。

散点图 3.2.1 的走向大致是一条直线。我们想通过散点图做一条直线使它能够拟合这些点。问题是如何选择直线使之拟合得最好。最简单也是常用的准则就是所谓最小二乘准则。

设所选择拟合得最优的直线为

$$\hat{y}_i = \hat{\alpha} + \hat{\beta} x_i \tag{3.2.3}$$

观察值 y_i 与它的拟合值(回归值) $\hat{y}_i$ 之差，记作

$$\varepsilon_i = y_i - \hat{y}_i \tag{3.2.4}$$

ε_i 称为回归残差。于是有

$$y_i = \hat{\alpha} + \hat{\beta} x_i + \varepsilon_i \tag{3.2.5}$$

将(3.2.5)与(3.2.1)作比较，可以看到(3.2.5)中的 $\hat{\alpha}$，$\hat{\beta}$ 是(3.2.1)中 α、β 的估计量，(3.2.5)中的残差 ε_i 可以看作是(3.2.1)中 u_i 的估计量，ε_i 是 u_i 在样本中的反映，是可以观察的。

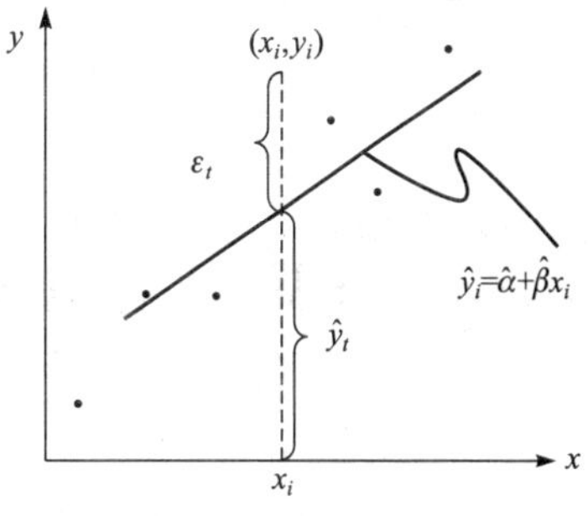

图 3.2.1　散点与回归直线

最小二乘准则认为，$\hat{\alpha}$ 和 $\hat{\beta}$ 应这样选择：使得 ε_i 对所有的 i 平方和最小，即使

$$Q = \sum_{i=1}^{n} \varepsilon_i^2 = \sum_{i=1}^{n} (y_i - \hat{y}_i)^2 = \sum_{i=1}^{n} [y_i - (\hat{\alpha} + \hat{\beta} x_i)]^2 \tag{3.2.6}$$

达到最小，这就是最小二乘准则(原理)。这种估计回归参数的方法称为普通最小二乘法

(Ordinary Least Squares,简记 OLS),$\hat{\alpha}$ 和 $\hat{\beta}$ 称为普通最小二乘估计量(Ordinary Least Squares Estimator,简记 $OLSE$)。

由于(3.2.6)是 $\hat{\alpha}$ 和 $\hat{\beta}$ 的二次函数并且是非负的,由二次函数的性质知,(3.2.6)式的极小值总是存在的,为此,须使(3.2.6)式对 $\hat{\alpha}$ 和 $\hat{\beta}$ 的一阶偏导数为零,即

$$\begin{cases} \dfrac{\partial Q}{\partial \hat{\alpha}} = \dfrac{\partial(\sum \varepsilon_i^2)}{\partial \hat{\alpha}} = -2\sum[y_i - (\hat{\alpha} + \hat{\beta}x_i)] = 0 & (3.2.7) \\ \dfrac{\partial Q}{\partial \hat{\beta}} = \dfrac{\partial(\sum \varepsilon_i^2)}{\partial \hat{\beta}} = -2\sum[y_i - (\hat{\alpha} + \hat{\beta}x_i)]x_i = 0 & (3.2.8) \end{cases}$$

或

$$\begin{cases} \sum \varepsilon_i = 0 & (3.2.7)' \\ \sum \varepsilon_i x_i = 0 & (3.2.8)' \end{cases}$$

(3.2.7)、(3.2.8)[或(3.2.7)′,(3.2.8)′]是以 $\hat{\alpha}$,$\hat{\beta}$ 为未知数的方程组,叫做正规方程组,或简称为正规方程。

解正规方程组(3.2.7)、(3.2.8),得 $\hat{\alpha}$,$\hat{\beta}$ 的表达式:

$$\hat{\alpha} = \bar{y} - \hat{\beta}\bar{x} \tag{3.2.9}$$

$$\hat{\beta} = \frac{\sum \dot{x}_i \dot{y}_i}{\sum \dot{x}_i^2} \tag{3.2.10}$$

其中 $\dot{x}_i = x_i - \bar{x}$,$\dot{y}_i = y_i - \bar{y}$

显然,当常数项 $\alpha = 0$ 时,线性模型(3.2.1)变为

$$y_i = \beta x_i + u_i \tag{3.2.11}$$

此时参数 β 估计量的计算公式为

$$\hat{\beta} = \frac{\sum x_i y_i}{\sum x_i^2} \tag{3.2.12}$$

比较(3.2.10)与(3.2.12)就会发现,只要将(3.2.10)中的圆点去掉即得到(3.2.12),这个规律具有普遍性,即不论对一元回归模型或多元回归模型,常数项不等于0和常数项等于0这两种情形下参数估计量的公式具有相似结构,差别仅在于:前者公式中所有的变量都带圆点,而后者公式中所有变量都不带圆点。

到目前为止,我们得到了四个关系式如下:

总体回归模型: $y_i = \alpha + \beta x_i + u_i$ 它表示总体变量之间的真实关系。

总体回归直线(或称总体回归方程):

$E(y_i) = \alpha + \beta x_i$ 它表示总体变量之间的依存关系。

样本回归模型: $y_i = \hat{\alpha} + \hat{\beta}x_i + \varepsilon_i$ 它表示样本显示出的变量之间的关系。

样本回归直线: $\hat{y}_i = \hat{\alpha} + \hat{\beta}x_i$ 它表示样本显示出的变量之间的依存关系。

"回归"一词源于生物学,最初是由英国统计学家高尔登(Francis Galton,1822—1911)提出来的。高尔登在1889年发表了一篇关于遗传学的论文,他指出父亲高,子女也高,父亲

矮,子女也矮,但是,平均来说,高个子父亲的子女的平均身高要低于父亲的平均身高,矮个子父亲的子女的平均身高要高于父亲的平均身高,也就是说子女的身高有回归到全体人口的平均身高的趋势。这就是著名的“回归规律”,从此回归一词就成为统计学研究事物间相互关系的通用语被广泛应用。数理统计学中,“回归”一词是指样本散点无论怎样变化都有回归到变量之间的依存关系上,也就是散点分布在某一直线(或曲线)附近,而且越靠近直线(或曲线)点的分布越密集的情况。

§3.3　回归参数最小二乘估计量的统计性质

我们知道参数的估计值是根据样本估算出来的,在多次抽样过程中,每次抽样得到的样本都不会是相同的。根据这些不同样本分别估计总体的状况,得到的结论也不会完全相同。那么,由样本得到的参数估计值是否能反映总体参数的特征,这就需要对参数估计量的统计性质进行讨论。

在§3.2节中,利用最小二乘法求得了模型的参数 α 和 β 的估计量 $\hat{\alpha}$ 和 $\hat{\beta}$,它们具有线性、无偏性和最小方差性(或最佳性)三个重要的统计性质。

一、线性

所谓线性是指 $\hat{\alpha}$ 和 $\hat{\beta}$ 是 y_i或 u_i的线性函数。

(一) $\hat{\beta}$ 的线性表达式

由(3.2.10)有

$$\hat{\beta} = \frac{\sum \dot{x}_i \dot{y}_i}{\sum \dot{x}_i^2} = \frac{\sum \dot{x}_i y_i}{\sum \dot{x}_i^2} = \sum k_i y_i \tag{3.3.1}$$

其中

$$k_i = \frac{\dot{x}_i}{\sum \dot{x}_i^2} \tag{3.3.2}$$

表明 $\hat{\beta}$ 是 y_i的线性函数。

由于 $y_i = \alpha + \beta x_i + u_i$,所以

$$\begin{aligned}\hat{\beta} &= \sum k_i y_i = \sum k_i(\alpha + \beta x_i + u_i) \\ &= \alpha \sum k_i + \beta \sum k_i x_i + \sum k_i u_i \\ &= \beta + \sum k_i u_i \end{aligned} \tag{3.3.3}$$

其中

$$\sum k_i = 0 \tag{3.3.4}$$

$$\sum k_i x_i = 1 \tag{3.3.5}$$

(3.3.3)表明 $\hat{\beta}$ 是 u_i的线性函数。

(二) $\hat{\alpha}$ 的线性表达式

由(3.2.9)有

$$\hat{\alpha} = \bar{y} - \hat{\beta}\bar{x} = \frac{1}{n}\sum y_i - \bar{x}\sum k_i y_i = \sum\left(\frac{1}{n} - \bar{x}k_i\right)y_i \tag{3.3.6}$$

表明 $\hat{\alpha}$ 是 y_i 的线性函数。

$$\begin{aligned}\hat{\alpha} &= \sum\left(\frac{1}{n} - \bar{x}k_i\right)y_i = \sum\left(\frac{1}{n} - \bar{x}k_i\right)(\alpha + \beta x_i + u_i) \\ &= \alpha + \sum\left(\frac{1}{n} - \bar{x}k_i\right)u_i\end{aligned} \tag{3.3.7}$$

表明 $\hat{\alpha}$ 是 u_i 的线性函数。

二、无偏性

由(3.3.3)知 $\hat{\beta} = \beta + \sum k_i u_i$，取期望值便有

$$E(\hat{\beta}) = \beta + \sum k_i E(u_i) = \beta \tag{3.3.8}$$

其中 $E(u_i) = 0$,表明 $\hat{\beta}$ 是 β 的无偏估计量。

由(3.3.7)
$$\hat{\alpha} = \alpha + \sum\left(\frac{1}{n} - \bar{x}k_i\right)u_i$$

取期望值便有
$$E(\hat{\alpha}) = \alpha + \sum\left(\frac{1}{n} - \bar{x}k_i\right)E(u_i) = \alpha \tag{3.3.9}$$

表明 $\hat{\alpha}$ 是 α 的无偏估计量。

三、最小方差性

所谓最小方差性是在所有线性无偏估计量中,最小二乘估计量的方差最小。方差最小这一性质又称为最佳性。为了证明这一性质,我们先导出最小二乘估量 $\hat{\alpha}$ 和 $\hat{\beta}$ 的方差。

由(3.3.3)有
$$V(\hat{\beta}) = V(\beta + \sum k_i u_i) = \sigma_u^2 \sum k_i^2 = \frac{\sigma_u^2}{\sum \dot{x}_i^2} \tag{3.3.10}$$

由(3.3.7)有
$$\begin{aligned}V(\hat{\alpha}) &= V\left[\alpha + \sum\left(\frac{1}{n} - \bar{x}k_i\right)u_i\right] \\ &= \sigma_u^2 \sum\left(\frac{1}{n} - \bar{x}k_i\right)^2 \\ &= \sigma_u^2\left(\frac{1}{n} + \frac{\bar{x}^2}{\sum \dot{x}_i^2}\right)\end{aligned} \tag{3.3.11}$$

或者把(3.3.11)写成如下形式:

$$V(\hat{\alpha}) = \sigma_u^2 \frac{\sum x_i^2}{n\sum \dot{x}_i^2} \tag{3.3.11$'$}$$

下面证明 $\hat{\alpha}$ 和 $\hat{\beta}$ 的最小方差性。

假设我们用其他方法求得参数 β 的估计量为 $\hat{\beta}^*$,并且满足线性和无偏性。因而应有关系:

$$\begin{cases}\hat{\beta}^{*} = \sum c_i y_i \\ E(\hat{\beta}^{*}) = \beta\end{cases} \tag{3.3.12}$$

由于 $$y_i = \alpha + \beta x_i + u_i$$

所以 $$E(\hat{\beta}^{*}) = \alpha \sum c_i + \beta \sum c_i x_i$$

由此可知 c_i 应满足条件
$$\begin{cases}\sum c_i = 0 \\ \sum c_i x_i = 1\end{cases} \tag{3.3.13}$$

下面我们将在满足(3.3.13)的前提下,寻求 $\hat{\beta}^{*}$ 的最小方差:

$$V(\hat{\beta}^{*}) = V(\sum c_i y_i) = \sigma_u^2 \sum c_i^2$$

对上式作恒等变形: $$V(\hat{\beta}^{*}) = \sigma_u^2 \sum [(c_i - k_i) + k_i]^2$$

$$= \sigma_u^2 \sum (c_i - k_i)^2 + \sigma_u^2 \sum k_i^2 \tag{3.3.14}$$

(3.3.14)式当且仅当 $c_i = k_i$ 时, $V(\hat{\beta}^{*})$ 达到最小,此时 $\hat{\beta}^{*}$ 与最小二乘估计量 $\hat{\beta}$ 相等:

$$\hat{\beta}^{*} = \sum c_i y_i \xrightarrow{c_i = k_i} \sum k_i y_i = \hat{\beta} \tag{3.3.15}$$

将此结果代入(3.3.14)便有

$$V(\hat{\beta}^{*}) = \sigma_u^2 \sum k_i^2 = \frac{\sigma_u^2}{\sum \dot{x}_i^2} \tag{3.3.16}$$

此结果与(3.3.10)式相同。

对于 $\hat{\alpha}$ 的最小方差性的证明与 $\hat{\beta}$ 的证明完全类似,请读者自己完成。

从公式(3.3.10)和(3.3.11)可以看出,二者的分母都有自变量 x_i 的观察值的偏差平方和 $\sum \dot{x}_i^2$ 这个因子,表明自变量的观察值取得越集中,参数估计值的误差将越大;反之,要使参数估计得准确,自变量的观察值必须取得比较分散。

这样我们证明了,只要经典回归模型的假定 2 ~ 5 满足,回归参数的最小二乘估计量就是线性、无偏、最佳估计量,简称为最佳线性无偏估计量(Best Linear Unbiased Estimators,BLUE)。这一结论就是著名的高斯 - 马尔可夫 (Gauss Markov)定理。

线性在参数估计量的数学处理上为我们提供了不少方便。无偏性与最佳性结合起来构成了估计量好坏的重要标志。由于最小二乘估计量的最佳线性无偏估计量的特性,才使得最小二乘法得到了广泛的应用。

§ 3.4 参数估计量的抽样分布及 σ_u^2 的估计量

一、参数估计量的抽样分布

$\hat{\alpha}$ 和 $\hat{\beta}$ 所服从的分布称为参数估计量的抽样分布。

在§3.3节已经证明 $\hat{\alpha}$ 和 $\hat{\beta}$ 都是 y_i的线性函数,而每个 y_i都服从正态分布,所以,$\hat{\alpha}$ 和 $\hat{\beta}$ 也服从正态分布。$\hat{\alpha}$ 和 $\hat{\beta}$ 的期望值分别为 α 和 β,它们的方差分别由(3.3.11)和(3.3.10)给出,因此我们便有

$$\begin{cases} \hat{\alpha} \sim N\left[\alpha, \sigma_u^2\left(\dfrac{1}{n} + \dfrac{\bar{x}^2}{\sum \dot{x}_i^2}\right)\right] \\ \hat{\beta} \sim N\left(\beta, \dfrac{\sigma_u^2}{\sum \dot{x}_i^2}\right) \end{cases} \tag{3.4.1}$$

(3.4.1)就是 $\hat{\alpha}$ 和 $\hat{\beta}$ 的抽样分布。

到目前为止我们已经得到了 y_i、$\hat{\alpha}$ 和 $\hat{\beta}$ 的三个分布。由于这三个分布中都含有随机项 u_i 的方差 σ_u^2,但是这里 σ_u^2 是未知的,因此 $\hat{\alpha}$ 和 $\hat{\beta}$ 的方差实际上是无法计算的。所以,严格说来这些分布还没有最终确定。我们必须给出 σ_u^2 的一个无偏估计量,记作 $\hat{\sigma}_u^2$,用 $\hat{\sigma}_u^2$ 代替 σ_u^2 才可求出 $\hat{\alpha}$ 和 $\hat{\beta}$ 的方差估计量。

二、我们的任务是利用自变量 x_i和因变量 y_i的观察值来计算 σ_u^2 的估计量 $\hat{\sigma}_u^2$

由§3.2节知道,回归残差 $\varepsilon_i = y_i - \hat{y}_i$ 可以看作随机项 u_i的估计量,ε_i是 u_i在样本中的反映,而 ε_i完全由样本数据 y_i和 x_i构成,是可以计算的,因此,我们可以用 ε_i的方差来估计 u_i的方差 σ_u^2。将 ε_i的方差取成如下形式:

$$\hat{\sigma}_u^2 = \frac{\sum (\varepsilon_i - \bar{\varepsilon})^2}{f_e} \tag{3.4.2}$$

f_e是平方和的自由度,其大小应由 $\hat{\sigma}_u^2$ 的无偏性要求决定。现在我们的任务是设法找到 f_e的取值。由于

$$\bar{\varepsilon} = \frac{1}{n}\sum \varepsilon_i = 0$$

所以(3.4.2)式可简化为

$$\hat{\sigma}_u^2 = \frac{\sum \varepsilon_i^2}{f_e} \tag{3.4.3}$$

为此我们先计算 ε_i:

$$\begin{aligned} \varepsilon_i &= y_i - \hat{y}_i = (y_i - \bar{y}) - (\hat{y}_i - \bar{y}) \\ &= \beta(x_i - \bar{x}) + (u_i - \bar{u}) - \hat{\beta}(x_i - \bar{x}) \\ &= (\beta - \hat{\beta})(x_i - \bar{x}) + (u_i - \bar{u}) \\ &= (\beta - \hat{\beta})\dot{x}_i + (u_i - \bar{u}) \end{aligned} \tag{3.4.4}$$

将(3.4.4)平方求和,再取期望值便有

$$\begin{aligned} E(\sum \varepsilon_i^2) &= \sum \dot{x}_i^2 E(\beta - \hat{\beta})^2 + 2E[(\beta - \hat{\beta})\sum \dot{x}_i(u_i - \bar{u})] \\ &\quad + E[\sum (u_i - \bar{u})^2] \end{aligned} \tag{3.4.5}$$

(3.4.5)式中

$$\sum \dot{x}_i^2 E(\beta-\hat{\beta})^2 = V(\hat{\beta})\cdot\sum \dot{x}_i^2 = \sigma_u^2 \tag{3.4.6}$$

$$\begin{aligned} E[(\beta-\hat{\beta})\sum \dot{x}_i(u_i-\bar{u})] &= -E[\sum k_j u_j \sum \dot{x}_i(u_i-\bar{u})] \\ &= -\sum_{i,j} k_j \dot{x}_i E(u_i u_j) \\ &= -\sum_i k_i \dot{x}_i \sigma_u^2 = -\sigma_u^2 \end{aligned} \tag{3.4.7}$$

$$\begin{aligned} E[\sum(u_i-\bar{u})^2] &= E[\sum u_i^2 - n\bar{u}^2] \\ &= E[\sum u_i^2 - \frac{1}{n}(\sum u_i)^2] \\ &= \sum E(u_i^2) - \frac{1}{n}\sum_i E(u_i^2) - \frac{1}{n}\sum_{i\neq j} E(u_i u_j) \\ &= n\sigma_u^2 - \sigma_u^2 \end{aligned} \tag{3.4.8}$$

把(3.4.6)、(3.4.7)和(3.4.8)代入(3.4.5)便有

$$E(\sum \varepsilon_i^2) = \sigma_u^2 - 2\sigma_u^2 + n\sigma_u^2 - \sigma_u^2 = (n-2)\sigma_u^2 \tag{3.4.9}$$

将(3.4.9)改写成 $E\left(\frac{\sum \varepsilon_i^2}{n-2}\right) = \sigma_u^2$ 即取自由度为 $f_e = n-2$,便有 σ_u^2 的无偏估计量

$$\hat{\sigma}_u^2 = \frac{\sum \varepsilon_i^2}{n-2} \tag{3.4.10}$$

为了计算方便也可以采用如下形式计算 $\hat{\sigma}_u^2$:

$$\hat{\sigma}_u^2 = \frac{\sum \dot{y}_i^2 - \hat{\beta}\sum \dot{x}_i \dot{y}_i}{n-2} \tag{3.4.11}$$

此式的证明将在§3.6节给出。

§3.5　回归参数的 t 检验和区间估计

一、回归参数的 t 检验

在§3.4节中,我们已经知道 $\hat{\alpha}$ 和 $\hat{\beta}$ 都服从正态分布,即

$$\hat{\alpha} \sim N(\alpha, V(\hat{\alpha})) \tag{3.5.1}$$

$$\hat{\beta} \sim N(\beta, V(\hat{\beta})) \tag{3.5.2}$$

其中

$$V(\hat{\alpha}) = \sigma_u^2\left(\frac{1}{n} + \frac{\bar{x}^2}{\sum \dot{x}_i^2}\right) \tag{3.5.3}$$

$$V(\hat{\beta}) = \frac{\sigma_u^2}{\sum \dot{x}_i^2} \tag{3.5.4}$$

显然,统计量

$$\frac{\hat{\alpha}-\alpha}{\sqrt{V(\hat{\alpha})}} \sim N(0,1) \tag{3.5.5}$$

$$\frac{\hat{\beta}-\beta}{\sqrt{V(\hat{\beta})}} \sim N(0,1) \tag{3.5.6}$$

皆服从标准正态。但是,在 $V(\hat{\alpha})$ 和 $V(\hat{\beta})$ 的表达式中都含有总体方差 σ_u^2,而 σ_u^2 是不可观察的,为此我们可以用 σ_u^2 的无偏估计量 $\hat{\sigma}_u^2$ 代替,由此得出 $V(\hat{\alpha})$ 和 $V(\hat{\beta})$ 的无偏估计量:

$$\hat{V}(\hat{\alpha}) = \hat{\sigma}_u^2\left(\frac{1}{n}+\frac{\bar{x}^2}{\sum \dot{x}_i^2}\right) \tag{3.5.7}$$

$$\hat{V}(\hat{\beta}) = \frac{\hat{\sigma}_u^2}{\sum \dot{x}_i^2} \tag{3.5.8}$$

在小样本情况下(一般 $n \leqslant 30$)可以证明,用无偏估计量 $\hat{V}(\hat{\alpha})$ 和 $\hat{V}(\hat{\beta})$ 代替(3.5.5)和(3.5.6)中的 $V(\hat{\alpha})$ 和 $V(\hat{\beta})$,便得 t 统计量(证明略):

$$\frac{\hat{\alpha}-\alpha}{\sqrt{\hat{V}(\hat{\alpha})}} \sim t(n-2) \tag{3.5.9}$$

$$\frac{\hat{\beta}-\beta}{\sqrt{\hat{V}(\hat{\beta})}} \sim t(n-2) \tag{3.5.10}$$

通常我们关心的是回归模型中的因变量与自变量之间是否存在线性关系 $E(y)=\alpha+\beta x$,或者说是否 $\beta=0$。为此我们对 β 进行 t 检验。

提出假设 $H_0:\beta=0$,备择假设 $H_1:\beta\neq 0$,在 H_0 成立时,有统计量

$$T=\frac{\hat{\beta}}{\sqrt{\hat{V}(\hat{\beta})}} \sim t(n-2) \tag{3.5.11}$$

对给定的显著水平 α,查自由度为 $n-2$ 的 t 分布表,得临界值 $t_{\alpha/2}(n-2)$,如果 $|T| > t_{\alpha/2}(n-2)$,则拒绝 $H_0:\beta=0$,接受备择假设 $H_1:\beta\neq 0$(如图 3.5.1 所示),表明回归模型中因变量与自变量之间确实存在线性关系。

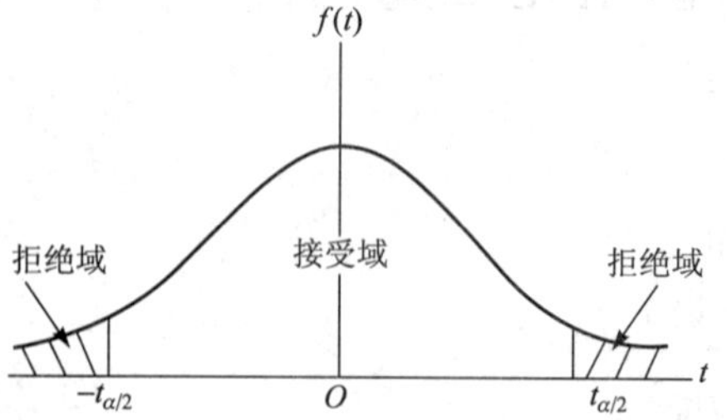

图 3.5.1 阴影部分为 t 检验的否定域

对于 α 的 t 检验可以用类似的方法进行。

在实际应用中,显著水平 α 通常取 0.05,在 t 分布表中我们可以看到当 $n-2\geqslant 12$ 时,临界值 $t_{\alpha/2}=t_{0.025}$ 大体保持在 2 附近,而且非常接近 2。由此我们得到一个十分简便的检验方法:若 T 的绝对值远大于 2,则在 0.05 显著水平下,可以认为 β 显著的不等于零。换句话说,当利用样本值计算出 $|\hat{\beta}|$ 和 $\sqrt{\hat{V}(\hat{\beta})}$ 之后,只要看看前者是否明显超过后者的两倍就行了,如果明显超过,我们就有 95% 的把握认为 β 显著的不为零。这种方法虽然粗糙些,但在实际问题中通常 $|T|$ 值与 2 总有明显的差异,这时用简便方法与用标准方法得出

的结论是完全一致的。只有$|T|$与 2 十分接近时,这种方法才有可能产生错误的结论。

二、回归参数的区间估计

由于 T 统计量服从 t 分布:

$$T=\frac{\hat{\beta}-\beta}{\sqrt{\hat{V}(\hat{\beta})}}\sim t(n-2) \tag{3.5.12}$$

对给定的显著水平 α,便有

$$P\{-t_{\alpha/2}(n-2)<T<t_{\alpha/2}(n-2)\}=1-\alpha$$

即我们有 $1-\alpha$ 的把握说,

$$-t_{\alpha/2}(n-2)<T<t_{\alpha/2}(n-2) \tag{3.5.13}$$

成立。换句话说,我们有 $1-\alpha$ 的把握说,β 在

$$(\hat{\beta}-t_{\alpha/2}(n-2)\sqrt{\hat{V}(\hat{\beta})},\hat{\beta}+t_{\alpha/2}(n-2)\sqrt{\hat{V}(\hat{\beta})}) \tag{3.5.14}$$

区间内,或者写成:

$$\hat{\beta}\pm t_{\alpha/2}(n-2)\sqrt{\hat{V}(\hat{\beta})} \tag{3.5.15}$$

此范围称之为置信区间,$1-\alpha$ 称为置信度。

对参数 α 的区间估计有类似的结果:

$$\hat{\alpha}\pm t_{\alpha/2}(n-2)\sqrt{\hat{V}(\hat{\alpha})} \tag{3.5.16}$$

§3.6 回归方程的显著性检验和拟合优度

到目前为止,我们讨论了回归参数的估计问题、显著性问题和估计值的精度问题。在本节里、我们还要进一步讨论样本回归方程同 x 与 y 的全部观察值在整体上符合(或拟合)到什么程度。我们从方差分析的角度来讨论回归分析问题。

一、总离差平方和的分解

设由样本观察值(x_i,y_i),$i=1,2,\cdots,n$,得出的回归直线为 $\hat{y}_i=\hat{\alpha}+\hat{\beta}x_i$ 如图 3.6.1 所示。

由(3.2.4)知,因变量的观察值 y_i 可分解为 $\hat{y}_i$ 与 ε_i 之和:

$$y_i=\hat{y}_i+\varepsilon_i \tag{3.6.1}$$

此式又可改写成:

$$y_i-\bar{y}=(\hat{y}_i-\bar{y})+\varepsilon_i \tag{3.6.2}$$

其中 $y_i-\bar{y}$ 称为因变量 y_i 的总离差,$\hat{y}_i-\bar{y}$ 是总离差中被 y 对 x 的回归说明的部分,ε_i 表示未被回归因素 x 说明的部分。$\hat{y}_i-\bar{y}$ 越接近 $y_i-\bar{y}$,说明 y 对 x 的回归值 $\hat{y}_i$ 与

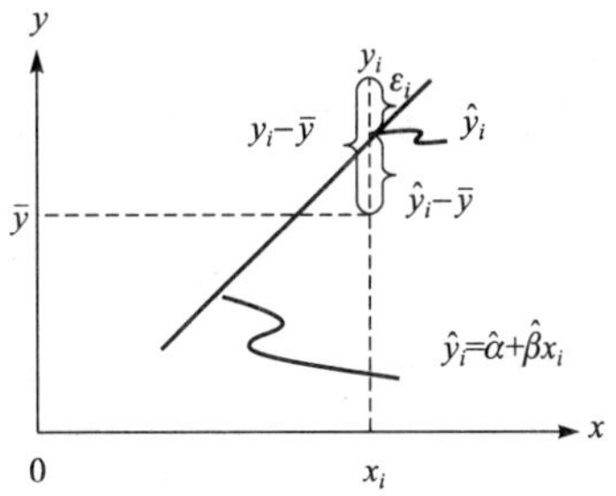

图 3.6.1 因变量偏差的分解

y_i的离差越小,即 $\hat{y}_i$ 与 y_i 拟合得越好。但是,这只是对 y_i 的一个观察值的说明,要说明回归方程与全部观察值的拟合情况,就必须考虑 y 的所有观察值的总离差被回归说明的情况。反映全部总离差变化的最好的变量是总离差平方和,记作 TSS (Total Sum of Squares):

$$TSS = \sum_{i=1}^{n}(y_i - \bar{y})^2 \tag{3.6.3}$$

将(3.6.3)展开:

$$TSS = \sum_{i=1}^{n}[(\hat{y}_i - \bar{y}) + (y_i - \hat{y}_i)]^2 = \sum_{i=1}^{n}[(\hat{y}_i - \bar{y}) + \varepsilon_i]^2$$

$$= \sum_{i=1}^{n}(\hat{y}_i - \bar{y})^2 + 2\sum_{i=1}^{n}(\hat{y}_i - \bar{y})\varepsilon_i + \sum_{i=1}^{n}\varepsilon_i^2$$

其中第二项 $\sum_{i=1}^{n}(\hat{y}_i - \bar{y})\varepsilon_i = 0$

便有 $TSS = \sum_{i=1}^{n}(\hat{y}_i - \bar{y})^2 + \sum_{i=1}^{n}\varepsilon_i^2$ 称为总离差平方和

记 $RSS = \sum_{i=1}^{n}(\hat{y}_i - \bar{y})^2$ 称为回归平方和

$ESS = \sum_{i=1}^{n}\varepsilon_i^2$ 称为剩余平方和或残差平方和

于是便有

$$\boldsymbol{TSS = RSS + ESS} \tag{3.6.4}$$

即总离差平方和可以分解为回归平方和与剩余平方和两部分,其中 RSS (Regression Sum of Squares)反映在总离差平方和 TSS 中被 y 对 x 回归说明的部分,ESS (Residual Sum of Squares)是在 TSS 中除了 y 对 x 回归之外的一切随机因素所构成的部分。由平方和分解定理知,三个平方和的自由度之间具有如下关系:

$$f_T = f_R + f_E \tag{3.6.5}$$

即总离差平方和的自由度等于回归平方和的自由度与剩余平方和自由度之和。在一元回归问题中 $f_T = n-1, f_R = 1, f_E = n-2$,其中 n 为样本容量。

二、拟合优度(样本决定系数)

从回归平方和 RSS 与残差平方和 ESS 的意义可知,在总离差平方和中回归平方和所占的比重越大,则线性回归效果就越好,也就是说回归直线与样本观察值拟合程度就越好。因此,我们可以用 RSS 与 TSS 之比来反映样本回归直线与全部观察值之间的拟合程度:

$$R^2 = \frac{RSS}{TSS} = \frac{\sum(\hat{y}_i - \bar{y})^2}{\sum(y_i - \bar{y})^2} = \frac{\sum \dot{\hat{y}}_i^2}{\sum \dot{y}_i^2} \tag{3.6.6}$$

R^2 称为拟合优度或样本决定系数。R^2 越大,表明回归直线与样本观察值拟合得越好,反之,拟合得就越差。

由于 $\dot{\hat{y}}_i = \hat{\beta}\dot{x}_i$ 所以

$$RSS = \sum \dot{\hat{y}}_i^2 = \hat{\beta}^2 \sum \dot{x}_i^2 = \hat{\beta} \sum \dot{x}_i \dot{y}_i \tag{3.6.7}$$

便有

$$R^2 = \frac{\hat{\beta} \sum \dot{x}_i \dot{y}_i}{\sum \dot{y}_i^2} \tag{3.6.8}$$

进一步还可以写成形式:

$$R^2 = \frac{(\sum \dot{x}_i \dot{y}_i)^2}{\sum \dot{x}_i^2 \sum \dot{y}_i^2} \tag{3.6.9}$$

取 R^2 的平方根,便有

$$r_{xy} = \frac{\sum \dot{x}_i \dot{y}_i}{\sqrt{\sum \dot{x}_i^2 \sum \dot{y}_i^2}} \tag{3.6.10}$$

这就是我们熟悉的相关系数公式。

由(3.6.4)式有 $RSS = TSS - ESS$ 代入(3.6.6)便有

$$R^2 = 1 - \frac{\sum \varepsilon_i^2}{\sum \dot{y}_i^2} \tag{3.6.11}$$

这里 $\frac{\sum \varepsilon_i^2}{\sum \dot{y}_i^2}$ 表示 TSS 中未被回归解释部分离差平方和的比率。如果所有的样本观察值 y_i 都位于回归直线上,从而未被回归解释的残差不存在,这时 $\sum \varepsilon_i^2 = 0$,因而 $R^2 = 1$,我们说 y 的总离差完全由回归直线解释。如果回归直线并没有解释 y 的任何一部分离差,这时 $\sum \dot{\hat{y}}_i^2 = 0$,那么 $\sum \dot{y}_i^2 = \sum \varepsilon_i^2$,在这种情况下便有 $R^2 = 0$。如果回归直线只解释了总离差平方和 TSS 的一部分,这时 $\frac{\sum \varepsilon_i^2}{\sum \dot{y}_i^2} > 0$,因而 $R^2 < 1$。综上所述便有

$$0 \leqslant R^2 \leqslant 1 \tag{3.6.12}$$

可见,R^2 越接近1,回归直线与样本观察值拟合得越好。上面讨论的三种情况我们给出下面的图形解释,见图3.6.2。

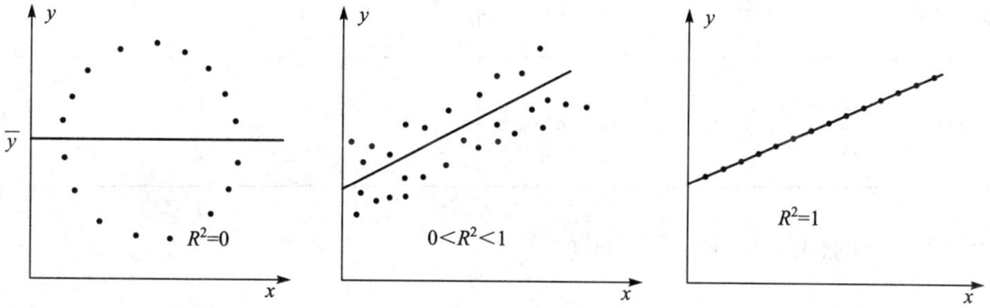

观察点成圆形,完全不能用直线去拟合,所以$R^2=0$。　观察点基本形成一条带状,可以用直线较好地拟合,R^2较大。　观察点均落在一条直线上,可以用直线完全拟合,此时$R^2=1$。

图3.6.2　不同拟合优度的散点图

三、回归方程显著性的 F 检验

回归方程显著性检验是回归模型总体的显著性检验,也就是判定回归方程的所有解释变量 x 对被解释变量 y 的影响的显著性,即方程的总体的显著性。这实际上就是对回归方程拟合优度的检验,能满足这一要求的检验便是 F 检验。由于 F 检验是检验所有 x 对 y 的影响的显著性,所以采用的是联合假设,即假设所有 x 的系数全部为零(对多元回归而言),再根据回归方差和误差方差来计算 F 值。对一元线性回归模型而言,具体步骤如下:

(1) 假设 $H_0:\beta=0$,备择假设 $H_1:\beta\neq 0$。

(2) 构造统计量

$$F=\frac{RSS/f_R}{ESS/f_E}=\frac{\sum\dot{\hat{y}}_i^2}{\sum\varepsilon_i^2/(n-2)}=\frac{\hat{\beta}\sum\dot{x}_i\dot{y}_i}{\sum\varepsilon_i^2/(n-2)} \tag{3.6.13}$$

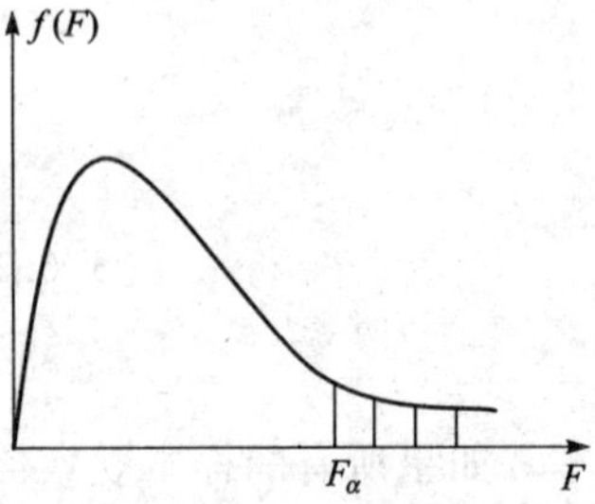

图 3.6.3 阴影部分为 F 检验的否定域

(3) 当 H_0 成立时,$F\sim F(1,n-2)$。

(4) 对给定的显著水平 α,确定临界值 F_α(如图 3.6.3 所示)。

(5) 判定方程显著性,若 $F>F_\alpha$,拒绝假设 H_0,即 β 不为零,解释变量总体对 y 的影响是显著的,方程估计可靠。

若 $F<F_\alpha$,则接受假设 H_0,说明所有解释变量对 y 的影响不显著,方程估计不可靠。

上面分析的结果可用一张表格来表示,见表 3.6.1,这张表叫做回归问题的方差分析表。

表 3.6.1 一元回归方差分析表

离差名称	平方和	自由度	均方(方差)	F 值
回归(因素 x)	$\sum\dot{\hat{y}}_i^2=\hat{\beta}\sum\dot{x}_i\dot{y}_i$	1	$\hat{\beta}\sum\dot{x}_i\dot{y}_i$	$F=\hat{\beta}\sum\dot{x}_i\dot{y}_i/\hat{\sigma}_u^2$
剩余(随机因素)	$\sum\varepsilon_i^2$	$n-2$	$\hat{\sigma}_u^2=\sum\varepsilon_i^2/(n-2)$	
总计	$\sum\dot{y}_i^2$	$n-1$		

由 §3.4 节的(3.4.9)知

$$\hat{\sigma}_u^2=\frac{\sum\varepsilon_i^2}{n-2} \tag{3.6.14}$$

式中 $\hat{\sigma}_u^2$ 为模型中随机项 u 的方差 σ_u^2 的估计量,又称为剩余均方或剩余方差(或误差方

差）。

由(3.6.4)知，

$$ESS = TSS - RSS$$

即

$$\sum \varepsilon_i^2 = \sum \dot{y}_i^2 - \hat{\beta} \sum \dot{x}_i \dot{y}_i \qquad (3.6.15)$$

把(3.6.15)代入(3.6.14)便有

$$\hat{\sigma}_u^2 = \frac{\sum \dot{y}_i^2 - \hat{\beta} \sum \dot{x}_i \dot{y}_i}{n-2} \qquad (3.6.16)$$

这便是公式(2.4.10)。

四、F 与 R^2 的关系

由(3.6.11)知,拟合优度可表示为

$$R^2 = 1 - \frac{\sum \varepsilon_i^2}{\sum \dot{y}_i^2}$$

或

$$1 - R^2 = \frac{\sum \varepsilon_i^2}{\sum \dot{y}_i^2} \qquad (3.6.17)$$

又统计量

$$F = \frac{\sum \hat{\dot{y}}_i^2}{\sum \varepsilon_i^2/(n-2)} = (n-2)\frac{\sum \hat{\dot{y}}_i^2 / \sum \dot{y}_i^2}{\sum \varepsilon_i^2 / \sum \dot{y}_i^2} \qquad (3.6.18)$$

把(3.6.6)和(3.6.17)代入(3.6.18)便有

$$F = (n-2)\frac{R^2}{1-R^2} \qquad (3.6.19)$$

从公式(3.6.19)可以看出,F 与 R^2 成正比,R^2 越大,F 值也越大。也就是说回归方程拟合得越好 R^2 越大,从而 F 值也越大,其总体的 F 检验也越显著。因而可以把 F 检验看成是对拟合优度的检验。

§3.7 无条件预测

在自变量值已知的条件下预测相应的因变量值,这种预测称为无条件预测。在自变量未知但可以用其他方法得出预测期的自变量的估计值的条件下预测某个因变量值,这样的预测称为有条件预测。本节只讲无条件预测。

一、点预测

设有模型

$$y_t = \alpha + \beta x_t + u_t \qquad t = 1, 2, \cdots, n \qquad (3.7.1)$$

t 表示第 t 个抽样时期,现在假设属于抽样时期以外的某个时期 f(预测期)的自变量值 x_f已知,并且(3.7.1)式同样适用于第 f 个时期,这时因变量有

$$y_f = \alpha + \beta x_f + u_f \tag{3.7.2}$$

且 u_f满足基本假定。由于每一个 x_f值都对应着 y_f的一个分布,所以,讨论 y_f的预测值有两个含义:

(1) 预测与 x_f值相对应的 y_f的期望值 $E(y_f)$;

(2) 预测与 x_f值相对应的 f 期的 y_f当期的值。

具体预测办法是:我们可以利用模型(3.7.1)和样本观察值(x_t, y_t)得出回归方程

$$\hat{y}_t = \hat{\alpha} + \hat{\beta} x_t$$

将 t 外推到抽样期之外的某个预测期 f,就有

$$\hat{y}_f = \hat{\alpha} + \hat{\beta} x_f \tag{3.7.3}$$

其中 x_f已知。此时 $\hat{y}_f$ 既可作为 $E(y_f)$的估计量,也可以作为 y_f的估计量。

事实上

$$E(\hat{y}_f) = E(\hat{\alpha} + \hat{\beta} x_f) = \alpha + \beta x_f = E(y_f)$$

表明:$\hat{y}_f$ 是 $E(y_f)$的无偏估计量。

又有 $$E(y_f - \hat{y}_f) = E[(\alpha + \beta x_f + u_f) - (\hat{\alpha} + \hat{\beta} x_f)] = 0$$

表明:二者之差在多次观察中平均来说等于零。

综上所述,用 $\hat{y}_f$ 来估计 $E(y_f)$和 y_f 是合理的。

二、区间预测

(一) $E(y_f)$的区间预测

为了求出 $E(y_f)$的置信区间,我们先求出估计量 $\hat{y}_f$ 的方差:

$$V(\hat{y}_f) = V(\hat{\alpha} + \hat{\beta} x_f) = E[(\hat{\alpha} - \alpha) + (\hat{\beta} - \beta) x_f]^2$$

其中

$$\hat{\alpha} - \alpha = \sum_{t=1}^{n} \left(\frac{1}{n} - \bar{x} k_t \right) u_t$$

$$\hat{\beta} - \beta = \sum_{t=1}^{n} k_t u_t$$

所以

$$\begin{aligned}(\hat{\alpha} - \alpha) + (\hat{\beta} - \beta) x_f &= \sum_{t=1}^{n} \left(\frac{1}{n} - \bar{x} k_t \right) u_t + \sum_{t=1}^{n} k_t u_t x_f \\ &= \sum_{t=1}^{n} \left(\frac{1}{n} + \dot{x}_f k_t \right) u_t\end{aligned}$$

其中

$$\dot{x}_f = x_f - \bar{x}$$

于是有

$$
\begin{aligned}
V(\hat{y}_f) &= E\left[\sum_{t=1}^{n}\left(\frac{1}{n}+\dot{x}_f k_t\right)u_t\right]^2 \\
&= \sum_t\left(\frac{1}{n}+\dot{x}_f k_t\right)^2 E(u_t^2) \\
&\quad + \sum_{t\neq s}\left(\frac{1}{n}+\dot{x}_f k_t\right)\left(\frac{1}{n}+\dot{x}_f k_s\right)E(u_t u_s) \qquad (3.7.4)\\
&= \sigma_u^2\sum_t\left(\frac{1}{n}+\dot{x}_f k_t\right)^2 \\
&= \sigma_u^2\left(\frac{1}{n}+\frac{\dot{x}_f^2}{\sum \dot{x}_t^2}\right)
\end{aligned}
$$

用无偏估计量 $\hat{\sigma}_u^2$ 代替 σ_u^2，便得 $V(\hat{y}_f)$ 的无偏估计量：

$$
\hat{V}(\hat{y}_f)=\hat{\sigma}_u^2\left(\frac{1}{n}+\frac{\dot{x}_f^2}{\sum \dot{x}_t^2}\right) \qquad (3.7.5)
$$

利用(3.7.5)构造 t 统计量，显然有

$$
T=\frac{\hat{y}_f-E(y_f)}{\sqrt{\hat{V}(\hat{y}_f)}}\sim t(n-2) \qquad (3.7.6)
$$

则置信度取 $1-\alpha$ 的置信区间为：

$$
\begin{aligned}
E(y_f) &= \hat{y}_f \pm t_{\frac{\alpha}{2}}(n-2)\sqrt{\hat{\sigma}_u^2\left(\frac{1}{n}+\frac{\dot{x}_f^2}{\sum \dot{x}_t^2}\right)} \\
&= \hat{y}_f \pm t_{\frac{\alpha}{2}}(n-2)\,\hat{\sigma}_u\sqrt{\frac{1}{n}+\frac{\dot{x}_f^2}{\sum \dot{x}_t^2}}
\end{aligned} \qquad (3.7.7)
$$

（二）y_f 的区间预测

为了求出 y_f 的预测区间，须先计算 $\hat{y}_f-y_f$ 的方差。由于 $\hat{y}_f$ 是由回归方程决定的，所以它与抽样期内的 u_t 有关，而 y_f 仅与抽样期以外的 u_f 有关，但是 u_t 与 u_f 不相关，所以作为随机变量 $\hat{y}_f$ 与 y_f 彼此也不相关，于是

$$
V(\hat{y}_f-y_f)=V(\hat{y}_f)+V(y_f)
$$

由于

$$
V(\hat{y}_f)=\sigma_u^2\left(\frac{1}{n}+\frac{\dot{x}_f^2}{\sum \dot{x}_t^2}\right)
$$

$$
V(y_f)=\sigma_u^2
$$

所以

$$
V(\hat{y}_f-y_f)=\sigma_u^2\left(1+\frac{1}{n}+\frac{\dot{x}_f^2}{\sum \dot{x}_t^2}\right) \qquad (3.7.8)
$$

用无偏估计量 $\hat{\sigma}_u^2$ 代替 σ_u^2，得

$$
\hat{V}(\hat{y}_f-y_f)=\hat{\sigma}_u^2\left(1+\frac{1}{n}+\frac{\dot{x}_f^2}{\sum \dot{x}_t^2}\right) \qquad (3.7.9)
$$

利用(3.7.9)构造统计量,显然有

$$T=\frac{\hat{y}_f-y_f}{\sqrt{\hat{V}(\hat{y}_f-y_f)}}\sim t(n-2)$$

则置信度取 $1-\alpha$ 的置信区间为

$$\begin{aligned} y_f &= \hat{y}_f \pm t_{\frac{\alpha}{2}}(n-2)\sqrt{\hat{V}(\hat{y}_f-y_f)} \\ &= \hat{y}_f \pm t_{\frac{\alpha}{2}}(n-2)\hat{\sigma}_u\sqrt{1+\frac{1}{n}+\frac{\dot{x}_f^2}{\sum \dot{x}_t^2}} \end{aligned} \tag{3.7.10}$$

由公式(3.7.7)和(3.7.10)可以看出,对于相同的置信度 y_f 的预测区间比 $E(y_f)$ 的预测区间宽些。即在相同的置信度下,y_f 的预测误差比 $E(y_f)$ 的预测误差大;并且预测精度与样本容量 n、x_f 与均值 $\bar{x}$ 的偏差平方 $\dot{x}_f^2$ 以及 x 的观察值的偏差平方和 $\sum \dot{x}_t^2$ 三者有关。我们把对应不同 x_f 值的各对置信限分别用两个点表示,并把上下限点分别连结起来就形成一条双曲线(见图 3.7.1),构成一条置信带,$E(y_f)$ 的置信带是由实双曲线围成的以 $\bar{x}$ 为中心向两端呈扇形展开的区域。y_f 的置信带是虚双曲线形成的类似区域。

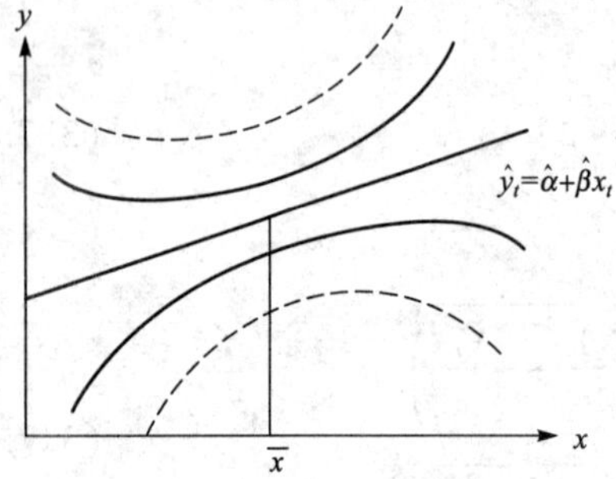

图 3.7.1 $E(y_f)$ 和 y_f 的置信带

由(3.7.7)和(3.7.10)结合图 3.7.1 可以看出:

(1) 样本容量 n 越大,预测越准确,预测精度越高。

(2) x_f 距 $\bar{x}$ 越近,预测精度越高。

(3) $\sum \dot{x}_t^2$ 越大,即抽样范围越宽,预测精度越高。

三、控制

控制问题是预测问题的反问题,即要求被解释变量的观测值在某一区间(y_1,y_2)内取值,那么,解释变量应控制在什么范围内?也就是对给定的显著水平 α,求出相应的(x_1,x_2)使得,当 $x_1<x<x_2$ 时,x 所对应的观测值 y 落在(y_1,y_2)之内的概率值不小于 $1-\alpha$。

我们可以利用(3.7.10)式

$$y_f = \hat{y}_f \pm t_{\frac{\alpha}{2}}(n-2)\hat{\sigma}_u\sqrt{1+\frac{1}{n}+\frac{\dot{x}_f^2}{\sum \dot{x}_t^2}}$$

令 y 取值 y_1, y_2 便有

$$\begin{aligned} y_1 &= \hat{y} - t_{\frac{\alpha}{2}}(n-2)\hat{\sigma}_u\sqrt{1+\frac{1}{n}+\frac{\dot{x}_f^2}{\sum \dot{x}_t^2}} \\ &= \hat{\alpha}+\hat{\beta}x_1 - t_{\frac{\alpha}{2}}(n-2)\hat{\sigma}_u\sqrt{1+\frac{1}{n}+\frac{\dot{x}_f^2}{\sum \dot{x}_t^2}} \end{aligned} \tag{3.7.11}$$

$$y_2 = \hat{y} + t_{\frac{\alpha}{2}}(n-2)\hat{\sigma}_u\sqrt{1+\frac{1}{n}+\frac{\dot{x}_f^2}{\sum \dot{x}_t^2}}$$
$$= \hat{\alpha} + \hat{\beta}x_2 + t_{\frac{\alpha}{2}}(n-2)\hat{\sigma}_u\sqrt{1+\frac{1}{n}+\frac{\dot{x}_f^2}{\sum \dot{x}_t^2}} \tag{3.7.12}$$

利用方程(3.7.11)和(3.7.12)可以将 x_1, x_2 解出作为控制 x 的上下限。但是要注意,要实现控制,控制区间(y_1, y_2)的长度必须大于 $2t_{\frac{\alpha}{2}}(n-2)\hat{\sigma}_u\sqrt{1+\frac{1}{n}+\frac{\dot{x}_f^2}{\sum \dot{x}_t^2}}$,也就是

$$y_2 - y_1 > 2t_{\frac{\alpha}{2}}(n-2)\hat{\sigma}_u\sqrt{1+\frac{1}{n}+\frac{\dot{x}_f^2}{\sum \dot{x}_t^2}}$$

§3.8 案例分析——一元线性回归模型计算举例(1)

表3.8.1给出国内生产总值(x)与出口贸易总额(y)的两个时间序列,试估计出口模型 $y_t = \alpha + \beta x_t + u_t$,并对估计结果进行讨论。

这里我们的目的只是借助这一组数据来说明一元回归分析的计算过程,因而不去计较出口模型本身是否完整确切。

表3.8.1　出口贸易总额(y 亿美元)和国内生产总值(x 亿元)的时间序列

年份	x	y	年份	x	y
1984	7 170	261.4	1996	67 884.6	1 510.5
1985	8 964.4	273.5	1997	74 462.6	1 827.9
1986	10 202.2	309.4	1998	78 345.2	1 837.1
1987	11 962.5	394.4	1999	82 067.5	1 949.3
1988	14 928.3	475.2	2000	89 468.1	2 492.0
1989	16 909.2	525.4	2001	97 314.8	2 661.0
1990	18 547.9	620.9	2002	105 172.3	3 256.0
1991	21 617.8	719.1	2003	117 251.9	4 382.3
1992	26 638.1	849.4	2004	159 878.3	5 933.2
1993	34 634.4	917.4	2005	183 867.9	7 619.5
1994	46 759.4	1 210.1	2006	210 871.0	9 689.4
1995	58 478.1	1 487.8	2007	257 305.6	12 177.8

一、模型的建立

为了研究中国出口总额与国内生产总值之间的关系,由经济理论分析知,国内生产总值是影响出口总额的主要因素,出口总额 y 与国内生产总值 x 之间存在着密切的关系,出口总额随着国内生产总值的增加而增加,如散点图 3.8.1 所示。

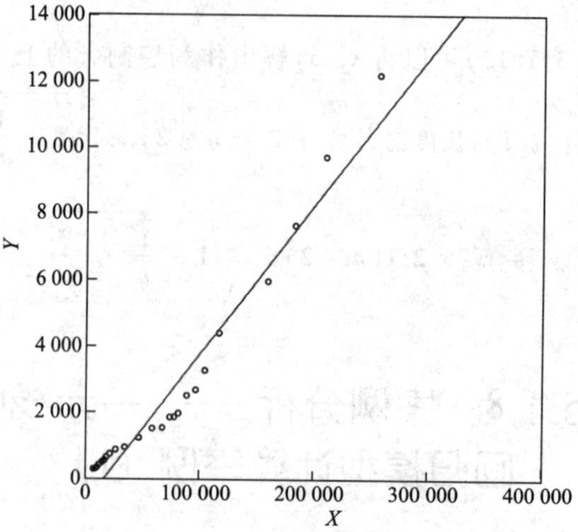

图 3.8.1　散点图

从图 3.8.1 可以看出,出口总额与国内生产总值之间存在线性关系,因此可设出口总额 y 与国内生产总值 x 的关系为:

$$y_t = \alpha + \beta x_t + u_t$$

其中 y_t为出口总额(亿美元),x_t为国内生产总值(亿元)。

二、参数估计

整个计算过程可分解成以下几个步骤:

(1) 由自变量和因变量的观察值计算

$$\bar{x} = 75\ 029.25417 \qquad \bar{y} = 2\ 640.8333$$

$$\sum x_t = 1\ 800\ 702.10 \qquad \sum y_t = 63\ 380.00$$

$$\sum x_t^2 = 244\ 565\ 544\ 904.59 \qquad \sum y_t^2 = 398\ 377\ 425.26$$

$$\sum x_t y_t = 9\ 660\ 163\ 827.20$$

(2) 计算 $\sum \dot{x}_t^2$、$\sum \dot{y}_t^2$、$\sum \dot{x}_t \dot{y}_t$

$$\sum \dot{x}_t^2 = \sum x_t^2 - n\bar{x}^2 = 244\ 565\ 544\ 904.59 - 24 \times 75\ 029.25417^2$$
$$= 109\ 460\ 209\ 365.24$$

$$\sum \dot{y}_t^2 = \sum y_t^2 - n\bar{y}^2 = 398\ 377\ 425.26 - 24 \times 2\ 640.8333^2$$
$$= 231\ 001\ 408.5933$$

$$\sum \dot{x}_t \dot{y}_t = \sum x_t y_t - n\bar{x}\bar{y} = 9\ 660\ 163\ 287.20 - 24 \times 75\ 029.25417 \times 2\ 640.8333$$

$=490\ 480\ 969\ 8.12$

（3）计算 $\hat{\alpha}$ 和 $\hat{\beta}$

$$\hat{\beta}=\frac{\sum \dot{x}_t\dot{y}_t}{\sum \dot{x}_t^2}=\frac{4\ 904\ 809\ 698.12}{109\ 460\ 209\ 365.24}=0.044809066$$

$$\hat{\alpha}=\bar{y}-\hat{\beta}\bar{x}=2\ 640.8333-0.044809\times 75\ 029.25417=-721.1574$$

（4）计算 $S_{\hat{\beta}}, S_{\hat{\alpha}}$ 和 R^2

$$RSS=\hat{\beta}\sum \dot{x}_t\dot{y}_t=219\ 779\ 939.34$$

$$ESS=\sum \dot{y}_t^2-\hat{\beta}\sum \dot{x}_t\dot{y}_t=11\ 221\ 469.25$$

$$\hat{\sigma}_u^2=\frac{\sum \dot{y}_t^2-\hat{\beta}\sum \dot{x}_t\dot{y}_t}{n-2}=\frac{11\ 221\ 469.25}{22}=510\ 066.7841$$

$$S_{\hat{\beta}}=\sqrt{\hat{\sigma}_u^2/\sum \dot{x}_t^2}=\sqrt{510\ 066.7841/109\ 460\ 209\ 365.24}=0.002158666$$

$$S_{\hat{\alpha}}=\sqrt{\hat{\sigma}_u^2\left(\frac{1}{n}+\frac{\bar{x}^2}{\sum \dot{x}_t^2}\right)}=217.9101198$$

$$R^2=\frac{\hat{\beta}\sum \dot{x}_t\dot{y}_t}{\sum \dot{y}_t^2}=0.951423$$

（5）计算 T 值

$$T_{\hat{\beta}}=\frac{\hat{\beta}}{S_{\hat{\beta}}}=\frac{0.044809066}{0.002158666}=20.75776$$

$$T_{\hat{\alpha}}=\frac{\hat{\alpha}}{S_{\hat{\alpha}}}=-3.309426$$

查 t 分布表 $t_{\alpha/2}(n-2)=t_{0.025}(22)=2.074$

（6）将分析结果写成标准形式

$$\hat{y}=\hat{\alpha}+\hat{\beta}x \qquad R^2=\cdots$$
$$(S_{\hat{\alpha}})(S_{\hat{\beta}})$$

或

$$(T_{\hat{\alpha}})(T_{\hat{\beta}})$$

$$\hat{y}=-721.1574+0.044809066x \qquad R^2=0.951423$$
$$(217.9101)(0.002159)$$

或

$$\hat{y}=-721.1574+0.044809066x \qquad R^2=0.951423$$
$$(-3.309426)(20.75776)$$

三、模型检验

（一）经济检验准则

经济意义检验就是根据经济理论检验参数估计值的正负号是否合理，大小是否适当。本案例一次项系数 $\hat{\beta}=0.044809066$ 符合经济的一般规律，参数 $\hat{\beta}=\frac{d\hat{y}}{dx}$ 称为边际出口额，表明国内生产总值增加一单位,出口额可增加 0.044809066 个单位。

常数项的估计值 $\hat{\alpha}$ 的经济含义比较复杂,原因是:

(1) 随机项 u 部分地是由于舍弃了某些不重要的自变量而产生的,这些自变量的平均效应如果不等于 0,就都被置于 $\hat{\alpha}$ 之中,$\hat{\alpha}$ 实际上还起着“垃圾箱”的作用。所以,$\hat{\alpha}$ 的数值与它未起这种作用时的数值不同。

(2) 即使随机项的期望值等于零,它的 n 个观察值的平均值也未必为 0,为了消除有限样本的非零平均值,也需要有 $\hat{\alpha}$ 起“垃圾箱”的作用。这样把 $\hat{\alpha}$ 看成 α 的估计量就不合适了。

(3) x 与 y 的真实关系在坐标原点附近可能是非线性关系且通过原点,但我们用直线去拟合曲线,此时直线截距一般不为 0。

由此可见,$\hat{\alpha}$ 无论在数值上还是在含义上都不能看成是 α 的“纯净”估计量,它仅仅是一个没有什么具体意义的数,但这个常数项还非要不可。正因为这样,通常在回归分析中,对 α 的显著与否并不十分关心,而且在 $\hat{\alpha}$ 值的下方也往往不标出标准差 $S_{\hat{\alpha}}$。

(二) 统计意义检验准则

1. 参数显著性检验

本案例中 $\hat{\beta}$ 的 t 统计量为 20.75776。对于给定的显著水平 $\alpha=0.05$,查 t 分布表其临界值 $t_{0.025}(22)=2.074$,因为 $T_{\hat{\beta}}=20.75776>t_{0.025}(22)=2.074$,所以拒绝 $H_0:\beta=0$,表明国内生产总值对我国出口额有显著的影响。

2. 拟合优度检验

拟合优度检验就是检验样本回归直线与样本观测值之间的拟合程度,用拟合优度 R^2 大小来表示。拟合优度用来描述解释变量对被解释变量的解释程度。

本案例中,$R^2=0.951423$,表明样本回归直线的解释能力为 95%,在出口总额 y_t 的总变差中,由解释变量国内生产总值 x_t 解释的部分占了 95%,也就是我国出口总额变动的 95% 可由样本回归直线做出解释,模型拟合优度很高。说明国内生产总值与出口额之间确实存在明显的线性关系。

(三) 计量经济学检验准则

关于计量经济学检验在以后的六,七,八章中将陆续讲到。

一元回归分析的计算步骤至此,已基本完成。为了配合本章的内容,再把有关的内容在这里一并演算。

参数 α 和 β 的置信区间:

对给定显著水平 $\alpha=0.05$ 时,α 和 β 的置信区间为

$$\hat{\beta}\pm t_{0.025}(22)S_{\hat{\beta}}=0.044809\pm0.004478$$

$$\hat{\alpha}\pm t_{0.025}(22)S_{\hat{\alpha}}=-721.1574\pm451.9455$$

F 检验与方差分析

$$RSS=\hat{\beta}\sum\dot{x}_t\dot{y}_t=219\ 779\ 939.34 \qquad ESS=\sum\dot{y}_t^2-\hat{\beta}\sum\dot{x}_t\dot{y}_t=11\ 221\ 469.25$$

$$F=\frac{RSS/1}{ESS/(n-2)}=\frac{219\ 779\ 939.3}{11\ 221\ 469.25/22}=430.8846$$

对给定的显著水平 $\alpha=0.05$,查 F 分布表 $F_{0.05}(1,22)=4.30$,

$$F=430.8846>4.30=F_{0.05}(1,22)$$

表明方程总体显著,y 与 x 的线性关系明显存在。它的方差分析见表 3.8.2。

表 3.8.2　　方差分析表

离差名称	平方和	自由度	均方	F 值
回归	219 779 939.34	1	219 779 943.6	430.8846
剩余	11 221 469.25	22	510 066.7841	
总计	231 001 408.59	23		

四、预测

点预测:已知 2008 年国内生产总值为 300 670 亿元,即 $x_{2008}=300\ 670$,预测 y_{2008} 的值,

$$\begin{aligned}\hat{V}(\hat{y}_f-y_f)&=\hat{\sigma}_u^2\left(1+\frac{1}{n}+\frac{\dot{x}_f^2}{\sum\dot{x}_t^2}\right)\\&=510\ 066.7841\left[1+\frac{1}{24}+\frac{(300\ 670-75\ 029.25)^2}{109\ 460\ 209\ 365.24}\right]\\&=768\ 569.3573\end{aligned}$$

其中 $f=2008$(年)

2008 年出口额的预测值为:

$$\hat{y}_{2008}=-721.1574+0.044809\times300\ 670=12\ 751.56463$$

对显著水平 $\alpha=0.05$,置信区间为

$$\begin{aligned}y_{2008}&=\hat{y}_{2008}\pm t_{0.025}(22)\sqrt{\hat{V}(\hat{y}_{2008}-y_{2008})}\\&=12\ 751.5646\pm2.074\times\sqrt{768\ 569.3\ 573}\\&=12\ 751.5646\pm1\ 818.236136\end{aligned}$$

即置信区间(10 933.3285,14 569.8007),其置信度为 95%。

实际上,2008 年我国的出口总额是 14 306.9 亿美元,利用模型预测的结果是 12 751.5646 亿美元,可以看出预测精度还是比较高的。

§3.9　案例分析——一元线性回归模型计算举例(2)

在 §3.8 中案例的计算过程可以在计算机上完成,我们这里使用计量经济学软件 **EVsiews6.0** 软件来进行计算。

一、建立工作文件

在主菜单上点击 **File/New/Workfile**,建立新工作文件。这时屏幕上出现“**Workfile**

Create”对话框,如图 3.9.1 所示。

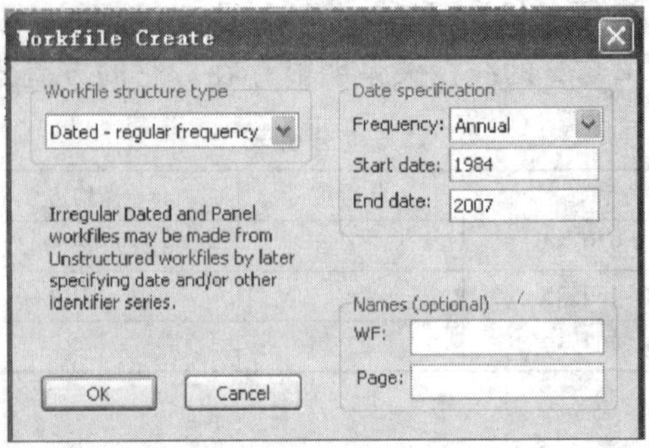

图 3.9.1　建立工作文件窗口

首先,选择数据类型和起止日期;其次,本案例在 **Start date** 里填入 1984,在 **End date** 里填入 2007;最后,点击“OK”屏幕上便出现 **Workfile** 工作文件簿,并命名为 EV381,如图 3.9.2 所示。

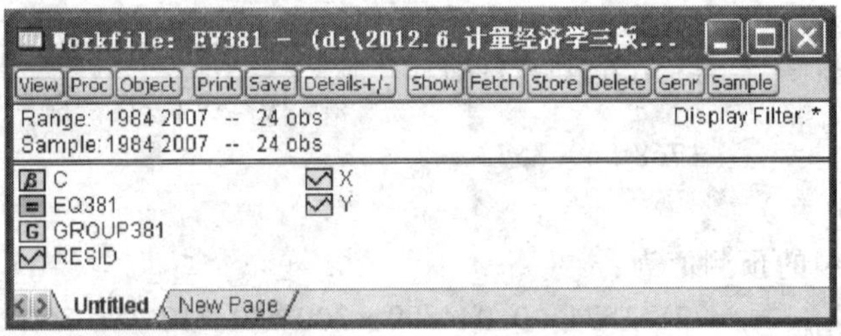

图 3.9.2　已建立工作文件

二、输入和编辑数据

首先,在主菜单上,依次点击 **Quick / Empty Group** 建立一个空数据表格,如图 3.9.3 所示。

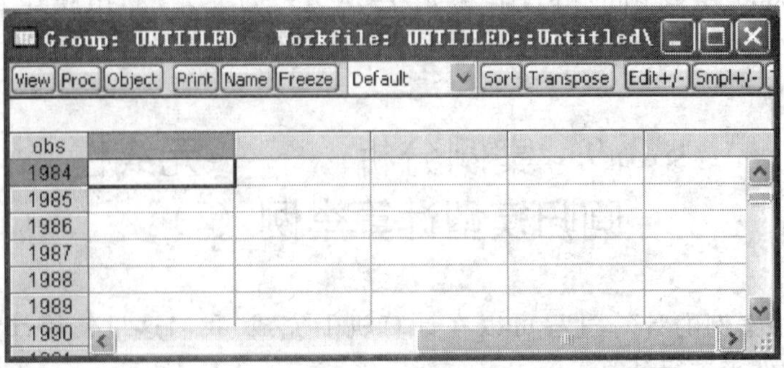

图 3.9.3　空数据表格

其次,在空数据表格中,按列录入数据,再将每列数据命名,如图 3.9.4 所示。

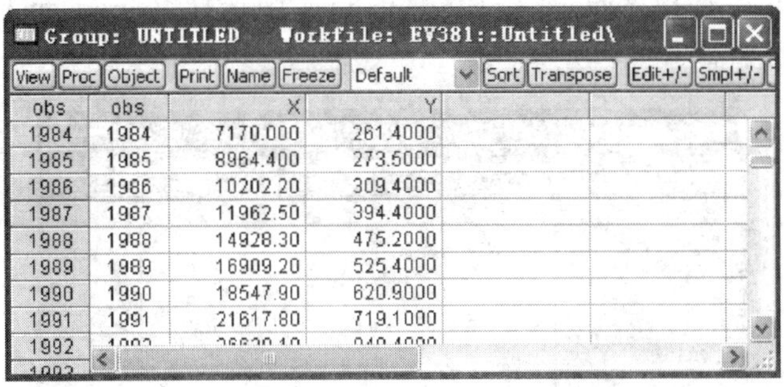

obs	obs	X	Y
1984	1984	7170.000	261.4000
1985	1985	8964.400	273.5000
1986	1986	10202.20	309.4000
1987	1987	11962.50	394.4000
1988	1988	14928.30	475.2000
1989	1989	16909.20	525.4000
1990	1990	18547.90	620.9000
1991	1991	21617.80	719.1000
1992			

图 3.9.4　输入数据表

三、图形分析

在估计模型参数之前,我们可以借助散点图直观分析经济变量之间的关系,以便合理的确定模型的数学形式。点击 Quick / Graph 便出现对话框,如图 3.9.5 所示。

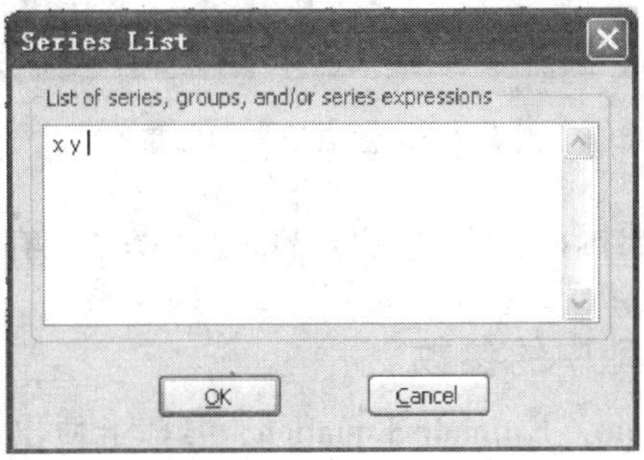

图 3.9.5　变量名称输入表

在对话框中键入变量名称 x,y, 再点击"OK"便出现对话框,如图 3.9.6 所示。

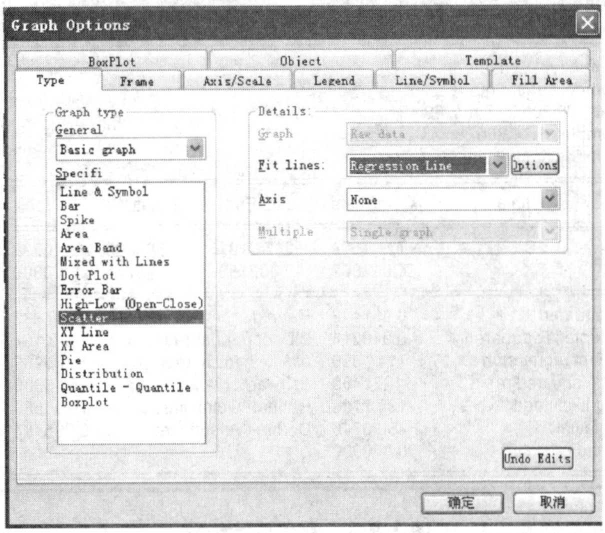

图 3.9.6　图形类型选择窗口

在左边 Specifi 中选择 Scatter,在右边 Fit lines 中选择 Regression line,然后点击“确定”便得到散点图,如图 3.9.7 所示。

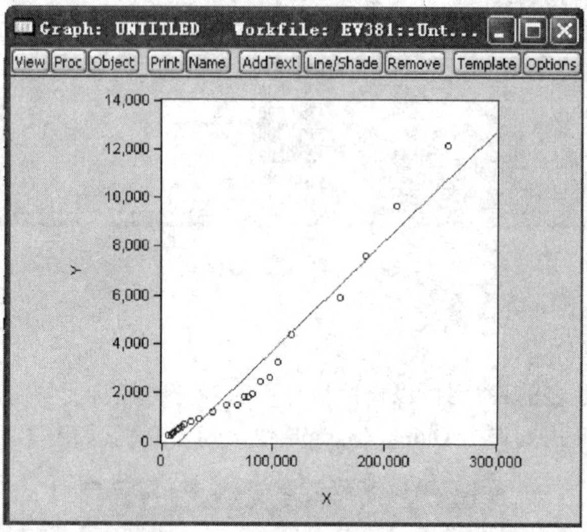

图 3.9.7 散点图与回归直线

从图 3.9.7 中可以看出国内生产总值与出口总额基本上存在线性关系。

四、用 *OLS* 估计模型中的参数

在主菜单中,点击 Quick / Estimate Equation, 屏幕上便出现“Equation Specification”对话框,在对话框中输入 *y* c *x* (c 为 Eviews 中专用截距表示符号),再点击“确定”便得到参数估计结果,如图 3.9.8 所示。

Equation: EQ381 Workfile: EV381::Untitled\

View Proc Object Print Name Freeze Estimate Forecast Stats Resids

Dependent Variable: Y
Method: Least Squares
Date: 08/20/12 Time: 09:49
Sample: 1984 2007
Included observations: 24

Variable	Coefficient	Std. Error	t-Statistic	Prob.
C	-721.1574	217.9101	-3.309426	0.0032
X	0.044809	0.002159	20.75776	0.0000

R-squared	0.951423	Mean dependent var	2640.833
Adjusted R-squared	0.949214	S.D. dependent var	3169.154
S.E. of regression	714.1896	Akaike info criterion	16.05983
Sum squared resid	11221469	Schwarz criterion	16.15800
Log likelihood	-190.7180	Hannan-Quinn criter.	16.08587
F-statistic	430.8846	Durbin-Watson stat	0.205484
Prob(F-statistic)	0.000000		

图 3.9.8 参数估计结果

五、预测

第一步:在工作文件主窗口点击 Proc/Structure/Resize Current Page(改变观测值范围),再将自变量的预测期的值输入 x 序列中。

第二步:在估计出的“Equation”框里选择“Forecast”项,Eviews 可以自动给出包括样本期间在内的全部预测值的图形表示,如图 3.9.9 所示。

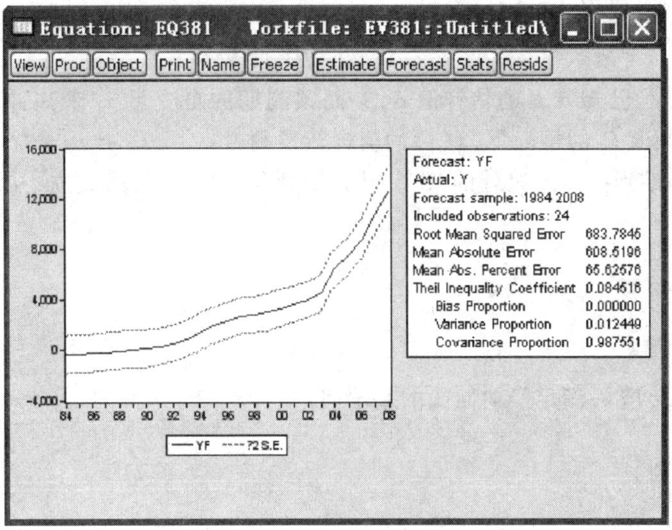

图 3.9.9　预测值的图形表示

要想知道 2008 年的预测值具体是多少,可以点击工作文件中的预测变量名称“YF”,便可得到各年的预测值,如图 3.9.10 所示。

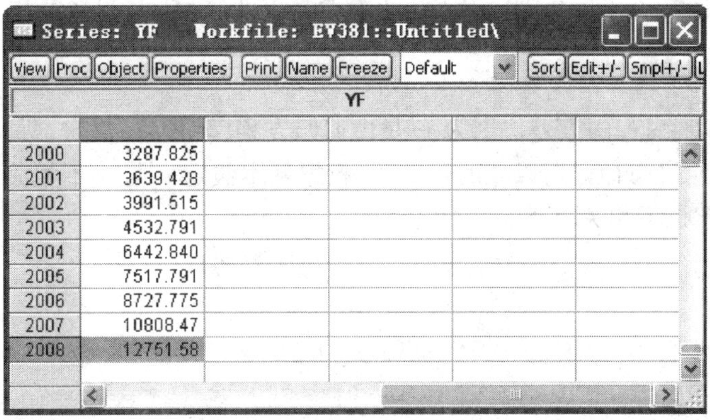

图 3.9.10　各年的预测值

我们也可编写简单的计算程序,直接预测 2008 年的出口总额,由于篇幅有限,关于 EViews6.0 的详细使用方法,请参看由于俊年编著,对外经济贸易大学出版社出版的《计量经济学软件——EViews 的使用(第二版)》一书(2012 年)。

§3.10 有条件预测

设有模型

$$y_t = \alpha + \beta x_t + u_t \qquad t = 1,2,\cdots,n \tag{3.10.1}$$

相应的样本回归方程为

$$\hat{y}_t = \hat{\alpha} + \hat{\beta} x_t \tag{3.10.2}$$

有条件预测是已知 α,β 的估计值 $\hat{\alpha},\hat{\beta}$,而预测期的自变量 x_f 未知,但可以由其他方法得出 x_f 的估计值 $\hat{x}_f$ 的情况下,对 y_f 的值进行预测。

假设将 t 外推到抽样期以外的某个 f 期,模型(3.10.1)仍然成立,并满足基本假定,就有

$$\hat{y}_f = \hat{\alpha} + \hat{\beta}\hat{x}_f \tag{3.10.3}$$

其中

$$\hat{x}_f = x_f + v_f \tag{3.10.4}$$

$\hat{\alpha},\hat{\beta}$ 与 v_f 不相关,且 v_f 满足经典回归的基本假定。

一、点预测

考察

$$\begin{aligned} E(\hat{y}_f - y_f) &= E[(\hat{\alpha}-\alpha) + (\hat{\beta}\hat{x}_f - \beta x_f) - u_f] \\ &= E(\hat{\alpha}-\alpha) + x_f E(\hat{\beta}-\beta) + E(\hat{\beta} v_f) - E(u_f) \\ &= 0 \end{aligned} \tag{3.10.5}$$

表明:二者之差 $\hat{y}_f - y_f$ 在多次观测中平均来说等于零,即 $\hat{y}_f$ 可以看作是 y_f 的估计值。

二、区间预测

我们先计算 $\hat{y}_f - y_f$ 的方差。因为 $\hat{y}_f$ 是由回归方程(3.10.2)决定,所以它仅与抽样期内的 u_t有关,而 y_f仅与抽样期以外的 u_f有关,根据基本假定 u_t与 u_f不相关,所以作为随机变量 $\hat{y}_f$ 与 y_f彼此也不相关。于是

$$V(\hat{y}_f - y_f) = V(\hat{y}_f) + V(y_f) \tag{3.10.6}$$

其中

$$V(y_f) = \sigma_u^2 \tag{3.10.7}$$

$$\begin{aligned} V(\hat{y}_f) &= V(\hat{\alpha} + \hat{\beta}\hat{x}_f) \\ &= E[(\hat{\alpha} + \hat{\beta}\hat{x}_f) - E(\hat{\alpha} + \hat{\beta}\hat{x}_f)]^2 \\ &= E[(\hat{\alpha} - \alpha) + \hat{\beta}\hat{x}_f - \beta x_f]^2 \\ &= E[(\hat{\alpha} - \alpha) + (\hat{\beta} - \beta)x_f + (\hat{\beta} - \beta)v_f + \beta v_f]^2 \\ &= V(\hat{\alpha}) + 2x_f COV(\hat{\alpha},\hat{\beta}) + x_f^2 V(\hat{\beta}) + \sigma_v^2 V(\hat{\beta}) + \beta^2 \sigma_v^2 \end{aligned} \tag{3.10.8}$$

其中

$$\left.\begin{aligned} V(\hat{\alpha}) &= \sigma_u^2 \frac{\sum x_t^2}{n \sum \dot{x}_t^2} \\ V(\hat{\beta}) &= \frac{\sigma_u^2}{\sum \dot{x}_t^2} \\ COV(\hat{\alpha},\hat{\beta}) &= -\frac{\bar{x}\sigma_u^2}{\sum \dot{x}_t^2} \end{aligned}\right\} \tag{3.10.9}$$

将(3.10.9)代入(3.10.8)有

$$\begin{aligned} V(\hat{y}_f) &= \sigma_u^2\left[\frac{\sum x_t^2}{n\sum \dot{x}_t^2} - \frac{2\bar{x}x_f}{\sum \dot{x}_t^2} + \frac{x_f^2}{\sum \dot{x}_t^2} + \frac{\sigma_v^2}{\sum \dot{x}_t^2}\right] + \beta^2\sigma_v^2 \\ &= \sigma_u^2\left[\frac{1}{n} + \frac{(x_f - \bar{x})^2 + \sigma_v^2}{\sum \dot{x}_t^2}\right] + \beta^2\sigma_v^2 \end{aligned} \tag{3.10.10}$$

将(3.10.7)和(3.10.10)代入(3.10.6)便有

$$V(\hat{y}_f - y_f) = \sigma_u^2\left[1 + \frac{1}{n} + \frac{\dot{x}_f^2 + \sigma_v^2}{\sum \dot{x}_t^2}\right] + \beta^2\sigma_v^2 \tag{3.10.11}$$

比较(3.10.11)与(3.7.8)知,有条件预测的误差方差比无条件预测的误差方差要大。

由于 $\hat{\alpha},\hat{\beta},\hat{x}_f$ 均为估计量,所以,$\hat{\beta}\hat{x}_f$ 是两个正态分布随机变量的乘积,因而由(3.10.3)式得出的 $\hat{y}_f$ 便不服从正态分布。因此,不能直接利用 $V(\hat{y}_f)$ 估计 y_f 的置信区间,但可采用一种近似区间估计:

首先,求出在 x_f 为已知情况下 $\hat{y}_f = \hat{\alpha} + \hat{\beta}x_f$ 的 95% 的置信区间。其次,求出 y_f^* 和 y_f^{**} 的值:

$$\begin{cases} y_f^* = \hat{\alpha} + \hat{\beta}(\hat{x}_f + 2\sigma_v) \\ y_f^{**} = \hat{\alpha} + \hat{\beta}(\hat{x}_f - 2\sigma_v) \end{cases}$$

再次,绘出相应于 y_f^* 及 y_f^{**} 的置信区间,最后综合 y_f^* 和 y_f^{**} 的置信区间,得到 y_f 的在 95% 置信水平的近似置信区间。具体作法见图 3.10.1。

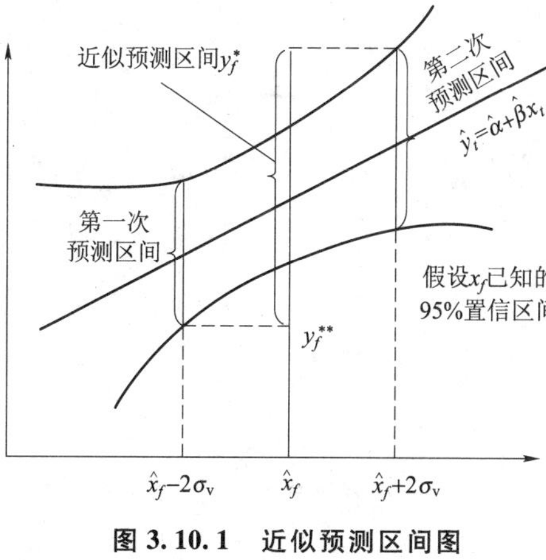

图 3.10.1　近似预测区间图

§3.11 小　　结

1. 一元线性回归模型

$$y_i = \alpha + \beta x_i + u_i \qquad (i = 1, 2, \cdots, n)$$

其中 y 和 x 分别代表两个经济变量，y 称为被解释变量，x 称为解释变量，u 为随机变量。

2. 经典回归模型的基本假定：

假定 1,2,3 可综合表示为

$$u_i \sim N(0, \sigma_u^2) \qquad 其中\ \sigma_u^2\ 为常数$$

假定 4　　$COV(u_i, u_j) = 0\ (i \neq j)$

假定 5　　$COV(u_i, x_j) = 0\ (i, j = 1, 2, \cdots, n)$

3. $y_i \sim N(\alpha + \beta x_i, \sigma_u^2)$

4. 回归参数的最小二乘估计量

$$\hat{\alpha} = \bar{y} - \hat{\beta}\bar{x}$$

$$\hat{\beta} = \frac{\sum \dot{x}_i \dot{y}_i}{\sum \dot{x}_i^2}$$

其中 $\dot{x} = x_i - \bar{x}$, $\dot{y}_i = y_i - \bar{y}$

特殊情况：当常数项 $\alpha = 0$ 时

$$\hat{\beta} = \frac{\sum x_i y_i}{\sum x_i^2}$$

5. 参数最小二乘估计量的统计性质

(1) 线性

$$\hat{\beta} = \sum k_i y_i = \beta + \sum k_i u_i$$

其中

$$k_i = \frac{\dot{x}_i}{\sum \dot{x}_i^2}$$

$$\hat{\alpha} = \sum \left(\frac{1}{n} - \bar{x}k_i\right) y_i = \alpha + \sum \left(\frac{1}{n} - \bar{x}k_i\right) u_i$$

(2) 无偏性

$$E(\hat{\beta}) = \beta$$

$$E(\hat{\alpha}) = \alpha$$

(3) 最小方差

$$V(\hat{\beta}) = \frac{\sigma_u^2}{\sum \dot{x}_i^2}$$

$$V(\hat{\alpha}) = \sigma_u^2\left(\frac{1}{n} + \frac{\bar{x}^2}{\sum \dot{x}_i^2}\right) = \sigma_u^2 \frac{\sum x_i^2}{n\sum \dot{x}_i^2}$$

在线性无偏估计量中,以上述两个最小二乘估计量的方差最小。

6. 参数估计量的抽样分布

$$\hat{\alpha} \sim N\left[\alpha, \sigma_u^2\left(\frac{1}{n} + \frac{\bar{x}^2}{\sum \dot{x}_i^2}\right)\right]$$

$$\hat{\beta} \sim N\left(\beta, \frac{\sigma_u^2}{\sum \dot{x}_i^2}\right)$$

7. σ_u^2 的估计量

$$\hat{\sigma}_u^2 = \frac{\sum \varepsilon_i^2}{n-2} = \frac{\sum \dot{y}_i^2 - \hat{\beta}\sum \dot{x}_i\dot{y}_i}{n-2}$$

8. 回归参数的 t 检验

$$\text{统计量}\quad T = \frac{\hat{\beta}}{\sqrt{\hat{V}(\hat{\beta})}} \sim t(n-2)$$

对于显著水平 α,若$|T| > t_{\alpha/2}(n-2)$,则拒绝 $H_0:\beta = 0$,接受 $H_1:\beta \neq 0$。

对 α 的检验类似。

9. 回归参数的区间估计

$$\hat{\beta} \pm t_{\alpha/2}(n-2)\sqrt{\hat{V}(\hat{\beta})}\text{,置信度为 }1-\alpha$$

$$\hat{\alpha} \pm t_{\alpha/2}(n-2)\sqrt{\hat{V}(\hat{\alpha})}\text{, 置信度为 }1-\alpha$$

10. 拟合优度(样本决定系数)

$$R^2 = \frac{RSS}{TSS} = \frac{\hat{\beta}\sum \dot{x}_i\dot{y}_i}{\sum \dot{y}_i^2} = \frac{(\sum \dot{x}_i\dot{y}_i)^2}{\sum \dot{x}_i^2 \sum \dot{y}_i^2}$$

11. 回归方程的 F 检验

$$F = \frac{RSS/f_R}{ESS/f_E} = \frac{\hat{\beta}\sum \dot{x}_i\dot{y}_i}{\sum \varepsilon_i^2/(n-2)}\text{,其中一元回归模型 } f_R = 1, f_E = n-2$$

若 $F > F_\alpha(1, n-2)$,则拒绝 H_0,即参数 β 不为零,解释变量总体对 y 的影响显著,方程估计可靠。

12. F 与 R^2 的关系

$$F = (n-2)\frac{R^2}{1-R^2}$$

13. 点预测

对于某个预测期 f,有

$$\hat{y}_f = \hat{\alpha} + \hat{\beta}x_f$$

14. 区间预测

$$\hat{y}_f \pm t_{\frac{\alpha}{2}}(n-2)\hat{\sigma}_u\sqrt{1+\frac{1}{n}+\frac{\dot{x}_f^2}{\sum \dot{x}_t^2}}$$

复习思考题

1. 写出一元线性回归的总体模型和方程。
2. 写出一元线性回归的样本模型和方程。
3. 假设某地区的货币数量与国民收入的历史数据如下表所示。

某地区的货币数量与国民收入的历史数据 单位:亿美元

年份	货币数量(y)	国民收入(x)
1995	2.0	5.0
1996	2.5	5.5
1997	3.2	6.0
1998	3.6	7.0
1999	3.3	7.2
2000	4.0	7.7
2001	4.2	8.4
2002	4.6	9.0
2003	4.8	9.7
2004	5.0	10.0
2005	5.2	11.2
2006	5.8	12.4

(1) 做出散点图,然后估计货币数量 y 对国民收入 x 的回归方程,并把回归直线画在散点图上。

(2) 如何解释回归系数的含义?

(3) 如果希望 2007 年国民收入达到 15.0,那么应该把货币供应量定在什么水平上?

4. 对样本数据(x_i, y_i)有回归方程

$$\hat{y}_i = \hat{\alpha} + \hat{\beta}x_i$$

如果对样本数据做变换

$$y_i^* = c_1 + c_2 y_i, x_i^* = d_1 + d_2 x_i$$

(1) 变换后的数据(x_i^*, y_i^*)对回归结果是否产生影响?新旧回归参数之间的关系是什么?

（2）如果只是每个 x_i 都乘以 10，那么回归参数将发生什么变化？

5. 证明：仅当 $R^2=1$ 时，y 对 x 的线性回归的斜率估计量等于 x 对 y 的线性回归的斜率估计量的倒数。

6. 设 p 为任意变量（随机或非随机），$p_i(i=1,2,\cdots,n)$ 为其观测值，记

$$\bar{p}=\frac{1}{n}\sum p_i,\qquad \dot{p}_i=p_i-\bar{p}$$

证明：

（1）$\sum \dot{p}_i=0$

（2）$\sum \dot{p}_i\dot{q}_i=\sum \dot{p}_i q_i=\sum p_i\dot{q}_i$

（3）$\sum \dot{p}_i^2=\sum \dot{p}_i p_i$

（4）$\sum \dot{p}_i^2=\sum p_i^2-n\bar{p}^2$

（5）$\sum \dot{p}_i\dot{q}_i=\sum p_i q_i-n\bar{p}\,\bar{q}$

7. 证明

$$COV(\hat{\alpha},\hat{\beta})=-\frac{\bar{x}\sigma_u^2}{\sum \dot{x}_i^2}$$

其中，$\hat{\alpha},\hat{\beta}$ 为一元线性回归模型的参数估计量。

第四章　多元线性回归分析

✓本章要点

(1) 掌握多元线性回归模型的概念和模型经典假定;(2) 掌握多元线性回归模型参数的最小二乘估计和检验;(3) 模型的检验和预测;(4) 能应用 EViews 软件计算和解决线性回归模型的实际经济问题。

一元线性回归模型所研究的问题是经济变量(因变量)只受一个因素(解释变量)影响的情形。但在许多实际问题中,所研究的经济变量往往受多个因素的影响。这就要求我们在一元线性回归的基础上,进一步研究多元线性回归模型。多元线性回归模型的讨论与一元线性回归模型完全类似,只是在具体计算上较为复杂一点。

§4.1　多元线性回归模型及其基本假定

假定因变量 y 与解释变量 $x_1,x_2,\cdots,x_k$ 具有线性关系,它们之间的线性关系,可用线性回归模型表示为

$$y_i=\beta_0+\beta_1x_{1i}+\beta_2x_{2i}+\cdots+\beta_kx_{ki}+u_i \tag{4.1.1}$$

称为总体线性回归模型。

下标 i 表示第 i 期观察值 $(y_i,x_{1i},x_{2i},\cdots,x_{ki})$, u_i 为对应的随机项, $i=1,2\cdots,n$。由于有 n 期样本观察值,这一模型实际上构成包含 n 个方程的方程组:

$$\begin{cases} y_1=\beta_0+\beta_1x_{11}+\beta_2x_{21}+\cdots+\beta_kx_{k1}+u_1 \\ y_2=\beta_0+\beta_1x_{12}+\beta_2x_{22}+\cdots+\beta_kx_{k2}+u_2 \\ \cdots\quad\cdots\quad\cdots\quad\cdots\quad\cdots \\ y_n=\beta_0+\beta_1x_{1n}+\beta_2x_{2n}+\cdots+\beta_kx_{kn}+u_n \end{cases} \tag{4.1.2}$$

把(4.1.2)改写成矩阵形式:

$$\begin{pmatrix} y_1 \\ y_2 \\ \cdots \\ y_n \end{pmatrix}=\begin{pmatrix} 1 & x_{11} & x_{21} & \cdots & x_{k1} \\ 1 & x_{12} & x_{22} & \cdots & x_{k2} \\ \cdots & \cdots & \cdots & \cdots & \cdots \\ 1 & x_{1n} & x_{2n} & \cdots & x_{kn} \end{pmatrix}\begin{pmatrix} \beta_0 \\ \beta_1 \\ \cdots \\ \beta_k \end{pmatrix}+\begin{pmatrix} u_1 \\ u_2 \\ \cdots \\ u_n \end{pmatrix} \tag{4.1.3}$$

(4.1.3)简化为

$$\boldsymbol{Y}=\boldsymbol{X\beta}+\boldsymbol{U} \tag{4.1.4}$$

其中

$$Y=\begin{pmatrix}y_1\\y_2\\\cdots\\y_n\end{pmatrix}\quad X=\begin{pmatrix}1 & x_{11} & x_{21} & \cdots & x_{k1}\\1 & x_{12} & x_{22} & \cdots & x_{k2}\\\cdots & \cdots & \cdots & \cdots & \cdots\\1 & x_{1n} & x_{2n} & \cdots & x_{kn}\end{pmatrix}\quad \boldsymbol{\beta}=\begin{pmatrix}\beta_0\\\beta_1\\\cdots\\\beta_k\end{pmatrix}\quad U=\begin{pmatrix}u_1\\u_2\\\cdots\\u_n\end{pmatrix}$$

对多元线性回归模型基本假定如下:

假定1 随机项 U 的每一个元素 u_i 均为实随机变量,且服从正态分布。

假定2 随机项 U 的每一个元素的期望值均为零,即

$$E(\boldsymbol{U})=E\begin{pmatrix}u_1\\u_2\\\cdots\\u_n\end{pmatrix}=\begin{pmatrix}E(u_1)\\E(u_2)\\\cdots\\E(u_n)\end{pmatrix}=\begin{pmatrix}0\\0\\\cdots\\0\end{pmatrix}=\boldsymbol{0}$$

假定3 所有随机项 u_i 的方差均相同,即有

$$V(u_i)=E(u_i^2)=\sigma_u^2 \qquad i=1,2,\cdots,n \tag{4.1.5}$$

假定4 不同期的两个随机项 u_i 和 u_j 彼此不相关,即有

$$COV(u_i,u_j)=E(u_iu_j)=0 \qquad (i\neq j) \tag{4.1.6}$$

$$i,j=1,2,\cdots,n$$

假定3和假定4称作高斯—马尔可夫(Gauss-Markov)假定。它可以统一表示为

$$E(UU')=E\left[\begin{pmatrix}u_1\\u_2\\\cdots\\u_n\end{pmatrix}\begin{pmatrix}u_1 & u_2 & \cdots & u_n\end{pmatrix}\right]=E\begin{bmatrix}u_1^2 & u_1u_2 & \cdots & u_1u_n\\u_2u_1 & u_2^2 & \cdots & u_2u_n\\\cdots & \cdots & \cdots & \cdots\\u_nu_1 & u_nu_2 & \cdots & u_n^2\end{bmatrix}$$

$$=\begin{bmatrix}E(u_1^2) & E(u_1u_2) & \cdots & E(u_1u_n)\\E(u_2u_1) & E(u_2^2) & \cdots & E(u_2u_n)\\\cdots & \cdots & \cdots & \cdots\\E(u_nu_1) & E(u_nu_2) & \cdots & E(u_n^2)\end{bmatrix}$$

$$=\begin{bmatrix}\sigma_u^2 & 0 & \cdots & 0\\0 & \sigma_u^2 & \cdots & 0\\\cdots & \cdots & \cdots & \cdots\\0 & 0 & \cdots & \sigma_u^2\end{bmatrix}=\sigma_u^2I_n \tag{4.1.7}$$

即

$$E(UU')=\sigma_u^2I_n \qquad (4.1.7)'$$

假定5 随机项 u_i 与自变量的任一观察值 x_j 不相关,即

$$COV(x_j,u_i)=0,\qquad j=1,2,\cdots,k \qquad (4.1.8)$$
$$i=1,2,\cdots,n$$

即说明解释变量 $x_1,x_2,\cdots,x_k$与随机项 u_i不相关。与一元线性回归分析相同,为了数学处理方便,一般情况下我们都假定所有自变量均为非随机变量。

假定6　所有自变量彼此线性无关,即

$$r_k(X)=k+1 \text{ 且 } k+1<n \qquad (4.1.9)$$

也就是说矩阵 X 的秩等于参数的个数,或者说,解释变量 $x_1,x_2,\cdots,x_k$彼此不相关。

上述假定条件也称为多元线性回归模型的经典假定(或古典假定)。

§4.2　多元线性回归模型参数的最小二乘估计

一、一般模型的参数最小二乘估计

与一元线性回归分析方法一样,我们利用样本回归模型去推断总体模型。设与总体线性回归模型(4.1.1)对应的样本线性回归模型为

$$y_i=\hat{\beta}_0+\hat{\beta}_1x_{1i}+\hat{\beta}_2x_{2i}+\cdots+\hat{\beta}_kx_{ki}+\varepsilon_i \qquad (4.2.1)$$
$$i=1,2,\cdots,n$$

或表示为矩阵形式为

$$Y=X\hat{\beta}+\varepsilon \qquad (4.2.1)'$$

其中

$$\hat{\beta}=\begin{pmatrix}\hat{\beta}_0\\ \hat{\beta}_1\\ \cdots\\ \hat{\beta}_k\end{pmatrix}\qquad \varepsilon=\begin{pmatrix}\varepsilon_1\\ \varepsilon_2\\ \cdots\\ \varepsilon_n\end{pmatrix}$$

相应的样本线性回归方程为

$$\hat{y}_i=\hat{\beta}_0+\hat{\beta}_1x_{1i}+\hat{\beta}_2x_{2i}+\cdots+\hat{\beta}_kx_{ki} \qquad (4.2.2)$$
$$i=1,2,\cdots,n$$

利用最小二乘法求参数估计量 $\hat{\beta}_0,\hat{\beta}_1,\hat{\beta}_2,\cdots,\hat{\beta}_k$:

设残差平方和为 Q,则

$$\begin{aligned}Q&=\sum\varepsilon_i^2=\sum(y_i-\hat{y}_i)^2\\&=\sum(y_i-\hat{\beta}_0-\hat{\beta}_1x_{1i}-\hat{\beta}_2x_{2i}-\cdots-\hat{\beta}_kx_{ki})^2\end{aligned}$$

我们的任务是寻求适当的 $\hat{\beta}_0,\hat{\beta}_1,\hat{\beta}_2,\cdots,\hat{\beta}_k$ 使 Q 达到最小。根据多元函数的极值原理,$\hat{\beta}_0,\hat{\beta}_1,\hat{\beta}_2,\cdots,\hat{\beta}_k$ 应是满足下列方程组的解:

$$\begin{cases}\dfrac{\partial Q}{\partial \hat{\beta}_0} = -2\sum(y_i - \hat{\beta}_0 - \hat{\beta}_1 x_{1i} - \hat{\beta}_2 x_{2i} - \cdots - \hat{\beta}_k x_{ki}) = 0 \\ \dfrac{\partial Q}{\partial \hat{\beta}_1} = -2\sum(y_i - \hat{\beta}_0 - \hat{\beta}_1 x_{1i} - \hat{\beta}_2 x_{2i} - \cdots - \hat{\beta}_k x_{ki})x_{1i} = 0 \\ \cdots \quad \cdots \quad \cdots \quad \cdots \quad \cdots \quad \cdots \\ \dfrac{\partial Q}{\partial \hat{\beta}_k} = -2\sum(y_i - \hat{\beta}_0 - \hat{\beta}_1 x_{1i} - \hat{\beta}_2 x_{2i} - \cdots - \hat{\beta}_k x_{ki})x_{ki} = 0\end{cases}$$

整理可得正规方程组:

$$\begin{cases}n\hat{\beta}_0 + \hat{\beta}_1\sum x_{1i} + \hat{\beta}_2\sum x_{2i} + \cdots + \hat{\beta}_k\sum x_{ki} = \sum y_i \\ \hat{\beta}_0\sum x_{1i} + \hat{\beta}_1\sum x_{1i}^2 + \hat{\beta}_2\sum x_{2i}x_{1i} + \cdots + \hat{\beta}_k\sum x_{ki}x_{1i} = \sum x_{1i}y_i \\ \cdots \quad \cdots \quad \cdots \quad \cdots \quad \cdots \\ \hat{\beta}_0\sum x_{ki} + \hat{\beta}_1\sum x_{1i}x_{ki} + \hat{\beta}_2\sum x_{2i}x_{ki} + \cdots + \hat{\beta}_k\sum x_{ki}^2 = \sum x_{ki}y_i\end{cases} \tag{4.2.3}$$

由正规方程组(4.2.3)第一个方程,可得

$$\bar{y} = \hat{\beta}_0 + \hat{\beta}_1\bar{x}_1 + \hat{\beta}_2\bar{x}_2 + \cdots + \hat{\beta}_k\bar{x}_k \tag{4.2.4}$$

将正规方程组(4.2.3)写成矩阵形式:

$$\begin{pmatrix} n & \sum x_{1i} & \sum x_{2i} & \cdots & \sum x_{ki} \\ \sum x_{1i} & \sum x_{1i}^2 & \sum x_{2i}x_{1i} & \cdots & \sum x_{ki}x_{1i} \\ \cdots & \cdots & \cdots & \cdots & \cdots \\ \sum x_{ki} & \sum x_{1i}x_{ki} & \sum x_{2i}x_{ki} & \cdots & \sum x_{ki}^2 \end{pmatrix}\begin{pmatrix}\hat{\beta}_0 \\ \hat{\beta}_1 \\ \cdots \\ \hat{\beta}_k\end{pmatrix} = \begin{pmatrix}\sum y_i \\ \sum x_{1i}y_i \\ \cdots \\ \sum x_{ki}y_i\end{pmatrix} \tag{4.2.3$'$}$$

其中

$$\begin{pmatrix} n & \sum x_{1i} & \sum x_{2i} & \cdots & \sum x_{ki} \\ \sum x_{1i} & \sum x_{1i}^2 & \sum x_{1i}x_{2i} & \cdots & \sum x_{1i}x_{ki} \\ \cdots & \cdots & \cdots & \cdots & \cdots \\ \sum x_{ki} & \sum x_{1i}x_{ki} & \sum x_{2i}x_{ki} & \cdots & \sum x_{ki}^2 \end{pmatrix} = X'X$$

$$\begin{pmatrix}\sum y_i \\ \sum x_{1i}y_i \\ \cdots \\ \sum x_{ki}y_i\end{pmatrix} = X'Y \qquad \begin{pmatrix}\hat{\beta}_0 \\ \hat{\beta}_1 \\ \cdots \\ \hat{\beta}_k\end{pmatrix} = \hat{\beta}$$

于是正规方程组的矩阵形式为

$$(X'X)\hat{\beta} = X'Y \tag{4.2.5}$$

(4.2.5)式两边同时左乘 $(X'X)^{-1}$,可得最小二乘法的参数估计式:

$$\hat{\beta} = (X'X)^{-1}X'Y \tag{4.2.6}$$

这就是向量 β 的 *OLS* 估计量，其中 $(X'X)$ 根据假定 6，$r_k(X)=k+1$，$(X'X)$ 为 $(k+1)$ 阶方阵，所以 $(X'X)$ 满秩，其逆矩阵 $(X'X)^{-1}$ 存在，保证了 $\hat{\beta}$ 表达式的合理性。

由 $\hat{\beta}$ 的表达式可以看出，求估计值 $\hat{\beta}$ 须计算观察值矩阵 X 与它的转置矩阵 X' 的乘积 $X'X$，然后再计算逆矩阵 $(X'X)^{-1}$，显然手算是很繁杂的，因此应充分利用电子计算机进行计算。

有时为了讨论方便，将模型中心化，给出参数的 *OLS* 估计量。

二、中心化模型的参数最小二乘估计

我们已经知道，总体线性回归模型可以表示为

$$y_i=\beta_0+\beta_1x_{1i}+\beta_2x_{2i}+\cdots+\beta_kx_{ki}+u_i \tag{4.2.7}$$

相应的样本线性回归模型可以表示为

$$y_i=\hat{\beta}_0+\hat{\beta}_1x_{1i}+\hat{\beta}_2x_{2i}+\cdots+\hat{\beta}_kx_{ki}+\varepsilon_i \tag{4.2.8}$$

对于样本容量为 n 的 y 的均值 $\bar{y}$ 可分别表示为

$$\bar{y}=\beta_0+\beta_1\bar{x}_1+\beta_2\bar{x}_2+\cdots+\beta_k\bar{x}_k+\bar{u} \tag{4.2.9}$$

和

$$\bar{y}=\hat{\beta}_0+\hat{\beta}_1\bar{x}_1+\hat{\beta}_2\bar{x}_2+\cdots+\hat{\beta}_k\bar{x}_k \tag{4.2.10}$$

这里 $\bar{\varepsilon}=0$，可以看作是对参数 $\hat{\beta}_0,\hat{\beta}_1,\hat{\beta}_2,\cdots,\hat{\beta}_k$ 施加一个限制条件。

方程(4.2.7)减方程(4.2.9)得

$$\dot{y}_i=\beta_1\dot{x}_{1i}+\beta_2\dot{x}_{2i}+\cdots+\beta_k\dot{x}_{ki}+\dot{u}_i \tag{4.2.11}$$
$$i=1,2,\cdots,n$$

方程(4.2.8)减方程(4.2.10)得

$$\dot{y}_i=\hat{\beta}_1\dot{x}_{1i}+\hat{\beta}_2\dot{x}_{2i}+\cdots+\hat{\beta}_k\dot{x}_{ki}+\varepsilon_i \tag{4.2.12}$$
$$i=1,2,\cdots,n$$

(4.2.11)和(4.2.12)是分别由 n 个方程构成的方程组。将它们写成矩阵形式：

$$\dot{Y}=\dot{X}\beta+\dot{U} \tag{4.2.13}$$

$$\dot{Y}=\dot{X}\hat{\beta}+\varepsilon \tag{4.2.14}$$

(4.2.13)为总体回归模型的中心化形式（或离差形式），(4.2.14)为样本回归模型的中心化形式（或离差形式）。其中

$$\dot{Y}=\begin{pmatrix}\dot{y}_1\\ \dot{y}_2\\ \cdots\\ \dot{y}_n\end{pmatrix}\quad \dot{X}=\begin{pmatrix}\dot{x}_{11} & \dot{x}_{21} & \cdots & \dot{x}_{k1}\\ \dot{x}_{12} & \dot{x}_{22} & \cdots & \dot{x}_{k2}\\ \cdots & \cdots & \cdots & \cdots\\ \dot{x}_{1n} & \dot{x}_{2n} & \cdots & \dot{x}_{kn}\end{pmatrix}\quad \beta=\begin{pmatrix}\beta_1\\ \beta_2\\ \cdots\\ \beta_k\end{pmatrix}\quad \hat{\beta}=\begin{pmatrix}\hat{\beta}_1\\ \hat{\beta}_2\\ \cdots\\ \hat{\beta}_k\end{pmatrix}$$

$$\dot{U}=\begin{pmatrix}\dot{u}_1\\ \dot{u}_2\\ \cdots\\ \dot{u}_n\end{pmatrix}\qquad \varepsilon=\begin{pmatrix}\varepsilon_1\\ \varepsilon_2\\ \cdots\\ \varepsilon_n\end{pmatrix}$$

我们应用最小二乘法求参数 β 的估计量 $\hat{\beta}$,为了读者逐渐习惯矩阵运算,我们用矩阵运算的方法进行推导,得出与第一段类似的结果。

残差平方和

$$\begin{aligned}\sum \varepsilon_i^2 &= \varepsilon'\varepsilon = (\dot{Y} - \dot{X}\hat{\beta})'(\dot{Y} - \dot{X}\hat{\beta}) \\ &= \dot{Y}'\dot{Y} - 2\hat{\beta}'\dot{X}'\dot{Y} + \hat{\beta}'\dot{X}'\dot{X}\hat{\beta}\end{aligned} \tag{4.2.15}$$

其中用到 $\dot{Y}'\dot{X}\hat{\beta}$ 是标量的性质。

将残差平方和(4.2.15)对 $\hat{\beta}$ 求导,并令其为零:

$$\frac{\partial(\varepsilon'\varepsilon)}{\partial\hat{\beta}} = -2\dot{X}'\dot{Y} + 2\dot{X}'\dot{X}\hat{\beta} = 0$$

整理得正规方程组

$$\dot{X}'\dot{X}\hat{\beta} = \dot{X}'\dot{Y} \tag{4.2.16}$$

解方程组(4.2.16)得

$$\hat{\beta} = (\dot{X}'\dot{X})^{-1}\dot{X}'\dot{Y} \tag{4.2.17}$$

由(4.2.17)式可以看出,参数 β 估计量的表达式与(4.2.6)式相比形式基本相同,但应注意(4.2.17)中的 $\hat{\beta}$ 不包含 $\hat{\beta}_0$,$\dot{X}$ 比 X 少一列常数 1。

对于(4.2.17)的计算可采用以下形式:

$$\begin{aligned}\dot{X}'\dot{X} &= \begin{pmatrix} \dot{x}_{11} & \dot{x}_{12} & \cdots & \dot{x}_{1n} \\ \dot{x}_{21} & \dot{x}_{22} & \cdots & \dot{x}_{2n} \\ \cdots & \cdots & \cdots & \cdots \\ \dot{x}_{k1} & \dot{x}_{k2} & \cdots & \dot{x}_{kn} \end{pmatrix} \begin{pmatrix} \dot{x}_{11} & \dot{x}_{21} & \cdots & \dot{x}_{k1} \\ \dot{x}_{12} & \dot{x}_{22} & \cdots & \dot{x}_{k2} \\ \cdots & \cdots & \cdots & \cdots \\ \dot{x}_{1n} & \dot{x}_{2n} & \cdots & \dot{x}_{kn} \end{pmatrix} \\ &= \begin{pmatrix} \sum \dot{x}_{1i}^2 & \sum \dot{x}_{1i}\dot{x}_{2i} & \cdots & \sum \dot{x}_{1i}\dot{x}_{ki} \\ \sum \dot{x}_{2i}\dot{x}_{1i} & \sum \dot{x}_{2i}^2 & \cdots & \sum \dot{x}_{2i}\dot{x}_{ki} \\ \cdots & \cdots & \cdots & \cdots \\ \sum \dot{x}_{ki}\dot{x}_{1i} & \sum \dot{x}_{ki}\dot{x}_{2i} & \cdots & \sum \dot{x}_{ki}^2 \end{pmatrix}\end{aligned} \tag{4.2.18}$$

$$\dot{X}'\dot{Y} = \begin{pmatrix} \dot{x}_{11} & \dot{x}_{12} & \cdots & \dot{x}_{1n} \\ \dot{x}_{21} & \dot{x}_{22} & \cdots & \dot{x}_{2n} \\ \cdots & \cdots & \cdots & \cdots \\ \dot{x}_{k1} & \dot{x}_{k2} & \cdots & \dot{x}_{kn} \end{pmatrix} \begin{pmatrix} \dot{y}_1 \\ \dot{y}_2 \\ \cdots \\ \dot{y}_n \end{pmatrix} = \begin{pmatrix} \sum \dot{x}_{1i}\dot{y}_i \\ \sum \dot{x}_{2i}\dot{y}_i \\ \cdots \\ \sum \dot{x}_{ki}\dot{y}_i \end{pmatrix} \tag{4.2.19}$$

对于 $k=2$ 的情形,(4.2.17)式可以表示为

$$\begin{pmatrix} \hat{\beta}_1 \\ \hat{\beta}_2 \end{pmatrix} = \begin{pmatrix} \sum \dot{x}_{1i}^2 & \sum \dot{x}_{1i}\dot{x}_{2i} \\ \sum \dot{x}_{2i}\dot{x}_{1i} & \sum \dot{x}_{2i}^2 \end{pmatrix}^{-1} \begin{pmatrix} \sum \dot{x}_{1i}\dot{y}_i \\ \sum \dot{x}_{1i}\dot{y}_i \end{pmatrix} \tag{4.2.20}$$

解之可得

$$\hat{\beta}_1 = \frac{\begin{vmatrix} \sum \dot{x}_{1i}\dot{y}_i & \sum \dot{x}_{1i}\dot{x}_{2i} \\ \sum \dot{x}_{2i}\dot{y}_i & \sum \dot{x}_{2i}^2 \end{vmatrix}}{\begin{vmatrix} \sum \dot{x}_{1i}^2 & \sum \dot{x}_{1i}\dot{x}_{2i} \\ \sum \dot{x}_{2i}\dot{x}_{1i} & \sum \dot{x}_{2i}^2 \end{vmatrix}} \tag{4.2.21}$$

$$\hat{\beta}_2 = \frac{\begin{vmatrix} \sum \dot{x}_{1i}^2 & \sum \dot{x}_{1i}\dot{y}_i \\ \sum \dot{x}_{2i}\dot{x}_{1i} & \sum \dot{x}_{2i}\dot{y}_i \end{vmatrix}}{\begin{vmatrix} \sum \dot{x}_{1i}^2 & \sum \dot{x}_{1i}\dot{x}_{2i} \\ \sum \dot{x}_{2i}\dot{x}_{1i} & \sum \dot{x}_{2i}^2 \end{vmatrix}} \tag{4.2.22}$$

记

$$\mathrm{D}(2) = \begin{vmatrix} \sum \dot{x}_{1i}^2 & \sum \dot{x}_{1i}\dot{x}_{2i} \\ \sum \dot{x}_{2i}\dot{x}_{1i} & \sum \dot{x}_{2i}^2 \end{vmatrix} \tag{4.2.23}$$

$$\mathrm{D}_1(2) = \begin{vmatrix} \sum \dot{x}_{1i}\dot{y}_i & \sum \dot{x}_{1i}\dot{x}_{2i} \\ \sum \dot{x}_{2i}\dot{y}_i & \sum \dot{x}_{2i}^2 \end{vmatrix} \tag{4.2.24}$$

$$\mathrm{D}_2(2) = \begin{vmatrix} \sum \dot{x}_{1i}^2 & \sum \dot{x}_{1i}\dot{y}_i \\ \sum \dot{x}_{2i}\dot{x}_{1i} & \sum \dot{x}_{2i}\dot{y}_i \end{vmatrix} \tag{4.2.25}$$

从而参数估计量的表达式可以简记为

$$\hat{\beta}_1 = \frac{D_1(2)}{D(2)} \tag{4.2.26}$$

$$\hat{\beta}_2 = \frac{D_2(2)}{D(2)} \tag{4.2.27}$$

推广至 k 元线性回归,其参数估计量的表达式便有:

$$\hat{\beta}_j = \frac{D_j(k)}{D(k)} \qquad j = 1, 2, \cdots, k \tag{4.2.28}$$

而

$$\hat{\beta}_0 = \bar{y} - \hat{\beta}_1\bar{x}_1 - \hat{\beta}_2\bar{x}_2 - \cdots - \hat{\beta}_k\bar{x}_k \tag{4.2.29}$$

§4.3 回归参数最小二乘估计量的统计性质

设总体线性回归模型

$$Y = X\beta + U \tag{4.3.1}$$

的参数 β 是通过样本模型

$$Y = X\hat{\beta} + \varepsilon \tag{4.3.2}$$

来计算出其估计值 $\hat{\beta}$。那么用 $\hat{\beta}$ 估计 β 的效果怎样,因此,我们需要讨论估计量 $\hat{\beta}$ 的统计性质。

一、线性

$$\begin{aligned}\hat{\beta} &= (X'X)^{-1}X'Y \\ &= (X'X)^{-1}X'(X\beta + U) \\ &= (X'X)^{-1}X'X\beta + (X'X)^{-1}X'U \\ &= \beta + (X'X)^{-1}X'U\end{aligned} \tag{4.3.3}$$

可见,$\hat{\beta}$ 既是 Y 的线性函数也是 U 的线性函数。

二、无偏性

$$\begin{aligned}E(\hat{\beta}) &= E[\beta + (X'X)^{-1}X'U] \\ &= \beta + (X'X)^{-1}X'E(U) \\ &= \beta\end{aligned} \tag{4.3.4}$$

可见,$\hat{\beta}$ 是 β 的无偏估计量。

三、方差—协方差和最小方差性

我们先导出 $\hat{\beta}$ 的方差,然后证明在 β 的一切线性无偏估计量中以 $\hat{\beta}$ 的方差最小。

由方差—协方差矩阵的定义

$$\begin{aligned}V-COV(\hat{\beta}) &= E\{[\hat{\beta} - E(\hat{\beta})][(\hat{\beta} - E(\hat{\beta})]'\} \\ &= E[(\hat{\beta} - \beta)(\hat{\beta} - \beta)'] \\ &= E\left\{\begin{pmatrix}\hat{\beta}_0 - \beta_0 \\ \hat{\beta}_1 - \beta_1 \\ \cdots \\ \hat{\beta}_k - \beta_k\end{pmatrix}(\hat{\beta}_0 - \beta_0, \quad \hat{\beta}_1 - \beta_1, \quad \cdots, \quad \hat{\beta}_k - \beta_k)\right\} \\ &= \begin{pmatrix} E(\hat{\beta}_0 - \beta_0)^2 & E(\hat{\beta}_0 - \beta_0)(\hat{\beta}_1 - \beta_1) & \cdots & E(\hat{\beta}_0 - \beta_0)(\hat{\beta}_k - \beta_k) \\ E(\hat{\beta}_1 - \beta_1)(\hat{\beta}_0 - \beta_0) & E(\hat{\beta}_1 - \beta_1)^2 & \cdots & E(\hat{\beta}_1 - \beta_1)(\hat{\beta}_k - \beta_k) \\ \cdots & \cdots & \cdots & \cdots \\ E(\hat{\beta}_k - \beta_k)(\hat{\beta}_0 - \beta_0) & E(\hat{\beta}_k - \beta_k)(\hat{\beta}_1 - \beta_1) & \cdots & E(\hat{\beta}_k - \beta_k)^2 \end{pmatrix} \\ &= \begin{pmatrix} V(\hat{\beta}_0) & COV(\hat{\beta}_0, \hat{\beta}_1) & \cdots & COV(\hat{\beta}_0, \hat{\beta}_k) \\ COV(\hat{\beta}_1, \hat{\beta}_0) & V(\hat{\beta}_1) & \cdots & COV(\hat{\beta}_1, \hat{\beta}_k) \\ \cdots & \cdots & \cdots & \cdots \\ COV(\hat{\beta}_k, \hat{\beta}_0) & COV(\hat{\beta}_k, \hat{\beta}_1) & \cdots & V(\hat{\beta}_k) \end{pmatrix}\end{aligned} \tag{4.3.5}$$

(4.3.5)是一个对称矩阵,其主对角线上的元素是参数估计量的方差,非主对角线元素是不同参数估计量之间的协方差，所以称为 $\hat{\beta}$ 的方差—协方差矩阵。

另一方面，由(4.3.3)有 $\hat{\beta}-\beta=(X'X)^{-1}X'U$

$$
\begin{aligned}
V-COV(\hat{\beta}) &= E[(\hat{\beta}-\beta)(\hat{\beta}-\beta)'] \\
&= E\{[(X'X)^{-1}X'U][(X'X)^{-1}X'U]'\} \\
&= E[(X'X)^{-1}X'UU'X(X'X)^{-1}] \\
&= (X'X)^{-1}X'E(UU')X(X'X)^{-1} \\
&= \sigma_u^2(X'X)^{-1}X'X(X'X)^{-1} \\
&= \sigma_u^2(X'X)^{-1}
\end{aligned}
$$

即

$$V-COV(\hat{\beta})=\sigma_u^2(X'X)^{-1} \tag{4.3.6}$$

与(4.3.5)比较知，这个矩阵主对角线上的元素表示 $\hat{\beta}$ 的方差，例如 $V(\hat{\beta}_j)$ 是位于 $\sigma_u^2(X'X)^{-1}$ 的第 j 行、第 j 列交叉处的主对角线上的元素；这个矩阵非主对角线上的元素表示 $\hat{\beta}$ 的协方差，例如 $COV(\hat{\beta}_i,\hat{\beta}_j)$，$i\neq j$ 是位于 $\sigma_u^2(X'X)^{-1}$ 的第 i 行、第 j 列交叉处的非主对角线上的元素。因而有下列关系：

$$
\begin{cases}
V(\hat{\beta}_j)=\sigma_u^2(X'X)_{jj}^{-1} & (4.3.7)\\
COV(\hat{\beta}_i,\hat{\beta}_j)=\sigma_u^2(X'X)_{ij}^{-1} \quad (i\neq j) & (4.3.8)
\end{cases}
$$

$$(i\neq j,\ i,j=0,1,2,\cdots,k)$$

由(4.3.7)和(4.3.8)式知，只要算出逆矩阵 $(X'X)^{-1}$，所有参数的方差，协方差都可算出。

对于中心化变量的方差—协方差，有类似的结果：

$$V-COV(\hat{\beta})=\sigma_u^2(\dot{X}'\dot{X})^{-1} \tag{4.3.9}$$

即

$$V(\hat{\beta}_j)=\sigma_u^2(\dot{X}'\dot{X})_{jj}^{-1} \tag{4.3.10}$$

$$COV(\hat{\beta}_i,\hat{\beta}_j)=\sigma_u^2(\dot{X}'\dot{X})_{ij}^{-1} \tag{4.3.11}$$

$$(i\neq j,\ i,j=1,2,\cdots,k)$$

再证明由(4.3.7)给出的方差具有最小方差性(最佳性)。

证明最小二乘估计量 $\hat{\beta}$ 的最佳性，即证明 β 的所有线性无偏估计量中最小二乘估计量 $\hat{\beta}$ 的方差最小。为此，设另外的方法我们得到一个 β 的线性无偏估计量：

$$\hat{\hat{\beta}}=[(X'X)^{-1}X'+P]Y=\hat{\beta}+PY \tag{4.3.12}$$

其中 P 为 $(k+1)\times n$ 阶的非随机矩阵，代表对最小二乘估计量 $\hat{\beta}$ 的一个干扰。

$$
\begin{aligned}
E(\hat{\hat{\beta}}) &= E(\hat{\beta}+PY)=E(\hat{\beta})+PE(Y) \\
&= \beta+PX\beta
\end{aligned}
\tag{4.3.13}
$$

要使 $\hat{\hat{\beta}}$ 满足无偏性要求，矩阵 P 必须满足条件：

$$PX = 0 \tag{4.3.14}$$

此时

$$\hat{\hat{\beta}} = \hat{\beta} + PU \tag{4.3.15}$$

在满足(4.3.15)的条件下,我们来计算参数估计量$\hat{\hat{\beta}}$的方差—协方差:

$$\begin{aligned} V-COV(\hat{\hat{\beta}}) &= E[(\hat{\hat{\beta}}-\beta)(\hat{\hat{\beta}}-\beta)'] = E\{[(\hat{\beta}-\beta)+PU][(\hat{\beta}-\beta)+PU]'\} \\ &= E\{[(X'X)^{-1}X'U+PU][(X'X)^{-1}X'U+PU]'\} \\ &= E\{[(X'X)^{-1}X'U+PU][U'X(X'X)^{-1}+U'P']\} \\ &= (X'X)^{-1}X'E(UU')X(X'X)^{-1}+PE(UU')X(X'X)^{-1}+ \\ &\quad (X'X)^{-1}X'E(UU')P'+PE(UU')P' \\ &= \sigma_u^2(X'X)^{-1}+\sigma_u^2PX(X'X)^{-1}+\sigma_u^2(X'X)^{-1}(PX)'+\sigma_u^2PP' \\ &= \sigma_u^2(X'X)^{-1}+\sigma_u^2PP' \\ &= V-COV(\hat{\beta})+\sigma_u^2PP' \end{aligned} \tag{4.3.16}$$

由于 P 为$(k+1)\times n$ 阶矩阵并且 $k+1<n$,所以 PP'至少为半正定矩阵,故主对角线元素均不小于0,从而 $V-COV(\hat{\hat{\beta}})$的主对角线元素不可能比 $V-COV(\hat{\beta})$的相应元素小,即 $\hat{\beta}$ 的最小方差性得以证明。

§4.4 σ_u^2 的估计量和拟合优度 R^2

一、总平方和的分解

为了方便,我们研究中心化样本回归模型:

$$\dot{Y} = \dot{X}\hat{\beta} + \varepsilon \tag{4.4.1}$$

残差平方和

$$\begin{aligned} \sum \varepsilon_i^2 &= \varepsilon'\varepsilon = (\dot{Y}-\dot{X}\hat{\beta})'(\dot{Y}-\dot{X}\hat{\beta}) \\ &= \dot{Y}'\dot{Y} - \hat{\beta}'\dot{X}'\dot{Y} - \dot{Y}'\dot{X}\hat{\beta} + \hat{\beta}'\dot{X}'\dot{X}\hat{\beta} \\ &= \dot{Y}'\dot{Y} - \hat{\beta}'\dot{X}'\dot{Y} \end{aligned} \tag{4.4.2}$$

或

$$\dot{Y}'\dot{Y} = \hat{\beta}'\dot{X}'\dot{Y} + \varepsilon'\varepsilon \tag{4.4.3}$$

(4.4.3)式称为总平方和的分解式。

式中 $\dot{Y}'\dot{Y}$ 为总平方和,记作 TSS(Total Sum of Squares),$\hat{\beta}'\dot{X}'\dot{Y}$ 为回归平方和,记作 RSS(Regression Sum of Squares),$\varepsilon'\varepsilon$ 为残差平方和,记作 ESS(Residual Sum of Squares)。于是(4.4.3)可以写成

$$TSS = RSS + ESS \tag{4.4.4}$$

其中 TSS 的自由度为 $n-1$,其中 n 为样本容量;

RSS 的自由度为 k,其中 k 为自变量的个数;

ESS 的自由度为 $n-k-1$。

二、σ_u^2 的估计量和拟合优度 R^2

由(4.4.3)式可得出 σ_u^2 的无偏估计量 $\hat{\sigma}_u^2$ 的表达式;

$$\hat{\sigma}_u^2 = \frac{\varepsilon'\varepsilon}{n-k-1} = \frac{\dot{Y}'\dot{Y} - \hat{\beta}'\dot{X}'\dot{Y}}{n-k-1} \tag{4.4.5}$$

拟合优度 R^2 为:

$$R^2 = \frac{RSS}{TSS} = \frac{\hat{\beta}'\dot{X}'\dot{Y}}{\dot{Y}'\dot{Y}} \tag{4.4.6}$$

R^2 就是 RSS(被说明的变差)占 TSS(Y 的总变差)的百分比,显然其数值范围为 $0 \leqslant R^2 \leqslant 1$。当 R^2 越接近 1 时,回归模型对样本拟合得越好。

三、修正拟合优度

在多元回归模型的制作过程中,人们通常需要对某些自变量的取舍做出选择。这就需要我们判明哪个自变量对因变量 Y 有重要影响。如果我们用 R^2 值的大小作为判别准则的话,若把某个自变量添进模型能使 R^2 值增大,就认为这一变量对 Y 有重要影响,应该把它添进模型,以增强模型的说明能力;但是,由于 R^2 的递增性,这将是一个有取无舍的准则,这一准则也会变成毫无意义的准则。

为了克服上述的困难,我们通过对 R^2 进行所谓自由度修正的办法来解决。将 R^2 的表达式(4.4.6)改写成:

$$R^2 = \frac{RSS}{TSS} = 1 - \frac{ESS}{TSS} \tag{4.4.7}$$

将(4.4.7)式中的 ESS 用 $ESS/(n-k-1)$ 来代替,TSS 用 $TSS/(n-1)$ 来代替,再把 R^2 改记成 $\overline{R}^2$ 便引入修正拟合优度:

$$\overline{R}^2 = 1 - \frac{ESS/(n-k-1)}{TSS/(n-1)} \tag{4.4.8}$$

其中 $(n-k-1)$ 和 $(n-1)$ 分别是 ESS 和 TSS 的自由度。

这样定义的修正拟合优度 $\overline{R}^2$,当模型中自变量数目改变时,$TSS/(n-1)$ 保持不变,$ESS/(n-k-1)$ 则随之而变,而且可能变大也可能变小,因此引起 $\overline{R}^2$ 值减小或增大。具此可以判断新增添的这个自变量对因变量的影响程度。当模型中增加一个自变量,如果 $ESS/(n-k-1)$ 变小,因而使 $\overline{R}^2$ 增大,便可认为这个自变量对因变量有显著影响,则该自变量应放进模型中,否则,应予抛弃。

由(4.4.7)式又可把(4.4.8)式改写成

$$\overline{R}^2 = 1 - \frac{n-1}{n-k-1}(1-R^2) \tag{4.4.9}$$

关于 $\bar{R}^2$ 的性质:

(1) 性质1:$\bar{R}^2$ 一般小于 R^2。

由(4.4.9)

$$\begin{aligned}\bar{R}^2 &= 1-\frac{n-1}{n-k-1}(1-R^2)\\ &= R^2-R^2+1-\frac{n-1}{n-k-1}(1-R^2)\\ &= R^2-\frac{k}{n-k-1}(1-R^2)\end{aligned}$$

因为$(1-R^2)\geqslant 0$,所以

$$\bar{R}^2 \leqslant R^2 \tag{4.4.10}$$

(2) 性质2:在计算 $\bar{R}^2$ 值时,可能出现负值的情况,此时可取 $\bar{R}^2=0$。

当$\frac{n-1}{n-k-1}(1-R^2)>1$时,将出现 $\bar{R}^2<0$ 现象。负修正拟合优度没有意义,此时可取 $\bar{R}^2=0$。

四、$\hat{\sigma}_u^2$ 和 R^2 的计算表达式

由于

$$TSS = \dot{Y}'\dot{Y} = \sum \dot{y}_i^2$$

$$\begin{aligned}RSS &= \hat{\beta}'\dot{X}'\dot{Y} = (\hat{\beta}_1,\hat{\beta}_2,\cdots,\hat{\beta}_k)\begin{pmatrix}\dot{x}_{11} & \dot{x}_{12} & \cdots & \dot{x}_{1n}\\ \dot{x}_{21} & \dot{x}_{22} & \cdots & \dot{x}_{2n}\\ \cdots & \cdots & \cdots & \cdots\\ \dot{x}_{k1} & \dot{x}_{k2} & \cdots & \dot{x}_{kn}\end{pmatrix}\begin{pmatrix}\dot{y}_1\\ \dot{y}_2\\ \cdots\\ \dot{y}_n\end{pmatrix}\\ &= \hat{\beta}_1\sum \dot{x}_{1i}\dot{y}_i+\hat{\beta}_2\sum \dot{x}_{2i}\dot{y}_i+\cdots+\hat{\beta}_k\sum \dot{x}_{ki}\dot{y}_i\end{aligned}$$

于是

$$\hat{\sigma}_u^2 = \frac{\sum \dot{y}_i^2-\hat{\beta}_1\sum \dot{x}_{1i}\dot{y}_i-\hat{\beta}_2\sum \dot{x}_{2i}\dot{y}_i-\cdots-\hat{\beta}_k\sum \dot{x}_{ki}\dot{y}_i}{n-k-1} \tag{4.4.5$'$}$$

$$R^2 = \frac{\hat{\beta}_1\sum \dot{x}_{1i}\dot{y}_i+\hat{\beta}_2\sum \dot{x}_{2i}\dot{y}_i+\cdots+\hat{\beta}_k\sum \dot{x}_{ki}\dot{y}_i}{\sum \dot{y}_i^2} \tag{4.4.6$'$}$$

同样,对一般样本回归模型(数据非中心化)

$$Y = X\hat{\beta}+\varepsilon$$

可以证明:

$$\begin{aligned}TSS &= Y'Y-n\bar{y}^2\\ RSS &= \hat{\beta}'X'Y-n\bar{y}^2\\ ESS &= Y'Y-\hat{\beta}'X'Y\end{aligned}$$

其他计算公式都可类似推出来。

§4.5 回归参数的显著性检验和置信区间

假设经典线性回归模型 $Y = X\beta + U$

一、参数估计量的抽样分布和方差估计

基本假定1～4决定了随机项 U 服从正态分布：

$$U \sim N(0, \sigma_u^2 I_n) \tag{4.5.1}$$

由于 $\hat{\beta}$ 是 U 的线性函数，故 $\hat{\beta}$ 也服从正态分布：

$$\hat{\beta}_i \sim N(\beta_i, \sigma_u^2 (X'X)_{ii}^{-1}) \tag{4.5.2}$$

但是 σ_u^2 未知，应该用 $\hat{\sigma}_u^2$ 来估计，其方差估计量为：

$$\hat{V}(\hat{\beta}_i) = \hat{\sigma}_u^2 (X'X)_{ii}^{-1} \tag{4.5.3}$$

二、回归参数的显著性检验

对于假设 $H_0: \beta_i = 0$ 成立时，统计量

$$T = \frac{\hat{\beta}_i}{\sqrt{\hat{V}(\hat{\beta}_i)}} \sim t(n-k-1) \tag{4.5.4}$$

其参数显著性检验方法与一元回归毫无区别，这里不再赘述。

三、回归参数的置信区间

由(4.5.2)知，$\hat{\beta}$ 服从正态分布，所以有统计量

$$\frac{\hat{\beta}_i - \beta_i}{\sqrt{V(\hat{\beta}_i)}} \sim N(0,1) \tag{4.5.5}$$

其中 $V(\hat{\beta}_i) = \sigma_u^2 (X'X)_{ii}^{-1}$。

由于 $V(\hat{\beta}_i)$ 未知，应用 $\hat{V}(\hat{\beta}_i)$ 代替 $V(\hat{\beta}_i)$ 时，(4.5.5)的统计量将变成 T 统计量：

$$T = \frac{\hat{\beta}_i - \beta_i}{\sqrt{\hat{V}(\hat{\beta}_i)}} \sim t(n-k-1) \tag{4.5.6}$$

与一元回归类似，可以证明对给定的显著水平 α（或置信度 $1-\alpha$）的置信区间为：

$$\beta_i = \hat{\beta}_i \pm t_{\alpha/2}(n-k-1)\sqrt{\hat{V}(\hat{\beta}_i)} \tag{4.5.7}$$

其中 $t_{\alpha/2}(n-k-1)$ 为对于显著水平为 α 和自由度为 $n-k-1$ 的 t 分布临界值，$\hat{V}(\hat{\beta}_i) = \hat{\sigma}_u^2 (X'X)_{ii}^{-1}$。

§4.6 多元线性回归模型的 F 检验

多元线性回归模型的 F 检验是对回归模型总体的显著性检验,是判定回归方程的所有解释变量 X 对被解释变量 Y 的影响的显著性,即方程的总体显著性。

一、F 检验

设有样本模型

$$\dot{Y} = \dot{X}\hat{\beta} + \varepsilon \tag{4.6.1}$$

或

$$\dot{y}_i = \hat{\beta}_1 \dot{x}_{1i} + \hat{\beta}_2 \dot{x}_{2i} + \cdots + \hat{\beta}_k \dot{x}_{ki} + \varepsilon_i \tag{4.6.2}$$

提出假设 $H_0: \beta_1 = \beta_2 = \cdots = \beta_k = 0$

备择假设 $H_1: \beta_j$ 不全为零,$j = 1, 2, \cdots, k$

接受假设 H_0,说明所有参数全部为零,即所有 X_j 对 Y 不存在显著性影响。拒绝假设 H_0,说明 X 中至少有一个 X_j 对 Y 的影响是显著的,即 X 的系数不全为零,整个模型估计显著。实质上,就是对回归方程拟合优度的检验。

由 §4.4 知:

$$\begin{cases} TSS = \sum \dot{y}_i^2 \\ RSS = \hat{\beta}_1 \sum \dot{x}_{1i}\dot{y}_i + \hat{\beta}_2 \sum \dot{x}_{2i}\dot{y}_i + \cdots + \hat{\beta}_k \sum \dot{x}_{ki}\dot{y}_i \\ ESS = TSS - RSS \end{cases} \tag{4.6.3}$$

可以证明,如果假设 H_0 成立,则统计量 F 服从分子自由度为 k,分母自由度为 $(n-k-1)$ 的 F 分布,即

$$F = \frac{RSS/k}{ESS/(n-k-1)} \sim F(k, n-k-1) \tag{4.6.4}$$

对给定的显著水平 α,可以由 F 分布临界值表上查出相应的临界值。如果由(4.6.4)计算的 F 值大于或等于临界值,则否定假设 H_0;反之,接受 H_0。

二、F 与 R^2 的关系

因为

$$\frac{RSS}{ESS} = \frac{RSS}{TSS - RSS} = \frac{RSS/TSS}{1 - RSS/TSS} = \frac{R^2}{1 - R^2}$$

由(4.6.4)便有

$$F = \frac{n-k-1}{k} \cdot \frac{R^2}{1-R^2} \tag{4.6.5}$$

从公式(4.6.5)可以看出,F 与 R^2 成正比,R^2 越大,F 值也越大。即总体的 F 检验越显著(F 值越大),R^2 的值也越大,回归方程拟合得也越好。所以,可以把 F 检验看成是对拟合优度的检验。拟合优度和 F 检验都是对回归方程显著性的检验。但是,拟合优度是

一个模糊的指标，它的值达到多大回归方程才算显著，并没有一个确定的界限。F 检验在给定的显著水下，能够给出统计意义上严格的结论。

§4.7 预 测

假设经典线性回归模型

$$Y = X\beta + U \tag{4.7.1}$$

对于预测期仍然成立，则对预测期 f 应有下面的关系成立：

$$y_f = X'_f\beta + u_f \tag{4.7.2}$$

其中 X_f 是 $(k+1)\times 1$ 维向量，X'_f 是 X_f 的转置向量：

$$X_f = \begin{pmatrix} 1 \\ x_{1f} \\ x_{2f} \\ \cdots \\ x_{kf} \end{pmatrix} \qquad X'_f = (1, x_{1f}, x_{2f}, \cdots, x_{kf})$$

显然，对预测期的估计值表达式有

$$\hat{y}_f = X'_f\hat{\beta} \tag{4.7.3}$$

由(4.7.3)得到的估计值 $\hat{y}_f$，既可看作给定自变量 X_f 水平下的因变量期望值 $E(y_f)$ 的估计值，也可看作预测期 y_f 的估计值。

一、对预测期因变量期望值的情况

（一）计算望期值

$$E(\hat{y}_f) = X'_f\beta = E(y_f) \tag{4.7.4}$$

表明估计值 $\hat{y}_f$ 是期望值 $E(y_f)$ 的无偏估计量，因而可以用 $\hat{y}_f$ 作为 $E(y_f)$ 的估计值。

（二）计算方差

$$\begin{aligned} V(\hat{y}_f) &= E\{[\hat{y}_f - E(\hat{y}_f)]^2\} = E\{[X'_f\hat{\beta} - X'_f\beta]^2\} \\ &= E\{[X'_f(\hat{\beta}-\beta)][X'_f(\hat{\beta}-\beta)]'\} \\ &= X'_fE[(\hat{\beta}-\beta)(\hat{\beta}-\beta)']X_f \\ &= \sigma_u^2X'_f(X'X)^{-1}X_f \end{aligned} \tag{4.7.5}$$

便有

$$V(\hat{y}_f) = \sigma_u^2X'_f(X'X)^{-1}X_f \tag{4.7.6}$$

用估计量 $\hat{\sigma}_u^2$ 代替 σ_u^2，得 $V(\hat{y}_f)$ 的估计量

$$\hat{V}(\hat{y}_f) = \hat{\sigma}_u^2X'_f(X'X)^{-1}X_f \tag{4.7.7}$$

(三) 计算 $E(y_f)$ 的预测区间

由(4.7.3)知,$\hat{y}_f$ 与 $\hat{\beta}$ 一样服从正态分布,再由(4.7.4)和(4.7.6)知:

$$\hat{y}_f \sim N(X'_f\beta, \sigma_u^2 X'_f(X'X)^{-1}X_f) \tag{4.7.8}$$

所以

$$\frac{\hat{y}_f - E(y_f)}{\sqrt{\sigma_u^2 X'_f(X'X)^{-1}X_f}} \sim N(0,1) \tag{4.7.9}$$

由于 σ_u^2 未知,用 $\hat{\sigma}_u^2$ 代替 σ_u^2,便有

$$\frac{\hat{y}_f - E(y_f)}{\hat{\sigma}_u \sqrt{X'_f(X'X)^{-1}X_f}} \sim t(n-k-1) \tag{4.7.10}$$

对于显著水平 α,$E(y_f)$ 的预测区间显然有

$$E(y_f) = \hat{y}_f \pm t_{\frac{\alpha}{2}}(n-k-1)\hat{\sigma}_u \sqrt{X'_f(X'X)^{-1}X_f} \tag{4.7.11}$$

对于中心化变量,有类似的结果:

$$E(y_f) = \hat{y}_f \pm t_{\frac{\alpha}{2}}(n-k-1)\hat{\sigma}_u \sqrt{\frac{1}{n} + \dot{X}'_f(\dot{X}'\dot{X})^{-1}\dot{X}_f} \tag{4.7.12}$$

二、对预测期因变量当期值的情况

(一) 计算 $(\hat{y}_f - y_f)$ 的均值

$$\begin{aligned} E(\hat{y}_f - y_f) &= E(\hat{y}_f) - E(y_f) \\ &= E(X'_f\hat{\beta}) - E(X'_f\beta + u_f) \\ &= 0 \end{aligned} \tag{4.7.13}$$

表明在多次观测中,$\hat{y}_f$ 与 y_f 的差平均来说等于零,因而可以用 $\hat{y}_f$ 作为 y_f 的估计值。

(二) 计算 $(\hat{y}_f - y_f)$ 的方差

在 u_f 也满足经典回归基本假定的前提下,$\hat{y}_f$ 与 y_f 是彼此独立的,所以有

$$\begin{aligned} V(\hat{y}_f - y_f) &= V(\hat{y}_f) + V(y_f) \\ &= \sigma_u^2 X'_f(X'X)^{-1}X_f + \sigma_u^2 \\ &= \sigma_u^2(1 + X'_f(X'X)^{-1}X_f) \end{aligned} \tag{4.7.14}$$

由于 y_f 服从正态分布,所以

$$(\hat{y}_f - y_f) \sim N[0, \sigma_u^2(1 + X'_f(X'X)^{-1}X_f)] \tag{4.7.15}$$

便有

$$\frac{\hat{y}_f - y_f}{\sigma_u \sqrt{1 + X'_f(X'X)^{-1}X_f}} \sim N(0,1) \tag{4.7.16}$$

用估计量 $\hat{\sigma}_u^2$ 代替 σ_u^2,得

$$\frac{\hat{y}_f - y_f}{\hat{\sigma}_u \sqrt{1 + X'_f(X'X)^{-1}X_f}} \sim t(n-k-1) \tag{4.7.17}$$

对于显著水平 α,y_f 的预测区间为

$$y_f = \hat{y}_f \pm t_{\frac{\alpha}{2}}(n-k-1)\hat{\sigma}_u\sqrt{1+X'_f(X'X)^{-1}X_f} \tag{4.7.18}$$

对于中心化变量,y_f 的预测区间有类似结果：

$$y_f = \hat{y}_f \pm t_{\frac{\alpha}{2}}(n-k-1)\hat{\sigma}_u\sqrt{1+\frac{1}{n}+\dot{X}'_f(\dot{X}'\dot{X})^{-1}\dot{X}_f} \tag{4.7.19}$$

其中

$$\dot{X}_f = \begin{pmatrix} x_{1f}-\bar{x}_1 \\ x_{2f}-\bar{x}_2 \\ \cdots \\ x_{kf}-\bar{x}_k \end{pmatrix}$$

§4.8 案例分析——多元线性回归分析

一、案例 4.8.1

表 4.8.1 列出我国 1995—2006 年历年的国内生产总值 x_1(亿元)、外商直接投资 x_2(亿美元)和出口总额 y(亿元)的数据(本例的数据来源是中国统计年鉴),试估计出口模型

$$y_t = \beta_0 + \beta_1 x_{1t} + \beta_2 x_{2t} + u_t$$

并对估计结果进行讨论。

表 4.8.1 我国 1995—2006 年历年的国内生产总值、外商直接投资和出口总额

年份	x_1(GDP 亿元)	x_2(外商直接投资亿美元)	y(出口总额亿元)
1995	58 478.1	912.82	12 451.8
1996	67 884.6	732.76	12 576.4
1997	74 462.6	510.03	15 160.7
1998	78 345.2	521.02	15 231.6
1999	82 067.5	412.23	16 159.8
2000	89 468.1	623.8	20 634.4
2001	97 314.8	691.95	22 024.4
2002	105 172.3	827.68	26 947.9
2003	117 251.9	1 150.69	36 287.9
2004	159 878.3	1 534.79	49 103.3
2005	183 867.9	1 890.65	62 648.1
2006	211 923.5	1 937.27	77 594.6

(一) 参数估计方法 1

第一步,计算所有变量观察值的和、平方和以及交叉乘积和：

$\sum x_{1t}=1\ 326\ 114.8 \quad \bar{x}_1=110\ 509.6$

$\sum x_{2t}=11\ 745.69 \quad \bar{x}_2=978.8 \quad \sum y_t=366\ 820.9 \quad \bar{y}=30\ 568.4$

$\sum x_{1t}^2=173\ 009\ 708\ 085.9 \quad \sum x_{2t}^2=14\ 631\ 919.3 \quad \sum y_t^2=16\ 346\ 893\ 364.9$

$\sum x_{1t}y_t=52\ 122\ 386\ 121.3 \quad \sum x_{2t}y_t=479\ 214\ 109.2$

$\sum x_{1t}x_{2t}=1\ 564\ 430\ 635.0$

第二步,计算变量偏差平方和及交叉乘积和:

本例采用中心化数据计算:

$\sum \dot{y}_t^2=\sum y_t^2-n\bar{y}^2=16\ 346\ 893\ 364.9-12\times 30\ 568.4^2=5\ 133\ 762\ 902.4$

$\sum \dot{x}_{1t}^2=\sum x_{1t}^2-n\bar{x}_1^2=26\ 461\ 336\ 187.7$

$\sum \dot{x}_{2t}^2=\sum x_{2t}^2-n\bar{x}_2^2=3\ 135\ 149.8$

$\sum \dot{x}_{1t}\dot{x}_{2t}=\sum x_{1t}x_{2t}-n\bar{x}_1\bar{x}_2=266\ 419\ 522.9$

$\sum \dot{x}_{1t}\dot{y}_t=\sum x_{1t}y_t-n\bar{x}_1\bar{y}=11\ 585\ 168\ 491.6$

$\sum \dot{x}_{2t}\dot{y}_t=\sum x_{2t}y_t-n\bar{x}_2\bar{y}=120\ 167\ 070.6$

第三步,计算参数估计值:

$$D(2)=\begin{vmatrix}\sum \dot{x}_{1t}^2 & \sum \dot{x}_{1t}\dot{x}_{2t}\\ \sum \dot{x}_{1t}\dot{x}_{2t} & \sum \dot{x}_{2t}^2\end{vmatrix}=\begin{vmatrix}26\ 461\ 336\ 187.7 & 266\ 419\ 522.9\\ 266\ 419\ 522.9 & 3\ 135\ 149.8\end{vmatrix}$$
$$=11\ 980\ 890\ 674\ 336\ 800.0$$

$$D_1(2)=\begin{vmatrix}\sum \dot{x}_{1t}\dot{y}_t & \sum \dot{x}_{1t}\dot{x}_{2t}\\ \sum \dot{x}_{2t}\dot{y}_t & \sum \dot{x}_{2t}^2\end{vmatrix}=\begin{vmatrix}11\ 585\ 168\ 491.6 & 266\ 419\ 522.9\\ 120\ 167\ 070.6 & 3\ 135\ 149.8\end{vmatrix}$$
$$=4\ 306\ 385\ 061\ 863\ 420.0$$

$$D_2(2)=\begin{vmatrix}\sum \dot{x}_{1t}^2 & \sum \dot{x}_{1t}\dot{y}_t\\ \sum \dot{x}_{1t}\dot{x}_{2t} & \sum \dot{x}_{2t}\dot{y}_t\end{vmatrix}=\begin{vmatrix}26\ 461\ 336\ 187.7 & 11\ 585\ 168\ 491.6\\ 266\ 419\ 522.9 & 120\ 167\ 070.6\end{vmatrix}$$
$$=93\ 266\ 191\ 589\ 495\ 900.0$$

$$\hat{\beta}_1=\frac{D_1(2)}{D(2)}=\frac{4\ 306\ 385\ 061\ 863\ 420.0}{11\ 980\ 890\ 674\ 336\ 800.0}=0.359438$$

$$\hat{\beta}_2=\frac{D_2(2)}{D(2)}=\frac{93\ 266\ 191\ 589\ 495\ 900.0}{11\ 980\ 890\ 674\ 336\ 800.0}=7.784579$$

$$\hat{\beta}_0=\bar{y}-\hat{\beta}_1\bar{x}_1-\beta_2\bar{x}_2=30\ 568.4-0.359438\times 110\ 509.6-7.784579\times 978.8$$
$$=-16\ 772.513$$

第四步,计算参数估计量的标准差的估计值:

$$\dot{Y}'\dot{Y}=\sum \dot{y}_t^2=5\ 133\ 762\ 902.4$$

$$\hat{\beta}'\dot{X}'\dot{Y}=\hat{\beta}_1\sum \dot{x}_{1t}\dot{y}_t+\hat{\beta}_2\sum \dot{x}_{2t}\dot{y}_t=5\ 099\ 597\ 619.3$$

由
$$\varepsilon'\varepsilon = \dot{Y}'\dot{Y} - \hat{\beta}'\dot{X}'\dot{Y} = 34\ 165\ 283.1$$
$$\hat{\sigma}_u^2 = \frac{\varepsilon'\varepsilon}{n-k-1} = \frac{34\ 165\ 283.1}{9} = 3\ 796\ 142.563$$

所以
$$\hat{V}(\hat{\beta}_1) = \frac{\hat{\sigma}_u^2 \sum \dot{x}_{2t}^2}{D(2)} = 0.000993372$$
$$\hat{V}(\hat{\beta}_2) = \frac{\hat{\sigma}_u^2 \sum \dot{x}_{1t}^2}{D(2)} = 8.384268524$$

便有
$$S_{\hat{\beta}_1} = \sqrt{\hat{V}(\hat{\beta}_1)} = 0.031517797$$
$$S_{\hat{\beta}_2} = \sqrt{\hat{V}(\hat{\beta}_2)} = 2.89556014$$

第五步，方差分析和拟合优度（见表 4.8.2）：

回归平方和　$RSS = \hat{\beta}'\dot{X}'\dot{Y} = 5\ 099\ 597\ 619.3$

剩余平方和　$ESS = TSS - RSS = \dot{Y}'\dot{Y} - \hat{\beta}'\dot{X}'\dot{Y} = 34\ 165\ 283.1$

表 4.8.2　　多元回归方差分析

	平方和	自由度	均方差	F 值
回归	5 099 597 619.3	2	2 549 798 809.67	671.6815208**
剩余	34 165 283.1	9	3 796 142.563	
总离差	5 133 762 902.4	11		

$$R^2 = \frac{RSS}{TSS} = 0.993344982$$

第六步，回归分析结果：

$$\hat{y}_t = -16\ 772.513 + \underset{(0.031517797)}{0.359438}\, x_{1t} + \underset{(2.89556014)}{7.784579}\, x_{2t} \qquad R^2 = 0.993345$$

$F = 671.6815$

（二）参数估计方法 2

以上计算过程也可以用矩阵进行计算。

$$X'X = \begin{pmatrix} 1 & 1 & \cdots & 1 \\ x_{11} & x_{12} & \cdots & x_{1(12)} \\ x_{21} & x_{22} & \cdots & x_{2(12)} \end{pmatrix} \begin{pmatrix} 1 & x_{11} & x_{21} \\ 1 & x_{12} & x_{22} \\ \vdots & \vdots & \vdots \\ 1 & x_{1(12)} & x_{2(12)} \end{pmatrix}$$

$$= \begin{pmatrix} 12 & \sum_{t=1}^{12} x_{1t} & \sum_{t=1}^{12} x_{2t} \\ \sum_{t=1}^{12} x_{1t} & \sum_{t=1}^{12} x_{1t}^2 & \sum_{t=1}^{12} x_{1t}x_{2t} \\ \sum_{t=1}^{12} x_{2t} & \sum_{t=1}^{12} x_{1t}x_{2t} & \sum_{t=1}^{12} x_{2t}^2 \end{pmatrix}$$

$$
= \begin{pmatrix} 12 & 1\ 326\ 114.8 & 11\ 745.69 \\ 1\ 326\ 114.8 & 173\ 009\ 708\ 085.9 & 1\ 564\ 430\ 635 \\ 11\ 745.69 & 1\ 564\ 430\ 635 & 14\ 631\ 919.3 \end{pmatrix}
$$

$$
(X'X)^{-1} = \begin{pmatrix} 12 & 1326114.8 & 11\ 745.69 \\ 1\ 326\ 114.8 & 173\ 009\ 708\ 085.9 & 1\ 564\ 430\ 635 \\ 11\ 745.69 & 1\ 564\ 430\ 635 & 14\ 631\ 919.3 \end{pmatrix}^{-1}
$$

$$
= \begin{pmatrix} 5.844089E-01 & -7.152274E-06 & 2.955833E-04 \\ -7.152274E-06 & 2.616792E-10 & -2.223704E-08 \\ 2.955833E-04 & -2.223704E-08 & 2.208628E-06 \end{pmatrix}
$$

$$
X'Y = \begin{pmatrix} \sum_{t=1}^{10} y_t \\ \sum_{t=1}^{10} x_{1t}y_t \\ \sum_{t=1}^{10} x_{2t}y_t \end{pmatrix} = \begin{pmatrix} 366\ 820.9 \\ 52\ 122\ 386\ 121.3 \\ 479\ 214\ 109.2 \end{pmatrix}
$$

$$
\hat{\beta} = (X'X)^{-1}X'Y
$$

$$
= \begin{pmatrix} 5.844089E-01 & -7.152274E-06 & 2.955833E-04 \\ -7.152274E-06 & 2.616792E-10 & -2.223704E-08 \\ 2.955833E-04 & -2.223704E-08 & 2.208628E-06 \end{pmatrix} \begin{pmatrix} 366\ 820.9 \\ 52\ 122\ 386\ 121.3 \\ 479\ 214\ 109.2 \end{pmatrix}
$$

$$
= \begin{pmatrix} -16\ 772.50754 \\ 0.359437742 \\ 7.784581473 \end{pmatrix}
$$

即 $\hat{\beta}_0 = -16\ 772.50754$, $\hat{\beta}_1 = 0.359437742$, $\hat{\beta}_2 = 7.784581473$

$$
TSS = Y'Y - n\bar{y}^2 = 5\ 133\ 762\ 902.4
$$

$$
RSS = \hat{\beta}'X'Y - n\bar{y}^2 = (-16\ 772.50754 \quad 0.359437742 \quad 7.784581473) \times \begin{pmatrix} 366\ 820.9 \\ 52\ 122\ 386\ 121.3 \\ 479\ 214\ 109.2 \end{pmatrix} - 12 \times 30\ 568.4^2
$$

$$
= 16\ 312\ 727\ 740.1 - 11\ 213\ 130\ 462.5 = 5\ 099\ 597\ 277.6
$$

$$
ESS = TSS - RSS = 5\ 133\ 762\ 902.4 - 5\ 099\ 597\ 277.6 = 34\ 165\ 624.8
$$

$$
\hat{\sigma}_u^2 = \frac{ESS}{9} = \frac{34165624.8}{9} = 3\ 796\ 180.532
$$

$$
R^2 = \frac{RSS}{TSS} = \frac{5\ 099\ 597\ 277.6}{5\ 133\ 762\ 902.4} = 0.993344982
$$

$$
\hat{V}(\hat{\beta}_0) = \hat{\sigma}_u^2(X'X)_{00}^{-1} = 3\ 796\ 180.532 \times 5.844089\text{E}-01 = 2\ 218\ 521.689
$$

$$
\hat{V}(\hat{\beta}_1) = \hat{\sigma}_u^2(X'X)_{11}^{-1} = 3\ 796\ 180.532 \times 2.616792\text{E}-10 = 0.000993381
$$

$$\hat{V}(\hat{\beta}_2) = \hat{\sigma}_u^2 (X'X)_{22}^{-1} = 3\ 796\ 180.532 \times 2.208628E-06 = 8.384352E+00$$

$$S_{\hat{\beta}_0} = \sqrt{\hat{V}(\hat{\beta}_0)} = 1\ 489.470271$$

$$S_{\hat{\beta}_1} = \sqrt{\hat{V}(\hat{\beta}_1)} = 0.031517955$$

$$S_{\hat{\beta}_2} = \sqrt{\hat{V}(\hat{\beta}_2)} = 2.895574507$$

$$\hat{y}_t = -16\ 772.50\ 754 + \underset{(0.031517955)}{0.359437742} x_{1t} + \underset{(2.895574507)}{7.784581473} x_{2t} \qquad R^2 = 0.993344916$$

$$F = 671.6747577$$

(三) 参数估计方法 3

以上计算可以借助计量经济学软件 Eviews 对表 4.8.1 中的数据进行分析。

1. 建立工作文件

启动 EViews,点击“File”出现下拉菜单,点击“New/Workfile”出现“Workfile Create 对话框;在对话框的“Start date”和“End date”中分别键入 1995 和 2006,点击“OK”便出现工作文件窗口。

2. 输入数据

点击“Quick”,出现下拉菜单,点击“Empty Group”出现 Group 数据表窗口。在数据表窗口中,按列输入三个变量的数据并分别命名为 y, x1, x2。

3. 回归分析

点击“Quick/Estimate Equation”, 在出现的对话框“ Equation Specification”中,键入 y c x1 x2, 在“ Equation Settings”框中选择“ Least Squares”(最小二乘法),点击“确定”,屏幕将显示回归分析的结果,如图 4.8.1 所示。

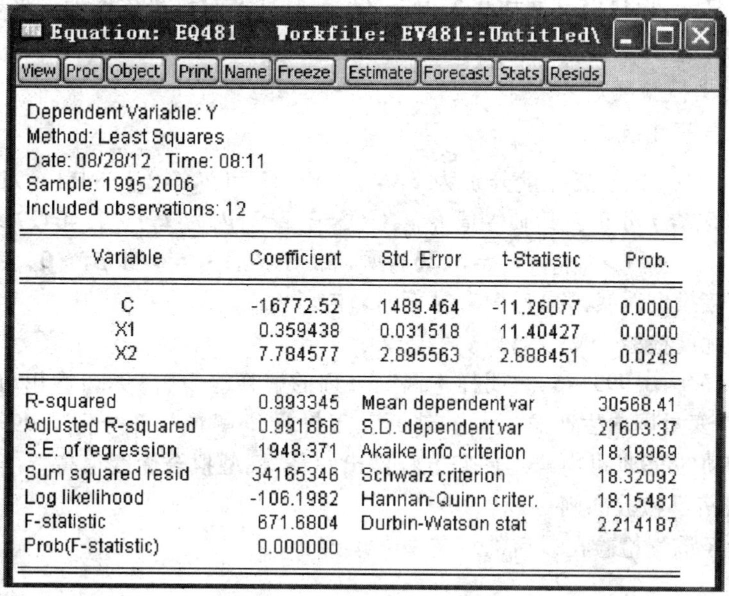

Variable	Coefficient	Std. Error	t-Statistic	Prob.
C	-16772.52	1489.464	-11.26077	0.0000
X1	0.359438	0.031518	11.40427	0.0000
X2	7.784577	2.895563	2.688451	0.0249

R-squared	0.993345	Mean dependent var	30568.41
Adjusted R-squared	0.991866	S.D. dependent var	21603.37
S.E. of regression	1948.371	Akaike info criterion	18.19969
Sum squared resid	34165346	Schwarz criterion	18.32092
Log likelihood	-106.1982	Hannan-Quinn criter.	18.15481
F-statistic	671.6804	Durbin-Watson stat	2.214187
Prob(F-statistic)	0.000000		

图 4.8.1 回归分析结果

计算的结果也可以把他粘贴到 Word 文件上，如图 4.8.2 所示。

Dependent Variable: Y
Method: Least Squares
Date: 08/28/12 Time: 08:11
Sample: 1995 2006
Included observations: 12

Variable	Coefficient	Std. Error	t-Statistic	Prob.
C	-16 772.52	1 489.464	-11.26077	0.0000
X1	0.359438	0.031518	11.40427	0.0000
X2	7.784577	2.895563	2.688451	0.0249
R-squared	0.993345	Mean dependent var		30 568.41
Adjusted R-squared	0.991866	S. D. dependent var		21 603.37
S. E. of regression	19 48.371	Akaike info criterion		18.19969
Sum squared resid	34 165 346	Schwarz criterion		18.32092
Log likelihood	-106.1982	Hannan-Quinn criter.		18.15481
F-statistic	671.6804	Durbin-Watson stat		2.214187
Prob(F-statistic)	0.000000			

图 4.8.2 回归分析结果的 Word 显示

三种方法计算的结果稍有差别，那是由于计算误差所致。

(四) 模型检验

1. 经济检验准则

本案例一次项系数 $\hat{\beta}_1=0.359438$，$\hat{\beta}_2=7.784577$ 符合经济的一般规律，表明国内生产总值增加一亿元，出口额可增加 0.359438 亿美元，外商直接投资增加一亿美元，出口额可增加 7.784577 亿元。

2. 统计意义检验准则

(1) 参数显著性检验

本案例中 $\hat{\beta}_1$，$\hat{\beta}_2$ 的 t 统计量分别为 $T_1=11.40427$ 和 $T_2=2.688451$。对于给定的显著水平 $\alpha=0.05$，查 t 分布表其临界值 $t_{0.025}(9)=2.262$，因为 $T_1=11.40427>t_{0.025}(9)=2.262$ 和 $T_2=2.688451>t_{0.025}(9)=2.262$，所以拒绝 $H_0:\beta_1=0$ 和 $\beta_2=0$，表明国内生产总值和外商直接投资对我国出口额有显著的影响。

(2) 拟合优度检验

本案例中，$R^2=0.993345$，表明样本回归方程的解释能力为 99%，在出口总额 y_t 的总变差中，由解释变量国内生产总值 x_1 和外商直接投资 x_2 解释的部分占了 99%，也就是我国出口总额变动的 99% 可由样本回归方程做出解释，模型拟合优度很高。

3. 计量经济学检验准则

关于计量经济学检验在以后的章节中陆续讲到。

二、案例 4.8.2

表 4.8.3 列出我国 1995—2009 年历年的出口总额、国内生产总值、利用外资固定资

产投资和美元对人民币的汇率数据。为了研究国内生产总值、利用外资固定资产投资和美元兑换人民币的汇率对我国出口总额的影响，试用这些数据拟合模型

$$y_t = \beta_0 + \beta_1 x_{1t} + \beta_2 x_{2t} + \beta_3 x_{3t} + u_t$$

并对估计结果进行讨论。

表 4.8.3　　1995—2009 年我国历年有关数据

年份	出口总额 y_t(亿元)	国内生产总值 x_1(亿元)	外资固定资产投资 x_2(亿元)	100 美元兑换 x_3 人民币元
1995	12 451.8	58 478.1	2 295.9	835.10
1996	12 576.4	67 884.6	2 746.6	831.42
1997	15 160.7	74 462.6	2 683.9	828.98
1998	15 231.6	78 345.2	2 617	827.91
1999	16 159.8	82 067.5	2 006.8	827.83
2000	20 634.4	89 468.1	1 696.3	827.84
2001	22 024.4	97 314.8	1 730.7	827.70
2002	26 947.9	105 172.3	2085	827.70
2003	36 287.9	117 251.9	2 599.4	827.70
2004	49 103.3	159 878.3	3 285.7	827.68
2005	62 648.1	183 867.9	3 978.8	819.20
2006	77 594.6	211 923.5	4 334.3	797.20
2007	93 563.6	265 810.3	5 132.7	760.40
2008	100 394.9	314 045.4	5 311.9	694.51
2009	82 029.7	340 902.8	4 623.7	683.10

(一) 参数估计方法 1

第一步，计算所有变量的平方和以及交叉乘积和：

$\sum y_t = 642\ 809.1$　$\sum x_{1t} = 2\ 246\ 873.346$　$\bar{y} = 42\ 853.9$

$\sum x_{2t} = 47\ 128.74$　$\sum x_{3t} = 12\ 044.27$　$\bar{x}_1 = 149\ 791.6$

$\sum y_t^2 = 41\ 909\ 055\ 560.3$　$\sum x_{1t}^2 = 458\ 504\ 084\ 678.3$　$\bar{x}_2 = 3\ 141.9$

$\sum x_{2t}^2 = 169\ 223\ 786.6$　$\sum x_{3t}^2 = 9\ 706\ 026.1$　$\bar{x}_3 = 803.0$

$\sum x_{1t}x_{2t} = 8\ 518\ 712\ 392.2$　$\sum x_{1t}x_{3t} = 1\ 743\ 516\ 263.5$

$\sum x_{2t}x_{3t} = 37\ 152\ 548.8$　$\sum x_{1t}y_t = 136\ 485\ 280\ 887.2$

$\sum x_{2t}y_t = 2\ 539\ 470\ 979.8$　$\sum x_{3t}y_t = 497\ 789\ 582.6$

第二步,计算变量偏差平方和及交叉乘积和:

本例采用中心化数据计算:

$$\sum \dot{y}_t^2 = \sum y_t^2 - n\bar{y}^2 = 41\ 909\ 055\ 560.3 - 15 \times 42\ 853.9^2 = 14\ 362\ 150\ 759.6$$

$$\sum \dot{x}_{1t}^2 = \sum x_{1t}^2 - n\bar{x}_1^2 = 121\ 941\ 429\ 293.7$$

$$\sum \dot{x}_{2t}^2 = \sum x_{2t}^2 - n\bar{x}_2^2 = 21\ 149\ 271.4$$

$$\sum \dot{x}_{3t}^2 = \sum x_{3t}^2 - n\bar{x}_3^2 = 35\ 063.4$$

$$\sum \dot{x}_{1t}\dot{x}_{2t} = \sum x_{1t}x_{2t} - n\bar{x}_1\bar{x}_2 = 1\ 459\ 225\ 722.1$$

$$\sum \dot{x}_{1t}\dot{x}_{3t} = \sum x_{1t}x_{3t} - n\bar{x}_1\bar{x}_3 = -60\ 613\ 685.1$$

$$\sum \dot{x}_{2t}\dot{x}_{3t} = \sum x_{2t}x_{3t} - n\bar{x}_2\bar{x}_3 = -689\ 532.4$$

$$\sum \dot{x}_{1t}\dot{y}_t = \sum x_{1t}y_t - n\bar{x}_1\bar{y} = 40\ 197\ 901\ 510.0$$

$$\sum \dot{x}_{2t}\dot{y}_t = \sum x_{2t}y_t - n\bar{x}_2\bar{y} = 519\ 818\ 887.2$$

$$\sum \dot{x}_{3t}\dot{y}_t = \sum x_{3t}y_t - n\bar{x}_3\bar{y} = -18\ 354\ 862.0$$

第三步,计算参数估计值:

$$\dot{X}'\dot{X} = \begin{pmatrix} \dot{x}_{11} & \dot{x}_{12} & \cdots & \dot{x}_{115} \\ \dot{x}_{21} & \dot{x}_{22} & \cdots & \dot{x}_{215} \\ \dot{x}_{31} & \dot{x}_{32} & \cdots & \dot{x}_{315} \end{pmatrix} \begin{pmatrix} \dot{x}_{11} & \dot{x}_{21} & \dot{x}_{31} \\ \dot{x}_{12} & \dot{x}_{22} & \dot{x}_{32} \\ \cdots & \cdots & \cdots \\ \dot{x}_{115} & \dot{x}_{215} & \dot{x}_{315} \end{pmatrix} = \begin{pmatrix} \sum \dot{x}_{1t}^2 & \sum \dot{x}_{1t}\dot{x}_{2t} & \sum \dot{x}_{1t}\dot{x}_{3t} \\ \sum \dot{x}_{2t}\dot{x}_{1t} & \sum \dot{x}_{2t}^2 & \sum \dot{x}_{2t}\dot{x}_{3t} \\ \sum \dot{x}_{3t}\dot{x}_{1t} & \sum \dot{x}_{3t}\dot{x}_{2t} & \sum \dot{x}_{3t}^2 \end{pmatrix}$$

$$= \begin{pmatrix} 121\ 941\ 429\ 293.7 & 1\ 459\ 225\ 722.1 & -60\ 613\ 685.1 \\ 1\ 459\ 225\ 722.1 & 21\ 149\ 271.4 & -689\ 532.4 \\ -60\ 613\ 685.1 & -689\ 532.4 & 35\ 063.4 \end{pmatrix}$$

$$(\dot{X}'\dot{X})^{-1} = \begin{pmatrix} 1.29045E-10 & -4.54397E-09 & 1.33721E-07 \\ -4.54397E-09 & 2.91765E-07 & -2.1174E-06 \\ 1.33721E-07 & -2.11745E-06 & 0.000218041 \end{pmatrix}$$

$$\dot{X}'\dot{Y} = \begin{pmatrix} \dot{x}_{11} & \dot{x}_{12} & \cdots & \dot{x}_{115} \\ \dot{x}_{21} & \dot{x}_{22} & \cdots & \dot{x}_{215} \\ \dot{x}_{31} & \dot{x}_{32} & \cdots & \dot{x}_{315} \end{pmatrix} \begin{pmatrix} \dot{y}_1 \\ \dot{y}_2 \\ \cdots \\ \dot{y}_{15} \end{pmatrix} = \begin{pmatrix} \sum \dot{x}_{1t}\dot{y}_t \\ \sum \dot{x}_{2t}\dot{y}_t \\ \sum \dot{x}_{3t}\dot{y}_t \end{pmatrix} = \begin{pmatrix} 40\ 197\ 901\ 510.0 \\ 519\ 818\ 887.2 \\ -18\ 354\ 862.0 \end{pmatrix}$$

$$\hat{\beta} = \begin{pmatrix} \hat{\beta}_1 \\ \hat{\beta}_2 \\ \hat{\beta}_3 \end{pmatrix} = (\dot{X}'\dot{X})^{-1}\dot{X}'\dot{Y} = \begin{pmatrix} 0.37088894 \\ 7.872668319 \\ 272.4933489 \end{pmatrix}$$

$$\hat{\beta}_0 = \bar{y} - \hat{\beta}_1\bar{x}_1 - \hat{\beta}_2\bar{x}_2 - \hat{\beta}_3\bar{x}_3 = -256\ 236.248$$

第四步,计算参数估计量的标准差的估计值:

$$RSS = \hat{\beta}'X'Y$$

$$= (0.37088894, 7.872668319, 272.4933489)\begin{pmatrix} 40\ 197\ 901\ 510.0 \\ 519\ 818\ 887.2 \\ -18\ 354\ 862.0 \end{pmatrix}$$

$$= 139\ 997\ 409\ 51$$

由 $\varepsilon'\varepsilon = \dot{Y}'\dot{Y} - \hat{\beta}'\dot{X}'\dot{Y} = 14\ 362\ 150\ 759.6 - 13\ 999\ 740\ 951 = 362\ 409\ 808.4$

$$\hat{\sigma}_u^2 = \frac{\varepsilon'\varepsilon}{11} = 32\ 946\ 346.22$$

所以

$$\hat{V}(\hat{\beta}_1) = \hat{\sigma}_u^2(\dot{X}'\dot{X})_{11}^{-1} = 0.004251577$$

$$\hat{V}(\hat{\beta}_2) = \hat{\sigma}_u^2(\dot{X}'\dot{X})_{22}^{-1} = 9.612601427$$

$$\hat{V}(\hat{\beta}_3) = \hat{\sigma}_u^2(\dot{X}'\dot{X})_{33}^{-1} = 7\ 183.663929$$

便有

$$S_{\hat{\beta}_1} = \sqrt{\hat{V}(\hat{\beta}_1)} = 0.065204118$$

$$S_{\hat{\beta}_2} = \sqrt{\hat{V}(\hat{\beta}_2)} = 3.100419557$$

$$S_{\hat{\beta}_3} = \sqrt{\hat{V}(\hat{\beta}_3)} = 84.75649786$$

第五步，方差分析和拟合优度（见表 4.8.4）：

回归平方和 $RSS = \hat{\beta}'\dot{X}'\dot{Y} = 13\ 999\ 740\ 951$

剩余平方和 $ESS = TSS - RSS = \dot{Y}'\dot{Y} - \hat{\beta}'\dot{X}'\dot{Y} = 362\ 409\ 808.4$

表 4.8.4 **多元回归方差分析**

	平方和	自由度	均方差	F 值
回归	13 999 740 951	3	4 666 580 317	141.6418162**
剩余	362 409 808.4	11	32 946 346.2	
总离差	14 362 150 759.4	14		

$$R^2 = \frac{RSS}{TSS} = 0.974766328$$

第六步，回归分析结果：

$$\hat{y}_t = -256\ 236.248 + \underset{(0.065204118)}{0.37088894}x_{1t} + \underset{(3.100419557)}{7.872668319}x_{2t} + \underset{(84.75649786)}{272.4933489}x_{3t}$$

$R^2 = 0.974766328$　　$F = 141.6418162$

（二）参数估计方法 2

利用计量经济学软件 EViews 计算，方法与 4.8.1 例相同。

1. 建立工作文件

2. 输入数据

在数据表窗口中,按列输入四个变量的数据分别命名为 y, x_1, x_2, x_3。

3. 回归分析

利用 EViews 计算结果,如图 4.8.3 所示。

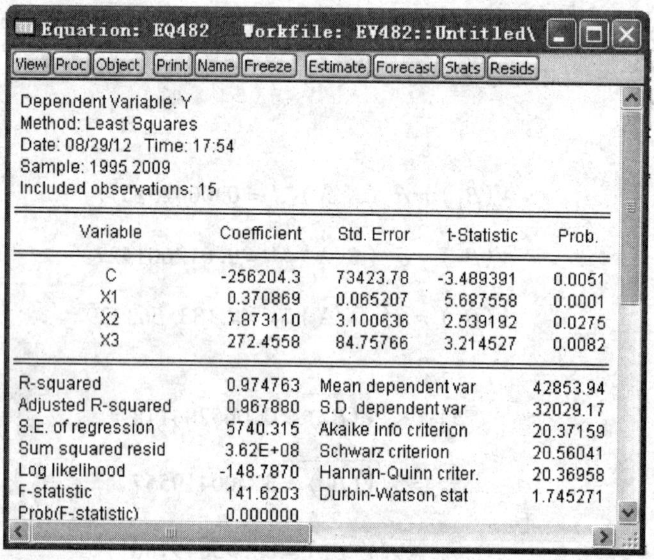

图 4.8.3 回归分析结果

或者把计算结果粘贴到 Word 上,如图 4.8.4 所示。

Dependent Variable: Y

Method: Least Squares

Date: 08/29/12 Time: 17:54

Sample: 1995 2009

Included observations: 15

Variable	Coefficient	Std. Error	t-Statistic	Prob.
C	-256 204.3	73 423.78	-3.489391	0.0051
X1	0.370869	0.065207	5.687558	0.0001
X2	7.873110	3.100636	2.539192	0.0275
X3	272.4558	84.75766	3.214527	0.0082

R-squared	0.974763	Mean dependent var	42 853.94
Adjusted R-squared	0.967880	S. D. dependent var	32 029.17
S. E. of regression	5 740.315	Akaike info criterion	20.37159
Sum squared resid	3.62E+08	Schwarz criterion	20.56041
Log likelihood	-148.7870	Hannan-Quinn criter.	20.36958
F-statistic	141.6203	Durbin-Watson stat	1.745271
Prob(F-statistic)	0.000000		

图 4.8.4 回归分析结果的 Word 显示

两种方法计算的结果稍有差别,这是由于计算误差所致。

(三) 模型检验

1. 经济检验准则

本案例一次项系数 $\hat{\beta}_1=0.370869$,$\hat{\beta}_2=7.873110$,$\hat{\beta}_3=272.4558$ 符合经济的一般规律,表明国内生产总值增加一亿元,出口额可增加 0.370869 亿元,利用外资固定资产投资增加一亿元,出口额可增加 7.873110 亿元,美元兑换人民币每增加一元,出口额可增加 272.4558 亿元。

2. 统计意义检验准则

(1) 参数显著性检验

本案例中 $\hat{\beta}_1,\hat{\beta}_2,\hat{\beta}_3$ 的 t 统计量分别为 $T_1=5.687558$, $T_2=2.539192$ 和 $T_3=3.214527$。对于给定的显著水平 $\alpha=0.05$,查 t 分布表其临界值 $t_{0.025}(11)=2.201$,因为 $T_1=5.687558>t_{0.025}(11)=2.201$ 和 $T_2=2.539192>t_{0.025}(11)=2.201$,$T_3=3.214527>t_{0.025}(11)=2.201$,所以拒绝 $H_0:\beta_1=0,\beta_2=0$ 和 $\beta_3=0$ 表明国内生产总值、利用外资固定资产投资和美元兑换人民币的汇率对我国出口额有显著的影响。

(2) 拟合优度检验

本案例中,$R^2=0.974763$,表明样本回归方程的解释能力为97%,在出口总额 y_t 的总变差中,由解释变量国内生产总值 x_1、利用外资固定资产投资 x_2 和美元兑换人民币的汇率 x_3 解释的部分占了97%,也就是我国出口总额变动的97%可由样本回归方程做出解释,模型拟合优度很高。

3. 计量经济学检验准则

关于计量经济学检验在以后的章节中陆续讲到。

§4.9 极大似然估计法

极大似然估计包括有限信息极大似然估计法(简称 *LIML* 法)和完全信息极大似然估计法(简称 *FIML* 法),本节阐述的是有限信息极大似然估计法。

一、似然函数

设总体 Y 的概率密度形式 $f(y;\theta)$ 为已知,它含有已知参数 θ[若 Y 是离散型,则 $f(y;\theta)$ 表示概率 $P\{Y=y\}$]。于是,总体 Y 的样本 $Y_1, Y_2, \cdots, Y_n$ 的联合密度函数为

$$\prod_{i=1}^{n} f(y_i;\theta)$$

这里,联合密度函数 $\prod_{i=1}^{n} f(y_i;\theta)$ 中的参数 θ 是已知的,联合密度函数是 y_i 的函数。若 Y 是离散型,则它表示 $P\{Y_1=y_1,Y_2=y_2,\cdots,Y_n=y_n\}=\prod_{i=1}^{n} P\{Y_i=y_i\}$

对于样本的一个实现,即 $y_i(i=1,2,\cdots,n)$ 已知,参数 θ 为未知,并记作

$$L = L(\theta / y_1, y_2, \cdots y_n) = \prod_{i=1}^{n} f(y_i;\theta) \tag{4.9.1}$$

称为似然函数。

可以看出,联合密度函数与似然函数表达形式相同,但含义不同。联合密度函数参数 θ 已知,是随机变量 y 的函数;似然函数随机变量 y 的取值已经给定,是未知参数 θ 的函数。

二、极大似然估计法的基本思想

极大似然估计法的基本思想是:如果在一次观察中一个事件出现了,那么我们可以认为此事件出现的可能性很大。极大似然估计法就是要选取适当的未知参数 θ 的值,使得随机抽到实际获得的那个样本的概率值为最大。于是,我们给出如下定义:

设总体 Y 含有未知参数 θ,并且总体分布的形式已知,$y_1,y_2,\cdots y_n$ 为 Y 的一组样本观测值。若存在 θ 的一个估计值 $\tilde{\theta}$,使得似然函数在 $\theta=\tilde{\theta}$ 时,

$$L = L(\theta / y_1, y_2, \cdots, y_n) = \max \tag{4.9.2}$$

取得极大值,则 $\tilde{\theta}$ 是 θ 的一个极大似然估计值。

由定义可知,求总体参数 θ 的极大似然估计值 $\tilde{\theta}$ 的问题,就变成相对于给定样本观测值 $y_1,y_2,\cdots,y_n$ 求似然函数 L 的最大值问题。欲使 L 取得最大值,θ 必须满足

$$\frac{dL}{d\theta} = 0 \tag{4.9.3}$$

由于 $\ln L$ 和 L 是在 θ 的同一个值下达到极大值,所以在实际应用中,通常不是求似然函数本身的最大值,而是求其自然对数的最大值。因为对数似然函数 $\ln L$ 可以把乘积形式转化为和的形式,从而为简化运算提供了方便。此时 θ 应满足:

$$\frac{d}{d\theta}\ln L = 0 \tag{4.9.4}$$

极大似然估计法也适用于分布中含有多个未知参数 $\theta_1,\theta_2,\cdots\theta_k$ 的情况。这时,似然函数是这些未知参数的函数。此时,θ 应满足:

$$\frac{\partial}{\partial\theta_1}\ln L = 0$$

$$\frac{\partial}{\partial\theta_2}\ln L = 0$$

$$\cdots\cdots\cdots\cdots$$

$$\frac{\partial}{\partial\theta_k}\ln L = 0 \tag{4.9.5}$$

三、一元线性回归模型的极大似然估计

设一元线性回归模型

$$y_i = \beta_0 + \beta_1 x_i + u_i \tag{4.9.6}$$

其中 u_i 满足基本假定。由于 y_i 服从以 $\mu=E(y_i)=\beta_0+\beta_1x_i$ 为均值,以 $V(y_i)=\sigma^2$ 为方差的正态分布,所以,它的密度函数为

$$f(y_i)=\frac{1}{\sqrt{2\pi}\sigma}e^{-\frac{(y_i-\mu)^2}{2\sigma^2}}=\frac{1}{\sqrt{2\pi}\sigma}e^{-\frac{(y_i-\beta_0-\beta_1x_i)^2}{2\sigma^2}} \tag{4.9.7}$$

相应的似然函数为

$$\begin{aligned}L&=L(\beta_0,\beta_1,\sigma^2/y_1,y_2,\cdots,y_n)\\&=(2\pi)^{-\frac{n}{2}}\sigma^{-n}e^{-\frac{1}{2\sigma^2}\sum\limits_{i=1}^{n}(y_i-\beta_0-\beta_1x_i)^2}\end{aligned} \tag{4.9.8}$$

欲使 L 取得极大值，较简捷的方法是使 $\ln L$ 取得极大值：

$$\ln L=-\frac{n}{2}\ln(2\pi)-\frac{n}{2}\ln\sigma^2-\frac{1}{2\sigma^2}\sum_{i=1}^{n}(y_i-\beta_0-\beta_1x_i)^2 \tag{4.9.9}$$

显然 β_0,β_1,σ^2 的极大似然估计值 $\tilde{\beta}_0,\tilde{\beta}_1,\tilde{\sigma}^2$ 应满足必要条件：

$$\begin{cases}\dfrac{\partial}{\partial\tilde{\beta}_0}\ln L=\dfrac{1}{\tilde{\sigma}^2}\sum(y_i-\tilde{\beta}_0-\tilde{\beta}_1x_i)=0 & (4.9.10)\\ \dfrac{\partial}{\partial\tilde{\beta}_1}\ln L=\dfrac{1}{\tilde{\sigma}^2}\sum(y_i-\tilde{\beta}_0-\tilde{\beta}_1x_i)x_i=0 & (4.9.11)\\ \dfrac{\partial}{\partial\tilde{\sigma}^2}\ln L=-\dfrac{n}{2\tilde{\sigma}^2}+\dfrac{1}{2\tilde{\sigma}^4}\sum(y_i-\tilde{\beta}_0-\tilde{\beta}_1x_i)^2=0 & (4.9.12)\end{cases}$$

由(4.9.10)和(4.9.11)可求出 β_0,β_1 的极大似然估计值

$$\tilde{\beta}_0=\bar{y}-\tilde{\beta}_1\bar{x} \tag{4.9.13}$$

$$\tilde{\beta}_1=\frac{\sum\dot{x}_i\dot{y}_i}{\sum\dot{x}_i^2} \tag{4.9.14}$$

由(4.9.12) 可求得 σ^2 的极大似然估计值

$$\tilde{\sigma}^2=\frac{1}{n}\sum(y_i-\tilde{\beta}_0-\tilde{\beta}_1x_i)^2=\frac{1}{n}\sum\varepsilon_i^2 \tag{4.9.15}$$

可见,极大似然估计值 $\tilde{\beta}_0,\tilde{\beta}_1$ 与最小二乘法估计量 $\hat{\beta}_0,\hat{\beta}_1$ 一样,都是线性无偏估计量。而 $\tilde{\sigma}^2$ 是 σ^2 的有偏估计量,但却是一致估计量。

四、多元线性回归模型的极大似然估计

设线性回归模型

$$\underset{(n\times1)}{Y}=\underset{(n\times k)}{X}\underset{(k\times1)}{\beta}+\underset{(n\times1)}{U} \tag{4.9.16}$$

式中 Y 是样本观测值($n\times1$)向量,X 是解释变量观测值($n\times k$) 矩阵,β 是未知系数($k\times1$) 向量,U 是($n\times1$)随机向量,且 $U\sim N(0,\sigma^2I_n)$。显然,$Y\sim N(X\beta,\sigma^2I_n)$,其样本观测值的联合密度函数可以表示为:

$$f(Y)=(2\pi\sigma^2)^{-\frac{n}{2}}e^{\frac{-(Y-X\beta)'(Y-X\beta)}{2\sigma^2}} \tag{4.9.17}$$

相应的似然函数

$$L = L(\beta, \sigma^2 / Y, X) = (2\pi\sigma^2)^{-\frac{n}{2}} e^{-\frac{(Y - X\beta)'(Y - X\beta)}{2\sigma^2}} \tag{4.9.18}$$

再写出似然函数(4.9.18)的对数形式:

$$\ln L = -\frac{n}{2}\ln(2\pi) - \frac{n}{2}\ln\sigma^2 - \frac{(Y - X\beta)'(Y - X\beta)}{2\sigma^2} \tag{4.9.19}$$

β 和 σ^2 的极大似然估计值 $\tilde{\beta}$ 和 $\tilde{\sigma}^2$ 应满足必要条件:

$$\frac{\partial}{\partial \tilde{\beta}} \ln L = -\frac{1}{2\tilde{\sigma}^2}(-2X'Y + 2X'X\tilde{\beta}) = 0 \tag{4.9.20}$$

$$\frac{\partial}{\partial \tilde{\sigma}^2} \ln L = -\frac{n}{2\tilde{\sigma}^2} + \frac{1}{2\tilde{\sigma}^4}\tilde{U}'\tilde{U} = 0 \tag{4.9.21}$$

解方程(4.9.20)得

$$\tilde{\beta} = (X'X)^{-1}X'Y \tag{4.9.22}$$

解方程(4.9.21)得

$$\tilde{\sigma}^2 = \frac{1}{n}\tilde{U}'\tilde{U} \tag{4.9.23}$$

其中

$$\tilde{U} = Y - X\tilde{\beta}$$

显然,参数 β 的极大似然估计量 $\tilde{\beta}$ 与最小二乘估计量 $\hat{\beta}$ 相同,而最大似然估计量 $\tilde{\sigma}^2$ 是 σ^2 的有偏估计量,但却是一致估计量。

五、概率极限的概念

设 $\hat{\beta}_{(n)}$ 是参数 β 的一个估计值,其中 n 为样本容量,如果满足条件

$$\lim_{n \to \infty} P\{|\hat{\beta}_{(n)} - \beta| < \varepsilon\} = 1 \tag{4.9.24}$$

也就是,对于任意小的正数 ε 及 η 存在一个样本容量 n_0,当 $n > n_0$ 时,不等式

$$P\{|\hat{\beta}_{(n)} - \beta| < \varepsilon\} = 1 - \eta \tag{4.9.25}$$

成立,则称 $\hat{\beta}_{(n)}$ 依概率收敛于 β,或者说 β 是 $\hat{\beta}_{(n)}$ 的概率极限。

若 $\hat{\beta}_{(n)}$ 依概率收敛于 β,则称 $\hat{\beta}_{(n)}$ 是 β 的一致估计量,记为

$$P\lim_{n \to \infty} \hat{\beta}_{(n)} = \beta \tag{4.9.26}$$

例如:在第三段中,我们已经得出极大似然估计量

$$\tilde{\sigma}^2 = \frac{1}{n}\sum \varepsilon_i^2 \tag{4.9.27}$$

我们来说明它是一致估计量:

$$E(\tilde{\sigma}^2) = E\left(\frac{1}{n}\sum \varepsilon_i^2\right) = \frac{n-2}{n}E\left(\frac{1}{n-2}\sum \varepsilon_i^2\right) = \frac{n-2}{n}\sigma^2 \tag{4.9.28}$$

从而有

$$P\lim_{n \to \infty} E(\tilde{\sigma}^2) = \sigma^2 \tag{4.9.29}$$

可以看出,极大似然估计量(4.9.27)是渐进无偏且一致估计量。

§4.10 参数带约束条件的最小二乘估计

在计量经济学的研究中,除了可以得到观测值样本以外,还可能知道有关的非样本信息——先验信息。例如:生产函数

$$y_t = \beta_0 + \beta_1 x_{1t} + \beta_2 x_{2t} + u_t$$

式中 y_t 是产出的对数,x_{1t}是资本投入的对数,x_{2t}是劳动投入的对数,在规模报酬不变的条件下,可以得到有关信息 $\beta_1 + \beta_2 = 1$,即一个线性约束条件。如果可以得到这类信息,我们假设这类信息可以用线性约束等式表示。在此约束条件下,如何解出参数估计量的表达式,便是本节要介绍的内容。

一、基本方法

设线性回归模型

$$Y = X\beta + U \tag{4.10.1}$$

其中 Y 为$(n \times 1)$向量,X 为$(n \times k)$阶矩阵,β 为$(k \times 1)$向量,U 为$(n \times 1)$向量,此时如果模型中有常数项,可以把常数项看成是常等于 1 的变量的系数。

模型中的参数 β 具有线性约束条件:

$$H\beta = 0 \tag{4.10.2}$$

式中 H 是一个秩为 $m < k$ 的已知先验信息$(m \times k)$ 阶矩阵,即为向量 β 各元素的某种线性组合的信息结构。

我们所面临的问题就是在满足线性约束条件(4.10.2)下,寻求使

$$S = U'U = (Y - X\beta)'(Y - X\beta) \tag{4.10.3}$$

达到最小的 β 的估计量 $\hat{\beta}_H$ 并且满足条件(4.10.2)。

应用拉格朗日(Lagrange)乘数法,首先建立拉格朗日函数:

$$L = (Y - X\beta)'(Y - X\beta) + 2\lambda' H\beta \tag{4.10.4}$$

式中 λ 是$(m \times 1)$的拉氏乘数列向量,最后一项中的"2"是为了简化计算而加的,但不影响计算结果。

满足条件(4.10.2)且使 S 取得最小值的 $\hat{\beta}_H$,应满足:

$$\begin{cases} \dfrac{\partial L}{\partial \hat{\beta}_H} = -2X'Y + 2X'X\hat{\beta}_H + 2H'\hat{\lambda}_H = 0 & (4.10.5) \\ \dfrac{\partial L}{\partial \lambda_H} = H\hat{\beta}_H = 0 & (4.10.6) \end{cases}$$

由(4.10.5)得到

$$\hat{\beta}_H = \hat{\beta} - (X'X)^{-1} H' \hat{\lambda}_H \tag{4.10.7}$$

(4.10.7)式中的 $\hat{\beta}$ 是无约束的最小二乘估计量。

对(4.10.7)式两边左乘 H,再由(4.10.6)便有:

$$H\hat{\beta}-H(X'X)^{-1}H'\hat{\lambda}_H=H\hat{\beta}_H=0 \tag{4.10.8}$$

由(4.10.8)得:

$$\hat{\lambda}_H=[H(X'X)^{-1}H']^{-1}H\hat{\beta} \tag{4.10.9}$$

把(4.10.9)式的 $\hat{\lambda}_H$ 代入(4.10.7)式中便有估计量:

$$\hat{\beta}_H=\hat{\beta}-(X'X)^{-1}H'[H(X'X)^{-1}H']^{-1}H\hat{\beta} \tag{4.10.10}$$

(4.10.10)中的估计量 $\hat{\beta}_H$ 既用了样本信息,也利用了非样本信息,称之为有约束最小二乘估计量。实际上,(4.10.10)中估计量 $\hat{\beta}_H$ 也是有约束极大似然估计量,读者可自行加以验证。

二、应用举例

设模型

$$y_i=\beta_1x_{1i}+\beta_2x_{2i}+u_i \tag{4.10.11}$$

中系数的约束条件为

$$\beta_1+\beta_2=1 \tag{4.10.12}$$

现有观测数据的计算结果:

$$X'X=\begin{pmatrix}20 & 0\\ 0 & 40\end{pmatrix}\qquad X'Y=\begin{pmatrix}15\\ 25\end{pmatrix} \tag{4.10.13}$$

求系数 β_1,β_2 的有约束最小二乘估计量。

首先写出拉格朗日函数:

$$L=\sum(y_i-\beta_1x_{1i}-\beta_2x_{2i})^2+\lambda(\beta_1+\beta_2-1) \tag{4.10.14}$$

函数 L 对参数求偏导数:

$$\begin{cases}\dfrac{\partial L}{\partial\beta_1^*}=-2\sum(y_i-\beta_1^*x_{1i}-\beta_2^*x_{2i})x_{1i}+\lambda^*=0\\ \dfrac{\partial L}{\partial\beta_2^*}=-2\sum(y_i-\beta_1^*x_{1i}-\beta_2^*x_{2i})x_{2i}+\lambda^*=0\\ \dfrac{\partial L}{\partial\lambda^*}=\beta_1^*+\beta_2^*-1=0\end{cases}$$

或者

$$\begin{cases}\sum x_{1i}y_i-\beta_1^*\sum x_{1i}^2-\beta_2^*\sum x_{1i}x_{2i}-\dfrac{\lambda^*}{2}=0\\ \sum x_{2i}y_i-\beta_1^*\sum x_{1i}x_{2i}-\beta_2^*\sum x_{2i}^2-\dfrac{\lambda^*}{2}=0\\ \beta_1^*+\beta_2^*-1=0\end{cases} \tag{4.10.15}$$

式中 * 号表示带有约束条件的参数估计量。

将数据(4.10.13)代入方程组(4.10.15)便有

$$\begin{cases}15-20\beta_1^*-\dfrac{\lambda^*}{2}=0\\ 25-40\beta_2^*-\dfrac{\lambda^*}{2}=0\\ \beta_1^*+\beta_2^*-1=0\end{cases} \tag{4.10.16}$$

解方程组(4.10.16)得

$$\begin{cases}\beta_1^* = \dfrac{1}{2} \\ \beta_2^* = \dfrac{1}{2}\end{cases} \tag{4.10.17}$$

(4.10.17)中的 β_1^* ,β_2^* 便是带有约束条件的最小二乘参数估计量。(读者可以将它与无约束的参数估计量进行比较。)

§4.11 小　　结

1. 多元线性回归模型:

$$\boldsymbol{Y} = \boldsymbol{X\beta} + \boldsymbol{U}$$

其中

$$\boldsymbol{Y} = \begin{pmatrix} y_1 \\ y_2 \\ \cdots \\ y_n \end{pmatrix} \quad \boldsymbol{X} = \begin{pmatrix} 1 & x_{11} & x_{21} & \cdots & x_{k1} \\ 1 & x_{12} & x_{22} & \cdots & x_{k2} \\ \cdots & \cdots & \cdots & \cdots & \cdots \\ 1 & x_{1n} & x_{2n} & \cdots & x_{kn} \end{pmatrix} \quad \boldsymbol{\beta} = \begin{pmatrix} \beta_0 \\ \beta_1 \\ \cdots \\ \beta_k \end{pmatrix} \quad \boldsymbol{U} = \begin{pmatrix} u_1 \\ u_2 \\ \cdots \\ u_n \end{pmatrix}$$

中心化模型:

$$\dot{Y} = \dot{X}\beta + \dot{U}$$

其中

$$\dot{Y} = \begin{pmatrix} \dot{y}_1 \\ \dot{y}_2 \\ \cdots \\ \dot{y}_n \end{pmatrix} \quad \dot{X} = \begin{pmatrix} \dot{x}_{11} & \dot{x}_{21} & \cdots & \dot{x}_{k1} \\ \dot{x}_{12} & \dot{x}_{22} & \cdots & \dot{x}_{k2} \\ \cdots & \cdots & \cdots & \cdots \\ \dot{x}_{1n} & \dot{x}_{2n} & \cdots & \dot{x}_{kn} \end{pmatrix} \quad \beta = \begin{pmatrix} \beta_1 \\ \beta_2 \\ \cdots \\ \beta_k \end{pmatrix} \quad \dot{U} = \begin{pmatrix} \dot{u}_1 \\ \dot{u}_2 \\ \cdots \\ \dot{u}_n \end{pmatrix}$$

2. 经典回归基本假定

假定 1　随机项 U 的每一个元素 u_i 均为实随机变量,且服从正态分布

假定 2

$$E(U) = E\begin{pmatrix} u_1 \\ u_2 \\ \cdots \\ u_n \end{pmatrix} = \begin{pmatrix} E(u_1) \\ E(u_2) \\ \cdots \\ E(u_n) \end{pmatrix} = \begin{pmatrix} 0 \\ 0 \\ \cdots \\ 0 \end{pmatrix} = \mathbf{0}$$

假定 3 和假定 4

$$E(UU') = \begin{bmatrix} E(u_1^2) & E(u_1u_2) & \cdots & E(u_1u_n) \\ E(u_2u_1) & E(u_2^2) & \cdots & E(u_2u_n) \\ \cdots & \cdots & \cdots & \cdots \\ E(u_nu_1) & E(u_nu_2) & \cdots & E(u_n^2) \end{bmatrix}$$

$$=\begin{bmatrix}\sigma_u^2 & 0 & \cdots & 0\\ 0 & \sigma_u^2 & \cdots & 0\\ \cdots & \cdots & \cdots & \cdots\\ 0 & 0 & \cdots & \sigma_u^2\end{bmatrix}=\sigma_u^2 I_n$$

假定 5

$$COV(x_j,u_i)=0,\qquad j=1,2,\cdots,k$$
$$i=1,2,\cdots,n$$

假定 6

$$r_k(X)=k+1 \quad 且 \quad k+1<n$$

其中 k 为解释变量的个数。

3. 参数的最小二乘估计量

$$\hat{\beta}=(\dot{X}'\dot{X})^{-1}\dot{X}'\dot{Y} \qquad \hat{\beta}=(X'X)^{-1}X'Y$$
$$\hat{\beta}_j=\frac{D_j(k)}{D(k)},\qquad j=1,2,\cdots,k$$
$$\hat{\beta}_0=\bar{y}-\hat{\beta}_1\bar{x}_1-\hat{\beta}_2\bar{x}_2-\cdots-\hat{\beta}_k\bar{x}_k$$

4. 线性与无偏性

$$\hat{\beta}=(X'X)^{-1}X'Y \qquad \hat{\beta}=(\dot{X}'\dot{X})^{-1}\dot{X}'\dot{Y}$$
$$=\beta+(X'X)^{-1}X'U \qquad =\beta+(\dot{X}'\dot{X})^{-1}\dot{X}'\dot{U}$$
$$E(\hat{\beta})=\beta \qquad E(\hat{\beta})=\beta$$

5. 方差—协方差

$$\begin{cases}V-COV(\hat{\beta})=\sigma_u^2(X'X)^{-1}\\ V(\hat{\beta}_j)=\sigma_u^2(X'X)_{jj}^{-1}\\ COV(\hat{\beta}_i,\hat{\beta}_j)=\sigma_u^2(X'X)_{ij}^{-1}\end{cases} \qquad \begin{cases}V-COV(\hat{\beta})=\sigma_u^2(\dot{X}'\dot{X})^{-1}\\ V(\hat{\beta}_j)=\sigma_u^2(\dot{X}'\dot{X})_{jj}^{-1}\\ COV(\hat{\beta}_i,\hat{\beta}_j)=\sigma_u^2(\dot{X}'\dot{X})_{ij}^{-1}\end{cases}$$
$$i,j=0,1,2,\cdots,k(i\neq j) \qquad i,j=1,2,\cdots,k(i\neq j)$$

6. σ_u^2 的估计量和拟合优度 R^2

$$\hat{\sigma}_u^2=\frac{\sum\dot{y}_i^2-\hat{\beta}_1\sum\dot{x}_{1i}\dot{y}_i-\hat{\beta}_2\sum\dot{x}_{2i}\dot{y}_i-\cdots-\hat{\beta}_k\sum\dot{x}_{ki}\dot{y}_i}{n-k-1}$$

$$R^2=\frac{\hat{\beta}_1\sum\dot{x}_{1i}\dot{y}_i+\hat{\beta}_2\sum\dot{x}_{2i}\dot{y}_i+\cdots+\hat{\beta}_k\sum\dot{x}_{ki}\dot{y}_i}{\sum\dot{y}_i^2}$$

修正拟合优度

$$\bar{R}^2=1-\frac{ESS/(n-k-1)}{TSS/(n-1)}=1-\frac{n-1}{n-k-1}(1-R^2)$$

7. 显著性检验

回归参数的显著性检验:

t 统计量 $$T = \frac{\hat{\beta}_i}{\sqrt{\hat{V}(\hat{\beta}_i)}} \sim t(n-k-1)$$

回归模型总体的显著性检验：

F 统计量 $$F = \frac{RSS/k}{ESS/(n-k-1)} \sim F(k, n-k-1)$$

其中 n 为样本容量，k 为解释变量的个数。

8. 回归参数的置信区间

$$\beta_i = \hat{\beta}_i \pm t_{\alpha/2}(n-k-1)\sqrt{\hat{V}(\hat{\beta}_i)}$$

9. 因变量值的预测

$$y_f = \hat{y}_f \pm t_{\frac{\alpha}{2}}(n-k-1)\hat{\sigma}_u \sqrt{1 + X'_f(X'X)^{-1}X_f}$$

$$y_f = \hat{y}_f \pm t_{\frac{\alpha}{2}}(n-k-1)\hat{\sigma}_u \sqrt{1 + \frac{1}{n} + \dot{X}'_f(\dot{X}'\dot{X})^{-1}\dot{X}_f}$$

其中 $$\dot{X}_f = \begin{pmatrix} x_{1f} - \bar{x}_1 \\ x_{2f} - \bar{x}_2 \\ \cdots \\ x_{kf} - \bar{x}_k \end{pmatrix}$$

10. 似然函数

设总体 Y 的概率密度形式 $f(y;\theta)$ 为已知，若 $y_i(i=1,2,\cdots,n)$ 已知，参数 θ 为未知，则

$$L = L(\theta/y_1, y_2, \cdots y_n) = \prod_{i=1}^{n} f(y_i;\theta)$$

称为似然函数。

一元线性回归模型的似然函数为

$$\begin{aligned} L &= L(\beta_0, \beta_1, \sigma^2/y_1, y_2, \cdots, y_n) \\ &= (2\pi)^{-\frac{n}{2}} \sigma^{-n} e^{-\frac{1}{2\sigma^2}\sum_{i=1}^{n}(y_i - \beta_0 - \beta_1 x_i)^2} \end{aligned}$$

或 $$\ln L = -\frac{n}{2}\ln(2\pi) - \frac{n}{2}\ln\sigma^2 - \frac{1}{2\sigma^2}\sum_{i=1}^{n}(y_i - \beta_0 - \beta_1 x_i)^2$$

多元线性回归模型的似然函数为

$$L = L(\beta, \sigma^2/Y, X) = (2\pi\sigma^2)^{-\frac{n}{2}} e^{-\frac{(Y-X\beta)'(Y-X\beta)}{2\sigma^2}}$$

或 $$\ln L = -\frac{n}{2}\ln(2\pi) - \frac{n}{2}\ln\sigma^2 - \frac{(Y-X\beta)'(Y-X\beta)}{2\sigma^2}$$

11. 极大似然估计

若存在 θ 的一个估计 $\tilde{\theta}$，使得似然函数在 $\theta = \tilde{\theta}$ 时，

$$L = L(\theta/y_1, y_2, \cdots, y_n) = \max$$

取得极大值，则 $\tilde{\theta}$ 是 θ 的一个极大似然估计值。

12. 一元线性回归模型的极大似然估计量

$$\tilde{\beta}_0 = \bar{y} - \tilde{\beta}_1 \bar{x}$$

$$\tilde{\beta}_1 = \frac{\sum \dot{x}_i \dot{y}_i}{\sum \dot{x}_i^2}$$

$$\tilde{\sigma}^2 = \frac{1}{n} \sum \varepsilon_i^2$$

13. 多元线性回归模型的极大似然估计量

$$\tilde{\beta} = (X'X)^{-1} X'Y$$

$$\tilde{\sigma}^2 = \frac{1}{n} \tilde{U}'\tilde{U} \quad 其中\ \tilde{U} = Y - X\tilde{\beta}$$

14. 参数带约束条件的最小二乘法的基本思想是:求模型

$$Y = X\beta + U$$

的参数β满足约束条件

$$H\beta = 0$$

的最小二乘估计量,应使拉格朗日函数

$$L = (Y - X\beta)'(Y - X\beta) + 2\lambda' H\beta$$

取得极小值。

复习思考题

1. 考虑下列两个模型

Ⅰ. $y_i = \beta_1 + \beta_2 x_{2i} + \beta_3 x_{3i} + u_i$

Ⅱ. $y_i - x_{2i} = \alpha_1 + \alpha_2 x_{2i} + \alpha_3 x_{3i} + u'_i$

(1) 证明:$\hat{\alpha}_2 = \hat{\beta}_2 - 1, \hat{\alpha}_1 = \hat{\beta}_1, \hat{\alpha}_3 = \hat{\beta}_3$

(2) 证明:残差的最小二乘估计量相同,即 $\hat{u}_i = \hat{u}'_i, i = 1, 2, \cdots, n$

(3) 在何种情况下,模型Ⅱ的拟合优度 R^2_{II} 会小于模型Ⅰ的拟合优度 R^2_{I}。

2. 下表给出某地区职工平均消费水平、职工平均收入和生活费用价格指数,试根据数据对模型 $y_i = \beta_0 + \beta_1 x_{1i} + \beta_2 x_{2i} + u_i$ 作回归分析。

某地区职工的有关数据

年份	平均消费支出(y_t)	平均收入(x_{1i})	生活费用价格指数(x_{2i})
1	20.10	30.00	1.00
2	22.30	35.00	1.02
3	30.50	41.20	1.20
4	28.20	51.30	1.20
5	32.00	55.20	1.50

续表

年份	平均消费支出(y_t)	平均收入(x_{1i})	生活费用价格指数(x_{2i})
6	40.10	60.40	1.05
7	42.10	65.20	0.90
8	48.80	70.00	0.95
9	50.50	80.00	1.10
10	60.10	92.10	0.95
11	70.00	102.00	1.02
12	75.00	120.30	1.05

3. 考虑下述两个模拟过程

(1) 建立回归模型 $y_i = \beta_1 + \beta_2 x_{2i} + \beta_3 x_{3i} + u_i$

(2) 建立回归模型 $x_{2i} = \alpha_1 + \alpha_2 x_{3i} + u'_i$

计算残差 $\hat{u}'_i$,最后建立回归模型 $y_i = \beta'_1 + \beta'_2 \hat{u}'_i + \beta'_3 x_{3i} + u_i^*$

试问等式 $\hat{\beta}'_2 = \hat{\beta}_2$ 是否成立?请证明之。

4. 设真实回归模型为

$$y_i = \beta_2 x_{2i} + \beta_3 x_{2i}^2 + u_i$$

如果建立的模型为

$$y_i = \beta'_2 x_{2i} + u'_i$$

问最小二乘估计量 $\hat{\beta}'_2$ 作为 β_2 的估计量是否有偏,请证明之。

5. 假设真实模型为

$$y_i = \alpha_1 x_{1i} + \alpha_2 x_{2i} + u_i$$

其中 x_1, x_2 是确定性变量,随机变量 u_i 满足基本假定。现在把模型建成为

$$y_i = \beta_1 x_{1i} + v_i$$

(1) 求出 β_1 的最小二乘估计量 $\hat{\beta}_1$;

(2) 在什么条件下,$E(\hat{\beta}_1) = \alpha_1$;

(3) 证明在什么条件下,$\hat{\beta}_1$ 的方差小于或等于 $\hat{\alpha}_1$ 的方差。

第五章　相关分析

✓ 本章要点

(1) 变量相关的概念;(2) 相关系数的概念及其计算公式;(3) 相关系数与回归系数和样本拟合优度的关系以及相关系数的显著性检验;(4) 偏相关系数与复相关系数的概念及其计算公式。

相关分析是讨论变量之间相关程度的一种统计分析方法。在相关分析中,两个变量是同等看待的,即因变量与解释变量不予以区别,不考虑因果关系,并且两个变量都假定为随机变量。

相关分析就是对变量之间的相关关系的分析,其任务是对变量之间是否存在必然的联系、联系的形式、变动的方向做出符合实际的判断,并测定它们联系的密切程度,检验其有效性。

本章的目的是对回归分析所讨论的变量,利用给定的样本观测值作相关分析,以判断变量之间关联的密切程度,从而决定模型中所选择的解释变量是否合适,据此决定取舍。

§5.1　相关的概念及相关系数

所谓相关是指两个或两个以上变量之间的非确定性关系。存在于两个变量之间的相关关系叫做简单相关;存在于三个或三个以上的变量之间的相关关系叫做多重相关(或复相关)。

相关关系(correlation)是指变量之间的不确定的依存关系。它和函数关系不同,函数关系是变量之间确定的依存关系,当给定一个自变量数值时便有一个相应的因变量数值与之确定。相关关系则不同,对应于一个变量的某个数值,另一个变量可能有几个甚至许多个数值与之对应。例如,增加固定资产投资就会增加产量,投资和生产之间存在着本质的、必然的联系,但是,追加一定的固定资产投资额,能增加多少产量却是不确定的。这是因为影响产量的因素中,除了固定资产投资外还有职工文化技术素质、企业经营管理水平、能源和原材供应等,这些因素都在不同方向和不同程度上影响产量变动。

相关可以是线性的,也可以是非线性的。

两个变量可以是正相关,也可以是负相关,或不相关(即零相关)。

所谓正相关,就是两个变量的变化趋势在同一个方向上变化,即同时增加或同时减少。所谓负相关,就是两个变量的变化趋势在相反方向上变化,即当一个变量增加,则另一个变量减少。所谓不相关就是两个变量趋向变化时,它们之间没有联系。

各种相关情况如图 5.1.1 所示:

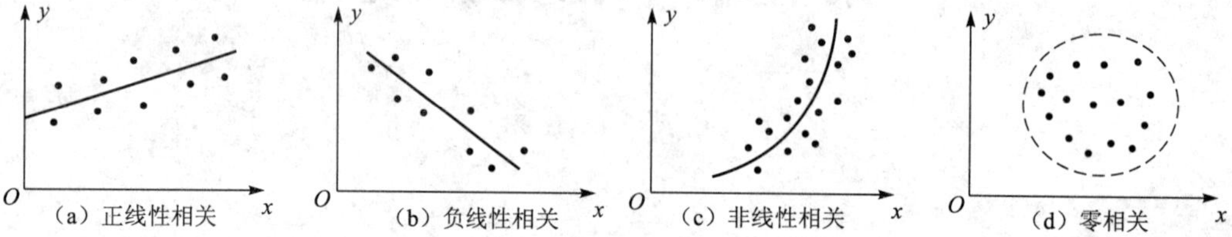

图 5.1.1　两个变量不同相关类型的散点图

一、相关系数

简单线性相关系数,简称相关系数。它用来描述两个变量之间线性关系程度的数量指标,用 ρ 表示。

由数理统计知道,

$$\rho_{xy} = \frac{\sigma_{xy}}{\sigma_x \sigma_y} \tag{5.1.1}$$

其中 ρ_{xy}称为总体相关系数,σ_x、σ_y 为 x 和 y 的总体标准差,σ_{xy}为 x 与 y 的总体协方差 $COV(x, y)$。线性相关系数只适用于考察变量间的线性相关关系。当 $\rho_{xy}=0$ 时,只说明两个变量间不存在线性相关关系,不能保证不存在其他非线性相关关系。变量不相关与变量相互独立是两个不同的概念。两个变量不相关,不见得两个变量相互独立,而两个变量相互独立则必然不相关。但是可以证明,当两个变量服从正态分布时,两个变量不相关与两个变量相互独立是等价的。

但是,实际问题中总体 x 和 y 的分布是未知的,相关系数 ρ_{xy}无法计算,因此应该利用样本观测值给出 ρ_{xy}的一个估计量,这就是所谓的样本相关系数。它定义为:

$$r = \frac{S_{xy}}{S_x S_y} \tag{5.1.2}$$

其中

$$S_{xy} = \frac{\sum \dot{x}_i \dot{y}_i}{n-1} \tag{5.1.3}$$

$$S_x^2 = \frac{\sum \dot{x}_i^2}{n-1} \tag{5.1.4}$$

$$S_y^2 = \frac{\sum \dot{y}_i^2}{n-1} \tag{5.1.5}$$

S_x^2 与 S_y^2 分别叫做 x 和 y 的样本方差,S_{xy} 叫做 x 和 y 的样本协方差,并且可以证明 S_x^2、S_y^2、S_{xy}分别是 σ_x^2、σ_y^2、σ_{xy}的无偏估计量。

把(5.1.3)、(5.1.4)和(5.1.5)代入(5.1.2)便有

$$r=\frac{\sum \dot{x}_i\dot{y}_i}{\sqrt{\sum \dot{x}_i^2\sum \dot{y}_i^2}} \tag{5.1.6}$$

利用样本观测值，由公式(5.1.6)便可计算相关系数 r，它是总体相关系数 ρ 的一个估计值。

二、样本相关系数与回归系数、样本拟合优度之间的关系

(一) 样本相关系数与回归系数的关系

对于一元回归方程

$$\hat{y}_i=\hat{\alpha}+\hat{\beta}x_i \tag{5.1.7}$$

其中参数估计值

$$\hat{\beta}=\frac{\sum \dot{x}_i\dot{y}_i}{\sum \dot{x}_i^2}=\frac{\sum \dot{x}_i\dot{y}_i}{\sqrt{\sum \dot{x}_i^2\sum y_i^2}}\cdot\frac{\sqrt{\sum \dot{y}_i^2}}{\sqrt{\sum \dot{x}_i^2}}=r\frac{S_y}{S_x} \tag{5.1.8}$$

(5.1.8)表示样本回归系数与相关系数之间在数量上的关系。当 $r=0$ 时，则 $\hat{\beta}=0$，即当 x 与 y 无线性相关关系时，回归系数应为零，反之亦然。因为 r 是 ρ 的估计值，$\hat{\beta}$ 是 β 的估计值，所以，检验 $\beta=0$ 或检验 $\rho=0$ 是考察 x 与 y 之间有无线性关系的两种等价方法。

(二) 样本相关系数与拟合优度之间的关系

在一元回归分析中，我们已经知道拟合优度为

$$R^2=\frac{(\sum \dot{x}_i\dot{y}_i)^2}{\sum \dot{x}_i^2\sum \dot{y}_i^2} \tag{5.1.9}$$

它与(5.1.6)式比较便有

$$r=\pm\sqrt{R^2} \tag{5.1.10}$$

可以看出，样本相关系数与拟合优度在计算上是一致的。但是，它们是两个不同的概念。拟合优度 R^2 是对变量 x 与 y 作回归分析时，判定回归方程与样本观测值拟合程度好坏的一个数量指标。样本相关系数 r 是对变量 x 与 y 作相关分析时得出的，它是判定 x 与 y 线性相关密切程度的一个数量指标。

由于样本相关系数 r 是总体相关系数 ρ 的估计值，因此，利用样本相关系数 r 对总体 x 与 y 的相关性进行判断时，必须进行显著性检验。

三、样本相关系数的显著性检验

由数理统计知，在正态总体的假设下，当 $\rho=0$ 时，统计量

$$\frac{r\sqrt{n-2}}{\sqrt{1-r^2}}\sim t(n-2) \tag{5.1.11}$$

服从自由度为$(n-2)$的 t 分布。因此可利用 t 检验来确定样本估计值 r 的显著性或非显

著性:

(1) 提出假设 $H_0:\rho=0$,备择假设 $H_1:\rho\neq 0$

(2) 构造统计量 $$T=\frac{r\sqrt{n-2}}{\sqrt{1-r^2}}$$

(3) 当 H_0 成立时, $$T\sim t(n-2)$$

(4) 对给定的显著水平 α,查自由度为 $n-2$ 的 t 分布表,当统计量 $|T|>t_{\alpha/2}(n-2)$ 时,拒绝 H_0,否则接受 H_0。

例如假定有一个具有 15 个样本观测值 $(x_i,y_i)\ i=1,2,\cdots,15$ 的样本,求得相关系数 $r=0.96$,计算统计量

$$T=\frac{r\sqrt{n-2}}{\sqrt{1-r^2}}=\frac{0.96\sqrt{15-2}}{\sqrt{1-0.96^2}}=12.36$$

对给定的显著水平 $\alpha=0.05$,查自由度为 13 的 t 分布临界值表,得 $t_{0.025}(13)=2.16$,由于 $12.36>2.16$,所以判断两个变量之间线性相关显著。

四、相关矩阵

在研究某些问题(例如:多重共线性问题)时,需要了解 k 元回归模型中所有各对自变量之间的简单相关系数。为了清楚方便起见,常常把这些相关系数排成一个矩阵,这样的矩阵称为相关系数矩阵,简称为相关矩阵,记作 R:

$$R=\begin{pmatrix} r_{11} & r_{12} & \cdots & r_{1k} \\ r_{21} & r_{22} & \cdots & r_{2k} \\ \cdots & \cdots & \cdots & \cdots \\ r_{k1} & r_{k2} & \cdots & r_{kk} \end{pmatrix}=\begin{pmatrix} 1 & r_{12} & \cdots & r_{1k} \\ r_{21} & 1 & \cdots & r_{2k} \\ \cdots & \cdots & \cdots & \cdots \\ r_{k1} & r_{k2} & \cdots & 1 \end{pmatrix} \tag{5.1.12}$$

(5.1.12)式中主对角线元素 r_{ii} 代表第 i 个自变量 x_i 自己对自己的相关系数,按定义,这样的相关系数应等于 1。从(5.1.12)表达式还可以看出,相关矩阵 R 是一个对称矩阵。

例如变量 $x1\sim x6$ 的六组数据如表 5.1.1 所示。

表 5.1.1　　$x1\sim x6$ 的六组数据

x1	x2	x3	x4	x5	x6
11 048.1	596.8	12 451.8	4 283	20 620	58 478.1
11 557.4	916.6	12 576.4	4 838.9	24 774.1	67 884.6
11 806.5	1 375.7	15 160.7	5 160.3	27 298.9	74 462.6
11 626.1	1 026.6	15 223.6	5 425.1	29 152.5	78 345.2
13 736.4	2 251.3	16 159.8	5 854	31 134.7	82 067.5
18 638.8	1 197.2	20 634.4	6 280	34 152.6	89 468.1
20 159.2	1 036.1	22 024.4	6 859.6	37 595.2	97 314.8

续表

x1	x2	x3	x4	x5	x6
24 430. 3	1 589. 2	26 947. 9	7 702. 8	42 027. 1	105 172. 3
34 195. 6	2 468	36 287. 9	8 472. 2	45 842	117 390. 2
46 435. 8	1 722. 3	49 103. 3	9 421. 6	53 950. 1	136 875. 9

利用 EViews 软件可直接将相关矩阵计算出来：

首先建立 EV511 工作文件，再建立数据表如图 5. 1. 2 所示。

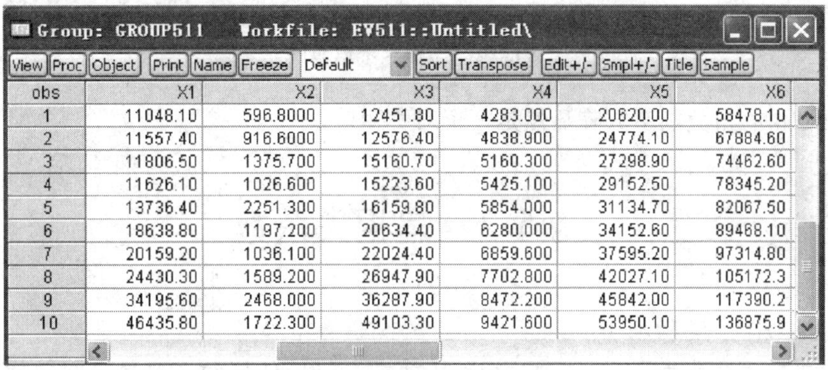

Group: GROUP511 Workfile: EV511::Untitled\

View Proc Object Print Name Freeze Default Sort Transpose Edit+/- Smpl+/- Title Sample

obs	X1	X2	X3	X4	X5	X6
1	11048.10	596.8000	12451.80	4283.000	20620.00	58478.10
2	11557.40	916.6000	12576.40	4838.900	24774.10	67884.60
3	11806.50	1375.700	15160.70	5160.300	27298.90	74462.60
4	11626.10	1026.600	15223.60	5425.100	29152.50	78345.20
5	13736.40	2251.300	16159.80	5854.000	31134.70	82067.50
6	18638.80	1197.200	20634.40	6280.000	34152.60	89468.10
7	20159.20	1036.100	22024.40	6859.600	37595.20	97314.80
8	24430.30	1589.200	26947.90	7702.800	42027.10	105172.3
9	34195.60	2468.000	36287.90	8472.200	45842.00	117390.2
10	46435.80	1722.300	49103.30	9421.600	53950.10	136875.9

图 5. 1. 2　建立数据表

在数据表窗口中，点击 View/Covariance Analysis 便出现对话框，如图 5. 1. 3 所示。

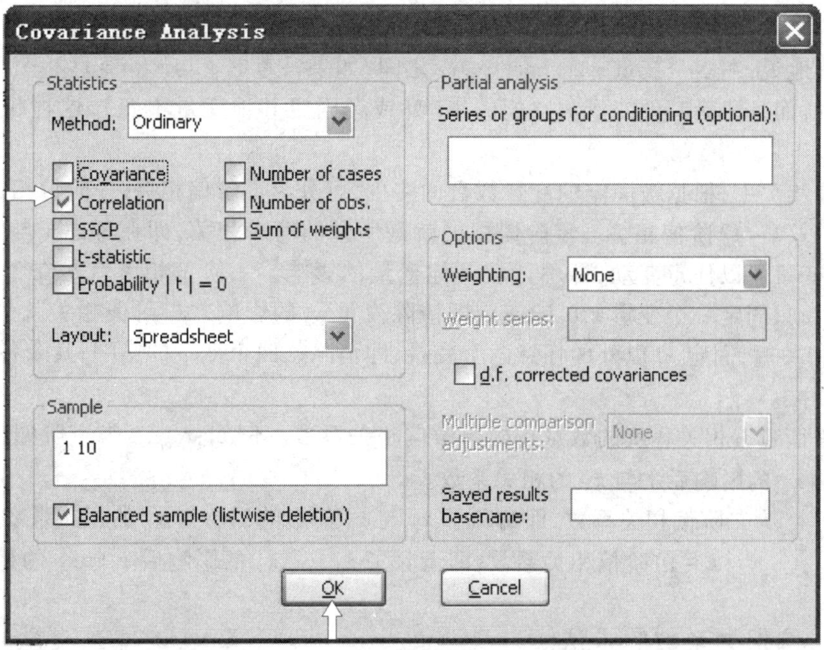

图 5. 1. 3　数据分析方法选择窗口

在图 5.1.3 中,点选 Correlation 再点击“OK”便得到相关系数矩阵,如图 5.1.4 所示。

Group: GROUP511 Workfile: EV511::Untitled\

Correlation

	X1	X2	X3	X4	X5	X6
X1	1.000000	0.537417	0.997739	0.956170	0.954059	0.961552
X2	0.537417	1.000000	0.550533	0.633920	0.614351	0.612343
X3	0.997739	0.550533	1.000000	0.960508	0.960644	0.968365
X4	0.956170	0.633920	0.960508	1.000000	0.997621	0.995817
X5	0.954059	0.614351	0.960644	0.997621	1.000000	0.998963
X6	0.961552	0.612343	0.968365	0.995817	0.998963	1.000000

图 5.1.4 相关系数矩阵

图 5.1.4 的相关矩系数阵显然是一个对称矩阵。

§5.2 偏相关系数

一、偏相关系数概念

在多元回归分析中,由于变量总数不止两个,所以,任何两个变量之间的相关关系都可能受到其余变量的影响。在这种情况下,某对变量之间的简单相关系数所反映的并不是这对变量之间的纯相关关系,而是受到了其余变量的影响而发生了变异的相关关系,要考察两个变量之间的纯相关关系,必须排除其余变量的影响,或者说必须使其余变量保持不变。

一般地说,在多个变量 $y,x_1,x_2,\cdots,x_k$ 之间,如果只考虑 y 与 $x_i(i=1,2,\cdots,k)$ 之间的相关关系,而且清除其他变量对它们的影响(或者固定其他变量不变),这种相关叫做偏相关。

在偏相关中,根据被固定的变量数目的多少,可分为零阶偏相关,一阶偏相关,二阶偏相关,……$(k-1)$ 阶偏相关。零阶偏相关就是所说的简单相关,即在考虑 y 与 x_i 的相关时,其他变量可以任意变动,即不计较其他变量的影响。一阶偏相关就是在考虑 y 与 x_i 的相关时,只固定一个变量 $x_j(j\neq i)$,即清除变量 x_j 的影响。二阶偏相关就是在考虑 y 与 x_i 的相关时,固定 x_i 以外的任意两个变量,即消除这两个变量的影响,其余各阶偏相关可依此类推。

用来衡量偏相关程度的数量指标叫做偏相关系数。例如:$r_{yx_1\cdot x_2}$ 为一阶偏相关系数,即清除了 x_2 的影响后 y 与 x_1 的相关系数。

$r_{yx_1\cdot x_2x_3}$ 为二阶偏相关系数,即清除了 x_2 与 x_3 的影响后 y 与 x_1 的相关系数。

$r_{yx_1\cdot x_2\cdots x_k}$ 为 $(k-1)$ 阶偏相关系数,即清除了 $x_2,\cdots,x_k$ 的影响后 y 与 x_1 的相关系数。

二、偏相关系数的求法

我们以三个变量 (y,x_1,x_2) 为例,来说明偏相关系数的求法。我们求 y 与 x_1 的偏相

关系数 $r_{yx_1\cdot x_2}$ 必须清除 x_2 的影响。(为了方便,相关系数 $r_{yx_1\cdot x_2}$,$r_{yx_2\cdot x_1}$,$r_{x_1x_2}$ 分别简记为 $r_{y1\cdot 2}$,$r_{y2\cdot 1}$,r_{12} 仿此可以类推。)

(一) 先做 y 对 x_2 和 x_1 对 x_2 的回归

$$y=\hat{\alpha}+\hat{\beta}x_2+\varepsilon_1$$

$$x_1=\hat{\alpha}_1+\hat{\beta}_1x_2+\varepsilon_2 \tag{5.2.1}$$

其中

$$\hat{\beta}=\frac{\sum \dot{x}_2\dot{y}}{\sum \dot{x}_2^2}=\frac{\sum \dot{x}_2\dot{y}}{\sqrt{\sum \dot{x}_2^2\sum \dot{y}^2}}\cdot\frac{\sqrt{\sum \dot{y}^2}}{\sqrt{\sum \dot{x}_2^2}}=r_{y2}\frac{\sqrt{\sum \dot{y}^2}}{\sqrt{\sum \dot{x}_2^2}}$$

$$\hat{\beta}_1=\frac{\sum \dot{x}_2\dot{x}_1}{\sum \dot{x}_2^2}=\frac{\sum \dot{x}_2\dot{x}_1}{\sqrt{\sum \dot{x}_2^2\sum \dot{x}_1^2}}\cdot\frac{\sqrt{\sum \dot{x}_1^2}}{\sqrt{\sum \dot{x}_2^2}}=r_{12}\frac{\sqrt{\sum \dot{x}_1^2}}{\sqrt{\sum \dot{x}_2^2}} \tag{5.2.2}$$

ε_1 和 ε_2 分别是变量 y 和 x_1 中未被 x_2 解释的那部分变差,即清除了 x_2 对 y 和 x_1 影响后的 y 和 x_1 的值。这两个残差之间的相关关系代表 y 和 x_1 之间的纯相关关系。

(二) 求 $r_{y1\cdot 2}$

由一段知,偏相关系数应定义为

$$r_{y1\cdot 2}=\frac{\sum \dot{\varepsilon}_1\dot{\varepsilon}_2}{\sqrt{\sum \dot{\varepsilon}_1^2\sum \dot{\varepsilon}_2^2}}=\frac{\sum \varepsilon_1\varepsilon_2}{\sqrt{\sum \varepsilon_1^2\sum \varepsilon_2^2}} \tag{5.2.3}$$

其中 $\bar{\varepsilon}_1=\bar{\varepsilon}_2=0$,从而 $\dot{\varepsilon}_1=\varepsilon_1$,$\dot{\varepsilon}_2=\varepsilon_2$

$$\varepsilon_1=y-\hat{y}=(y-\bar{y})-(\hat{y}-\bar{y})=\dot{y}-\hat{\beta}\dot{x}_2 \tag{5.2.4}$$

$$\varepsilon_2=x_1-\hat{x}_1=(x_1-\bar{x}_1)-(\hat{x}_1-\bar{x}_1)=\dot{x}_1-\hat{\beta}_1\dot{x}_2 \tag{5.2.5}$$

把(5.2.4)、(5.2.5)代入(5.2.3)的分子中

$$\sum \varepsilon_1\varepsilon_2=\sum(\dot{y}-\hat{\beta}\dot{x}_2)(\dot{x}_1-\hat{\beta}_1\dot{x}_2)$$

并注意到(5.2.1)、(5.2.2)整理可得

$$\sum \varepsilon_1\varepsilon_2=\sqrt{\sum \dot{x}_1^2\sum \dot{y}^2}(r_{y1}-r_{y2}\cdot r_{12}) \tag{5.2.6}$$

又 $\sum \varepsilon_1^2=\sum(\dot{y}-\hat{\beta}\dot{x}_2)^2$ 把(5.2.2)代入整理可得

$$\sum \varepsilon_1^2=\sum \dot{y}^2(1-r_{y2}^2) \tag{5.2.7}$$

同理

$$\sum \varepsilon_2^2=\sum \dot{x}_1^2(1-r_{12}^2) \tag{5.2.8}$$

把(5.2.6)、(5.2.7)和(5.2.8)代入(5.2.3)便有

$$r_{y1\cdot 2}=\frac{r_{y1}-r_{y2}\cdot r_{12}}{\sqrt{(1-r_{y2}^2)(1-r_{12}^2)}} \tag{5.2.9}$$

对(5.2.9)式中的下标作代换(1→2,2→1)就可得到

$$r_{y2\cdot 1}=\frac{r_{y2}-r_{y1}\cdot r_{21}}{\sqrt{(1-r_{y1}^2)(1-r_{21}^2)}} \tag{5.2.10}$$

一般地说,多个变量 y 与 $x_1,x_2,\cdots,x_k$,对于 y 与 $x_j(j=1,2,\cdots,k)$ 的 $(k-1)$ 阶偏相关系数有如下形式的递推公式:

$$r_{yj\cdot 12\cdots(j-1)(j+1)\cdots k}=\frac{r_{yj\cdot 12\cdots(j-1)(j+1)\cdots(k-1)}-r_{yk\cdot 12\cdots(j-1)(j+1)\cdots(k-1)}r_{jk\cdot 12\cdots(j-1)(j+1)\cdots(k-1)}}{\sqrt{(1-r_{yk\cdot 12\cdots(j-1)(j+1)\cdots(k-1)}^2)(1-r_{jk\cdot 12\cdots(j-1)(j+1)\cdots(k-1)}^2)}} \tag{5.2.11}$$

例如,利用(5.2.11)写出偏相关系数

$$r_{y1\cdot 23}=\frac{r_{y1\cdot 2}-r_{y3\cdot 2}r_{13\cdot 2}}{\sqrt{(1-r_{y3\cdot 2}^2)(1-r_{13\cdot 2}^2)}} \tag{5.2.12}$$

$$r_{y2\cdot 13}=\frac{r_{y2\cdot 1}-r_{y3\cdot 1}r_{23\cdot 1}}{\sqrt{(1-r_{y3\cdot 1}^2)(1-r_{23\cdot 1}^2)}} \tag{5.2.13}$$

例如§4.8节中例4.8.2,在线性回归模型中 $y_t=\beta_0+\beta_1x_{1t}+\beta_2x_{2t}+\beta_3x_{3t}+u_t$,计算偏相关系数 $r_{y1\cdot 2},r_{y2\cdot 1}$,研究变量 y 与 x_1,x_2 之间的相关关系,其计算过程如下:

$$r_{y1}=\frac{\sum \dot{x}_1\dot{y}}{\sqrt{\sum \dot{x}_1^2\cdot\sum \dot{y}^2}}=\frac{40\ 197\ 901\ 510.0}{\sqrt{121\ 941\ 429\ 293.7\times 14\ 362\ 150\ 759.6}}=0.960546$$

$$r_{12}=\frac{\sum \dot{x}_1\dot{x}_2}{\sqrt{\sum \dot{x}_1^2\sum \dot{x}_2^2}}=\frac{1\ 459\ 225\ 722.1}{\sqrt{121\ 941\ 429\ 293.7\times 21\ 149\ 271.4}}=0.908655$$

$$r_{y2}=\frac{\sum \dot{x}_2\dot{y}}{\sqrt{\sum \dot{x}_2^2\sum \dot{y}^2}}=\frac{519\ 818\ 887.2}{\sqrt{21\ 149\ 271.4\times 14\ 362\ 150\ 759.6}}=0.94318$$

$$r_{y1\cdot 2}=\frac{r_{y1}-r_{y2}\cdot r_{12}}{\sqrt{(1-y_{y2}^2)(1-r_{12}^2)}}=\frac{0.960546-0.94318\times 0.908655}{\sqrt{(1-0.94318^2)(1-0.908655^2)}}=0.74613$$

$$r_{y2\cdot 1}=\frac{r_{y2}-r_{y1}\cdot r_{12}}{\sqrt{(1-r_{y1}^2)(1-r_{12}^2)}}=\frac{0.94318-0.960546\times 0.908655}{\sqrt{(1-0.960546^2)(1-0.908655^2)}}=0.606009$$

对偏相关系数的显著性检验,与简单相关系数检验类似。例如检验偏相关系数 $r_{y1\cdot 2}=0.74613$ 的显著性。构造统计量

$$T_1=\frac{r_{y1\cdot 2}\sqrt{n-2}}{\sqrt{1-r_{y1\cdot 2}^2}}=\frac{0.74613\cdot\sqrt{13}}{\sqrt{1-0.74613^2}}=4.040566$$

同样可以计算

$$T_2=\frac{r_{y2\cdot 1}\sqrt{n-2}}{\sqrt{1-r_{y2\cdot 1}^2}}=\frac{0.606009\cdot\sqrt{13}}{\sqrt{1-0.606009^2}}=2.746842$$

对于显著水平 $\alpha=0.05$,$t_{0.025}(13)=2.160$,显然 $|T_1|>2.160$,所以 y 与 x_1 线性相关显著。$|T_2|>2.160$,所以 y 与 x_2 线性相关也显著。

§5.3　复相关系数

复相关系数是指多个变量 $y, x_1, x_2, \cdots, x_k$ 的相关关系中,其中一个变量 y 与其他所有变量相关程度的量度指标,也可以说是变量 $x_1, x_2, \cdots, x_k$ 对 y 的相关程度。

假定回归模型为

$$y = \beta_0 + \beta_1 x_1 + \cdots + \beta_k x_k + u \tag{5.3.1}$$

记

$$y^* = \beta_0 + \beta_1 x_1 + \cdots + \beta_k x_k \tag{5.3.2}$$

则

$$y = y^* + u \tag{5.3.3}$$

对 y 与 $x_1, x_2, \cdots x_k$ 作相关分析就是对 y 与 y^* 作相关分析,记 $\rho_{y \cdot x_1 \cdots x_k}$ 为 y 与 $x_1, x_2, \cdots, x_k$ 的复相关系数,而 $\rho_{y \cdot y^*}$ 可以看作 y 与 y^* 的简单相关系数。

定义

$$\rho_{y. x_1 \cdots x_k} \triangleq \rho_{y \cdot y^*} = \frac{COV(y, y^*)}{\sigma_y \sigma_{y^*}} \tag{5.3.4}$$

因为

$$\begin{aligned} COV(y, y^*) &= E\{[y - E(y)][y^* - E(y^*)]\} \\ &= E\{[y^* - E(y^*)]^2 + u[y^* - E(y^*)]\} \\ &= \sigma_{y^*}^2 + COV(u, y^*) \\ &= \sigma_{y^*}^2 \end{aligned} \tag{5.3.5}$$

把(5.3.5)代入(5.3.4)便有:

$$\rho_{y \cdot x_1 \cdots x_k} = \frac{\sigma_{y^*}}{\sigma_y} \tag{5.3.6}$$

由于 σ_y, σ_{y^*} 是无法求得的,所以我们考虑它们的估计量:

$$\hat{\sigma}_y^2 = \frac{1}{n-1} \Sigma (y_i - \bar{y})^2 \tag{5.3.7}$$

作为 σ_y^2 的估计量。由于

$$\hat{y}^* = \hat{\beta}_0 + \hat{\beta}_1 x_1 + \cdots + \hat{\beta}_k x_k = \hat{y} \tag{5.3.8}$$

所以

$$\sigma_{\hat{y}*}^2 = \sigma_{\hat{y}}^2 = \frac{1}{n-1} \sum (\hat{y}_i - \bar{y})^2 \tag{5.3.9}$$

作为 $\sigma_{y^*}^2$ 的估计量。

于是,样本复相关系数定义为

$$R_{y \cdot x_1 \cdots x_k} = \frac{\sigma_{\hat{y}*}}{\hat{\sigma}_y} = \frac{\sigma_{\hat{y}}}{\hat{\sigma}_y} = \sqrt{\frac{\sum (\hat{y}_i - \bar{y})^2}{\sum (y_i - \bar{y})^2}} \tag{5.3.10}$$

$R_{y\cdot x_1\cdots x_k}$是$\rho_{y\cdot x_1\cdots x_k}$的估计量。

由§4.4节知,y对$x_1,x_2,\cdots,x_k$回归方程的拟合优度为

$$R^2_{y\cdot x_1\cdots x_k}=\frac{RSS}{TSS}=\frac{\sum(\hat{y}_i-\bar{y})^2}{\sum(y_i-\bar{y})^2} \tag{5.3.11}$$

比较(5.3.10)和(5.3.11)两式可以看出,样本复相关系数与拟合优度在计算上是一致的,可以由拟合优度求得复相关系数。但是,两者的概念完全不同,它们各自的含义与§5.1节的解释相同。

由于总体复相关系数$\rho_{y\cdot x_1\cdots x_k}$是不可计算的,而计算出的都是样本复相关系数,所以,一般讲复相关系数都是样本复相关系数。样本复相关系数作为总体复相关系数的估计量也要进行显著性检验,其方法与§5.1节的方法类似,这里不再重述。

§5.4 小 结

1. 相关的概念

在相关分析中,两个变量是同等看待的,即因变量与解释变量不予以区别,不考虑因果关系,并且两个变量都假定为随机变量。所谓相关是指两个或两个以上变量之间的非确定性关系。

2. 相关系数

用来描述两个变量之间线性关系程度的数量指标称作相关系数,用ρ表示。

$$\rho_{xy}=\frac{\sigma_{xy}}{\sigma_x\sigma_y}$$

其中ρ_{xy}称为总体相关系数,σ_x、σ_y为x和y的总体标准差,σ_{xy}为x与y的总体协方差$COV(x,y)$。

样本相关系数定义为:

$$r=\frac{S_{xy}}{S_xS_y} \qquad \text{或表示为} \qquad r=\frac{\sum\dot{x}_i\dot{y}_i}{\sqrt{\sum\dot{x}_i^2\sum\dot{y}_i^2}}$$

其中 $$S_{xy}=\frac{\sum\dot{x}_i\dot{y}_i}{n-1},\ S_x^2=\frac{\sum\dot{x}_i^2}{n-1},\ S_y^2=\frac{\sum\dot{y}_i^2}{n-1}$$

S_x^2与S_y^2分别叫做x和y的样本方差,S_{xy}叫做x和y的样本协方差,并且S_x^2、S_y^2、S_{xy}分别是σ_x^2、σ_x^2、σ_{xy}的无偏估计量。

3. 样本相关系数与回归系数的关系

对于一元回归方程

$$\hat{y}_i=\hat{\alpha}+\hat{\beta}x_i$$

其中参数估计值

$$\hat{\beta} = \frac{\sum \dot{x}_i \dot{y}_i}{\sum \dot{x}_i^2} = \frac{\sum \dot{x}_i \dot{y}_i}{\sqrt{\sum \dot{x}_i^2 \sum \dot{y}_i^2}} \cdot \frac{\sqrt{\sum \dot{y}_i^2}}{\sqrt{\sum \dot{x}_i^2}} = r\frac{S_y}{S_x}$$

4. 样本相关系数与拟合优度之间的关系

在一元回归分析中，我们已经知道拟合优度为

$$R^2 = \frac{(\sum \dot{x}_i \dot{y}_i)^2}{\sum \dot{x}_i^2 \sum \dot{y}_i^2}$$

$$r = \pm\sqrt{R^2}$$

5. 样本相关系数的显著性检验

由数理统计知，在正态总体的假设下，当 $\rho=0$ 时，统计量

$$T = \frac{r\sqrt{n-2}}{\sqrt{1-r^2}} \sim t(n-2)$$

服从自由度为 $(n-2)$ 的 t 分布。

6. 偏相关系数

一般地说，在多个变量 $y, x_1, x_2, \cdots, x_k$ 之间，如果只考虑 y 与 $x_i(i=1,2,\cdots,k)$ 之间的相关关系，而清除其他变量对它们的影响（或者固定其他变量不变），这种相关叫做偏相关。

7. 偏相关系数的求法

一般地说，多个变量 y 与 $x_1, x_2, \cdots, x_k$，对于 y 与 $x_j(j=1,2,\cdots,k)$ 的 $(k-1)$ 阶偏相关系数有如下形式的递推公式：

$$r_{yj\cdot 12\cdots(j-1)(j+1)\cdots k} = \frac{r_{yj\cdot 12\cdots(j-1)(j+1)\cdots(k-1)} - r_{yk\cdot 12\cdots(j-1)(j+1)\cdots(k-1)} r_{jk\cdot 12\cdots(j-1)(j+1)\cdots(k-1)}}{\sqrt{(1-r^2_{yk\cdot 12\cdots(j-1)(j+1)\cdots(k-1)})(1-r^2_{jk\cdot 12\cdots(j-1)(j+1)\cdots(k-1)})}}$$

8. 复相关系数

复相关系数是指多个变量 $y, x_1, x_2, \cdots, x_k$ 的相关关系中，其中一个变量 y 与其他所有变量相关程度的量度指标。也可以说是变量 $x_1, x_2, \cdots, x_k$ 对 y 的相关程度。

总体复相关系数定义公式

$$\rho_{y.x_1\cdots x_k} \triangleq \rho_{y.y^*} = \frac{COV(y, y^*)}{\sigma_y \sigma_{y^*}}$$

样本复相关系数定义为

$$R_{y\cdot x_1\cdots x_k} = \frac{\sigma_{\hat{y}^*}}{\hat{\sigma}_y} = \frac{\sigma_{\hat{y}}}{\hat{\sigma}_y} = \sqrt{\frac{\sum(\hat{y}_i - \bar{y})^2}{\sum(y_i - \bar{y})^2}}$$

$R_{y\cdot x_1\cdots x_k}$ 是 $\rho_{y\cdot x_1\cdots x_k}$ 的估计量。

复习思考题

1. 阐明相关与相关系数的概念。

2. 阐明样本相关系数与样本拟合优度的关系。

3. 什么是偏相关系数？偏相关系数与简单相关系数的区别是什么？

4. 根据偏相关系数的递推公式，写出二阶偏相关系数 $r_{y1 \cdot 23}$ 的表达式。

5. 对于§4.8 例 2，对 y、x_1、x_2、x_3 进行相关分析

(1) 做出 y、x_1、x_2、x_3 的相关矩阵。

(2) 计算偏相关系数 $r_{y_1 \cdot 2}$、$r_{y_2 \cdot 1}$、$r_{y_3 \cdot 2}$。

(3) 对相关系数 r_{12} 和偏相关系数 $r_{y_1 \cdot 2}$、$r_{y_3 \cdot 2}$ 进行显著性检验。

6. 对样本 (x,y) 建立回归模型

$$y = \alpha_0 + \alpha_1 x + u$$

和

$$x = \beta_0 + \beta_1 y + v$$

证明：α_1 和 β_1 的最小二乘估计量的乘积等于样本相关系数的平方 r_{xy}^2。

第三篇　违背经典回归假定的计量模型

我们回顾一下，在第二篇中我们所研究的线性回归模型都是建立在满足经典回归假定基础上的。当满足假定2～6时，所有回归参数的最小二乘估计量（*OLSE*）都是最佳、线性、无偏估计量，再满足假定1时，这些估计量还将服从正态分布。

在实际经济问题中，这些假定不一定都能得到满足。那么当某个或某几个假定不能满足时，是否还可以直接应用*OLS*法？如果不能应用*OLS*法应该如何处理？这就是本篇所要解决的问题，即违背经典回归假定的经济计量问题。

关于假定1的说明：

假定1（随机项的正态性假定）是否成立并不影响*OLS*估计量的统计性质，只影响其抽样分布，确切地说，假定1只影响小样本情形下*OLS*估计量的抽样分布。因为可以证明，所有*OLS*估计量都具有渐近正态性，所以在大样本情形下，*OLS*估计量都可认为近似服从正态分布。

关于假定2的说明：

假定2（随机项的零期望值假定）

在回归模型设定正确的情况下，应该说随机项的零期望值假定是合理的。因为随机项u是模型中被排除的解释变量（这些解释变量对因变量的影响是微小的）、测量误差、所有随机因素等的综合结果，所以它对因变量的影响不是系统的而且有正有负相互抵消，所有可能取值平均起来应为零，即 $E(u)=0$。

在线性模型中只要存在常数项，一般假定 2 的成立是有保障的。因为这时可将随机项的非零期望值并入常数项，使之随机项的期望值变为零。这样做的结果是使常数项失去了无偏性，不过由于常数项一般没有重要经济意义，所以失去无偏性并不十分重要。这个问题的实质是通过牺牲常数项估计量的无偏性，来换取假定 2 的成立。

关于假定 5 的说明：

假定 5(随机项 u 与自变量 x 不相关)

在第二章中，对假定 5 曾作过说明，即在一般情况下将假定自变量是非随机变量。在此假定下，自变量与随机项自动不相关，假定 5 也就自然满足。

在实际问题中，由于经济变量之间是广泛联系的，因此，方程中的自变量一般都是随机变量。我们所以做出非随机变量的假定，其原因是：一方面由于经济变量样本的不可重复性，经济计量工作者只能看成是在自变量值给定这一条件下进行推断；另一方面，经济计量工作者处理实际问题时所用的数据一般都是政府机构公布的，经济计量工作者不能对数据本身可能存在的问题负责，因此，他只能采取如果自变量的值是这样，那么便有所推断的结果，也就是说，把利用这些数据推断的结果看成是无条件推断结果是明智的。基于以上原因，在一般情况下把自变量看成非随机变量是合理的。

余下的就是要讨论假定 3、4、6 违背时的情况，这也是本篇重点讨论的内容之一，将在以后各章分别给予讨论。

第六章 异 方 差

✓ 本章要点

(1) 异方差的概念,了解经济现象中异方差产生的原因;(2) 异方差性对模型参数估计量的影响;(3) 掌握检验异方差性的主要方法;(4) 掌握消除异方差性的方法。

异方差将讨论与随机项同方差假定(经典假定3)相违背的有关问题。

§6.1 异方差性

经典回归中所谓同方差(或等方差)是指对于不同的观测值 x_i,随机项 u_i ($i=1,2,\cdots,n$)的方差相同,即

$$V(u_i) = E(u_i^2) = \sigma_u^2 \tag{6.1.1}$$

这里 σ_u^2 是一个对所有自变量观察值都一样的常数。

如果 $V(u_i)$ 的数值对不同的自变量观察值彼此不同,则称随机项 u_i 具有异方差性,即

$$V(u_i) = E(u_i^2) = \sigma_{u_i}^2 \neq \text{常数} \tag{6.1.2}$$

异方差性的数学表达式,可写成自变量 x_i 的函数,即

$$\sigma_{u_i}^2 = f(x_i) \tag{6.1.3}$$

异方差性的几何直观表示形式可借助观察值的散点图表示。在散点图上(以一元回归为例)就是样本残差平方 ε_i^2 随自变量的变化而变化。图 6.1.1 给出四种不同的反映异方差变化情况的散点图,其中图 a 表示没有异方差的情况,图 b,c,d 表示有异方差的情况。

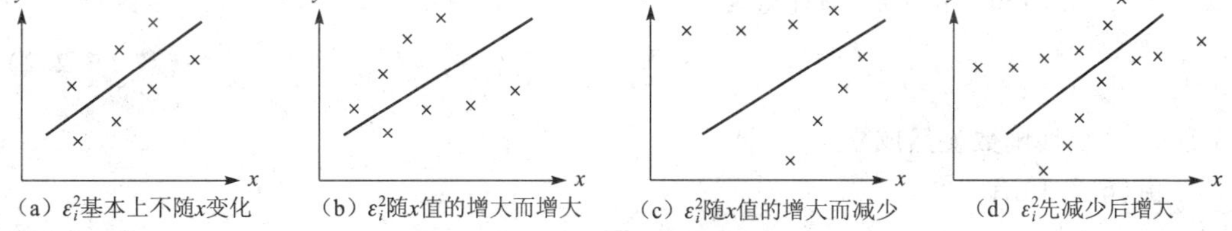

图 6.1.1 异方差在散点图上的反映

由于经济现象是错综复杂的,所以在实际经济现象中异方差问题是大量存在的。下面我们举例说明。

例如:储蓄函数

我们研究家庭收入与储蓄之间的关系。用 x_i 表示第 i 个家庭的收入量, y_i 表示第 i 个家庭的储蓄量。我们假设这种关系是线性关系,因而储蓄函数模型可以表示为

$$y_i = \alpha + \beta x_i + u_i \tag{6.1.4}$$

在这一问题中,收入低的家庭,他们除了必要的支出之外剩余较少,为了某种目的而储蓄(例如购买高档商品),因此,他们储蓄较有规律,差异较小。收入高的家庭,除了必要支出之外剩余较多,随意支配部分较大,因此,他们的储蓄额的多少随意性也较大,即储蓄额的差异较大。所以,对于家庭储蓄函数模型(6.1.4),随机项 u_i 具有异方差性。

在实际问题中出现异方差性的例子很多,为什么会产生这种异方差性呢?一方面是因为随机项包括了测量误差和模型中被省略的一些因素对因变量的影响,另一方面来自不同抽样单元的因变量观察值之间可能差别很大。因此,异方差性多出现在横断面样本之中。至于时间序列,则由于因变量观察值是来自不同时期的同一样本单元,通常因变量的不同观察值之间的差别不是很大,所以异方差性一般不明显。

§6.2 异方差性的后果

如果随机项 u_i具有异方差性,我们仍用 *OLS* 法进行参数估计,将会产生什么样的后果呢?我们可以证明,*OLS* 估计量不失线性和无偏性,但已不具备最佳性。

一、线性和无偏性

为方便起见,我们讨论一元线性回归模型 $y_i = \alpha + \beta x_i + u_i$,但得出的结论不失一般性。

由(3.3.3)知,β 的 *OLS* 估计量为

$$\hat{\beta} = \beta + \sum k_i u_i \tag{6.2.1}$$

$$k_i = \frac{\dot{x}_i}{\sum \dot{x}_i^2}$$

$\hat{\beta}$ 是 u_i 的线性函数显然成立

由(3.3.7)知 α 的 *OLS* 估计量为

$$\hat{\alpha} = \alpha + \sum \left(\frac{1}{n} - \bar{x}k_i\right)u_i \tag{6.2.2}$$

$\hat{\alpha}$ 是 u_i 的线性函数显然成立。

由(6.2.1)有:

$$E(\hat{\beta}) = \beta + \sum k_i E(u_i) = \beta \tag{6.2.3}$$

由(6.2.2)有:

$$E(\hat{\alpha}) = \alpha + \sum\left(\frac{1}{n} - \bar{x}k_i\right)E(u_i) = \alpha \qquad (6.2.4)$$

我们可以看到,等式(6.2.3)和(6.2.4)是否成立与 u_i 是否具有异方差无关,即异方差并不影响 $\hat{\alpha}$ 和 $\hat{\beta}$ 的无偏性。

二、最佳性

设线性模型

$$y_i = \alpha + \beta x_i + u_i \qquad (6.2.5)$$

随机项 u_i 具有异方差性。为了讨论方便不妨设

$$V(u_i) = \sigma_{u_i}^2 = \sigma_u^2 x_i^2 \qquad (6.2.6)$$

对(6.2.5)应用 *OLS* 法,得参数 β 的估计值

$$\hat{\beta} = \beta + \frac{\sum \dot{x}_i u_i}{\sum \dot{x}_i^2} \qquad (6.2.7)$$

于是有

$$V(\hat{\beta}) = V\left(\beta + \frac{\sum \dot{x}_i u_i}{\sum \dot{x}_i^2}\right) = \frac{\sum \dot{x}_i^2 V(u_i)}{\left(\sum \dot{x}_i^2\right)^2} = \frac{\sum \dot{x}_i^2 \sigma_{u_i}^2}{\left(\sum \dot{x}_i^2\right)^2} = \frac{\sigma_u^2 \sum \dot{x}_i^2 x_i^2}{\left(\sum \dot{x}_i^2\right)^2} \qquad (6.2.8)$$

(6.2.8)的结果是线性模型(6.2.5)具有异方差情况下,参数 β 估计值的方差。

为了说明 $\hat{\beta}$ 的方差已不具备最佳性,我们将模型(6.2.5)变换为

$$\frac{y_i}{x_i} = \beta + \alpha\frac{1}{x_i} + v_i \qquad (6.2.9)$$

其中 $v_i = \dfrac{u_i}{x_i}$

显然 $V(v_i) = \sigma_u^2$,已具有等方差性。

因为模型(6.2.5)与模型(6.2.9)是等价的,所以,可以对(6.2.9)应用 *OLS* 法,求 β 的估计量 $\hat{\hat{\beta}}$ 的方差。利用(3.3.11)′的结果便有

$$V(\hat{\hat{\beta}}) = \sigma_u^2 \frac{\sum\left(\frac{1}{x_i}\right)^2}{n\sum\left(\dot{\frac{1}{x_i}}\right)^2} = \frac{\sum\left(\frac{1}{x_i}\right)^2}{n\sum\left[\left(\frac{1}{x_i}\right) - \left(\overline{\frac{1}{x}}\right)\right]^2}\cdot\sigma_u^2 \qquad (6.2.10)$$

$$= \frac{\sum\left(\frac{1}{x_i}\right)^2}{n\sum\left(\frac{1}{x_i}\right)^2 - \left(\sum\left(\frac{1}{x_i}\right)\right)^2}\cdot\sigma_u^2$$

为了比较(6.2.8)和(6.2.10)式的值,我们取 x_i 的值为1,2,3,4,5,进行计算得

$$V(\hat{\beta}) = 1.24\sigma_u^2 \qquad (6.2.11)$$

$$V(\hat{\hat{\beta}}) = 0.695\sigma_u^2 \qquad (6.2.12)$$

比较(6.2.11)和(6.2.12)有结果

$$V(\hat{\beta}) > V(\hat{\hat{\beta}}) \tag{6.2.13}$$

结果(6.2.13)表明,如果回归模型中随机项具有异方差,直接应用 *OLS* 法其参数估计值的最小方差性遭到了破坏。

如果存在异方差性而仍然采用 *OLS* 估计参数 β,由于参数的估计值 $\hat{\beta}$ 的方差并非最小,在对 β 进行显著性检验时将低估 T 统计量的值,从而可能导致错误的统计判断,在对参数 β 进行区间估计时就会不必要地扩大置信区间。

§6.3 异方差性的检验方法

由于异方差性的存在,使得 *OLS* 估计量的优良性质遭到破坏。因此,对所取得的样本数据(特别是横断面样本数据),弄清这组数据是否具有异方差性,是我们进行正确回归分析的前提条件。对于异方差性的检验,计量经济学家们提出了许多不同的检验方法,本节介绍几种常用的检验方法。

一、图解法

(一)散点图法

异方差性就是随机项 u_i 的方差与解释变量的变化有关。因此,我们可以利用因变量 y 与解释变量 x 的散点图,如图 6.1.1 所示,对随机项 u_i 的异方差做出近似的判断。若散点图随着 x 的增加,散点分布的区域逐渐变宽或变窄,或出现了偏离带状区域的复杂变化,则随机项 u_i 可能出现了异方差。

(二)残差图法

我们可以利用残差图即残差 ε_i^2($\sigma_{u_i}^2$ 的估计值)与 x 的散点图(在多个解释变量时可作残差 ε_i^2 与 y 的散点图或者认为残差 ε_i^2 与异方差有关的 x 的散点图),对随机项 u_i 的异方差作近似的直观判断。具体做法是:先在等方差的假设下对原模型应用 *OLS* 法,求出 $\hat{y}_i$ 和残差平方 ε_i^2,再以 $\hat{y}_i(x_i)$ 为横坐标,以 ε_i^2 为纵坐标,绘制残差图[$\hat{y}_i(x_i)$, ε_i^2]。若残差图出现 ε_i^2 随 $\hat{y}_i(x_i)$ 系统变化的情况,那么就表明样本数据中存在异方差性,否则没有异方差性,如图 6.3.1 所示。

从图 6.3.1 可以看出,图(a)随 $\hat{y}_i(x_i)$ 的增大 ε_i^2 并未显示明显的系统性变化,即没有异方差性。在图(b)—(f)中可以看到随 $\hat{y}_i(x_i)$ 的增大 ε_i^2 有明显的系统性变化,表明样本数据中存在异方差性。

通过(x_i, ε_i^2)残差图,还可以进一步获得有关异方差结构的信息,即了解 ε_i^2 与 x_i 之间的函数关系的具体形式。例如图(b)和图(c)表明 ε_i^2 与 x_i 之间具有线性关系,图(d)和图(f)表明 ε_i^2 与 x_i 之间具有二次函数关系。这些信息对我们确定异方差的函数结构是很有用处的。

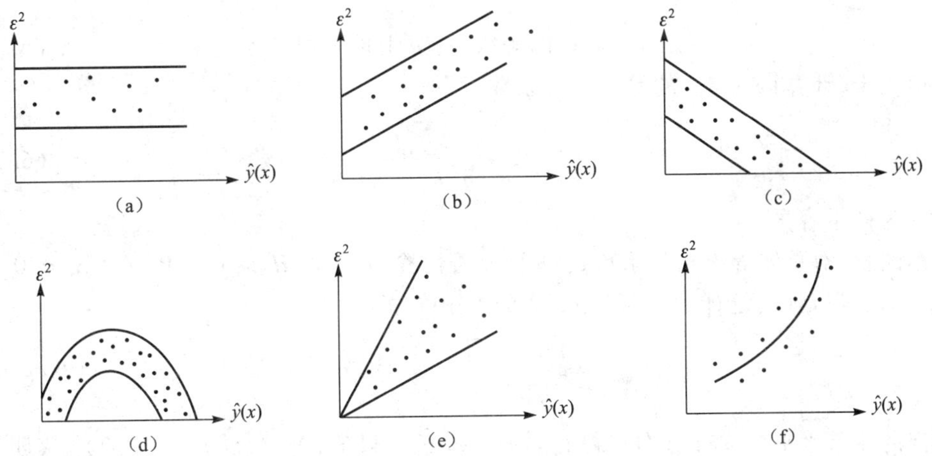

图 6.3.1 回归模型的残差图

二、斯皮尔曼(Spearman)等级相关系数检验法

异方差性的实质就是随机项 u_i 与解释变量 x_i 有关,所以,检验异方差性就是要研究 u_i 与 x_i 的相关程度。因为 u_i 与 x_i 之间相关性的强弱,反映了异方差性的强弱,所以,只要用 u_i 与 x_i 的相关系数便可检验 u_i 的异方差性的强弱。但是,由于 u_i 未知,只能用估计值 $\varepsilon_i = y_i - \hat{y}_i$ 来代替。显然,ε_i 的异方差性与 u_i 的异方差性是等价的,因此,只要检验 ε_i 与 x_i 的相关性,便可知 u_i 的异方差性。

可是,这里出现了一个新问题,因为 ε_i 与 x_i 的简单相关系数为

$$\begin{aligned} r_{\varepsilon x} &= \frac{\sum \dot{\varepsilon}_i \dot{x}_i}{\sqrt{\sum \dot{\varepsilon}_i^2}\sqrt{\sum \dot{x}_i^2}} \\ &= \frac{\sum (\varepsilon_i - \bar{\varepsilon})\dot{x}_i}{\sqrt{\sum (\varepsilon_i - \bar{\varepsilon})^2}\sqrt{\sum \dot{x}_i^2}} \\ &= \frac{\sum \dot{x}_i \varepsilon_i}{\sqrt{\sum \varepsilon_i^2}\sqrt{\sum \dot{x}_i^2}} = 0 \end{aligned} \tag{6.3.1}$$

其中利用§3.2 节正规方程 $\sum \varepsilon_i = 0$ (3.2.7)′和 $\sum x_i \varepsilon_i = 0$ (3.2.8)′的结果,(6.3.1)式表明 $r_{\varepsilon x}$ 不能直接用来衡量 ε_i 与 x_i 的相关性,也就不能用来判断 u_i 的异方差性。为此,斯皮尔曼改用一种近似检验法——等级相关系数检验法来检验 ε_i 与 x_i 之间的相关性。

我们以一元线性回归模型为例,说明等级相关系数检验法的步骤:

第一步,对原模型应用 *OLS* 法,计算残差 $\varepsilon_i = y_i - \hat{y}_i, i = 1, 2, \cdots, n$

第二步,计算 $|\varepsilon_i|$ 与 x_i 的等级差 d_i。将 $|\varepsilon_i|$ 和自变量观察值 x_i 按由小到大或由大到小的顺序分成等级。等级的大小可以人为规定,一般取大小顺序中的序号。如有两个值相等,则规定这个值的等级取相继等级的算术平均值。然后,计算 $|\varepsilon_i|$ 与 x_i 的等级

差 d_i

$$d_i = x_i \text{ 的等级} - |\varepsilon_i| \text{ 的等级} \tag{6.3.2}$$

第三步,计算$|\varepsilon_i|$与x_i的等级相关系数

$$r_s = 1 - \frac{6\sum d_i^2}{n(n^2-1)} \tag{6.3.3}$$

其中 n 为样本容量。

第四步,对总体等级相关系数 ρ_s 进行显著性检验,假设 $H_0: \rho_s = 0, H_1: \rho_s \neq 0$。当$H_0$成立时,可以证明统计量 T 服从 $n-2$ 的 t 分布,即

$$T = \frac{r_s\sqrt{n-2}}{\sqrt{1-r_s^2}} \sim t(n-2) \tag{6.3.4}$$

对给定的显著水平 α,查 t 分布表得 $t_{\alpha/2}(n-2)$ 的临界值,若$|T| > t_{\alpha/2}(n-2)$,表明样本数据异方差性显著,否则,认为不存在异方差性。

对于多元回归模型,可分别计算$|\varepsilon_i|$与每个解释变量的等级相关系数,再分别进行上述检验。

例 6.3.1 假定关于不同家庭年收入 x_i 和年生活支出 y_i 的横断面样本数据列于表 6.3.1。现在利用表 6.3.1 的数据,估计线性模型 $y_i = \alpha + \beta x_i + u_i$ 研究不同收入水平家庭的消费情况,试问原始数据有无异方差性?

解:先在同方差假定下,应用普通最小二乘法对模型进行估计,得

$$\hat{y}_i = \underset{(1.015625)}{0.165298} + \underset{(0.037417)}{0.825723}x_i \qquad R^2 = 0.968190 \tag{6.3.5}$$

利用(6.3.5)可以算出 $\hat{y}_i$ 和$|\varepsilon_i|$的数值,x_i和$|\varepsilon_i|$的等级以及等级差 d_i和平方 d_i^2 及其平方和 $\sum d_i^2$,这些数据一并列入表 6.3.1 中。

表 6.3.1 **家庭年收入 x_i 和年生活支出 y_i 的横断面数据**

序号	y_i	x_i	$\|\varepsilon_i\|$	x_i等级	$\|\varepsilon_i\|$等级	等级差	等级差的平方 d_i^2
1	6	7.2	0.110500	1	3	-2	4
2	6.2	8.4	0.901367	2	6	-4	16
3	7	9.6	1.092235	3	10	-7	49
4	9	10.8	0.083102	4	2	2	4
5	10	12	0.073969	5	1	4	16
6	10.5	13.2	0.564836	6	4	2	4
7	11.2	14.4	0.855703	7	5	2	4
8	12	15.6	1.046570	8	9	-1	1
9	14	18	1.028304	9	8	1	1
10	20	21.6	1.999094	10	13	-3	9
11	22	24	2.017360	11	14	-3	9

续表

序号	y_i	x_i	$\|\varepsilon_i\|$	x_i等级	$\|\varepsilon_i\|$等级	等级差	等级差的平方 d_i^2
12	21	26.4	0.964374	12	7	5	25
13	23	30	1.936975	13	12	1	1
14	30	32.4	3.081291	14	15	-1	1
15	34	36	4.108689	15	17	-2	4
16	36.4	40	3.205799	16	16	0	0
17	36.8	46	1.348536	17	11	6	36
18	42	56	4.405762	18	18	0	0
							$\sum d_i^2 = 184$

$$r_s = 1 - \frac{6\sum d_i^2}{n(n^2-1)} = 1 - \frac{6 \times 184}{18(18^2-1)} = 0.810114$$

$$T = \frac{r_s\sqrt{n-2}}{\sqrt{1-r_s^2}} = \frac{0.810114\sqrt{16}}{\sqrt{1-0.810114^2}} = 5.5272 > 2.120$$

在0.05显著水平下，t分布的临界值 $t_{0.025}(16)=2.120$，所以判定 $\rho_s \neq 0$，即模型的随机项 u_i 存在显著的异方差性。

以上异方差检验过程可在计算机上利用EViews软件来完成。

利用EViews软件进行计算输入以下命令：

LS Y C X　　　　　　　　得到方程(6.3.5)

GENR E =ABS(RESID)　　得到残差的绝对值，即为E

将X的等级数记为XA，E的等级数记为EA，

GENR CA =(XA -EA)^2　　得到等级差的平方，记为CA

Scalar SCA =@SUM(CA)　　为等级差的平方和，记为SCA

scalar RS =1 -(6 * SCA/(18 *(18^2 -1)))　　为等级相关系数RS

scalar t =(RS * 16^0.5)/(1 - RS ^2)^0.5　　为T统计量的数值

计算结果如图6.3.2、图6.3.3和表6.3.1所示。

由图6.3.3知，T =5.5272与前面计算结果相同。

三、戈特菲尔德－奎恩特(Goldfeld-Quandt)检验法

Goldfeld-Quandt检验法是由S. M. Goldfeld和R. E. Quandt于1965年提出的。这种检验方法仅适用大样本情形($n>30$)，并且要求满足条件：(1) 观测值的数目至少是参数个数的两倍；(2) 随机项没有自相关并且服从正态分布。

此检验方法的基本思想是：异方差性的常见形式之一是随着自变量的增大，随机项 u 具有方差递增性，由于 u 的方差估计量为

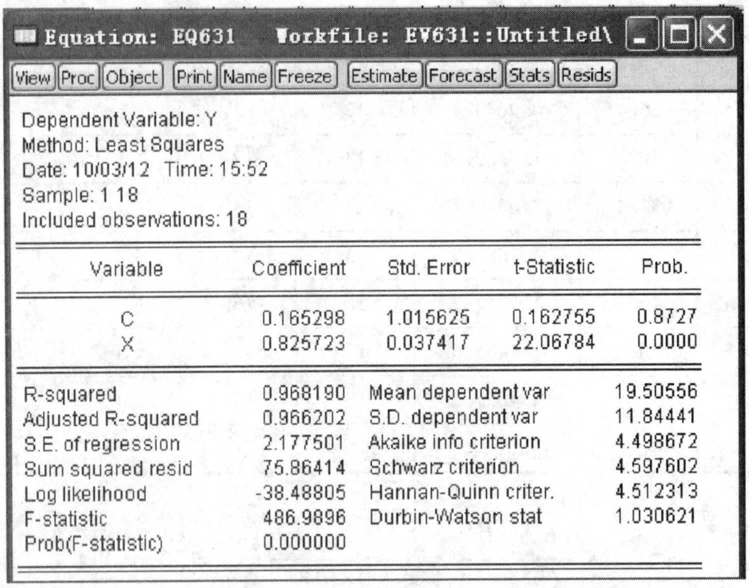
Equation: EQ631 Workfile: EV631::Untitled\

View Proc Object Print Name Freeze Estimate Forecast Stats Resids

Dependent Variable: Y
Method: Least Squares
Date: 10/03/12 Time: 15:52
Sample: 1 18
Included observations: 18

Variable	Coefficient	Std. Error	t-Statistic	Prob.
C	0.165298	1.015625	0.162755	0.8727
X	0.825723	0.037417	22.06784	0.0000

R-squared	0.968190	Mean dependent var	19.50556
Adjusted R-squared	0.966202	S.D. dependent var	11.84441
S.E. of regression	2.177501	Akaike info criterion	4.498672
Sum squared resid	75.86414	Schwarz criterion	4.597602
Log likelihood	-38.48805	Hannan-Quinn criter.	4.512313
F-statistic	486.9896	Durbin-Watson stat	1.030621
Prob(F-statistic)	0.000000		

图 6.3.2 回归方程(6.3.5)

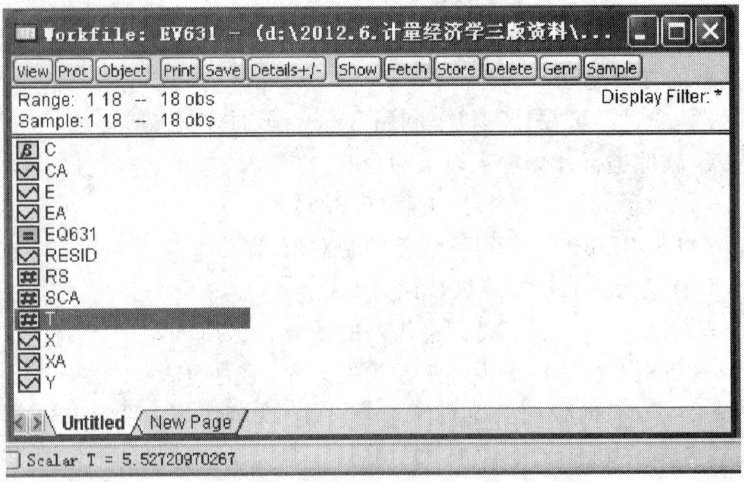

图 6.3.3 T 统计量的计算过程及结果

$$\hat{\sigma}_u^2 = \frac{\sum \varepsilon_i^2}{n - k - 1} \tag{6.3.6}$$

所以判断 u 是否有方差递增性,可以通过判断 $\sum \varepsilon_i^2$ 是否显著变大来实现。依据这个简单的想法,Goldfeld 和 Quandt 提出了一个基于 F 检验的检验方法,即 Goldfeld-Quandt 检验法。其检验的具体步骤如下:

第一步,建立统计假设:零假设 H_0: u_i是同方差($i = 1,2,\cdots,n$),备择假设 H_1: u_i具有异方差。

第二步，处理观测值：

将某个解释变量 x_i 的观测值按由小到大的顺序排列，然后将居中的 c 个观测数据去掉，关于 c 的取值 Goldfeld 和 Quandt 认为取样本容量（$n>30$）的 $\frac{1}{4}$ 为佳。再将剩余的$n-c$ 个数据分为数目相等的两组：数据较小的为一组子样本，数据较大的为另一组子样本。

第三步，建立回归方程求残差平方和：

对上述两组子样本观测值分别应用 *OLS* 法，建立回归方程。然后分别计算残差平方和：记 x_i值较小的一组子样本的残差平方和为 $\sum \varepsilon_{1i}^2$，x_i值较大的一组子样本的残差平方和为 $\sum \varepsilon_{2i}^2$。

第四步，建立统计量：用所得出的两个子样本的残差平方和构成 F 统计量：

$$F=\frac{\sum \varepsilon_{2i}^2/\left(\frac{n-c}{2}-k-1\right)}{\sum \varepsilon_{1i}^2/\left(\frac{n-c}{2}-k-1\right)}=\frac{\sum \varepsilon_{2i}^2}{\sum \varepsilon_{1i}^2}\sim F\left(\frac{n-c}{2}-k-1,\frac{n-c}{2}-k-1\right) \tag{6.3.7}$$

若 H_0为真，则统计量 F 服从第一自由度为 $\frac{n-c}{2}-k-1$，第二自由度为 $\frac{n-c}{2}-k-1$ 的 F 分布。式中 n 为样本容量（观测值总个数），c 为被去掉的观测值的数目，k 为模型中自变量的个数。

第五步，作结论：

若 H_0为真，则没有异方差性，则 $\sum \varepsilon_{1i}^2$ 和 $\sum \varepsilon_{2i}^2$ 应大体相等，此时 F 值应接近 1。如果存在异方差性，由于方差的递增性则 $\sum \varepsilon_{2i}^2$ 应该明显大于 $\sum \varepsilon_{1i}^2$，此时 F 值应比 1 大得多。因此，对给定显著水平 α 查 F 表，可得临界值：$F_\alpha\left(\frac{n-c}{2}-k-1,\frac{n-c}{2}-k-1\right)$

若 $$F\geqslant F_\alpha\left(\frac{n-c}{2}-k-1,\frac{n-c}{2}-k-1\right)$$

则拒绝 H_0，认为 u_i具有异方差性。

若 $$F< F_\alpha\left(\frac{n-c}{2}-k-1,\frac{n-c}{2}-k-1\right)$$

则接受 H_0，认为 u_i无异方差。

Spearman 和 Goldfeld-Quandt 两种方法都是一种定性的检验法，它们只能检验原始数据有无异方差性，并不能确定异方差的结构。在处理异方差问题时，单是弄清有无异方差是不够的，还需要确定异方差的结构。但是，这两种方法的优点是计算量小，也经常被使用。

例 6.3.2 我们利用例 6.3.1 中的表 6.3.1 的数据，来说明 Goldfeld-Quandt 方法的应用，我们不去计较样本容量是否大于 30，这里只是体现其方法的应用。

第一步，假设 $H_0:u_i$是同方差（$i=1,2,\cdots,n$），备择假设 $H_1:u_i$具有异方差。

第二步，处理观测值，将序号为 8、9、10、11 的四个观测数据去掉。再将剩下的 14 个数据分为两组,如表 6.3.2 所示。

表 6.3.2　　分组处理后的数据

x_{1i}	y_{1i}	x_{2i}	y_{2i}	$\hat{y}_{1i}$	$\hat{y}_{2i}$	ε_{1i}^2	ε_{2i}^2
7.2	6	26.4	21	5.642859	23.76038	0.127551	7.619657
8.4	6.2	30	23	6.614288	26.25744	0.171633	10.61084
9.6	7	32.4	30	7.585716	27.92214	0.343061	4.317532
10.8	9	36	34	8.557145	30.41920	0.196122	12.82221
12	10	40	36.4	9.528574	33.19371	0.222245	10.28038
13.2	10.5	46	36.8	10.50000	37.35547	1.26E-29	0.308532
14.4	11.2	56	42	11.47143	44.29174	0.073673	5.251998
					$\sum$	1.1342857	51.2111512

第三步,对表 6.3.2 中两组子样本,应用 *OLS* 法,建立回归方程:

$$\hat{y}_{1i} = -0.185714 + 0.809524x_{1i} \qquad (\text{EQ6321})$$

$$\hat{y}_{2i} = 5.448627 + 0.693627x_{2i} \qquad (\text{EQ6322})$$

然后分别计算残差平方和,x_i较小的一组子样本的残差平方和为 $\sum \varepsilon_{1i}^2 = 1.13428571$,$x_i$较大的一组子样本的残差平方和为 $\sum \varepsilon_{2i}^2 = 51.21115120$。

第四步,计算统计量:

$$F = \frac{\sum \varepsilon_{2i}^2}{\sum \varepsilon_{1i}^2} = \frac{51.2111512}{1.13428571} = 45.14837$$

第五步,查 F 表得临界值:　$F_{0.05}(5,5) = 5.05$

$F = 45.148370 > 5.05 = F_{0.05}(5,5)$ 则拒绝 H_0,判定此问题的随机项 u_i具有异方差。

以上计算可利用 EViews 软件计算:

SORT X	
SMPL 1 7	确定子样本 1 的取值范围
LS y c x	在样本 1 中应用 OLS 法得到回归方程(图 6.3.4,EQ6321)
GENR E1 = RESID	规定 E1 为样本 1 的残差列
GENR E11 = E1^2	规定 E11 为样本 1 的残差平方列
SCALAR SE11 = @ SUM(E11)	规定 SE11 为样本 1 的残差平方和
SMPL 12 18	确定子样本 2 的取值范围
LS y c x	在样本 2 中应用 OLS 法得到回归方程(图 6.3.5,EQ6322)
GENR E2 = RESID	规定 E2 为样本 2 的残差列
GENR E22 = E2^2	规定 E22 为样本 2 的残差平方列
SCALAR SE22 = @ SUM(E22)	规定 SE22 为样本 2 的残差平方和

SMPL 1 18　　　　　　　　　　确定样本的取值范围

SCALAR F = SE22/SE11　　　　　计算 F 统计量的值

计算结果如图 6.3.4、图 6.3.5、图 6.3.6 和表 6.3.2 所示。

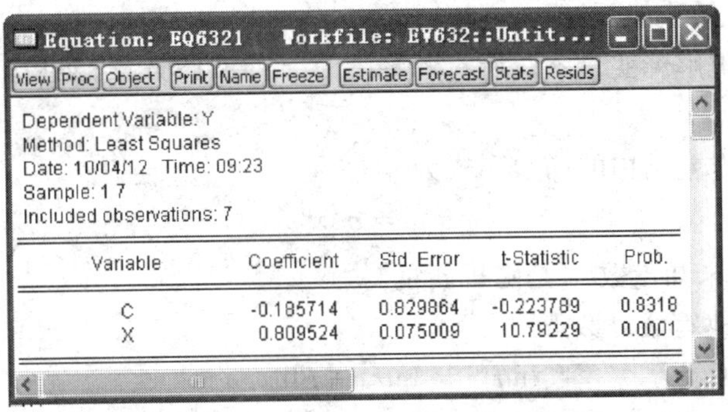

图 6.3.4　x_i 较小的一组子样本的回归方程

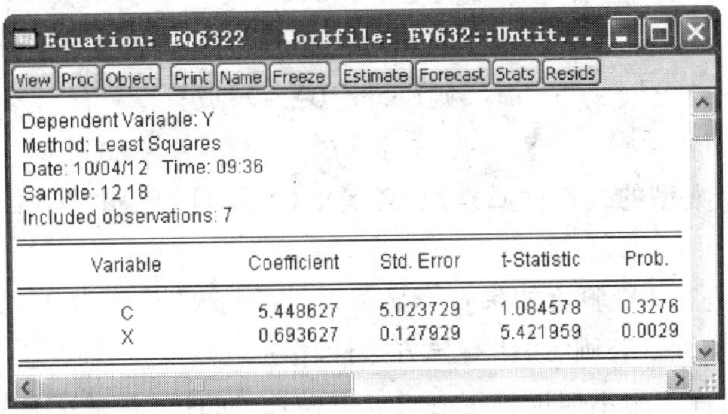

图 6.3.5　x_i 较大的一组子样本的回归方程

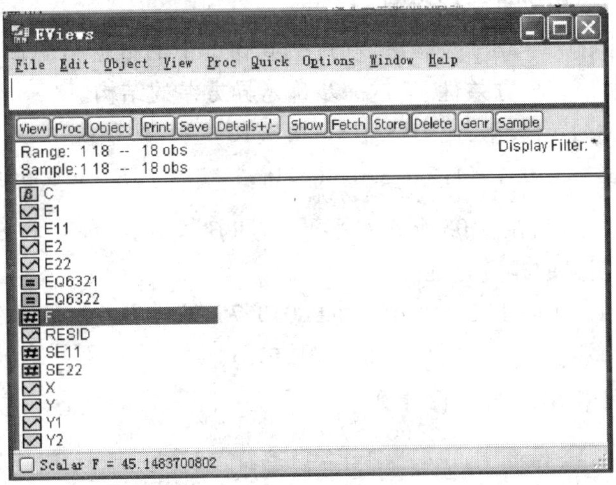

图 6.3.6　F 统计量的计算过程及结果

注:详细计算过程读者可参考《计量经济学软件——EViews 的使用(第二版)》于俊年编著,对外经济贸易大学出版社 2012 年 8 月出版。

四、帕克检验法

帕克(R. E. Park)检验法的基本想法是把残差图法加以形式化,给出 $\sigma_{u_i}^2$ 关于 x_i 的具体函数结构形式,然后检验这种结构是否显著。从而判定是否具有异方差性及其异方差的函数结构。具体做法如下:

第一步,建立被解释变量 y 对所有解释变量 x 的回归方程,然后计算残差 ε_i^2 $(i=1,2,\cdots,n)$。

第二步,取异方差结构的函数形式为

$$\sigma_{u_i}^2 = \sigma^2 x_i^{\beta} e^{v_i} \tag{6.3.8}$$

其中 σ^2 ,β 是两个未知参数,v_i是随机变量。

(6.3.8)可以改写成对数形式

$$\ln\sigma_{u_i}^2 = \ln\sigma^2 + \beta\ln x_i + v_i \tag{6.3.9}$$

第三步,建立方差结构回归模型:

由于 $\sigma_{u_i}^2$ 未知,帕克建议用残差平方 ε_i^2 来代替 $\sigma_{u_i}^2$ 。于是(6.3.9)写成形式:

$$\ln\varepsilon_i^2 = \ln\sigma^2 + \beta\ln x_i + v_i \tag{6.3.10}$$

记 $w_i = \ln\varepsilon_i^2$, $\alpha = \ln\sigma^2$, $z_i = \ln x_i$,则(6.3.10)改写成

$$w_i = \alpha + \beta z_i + v_i \tag{6.3.11}$$

(6.3.11)构成一个典型的线性回归模型,对模型(6.3.11)应用 *OLS* 法,得出 α 和 β 的估计值。

第四步,对 β 进行 t 检验。如果 β 不显著,则表明 β 的真值为0,此时 $\sigma_{u_i}^2$ 实际上与 x_i 无关,即没有异方差性。否则,表明有异方差性存在。

帕克检验法的优点是不但能确定有无异方差性,而且一旦确定有异方差性时,还能给出异方差性的具体函数结构。它的缺点是(6.3.9)中的随机项 v_i仍可能有异方差性,因而使帕克检验法的使用效果受到影响。

例 6.3.3 用帕克(Park)检验法,利用例 6.3.1 中的数据检验回归模型中的随机项有无异方差性?如果有异方差性,请进一步确定异方差的结构。

解:利用表 6.3.1 的数据,用 *OLS* 法对(6.3.10)进行估计得:

$$\ln\varepsilon_i^2 = \underset{(2.037023)}{-9.154417} + \underset{(0.670200)}{3.054637}\ln x_i \qquad R^2 = 0.564904 \tag{6.3.12}$$

由(6.3.12)式看出,在0.05显著水平下,α 和 β 都显著,即 α 和 β 皆显著异于零,所以,随机项中存在明显的异方差性。

由于 $\ln\hat{\sigma}^2 = -9.154417$,所以 $\hat{\sigma}^2 = 0.00010575$,即异方差性的函数结构为:

$$\hat{\sigma}_{u_i}^2 = 0.00010575 x_i^{3.054637}$$

以上计算可利用 EViews 软件计算:

```
SMPL 1 18
LS y c x
GENR LNE = LOG(RESID^2)
GENR LNX = LOG(X)
LS LNE C LNX
```

便得到回归方程(6.3.12),如图6.3.7所示。

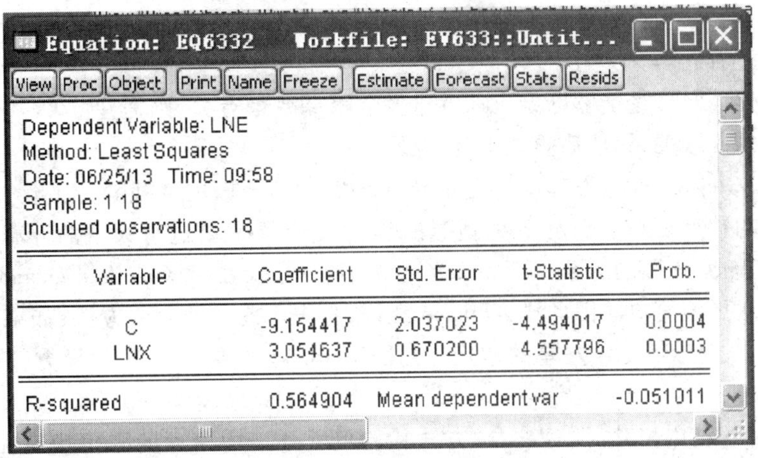

图6.3.7 回归方程(6.3.12)

五、格莱泽检验法

格莱泽(H. Glejser)检验法致力于寻找 ε_i 与 x_{ji} 之间的显著成立的关系,因而是用残差绝对值 $|\varepsilon_i|$ 对 x_{ji} 的各种函数形式进行回归,将其中显著成立的函数关系,作为异方差结构的函数形式。这种检验的计算步骤是:

(1)建立被解释变量 y 对所有解释变量的回归方程,然后计算残差 ε_i $(i=1,2,\cdots,n)$。

(2)若 x_{ji} 被认为是与 $V(u_i)$ 有关的解释变量,则选定 $|\varepsilon_i|$ 与 x_{ji} 的一系列可能的函数,例如

$$
\begin{aligned}
|\varepsilon_i| &= a + bx_{ji} + v_i \quad ①\\
|\varepsilon_i| &= a + b/x_{ji} + v_i \quad ②\\
|\varepsilon_i| &= a + b\sqrt{x_{ji}} + v_i \quad ③\\
|\varepsilon_i| &= a + b/\sqrt{x_{ji}} + v_i \quad ④
\end{aligned}
\tag{6.3.13}
$$

等等(当然也可取其他形式的函数),其中 v_i 为随机项。

(3)然后利用 *OLS* 法对上述函数进行估计,得回归方程

$$
\begin{aligned}
|\hat{\varepsilon}_i| &= \hat{a} + \hat{b}x_{ji} \quad ①\\
|\hat{\varepsilon}_i| &= \hat{a} + \hat{b}/x_{ji} \quad ②\\
|\hat{\varepsilon}_i| &= \hat{a} + \hat{b}\sqrt{x_{ji}} \quad ③\\
|\hat{\varepsilon}_i| &= \hat{a} + \hat{b}/\sqrt{x_{ji}} \quad ④
\end{aligned}
\tag{6.3.14}
$$

并计算每个回归方程的拟合优度,把拟合优度最大的作为最佳的回归形式。

(4)对最佳回归形式中的参数进行显著性检验。若 b 显著地不等于零,即接受假设 $H_1: b \neq 0$,则认为有异方差存在。例如最佳回归形式为(6.3.14)中的② 式,如果 b 显著

而 a 不显著,则异方差结构取 $\hat{\sigma}_{u_i}^2 = \hat{b}^2/x_{ji}^2$;如果 b 显著,a 也显著,则异方差结构就应取 $\hat{\sigma}_{u_i}^2 = (\hat{a} + \hat{b}/x_{ji})^2$。若 b 不显著地异于零,还应考虑另外一些 $|\varepsilon_i|$ 与 x_i 的函数形式,不能轻易断定 u_i 不存在异方差性。

如果根据经济理论能够断定 $V(u_i)$ 与多个解释变量有关,则需建立 $|\varepsilon_i|$ 与这些解释变量的可能的函数关系,然后重复上述步骤。

格莱泽(Glejser)检验方法的优点是允许在更大的范围内寻找异方差性的函数结构。Glejser 方法的缺点是难于确定 x_i 的适当的幂次,这往往需要进行大量的计算。从确定是否存在异方差这一目的来看,Spearman 等级相关检验法和 Golelfeld-Quandt 检验法比 Glejser 检验法更为简单。因此 J. Johnston 建议,应先用前两种检验方法,如果其中一种方法检验的结果接受存在异方差的假定,再用 Glejser 检验寻找合适的异方差的函数结构形式。

例 6.3.4 利用格莱泽(Glejser)方法检验例 6.3.1 中模型的随机项有无异方差性,如果有异方差性确定异方差结构。

解:利用表 6.3.1 自变量 x_i 和残差 $|\varepsilon_i|$ 的数据,应用 *OLS* 法对模型(6.3.14)进行估计得:

$$|\hat{\varepsilon}_i| = \underset{(0.363951)}{-0.196949} + \underset{(0.013409)}{0.076778}x_i \qquad R^2 = 0.672045 \qquad ①$$

$$|\hat{\varepsilon}_i| = \underset{(0.439852)}{3.228839} - \underset{(6.321189)}{26.99213}/x_i \qquad R^2 = 0.532625 \qquad ②$$

$$|\hat{\varepsilon}_i| = \underset{(0.641495)}{-1.946247} + \underset{(0.132550)}{0.764801}\sqrt{x_i} \qquad R^2 = 0.675403 \qquad ③$$

$$|\hat{\varepsilon}_i| = \underset{(0.717705)}{4.972224} - \underset{(2.922854)}{14.31331}/\sqrt{x_i} \qquad R^2 = 0.599809 \qquad ④$$

以上四种函数,显然第一个函数和第三个函数拟合优度最大而且数值差不多,第一个函数参数估计值的方差最小且函数结构最简单,因而选用第一个函数,而舍去其余函数。由于 b 显著,但 a 不显著,所以,其异方差结构为:

$$\hat{\sigma}_{u_i}^2 = (0.076778x_i)^2 = 0.005895x_i^2$$

以上计算可利用 EViews 软件计算:

```
LS y c x
GENR E = ABS(RESID)
LS E C X
LS E C 1/X
LS E C X^0.5
LS E C 1/X^0.5
```

计算结果如图 6.3.8 所示。

六、White 检验法

White 检验法不需要关于随机项的任何先验知识,但要求在大样本的情况下进行。White 检验法把随机项的方差 $\sigma_{u_i}^2$ 作为因变量,原先的自变量和自变量的平方作为新自变量建立回归模型(也可以加上任意两个自变量的交叉项 x_ix_j),通过这个模型的拟合情况

Variable	Coefficient	Std. Error	t-Statistic	Prob.
C	-0.196949	0.363951	-0.541141	0.5959
X	0.076778	0.013409	5.726010	0.0000
R-squared	0.672045	Mean dependent var	1.601359	

Variable	Coefficient	Std. Error	t-Statistic	Prob.
C	3.228839	0.439852	7.340731	0.0000
1/X	-26.99213	6.321189	-4.270103	0.0006
R-squared	0.532625	Mean dependent var	1.601359	

Variable	Coefficient	Std. Error	t-Statistic	Prob.
C	-1.946247	0.641495	-3.033925	0.0079
X^0.5	0.764801	0.132550	5.769915	0.0000
R-squared	0.675403	Mean dependent var	1.601359	

Variable	Coefficient	Std. Error	t-Statistic	Prob.
C	4.972224	0.717705	6.927945	0.0000
1/X^0.5	-14.31331	2.922854	-4.897034	0.0002
R-squared	0.599809	Mean dependent var	1.601359	

图 6.3.8 四种函数形式回归结果

来检验是否存在异方差性。检验的零假设是残差不存在异方差性。例如：

设原模型为：

$$y_i = \beta_0 + \beta_1 x_{1i} + \beta_2 x_{2i} + u_i \tag{6.3.15}$$

设检验回归模型（或称辅助回归模型）为：

$$\sigma_{u_i}^2 = \alpha_0 + \alpha_1 x_{1i} + \alpha_2 x_{2i} + \alpha_3 x_{1i}^2 + \alpha_4 x_{2i}^2 + \alpha_5 x_{1i} x_{2i} + v_i \tag{6.3.16}$$

White 检验的检验统计量是

$$w = n \times R^2 \tag{6.3.17}$$

其中 n 是样本容量，R^2 是检验回归式(6.3.16)的拟合优度，White 证明了零假设（不存在异方差，即 $H_0: \alpha_1 = \alpha_2 = \alpha_3 = \alpha_4 = \alpha_5 = 0$）成立的条件下，$w$ 近似服从自由度为 k（模型 6.3.16 中除常数项以外的回归参数的个数）的 χ^2 分布。

White 检验的具体步骤为（以模型 6.3.15 为例）：

(1) 用 *OLS* 估计模型(6.3.15)的参数 $\hat{\beta}_0, \hat{\beta}_1, \hat{\beta}_2$；

(2) 计算模型(6.3.15)的残差序列 ε_i，并计算 ε_i^2；

(3) 用 ε_i^2 代替模型(6.3.16)中的 $\sigma_{u_i}^2$，再用 *OLS* 估计模型(6.3.16)，计算 R^2；

(4) 计算统计量 nR^2。在假设 H_0 成立，即不存在异方差（也就是模型 6.3.16 中的所有斜率都为零）条件下，nR^2 服从自由度为 $k=5$ 的 χ^2 分布；

(5) 对给定的显著水平 α，查 χ^2 分布表，得临界值 $\chi_\alpha^2(5)$，若 $nR^2 > \chi_\alpha^2(5)$，则否定 H_0，表明原模型的随机项中存在异方差。

在 EViews 中可直接进行 White 检验。

例 6.3.5 我们以例 6.3.1 中给出的数据表 6.3.1 为例,检验随机项的异方差性。

首先建立方程 LS y c x ,在此方程的窗口点击 View\Residual Test\Heteroskedasticity Tests\White ,便可直接给出检验结果,如图 6.3.9 所示。

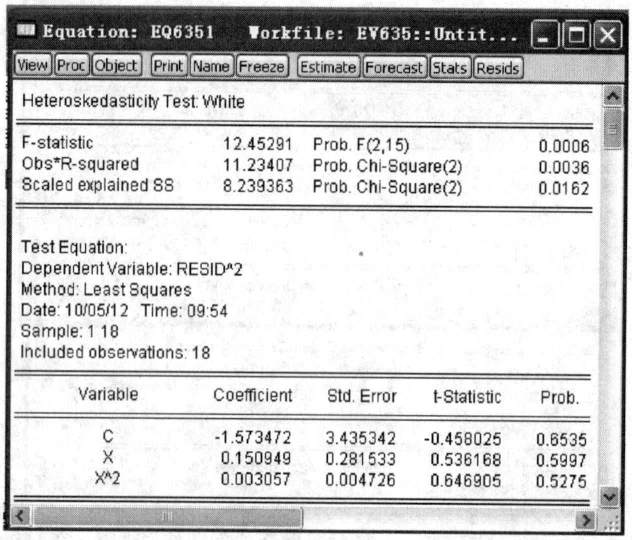

图 6.3.9 White 检验结果

Obs * R-squared 统计量就是 White 检验的检验统计量 $nR^2 = 11.23407$,相伴概率为 0.0036,应拒绝无异方差的零假设,即随机项中存在明显异方差性。还可以进行 χ^2 检验,对于 0.05 的显著水平 $\chi^2_{0.05}(2) = 5.99$,Obs * R-squared = 11.23407 > 5.99,应该否定零假设,随机项中存在明显异方差性。

§6.4 异方差性问题的解决方法

一、对原模型进行变换

不失一般性,假设原模型为

$$y_i = \alpha + \beta x_i + u_i \tag{6.4.1}$$

其中 u_i 具有异方差性(其余假定都满足)。假定现在已知异方差的函数结构为

$$V(u_i) = \sigma^2_{u_i} = k^2 f(x_i) \tag{6.4.2}$$

其中 k^2 为常数。现在的问题是在经典假定遭到了破坏的情况下,如何求出参数 α、β 的最佳线性无偏估计量?解决这个问题的基本想法是对原模型(6.4.1)作适当的变换,使变换后模型的随机项不再具有异方差,从而可用 *OLS* 法求出参数的最佳线性无偏估计量。

用 $\sqrt{f(x_i)}$ 去除(6.4.1)式两端,则得到新的模型:

$$\frac{y_i}{\sqrt{f(x_i)}}=\frac{\alpha}{\sqrt{f(x_i)}}+\frac{\beta}{\sqrt{f(x_i)}}x_i+\frac{u_i}{\sqrt{f(x_i)}} \tag{6.4.3}$$

记

$$y_i^*=\frac{y_i}{\sqrt{f(x_i)}},\quad x_{1i}^*=\frac{1}{\sqrt{f(x_i)}},\quad x_{2i}^*=\frac{x_i}{\sqrt{f(x_i)}},\quad u_i^*=\frac{u_i}{\sqrt{f(x_i)}} \tag{6.4.4}$$

则模型(6.4.3)变为

$$y_i^*=\alpha x_{1i}^*+\beta x_{2i}^*+u_i^* \tag{6.4.5}$$

(6.4.5)中的参数 α 和 β 即原模型中的参数，但是随机项 u_i^* 已经没有异方差性了。因为：

$$V(u_i^*)=V\left(\frac{u_i}{\sqrt{f(x_i)}}\right)=\frac{V(u_i)}{f(x_i)}=\frac{k^2f(x_i)}{f(x_i)}=k^2$$

因此，对模型(6.4.5)应用 *OLS* 法，即可得出参数 α、β 的最佳线性无偏估计量，问题得以解决。

例 6.4.1 设模型(6.4.1)中 u_i的异方差结构为 $\sigma_{u_i}^2=k^2x_i^2$（这是一种最常见的异方差结构形式），求 α、β 的最佳线性无偏估计量。

在本例中 $f(x_i)=x_i^2$，$\sqrt{f(x_i)}=x_i$，用 x_i 去除(6.4.1)式各项，得

$$\frac{y_i}{x_i}=\frac{\alpha}{x_i}+\beta+\frac{u_i}{x_i}$$

改写成

$$y_i^*=\beta+\alpha x_i^*+u_i^*$$

其中

$$y_i^*=\frac{y_i}{x_i},\quad x_i^*=\frac{1}{x_i},\quad u_i^*=\frac{u_i}{x_i}$$

由于变换后的模型中的随机项 u_i^* 已没有异方差，应用 *OLS* 法估计变换后的模型，便可得到 α 和 β 的最佳线性无偏估计量：

$$\hat{\alpha}=\frac{\sum \dot{x}_i^*\dot{y}_i^*}{\sum \dot{x}_i^{*2}}$$

$$\hat{\beta}=\bar{y}^*-\hat{\alpha}\bar{x}^*$$

二、加权最小二乘法(*WLS*)

在 *OLS* 法中，其基本原则是使残差平方和

$$\sum \varepsilon_i^2=\sum(y_i-\hat{\alpha}-\hat{\beta}x_i)^2 \tag{6.4.6}$$

达到最小，这是对满足经典回归假定而言，也就是在等方差的情况下进行的。当随机项具有异方差时，例如，当 u_i的方差随 x_i值的增大而增大时，对应于较大 x_i值的估计值的偏差就比较大。因此，用相同的尺度标准去衡量不断变化的偏差是不适合的，解决的办法是对应于较大的 x_i的观测值给予较小的权数，对应于较小 x_i的观测值给予较大的权数。显然，

用 $\frac{1}{V(u_i)}=\frac{1}{\sigma_{u_i}^2}$ 作为 ε_i^2 的权数是合理的。

现在我们可以用权数将普通最小二乘法修正为:使加权残差平方和

$$\sum\frac{\varepsilon_i^2}{\sigma_{u_i}^2}=\sum\frac{1}{\sigma_{u_i}^2}(y_i-\hat{\alpha}-\hat{\beta}x_i)^2 \tag{6.4.7}$$

达到最小。这就是加权最小二乘法。

下面我们说明,这种加权最小二乘法同样可以消除异方差性的影响。

设异方差是 x_i 的函数

$$\sigma_{u_i}^2=k^2f(x_i) \tag{6.4.8}$$

将(6.4.8)代入(6.4.7)则加权最小二乘法要求

$$\sum\frac{\varepsilon_i^2}{\sigma_{u_i}^2}=\sum\frac{1}{k^2f(x_i)}(y_i-\hat{\alpha}-\hat{\beta}x_i)^2 \tag{6.4.9}$$

达到最小。

现在对原模型(6.4.1)作变换:

$$\frac{y_i}{\sqrt{f(x_i)}}=\frac{\alpha}{\sqrt{f(x_i)}}+\frac{\beta}{\sqrt{f(x_i)}}x_i+\frac{u_i}{\sqrt{f(x_i)}} \tag{6.4.10}$$

对(6.4.10)应用普通最小二乘法,要求残差平方和:

$$\begin{aligned}\sum\left(\frac{\varepsilon_i}{\sqrt{f(x_i)}}\right)^2&=\sum\left(\frac{y_i}{\sqrt{f(x_i)}}-\frac{\hat{\alpha}}{\sqrt{f(x_i)}}-\frac{\hat{\beta}}{\sqrt{f(x_i)}}\right)^2\\&=\sum\frac{1}{f(x_i)}(y_i-\hat{\alpha}-\hat{\beta}x_i)^2\end{aligned} \tag{6.4.11}$$

最小。显然,能使(6.4.11)达到最小的 $\hat{\alpha}$、$\hat{\beta}$ 也一定能使(6.4.9)式达到最小,因为两者只差一个常数因子 $\frac{1}{k^2}$。即两种方法得到的结果相同。由于用变换的方法能消除随机项 u_i 异方差的影响,所以用加权最小二乘法也能消除随机项 u_i 异方差的影响。两种方法实质上是一回事。对原模型进行变换的方法实际上是加权最小二乘法当 $\frac{1}{k^2}=1$ 时的特例,也可以看作是加权最小二乘法的直接应用。

加权最小二乘法还是广义最小二乘法的特例,我们有必要进一步了解广义最小二乘法。

三、广义最小二乘法(*GLS*)

广义最小二乘法是处理广义线性模型的一种估计方法。

广义线性模型是指线性模型

$$Y=X\beta+U \tag{6.4.12}$$

并且有

$$\begin{cases}E(U)=0\\E(UU')=\sigma_u^2\Omega\end{cases} \tag{6.4.13}$$

其中 σ_u^2 为未知常数，Ω 是一个已知的 $n\times n$ 阶正定对称矩阵：

$$\underset{n\times n}{\Omega}=\begin{pmatrix}\sigma_{11} & \sigma_{12} & \cdots & \sigma_{1n}\\ \sigma_{21} & \sigma_{22} & \cdots & \sigma_{2n}\\ \cdots & \cdots & \cdots & \cdots\\ \sigma_{n1} & \sigma_{n2} & \cdots & \sigma_{nn}\end{pmatrix} \tag{6.4.14}$$

其他基本假定不变，称之为广义线性模型。

若将 Ω 换成 I_n，则模型(6.4.12)就变成一般经典线性模型。因此，一般经典线性模型可以看作广义线性模型的特例。

由于 Ω 为正定对称矩阵，必存在一个$(n\times n)$阶非奇异矩阵 P，使得

$$P\Omega P'=I_n \tag{6.4.15}$$

且有

$$\Omega^{-1}=P'P \tag{6.4.16}$$

利用矩阵 P 对原模型进行变换，用 P 左乘(6.4.12)得，

$$PY=PX\beta+PU \tag{6.4.17}$$

令

$$Y^*=PY\quad X^*=PX\quad U^*=PU \tag{6.4.18}$$

则(6.4.17)变为

$$Y^*=X^*\beta+U^* \tag{6.4.19}$$

此时

$$E(U^*U^{*\prime})=E(PUU'P')=PE(UU')P'=\sigma_u^2I_n \tag{6.4.20}$$

可见，变换后的模型(6.4.19)，已满足全部基本假定，可以对模型(6.4.19)应用普通最小二乘法，求得 β 的广义最小二乘估计量为

$$\tilde{\beta}=(X^{*\prime}X^*)^{-1}X^{*\prime}Y^* \tag{6.4.21}$$

将(6.4.18)代入(6.4.21)

$$\begin{aligned}\tilde{\beta}&=[(PX)'(PX)]^{-1}(PX)'(PY)\\&=(X'P'PX)^{-1}X'P'PY\\&=(X'\Omega^{-1}X)^{-1}X'\Omega^{-1}Y\end{aligned} \tag{6.4.22}$$

(6.4.21)[或(6.4.22)]称为广义最小二乘估计式。这种将原模型(6.4.12)进行适当变换，变为模型(6.4.19)，然后对新模型(6.4.19)应用普通最小二乘法，求得参数估计量 $\tilde{\beta}$，称作对原模型的广义最小二乘法，记作 *GLS*。

当 $\Omega=I_n$ 时，

$$\tilde{\beta}=(X'X)^{-1}X'Y=\hat{\beta} \tag{6.4.23}$$

此时广义最小二乘法就是普通最小二乘法。

参数的协方差矩阵

$$
\begin{aligned}
V-COV(\tilde{\beta}) &= \sigma_u^2(X^{*\prime}X^*)^{-1} \\
&= \sigma_u^2[(PX)'(PX)]^{-1} \\
&= \sigma_u^2(X'\Omega^{-1}X)^{-1}
\end{aligned} \tag{6.4.24}
$$

$$
\begin{aligned}
\tilde{\sigma}_u^2 &= \frac{\varepsilon^{*\prime}\varepsilon^*}{n-k-1} = \frac{1}{n-k-1}(Y^* - X^*\tilde{\beta})'(Y^* - X^*\tilde{\beta}) \\
&= \frac{1}{n-k-1}(PY - PX\tilde{\beta})'(PY - PX\tilde{\beta}) \\
&= \frac{1}{n-k-1}(Y - X\tilde{\beta})'\Omega^{-1}(Y - X\tilde{\beta}) \\
&= \frac{1}{n-k-1}\varepsilon'\Omega^{-1}\varepsilon
\end{aligned} \tag{6.4.25}
$$

其中 ε 为广义最小二乘估计量 $\tilde{\beta}$ 所对应的模型(6.4.12)的样本残差,即 $\varepsilon = Y - X\tilde{\beta}$ 。

四、广义最小二乘法的应用之一——异方差问题的处理

设模型

$$Y = X\beta + U \tag{6.4.26}$$

或

$$y_i = X_i\beta + u_i \qquad (i = 1,2,,\cdots,n)$$

$$X_i = (x_{1i}, x_{2i}, \cdots, x_{ki})$$

假定随机项存在异方差,即

$$E(u_i^2) = \sigma_{u_i}^2 \tag{6.4.27}$$

其余条件皆满足基本假定,此时 u 的方差协方差矩阵具有对角形式:

$$E(UU') = \begin{bmatrix} \sigma_{u_1}^2 & & & \\ & \sigma_{u_2}^2 & & \\ & & \ddots & \\ & & & \sigma_{u_n}^2 \end{bmatrix} = \Phi \tag{6.4.28}$$

因为 Φ 是对角阵,所以 Φ^{-1} 是

$$\Phi^{-1} = \begin{bmatrix} \frac{1}{\sigma_{u_1}^2} & & & \\ & \frac{1}{\sigma_{u_2}^2} & & \\ & & \ddots & \\ & & & \frac{1}{\sigma_{u_n}^2} \end{bmatrix} \tag{6.4.29}$$

于是

$$P=\begin{bmatrix}\frac{1}{\sigma_{u_1}} & & & \\ & \frac{1}{\sigma_{u_2}} & & \\ & & \ddots & \\ & & & \frac{1}{\sigma_{u_n}}\end{bmatrix} \tag{6.4.30}$$

便有

$$P\Phi P' = I_n \text{ 且 } P'P = \Phi^{-1} \tag{6.4.31}$$

作变换

$$\begin{cases} Y^* = PY \\ X^* = PX \\ U^* = PU \end{cases} \tag{6.4.32}$$

则模型(6.4.26)变为

$$Y^* = X^*\beta + U^* \tag{6.4.33}$$

此时 U^* 已无异方差,可以应用 *OLS* 法,得到

$$\tilde{\beta} = (X'\Phi^{-1}X)^{-1}X'\Phi^{-1}Y \tag{6.4.34}$$

$$V-COV(\tilde{\beta}) = (X'\Phi^{-1}X)^{-1} \tag{6.4.35}$$

(由于推导过程读者已经熟悉,这里不再重复。)

以上结果中,都要用到 Φ,而 Φ 的计算需要知道 $\sigma_{u_i}^2$,因而 Park、Glejser 检验所得到的方差结构信息对应用广义最小二乘法处理异方差问题至关重要。

上述结果可以看作是我们把广义最小二乘估计量中的 Ω^{-1} 换成了 Φ^{-1} 得出的结果。换句话说,是把异方差问题作为广义线性模型的特例来处理的。这实际上也是加权最小二乘估计的一种表达形式。

因为对模型(6.4.33)应用 *OLS* 法是使

$$(Y^* - X^*\tilde{\beta})'(Y^* - X^*\tilde{\beta}) \tag{6.4.36}$$

达到最小。将变换(6.4.32)代入(6.4.36)便有

$$\begin{aligned}(Y^* - X^*\tilde{\beta})'(Y^* - X^*\tilde{\beta}) &= (PY - PX\tilde{\beta})'(PY - PX\tilde{\beta}) \\ &= (Y - X\tilde{\beta})'\Phi^{-1}(Y - X\tilde{\beta})\end{aligned} \tag{6.4.37}$$

把 Φ^{-1} 的表达式(6.4.29)代入(6.4.37)可简写成

$$\sum_{i=1}^{n}\frac{(y_i - X_i\tilde{\beta})^2}{\sigma_{u_i}^2} \tag{6.4.38}$$

现在问题转化为使(6.4.38)达到最小。而(6.4.38)是以 $\frac{1}{\sigma_{u_i}^2}$ 为权数的残差平方和,使之达到最小。这便是加权最小二乘法。从而说明了,加权最小二乘法可以看作是广义最小

二乘法的特例。

例 6.4.2 我们仍利用例 6.3.1 中表 6.3.1 给出的数据。

在例 6.3.3 中,我们已经判断随机项中存在异方差性,并且其方差结构为

$$\hat{\sigma}_{u_i}^2 = 0.00010575 x_i^{3.054637}$$

现在我们利用广义最小二乘法求出模型(6.4.26)的参数估计量及其方差。

根据异方差结构计算出与 x_i 相应的方差 $\sigma_{u_i}^2$(这里省略了估值号"~"以下同),列于表 6.4.1 中。于是

$$\boldsymbol{\Phi} = \begin{pmatrix} \sigma_{u_1}^2 & & & \\ & \sigma_{u_2}^2 & & \\ & & \ddots & \\ & & & \sigma_{u_{18}}^2 \end{pmatrix}$$

已知,所以模型(5.4.24)的广义最小二乘估计量为:

$$\tilde{\beta} = (X'\boldsymbol{\Phi}^{-1}X)^{-1}X'\boldsymbol{\Phi}^{-1}Y$$

其中

$$(X'\boldsymbol{\Phi}^{-1}X)^{-1} = \left[\begin{pmatrix} 1 & 1 & 1 & \cdots & 1 \\ x_1 & x_2 & x_3 & \cdots & x_{18} \end{pmatrix} \begin{pmatrix} \frac{1}{\sigma_{u_1}^2} & & & \\ & \frac{1}{\sigma_{u_2}^2} & & \\ & & \ddots & \\ & & & \frac{1}{\sigma_{u_{18}}^2} \end{pmatrix} \begin{pmatrix} 1 & x_1 \\ 1 & x_2 \\ 1 & x_3 \\ & \cdots \\ 1 & x_{18} \end{pmatrix}\right]^{-1}$$

$$= \begin{pmatrix} \sum_{i=1}^{18} \frac{1}{\sigma_{u_i}^2} & \sum_{i=1}^{18} \frac{x_i}{\sigma_{u_i}^2} \\ \sum_{i=1}^{18} \frac{x_i}{\sigma_{u_i}^2} & \sum_{i=1}^{18} \frac{x_i^2}{\sigma_{u_i}^2} \end{pmatrix}^{-1} = \begin{pmatrix} 70.3275 & 722.5166 \\ 722.4166 & 8\,884.177 \end{pmatrix}^{-1}$$

$$= \begin{pmatrix} 0.086446 & -0.00703 \\ -0.00703 & 0.000684 \end{pmatrix}$$

$$X'\boldsymbol{\Phi}^{-1}Y = \begin{pmatrix} 1 & 1 & 1 & \cdots & 1 \\ x_1 & x_2 & x_3 & \cdots & 18 \end{pmatrix} \begin{pmatrix} \frac{1}{\sigma_{u_1}^2} & & & \\ & \frac{1}{\sigma_{u_2}^2} & & \\ & & \ddots & \\ & & & \frac{1}{u_{u_{18}}^2} \end{pmatrix} \begin{pmatrix} y_1 \\ y_2 \\ y_3 \\ \vdots \\ y_{18} \end{pmatrix}$$

$$= \begin{pmatrix} \sum_{i=1}^{18} \frac{y_i}{\sigma_{u_i}^2} \\ \sum_{i=1}^{18} \frac{x_i y_i}{\sigma_{u_i}^2} \end{pmatrix} = \begin{pmatrix} 567.9147 \\ 7\ 181.273 \end{pmatrix}$$

$$\tilde{\beta} = \begin{pmatrix} 0.086446 & -0.00703 \\ -0.00703 & 0.000684 \end{pmatrix} \begin{pmatrix} 576.9147 \\ 7\ 181.273 \end{pmatrix} = \begin{pmatrix} -0.61473 \\ 0.858315 \end{pmatrix}$$

广义最小二乘估计量为：　$\tilde{\beta}_0 = -0.61473$　　$\tilde{\beta}_1 = 0.858315$

$$V-COV(\hat{\beta}) = (X'\Phi^{-1}X)^{-1} = \begin{pmatrix} 0.086446 & -0.00703 \\ -0.00703 & 0.000684 \end{pmatrix}$$

$$V(\tilde{\beta}_0) = 0.086446 \qquad V(\tilde{\beta}_1) = 0.000684$$

计算详细过程一并列入表 6.4.1 中。

表 6.4.1　　　　计算过程

	y_i	x_i	$\sigma_{u_i}^2$	$1/\sigma_{u_i}^2$	x_i^2	$x_i/\sigma_{u_i}^2$	$x_i^2/\sigma_{u_i}^2$	$y_i/\sigma_{u_i}^2$	$x_iy_i/\sigma_{u_i}^2$
1	6	7.2	0.043966	22.74469	51.84	163.7618	1 179.085	136.4682	982.5707
2	6.2	8.4	0.070407	14.20306	70.56	119.3057	1 002.168	88.05897	739.6954
3	7	9.6	0.105867	9.445774	92.16	90.67943	870.5226	66.12042	634.756
4	9	10.8	0.15171	6.591514	116.64	71.18835	768.8342	59.32363	640.6952
5	10	12	0.209309	4.777632	144	57.33158	687.979	47.77632	573.3158
6	10.5	13.2	0.280044	3.570862	174.24	47.13537	622.1869	37.49405	494.9214
7	11.2	14.4	0.365306	2.737428	207.36	39.41896	567.6331	30.65919	441.4924
8	12	15.6	0.466491	2.143666	243.36	33.44119	521.6825	25.72399	401.2942
9	14	18	0.722241	1.384579	324	24.92242	448.6036	19.38411	348.9139
10	20	21.6	1.260527	0.793319	466.56	17.13569	370.1309	15.86638	342.7138
11	22	24	1.739101	0.57501	576	13.80024	331.2057	12.65022	303.6052
12	21	26.4	2.326828	0.42977	696.96	11.34592	299.5322	9.025161	238.2643
13	23	30	3.438346	0.290837	900	8.725125	261.7537	6.689262	200.6779
14	30	32.4	4.349577	0.229907	1 049.76	7.449	241.3476	6.897222	223.4715
15	34	36	6.000944	0.16664	1 296	5.999056	215.966	5.665775	203.9679
16	36.4	40	8.279271	0.120784	1 600	4.831343	193.2537	4.396522	175.8609
17	36.8	46	12.68826	0.078813	2 116	3.625399	166.7684	2.90032	133.4147
18	42	56	23.13983	0.043216	3 136	2.420069	135.5239	1.815052	101.6429
$\sum$	351.1	421.6	65.63803	70.3275	13 261.44	722.5166	8 884.177	576.9147	7 181.273

本例在 EViews 中可直接应用 WLS 法,将参数估计出来,只需定义一个权数:

GENR W1 =1/(X^1.5273185)(注意:在 EViews 中权数取标准差的倒数)

然后在方程的对话框的 Options 栏中选 Weighted LS 项,并在 Weight 项中输入权数即可,如图 6.4.1 所示。计算结果如图 6.4.2 所示。

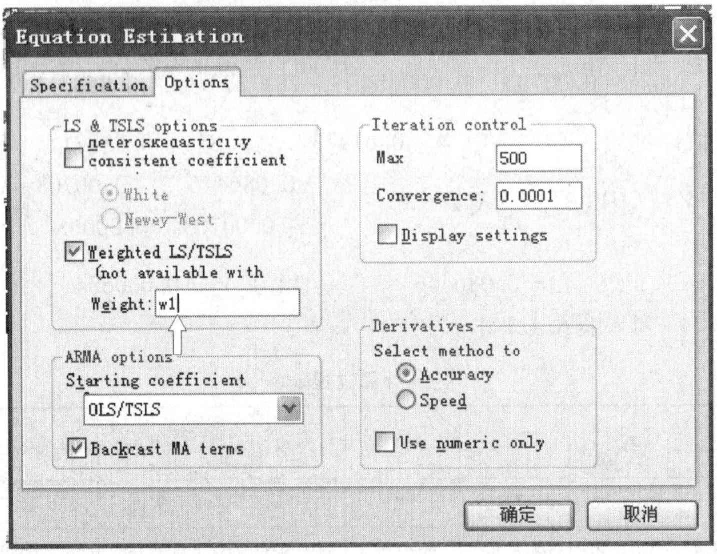

图 6.4.1　输入权数 W1

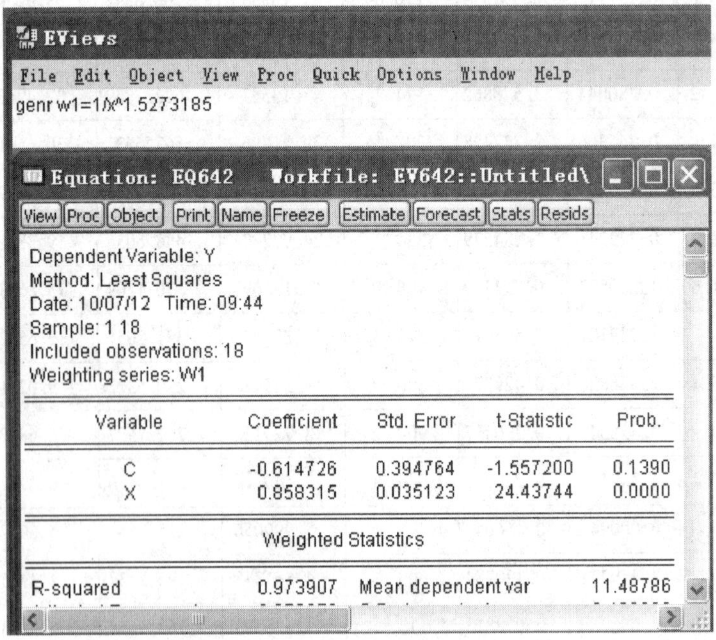

图 6.4.2　加权最小二乘法估计结果

图 6.4.2 的结果与手工计算略有差别,这是由计算过程的误差引起的。

§6.5 小　结

1. 异方差性

若 $V(u_i) = E(u_i^2) = \sigma_{u_i}^2 \neq$ 常数，则称随机项 u 具有异方差性。

2. 异方差性的后果

异方差性并不影响参数估计量 $\hat{\alpha}$ 和 $\hat{\beta}$ 的线性和无偏性，但最小方差性遭到破坏。

3. 异方差性的检验方法

(1) 图解法

(2) 斯皮尔曼(Spearman)等级相关系数检验法

① 计算等级相关系数

$$r_s = 1 - \frac{6\sum d_i^2}{n(n^2 - 1)}$$

其中等级差 $d_i = x_i$的等级 $-$ $|\varepsilon_i|$的等级

② 计算统计量

$$T = \frac{r_s\sqrt{n-2}}{\sqrt{1 - r_s^2}} \sim t(n-2)$$

③ 若$|T| > t_{\alpha/2}(n-2)$，否定 $H_0: \rho_s = 0$，即随机项异方差性显著。

(3) 戈特菲尔德－奎思特(Goldfeld-Quandt)检验法

计算统计量

$$F = \frac{\sum \varepsilon_{2i}^2 \Big/ \left(\frac{n-c}{2} - k - 1\right)}{\sum \varepsilon_{1i}^2 \Big/ \left(\frac{n-c}{2} - k - 1\right)} = \frac{\sum \varepsilon_{2i}^2}{\sum \varepsilon_{1i}^2} \sim F\left(\frac{n-c}{2} - k - 1, \frac{n-c}{2} - k - 1\right)$$

其中 $\sum \varepsilon_{2i}^2$ 为 x_i值较大的一组子样本残差平方和，$\sum \varepsilon_{1i}^2$ 为 x_i值较小的一组子样本残差平方和，n 为样本容量，c 为被去掉的观测值数目，k 为自变量的个数。

若

$$F \geqslant F_\alpha\left(\frac{n-c}{2} - k - 1, \frac{n-c}{2} - k - 1\right)$$

则拒绝 H_0，认为 u_i的异方差性显著。

(4) 帕克(R. E. Park)检验法

① 取随机项异方差的结构函数为

$$\sigma_{u_i}^2 = \sigma^2 x_i^\beta e^{v_i}$$

② 用残差 ε_i^2 代替 $\sigma_{u_i}^2$，再取对数

$$\ln\varepsilon_i^2 = \ln\sigma^2 + \beta\ln x_i + v_i$$

记 $w_i = \ln\varepsilon_i^2$，$\alpha = \ln\sigma^2$，$z_i = \ln x_i$，则有

$$w_i = \alpha + \beta z_i + v_i \qquad \text{便可应用 } OLS \text{ 法,求得 } \hat{\beta}$$

③ 对 β 进行 t 检验,若 $\beta \neq 0$ 显著,表明异方性显著。

(5) 格莱泽(H. Glejser)检验法

4. 异方差性问题的解决方法

设模型 $y_i = \alpha + \beta x_i + u_i$,其中 u_i 具有异方差性。

(1) 对原模型进行变换

设 $V(u_i) = \sigma_{u_i}^2 = k^2 f(x_i)$,其中 k^2 为常数。

作变换:

$$\frac{y_i}{\sqrt{f(x_i)}} = \frac{\alpha}{\sqrt{f(x_i)}} + \beta \frac{x_i}{\sqrt{f(x_i)}} + \frac{u_i}{\sqrt{f(x_i)}}$$

则原模型变为

$$y_i^* = \alpha x_{1i}^* + \beta x_{2i}^* + u_i^*$$

其中 $\quad y_i^* = \dfrac{y_i}{\sqrt{f(x_i)}},\ x_{1i}^* = \dfrac{1}{\sqrt{f(x_i)}},\ x_{2i}^* = \dfrac{x_i}{\sqrt{f(x_i)}},\ u_i^* = \dfrac{u_i}{\sqrt{f(x_i)}}$

u_i^* 已无异方差。

(2) 加权最小二乘法(WLS)

取权数为 $\dfrac{1}{V(u_i)} = \dfrac{1}{\sigma_{u_i}^2}$,使加权残差平方和

$$\sum \frac{\varepsilon_i^2}{\sigma_{u_i}^2} = \sum \frac{1}{\sigma_{u_i}^2}(y_i - \hat{\alpha} - \hat{\beta} x_i)^2$$

达到最小。

(3) 广义最小二乘法(GLS)

广义线性模型

$$Y = X\beta + U$$

并且有

$$E(U) = 0$$
$$E(UU') = \sigma_u^2 \Omega$$

其中 σ_u^2 为未知常数,Ω 为已知的 $n \times n$ 阶正定对称阵

$$\underset{n \times n}{\Omega} = \begin{pmatrix} \sigma_{11} & \sigma_{12} & \cdots & \sigma_{1n} \\ \sigma_{21} & \sigma_{22} & \cdots & \sigma_{2n} \\ \cdots & \cdots & \cdots & \cdots \\ \sigma_{n1} & \sigma_{n2} & \cdots & \sigma_{nn} \end{pmatrix}$$

广义最小二乘估计式

$$\tilde{\beta} = (X'\Omega^{-1}X)^{-1}X'\Omega^{-1}Y$$

参数的方差协方差矩阵

$$V - COV(\tilde{\beta}) = \sigma_u^2 (X'\Omega^{-1}X)^{-1}$$

σ_u^2 的无偏估量

$$\tilde{\sigma}_u^2 = \frac{1}{n-k-1}\varepsilon'\Omega^{-1}\varepsilon$$

复习思考题

1. 试举例说明经济现象中的异方差性。

2. 已知消费模型

$$y_i = \alpha_0 x_{1i} + \alpha_2 x_{2i} + u_i$$

其中 y_i 为消费支出，x_{1i} 为个人可支配收入，x_{2i} 为消费者的流动资产；

随机项 $E(u_i) = 0$, $V(u_i) = \sigma^2 x_{1i}^2$（其中 σ^2 为常数），其余皆满足基本假定。

（1）请进行适当变换消除异方差，并证明之。

（2）写出消除异方差后，模型的参数估计量的表达式。

3. 设模型 $Y = X\beta + U$

其中 Y 为 $(n \times 1)$ 观测值向量，X 为 $(n \times k)$ 观测值矩阵，β 为 $(k \times 1)$ 参数向量，U 为 $(n \times 1)$ 随机向量，并且

$$E(U) = 0,\ E(UU') = \Phi = diag(\sigma_1^2,\ \sigma_2^2, \cdots, \sigma_n^2)$$

证明

$$(Y - X\beta)'\Phi^{-1}(Y - X\beta) = \sum_{i=1}^{n}\left(\frac{u_i}{\sigma_i}\right)^2$$

4. 假设条件与第 3 题相同，

（1）求广义最小二乘估计量 $\tilde{\beta} = (X'\Phi^{-1}X)^{-1}X'\Phi^{-1}Y$ 的协方差矩阵。

（2）当 $\sigma_i^2 = \sigma^2 x_{1i}^2$ 时，写出广义最小乘估计量及其协方差矩阵的表达式。

第七章　自　相　关

✓ 本章要点

（1）自相关的概念，自相关强度的量度——自相关系数，了解经济现象中自相关产生的原因；（2）自相关对模型参数估计的影响；（3）检验自相关的主要方法；（4）消除自相关影响的方法。

§7.1　自　相　关

一、自相关的概念

如果经典回归的基本假定 4 遭到破坏，则 $COV(u_t, u_s) = E(u_t u_s) \neq 0, t \neq s, t, s = 1, 2, \cdots, n$，即 u_t的取值与它的前一期或前几期的取值相关，则称 u_t存在自相关或序列相关。在经济计量研究中，随机项 u_t 自相关现象是经常存在的。这是因为在模型的研究中，常常把一些非重要因素归入了误差项，但这些因素往往有时间趋势，从而在误差项中体现了在时间先后上的某种相关性。因此，自相关现象主要出现在时间序列之中，不过在横断面数据中有时也可能出现。

自相关有正自相关和负自相关之分，对随机项的时间序列 $u_1, u_2, \cdots, u_n$，当 $u_t > 0$，时，随后的若干个随机项 $u_{t+1}, u_{t+2}, \cdots$都有大于 0 的倾向，当 $u_t < 0$ 时，随后若干个随机项都有小于 0 的倾向，我们说 u_t具有正相关性；而负自相关则意味着两个相继的随机项 u_t 和 u_{t+1}具有正负号相反的倾向。在经济数据中，常见的是正自相关现象。

二、产生自相关的原因

（一）经济变量的惯性作用

经济变量都是客观经济现象的反映，都有其历史的延续性和发展的继承性，因此，许多经济变量往往存在自相关现象。对于含有这种经济变量作解释变量的回归模型，利用时间序列数据作回归分析，一般不能认为随机项 u 是相互独立的，这是产生随机项 u 自相关的一个主要原因。

（二）模型中略去了具有自相关的解释变量

在计量模型研究中，把那些非重要变量都并入了随机项 u 中，而这些变量中往往有些变量存在自相关,因而引起随机项 u 的自相关。

(三) 经济冲击的延续

在时间序列中,某一时期发生的一个随机冲击往往要延续若干时间。例如,发生天灾等偶然事件,不仅对当期经济生活造成影响,而且影响以后几期,这样必然导致随机项 u 的自相关。

(四) 模型设定的不正确

模型制定的不正确,包括遗漏了重要解释变量或者添加了多余的解释变量,或者模型选择了不正确的函数形式。例如,x 与 y 之间的关系定为线性关系,而实际上应为曲线关系,这样错误的模型形式对 y 产生的系统影响带进了随机项 u,导致随机项 u 产生自相关。

三、自相关强度的量度——自相关系数

假定 u_t存在自相关,若 u_t的取值仅与前一期 u_{t-1}有关,即 $u_t = f(u_{t-1})$,则称这种相关为一阶自相关。若 u_t不仅与 u_{t-1}相关,而且还同 u_{t-2}相关,即 $u_t = f(u_{t-1}, u_{t-2})$,则称这种相关为二阶自相关。若 u_t的取值与它的前 s 期取值都有关,即 $u_t = f(u_{t-1}, u_{t-2}, \cdots, u_{t-s})$,则称这种相关为 s 阶自相关。二阶以上的自相关统称为高阶自相关。

对于一般经济现象而言,两个随机项在时间上相隔越远,前者对后者的影响就越小。如果存在自相关的话,最强的自相关应表现在相邻两个随机项之间,即一阶自相关是主要的。因此,在一般的计量经济学的教科书中,都只讨论一阶自相关,而且假定这是一种线性自相关,即具有一阶线性自回归形式:

$$u_t = \rho u_{t-1} + v_t$$
$$-1 < \rho < 1 \tag{7.1.1}$$

(7.1.1)式中 ρ 是一个常数,称为自相关系数, v_t是一个新的随机项,它满足经典回归的全部假定:

$$v_t \sim N(0,\sigma_v^2)$$
$$E(v_t v_{t'}) = 0 \quad (t \neq t')$$
$$E(u_s v_t) = 0 \quad (t > s) \tag{7.1.2}$$

(7.1.1)式可以看成是一个一元线性回归模型,u_t是因变量,u_{t-1}是自变量,ρ 是回归系数。由于 v_t满足经典回归的全部基本假定,可用 OLS 法,得到 ρ 的估计量表达式:

$$\hat{\rho} = \frac{\sum_{t=2}^{n} u_t u_{t-1}}{\sum_{t=2}^{n} u_{t-1}^2} \tag{7.1.3}$$

当样本容量很大时,有 $\sum_{t=2}^{n} u_t^2 \approx \sum_{t=2}^{n} u_{t-1}^2$,于是(7.1.3)式可以改写为

$$\hat{\rho} \approx \frac{\sum_{t=2}^{n} u_t u_{t-1}}{\sqrt{\sum_{t=2}^{n} u_t^2 \sum_{t=2}^{n} u_{t-1}^2}} \tag{7.1.4}$$

(7.1.4)式右端的表达式完全符合样本相关系数的定义，所以把 ρ 称为自相关系数是合理的。

当 $\rho>0$ 时，为正自相关，当 $\rho<0$ 时，为负自相关。当 $\rho=0$ 时，由式(7.1.1)知 $u_t=v_t$，此时 u_t 变为一个没有自相关的随机变量。当 $\rho=\pm 1$ 时，则 u_t 与 u_{t-1} 之间的相关最强。由此可见，自相关系数 ρ 是一阶线性自相关强度的一个度量，ρ 的绝对值的大小决定自相关的强弱。

四、u_t 的方差和协方差

由(7.1.1)式知

$$V(u_t)=V(\rho u_{t-1}+v_t)=\rho^2 V(u_{t-1})+V(v_t)=\rho^2\sigma_u^2+\sigma_v^2$$

即

$$\sigma_u^2=\rho^2\sigma_u^2+\sigma_v^2 \tag{7.1.5}$$

(7.1.5)可以改写成：

$$\sigma_u^2=\frac{\sigma_v^2}{1-\rho^2} \tag{7.1.6}$$

$$\begin{aligned} COV(u_t,u_{t-1}) &= E(u_t u_{t-1})=E[(\rho u_{t-1}+v_t)u_{t-1}] \\ &= E(\rho u_{t-1}^2)=\rho\sigma_u^2 \end{aligned} \tag{7.1.7}$$

$$\begin{aligned} COV(u_t,u_{t-2}) &= E[(\rho u_{t-1}+v_t)u_{t-2}] \\ &= \rho E(u_{t-1}u_{t-2})+E(v_t u_{t-2})=\rho^2\sigma_u^2 \end{aligned} \tag{7.1.8}$$

类推下去，便有

$$COV(u_t,u_{t-s})=\rho^s\sigma_u^2 \tag{7.1.9}$$

令 $U=(u_1,u_2,\cdots,u_n)'$，将上面的结论(7.1.6)、(7.1.7)、(7.1.8)、(7.1.9)式合并在一起可用矩阵表示：

$$E(UU')=\sigma_u^2\begin{pmatrix} 1 & \rho & \rho^2 & \cdots & \rho^{n-1} \\ \rho & 1 & \rho & \cdots & \rho^{n-2} \\ \cdots & \cdots & \cdots & \cdots & \cdots \\ \rho^{n-1} & \rho^{n-2} & \rho^{n-3} & \cdots & 1 \end{pmatrix} \tag{7.1.10}$$

其中 $\sigma_u^2=\dfrac{\sigma_v^2}{1-\rho^2}$ 代入(7.1.10)便有

$$E(UU')=\frac{\sigma_v^2}{1-\rho^2}\begin{pmatrix} 1 & \rho & \rho^2 & \cdots & \rho^{n-1} \\ \rho & 1 & \rho & \cdots & \rho^{n-2} \\ \cdots & \cdots & \cdots & \cdots & \cdots \\ \rho^{n-1} & \rho^{n-2} & \rho^{n-3} & \cdots & 1 \end{pmatrix} \tag{7.1.11}$$

记

$$\Psi=\frac{1}{1-\rho^2}\begin{pmatrix} 1 & \rho & \rho^2 & \cdots & \rho^{n-1} \\ \rho & 1 & \rho & \cdots & \rho^{n-2} \\ \cdots & \cdots & \cdots & \cdots & \cdots \\ \rho^{n-1} & \rho^{n-2} & \rho^{n-3} & \cdots & 1 \end{pmatrix} \tag{7.1.12}$$

(7.1.11)可写成
$$E(UU') = \sigma_v^2 \Psi \tag{7.1.13}$$
Ψ 是一个($n \times n$)维正定对称矩阵,其逆矩阵为

$$\Psi^{-1} = \begin{pmatrix} 1 & -\rho & 0 & \cdots & 0 & 0 \\ -\rho & 1+\rho^2 & -\rho & \cdots & 0 & 0 \\ 0 & -\rho & 1+\rho^2 & \cdots & 0 & 0 \\ \cdots & \cdots & \cdots & \cdots & \cdots & \cdots \\ 0 & 0 & 0 & \cdots & 1+\rho^2 & -\rho \\ 0 & 0 & 0 & \cdots & -\rho & 1 \end{pmatrix} \tag{7.1.14}$$

§7.2 自相关对参数估计的影响

一、自相关不影响 *OLS* 估计量的线性和无偏性

不失一般性,我们这里只讨论一元回归模型。

设
$$y_t = \beta_0 + \beta_1 x_t + u_t \quad (t = 1,2,\cdots,n) \tag{7.2.1}$$
而且随机项存在一阶线性自相关:
$$\begin{cases} u_t = \rho u_{t-1} + v_t \\ |\rho| < 1 \end{cases} \tag{7.2.2}$$
其中 v_t 满足经典回归基本假定。模型(7.2.1)的 *OLS* 估计量具有如下形式:
$$\begin{cases} \hat{\beta}_1 = \beta_1 + \sum k_t u_t \\ \hat{\beta}_0 = \beta_0 + \sum \left(\frac{1}{n} - \bar{x} k_t\right) u_t \end{cases} \tag{7.2.3}$$
对(7.2.3)取期望值:
$$E(\hat{\beta}_1) = \beta_1 + \sum k_t E(u_t) = \beta_1$$
$$E(\hat{\beta}_0) = \beta_0 + \sum \left(\frac{1}{n} - \bar{x} k_t\right) E(u_t) = \beta_0 \tag{7.2.4}$$
故无论 u_t 是否存在自相关,$\hat{\beta}_i$ ($i = 0,1$)均是 β_i 的无偏估计。即自相关不影响 *OLS* 估计量的线性和无偏性。

二、自相关使 *OLS* 估计量失去最佳性

(1) 所谓失去最佳性,就是直接应用普通最小二乘法求得参数估计量的方差可能偏小(即失去无偏性),因而低估了真实方差。

由(7.2.3)式知
$$\begin{aligned} V(\hat{\beta}_1) &= E(\hat{\beta}_1 - \beta_1)^2 = E(\sum k_t u_t)^2 \\ &= E[\sum (k_t u_t)^2 + 2\sum_{t>t'} k_t k_{t'} u_t u_{t'}] \\ &= \sum k_t^2 E(u_t^2) + 2\sum_{t>t'} k_t k_{t'} E(u_t u_{t'}) \end{aligned} \tag{7.2.5}$$

当 u 无自相关时，$E(u_t u_{t'})=0$ 便有

$$V(\hat{\beta}_1)=\sum k_t^2 E(u_t^2)=\frac{\sigma_u^2}{\sum \dot{x}_t^2} \tag{7.2.6}$$

当 u 存在自相关时[参看(7.1.9)]

$$E(u_t u_{t'})=\rho^{t-t'}\sigma_u^2 \tag{7.2.7}$$

于是

$$\begin{aligned} V(\hat{\beta}_1) &= \frac{\sigma_u^2}{\sum \dot{x}_t^2}+2\sigma_u^2\sum_{t>t'}\frac{\dot{x}_t\dot{x}_{t'}}{(\sum \dot{x}_t^2)^2}\rho^{t-t'} \\ &= \frac{\sigma_u^2}{\sum \dot{x}_t^2}\left[1+2\sum_{t>t'}\left(\frac{\dot{x}_t\dot{x}_{t'}}{\sum \dot{x}_t^2}\right)\rho^{t-t'}\right] \end{aligned} \tag{7.2.8}$$

(7.2.8)式中 $\sum_{t>t'}\left(\frac{\dot{x}_t\dot{x}_{t'}}{\sum \dot{x}_t^2}\right)$ 是自变量 x 的各阶样本自相关系数。若 u 和 x 都是正自相关(在经济现象中，这种情况是最常见的)，便有 $\rho>0$ 或 $\sum \dot{x}_t\dot{x}_{t'}>0$，因此，方括号内的数值必然大于 1。便有

$$V(\hat{\beta}_1)>\frac{\sigma_u^2}{\sum \dot{x}_t^2} \tag{7.2.9}$$

(7.2.9)式表明 *OLS* 估计量低估了 $\hat{\beta}_1$ 的真实方差。

(2) 直接应用普通最小二乘法还低估了随机项 u 的方差，在无自相关情况下，σ_u^2 的无偏估计量为

$$\hat{\sigma}_u^2=\frac{\sum \varepsilon_t^2}{n-2} \tag{7.2.10}$$

其中 ε_t 为回归残差。

在有自相关的情况下，(7.2.10)便失去无偏性，成为 σ_u^2 的下偏估计量。

$$\begin{aligned} \sum \varepsilon_t^2 &= \sum[(y_t-\bar{y})-(\hat{y}_t-\bar{y})]^2 \\ &= \sum\{[(\beta_0+\beta_1 x_t+u_t)-(\beta_0+\beta_1\bar{x}+\bar{u})]-[(\hat{\beta}_0+\hat{\beta}_1 x_t)-(\hat{\beta}_0+\hat{\beta}_1\bar{x})]\}^2 \\ &= \sum[(\beta_1-\hat{\beta}_1)\dot{x}_t+\dot{u}_t]^2 \\ &= (\beta_1-\hat{\beta}_1)^2\sum \dot{x}_t^2+2(\beta_1-\hat{\beta}_1)\sum \dot{x}_t\dot{u}_t+\sum \dot{u}_t^2 \end{aligned} \tag{7.2.11}$$

其中

$$\sum \dot{x}_t\dot{u}_t=\sum \dot{x}_t u_t=-(\beta_1-\hat{\beta}_1)\sum \dot{x}_t^2$$

$$\begin{aligned} \sum \dot{u}_t^2 &= \sum \dot{u}_t u_t=\sum u_t^2-\frac{1}{n}\sum_t u_t\sum_{t'} u_{t'} \\ &= \left(1-\frac{1}{n}\right)\sum u_t^2-\frac{2}{n}\sum_{t>t'} u_t u_{t'} \end{aligned}$$

所以

$$\sum \varepsilon_t^2 = (\beta_1 - \hat{\beta}_1)^2 \sum \dot{x}_t^2 - 2(\beta_1 - \hat{\beta}_1)^2 \sum \dot{x}_t^2 + \left(1 - \frac{1}{n}\right) \sum u_t^2 - \frac{2}{n} \sum_{t > t'} u_t u_{t'}$$

$$= \left(1 - \frac{1}{n}\right) \sum u_t^2 - \frac{2}{n} \sum_{t > t'} u_t u_{t'} - (\beta_1 - \hat{\beta}_1)^2 \sum \dot{x}_t^2 \tag{7.2.12}$$

(7.2.12)式两边取期望值：

$$E\left(\sum \varepsilon_t^2\right) = (n-1)\sigma_u^2 - \frac{2}{n} \sum_{t > t'} E(u_t u_{t'}) - \sum \dot{x}_t^2 V(\hat{\beta}_1) \tag{7.2.13}$$

把(7.1.9)和(7.2.8)代入(7.2.13)，便有

$$E\left(\sum \varepsilon_t^2\right) = (n-1)\sigma_u^2 - \frac{2}{n}\sigma_u^2 \sum_{t > t'} \rho^{t-t'} - \sigma_u^2 \left[1 + 2\sum_{t > t'} \left(\frac{\dot{x}_t \dot{x}_{t'}}{\sum \dot{x}_t^2}\right) \rho^{t-t'}\right]$$

$$E\left(\frac{\sum \varepsilon_t^2}{n-2}\right) = \sigma_u^2 \left\{1 - \left[\frac{2}{n(n-2)} \sum_{t > t''} \rho^{t-t'} + \frac{2}{n-2} \sum_{t > t'} \left(\frac{\dot{x}_t \dot{x}_{t'}}{\sum \dot{x}_t^2}\right) \rho^{t-t'}\right]\right\} \tag{7.2.14}$$

基于前面相同的理由(u 和 x 均系正自相关)，(7.2.14)方括号内的值肯定是正值。于是

$$E(\hat{\sigma}_u^2) = E\left(\frac{\sum \varepsilon_t^2}{n-2}\right) < \sigma_u^2 \tag{7.2.15}$$

即 *OLS* 估计量 $\hat{\sigma}_u^2 = \dfrac{\sum \varepsilon_t^2}{n-2}$ 不再是 σ_u^2 的无偏估计量，而是下偏估计量，也就是说，它低估了随机项 u 的方差。

三、自相关对参数显著性检验的影响

在随机项 u 存在自相关的情况下，对模型(7.2.1)应用 *OLS* 法，由(7.2.9)知，在不考虑自相关时，估计量 $\hat{\beta}_1$ 的方差 $\dfrac{\hat{\sigma}_u^2}{\sum \dot{x}_t^2}$ 的数值偏小，使得 t 检验中

$$T = \frac{\hat{\beta}_1}{\sqrt{\hat{\sigma}_u^2 / \sum \dot{x}_t^2}}$$

值偏大，在给定显著水平下 α，T 值增加了大于 t 分布临界值 $t_{\alpha/2}(n-2)$ 的机会，使得本来不该否定的零假设($H_0: \beta_1 = 0$)给否定了，从而导致模型变量选择的错误，失去了检验的意义。因此，在随机项 u 存在自相关的情况下，t 检验失效。同样对 F 检验也有类似的结果。

§7.3　自相关的检验方法

由于随机项 u 自相关的存在，对参数的 *OLS* 估计量产生严重后果，因此，在正式进行回归分析之前，必须判明是否存在自相关。如果确实存在自相关，需要寻求新的经济计量

方法。检验自相关的方法可以分为两类:一类是图解法,另一类是解析法。

一、图解法

由于回归残差 ε_t可以作为随机项 u_t的估计值,u_t的性质应该在 ε_t中反映出来,因此,我们可以通过对残差 ε_t是否存在自相关来判断随机项 u_t的自相关性。

(一) 按时间顺序绘制残差图

如图 7.3.1 所示,以 t 为横轴,以 ε_t为纵轴,绘出 (t_1,ε_{t_1}), (t_2,ε_{t_2}), …, (t_n,ε_{t_n}) 点,做 ε_t随时间变化的图形。如果 ε_t随时间 t 的变化而呈现有规律的变动,我们说 ε_t存在自相关,进一步推断随机项 u_t存在自相关。

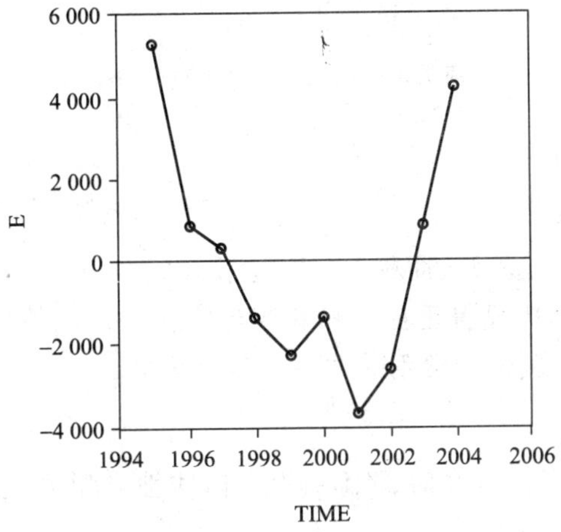

图 7.3.1 按时间顺序的残差图(a)

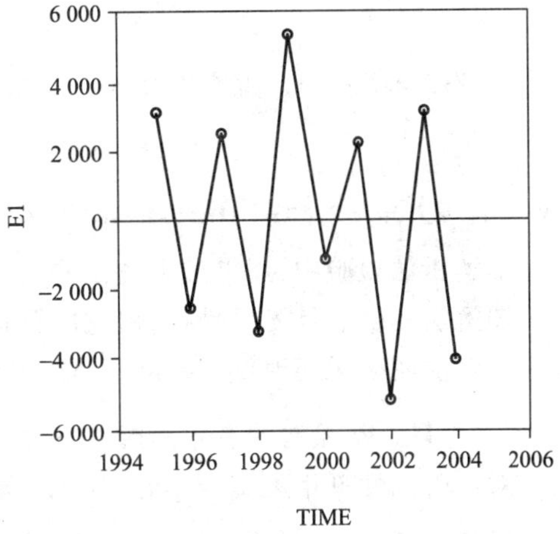

图 7.3.1 按时间顺序的残差图(b)

如图 7.3.1(a)所示,ε_t[图 7.3.1(a)中表示为 E]随着 t 的逐渐变化 ε_t开始为正,随后的几个也是正值,当某个时刻出现负值时,随后几个也是负值,则判定 ε_t之间存在正自相关,表明随机项 u_t存在正自相关。

如图 7.3.1(b)所示,ε_t[图 7.3.1(b)中表示为 E1]随着 t 的逐渐变化有规律地改变符号,则判定 ε_t之间存在负相关,表明随机项 u_t存在负自相关。

(二) 绘制 $\varepsilon_t,\varepsilon_{t-1}$ 的散点图

以 ε_t为纵坐标,ε_{t-1}为横坐标,绘出$(\varepsilon_1,\ \varepsilon_2)$,$(\varepsilon_2,\ \varepsilon_3)$,…,$(\varepsilon_{t-1},\ \varepsilon_t)$,…,$(\varepsilon_{n-1},\ \varepsilon_n)$点,做 ε_t的散点图。因为 ε_{t-1}, ε_t的均值为零,即 $\bar{\varepsilon}=0$,所以,两条坐标轴就是通过它们平均值(原点)的垂线。

如果大部分点落在Ⅰ、Ⅲ象限,表明 ε_t存在正自相关,从而判定随机项 u_t存在正自相关。如果大部分点落在Ⅱ、Ⅳ象限,表明 ε_t存在负自相关,从而判定随机项 u_t存在负自相关。

图 7.3.2(a)[图 7.3.2(a)中 ε_{t-1}表示为 EE,ε_t表示为 E],表明存在正自相关;图 7.3.2(b)[图 7.3.2(b)中 ε_{t-1}表示为 E11,ε_t表示为 E1]表明存在负自相关。

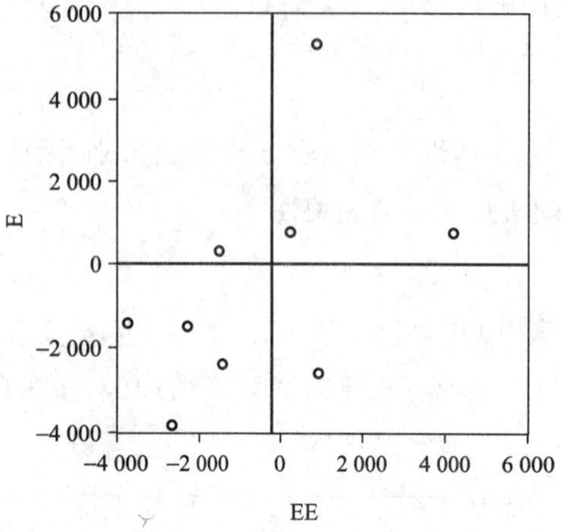

图 7.3.2　$\varepsilon_t, \varepsilon_{t-1}$ 的散点图(a)

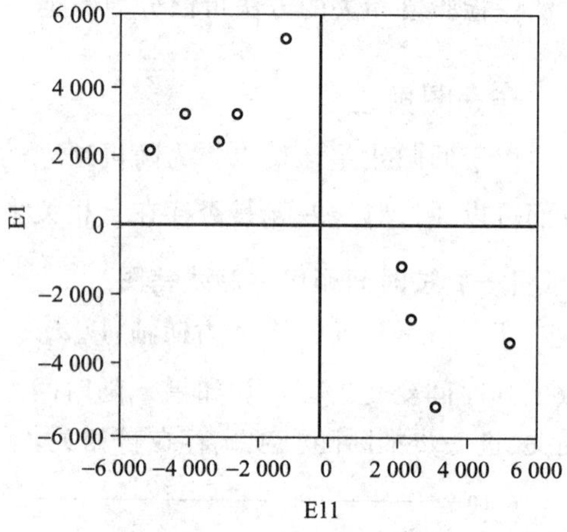

图 7.3.2　$\varepsilon_t, \varepsilon_{t-1}$ 的散点图(b)

二、杜宾－沃森(Durbin-Watson)检验法

在解析法检验中,用得最多的是杜宾－沃森检验法,简称 D－W 检验。

图解法的优点是简单易行,但它同解析法相比显得粗糙。只有相当明显的自相关才能用图解法明确无误地做出判断,目前检验自相关性最常用的方法是 D－W 检验。

(一) D－W 检验的基本思想

对一阶线性自相关 $u_t = \rho u_{t-1} + v_t$,显然,当 $\rho = 0$ 时,u 不具有一阶线性自相关,当 $\rho \neq 0$ 时,u 具有一阶线性自相关。D－W 检验是通过构造统计量

$$d = \frac{\sum_{t=2}^{n} (\varepsilon_t - \varepsilon_{t-1})^2}{\sum_{t=1}^{n} \varepsilon_t^2} \tag{7.3.1}$$

(其中 $\varepsilon_t = y_t - \hat{y}_t$)来建立 d 与 ρ 的近似关系,从而判断随机项 u 的自相关性。

事实上

$$d = \frac{\sum_{t=2}^{n} (\varepsilon_t - \varepsilon_{t-1})^2}{\sum_{t=1}^{n} \varepsilon_t^2} = \frac{\sum_{t=2}^{n} \varepsilon_t^2 + \sum_{t=2}^{n} \varepsilon_{t-1}^2 - 2\sum_{t=2}^{n} \varepsilon_t \varepsilon_{t-1}}{\sum_{t=1}^{n} \varepsilon_t^2} \tag{7.3.2}$$

对于大样本(即 n 很大)来说,可以认为

$$\sum_{t=2}^{n} \varepsilon_{t-1}^2 \approx \sum_{t=2}^{n} \varepsilon_t^2 \approx \sum_{t=1}^{n} \varepsilon_t^2$$

于是(7.3.2)式可以改写成

$$d \approx \frac{2\sum_{t=2}^{n}\varepsilon_{t-1}^{2} - 2\sum_{t=2}^{n}\varepsilon_t\varepsilon_{t-1}}{\sum_{t=2}^{n}\varepsilon_{t-1}^{2}} = 2\left(1 - \frac{\sum_{t=2}^{n}\varepsilon_t\varepsilon_{t-1}}{\sum_{t=2}^{n}\varepsilon_{t-1}^{2}}\right) \tag{7.3.3}$$

注意 ε_t是随机项 u_t的估计量，根据(7.1.3)便有

$$\hat{\rho} = \frac{\sum_{t=2}^{n}\varepsilon_t\varepsilon_{t-1}}{\sum_{t=2}^{n}\varepsilon_{t-1}^{2}} \tag{7.3.4}$$

把(7.3.4)代入(7.3.3)便有

$$d \approx 2(1 - \hat{\rho}) \tag{7.3.5}$$

由表达式(7.3.5)可以看出：

如果 $\hat{\rho} = 0$ 则 $d \approx 2$；

如果 $\hat{\rho} = 1$ 则 $d \approx 0$；

如果 $\hat{\rho} = -1$ 则 $d \approx 4$；

因此，得出以下结论：

(1) d 值介于 0 与 4 之间；

(2) $d = 2$ 表明随机项 u 没有自相关，$d = 0$ 表明随机项有很强的正自相关($\rho = 1$)，$d = 4$ 表明随机项 u 有很强的负自相关($\rho = -1$)。

由此可见，我们可以利用统计量 d 来对自相关系数 ρ 进行显著性检验。由于统计量 d 不是由随机项 u_t而是由其估计量 ε_t构成，所以，零假设(H_0:$\rho = 0$)成立时，d 的分布是同样本有关的。即对于不同的样本，d 的分布是不一样的，这就给显著性检验带来了困难。

但是，杜宾—沃森证明了 d 的实际分布介于两个极限分布之间：一个称为下极限分布，其下临界值用 d_L 表示，另一个称为上极限分布，其下临界值用 d_u 表示；而下极限分布的上临界值为($4 - d_u$)，上极限分布的上临界值为($4 - d_L$)，如图 7.3.3 所示。

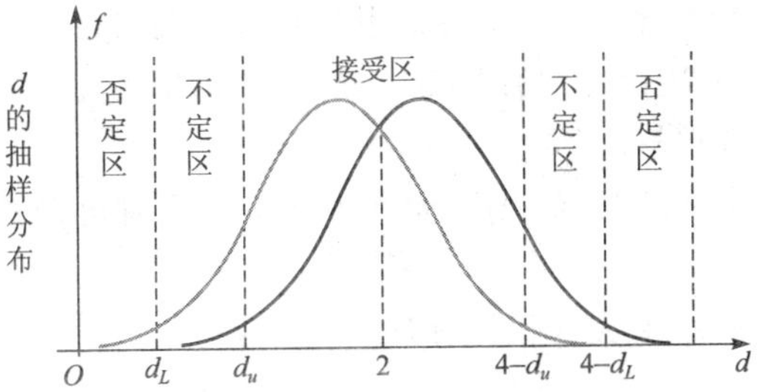

图 7.3.3 统计量 d 的极限分布和临界值

对于给定的显著水平，若根据(7.3.1)计算的 d 值落在 d_L以左或($4 - d_L$)以右，不论真值 d 的分布位于何处，均应否定零假设。若根据(7.3.1)计算的 d 值落在 d_u和($4 - d_u$)之间，则不管真值 d 的分布位于何处，均不能否定零假设。若根据(7.3.1)计算的 d 值落在 d_L和 d_u之间，当真值 d 的分布位于上极限分布时，则应该否定零假设，而当真值 d 的分

布位于下极限分布时,则不能否定零假设;由于真值 d 的分布确切位置并不知道,因此在这种情况下不能得出明确结论。同样,当根据(7.3.1)计算的 d 值落在$(4-d_u)$和$(4-d_L)$之间,也不能得出明确的结论。因此,我们称$(0,d_L)$和$(4-d_L,4)$为否定区,$(d_u,4-d_u)$为接受区,$[d_L,d_u]$和$[4-d_u,4-d_L]$为不定区。

对于不同样本的 d_L 和 d_u 值的确定,可根据杜宾—沃森临界值表查出。在杜宾—沃森临界值表中,对一定的显著水平(1% 或 5%),给出对应样本容量为 n 和模型中自变量个数为 k 的 d 临界值 d_L 和 d_u。

(二) D-W 检验的步骤

综合上述分析过程,Durbin-Watson 检验的过程可归纳如下:

(1) 建立零假设 $H_0:\rho=0$;备择假设 $H_1:\rho\neq 0$。

(2) 用 OLS 法估计线性回归模型,并算出残差 $\varepsilon_t(t=1,2,\cdots,n)$。

(3) 根据(7.3.1)式计算统计量 d 的现实值。

(4) 根据样本容量 n,自变量个数和显著水平 0.05(或 0.01),从 $D-W$ 检验临界值表中查出 d_L 和 d_u。

(5) 将 d 的现实值与临界值进行比较:

① 若 $d<d_L$,则否定 H_0,即 u 存在一阶线性正自相关;

② 若 $d>4-d_L$,则否定 H_0,即 u 存在一阶线性负自相关;

③ 若 $d_u<d<4-d_u$,则不否定 H_0,即 u 不存在自相关;

④ 若 $d_L\leqslant d\leqslant d_u$ 或 $4-d_u\leqslant d\leqslant 4-d_L$,则不能作结论。

(三) 应用 D-W 检验应注意的问题

(1) D-W 检验法不适用自回归模型。因为在 D-W 表制作中假定了 u 是正态、同方差的,并且认为 x 确实是外生变量的情况下求出的,所以解释变量中有内生变量的滞后值,D-W 检验就不适用了。

(2) D-W 检验只适用于一阶线性自相关,对于高阶自相关或非线性自相关皆不适用。

(3) 一般要求样本容量至少为 15,否则很难对自相关的存在性做出明确的结论。

在(一)小节中的 D-W 检验,我们是在一阶线性自相关和大样本的条件下进行讨论的,所以(2)(3)两点不难理解。

(4) 若出现 d 值落入不定区域,则不能做出结论。这时可以扩大样本容量或改用别的检验方法。

(5) 如果样本容量 n 不太大,则可采用公式

$$\hat{\rho}=\frac{\left(1-\frac{d}{2}\right)+\left(\frac{k+1}{n}\right)^2}{1-\left(\frac{k+1}{n}\right)^2} \tag{7.3.6}$$

来计算 $\hat{\rho}$,式中 k 是模型中自变量的个数。此公式可以使 $\hat{\rho}$ 的偏倚程度减少。

(6) 模型应该包括常数项。

1985 年 Krameer(克拉美)指出,不包括常数项时,D-W 检验的功效可能很低。

(7) 以上讨论虽然是对一元线性回归模型进行的,但对多元线性回归模型也有类似的结果。

三、回归检验法

此方法的基本思想是,若 u 存在自相关,必然在它的估计量 ε 中反映出来。因此,我们可以对样本观测值首先应用 *OLS* 法,求出 ε_t,然后对 ε_t进行不同形式的自回归试验,从中找出满意的结果。它的具体步骤如下:

(1) 对样本观测值用 *OLS* 法建立回归模型,然后计算残差 ε_t。

(2) 由于事先不知道 u 自相关的类型,可以对不同形式的自回归结构进行试验,例如:

$$\begin{cases} \varepsilon_t = \rho\varepsilon_{t-1} + v_t \\ \varepsilon_t = \rho_1\varepsilon_{t-1} + \rho_2\varepsilon_{t-2} + v_t \\ \varepsilon_t = \rho\varepsilon_{t-1}^2 + v_t \\ \varepsilon_t = \rho\sqrt{\varepsilon_{t-1}} + v_t \end{cases} \tag{7.3.7}$$

等。

(3) 根据回归的拟合优度 R^2和 $\hat{\rho}$ 的统计显著性,判断是否存在自相关。

这种检验方法的优点是适用于任何自相关形式,同时还可以给出自相关关系式中的系数估计值。

四、偏相关系数检验法

偏相关系数是衡量多个变量之间相关程度的重要指标,可以用它来判断自相关的类型。

我们可以直接利用 EViews 软件计算偏相关系数,具体有两种方法:

(1) 命令方式:在命令窗口输入:IDENT RESID

(2) 菜单方式:在方程窗口中点击:View\Residual Test\Correlogram-Q-statistics

屏幕将直接输出随机项 ε_t 与 $\varepsilon_{t-1},\varepsilon_{t-2},\cdots,\varepsilon_{t-p}$ (P 为事先指定的滞后期的长度)的相关系数和偏相关系数及其图形,可以直观地看出残差序列的相关情况。在分析过程中,为了排除相关关系的相互影响,应该使用偏相关系数(Partial Correlation,PAC)判断自相关性。这种方法不仅可判断有没有一阶自相关,还可以判断高阶自相关。

例 7.3.1 表 7.3.1 中第三列为我国 1991—2011 年国内生产总值(x_t),第四列为我国出口总额(y_t),试根据表中的数据,用 *OLS* 法建立回归模型 $y_t = \alpha + \beta x_t + u_t$,再判别随机项是否存在自相关现象。

表 7.3.1　　1991—2011 年间国内生产总值与出口总额　　单位:亿元

序号	年份	x_t(国内生产总值)	y_t(出口总额)	$\hat{y}_t$	$\varepsilon_t = y_t - \hat{y}_t$	ε_t^2	$(\varepsilon_t - \varepsilon_{t-1})^2$
1	1991	21 781.5	3 827.1	2 570.118	1 256.982	1 580 004.49	

续表

序号	年份	x_t(国内生产总值)	y_t(出口总额)	$\hat{y}_t$	$\varepsilon_t = y_t - \hat{y}_t$	ε_t^2	$(\varepsilon_t - \varepsilon_{t-1})^2$
2	1992	26 923.5	4 676.3	4 075.166	601.1343	361 362.471	430 136.565
3	1993	35 333.9	5 284.8	6 536.865	-1 252.06	1 567 665.58	3 434 345.973
4	1994	48 197.9	10 421.8	10 302.12	119.6813	14 323.6049	1 881 686.518
5	1995	60 793.7	12 451.8	13 988.87	-1 537.07	2 362 589.13	2 744 830.081
6	1996	71 176.6	12 576.4	17 027.92	-4 451.52	19 815 988.4	8 493 981.971
7	1997	78 973.0	15 160.7	19 309.9	-4 149.2	17 215 845.5	91 395.63452
8	1998	84 402.3	15 223.6	20 899.04	-5 675.44	32 210 596.5	2 329 407.995
9	1999	89 677.1	16 159.8	22 442.96	-6 283.16	39 478 051.1	369 321.3323
10	2000	99 214.6	20 634.4	25 234.55	-4 600.15	21 161 414.8	2 832 496.952
11	2001	109 655.2	22 024.4	28 290.49	-6 266.09	39 263 834.7	2 775 330.422
12	2002	120 332.7	26 947.9	31 415.76	-4 467.86	19 961 757.7	3 233 623.158
13	2003	135 822.8	36 287.9	35 949.66	338.2359	114 403.53	23 098 541.46
14	2004	159 878.3	49 103.3	42 990.64	6 112.663	37 364 651.7	33 344 010.83
15	2005	184 937.4	62 648.1	50 325.36	12 322.74	151 849 917	38 565 051.47
16	2006	216 314.4	77 597.2	59 509.31	18 087.89	327 171 622	332 36 911.06
17	2007	265 810.3	93 563.6	73 996.62	19 566.98	382 866 887	2 187 732.543
18	2008	314 045.4	100 394.9	88 114.88	12 280.02	150 798 782	53 099 918.15
19	2009	340 902.8	82 029.7	95 975.96	-13 946.3	194 498 303	687 817 784
20	2010	401 512.8	107 022.8	113 716.3	-6 693.53	44 803 344.2	52 602 162.51
21	2011	472 881.6	123 240.6	134 605.8	-11 365.2	129 166 945	21 824 160.99
共计					$\sum$	1 613 628 290	974 392 829.7

对表 7.3.1 中的数据(x_t, y_t)应用 *OLS* 法,得回归方程

$$\hat{y}_t = \underset{(3230.405)}{-3\,805.262} + \underset{(0.015902)}{0.292697}x_t \qquad R^2 = 0.946896 \tag{7.3.8}$$

(一) D-W 检验

根据回归模型(7.3.8)计算出不同抽样期的 $\hat{y}_t$ 值,并列于表 7.3.1 的第五列,相应的残差列于第六列,相关的计算列于第七、八列。

利用 ε_t计算 d 值:

$$d = \frac{\sum_{t=2}^{21}(\varepsilon_t - \varepsilon_{t-1})^2}{\sum_{t=1}^{21}\varepsilon_t^2} = \frac{974\,392\,829.7}{1\,613\,628\,290} = 0.603852$$

本例中 $n=21,k=1$,显著水平取 0.05,d 分布临界值表查得 $d_L=1.22,d_u=1.42$ 。由于 $d=0.603852\ <\ 1.22\ =\ d_L$,所以随机项具有一阶线性正自相关。

以上计算过程在 EViews 软件中,在估计模型的同时可以直接得到 $D-W$ 的检验结果,如图 7.3.4 所示。

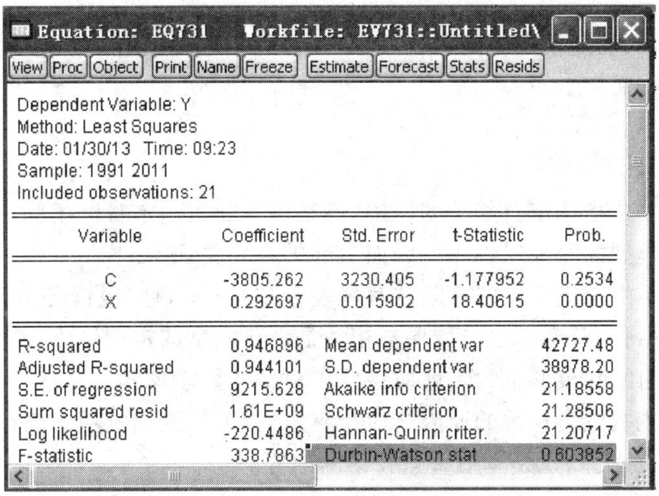

Equation: EQ731 Workfile: EV731::Untitled\

View | Proc | Object | Print | Name | Freeze | Estimate | Forecast | Stats | Resids

Dependent Variable: Y
Method: Least Squares
Date: 01/30/13 Time: 09:23
Sample: 1991 2011
Included observations: 21

Variable	Coefficient	Std. Error	t-Statistic	Prob.
C	-3805.262	3230.405	-1.177952	0.2534
X	0.292697	0.015902	18.40615	0.0000

R-squared	0.946896	Mean dependent var	42727.48
Adjusted R-squared	0.944101	S.D. dependent var	38978.20
S.E. of regression	9215.628	Akaike info criterion	21.18558
Sum squared resid	1.61E+09	Schwarz criterion	21.28506
Log likelihood	-220.4486	Hannan-Quinn criter.	21.20717
F-statistic	338.7863	Durbin-Watson stat	0.603852

图 7.3.4 阴影部分为 D-W 检验结果

由图 7.3.4 知,$D-W=0.403852<\ 1.22\ =\ d_L$,所以随机项具有一阶线性正自相关。

(二)偏相关系数检验

我们也可以利用偏相关系数检验随机项的自相关性:

在 EQ731 方程窗口中点击:View\Residual Test\Correlogram-Q-statistics,滞后项阶数默认选择 12,便出现结果,如图 7.3.5 所示。

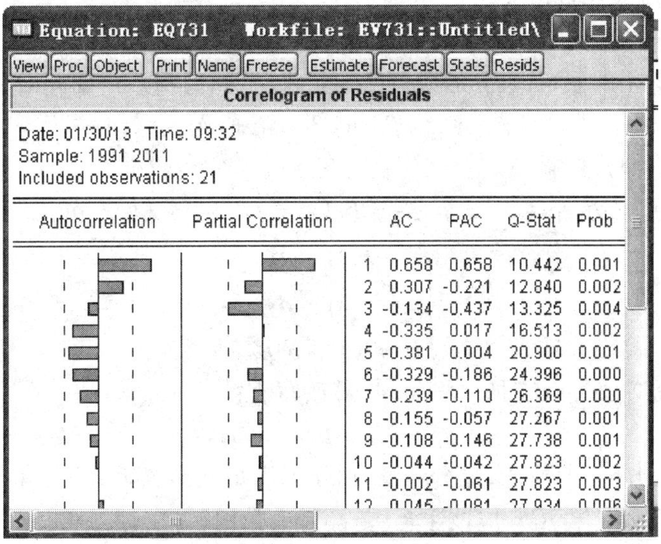

Equation: EQ731 Workfile: EV731::Untitled\

View | Proc | Object | Print | Name | Freeze | Estimate | Forecast | Stats | Resids

Correlogram of Residuals

Date: 01/30/13 Time: 09:32
Sample: 1991 2011
Included observations: 21

	AC	PAC	Q-Stat	Prob
1	0.658	0.658	10.442	0.001
2	0.307	-0.221	12.840	0.002
3	-0.134	-0.437	13.325	0.004
4	-0.335	0.017	16.513	0.002
5	-0.381	0.004	20.900	0.001
6	-0.329	-0.186	24.396	0.000
7	-0.239	-0.110	26.369	0.000
8	-0.155	-0.057	27.267	0.001
9	-0.108	-0.146	27.738	0.001
10	-0.044	-0.042	27.823	0.002
11	-0.002	-0.061	27.823	0.003
12	0.045	-0.081	27.934	0.006

图 7.3.5 偏相关系数检验

由图7.3.5知,由偏相关系数可以判断随机项具有一阶线性正自相关。

§7.4 自相关影响的消除方法

如果通过检验,确定模型的随机项 u 存在自相关,那么,消除自相关影响的方法要视产生自相关的原因而定。

一、拟自相关情况

所谓拟自相关是指造成自相关的原因,不是由于随机项本身产生的,而是由于解释变量选择不适当或模型的定型错误等原因而引起的自相关现象。

如果自相关是由于模型中省略某些解释变量造成的,则应根据经济理论找出被省略的解释变量,把它列入模型中去。如果自相关是由于模型的定型错误,例如本来是曲线模型而错误地确定为线性模型,那么,就应该修正模型的数学形式。

若排除了上述造成自相关的原因之后,经过自相关检验随机项 u 仍存在自相关,这就是所谓的“真正自相关”,这是本节重点介绍的内容。

二、真正自相关情况

真正自相关又可分为自相关系数 ρ 已知和未知两种情况。

(一) 自相关系数 ρ 已知的情况

1. 广义差分法

设模型

$$y_t = \beta_0 + \beta_1 x_t + u_t (t = 1,2,\cdots,n) \tag{7.4.1}$$

中的随机项有一阶线性自相关:

$$u_t = \rho u_{t-1} + v_t \qquad (|\rho| < 1) \tag{7.4.2}$$

v_t满足经典回归的全部假定,且 ρ 的数值已知。将(7.4.1)滞后一期并乘以 ρ:

$$\rho y_{t-1} = \rho\beta_0 + \rho\beta_1 x_{t-1} + \rho u_{t-1} \tag{7.4.3}$$

用(7.4.1)减(7.4.3)式,得

$$y_t - \rho y_{t-1} = (1-\rho)\beta_0 + \beta_1(x_t - \rho x_{t-1}) + (u_t - \rho u_{t-1}) \tag{7.4.4}$$

令

$$\begin{cases} y_t^* = y_t - \rho y_{t-1} \\ x_t^* = x_t - \rho x_{t-1} \\ \alpha = (1-\rho)\beta_0 \end{cases} \tag{7.4.5}$$

变换(7.4.5)称为广义差分变换。将(7.4.4)改写成:

$$y_t^* = \alpha + \beta_1 x_t^* + v_t \tag{7.4.6}$$

变换后的模型(7.4.6)叫做广义差分模型,由于 v_t满足全部假定,已没有自相关,因此,可用 *OLS* 法,估计参数 α 和 β_1。应该注意,变换后的数据(x_t^*,y_t^*)将损失一个观测值,这是因为变换 $y_1^* = y_1 - \rho y_0$,$x_1^* = x_1 - \rho x_0$ 中不存在 x_0 和 y_0。为了避免这一损失,

K. R. Kadiyala 提出对第一个观测值作如下变换：

$$\begin{cases} y_1^* = \sqrt{1-\rho^2}y_1 \\ x_1^* = \sqrt{1-\rho^2}x_1 \end{cases}$$

对模型(7.4.6)应用 *OLS* 法，可得参数估计值 $\hat{\alpha}$ 和$\hat{\beta}_1$，再利用(7.4.5)可得

$$\begin{cases} \hat{\beta}_1 = \dfrac{\sum \dot{x}_t^* \dot{y}_t^*}{\sum \dot{x}_t^{*2}} \\ \hat{\alpha} = \bar{y}^* - \hat{\beta}_1 \bar{x}^* \\ \hat{\beta}_0 = \dfrac{\hat{\alpha}}{1-\rho} \end{cases} \tag{7.4.7}$$

$\hat{\beta}_0$ 和$\hat{\beta}_1$ 的方差估计量为

$$\hat{V}(\hat{\beta}_1) = \frac{\hat{\sigma}_v^2}{\sum \dot{x}_t^{*2}}$$

$$\hat{V}(\hat{\alpha}) = \hat{\sigma}_v^2\left(\frac{1}{n^*} + \frac{\bar{x}^{*2}}{\sum \dot{x}_t^{*2}}\right) \tag{7.4.8}$$

再由(7.4.7)可得

$$\hat{V}(\hat{\beta}_0) = \hat{V}\left(\frac{\hat{\alpha}}{1-\rho}\right) = \frac{\hat{V}(\hat{\alpha})}{(1-\rho)^2} = \frac{\hat{\sigma}_v^2}{(1-\rho)^2}\left(\frac{1}{n^*} + \frac{\bar{x}^{*2}}{\sum \dot{x}_t^{*2}}\right) \tag{7.4.9}$$

其中

$$\hat{\sigma}_v^2 = \frac{\sum \dot{y}_t^{*2} - \hat{\beta}_1 \sum \dot{x}_t^* \dot{y}_t^*}{n^* - 2} \tag{7.4.10}$$

以上过程就是将原回归模型进行广义差分变换得到广义差分模型，再对广义差分模型应用普通最小二乘法，这种方法称为广义差分法。

对于多元回归模型，广义差分法也同样适用。

设模型

$$y_t = \beta_0 + \beta_1 x_{1t} + \beta_2 x_{2t} + \cdots + \beta_k x_{kt} + u_t \tag{7.4.11}$$

$$u_t = \rho u_{t-1} + v_t \tag{7.4.12}$$

其中 ρ 已知，v_t满足经典回归的基本假定。(7.4.11)滞后一期并乘以 ρ：

$$\begin{aligned} \rho y_{t-1} = {} & \rho\beta_0 + \rho\beta_1 x_{1(t-1)} + \rho\beta_2 x_{2(t-1)} + \cdots + \\ & \rho\beta_k x_{k(t-1)} + \rho u_{t-1} \end{aligned} \tag{7.4.13}$$

将(7.4.11)减(7.4.13)得：

$$\begin{aligned} y_t - \rho y_{t-1} = {} & (1-\rho)\beta_0 + \beta_1(x_{1t} - \rho x_{1(t-1)}) + \beta_2(x_{2t} - \rho x_{2(t-1)}) \\ & + \cdots + \beta_k(x_{kt} - \rho x_{k(t-1)}) + (u_t - \rho u_{t-1}) \end{aligned} \tag{7.4.14}$$

记

$$\begin{cases} \beta_0^* = (1-\rho)\beta_0 \\ x_{1t}^* = x_{1t} - \rho x_{1(t-1)} \\ x_{2t}^* = x_{2t} - \rho x_{2(t-1)} \\ \cdots \quad \cdots \quad \cdots \quad \cdots \\ x_{kt}^* = x_{kt} - \rho x_{k(t-1)} \end{cases} \tag{7.4.15}$$

模型(7.4.14)可改写成:

$$y_t^* = \beta_0^* + \beta_1 x_{1t}^* + \beta_2 x_{2t}^* + \cdots + \beta_k x_{kt}^* + v_t \tag{7.4.16}$$

由于 v_t 满足经典回归全部假定,因此,可以对模型(7.4.16)应用 *OLS* 法。

2. 广义最小二乘法的应用之二:自相关问题的处理

设有线性回归模型

$$Y = X\beta + U \tag{7.4.17}$$

其中 Y 为 $(n\times1)$ 维向量,X 为 $n\times(k+1)$ 维矩阵,β 为 $(k+1)\times1$ 维向量,U 为 $(n\times1)$ 维向量,并且具有一阶线性自相关

$$u_t = \rho u_{t-1} + v_t \tag{7.4.18}$$

利用§7.1节的结果,由(7.1.13)式知,有协方差矩阵:

$$E(UU') = \sigma_v^2 \Psi \tag{7.4.19}$$

(7.4.19)式中 Ψ 是一个 $(n\times n)$ 维正定对称矩阵:

$$\Psi = \frac{1}{1-\rho^2}\begin{pmatrix} 1 & \rho & \rho^2 & \cdots & \rho^{n-1} \\ \rho & 1 & \rho & \cdots & \rho^{n-2} \\ \cdots & \cdots & \cdots & \cdots & \cdots \\ \rho^{n-1} & \rho^{n-2} & \rho^{n-3} & \cdots & 1 \end{pmatrix} \tag{7.4.20}$$

其逆矩阵(参看7.1.14)为:

$$\Psi^{-1} = \begin{pmatrix} 1 & -\rho & 0 & \cdots & 0 & 0 \\ -\rho & 1+\rho^2 & -\rho & \cdots & 0 & 0 \\ 0 & -\rho & 1+\rho^2 & \cdots & 0 & 0 \\ \cdots & \cdots & \cdots & \cdots & \cdots & \cdots \\ 0 & 0 & 0 & \cdots & 1+\rho^2 & -\rho \\ 0 & 0 & 0 & \cdots & -\rho & 1 \end{pmatrix} \tag{7.4.21}$$

对正定对称矩阵 Ψ,存在 $(n\times n)$ 非奇异矩阵 P,使得

$$P\Psi P' = I_n \tag{7.4.22}$$

并且有

$$P'P = \Psi^{-1} \tag{7.4.23}$$

利用 P 对原模型(7.4.17)作变换:

$$PY = PX\beta + PU \tag{7.4.24}$$

记

$$\begin{cases} Y^* = PY \\ X^* = PX \\ U^* = PU \end{cases} \tag{7.4.25}$$

于是,(7.4.24)可改写成

$$Y^* = X^*\beta + U^* \tag{7.4.26}$$

由于

$$E(U^*U^{*'}) = E(PUU'P') = PE(UU')P' = \sigma_v^2 P\Psi P' = \sigma_v^2 I_n \tag{7.4.27}$$

表明变换后的模型(7.4.26)已经没有自相关。对模型(7.4.26)应用 *OLS* 法,便得出 β 的最佳线性无偏估计量:

$$\tilde{\beta} = (X^{*'}X^*)^{-1}X^{*'}Y^* \tag{7.4.28}$$

或

$$\tilde{\beta} = [(PX)'(PX)]^{-1}(PX)'PY = (X'\Psi^{-1}X)^{-1}X'\Psi^{-1}Y \tag{7.4.29}$$

$\tilde{\beta}$ 的协方差矩阵为

$$E[(\tilde{\beta}-\beta)(\tilde{\beta}-\beta)'] = \sigma_v^2(X^{*'}X^*)^{-1} \tag{7.4.30}$$

或

$$E[(\tilde{\beta}-\beta)(\tilde{\beta}-\beta)'] = \sigma_v^2[(PX)'(PX)]^{-1} = \sigma_v^2(X'\Psi^{-1}X)^{-1} \tag*{(7.4.30)$'$}$$

σ_v^2的无偏估计量为:

$$\tilde{\sigma}_v^2 = \frac{\varepsilon^{*'}\varepsilon^*}{n-k-1} = \frac{(Y^*-X^*\hat{\beta})'(Y^*-X^*\hat{\beta})}{n-k-1} \tag{7.4.31}$$

或

$$\tilde{\sigma}_v^2 = \frac{(PY-PX\hat{\beta})'(PY-PX\hat{\beta})}{n-k-1} = \frac{(Y-X\hat{\beta})'\Psi^{-1}(Y-X\hat{\beta})}{n-k-1} \tag*{(7.4.31)$'$}$$

拟合优度的表达式为:

$$R^2 = \frac{\tilde{\beta}'X^{*'}Y^* - n\bar{y}^{*2}}{Y^{*'}Y^* - n\bar{y}^{*2}} \tag{7.4.32}$$

或

$$R^2 = \frac{\tilde{\beta}'X'\Psi^{-1}Y - n\bar{y}^{*2}}{Y'\Psi^{-1}Y - n\bar{y}^{*2}} \tag*{(7.4.32)$'$}$$

其中

$$\bar{y}^* = \frac{1}{n}\left[\sqrt{1-\rho^2}\,y_1 + \sum_{t=2}^{n}(y_t - \rho y_{t-1})\right] \tag{7.4.33}$$

以上分析过程中,我们使用了两个矩阵 P 和 Ψ。但是,在实际计算过程中只用二者之一即可。

可以证明 P 具有如下形式

$$P = \begin{pmatrix} \sqrt{1-\rho^2} & 0 & 0 & \cdots & 0 & 0 \\ -\rho & 1 & 0 & \cdots & 0 & 0 \\ 0 & -\rho & 1 & \cdots & 0 & 0 \\ \cdots & \cdots & \cdots & \cdots & \cdots & \cdots \\ 0 & 0 & 0 & \cdots & 1 & 0 \\ 0 & 0 & 0 & \cdots & -\rho & 1 \end{pmatrix} \tag{7.4.34}$$

可以验证 P 满足(7.4.22)和(7.4.23)。用 P 作用于 X 和 Y 可得如下一组变换观测值：

$$Y^* = \begin{pmatrix} y_1^* \\ y_2^* \\ \vdots \\ y_n^* \end{pmatrix} = PY = \begin{pmatrix} \sqrt{1-\rho^2}y_1 \\ y_2 - \rho y_1 \\ \vdots \\ y_n - \rho y_{n-1} \end{pmatrix} \tag{7.4.35}$$

$$X^* = \begin{pmatrix} x_{01}^* & x_{11}^* & x_{21}^* & \cdots & x_{k1}^* \\ x_{02}^* & x_{12}^* & x_{22}^* & \cdots & x_{k2}^* \\ \cdots & \cdots & \cdots & \cdots & \cdots \\ x_{0n}^* & x_{1n}^* & x_{2n}^* & \cdots & x_{kn}^* \end{pmatrix} = PX$$

$$= \begin{pmatrix} \sqrt{1-\rho^2} & \sqrt{1-\rho^2}x_{11} & \cdots & \sqrt{1-\rho^2}x_{k1} \\ 1-\rho & x_{12}-\rho x_{11} & \cdots & x_{k2}-\rho x_{k1} \\ 1-\rho & x_{13}-\rho x_{12} & \cdots & x_{k3}-\rho x_{k2} \\ \cdots & \cdots & \cdots & \cdots \\ 1-\rho & x_{1n}-\rho x_{1(n-1)} & \cdots & x_{kn}-\rho x_{k(n-1)} \end{pmatrix} \tag{7.4.36}$$

从上面的变换可以看出，应用广义最小二乘法消除自相关问题，实际上就变成了广义差分法。值得注意的是这些方法只有当相关系数 ρ 已知的情况下才能使用，如果 ρ 未知，就应先对 ρ 进行估计，再用估计量 $\hat{\rho}$ 代替 P 和 Ψ 中的 ρ，问题便得以解决。

(二) 自相关系数 ρ 未知的情况

在(一)小节中对参数估计的方法都是假定 ρ 已知，但是，实际上 ρ 的值往往是未知的，因此在对参数估计之前，必须先对 ρ 的值进行估计，然后用 ρ 的估计值代替(一)小节中的 ρ，问题便解决了。下面介绍几种常用的估计 ρ 的方法。

1. 由 d 统计量估计 ρ

由§7.3 节给出的两个 ρ 的估计式：

$$\hat{\rho} = 1 - \frac{d}{2} \tag{7.4.37}$$

$$\hat{\rho} = \frac{\left(1-\frac{d}{2}\right) + \left(\frac{k+1}{n}\right)^2}{1 - \left(\frac{k+1}{n}\right)^2} \tag{7.4.38}$$

由于(7.4.37)是 ρ 的有偏、相合估计量，故只适用于大样本情况。对于小样本(7.4.38)的偏倚要比(7.4.37)小些，所以在小样本情况下应该用公式(7.4.38)。

2. 柯克兰－奥卡特(Cochrane-Orcutt)迭代法

设模型

$$y_t = \beta_0 + \beta_1 x_t + u_t (t = 1,2,\cdots,n) \tag{7.4.39}$$

中的随机项有一阶线性自相关

$$u_t = \rho u_{t-1} + v_t \tag{7.4.40}$$

v_t满足经典回归的全部假定,ρ 未知。

求自相关系数 ρ 的步骤如下:

(1) 对原始数据应用 *OLS* 法,求出模型(7.4.39)中的参数估计值 $\hat{\beta}_0$ 和 $\hat{\beta}_1$,其回归方程为:

$$\hat{y}_t = \hat{\beta}_0 + \hat{\beta}_1 x_t \tag{7.4.41}$$

计算第一轮残差:

$$\varepsilon_{1t} = y_t - \hat{\beta}_0 - \hat{\beta}_1 x_t$$

求 ρ 的第一轮估计值:

$$\hat{\rho} = \frac{\sum \varepsilon_{1t}\varepsilon_{1(t-1)}}{\sum \varepsilon_{1(t-1)}^2}$$

(2)用自相关系数第一轮估计值 $\hat{\rho}$ 对原模型(7.4.39)进行广义差分变换,变换后的模型为

$$y_t - \hat{\rho} y_{t-1} = \beta_0(1 - \hat{\rho}) + \beta_1(x_t - \hat{\rho} x_{t-1}) + u_t - \hat{\rho} u_{t-1} \tag{7.4.42}$$

(7.4.42)可以写成 $$y_t^* = \beta_0^* + \beta_1 x_t^* + u_{1t} \tag{7.4.43}$$

其中 $y_t^* = y_t - \hat{\rho} y_{t-1}$, $x_t^* = x_t - \hat{\rho} x_{t-1}$, $\beta_0^* = \beta_0(1 - \hat{\rho})$, $u_{1t} = u_t - \hat{\rho} u_{t-1}$

对(7.4.43)再应用 *OLS* 法,可得估计值 $\hat{\hat{y}}_t^* = \hat{\hat{\beta}}_0^* + \hat{\hat{\beta}}_1 x_t^*$,再计算 $\varepsilon_t^* = y_t^* - \hat{\hat{y}}_t^*$,

再计算 $$d^* = \frac{\sum_{t=2}^{n} (\varepsilon_t^* - \varepsilon_{t-1}^*)^2}{\sum_{t=1}^{n} \varepsilon_t^{*2}} \tag{7.4.44}$$

利用 d^* 进行 D-W 检验:

若不能否定 H_0,可以认为随机项已无自相关,$\hat{\rho}$ 已接近真值,可以终止迭代。

此时,修正后的方程为

$$\hat{\hat{y}}_t = \hat{\hat{\beta}}_0 + \hat{\hat{\beta}}_1 x_t \tag{7.4.45}$$

其中 $\hat{\hat{\beta}}_0 = \dfrac{\hat{\hat{\beta}}_0^*}{1 - \hat{\rho}}$。

若否定 H_0,表明随机项仍存在自相关,应继续进行迭代:

计算第二轮残差: $\varepsilon_{2t} = y_t - \hat{\hat{y}}_t$,

再计算第二轮 ρ 的估计值:

$$\hat{\hat{\rho}} = \frac{\sum \varepsilon_{2t}\varepsilon_{2(t-1)}}{\sum \varepsilon_{2(t-1)}^2} \tag{7.4.46}$$

(3) 用自相关系数第二轮估计值 $\hat{\hat{\rho}}$ 再对原模型(7.4.39)进行广义差分变换,变换后的模型为

$$y_t - \hat{\hat{\rho}} y_{t-1} = \beta_0(1 - \hat{\hat{\rho}}) + \beta_1(x_t - \hat{\hat{\rho}} x_{t-1}) + u_{2t} \tag{7.4.47}$$

再引进变换： $y_t^{**} = y_t - \hat{\hat{\rho}} y_{t-1}$，$x_t^{**} = x_t - \hat{\hat{\rho}} x_{t-1}$，$\beta_0^{**} = \beta_0(1 - \hat{\hat{\rho}})$

(7.4.47)可以写成 $$y_t^{**} = \beta_0^{**} + \beta_1 x_t^{**} + u_{2t} \tag{7.4.48}$$

重复(2)段的方法，可再对(7.4.48)应用 *OLS* 法，如果经 D－W 检验表明随机项已无自相关，可终止迭代，如果还存在自相关可继续进行迭代，直至消除随机项的自相关为止。

3. 区间搜索法(Hildreth-Lu 法)

第一步，将 $-1<\rho<1$ 的范围划分成间隔为 0.1 的一组数据，例如，在正自相关情况下，取 $\rho=0.1, 0.2, \cdots 0.9, 1.0$，对原始数据分别进行广义差分变换。

第二步，对变换后的 10 组数据分别应用普通最小二乘法，建立回归方程。

第三步，利用各个 ρ 值对应的回归方程，计算残差平方和 $\sum(y_t - \hat{y}_t)^2$，取残差平方和最小的那个方程的 ρ 值为第一次试算最优值，记作 ρ^*。

第四步，以最优值 ρ^* 为中心，在 $\rho^* \pm 0.1$ 的范围内，以 0.01 为步长继续搜索，再次找出使残差平方和最小的第二次最优值 ρ^{**}。例如，第一次试算得 $\rho^* = 0.6$，在 $0.5 < \rho < 0.7$ 范围内，以 0.01 为步长继续搜索。

第五步，如此反复进行，直至求出使残差平方和达到最小的 ρ 为最优值。

4. 杜宾(Durbin)两步法

设模型为

$$y_t = \beta_0 + \beta_1 x_{1t} + \beta_2 x_{2t} + \cdots + \beta_k x_{kt} + u_t \tag{7.4.49}$$

其随机项存在自相关：

$$u_t = \rho u_{t-1} + v_t \quad (\rho\ 未知) \tag{7.4.50}$$

第一步，对模型(7.4.49)进行广义差分变换：

$$y_t - \rho y_{t-1} = \beta_0(1-\rho) + \beta_1(x_{1t} - \rho x_{1(t-1)}) + \cdots + \beta_k(x_{kt} - \rho x_{k(t-1)}) + (u_t - \rho u_{t-1})$$

整理得：

$$y_t = \beta_0(1-\rho) + \rho y_{t-1} + \beta_1 x_{1t} - \beta_1 \rho x_{1(t-1)} + \cdots + \beta_k x_{kt} - \beta_k \rho x_{k(t-1)} + v_t \tag{7.4.51}$$

对(7.4.51)式应用 *OLS* 法，求得 ρ 的估计值 $\hat{\rho}$，它就是 y_{t-1} 项的系数。

第二步，用估计值 $\hat{\rho}$ 对原始数据进行差分变换：

$$\begin{cases} y_t^* = y_t - \hat{\rho} y_{t-1} \\ x_{1t}^* = x_{1t} - \hat{\rho} x_{1(t-1)} \\ \vdots \\ x_{kt}^* = x_{kt} - \hat{\rho} x_{k(t-1)} \end{cases} \tag{7.4.52}$$

于是原模型(7.4.49)变为

$$y_t^* = \beta_0^* + \beta_1 x_{1t}^* + \cdots + \beta_k x_{kt}^* + v_t \tag{7.4.53}$$

对(7.4.53)应用 *OLS* 法，可求得估计值 $\hat{\beta}_0^*, \hat{\beta}_1, \hat{\beta}_2, \cdots, \hat{\beta}_k$，其中 $\hat{\beta}_0^* = (1-\hat{\rho})\hat{\beta}_0$。

此种方法适用于各种容量的样本，不同阶的自回归相关形式，其模型参数估计值具有最优渐近性。杜宾两步法不但求出了自相关系数 ρ 的估计值，而且也得出了模型参数的估计值，因此，它是一种简单而又行之有效的方法。值得注意的是此方法在进行差分变换(7.4.52)时，将损失一个观测值。

（三）应用举例

例 7.4.1 表 7.4.1 列出了我国 1991—2011 年国内生产总值 x（亿元）和出口总额 y（亿元）的数据，利用这些数据建立我国出口模型

$$y_t = \alpha + \beta x_t + u_t \tag{7.4.54}$$

表 7.4.1 **1991—2011 年国内生产总值和出口总额** 单位：亿元

年份	x	y
1991	21 781.5	3 827.1
1992	26 923.5	4 676.3
1993	35 333.9	5 284.8
1994	48 197.9	10 421.8
1995	60 793.7	12 451.8
1996	71 176.6	12 576.4
1997	78 973.0	15 160.7
1998	84 402.3	15 223.6
1999	89 677.1	16 159.8
2000	99 214.6	20 634.4
2001	109 655.2	22 024.4
2002	120 332.7	26 947.9
2003	135 822.8	36 287.9
2004	159 878.3	49 103.3
2005	184 937.4	62 648.1
2006	216 314.4	77 597.2
2007	265 810.3	93 563.6
2008	314 045.4	100 394.9
2009	340 902.8	82 029.7
2010	401 512.8	107 022.8
2011	472 881.6	123 240.6

用表 7.4.1 的数据，估计模型（7.4.54），得到回归方程

$$\hat{y}_t = \underset{(3230.405)}{-3\ 805.262} + \underset{(0.015902)}{0.292697} x_t \qquad R^2 = 0.946896$$

$$D - W = 0.603852 \tag{7.4.55}$$

$n=21$，$k=1$，对显著水平 0.05，查 $D-W$ 临界值表得到 $d_L=1.22$，$d_u=1.42$，本例中 $d = 0.603852 < 1.22 = d_L$，表明随机项 u_t 存在正自相关。由于具有自相关现象，直接应用 *OLS* 法是不合适的，因此，必须先消除自相关的影响。

1. 解法 1

利用模型(7.4.55)的 d 值计算自相关系数 $\hat{\rho}$

$$\hat{\rho}=\frac{\left(1-\frac{d}{2}\right)+\left(\frac{k+1}{n}\right)^{2}}{1-\left(\frac{k+1}{n}\right)^{2}}=\frac{\left(1-\frac{0.603852}{2}\right)+\left(\frac{2}{21}\right)^{2}}{1-\left(\frac{2}{21}\right)^{2}}=0.7136170 \quad (7.4.56)$$

利用 $\hat{\rho}$ 对原模型进行差分变换,得到

$$y_t^{*}=\alpha^{*}+\beta x_t^{*}+u_t^{*} \quad (7.4.57)$$

其中

$$\begin{cases} y_t^{*}=y_t-0.713617y_{t-1} \\ x_t^{*}=x_t-0.713617x_{t-1} \\ \alpha^{*}=(1-\hat{\rho})\alpha=(1-0.713617)\alpha \end{cases} \quad (7.4.58)$$

表 7.4.2　　差分变换后的数据

年份	x^{*}	y^{*}
1991		
1992	11 379.85	1 945.216
1993	16 120.83	1 947.713
1994	22 983.03	6 650.477
1995	26 398.86	5 014.626
1996	27 793.18	3 690.584
1997	28 180.17	6 185.967
1998	28 045.82	4 404.667
1999	29 446.18	5 295.98
2000	35 219.5	9 102.492
2001	38 853.97	7 299.341
2002	42 080.89	11 230.91
2003	49 951.34	17 057.42
2004	62 952.84	23 207.64
2005	70 845.53	27 607.15
2006	84 339.93	32 890.45
2007	111 444.7	38 188.92
2008	124 358.7	33 626.32
2009	116 794.7	10 386.19
2010	158 238.8	48 485.01
2011	186 355.2	46 867.31

再利用差分变换后的数据(表 7.4.2 中数据),对模型(7.4.57)应用 *OLS* 法,得到

$$\hat{y}_t^* = -\underset{(2492.22)}{539.5262} + \underset{(0.031003)}{0.276678} x_t^* \qquad R^2 = 0.815654$$

$$d^* = 1.664760$$

由于广义差分变换,损失一个数据,所以 $n=20, k=1$,对显著水平 0.05,查 D-W 表 $d_L = 1.20$, $d_u = 1.41$, d^* 落在接受区内($d_u = 1.41 < 1.664760 = d^* < 2.59 = 4 - d_u$)。*D-W* 检验表明,广义差分变换后模型的随机项已无明显的自相关。于是,原模型的参数估计应为

$$\hat{\beta} = 0.276678$$

$$\hat{\alpha} = \frac{\hat{\alpha}^*}{1-\hat{\rho}} = \frac{-539.5262}{1-0.713617} = -1\,883.93$$

相应的标准差:

$$S_{\hat{\alpha}} = \frac{S_{\hat{\alpha}}^*}{1-\hat{\rho}} = \frac{2\,492.22}{1-0.713617} = 8\,702.402028$$

$$S_{\hat{\beta}} = 0.031003$$

这些结果可简洁地表示如下:

$$\hat{\hat{y}}_t = -\underset{(8702.402)}{1\,883.93} + \underset{(0.031003)}{0.276678} x_t \qquad R^2 = 0.815654 \tag{7.4.59}$$

这里 $\hat{\hat{y}}_t$ 代表校正后的 y_t 的估计量。

本例也可以利用 EViews 软件,对 x 和 y 做广义差分变换:

在命令窗口输入命令:GENR x1 = x - 0.713617 * x(-1)

GENR y1 = y - 0.713617 * y(-1)

然后对 x1,y1 应用 *OLS* 估计参数,其结果如图 7.4.1 所示。

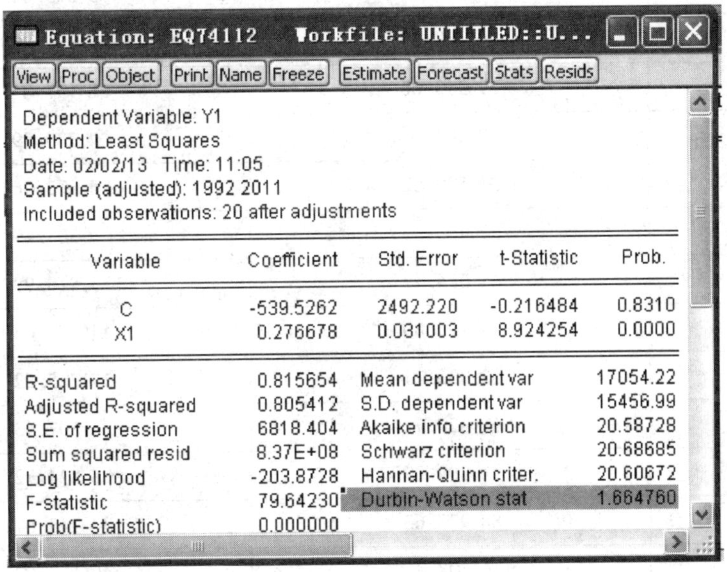
Equation: EQ74112 Workfile: UNTITLED::U...

View Proc Object Print Name Freeze Estimate Forecast Stats Resids

Dependent Variable: Y1
Method: Least Squares
Date: 02/02/13 Time: 11:05
Sample (adjusted): 1992 2011
Included observations: 20 after adjustments

Variable	Coefficient	Std. Error	t-Statistic	Prob.
C	-539.5262	2492.220	-0.216484	0.8310
X1	0.276678	0.031003	8.924254	0.0000

R-squared	0.815654	Mean dependent var	17054.22
Adjusted R-squared	0.805412	S.D. dependent var	15456.99
S.E. of regression	6818.404	Akaike info criterion	20.58728
Sum squared resid	8.37E+08	Schwarz criterion	20.68685
Log likelihood	-203.8728	Hannan-Quinn criter.	20.60672
F-statistic	79.64230	Durbin-Watson stat	1.664760
Prob(F-statistic)	0.000000		

图 7.4.1 差分变换后的回归结果

D－W＝1.664760，与前面的计算结果相同。

2. 解法2 杜宾两步法

利用表7.4.1中的数据，对模型

$$y_t = \alpha_0 + \rho y_{t-1} + \alpha_1 x_t + \alpha_2 x_{t-1} + v_t$$

进行 *OLS* 估计，得到

$$\hat{y}_t = 783.0544 + 0.688821 y_{t-1} + 0.834061 x_t - 0.854098 x_{t-1} \qquad (7.4.60)$$

方程(7.4.60)中 y_{t-1} 的系数即为自相关系数 ρ 的估计值：

$$\hat{\rho} = 0.688821$$

对表7.4.1的数据进行广义差分变换：

$$\begin{cases} y_t^* = y_t - 0.688821 y_{t-1} \\ x_t^* = x_t - 0.688821 x_{t-1} \end{cases}$$

其数据变换结果列于表7.4.3中，再对表7.4.3中的数据应用 *OLS* 法，得到

$$\hat{y}_t^* = \underset{(2497.815)}{-631.221} + \underset{(0.029451)}{0.277696} x_t^* \qquad R^2 = 0.831629$$

此时D－W检验值为 $d^* = 1.622284$

表7.4.3　杜宾两步法数据变换结果

序号	x^*	y^*
1991		
1992	11 919.95	2 040.113
1993	16 788.43	2 063.666
1994	23 859.17	6 781.519
1995	27 593.97	5 273.045
1996	29 300.62	3 999.339
1997	29 945.06	6 497.811
1998	30 004.04	4 780.591
1999	31 539.02	5 673.464
2000	37 443.13	9 503.19
2001	41 314.1	7 810.992
2002	44 799.89	11 777.03
2003	52 935.11	17 725.62
2004	66 320.7	24 107.43
2005	74 809.87	28 824.72
2006	88 925.63	34 443.87
2007	116 808.4	40 113.02
2008	130 949.7	35 946.33

续表

序号	x^*	y^*
2009	124 581.7	12 875.58
2010	166 691.8	50 519.02
2011	196 311.1	49 521.05

对于显著水平为 0.05，$n=20$，$k=1$，查 D－W 表 $d_L=1.20$，$d_u=1.41$，d^* 落在接受区内，$d_L=1.41<d^*=1.622284<2.59=4-d_u$，表明变换后模型的随机项已无明显的自相关。于是原模型的参数估计应为

$$\hat{\beta}=0.277696$$

$$\hat{\alpha}=\frac{\hat{\alpha}^*}{1-\hat{\rho}}=\frac{-631.2221}{1-0.688821}=-2\ 028.49$$

相应的标准差：

$$S_{\hat{\alpha}}=\frac{S_{\hat{\alpha}^*}}{1-\hat{\rho}}=\frac{2\ 497.815}{1-0.688821}=8\ 026.939$$

$$S_{\hat{\beta}}=0.029451$$

于是原模型可以表示为

$$\hat{\hat{y}}_t=\underset{(8026.939)}{-2\ 028.49}+\underset{(0.029451)}{0.277696}x_t \qquad R^2=0.831629$$

本例可以利用 EViews 软件，在命令窗口输入命令：

$$LS\ y\ c\ y(-1)\ x\ x(-1)$$

得到相关系数 $\hat{\rho}=0.688821$，如图 7.4.2 所示。

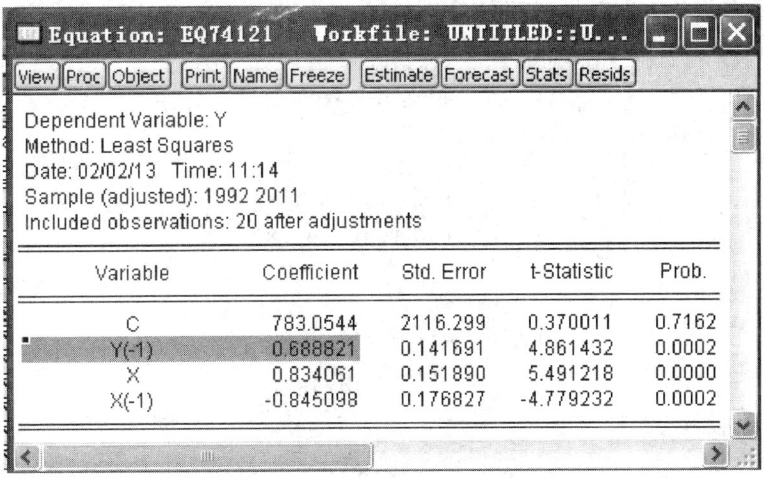

图 7.4.2 杜宾两步法估计相关系数

再对 x 和 y 做广义差分变换：

在命令窗口输入命令：

GENR x2 = x - 0.688821 * x(-1)

GENR y2 = y - 0.688821 * y(-1)

然后对 y2,x 2 应用 *OLS* 估计参数,其结果如图 7.4.3 所示。

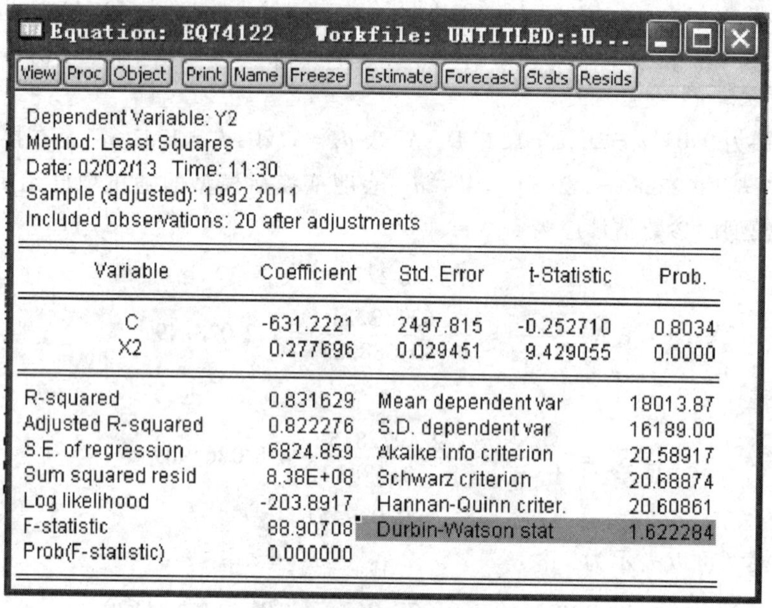

Equation: EQ74122 Workfile: UNTITLED::U...

View Proc Object Print Name Freeze Estimate Forecast Stats Resids

Dependent Variable: Y2
Method: Least Squares
Date: 02/02/13 Time: 11:30
Sample (adjusted): 1992 2011
Included observations: 20 after adjustments

Variable	Coefficient	Std. Error	t-Statistic	Prob.
C	-631.2221	2497.815	-0.252710	0.8034
X2	0.277696	0.029451	9.429055	0.0000

R-squared	0.831629	Mean dependent var	18013.87
Adjusted R-squared	0.822276	S.D. dependent var	16189.00
S.E. of regression	6824.859	Akaike info criterion	20.58917
Sum squared resid	8.38E+08	Schwarz criterion	20.68874
Log likelihood	-203.8917	Hannan-Quinn criter.	20.60861
F-statistic	88.90708	Durbin-Watson stat	1.622284
Prob(F-statistic)	0.000000		

图 7.4.3　杜宾两步法的回归结果

由图 7.4.3 知 D - W = 1.622284,模型中随机项已无自相关。

3. 解法 3　Cochrane-Orcutt(柯克兰 - 奥卡特)迭代法

(1) 根据表 7.4.1 的数据应用 *OLS* 法,得

$$\hat{y}_t = \underset{(03\,230.405)}{-3\,805.262} + \underset{(0.057095)}{0.292697}x_t \qquad R^2 = 0.946896$$

$$D - W = 0.603852$$

利用残差求相关系数

$$\hat{\rho} = \frac{\sum \varepsilon_{1(t-1)}\varepsilon_{1t}}{\sum \varepsilon_{1(t-1)}^2} = \frac{1\,061\,060\,421.58}{1\,484\,465\,143.83} = 0.7147762$$

(2) 作差分

$$\begin{cases} y_t^* = y_t - 0.7147762y_{t-1} \\ x_t^* = x_t - 0.7147762x_{t-1} \end{cases}$$

求 y_t^* 对 x_t^* 的回归方程:

$$\hat{y}_t^* = \underset{(2492.017)}{-535.3628} + \underset{(0.031080)}{0.276630}x_t^* \qquad R^2 = 0.814849$$

$$(D - W) \qquad d = 1.666697$$

在 $n = 20, k = 1$,5% 显著水平下,由于 $d_u = 1.41 < d = 1.666697 < 4 - d_u = 2.59$,表明可以认为随机项已没有自相关。

$$\hat{\alpha} = \frac{\hat{\alpha}^*}{1-\hat{\rho}} = \frac{-535.3628}{1-0.7147762} = -1\,876.9920$$

所以

$$\hat{\hat{y}}_t = -1\,876.9920 + 0.276630x_t \tag{7.4.61}$$

(3) 为了说明迭代的步骤,我们再继续迭代一次。

再利用(7.4.61)的残差,计算相关系数:

$$\hat{\hat{\rho}} = \frac{\sum \varepsilon_{2(t-1)}\varepsilon_{2t}}{\sum \varepsilon_{2(t-1)}^2} = \frac{1\,208\,754\,539.37}{1\,676\,111\,539.38} = 0.7211659$$

再作差分

$$\begin{cases} y_t^{**} = y_t - 0.7211659y_{t-1} \\ x_t^{**} = x_t - 0.7211659x_{t-1} \end{cases}$$

求 y_t^{**} 对 x_t^{**} 的回归方程

$$\hat{\hat{y}}_t^{**} = \underset{(2490.995)}{-512.6261} + \underset{(0.031516)}{0.276362}x_t^{**} \qquad R^2 = 0.810317$$

$$(D-W) \qquad d = 1.677289$$

第二次迭代 D－W 值由 1.666697 提高到 1.677289 更接近 2,表明消除自相关影响的效果又有所改进。

$$\hat{\hat{\alpha}} = \frac{\hat{\alpha}^{**}}{1-\hat{\hat{\rho}}} = \frac{-512.6261}{1-0.7211659} = -1\,838.462727$$

所以,自相关校正方程

$$\hat{\hat{y}}_t = -1\,838.462727 + 0.276362x_t \tag{7.4.62}$$

从以上迭代过程可以看出,随着迭代过程 d 的值不断改善,但是,拟合效果在逐渐变差,即 R^2 值逐渐变小。

4. 解法 4　广义最小二乘法(*GLS*)

在 EViews 软件中,可以直接应用 *GLS* 方法,处理自相关的问题,只要在命令窗口输入:

LS Y C X AR(1)

即可,其中 AR(1)表示进行一阶差分变换的相关系数。其计算结果如图 7.4.4 所示。

图 7.4.4 的结果直接给出了自相关校正方程:

$$\hat{\hat{y}} = \underset{(9546.364)}{-1\,836.013} + \underset{(0.035388)}{0.276345}x \qquad (AR(1) = 0.721568)$$

$$D-W = 1.677951 \tag{7.4.63}$$

由于 $d_u = 1.41 < d = 1.677951 < 4 - d_u = 2.59$,表明在 $n=20, k=1$, 5% 显著水平下,可以认为模型中的随机项已无明显自相关。

对以上四种方法的 EViews 计算过程感兴趣的读者,可以参看图 7.4.5。

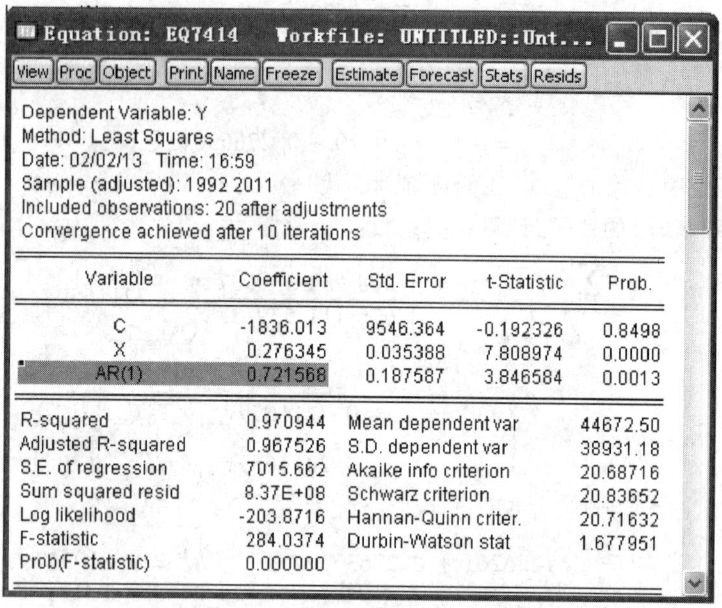

图 7.4.4 广义最小二乘法回归结果

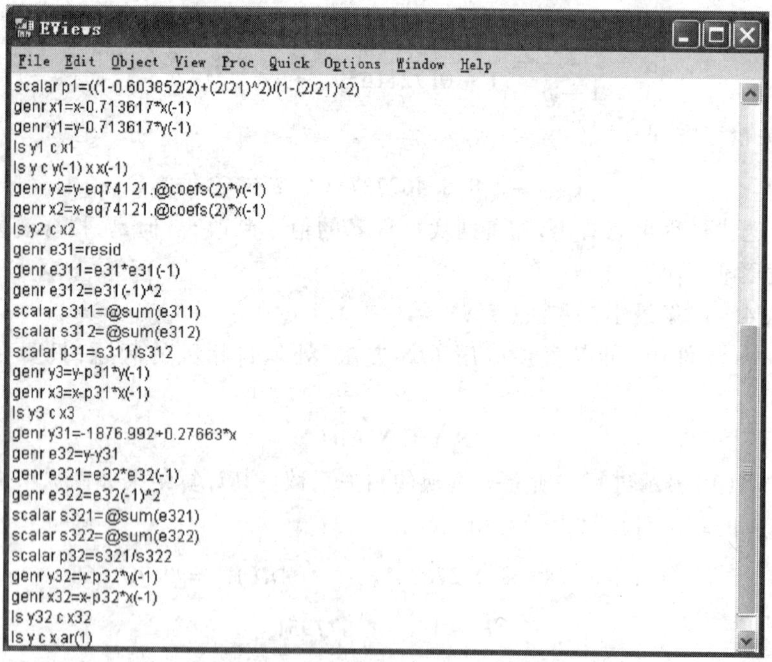

图 7.4.5 四种解法的 EViews 计算过程

注:EViews 命令的使用可以参考对外经济贸易大学出版社出版、于俊年编著的《计量经济学软件——EViews 的使用(第二版)》2012 年 8 月出版。

§ 7.5 关于存在自相关时预测的说明

当模型的随机项存在自相关时,普通最小二乘法就不能直接应用于原模型。我们的处理方法是用广义差分变换对原型进行自相关校正。

设原模型为

$$y_t = \beta_0 + \beta_1 x_t + u_t \tag{7.5.1}$$

存在自相关:

$$u_t = \rho u_{t-1} + v_t \qquad (|\rho| < 1) \tag{7.5.2}$$

我们用 ρ 的估计值 $\hat{\rho}$ 作广义差分变换:

$$\begin{cases} y_t^* = y_t - \hat{\rho} y_{t-1} \\ x_t^* = x_t - \hat{\rho} x_{t-1} \end{cases} \tag{7.5.3}$$

对广义差分模型

$$y_t^* = \beta_0^* + \beta_1 x_t^* + u_t^* \tag{7.5.4}$$

应用 *OLS* 法,可以得出 β_0^*、β_1 的估计值,模型(7.5.4)的样本方程可表示为:

$$\hat{y}_t^* = \hat{\beta}_0^* + \hat{\beta}_1 x_t^* \tag{7.5.5}$$

经自相关校正后的原模型(7.5.1)的方程估计式为:

$$\hat{y}_t = \hat{\beta}_0 + \hat{\beta}_1 x_t \tag{7.5.6}$$

(7.5.6)中的

$$\hat{\beta}_0 = \frac{\hat{\beta}_0^*}{1 - \hat{\rho}} \tag{7.5.7}$$

在对 y 进行预测时,我们可以用方程(7.5.6)进行预测,也可以用方程(7.5.5)进行预测。但这两个方程是不同的,预测的结果也不尽相同。

假设样本容量为 n,我们预测 $t = n + 1$ 期的 y 值。

如果用方程(7.5.6)进行预测,便有

$$\hat{y}_{n+1} = \hat{\beta}_0 + \hat{\beta}_1 x_{n+1} \tag{7.5.8}$$

如果用方程(7.5.5)进行预测,便有

$$\hat{y}_{n+1}^* = \hat{y}_{n+1} - \hat{\rho} y_n$$

其中 y_n 取第 n 期实际观测值

或

$$\begin{aligned} \hat{y}_{n+1} &= \hat{\beta}_0^* + \hat{\beta}_1 x_{n+1}^* + \hat{\rho} y_n \\ &= \hat{\beta}_0 + \hat{\beta}_1 x_{n+1} + \hat{\rho}[y_n - (\hat{\beta}_0 + \hat{\beta}_1 x_n)] \\ &= \hat{\beta}_0 + \hat{\beta}_1 x_{n+1} + \hat{\rho}\varepsilon_n \end{aligned} \tag{7.5.9}$$

(7.5.9)中

$$\varepsilon_n = y_n - (\hat{\beta}_0 + \hat{\beta}_1 x_n)$$

注意到随机项的一阶线性自相关假定，$\hat{\rho}\varepsilon_n$ 可以看作随机项 u_{n+1} 的估计值，即有

$$\hat{u}_{n+1} = \hat{\rho}\varepsilon_n \tag{7.5.10}$$

于是，(7.5.10)又可表示成如下形式：

$$\hat{y}_{n+1} = \hat{\beta}_0 + \hat{\beta}_1 x_{n+1} + \hat{u}_{n+1} \tag{7.5.11}$$

比较预测方程(7.5.8)和(7.5.11)，我们可以看到(7.5.8)是一个常规的样本回归方程，原模型中的随机项已被略去。但是(7.5.11)却是一个特殊的回归方程，它的随机项没有被抛弃，而是被估计值 $\hat{u}_{n+1}$ 所代替。由于方程(7.5.11)没有简单地抛弃了随机项，利用自相关进行合理校正，所以它比(7.5.8)能更好地反映实际情况，因此用(7.5.11)进行预测一般会取得较好的效果。

综上所述，我们现在有三个回归方程，一个是直接用普通最小二乘法得出的方程，第二个是经过自相关较正的方程(7.5.8)，第三个是广义差分方程(7.5.11)。第一个(*OLS* 方程)和第二个(自相关校正方程)是常规的样本方程，其图形是一条直线，而第三个(广义差分方程)是在自相关修正线的基础上增加了斜率的可变性，因而是一条曲线。

因此，对于例 7.4.1 我们现在有普通最小二乘方程、自相关校正方程和广义差分方程三种类型的回归方程，分别如下：

OLS 方程： $$\hat{y}_{ot} = -3\ 805.262 + 0.292697x_t \tag{7.5.12}$$

自相关校正方程 $$\hat{y}_{at} = -1\ 838.462727 + 0.276362x_t \tag{7.5.13}$$

广义差分方程： $$\hat{y}_{dt} = -1\ 838.462727 + 0.276362x_t + \hat{u}_t \tag{7.5.14}$$

其中

$$\hat{u}_t = \hat{\hat{\rho}}\varepsilon_{t-1} = 0.7211659(y_{t-1} - \hat{y}_{at-1}) \tag{7.5.15}$$

这里自相关校正方程(7.5.13)和广义差分方程(7.5.14)，我们采用的是迭代法，第二次迭代的计算的结果为式(7.4.62)。方程(7.5.12)和(7.5.13)的图形都是直线，(7.5.14)是一条折线。为了清楚起见，我们把样本数据和三个方程的计算数据列于表 7.5.1 中，然后做出相应的图形(见图 7.5.1)进行比较。

对于预测来说，重要的不是预测线能否拟合全部观测值，而是预测线的发展趋势是否同这些观测值的发展趋势一致，从图 7.5.1 中可以看出，自相关校正线刚好符合这一要求，因此它的预测值优于普通最小二乘法。广义差分线是在自相关校正线的基础上增加了斜率的可变性，这条折线在相邻两个观测值之间的部分都是直线，但是，当自变量从一个观测值转移到下一个观测值时，根据预测误差($y_{t-1} - \hat{y}_{at-1}$)的大小修正自己的斜率，使预测值能够不断适应观测值的变化，可以减少预测值与真值之间的偏差。

表 7.5.1　$\hat{y}_o$，$\hat{y}_a$，$\hat{y}_d$ 及样本有关数据

	x	y	$\hat{y}_o$	$\hat{y}_a$	$\hat{u}$	$\hat{y}_d$
1991	21 781.5	3 827.1	2 570.118	4 183.9598		
1992	26 923.5	4 676.3	4 075.166	5 604.5042	−257.355	5 347.149
1993	35 333.9	5 284.8	6 536.865	7 927.9865	−669.389	7 258.597
1994	48 197.9	10 421.8	10 302.12	11 481.834	−1 906.18	9 575.658

续表

	x	y	$\hat{y}_o$	$\hat{y}_a$	$\hat{u}$	$\hat{y}_d$
1995	60 793.7	12 451.8	13 988.87	14 961.587	-764.46	14 197.13
1996	71 176.6	12 576.4	17 027.92	17 829.998	-1 809.97	16 020.03
1997	789 73	15 160.7	19 309.9	19 983.855	-3 788.72	16 195.14
1998	84 402.3	15 223.6	20 899.04	21 483.77	-3 478.3	18 005.47
1999	89 677.1	16 159.8	22 442.96	22 941.002	-4 514.62	18 426.38
2000	99 214.6	20 634.4	25 234.55	25 575.86	-4 890.37	20 685.49
2001	109 655.2	22 024.4	28 290.49	28 460.212	-3 563.61	24 896.6
2002	120 332.7	26 947.9	31 415.76	31 410.01	-4 641.29	26 768.72
2003	135 822.8	36 287.9	35 949.66	35 689.351	-3 217.92	32 471.43
2004	159 878.3	49 103.3	42 990.64	42 334.996	431.6528	42 766.65
2005	184 937.4	62 648.1	50 325.36	49 257.898	4 881.07	54 138.97
2006	216 314.4	77 597.2	59 509.31	57 926.202	9 656.557	67 582.76
2007	265 810.3	93 563.6	73 996.62	71 600.088	14 186.05	85 786.14
2008	314 045.4	100 394.9	88 114.88	84 925.662	15 839.34	100 765
2009	340 902.8	82 029.7	95 975.96	92 345.368	11 155.89	103 501.3
2010	401 512.8	107 022.8	113 716.3	109 089.67	-7 439.31	101 650.4
2011	472 881.6	123 240.6	134 605.8	128 806.23	-1 490.55	127 315.7

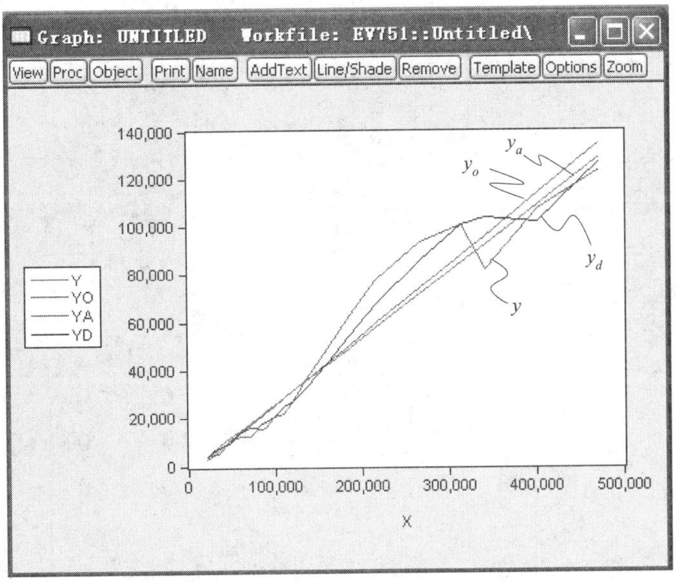

图 7.5.1 三种回归预测线的比较

§7.6 小　结

1. 若 $COV(u_t,u_s)=E(u_tu_s)\neq 0$,$(t\neq s)$时,则称 u_t存在序列相关或自相关

2. 自相关系数

(1) 若 u_t的取值仅与前一期 u_{t-1}有关,即 $u_t=f(u_{t-1})$,则称这种相关为一阶自相关。

(2) 若随机项具有一阶线性自回归形式:

$$\begin{cases} u_t=\rho u_{t-1}+v_t \\ -1<\rho<1 \end{cases}$$

其中 v_t满足全部经典假定,常数 ρ 称为自相关系数。

(3) 自相关系数估计式

$$\hat{\rho}=\frac{\sum_{t=2}^{n}u_tu_{t-1}}{\sum_{t=2}^{n}u_{t-1}^2}$$

3. u_t的方差和协方差(u 具有一阶线性自相关)

(1) $\sigma_u^2=\dfrac{\sigma_v^2}{1-\rho^2}$

(2) $COV(u_t,u_{t-s})=\rho^s\sigma_u^2$

(3) 方差协方差的矩阵表示

$$E(UU')=\sigma_u^2\begin{pmatrix} 1 & \rho & \rho^2 & \cdots & \rho^{n-1} \\ \rho & 1 & \rho & \cdots & \rho^{n-2} \\ \cdots & \cdots & \cdots & \cdots & \cdots \\ \rho^{n-1} & \rho^{n-2} & \rho^{n-3} & \cdots & 1 \end{pmatrix}=\sigma_v^2\Psi$$

其中

$$\Psi=\frac{1}{1-\rho^2}\begin{pmatrix} 1 & \rho & \rho^2 & \cdots & \rho^{n-1} \\ \rho & 1 & \rho & \cdots & \rho^{n-2} \\ \cdots & \cdots & \cdots & \cdots & \cdots \\ \rho^{n-1} & \rho^{n-2} & \rho^{n-3} & \cdots & 1 \end{pmatrix}$$

$$\Psi^{-1}=\begin{pmatrix} 1 & -\rho & 0 & \cdots & 0 & 0 \\ -\rho & 1+\rho^2 & -\rho & \cdots & 0 & 0 \\ 0 & -\rho & 1+\rho^2 & \cdots & 0 & 0 \\ \cdots & \cdots & \cdots & \cdots & \cdots & \cdots \\ 0 & 0 & 0 & \cdots & 1+\rho^2 & -\rho \\ 0 & 0 & 0 & \cdots & -\rho & 1 \end{pmatrix}$$

4. 自相关不影响参数的 OLS 估计量的线性和无偏性

5. 自相关使参数的 OLS 估计量失去最佳性

6. 检验自相关的方法

(1) 图解法

(2) $D-W$ 检验法

$D-W$ 检验统计量:

$$d = \frac{\sum_{t=2}^{n}(\varepsilon_t - \varepsilon_{t-1})^2}{\sum_{t=1}^{n}\varepsilon_t^2}$$

其中 $\varepsilon_t = y_t - \hat{y}_t$

① 若 $d < d_L$,则否定 H_0,即 u 存在一阶正自相关;

② 若 $d > 4 - d_L$,则否定 H_0,即 u 存在一阶负自相关;

③ 若 $d_u < d < 4 - d_u$,则不否定 H_0,即不存在自相关;

④ 若 $d_L \leqslant \mathrm{d} \leqslant d_u$ 或 $4 - d_u \leqslant \mathrm{d} \leqslant 4 - d_L$,则不能作结论。

(3) 回归检验法

(4) 偏相关系数检验法

7. 消除自相关影响的方法

(1) 自相关系数 ρ 已知的情况

① 广义差分法

设模型 $y_t = \beta_0 + \beta_1 x_t + u_t$ 其中 $u_t = \rho u_{t-1} + v_t$ $(|\rho| < 1)$

ρ 已知,v_t满足经典回归全部假定,

作变换

$$\begin{cases} y_t^* = y_t - \rho y_{t-1} \\ x_t^* = x_t - \rho x_{t-1} \\ \alpha = (1-\rho)\beta_0 \end{cases}$$

原模型变成

$$y_t^* = \alpha + \beta_1 x_t^* + v_t$$

可应用 OLS 法,估计参数 α 和 β_1。

② 广义最小二乘法

对模型 $Y = X\beta + U$

其中 $E(UU') = \sigma_v^2 \Psi$, $P\Psi P' = I_n$, $P'P = \Psi^{-1}$

作变换 $PY = PX\beta + PU$

记 $Y^* = PY$, $X^* = PX$, $U^* = PU$

于是得广义差分模型 $Y^* = X^*\beta + U^*$ 已无自相关了,此时可应用 OLS 估计。

(2) 自相关系数 ρ 未知的情况,可先估计出 $\hat{\rho}$,再作广义差分

其自相关系数 ρ 的估计方法:

① 由 d 统计量估计 ρ

$$\hat{\rho} = 1 - \frac{d}{2} \quad \text{只适用于大样本}$$

$$\hat{\rho} = \frac{\left(1 - \frac{d}{2}\right) + \left(\frac{k+1}{n}\right)^2}{1 - \left(\frac{k+1}{n}\right)^2} \quad \text{可用于小样本}$$

② 柯克兰-奥卡特(Cochrane-Orcutt)迭代法

③ 区间搜索法(Hildreth-Lu 法)

④ 杜宾(Durbin)两步法

复习思考题

1. 举例说明经济现象中的自相关性的存在。

2. 下表列出了某地区年消费(y)和可支配收入(x)的相关数据。

某地区年消费(y)和可支配收入(x)的相关数据

年份	y	x	年份	y	x
1(1995)	12.3	12.6	7	21.1	22.5
2	14.0	14.3	8	22.4	24.1
3	16.3	16.8	9	23.8	25.7
4	17.9	19.0	10	25.2	27.2
5	18.8	20.3	11	26.3	28.2
6	19.9	21.2	12	28.0	29.9

应用 OLS,求得如下结果

$$\hat{y} = 1.09 + 0.89x \qquad R^2 = 0.998$$

(1) 试求其残差,并检验 u 的自相关性。

(2) 对模型应用广义差分法,并将所得结果与 OLS 法的结果进行比较。

3. 求广义最小二乘估计量

$$\hat{\beta} = (X'\Psi^{-1}X)^{-1}X'\Psi^{-1}Y$$

的协方差矩阵。

4. 对模型

$$Y = X\beta + U$$

已进行了最小二乘估计,其中 X 为 $(n \times k)$ 矩阵,$n=20$,$k=4$,并且已知

$$\hat{\rho} = \frac{\sum_{t=2}^{n} \hat{u}_t \hat{u}_{t-1}}{\sum_{t=2}^{n} \hat{u}_{t-1}^2} = 0.5$$

$$\hat{U}'\hat{U} = 40, \hat{u}_1^2 = 1, \hat{u}_{20}^2 = 4$$

求 $D-W$ 统计量的值并以此检验随机项的自相关性。

5. 根据统计资料，下表是某地区的社会消费总额(y)、国内生产总值(x_1)、城乡储蓄(x_2)和农民人均收入(x_3)的相关数据。

某地区社会消费总额(y)、国内生产总值(x_1)、城乡储蓄(x_2)和农民人均收入(x_3)的相关数据

单位：千万元

年份	社会消费总额(y)	国内生产总值(x_1)	城乡储蓄(x_2)	农民人均收入(x_3)
1994	3 801.4	8 989.1	1 622.6	397.6
1995	4 374.0	10 471.8	2 237.6	423.8
1996	5 115.0	11 954.5	3 073.3	462.6
1997	6 534.6	14 922.3	3 801.5	544.9
1998	7 074.2	16 917.8	5 146.9	601.5
1999	7 250.3	19 598.4	7 034.2	686.3
2000	8 245.7	21 662.5	9 110.3	708.6
2001	9 704.8	26 651.9	11 545.4	784.0
2002	12 462.1	34 560.5	15 203.5	921.6
2003	16 246.7	46 670.0	21 518.8	1 221.0
2004	20 620.0	57 494.9	29 662.3	1 577.7
2005	24 774.1	67 559.7	38 520.8	1 926.1

(1) 请建立回归模型 $y = \beta_0 + \beta_1 x_1 + \beta_2 x_2 + \beta_3 x_3 + u$，并且进行回归分析。

(2) 请进行 $D-W$ 检验，判断随机项是否具有自相关？

(3) 请用适当的检验法，判断随机项是否具有异方差？

第八章　多重共线性

✓ 本章要点

(1) 多重共线的概念，产生多重共线的原因；(2) 多重共线对模型参数估计的影响；(3) 检验多重共线的主要方法；(4) 消除多重共线性的方法；(5) 岭回归的概念，如何应用岭回归方法消除多重共线。

在经典多元线性回归模型 $Y = X\beta + U$ 中，其假定 6 是所有自变量彼此线性无关，即 $r_k(X) = k+1$，也就是说，解释变量 $x_1, x_2, \cdots, x_k$ 之间不相关。如果这一假定被违背，应用普通最小二乘法将会产生怎样的后果？应该如何解决？这就是本章将要讨论的内容。

§8.1　多重共线性的概念

一、多重共线性的基本概念

如果在经典多元线性回归模型 $Y = X\beta + U$ 中，经典假定 6 遭到破坏，则有 $r_k(X) < k+1$，此时称解释变量 $x_1, x_2, \cdots, x_k$ 间存在完全多重共线性。解释变量的完全多重共线性，也就是，解释变量之间存在严格的线性关系，即数据矩阵的列向量线性相关，因此，必有一个列向量可由其余列向量线性表示。这种完全多重共线性是一种极端情形。

在实际中还有另外一种情况，即解释变量之间虽然不存在严格的线性关系，却有近似的线性关系，即指解释变量之间高度相关。

例如，一个二元回归模型

$$y_i = \beta_0 + \beta_1 x_{1i} + \beta_2 x_{2i} + u_i$$

存在不为零的常数 λ_1, λ_2，使得下式成立：

$$\lambda_1 x_{1i} + \lambda_2 x_{2i} = 0$$

则说 x_1, x_2 存在完全的线性相关，即存在完全多重共线性。

如果存在不为零的常数 λ_1, λ_2，使得下式成立

$$\lambda_1 x_{1i} + \lambda_2 x_{2i} + v_i = 0$$

其中 v_i 是随机项，这表示解释变量 x_1 和 x_2 之间存在近似的线性关系，则说 x_1 和 x_2 之间高度相关，即存在不完全多重共线性。

完全多重共线性和不完全多重共线性,统称为多重共线性。因此,所谓多重共线性是指解释变量之间存在完全的线性关系或近似的线性关系。

显然,解释变量之间的线性关系,可以用拟合优度 R^2 来描述。记某个解释变量 x_i $(i=1,2,\cdots,k)$ 对其余解释变量的拟合优度为 R_i^2,当 x_i 与其余解释变量存在完全相关时,有 $R_i^2=1$。当它们之间存在高度相关时,有 R_i^2 接近 1。如果解释变量之间不存在多重共线性,即解释变量间不存在任何线性关系时,则对于所有的 $i=1,2,\cdots,k$,皆有 $R_i^2=0$。

多重共线性基本上是一种样本现象。因为人们在制定模型时,总是尽量避免将理论上具有严格线性关系的变量作为自变量收集在一起,因此,实际问题中的多重共线性并不是自变量之间存在理论上或实际上的线性关系造成的,而是由于所收集的数据(自变量观察值)之间存在近似的线性关系所致。

二、出现多重共线性的原因

由于经济变量本身的固有性质,解释变量之间存在完全多重共线性或完全不存在多重共线性,在实际问题中是很少见的。普遍存在的情况是解释变量之间存在不同程度的多重共线性。

引起多重共线性的具体原因是各种各样的,一般常见的有:

(1) 两个自变量具有相同或相反的变化趋势;

(2) 数据收集的范围过窄,造成某些自变量之间似乎有相同或相反变化趋势的假象;

(3) 经济变量之间往往存在着密切的关联度,因此,使某些自变量之间存在某种类型的近似线性关系;

(4) 一个自变量是另一个自变量的滞后值;

(5) 模型中解释变量选择不适当,可能引起变量之间的多重共线性。

例如,在经济处于增长的时期,基本的经济指标都在增长,例如,投资、消费、收入、物价等,都会有不同程度的增长。这样会使时间序列数据呈现一定程度的多重共线性。

一般来讲,解释变量之间存在多重共线性是难以避免的,经济变量之间存在一定程度的多重共线性是一种普遍现象。因此,我们关心的不是有无多重共线性的问题,而是多重共线性的程度。当多重共线性程度较高时,它将给普通最小二乘法带来严重后果。

§8.2 多重共线性的后果

一、完全多重共线

为了简单起见,我们先以二元线性回归模型(8.2.1)为例进行讨论。

考虑模型

$$y_i = \beta_0 + \beta_1 x_{1i} + \beta_2 x_{2i} + u_i \tag{8.2.1}$$

并且假设 $x_{1i} = \lambda x_{2i}$,常数 $\lambda \neq 0$。

显然,β_1 的最小二乘估计量为

$$\hat{\beta}_1 = \frac{\sum \dot{x}_{2i}^2 \sum \dot{x}_{1i}\dot{y}_i - \sum \dot{x}_{1i}\dot{x}_{2i} \sum \dot{x}_{2i}\dot{y}_i}{\sum \dot{x}_{1i}^2 \sum \dot{x}_{2i}^2 - (\sum \dot{x}_{1i}\dot{x}_{2i})^2}$$
$$= \frac{\lambda \sum \dot{x}_{2i}^2 \sum \dot{x}_{2i}\dot{y}_i - \lambda \sum \dot{x}_{2i}^2 \sum \dot{x}_{2i}\dot{y}_i}{\lambda^2 (\sum \dot{x}_{2i}^2)^2 - \lambda^2 (\sum \dot{x}_{2i}^2)^2} = \frac{0}{0} \tag{8.2.2}$$

用同样的方法可得：

$$\hat{\beta}_2 = \frac{0}{0} \tag{8.2.3}$$

由(8.2.2)和(8.2.3)式知，参数估计值 $\hat{\beta}_1$ 和 $\hat{\beta}_2$ 无法确定。

再来考虑参数估计量的方差：

$$V(\hat{\beta}_1) = \frac{\sigma_u^2 \sum \dot{x}_{2i}^2}{\sum \dot{x}_{1i}^2 \sum \dot{x}_{2i}^2 - (\sum \dot{x}_{1i}\dot{x}_{2i})^2}$$
$$= \frac{\sigma_u^2 \sum \dot{x}_{2i}^2}{\lambda^2 (\sum \dot{x}_{2i}^2)^2 - \lambda^2 (\sum \dot{x}_{2i}^2)^2} = \infty \tag{8.2.4}$$

用同样的方法可得

$$V(\hat{\beta}_2) = \infty \tag{8.2.5}$$

(8.2.4)和(8.2.5)式表明，$\hat{\beta}_1$ 和 $\hat{\beta}_2$ 的方差变为无穷大。以上分析表明，当存在完全多重共线性时，利用普通最小二乘法无法将参数估计出来，并且估计值的方差变为无穷大。

二、不完全多重共线

假定模型(8.2.1)中的 x_1 与 x_2 高度相关，为计算方便起见，二者之间的关系采用离差形式表示：

$$\dot{x}_{1i} = \lambda \dot{x}_{2i} + v_i \tag{8.2.6}$$

并且回归残差 v_i 满足

$$\begin{cases} \sum v_i = 0 \\ \sum \dot{x}_{2i} v_i = 0 \end{cases} \tag{8.2.7}$$

计算回归参数

$$\hat{\beta}_1 = \frac{\sum \dot{x}_{2i}^2 \sum \dot{x}_{1i}\dot{y}_i - \sum \dot{x}_{1i}\dot{x}_{2i} \sum \dot{x}_{2i}\dot{y}_i}{\sum \dot{x}_{1i}^2 \sum \dot{x}_{2i}^2 - (\sum \dot{x}_{1i}\dot{x}_{2i})^2}$$
$$= \frac{\sum \dot{x}_{2i}^2 [\sum (\lambda \dot{x}_{2i} + v_i)\dot{y}_i] - \sum \dot{x}_{2i}\dot{y}_i [\sum (\lambda \dot{x}_{2i} + v_i)\dot{x}_{2i}]}{\sum \dot{x}_{2i}^2 \sum (\lambda \dot{x}_{2i} + v_i)^2 - [\sum (\lambda \dot{x}_{2i} + v_i)\dot{x}_{2i}]^2} = \frac{\sum \dot{y}_i v_i}{\sum v_i^2} \tag{8.2.8}$$

由于 $\sum v_i^2 \neq 0$，所以 $\hat{\beta}_1$ 是可以确定的。但是，$\hat{\beta}_1$ 的数值是依赖 v_i 的数值来确定，而残差对不同的样本变化较大，因而使得 $\hat{\beta}_1$ 的数值很不稳定。

同样,对 $\hat{\beta}_2$ 也有类似结果。

再来考察参数估计量的方差:

对模型(8.2.1)参数估计量 $\hat{\beta}_1$ 的方差为:

$$
\begin{aligned}
V(\hat{\beta}_1) &= \frac{\sigma_u^2 \sum \dot{x}_{2i}^2}{\sum \dot{x}_{1i}^2 \sum \dot{x}_{2i}^2 - (\sum \dot{x}_{1i}\dot{x}_{2i})^2} \\
&= \frac{\sigma_u^2 / \sum \dot{x}_{1i}^2}{1 - r_{12}^2}
\end{aligned} \tag{8.2.9}
$$

其中 r_{12} 为 x_{1i} 和 x_{2i} 之间的相关系数

$$
r_{12}^2 = \frac{(\sum \dot{x}_{1i}\dot{x}_{2i})^2}{\sum \dot{x}_{1i}^2 \sum \dot{x}_{2i}^2} \tag{8.2.10}
$$

从(8.2.9)式可以看出,$|r_{12}|$ 的值越大,即共线程度越强,方差 $V(\hat{\beta}_1)$ 就越大。以上分析,我们可推广到一般模型

$$
Y = X\beta + U \tag{8.2.11}
$$

中去。

完全多重共线,即解释变量中存在

$$
\lambda_0 + \lambda_1 x_{1i} + \cdots + \lambda_k x_{ki} = 0 \tag{8.2.12}
$$

其中 λ_i 不全为零。于是

$$
r_k(X) < k + 1 \tag{8.2.13}
$$

便有

$$
|X'X| = 0 \tag{8.2.14}
$$

从而使得参数估计量

$$
\hat{\beta} = (X'X)^{-1}X'Y \tag{8.2.15}
$$

不存在[因为在计算 $(X'X)^{-1}X'Y$ 时,要使用 $|X'X|$ 作分母]。

不完全多重共线,即解释变量之间存在近似共线性,即

$$
\lambda_0 + \lambda_1 x_{1i} + \cdots + \lambda_k x_{ki} \approx 0 (\lambda_i \text{ 不全为零}) \tag{8.2.16}
$$

这时

$$
|X'X| \approx 0 \tag{8.2.17}
$$

此时

$$
(X'X)^{-1}X'Y \tag{8.2.18}
$$

虽然可以估算参数 β,但是数值很不稳定,又由于 $(X'X)^{-1}$ 对角线元素很大,从而方差 $V(\hat{\beta}_i) = \sigma_u^2 (X'X)_{ii}^{-1}$ 很大。

综上所述,多重共线性的后果概括如下:

(1) 多重共线性使得估计值 $\hat{\beta}_i$ 很不稳定,并且对样本非常敏感。

(2) 多重共线性使得参数估计值的方差 $V(\hat{\beta}_i)$ 增大。

(3) 在对参数进行显著性 t 检验时,由于参数估计值的方差的增大,增大了接受零假

设的可能性，从而导致研究者错误地舍去了对因变量有显著影响的变量，导致模型的定型错误。

这是因为统计量

$$T=\frac{\hat{\beta}_i}{\sqrt{\hat{V}(\hat{\beta}_i)}} \tag{8.2.19}$$

由于多重共线性使 $V(\hat{\beta}_i)$ 增大，使得 $|T|$ 变小，因而使得下式成立的机会变大：

$$|T|<t_{\alpha/2} \tag{8.2.20}$$

即更易于使 T 值落在接受零假设的范围之内。

(4) 参数的置信区间明显增大。在存在多重共线性情况下，由于参数方差的增大，参数的置信区间也将增大。

例 8.2.1　设因变量 y 和自变量 x_1、x_2 具有表 8.2.1 所示的观察值，我们用模型

$$y_i=\beta_0+\beta_1x_{1i}+\beta_2x_{2i}+u_i$$

拟合表 8.2.1 中的数据。

表 8.2.1　　**y、x_1 和 x_2 的观察值**

y_i	30	35	40	45	50	60	68	80	92	104
x_{1i}	10	15	18	22	28	32	38	42	50	55
x_{2i}	9.8	14.9	17.6	21.6	27.6	31	37.2	42.3	50.2	54.6
									54.6	50.2

用 OLS 法得

$$\underset{T=}{\hat{y}_i}=10.9437-\underset{(-0.7591)}{2.0151}x_{1i}+\underset{(1.3792)}{3.6482}x_{2i}\qquad R^2=0.9878 \tag{8.2.21}$$

$$r_{12}=0.9997$$

从(8.2.21)分析结果可以看到，拟合优度很大，说明模型在整体上是合理的，能很好地拟合数据；但是，两个斜率系数都不显著，这又说明 x_1 和 x_2 对 y 的影响似乎很小。从经典回归的观点看，这两个结论是相互矛盾的。

我们可以分别作 y 对 x_1 和 y 对 x_2 的回归，以便弄清 x_1 和 x_2 单独对 y 的影响如何：

$$\underset{T=}{\hat{y}_i}=9.4092+\underset{(22.5205)}{1.6449}x_{1i}\qquad R^2=0.9845 \tag{8.2.22}$$

$$\underset{T=}{\hat{y}_i}=10.0569+\underset{(24.4405)}{1.6409}x_{2i}\qquad R^2=0.9868 \tag{8.2.23}$$

(8.2.22)和(8.2.23)两个方程的拟合优度都很大，斜率系数不但都非常显著，而且 x_1 的系数在(8.2.21)与(8.2.22)中的正负号相反。这说明 x_1、x_2 都对 y 有重要影响。所以出现(8.2.21)二元模型分析的结果，原因是多重共线性的影响。

我们再来考察一下，OLS 估计量及其方差的数值对样本的敏感性如何。

将 x_{2i} 的最后两个观察值交换一下位置(交换后的数据列在表 8.2.1 第四行最后两格，其余数据不变)，重新再作一次二元回归和两个一元回归，所得结果为：

$$\hat{y}_i = 9.3864 + \underset{(3.6452)}{1.8957}x_{1i} - \underset{(-0.48768)}{0.2527}x_{2i} \quad R^2 = 0.9850 \tag{8.2.24}$$
$T=$

$$\hat{y}_i = 9.4092 + \underset{(22.5205)}{1.6449}x_{1i} \quad R^2 = 0.9845 \tag{8.2.25}$$
$T=$

$$\hat{y}_i = 10.8362 + \underset{(13.2587)}{1.6155}x_{2i} \quad R^2 = 0.9565 \tag{8.2.26}$$
$T=$

由于模型(8.2.26)是一元回归模型,没有多重共线,所以,模型参数的估计没有多大变化。从模型(8.2.24)可以看出,虽然数据只有微小变动,二元回归的结果却已经完全改变,参数估计值和标准差都有很大改变,x_1的系数由原来的不显著变得显著,而x_1和x_2的正负号也都改变。这一结果表明了多重共线性对参数估计值和方差的严重影响,同时也说明,当解释变量存在多重共线性时,参数的估计值和方差对样本非常敏感。

§8.3 多重共线性的检验

由于多重共线性是一种较为普遍的现象,当多重共线性程度较高时,会给参数估计造成严重后果,因此,我们关心的问题是:(1)自变量之间是否存在多重共线;(2)多重共线性的严重程度;(3)多重共线的形式或性质。下面我们给出高度多重共线性的几种常见的检验方法。

一、不显著系数法

(1) 如果拟合优度 R^2 值很大(一般大于0.8),但模型中全部或部分参数估计值却不显著,便意味着自变量之间存在多重共线性。

(2) 从经济理论知某个自变量对因变量有重要影响,但其系数的 *OLS* 估计量却不显著,一般就应怀疑是多重共线性所致。

(3) 如果对模型增添一个新的自变量之后,发现模型中原有参数估计值的方差明显增大(或原有参数估计值由显著变为不显著),则表明在自变量之间(包括新添自变量在内)可能存在多重共线性。

这些方法应用到§8.2节的例子中,便可判断出 x_1和 x_2是共线的。

二、利用辅助回归方程检验

设原模型中有 k 个解释变量 $x_1,x_2,\cdots,x_k$,则可利用它们构成 k 个回归方程:

$$\begin{aligned}
x_1 &= f(x_2,x_3,\cdots,x_k)\\
x_2 &= f(x_1,x_3,\cdots,x_k)\\
\cdots &\quad \cdots \quad \cdots\\
x_j &= f(x_1,x_2,\cdots,x_{j-1},x_{j+1},\cdots,x_k)\\
\cdots &\quad \cdots \quad \cdots\\
x_k &= f(x_1,x_2,\cdots,x_{k-1})
\end{aligned} \tag{8.3.1}$$

分别求出其拟合优度 $R_1^2, R_2^2, \cdots, R_j^2, \cdots, R_k^2$ 。如果其中最大的一个 R_j^2 接近 1,则它所对应的解释变量 x_j 与其他解释变量中的一个或几个之间高度相关,足以引起解释变量之间的多重共线性。

当模型只有两个解释变量 x_1、x_2 时,回归方程

$$x_1 = \hat{\alpha} + \hat{\beta} x_2 \tag{8.3.2}$$

的拟合优度

$$R_1^2 = \frac{RSS}{TSS} = \frac{(\sum \dot{x}_1 \dot{x}_2)^2}{\sum \dot{x}_1^2 \sum \dot{x}_2^2} = r_{12}^2 \tag{8.3.3}$$

实际上就是利用简单相关系数的平方 r_{12}^2 来进行检验。r_{12}^2 值越大,则 x_1, x_2 之间存在的多重共线性的程度越大。在 § 8.2 节的例 8.2.1 中, $r_{12}^2 = 0.9997$ 可以判定 x_1 与 x_2 之间存在高度共线性。

三、利用缺某一个解释变量的拟合优度检验

设有线性回归模型

$$y = f(x_1, x_2, \cdots, x_k, u)$$

其中共有 k 个解释变量,其拟合优度为 R^2 。为检验多重共线,依次建立缺一个解释变量的回归方程:

$$\begin{aligned} y &= f_1(x_2, x_3, \cdots, x_k) \\ y &= f_2(x_1, x_3, \cdots, x_k) \\ &\cdots \quad \cdots \quad \cdots \\ y &= f_j(x_1, x_2, \cdots, x_{j-1}, x_{j+1}, \cdots, x_k) \\ &\cdots \quad \cdots \quad \cdots \\ y &= f_k(x_1, x_2, \cdots, x_{k-1}) \end{aligned} \tag{8.3.4}$$

再依次求出相应的拟合优度 $R_1^2, R_2^2, \cdots, R_j^2, \cdots, R_k^2$ 。如果

$$R_j^2 = \max\{R_1^2, R_2^2, \cdots, R_k^2\} \tag{8.3.5}$$

并且 R_j^2 与 R^2 很接近,则说明模型中增加变量 x_j 后, $x_1, x_2, \cdots, x_k$ 与 y 的线性相关的显著程度并没有明显增加, x_j 对 y 的解释作用可以由 $x_1, x_2, \cdots, x_{j-1}, x_{j+1}, \cdots, x_k$ 对 y 的解释作用近似地替代,即 x_j 可近似地由 $x_1, x_2, \cdots, x_{j-1}, x_{j+1}, \cdots, x_k$ 线性表示。从而可知, x_j 是起到严重多重共线性的变量。

四、相关系数矩阵法

对模型

$$y = \beta_0 + \beta_1 x_1 + \cdots + \beta_k x_k + u$$

其相关系数矩阵

$$R = \begin{pmatrix} r_{11} & r_{12} & \cdots & r_{1k} \\ r_{21} & r_{22} & \cdots & r_{2k} \\ \cdots & \cdots & \cdots & \cdots \\ r_{k1} & r_{k2} & \cdots & r_{kk} \end{pmatrix} = \begin{pmatrix} 1 & r_{12} & \cdots & r_{1k} \\ r_{21} & 1 & \cdots & r_{2k} \\ \cdots & \cdots & \cdots & \cdots \\ r_{k1} & r_{k2} & \cdots & 1 \end{pmatrix} \tag{8.3.6}$$

其中

$$r_{ij} = \frac{\sum \dot{x}_i \dot{x}_j}{\sqrt{\sum \dot{x}_i^2 \sum \dot{x}_j^2}} \quad (i,j = 1,2,\cdots,k) \tag{8.3.7}$$

因为 $r_{ij} = r_{ji}$,所以,相关系数矩阵(8.3.6)是对称矩阵。$r_{jj} = 1$,所以在相关系数矩阵中只需考察主对角线上方(或下方)的元素即可。由于多重共线性就是指自变量之间的高度相关,所以只要发现矩阵主对角上方(或下方)某个元素的绝对值很大(例如在0.8以上),便可认为相应的两个自变量之间存在多重共线性。

相关系数检验法,只适用于两个解释变量之间是否存在线性相关的检验。对于三个或者更多个解释变量之间是否存在线性相关关系,这种方法不适用。

对于二元模型,相关系数矩阵只有一个元素,所以只需考察两个自变量 x_1 和 x_2 之间的简单相关系数的绝对值是否大于0.8即可。例§8.2节的例子8.2.1模型(8.2.21)中 $r_{12} = 0.9997$,可以判定 x_1 和 x_2 之间存在高度多重共线性。

利用EViews软件,可以直接计算变量的相关系数矩阵,有两种计算方式:

命令方式:在命令窗口输入指令:*COR* 解释变量名。

菜单方式:先将所有解释变量设置成一个数据组,然后在数组窗口点击 View \ Covariance Analysis \ Correlation,即可。

五、方差膨胀因子与多重共线性的检验

在介绍利用方差膨胀因子检验多重共线性的方法之前,我们先介绍一下标准化变量。也是为后面讲述岭回归做准备。

(一)标准化变量

若普通变量例如 x_1 的一组观测值为 $(x_{11}, x_{12}, \cdots, x_{1n})'$,则相应的标准化变量 $\tilde{x}_1$ 的观测值定义为

$$\tilde{x}_{1j} = \frac{x_{1j} - \bar{x}_1}{\sqrt{n} S_{x_1}} = \frac{\dot{x}_{1j}}{\sqrt{\sum \dot{x}_{1j}^2}} \tag{8.3.8}$$①

其中

$$\bar{x}_1 = \frac{1}{n} \sum x_{1j} \tag{8.3.9}$$

$$S_{x_1} = \sqrt{\frac{1}{n} \sum \dot{x}_{1j}^2} \tag{8.3.10}$$

① 定义的标准化变量与通常定义略有不同。

不难看出，这样定义的标准化变量有如下特征：

$$\begin{cases} \bar{\tilde{x}}_1 = 0 \\ \sum_{j=1}^{n} \tilde{x}_{1j}^2 = 1 \end{cases} \tag{8.3.11}$$

标准化变量的优点是不受坐标移动和度量尺度变化的影响，将为模型的研究带来方便。

设用普通变量表述的模型为

$$y_j = \beta_0 + \beta_1 x_{1j} + \beta_2 x_{2j} + \cdots + \beta_k x_{kj} + u_j \qquad (j = 1,2,\cdots,n) \tag{8.3.12}$$

其中心化形式

$$\dot{y}_j = \beta_1 \dot{x}_{1j} + \beta_2 \dot{x}_{2j} + \cdots + \beta_k \dot{x}_{kj} + \dot{u}_j \tag{8.3.13}$$

其中

$$\dot{u}_j = u_j - \bar{u} \qquad \bar{u} = \frac{1}{n}\sum u_j$$

将(8.3.13)改写成：

$$\frac{\dot{y}_j}{\sqrt{n}S_y} = \tilde{\beta}_1 \frac{\dot{x}_{1j}}{\sqrt{n}S_{x_1}} + \tilde{\beta}_2 \frac{\dot{x}_{2j}}{\sqrt{n}S_{x_2}} + \cdots + \tilde{\beta}_k \frac{\dot{x}_{kj}}{\sqrt{n}S_{x_k}} + \frac{\dot{u}_j}{\sqrt{n}S_y} \tag{8.3.14}$$

或

$$\tilde{y}_j = \tilde{\beta}_1 \tilde{x}_{1j} + \tilde{\beta}_2 \tilde{x}_{2j} + \cdots + \tilde{\beta}_k \tilde{x}_{kj} + u'_j \tag{8.3.15}$$

式中

$$\tilde{\beta}_i = \frac{S_{x_i}}{S_y}\beta_i \qquad (i = 1,2,\cdots,k) \tag{8.3.16}$$

(8.3.15)的矩阵形式为：

$$Y = X\tilde{\beta} + U \tag{8.3.17}$$

(8.3.17)中 Y 和 X 均已标准化。Y 为标准化因变量 $(n\times 1)$ 观测值向量，$X = (\tilde{x}_1, \tilde{x}_2, \cdots, \tilde{x}_k)$ 为 $(n\times k)$ 自变量观测值矩阵，$\tilde{\beta}$ 是由公式(8.3.16)决定的 $(k\times 1)$ 回归系数向量。

应注意的是，标准化变量表述的回归模型没有常数项，模型(8.3.12)与(8.3.15)或(8.3.17)是等价的。

（二）膨胀因子

我们知道，在模型(8.3.17)中，每个回归参数的 *OLS* 估计值的精度都是由其相应的方差：

$$V(\tilde{\beta}_i) = \sigma_u^2 (X'X)_{ii}^{-1} \tag{8.3.18}$$

来度量的，而方差又可以看成是随机项方差 σ_u^2 乘上一个比例常数 $(X'X)_{ii}^{-1}$，这个比例常数称为方差膨胀因子，记作 *VIF*(Variance Inflation Factor)，即

$$VIF_i = (X'X)_{ii}^{-1} \tag{8.3.19}$$

可以证明：

$$VIF_i = (1 - R_i^2)^{-1} \tag{8.3.20}$$

其中 R_i^2 为 $\tilde{x}_i$ 对其余自变量作回归时的拟合优度。

当 $\tilde{x}_i$ 与其他自变量正交(或不相关)时，$R_i^2 = 0, VIF_i = 1$,一般认为 VIF_i超过 10(也有人主张 VIF_i超过 5)时,就认为多重共线性已很严重了,达到需要处理的程度。

为了综合评价 OLS 估计量出现的多重共线性的程度,可以采用平均膨胀因子:

$$R_L = \frac{\sum_{i=1}^{k} VIF_i}{k} \tag{8.3.21}$$

很明显,当所有自变量彼此正交时,$R_L = 1$,否则便有 $R_L > 1$。因此,R_L值也可以用作自变量之间多重共线性严重程度的量度指标。

§8.4 多重共线性的消除方法

多重共线性一旦被检测出来,并且认为很严重时,就应努力减轻其不良影响。由于多重共线性主要是样本问题,因而不存在处理多重共线的普遍有效方法。这要针对具体问题的性质和多重共线性的严重程度,而采取不同的方法来处理。

在介绍处理多重共线的方法之前,应该指出的是,这些方法没有一个是绝对安全的,也就是说,每一种方法在使用时都可能伴随出现不利的结果,这点是必须考虑的。

一、增加样本容量

若多重共线性是样本引起的,也就是说,自变量的相关性仅偶然地存在原始样本中而不存在于总体中时,增加样本容量可以减少多重共线性的影响。

设有模型

$$y = \beta_0 + \beta_1 x_1 + \beta_2 x_2 + u \tag{8.4.1}$$

并且在总体中 x_1 和 x_2之间不相关,而在样本中 x_1 和 x_2之间存在线性相关关系,则参数估计值 $\hat{\beta}_1$, $\hat{\beta}_2$ 的方差为:

$$V(\hat{\beta}_1) = \frac{\sigma_u^2}{\sum \dot{x}_1^2 (1 - r_{x_1 x_2}^2)} \tag{8.4.2}$$

$$V(\hat{\beta}_2) = \frac{\sigma_u^2}{\sum \dot{x}_2^2 (1 - r_{x_1 x_2}^2)} \tag{8.4.3}$$

当样本容量 n 增加时, $\sum \dot{x}_1^2$, $\sum \dot{x}_2^2$ 都会增大, $r_{x_1 x_2}^2$ 将会趋向于总体相关系数,是某个确定的数值,显然 $\hat{\beta}_1$ 和 $\hat{\beta}_2$ 的方差都会减少,使 β_1, β_2 的估计值精度提高,从而减少多重共线性的影响。

应指出,如果变量总体中本来就有共线性问题,则增加样本容量将无济于事。

二、不作处理

(1) 当所有参数估计量皆显著或者 t 值皆远大于 2 时,对多重共线性可不作处理。

(2) 当因变量对所有自变量回归的拟合优度 R^2 值大于缺任何一个自变量对其余自变量回归的拟合优度 R_j^2 值时，对多重共线性可不作处理。

(3) 如果样本回归方程仅用于预测的目的，那么只要存在于给定样本中的共线现象在预测期保持不变，多重共性就不会影响预测结果，因此多重共线性可不作处理。

(4) 如果多重共线性并不严重影响参数估计值，以至于我们感到不需要改进它时，多重共线性可不作处理。

三、利用事前信息

这里的事前信息指经济理论知识或前人研究的成果。信息可能对某些参数之间的关系提供线索或资料，运用参数之间的事前信息可消除多重共线性。

例 8.4.1 生产函数

$$Y = AL^{\beta_1}K^{\beta_2}e^{\varepsilon} \tag{8.4.4}$$

其中 Y、L、K 分别表示产出、劳力和资本，A，β_1，β_2 分别为未知参数，ε 为随机项。

将(8.4.4)两边取对数可得，

$$\ln Y = \ln A + \beta_1 \ln L + \beta_2 \ln K + \varepsilon \tag{8.4.5}$$

L 与 K 之间可能高度相关。如果按照经济理论在“生产规模报酬不变”的假定下，参数之间有关系：

$$\beta_1 + \beta_2 = 1 \tag{8.4.6}$$

将(8.4.6)代入(8.4.5)得

$$\ln \frac{Y}{K} = \beta_0 + \beta_1 \ln \frac{L}{K} + \varepsilon \tag{8.4.7}$$

其中 $\beta_0 = \ln A$，(8.4.7)变成一元回归模型，消除了 L 与 K 之间的多重共线性。

四、变换模型形式

有些经济模型并不要分析每个解释变量对被解释变量的影响程度，因此当存在多重共线性时，可以根据经济理论或实际经验将原模型作某些变换或改变变量的定义形式，从而避免或减少多重共线性的影响。

例 8.4.2 设需求函数

$$Y = \beta_0 + \beta_1 X + \beta_2 P + \beta_3 P_1 + u \tag{8.4.8}$$

其中 Y、X、P、P_1 分别代表需求量、收入、该商品的价格和替代商品的价格。由于该商品价格与替代商品价格之间往往是同方向变动的或是高度相关的，使模型存在多重共线性。若用两种商品价格比代替之，使模型(8.4.8)改为：

$$Y = \beta_0 + \beta_1 X + \beta_2 \left(\frac{P}{P_1}\right) + u \tag{8.4.9}$$

形式，则可避免两种商品价格变量之间的多重共线性。

五、将时间序列与横断面数据结合使用

设商品销售模型

$$y_t = \beta_0 + \beta_1 x_{1t} + \beta_2 x_{2t} + u_t \tag{8.4.10}$$

其中 y_t、x_{1t}、x_{2t}分别表示第 t 期该商品的销售量、价格和消费者的收入。对于时间序列来说,一般 x_{1t}与 x_{2t}具有高度共线的倾向。为了摆脱共线性的干扰,可以再取一个横截面样本。因为在横截面样本中价格 x_1 可以看作是不变的,所以 y 仅是收入 x_2 的函数。因此,建立在横截面样本上的模型为:

$$y_i = \alpha_0 + \alpha_1 x_{2i} + u'_i \tag{8.4.11}$$

这是一个一元模型,没有共线问题。可用横截面样本先求出(8.4.11)的 α_1 估计值 $\hat{\alpha}_1$,然后用 $\hat{\alpha}_1$ 代替原模型(8.4.10)中的 β_2,便有

$$y_t - \hat{\alpha}_1 x_{2t} = \beta_0 + \beta_1 x_{1t} + u_t \tag{8.4.12}$$

再将(8.4.12)改写成:

$$y_t^* = \beta_0 + \beta_1 x_{1t} + u_t \tag{8.4.13}$$

其中 y_t^* 的观测值为 $y_t^* = y_t - \hat{\alpha}_1 x_{2t}$ 。

一元模型(8.4.13)已没有多重共线问题,可以再利用时间序列样本计算出 β_0和 β_1的估计值。

六、删除不必要的共线解释变量

当几个解释变量高度相关且对被解释变量的解释作用程度不同时,可以保留重要的解释变量,删除不重要的解释变量,以消除多重共线的影响。

设原模型为

$$y = \beta_0 + \beta_1 x_1 + \beta_2 x_2 + u \tag{8.4.14}$$

其中 x_1、x_2之间存在严重的多重共线性,且由经济理论知 x_1对 y 较为重要,而 x_2 较不重要,则可省略 x_2,将模型改为

$$y = \alpha_0 + \alpha_1 x_1 + u' \tag{8.4.15}$$

可以避免多重共线的影响。

应该指出:删除解释变量要慎重,如果原模型是正确的,不适当地删除解释变量会产生参数估计量的偏倚。例如,原来真实模型为:

$$y_i = \beta_0 + \beta_1 x_{1i} + \beta_2 x_{2i} + u_i \tag{8.4.16}$$

假如由于 x_1和 x_2共线之故,我们删除了 x_2,这时模型变为:

$$y_i = \alpha_0 + \alpha_1 x_{1i} + u'_i \tag{8.4.17}$$

α_1的 *OLS* 估计量为

$$\hat{\alpha}_1 = \frac{\sum \dot{x}_{1i}\dot{y}_i}{\sum \dot{x}_{1i}^2} \tag{8.4.18}$$

而

$$\begin{aligned} E(\hat{\alpha}_1) &= \frac{1}{\sum \dot{x}_{1i}^2} E\left[\sum \dot{x}_{1i}(\beta_0 + \beta_1 x_{1i} + \beta_2 x_{2i} + u_i)\right] \\ &= \beta_1 + \beta_2 \frac{\sum \dot{x}_{1i}\dot{x}_{2i}}{\sum \dot{x}_{1i}^2} \end{aligned} \tag{8.4.19}$$

由(8.4.19)知,只要β_2的真值不等于零,$\hat{\alpha}_1$ 作为β_1的估计量将是有偏的。因此,在处理实际问题时,必须在原模型的多重共线和简化模型后带来的参数估计量的偏倚之间权衡得失。

七、对所有变量作滞后差分变换

设有模型

$$y_t = \beta_0 + \beta_1 x_{1t} + \beta_2 x_{2t} + u_t \tag{8.4.20}$$

假定样本为时间序列,并且x_1与x_2共线,其一阶滞后差分形式为

$$y_t - y_{t-1} = \beta_1(x_{1t} - x_{1(t-1)}) + \beta_2(x_{2t} - x_{2(t-1)}) + (u_t - u_{t-1}) \tag{8.4.21}$$

(8.4.21)简记为

$$y_t^* = \beta_1 x_{1t}^* + \beta_2 x_{2t}^* + u_t^* \tag{8.4.22}$$

其中

$$\begin{cases} y_t^* = y_t - y_{t-1} \\ x_{1t}^* = x_{1t} - x_{1(t-1)} \\ x_{2t}^* = x_{2t} - x_{2(t-1)} \end{cases}$$

x_1^* 与 x_2^* 之间的相关系数为

$$r_{12}^* = \frac{\sum \dot{x}_{1t}^* \dot{x}_{2t}^*}{\sqrt{\sum \dot{x}_{1t}^{*2} \sum \dot{x}_{2t}^{*2}}}$$

其中

$$\begin{aligned} \sum \dot{x}_{1t}^* \dot{x}_{2t}^* &= \sum (\dot{x}_{1t} - \dot{x}_{1(t-1)})(\dot{x}_{2t} - \dot{x}_{2(t-1)}) \\ &= \sum \dot{x}_{1t}\dot{x}_{2t} - \sum \dot{x}_{1(t-1)}\dot{x}_{2t} - \sum \dot{x}_{1t}\dot{x}_{2(t-1)} + \sum \dot{x}_{1(t-1)}\dot{x}_{2(t-1)} \end{aligned}$$

但是,对于大样本有关系:

$$\sum \dot{x}_{1t}\dot{x}_{2t} \approx \sum \dot{x}_{1(t-1)}\dot{x}_{2t} \approx \sum \dot{x}_{1t}\dot{x}_{2(t-1)} \approx \sum \dot{x}_{1(t-1)}\dot{x}_{2(t-1)}$$

所以有 $r_{12}^* \approx 0$ 。

可见,一阶差分后模型几乎没有多重共线性,因而减少了多重共线的影响。

应该指出这种方法的缺点是在减少了多重共线影响的同时,却带来随机扰动项的自相关。这是因为$u_t^* = u_t - u_{t-1}$,$u_{t-1}^* = u_{t-1} - u_{t-2}$,$u_{t-2}^* = u_{t-2} - x_{t-3}$,…,显然$u_t^*$与$u_{t-1}^*$、$u_{t-2}^*$,…相关。如果由于采取差分变换而造成的自相关问题比原模型中多重共线性问题还严重,那么这种变换反而会使情况恶化。同时,差分变换后的模型将损失一个观测值,所以这种变换对大样本较适宜。

八、引入附加方程

对于存在严重多重共线性的解释变量,应设法找出它们之间的因果关系,并将这种关系制成模型,将此模型作为附加模型与原模型联立组成一个联立方程模型。如果这个联立方程模型是可以识别的,就可以较有效地消除多重共线性的影响。

九、Frisch 综合分析法

Frisch(费瑞希)综合分析法也被称作逐步分析法。这种方法的观点是多重共线性应从相关系数 r、拟合优度 R^2 和标准误差三方面综合考虑,其具体方法可分为两步:

第一步:将因变量 y 分别对自变量 $x_1,x_2,x_3,\cdots,x_k$ 作简单回归:

$$y = f(x_1)$$
$$y = f(x_2)$$
$$\cdots$$
$$y = f(x_k)$$

然后,根据经济理论分析和统计检验的结果,选出最优简单回归方程,也称为基本回归方程。

第二步:将其余解释变量逐步加入到基本回归方程中,建立一系列回归方程。然后按照下列标准来判断加入的变量:

(1) 如果新加入的变量能提高 $\bar{R}^2$,回归系数在经济理论上和统计检验上也合理,便认为此变量是有利变量,予以接纳。

(2) 如果新加入的变量不能提高 $\bar{R}^2$(或者说提高很少),且对其他系数没有多大影响,便认为是多余变量,可不予接纳。

(3) 如果新加入的变量严重影响其他变量的系数或符号,便认为是不利变量。不利变量的出现是多重共线性的重要信号。不利变量未必是多余的,它可能对被解释变量是不可缺少的,此时应研究改善模型的办法。

例 8.4.3 现有我国 1995—2011 年城镇居民人均年消费性支出 y、城镇居民人均年收入 x_1、城镇居民消费价格指数 x_2、城镇居民人均住房建筑面积 x_3、居民消费价格总指数 x_4 的数据,如表 8.4.1 所示,试建立正确的消费函数模型。

表 8.4.1 消费性支出及相关变量数据表

年份	城镇居民人均年消费性支出 y	城镇居民人均年收入 x_1	城镇居民消费价格指数 x_2	城镇居民人均住房建筑面积 x_3	居民消费价格总指数 x_4
1995	3 537.5	4 288.09	429.6	16.3	396.9
1996	3 919.47	4 838.9	467.4	17	429.9
1997	4 186	5 160.3	481.9	17.8	441.9
1998	4 331.61	5 425.1	479	18.7	438.4
1999	4 615.91	5 854	472.8	19.4	432.2
2000	4 998	6 295.91	476.6	20.3	434
2001	5 309.01	6 859.6	479.9	20.8	437
2002	6 030	7 702.8	475.1	22.8	433.5
2003	6 511	8 472.2	479.4	23.7	438.7

续表

年份	城镇居民人均年消费性支出 y	城镇居民人均年收入 x_1	城镇居民消费价格指数 x_2	城镇居民人均住房建筑面积 x_3	居民消费价格总指数 x_4
2004	7 182	9 422	495. 2	25	455. 8
2005	7 943	10 493	503. 1	26. 1	464
2006	8 679	11 759	510. 6	27. 1	471
2007	9 997	13 786	533. 5	28	493. 6
2008	11 243	15 780. 8	563. 5	28. 3	522. 7
2009	12 243	17 175	558. 4	31. 3	519
2010	13 471	21 033. 42	576. 3	31. 6	536. 1
2011	15 161	23 979. 2	606. 8	32. 7	565

（1）设消费模型为

$$y = \beta_0 + \beta_1 x_1 + \beta_2 x_2 + \beta_3 x_3 + \beta_4 x_4 + u$$

用 OLS 法估计得

$$\underset{T=}{\hat{y}} = \underset{(-3.609291)}{-5\,112.178} + \underset{(9.108100)}{0.337056x_1} - \underset{(-2.783317)}{49.08398x_2} + \underset{(9.054176)}{200.0195x_3} + \underset{(3.221919)}{62.75310x_4}$$

$$R^2 = 0.998886 \quad \bar{R}^2 = 0.998514$$

拟合优度接近 1 说明拟合得很好,可以认为消费性支出与自变量之间存在显著关系。但是,城镇居民消费价格指数 x_2 的参数的估计值 $\hat{\beta}_2$ 的符号的经济意义与实际不符,可能存在多重共线。

（2）求各解释变量的简单相关系数:

$$r_{x_1x_2} = 0.971761 \quad r_{x_1x_3} = 0.950734 \quad r_{x_1x_4} = 0.975971$$

$$r_{x_2x_3} = 0.921751 \quad r_{x_2x_4} = 0.998916 \quad r_{x_3x_4} = 0.922200$$

表明自变量之间均高度相关,也就是多重共线性较严重。

（3）为检验多重共线性的影响,作如下简单回归:

① $\underset{T=}{\hat{y}} = \underset{(6.9634)}{1\,250.480} + \underset{(40.42935)}{0.606192x_1}$　　$R^2 = 0.990907$　　$\bar{R}^2 = 0.990300$

② $\underset{T=}{\hat{y}} = \underset{(-12.68755)}{-30\,477.36} + \underset{(15.91904)}{75.38306x_2}$　　$R^2 = 0.944117$　　$\bar{R}^2 = 0.940391$

③ $\underset{T=}{\hat{y}} = \underset{(-8.039827)}{-8\,167.441} + \underset{(15.89087)}{659.1398x_3}$　　$R^2 = 0.943929$　　$\bar{R}^2 = 0.940191$

④ $\underset{T=}{\hat{y}} = \underset{(-13.50998)}{-28\,197.52} + \underset{(17.23445)}{76.95808x_4}$　　$R^2 = 0.951927$　　$\bar{R}^2 = 0.948722$

以上四个方程,根据经济理论和统计检验,收入 x_1 是最重要的解释变量,t 检验值 = 40.42935 也最大,拟合优度也最大 $R^2 = 0.990907$,选出最优简单回归方程为 $y = f(x_1)$。

（4）将其余变量逐个引入 $y = f(x_1)$,计算结果如表 8.4.2 所示:

表 8.4.2 消费模型的估计

	$\hat{\beta}_0$(常数)	$\hat{\beta}_1(x_1)$	$\hat{\beta}_2(x_2)$	$\hat{\beta}_3(x_3)$	$\hat{\beta}_4(x_4)$	R^2	$\bar{R}^2$
$y=f(x_1)$	1 250.480 (6.963395)	0.606192 (40.42935)	—	—	—	0.990907	0.990300
$y=f(x_1,x_2)$	-1 311.510 (-0.374558)	0.560235 (8.679578)	6.024965 (0.732682)	—	—	0.991242	0.989991
$y=f(x_1,x_3)$	-1 410.673 (-3.138090)	0.454626 (17.29448)		177.6053 (6.064496)	—	0.997493	0.997135
$y=f(x_1,x_3,x_4)$	-5 123.073 (-2.934748)	0.379510 (9.132834)		182.4038 (6.992466)	9.425555 (2.184468)	0.998166	0.997743

注:参数下面括号中的数字为 t 检验的 T 统计量的值。

分析:

① 在最优简单回归方程中,加入 x_2 变量,$\bar{R}^2$ 却由 0.990300 下降到 0.989991,虽然 x_1 与 x_2 高度相关,但是对参数 $\hat{\beta}_1$ 影响不大,$\hat{\beta}_1$,$\hat{\beta}_2$ 正号是合理的,进行 t 检验 $\hat{\beta}_2$ 不显著,可能是多余变量。因此,不予接纳。

② 加入变量 x_3,$\bar{R}^2$ 由 0.990300 提高到 0.997135,x_3 的引入对参数 $\hat{\beta}_1$ 的影响不大,$\hat{\beta}_1$,$\hat{\beta}_3$ 符号是合理的,进行 t 检验 $\hat{\beta}_1$,$\hat{\beta}_3$ 也都是显著的。从经济理论分析,x_3 也应该是重要因素,应该是有利变量,应予保留。

③ 保留变量 x_3,加入变量 x_4,$\bar{R}^2$ 由 0.997135 提高到 0.997743,参数 $\hat{\beta}_1$,$\hat{\beta}_3$,$\hat{\beta}_4$ 的符号皆合理并且参数都显著,虽然 x_4 与 x_1、x_3 高度相关,但是,x_4 的引入对参数 $\hat{\beta}_1$,$\hat{\beta}_3$ 的影响也不大,从经济理论分析,x_4 也应该是重要因素,应该是有利变量,应予保留。

因此,得结论:回归方程以 $y=f(x_1,x_3,x_4)$ 为最优方程,即

$$\underset{T=}{\hat{y}} = \underset{(-2.934748)}{-5\ 123.073} + \underset{(9.132834)}{0.379510x_1} + \underset{(6.992466)}{182.4038x_3} + \underset{(2.184468)}{9.425555x_4}$$

$$R^2 = 0.998166 \qquad \bar{R}^2 = 0.997743$$

从此例中我们可以看出,Frisch 综合分析法,既是多重共线的一种检验方法,也是处理多重共线的一种方法。

§8.5 岭回归估计法

一、岭回归估计方法

设有模型(8.3.15)的矩阵形式

$$Y = X\tilde{\beta} + U \tag{8.5.1}$$

所有变量皆已标准化,并且 $E(U) = 0, E(UU') = \sigma_u^2 I$, I 为单位阵。(8.5.1)的 *OLS* 估计的正规方程为

$$X'X\hat{\tilde{\beta}} = X'Y \tag{8.5.2}$$

由于多重共线意味着 $X'X$ 接近于奇异阵,也就是说它的行列式的值接近于零,此时 *OLS* 估计将失效。所谓岭回归就是用 $(X'X + \lambda I)$ 代替正规方程中的 $X'X$,便有

$$(X'X + \lambda I)\hat{\tilde{\beta}}(\lambda) = X'Y \tag{8.5.3}$$

其中 λ 为大于零的常参数,I 为单位阵,$\hat{\tilde{\beta}}(\lambda)$ 表示与 λ 有关的参数 $\tilde{\beta}$ 的估计值。$(X'X + \lambda I)$ 表示在 $X'X$ 矩阵主对角线上每个元素都加上一个正数,就像形成一个山岭一样,因此把这种估计方法称为岭回归估计。λ 称为岭回归系数。

显然,参数 $\tilde{\beta}$ 的岭回归估计式为

$$\hat{\tilde{\beta}}(\lambda) = (X'X + \lambda I)^{-1}X'Y \tag{8.5.4}$$

由(8.5.4.)式知,当 $\lambda = 0$ 时,就变成 *OLS* 估计量,当 $\lambda \to \infty$ 时,$\hat{\tilde{\beta}}(\lambda) \to 0$。一般情况下,$\lambda$ 取 0 到 1 之间的数值。

二、岭回归估计量 $\hat{\tilde{\beta}}(\lambda)$ 的性质

(一) 均值

由(8.5.4.)式知:

$$\begin{aligned} E(\hat{\tilde{\beta}}(\lambda)) &= (X'X + \lambda I)^{-1}X'E(Y) \\ &= (X'X + \lambda I)^{-1}X'X\tilde{\beta} \\ &= \tilde{\beta} - \lambda(X'X + \lambda I)^{-1}\tilde{\beta} \end{aligned} \tag{8.5.5}$$

显然,当 $\lambda \neq 0$ 时,$\hat{\tilde{\beta}}(\lambda)$ 不是 $\tilde{\beta}$ 的无偏估计。

(二) 岭回归估计量的协方差

由(8.5.4)和(8.5.5)式知:

$$\begin{aligned} \hat{\tilde{\beta}}(\lambda) - E(\hat{\tilde{\beta}}(\lambda)) &= (X'X + \lambda I)^{-1}X'Y - (X'X + \lambda I)^{-1}X'X\tilde{\beta} \\ &= (X'X + \lambda I)^{-1}X'U \end{aligned} \tag{8.5.6}$$

协方差阵:

$$\begin{aligned} & E\{[\hat{\tilde{\beta}}(\lambda) - E(\hat{\tilde{\beta}}(\lambda))][\hat{\tilde{\beta}}(\lambda) - E(\hat{\tilde{\beta}}(\lambda))]'\} \\ &= E\{[(X'X + \lambda I)^{-1}X'U][(X'X + \lambda I)^{-1}X'U]'\} \\ &= \sigma_u^2(X'X + \lambda I)^{-1}X'X(X'X + \lambda I)^{-1} \end{aligned} \tag{8.5.7}$$

(三)回归系数岭估计的误差均方和

$$\begin{aligned} S(\lambda) &= \sum_{i=1}^{k} E(\hat{\hat{\beta}}_i(\lambda) - \tilde{\beta}_i)^2 \\ &= \sum_{i=1}^{k} E[\hat{\hat{\beta}}_i(\lambda) - E(\hat{\hat{\beta}}_i(\lambda))]^2 + \sum_{i=1}^{k}[E(\hat{\hat{\beta}}_i(\lambda)) - \tilde{\beta}_i]^2 \\ &= S_1(\lambda) + S_2(\lambda) \end{aligned} \tag{8.5.8}$$

其中 $S_1(\lambda)$ 是协方差阵(8.5.7)主对角线元素之和,也就是协方差阵的迹:

$$S_1(\lambda) = t_r[(X'X + \lambda I)^{-1}X'X(X'X + \lambda I)^{-1}]\sigma_u^2 \tag{8.5.9}$$

由矩阵代数理论知:对于实对称阵 $X'X$,必存在正交矩阵 C,使得

$$C'X'XC = \Lambda \tag{8.5.10}$$

且

$$C'C = CC' = I \tag{8.5.11}$$

其中 Λ 为对角矩阵,I 为单位矩阵。

于是(8.5.9)可改写成:

$$\begin{aligned} S_1(\lambda) &= t_r[(X'X + \lambda I)^{-1}X'X(X'X + \lambda I)^{-1}]\sigma_u^2 \\ &= t_r[CC'X'XCC'(X'X + \lambda I)^{-1}CC'(X'X + \lambda I)^{-1}]\sigma_u^2 \\ &= t_r[\Lambda(C'X'XC + \lambda I)^{-2}]\sigma_u^2 \\ &= t_r[\Lambda(\Lambda + \lambda I)^{-2}]\sigma_u^2 \\ &= \sum_{i=1}^{k}\lambda_i(\lambda_i + \lambda)^{-2}\sigma_u^2 \end{aligned} \tag{8.5.12}$$

其中 λ_i 是 Λ 的主对角线元素,即 $X'X$ 的特征根。

$$\begin{aligned} S_2(\lambda) &= \sum_{i=1}^{k}[E(\hat{\hat{\beta}}_i(\lambda)) - \tilde{\beta}_i]^2 \\ &= [E(\hat{\hat{\beta}}(\lambda) - \tilde{\beta})]'[E(\hat{\hat{\beta}}(\lambda) - \tilde{\beta})] \end{aligned} \tag{8.5.13}$$

由(8.5.5)式可把(8.5.13)式改写成:

$$\begin{aligned} S_2(\lambda) &= [\lambda(X'X + \lambda I)^{-1}\tilde{\beta}]'[\lambda(X'X + \lambda I)^{-1}\tilde{\beta}] \\ &= \lambda^2\tilde{\beta}'(X'X + \lambda I)^{-2}\tilde{\beta} \end{aligned} \tag{8.5.14}$$

从(8.5.8)可以看出,$S_1(\lambda)$ 是岭回归参数估计的方差之和,$S_2(\lambda)$ 是岭回归参数估计偏倚量的平方和,从(8.5.12)可以看出,$S_1(\lambda)$ 是随着 λ 的增大而减少,从(8.5.14)可以看出,$S_2(\lambda)$ 是随着 λ 的增大而增大。岭回归的基本思想是选择适当的 λ,使 $S(\lambda)$ 达到最小(如图 8.5.1 所示)。

问题是这样的 λ 是否存在?霍尔(Horel)和凯纳德(Kennard)于 1970 年证明①确实

---

① Horel, A. E., R. W. Kennard. Ridge Regression: Estimation for Nonorthogonal Problems. Technometrics, 1970 (12):69 - 82.

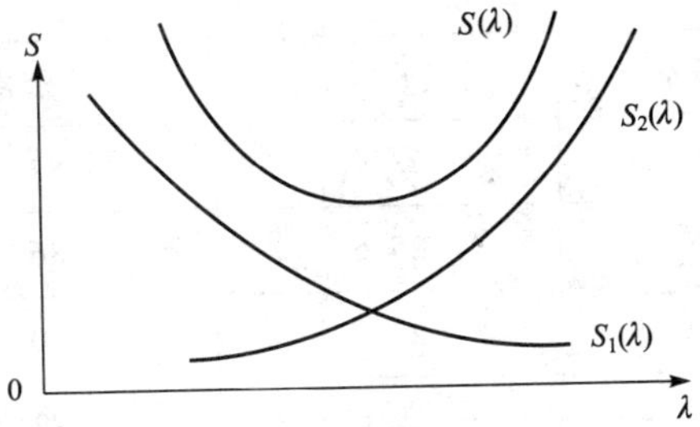

图 8.5.1 回归系数岭估计的误差均方和

存在某个大于 0 的 $\lambda=\lambda_0>0$,使得

$$S(\lambda_0) < \sum_{i=1}^{k} E(\hat{\hat{\beta}}_i - \tilde{\beta}_i)^2 \qquad (8.5.15)$$

即使得 $S(\lambda)$ 在 $\lambda=\lambda_0$ 处达到极小值。这表明:若以估计值同真值的偏差平方和为准则的话,岭回归估计比通常的 *OLS* 估计更精确。这就是岭回归解的存在定理。

同时,霍尔和凯纳德还提出一种通过观测岭图来确定 λ 值的直观方法。所谓岭图是对于从 0 到 1 之间的 λ 值,根据方程(8.5.4)分别求出相应的 $\hat{\hat{\beta}}(\lambda)$,然后画出各参数估计值 $\hat{\hat{\beta}}(\lambda)$ 随 λ 的变化趋势图。如果多重共线性很严重,则当 λ 从 0 开始慢慢增大时,$\hat{\hat{\beta}}(\lambda)$ 诸分量的数值起初剧烈变动,以后逐渐趋于稳定。这种变化在岭图上可以看得十分清楚。选择适当的岭回归系数 λ 应该满足条件:

(1) 所有回归参数估计值都开始稳定。

(2) 所有回归参数估计值大小合理,符号正确,与经济理论相符合。

(3) 膨胀因子 *VIF* 的值接近 1,即自变量之间接近正交。

尽管岭回归估计量 $\hat{\hat{\beta}}(\lambda)$ 是有偏估计量,但是,由于岭回归估计量的均方误差比 *OLS* 估计量要小,从而抵消了它的偏倚,所以人们还愿意接受这种方法。为此人们提出了许多选择 λ 值的方法。(这方面请参看美国计量经济学教授贾奇(George G. Judge)1985 年有关文章,这些文章较完整地讨论和概括了这个问题。)

三、案例——用岭回归方法分析多重共线

某地区 1997—2010 年的经济数据如表 8.5.1 所示,其中因变量为食品消费额 y,自变量是居民收入额 x,食品价格 p 和居住面积 s。

要求用线性模型

$$y_t = \beta_0 + \beta_1 x_t + \beta_2 p_t + \beta_3 s_t + u_t \qquad (8.5.16)$$

拟合表中的数据。

表 8.5.1 某地区 1997—2010 年的经济数据

年份	食品消费额 y	居民收入额 x	食品价格 p	居住面积 s
1997	12.4	22.2	80	10.5

续表

年份	食品消费额 y	居民收入额 x	食品价格 p	居住面积 s
1998	13.2	23.4	82	11.3
1999	14.2	25.6	86	12.4
2000	15.2	27.2	90	13.5
2001	15.8	29.6	92	13.6
2002	16.2	30.2	95	13.9
2003	16.8	32.4	96	14.2
2004	17.4	35.6	100	14.5
2005	18.2	37.5	101	15.6
2006	18.8	40.2	106	16.7
2007	19.6	45.2	110	18.2
2008	21.2	50.8	113	19.2
2009	24.6	60.8	120	19.4
2010	26.2	72.4	125	20.2

首先，对模型(8.5.16)直接应用 *OLS* 法，得出的结果：

$$\hat{y}_t = \underset{(3.1269)}{-3.5916} + \underset{(0.0319)}{0.1365}x_t + \underset{(0.0701)}{0.1978}p_t - \underset{(0.2289)}{0.2287}s_t$$

$$R^2 = 0.9931 \tag{8.5.17}$$

再写出标准化变量表示的模型：

$$\tilde{y}_t = \tilde{\beta}_1 \tilde{x}_t + \tilde{\beta}_2 \tilde{p}_t + \tilde{\beta}_3 \tilde{s}_t + u'_t \tag{8.5.18}$$

为了诊断用(8.5.16)拟合表 8.5.1 的数据时有无多重共线性，应分别计算 *OLS* 估计量 $\hat{\tilde{\beta}}_1, \hat{\tilde{\beta}}_2, \hat{\tilde{\beta}}_3$ 的方差膨胀因子：

$$X'X = \begin{pmatrix} \sum \tilde{x}_t^2 & \sum \tilde{x}_t \tilde{p}_t & \sum \tilde{x}_t \tilde{s}_t \\ \sum \tilde{p}_t \tilde{x}_t & \sum \tilde{p}_t^2 & \sum \tilde{p}_t \tilde{s}_t \\ \sum \tilde{s}_t \tilde{x}_t & \sum \tilde{s}_t \tilde{p}_t & \sum \tilde{s}_t^2 \end{pmatrix} = \begin{pmatrix} 1 & r_{xp} & r_{xs} \\ r_{px} & 1 & r_{ps} \\ r_{sx} & r_{sp} & 1 \end{pmatrix}$$

$$= \begin{pmatrix} 1 & 0.970650 & 0.944715 \\ 0.970650 & 1 & 0.987146 \\ 0.944715 & 0.987146 & 1 \end{pmatrix} \tag{8.5.19}$$

以上计算可以利用 EViews 软件，如图 8.5.2 和图 8.5.3 所示：

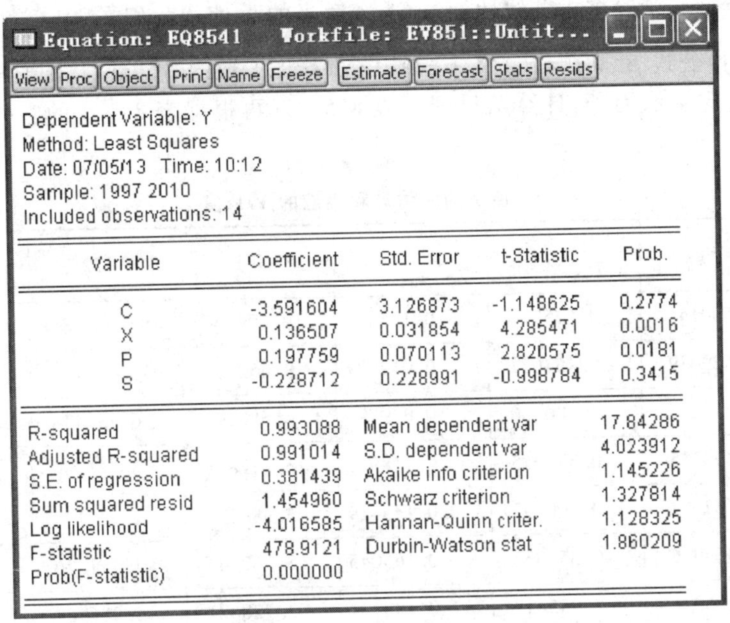

Equation: EQ8541 Workfile: EV851::Untit...

View Proc Object Print Name Freeze Estimate Forecast Stats Resids

Dependent Variable: Y
Method: Least Squares
Date: 07/05/13 Time: 10:12
Sample: 1997 2010
Included observations: 14

Variable	Coefficient	Std. Error	t-Statistic	Prob.
C	-3.591604	3.126873	-1.148625	0.2774
X	0.136507	0.031854	4.285471	0.0016
P	0.197759	0.070113	2.820575	0.0181
S	-0.228712	0.228991	-0.998784	0.3415

R-squared	0.993088	Mean dependent var	17.84286
Adjusted R-squared	0.991014	S.D. dependent var	4.023912
S.E. of regression	0.381439	Akaike info criterion	1.145226
Sum squared resid	1.454960	Schwarz criterion	1.327814
Log likelihood	-4.016585	Hannan-Quinn criter.	1.128325
F-statistic	478.9121	Durbin-Watson stat	1.860209
Prob(F-statistic)	0.000000		

图 8.5.2 方程(8.5.17)回归结果

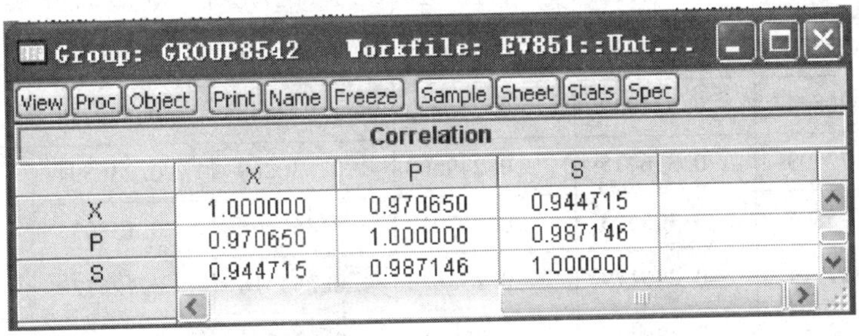

Group: GROUP8542 Workfile: EV851::Unt...

View Proc Object Print Name Freeze Sample Sheet Stats Spec

Correlation

	X	P	S
X	1.000000	0.970650	0.944715
P	0.970650	1.000000	0.987146
S	0.944715	0.987146	1.000000

图 8.5.3 矩阵(8.5.19)

$$|X'X| = 0.001296$$

$$(X'X)^{-1} = \begin{pmatrix} 1 & 0.970650 & 0.944715 \\ 0.970650 & 1 & 0.987146 \\ 0.944715 & 0.987146 & 1 \end{pmatrix}^{-1}$$

$$= \begin{pmatrix} 19.70494 & -29.3752 & 10.38207 \\ -29.3752 & 82.94178 & -54.1244 \\ 10.38207 & -54.1244 & 44.62063 \end{pmatrix} \tag{8.5.20}$$

$$VIF_1 = (X'X)^{-1}_{11} = 19.70494$$

$$VIF_2 = (X'X)^{-1}_{22} = 82.94178$$

$$VIF_3 = (X'X)^{-1}_{33} = 44.62063$$

由于 VFI_1,VFI_2和 VIF_3的数值都远大于 10,所以多重共线性很严重。

为了用岭回归消除多重共线性,必须选择适当的 λ 值。我们在[0,1]区间内选取 19 个 λ 值,然后由公式 $\hat{\hat{\beta}}(\lambda)=(X'X+\lambda I)^{-1}X'Y$ 算出参数的岭估计值,同时算出所有岭估计值的相应方差膨胀因子,计算结果列于表 8.5.2。再根据表 8.5.2 的有关数据画出岭图,如图 8.5.4 所示。

表 8.5.2 λ 值下的岭估计和相应的 *VIF* 值

λ	$\hat{\hat{\beta}}_1(\lambda)$	$\hat{\hat{\beta}}_2(\lambda)$	$\hat{\hat{\beta}}_3(\lambda)$	VIF1	VIF2	VIF3
0	0. 50014	0. 6753	−0. 1754	19. 70494	82. 94178	44. 62063
0. 01	0. 529079	0. 457657	0. 012031	9. 452653	16. 08212	12. 06461
0. 02	0. 515615	0. 400406	0. 07979	6. 585891	6. 750436	6. 65072
0. 03	0. 498715	0. 374945	0. 118917	5. 012846	3. 755859	4. 517604
0. 04	0. 482982	0. 360799	0. 145429	3. 986289	2. 422173	3. 37004
0. 05	0. 469076	0. 351836	0. 165045	3. 26274	1. 711326	2. 651496
0. 06	0. 4569	0. 345617	0. 180131	2. 728621	1. 286669	2. 160504
0. 07	0. 446113	0. 341001	0. 192143	2. 321286	1. 012119	1. 805485
0. 08	0. 436773	0. 337387	0. 201924	2. 002776	0. 824009	1. 538352
0. 09	0. 428374	0. 334435	0. 210025	1. 748646	0. 689262	1. 331257
0. 1	0. 420844	0. 331939	0. 216822	1. 542443	0. 589283	1. 166906
0. 2	0. 372603	0. 316415	0. 249503	0. 630269	0. 236594	0. 475164
0. 3	0. 345864	0. 305653	0. 257912	0. 367266	0. 158036	0. 284831
0. 4	0. 327114	0. 296179	0. 258823	0. 254416	0. 125728	0. 203714
0. 5	0. 312352	0. 287437	0. 256619	0. 194566	0. 107872	0. 160409
0. 8	0. 27952	0. 264275	0. 243783	0. 11677	0. 0807	0. 102559
1	0. 262723	0. 250844	0. 233968	0. 0936	0. 070285	0. 084414
1. 5	0. 2299341	0. 222584	0. 210724	0. 634718	0. 053266	0. 059451
2	0. 205172	0. 200049	0. 190816	0. 047879	0. 042355	0. 045702

由于多重共线性对参数估计值的影响(即不稳定性)在 λ 值接近于 0 时表现得最明显,所以,一般 0 附近的 λ 值应取得密一些,而 1 附近的 λ 值则可取得疏一些。

利用 EViews 软件,将表 8.5.2 中的参数 $\hat{\hat{\beta}}_1(\lambda)$,$\hat{\hat{\beta}}_2(\lambda)$ 和 $\hat{\hat{\beta}}_3(\lambda)$ 的变化规律画出图形,如岭图 8.5.4 所示。

从表 8.5.2 和图 8.5.4 中都可以清楚看出,当 λ 值很小时,$\hat{\hat{\beta}}_1(\lambda)$,$\hat{\hat{\beta}}_2(\lambda)$ 和 $\hat{\hat{\beta}}_3(\lambda)$ 都是不稳定的。随着 λ 值的逐步增大,$\hat{\hat{\beta}}_3(\lambda)$ 的数值从不合理的负值急速增大,当 λ 达到 0.09 左右时,$\hat{\hat{\beta}}_1(\lambda)$,$\hat{\hat{\beta}}_2(\lambda)$ 和 $\hat{\hat{\beta}}_3(\lambda)$ 开始趋于稳定。

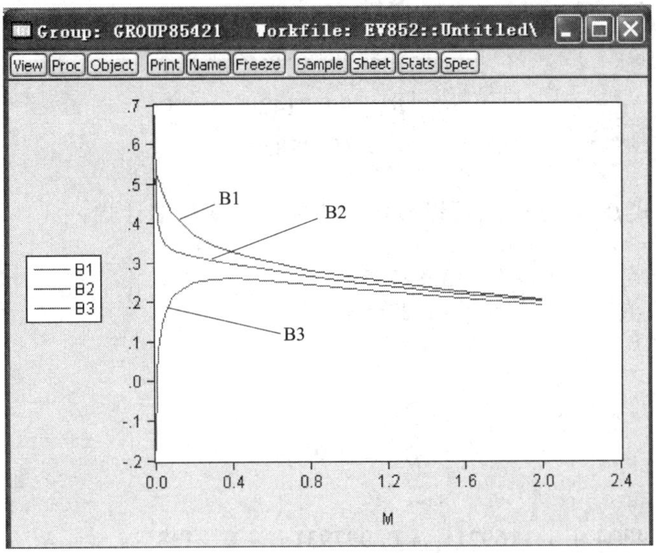

图 8.5.4 岭图

注：图 8.5.4 中 B1,B2 和 B3 分别表示 $\hat{\tilde{\beta}}_1(\lambda)$，$\hat{\tilde{\beta}}_2(\lambda)$ 和 $\hat{\tilde{\beta}}_3(\lambda)$，横轴 M 表示 λ 的取值。

确定合理的 λ 值：从表 8.5.2 中可以看出，

（1）当 λ 值增大到 0.09 时，$\hat{\tilde{\beta}}_1(\lambda)$，$\hat{\tilde{\beta}}_2(\lambda)$ 和 $\hat{\tilde{\beta}}_3(\lambda)$ 的数值开始稳定。

（2）当 λ 值增大到 0.09 时，所有回归参数估计值大小合理，$\hat{\tilde{\beta}}_3(\lambda)$ 在 $\lambda=0$ 时出现的错误正负号已得到纠正。

（3）当 λ 值增大到 0.09 时，三个回归参数估计值的方差膨胀因子 $VIF_j(j=1,2,3)$ 的数值较接近 1，这意味着三个自变量已接近正交。

通过以上分析，取 λ = 0.09 是比较合理的。

利用 λ = 0.09 时的岭估计值，可写出模型(8.5.18)的估计方程

$$\hat{\tilde{y}}_t = \underset{(0.082877)}{0.428374\,\tilde{x}_t} + \underset{(0.052032)}{0.334435\,\tilde{p}_t} + \underset{(0.072312)}{0.210025\,\tilde{s}_t} \qquad R^2 = 0.956793 \quad (8.5.21)$$

残差平方和 $ESS = 0.043207$

(8.5.21)式中的标准差数据按公式

$$S_{\hat{\tilde{\beta}}_i} = (\hat{\sigma}_u^2 VIF_i)^{\frac{1}{2}} \qquad \text{其中} \quad \hat{\sigma}_u^2 = 0.043207/(14-3) = 0.003928$$

计算出来的。

再利用表 8.5.1 中的数据算出所有原变量的标准差和平均值：

$$\begin{cases} S_y = \sqrt{\dfrac{1}{n}\sum \dot{y}_t^2} = 3.877539 \\ S_x = \sqrt{\dfrac{1}{n}\sum \dot{x}_t^2} = 14.20665 \\ S_p = 13.24186 \\ S_s = 2.973797 \end{cases} \qquad (8.5.22)$$

$$\begin{cases}\bar{y} = 17.84286 \\ \bar{x} = 38.07857 \\ \bar{p} = 99.71429 \\ \bar{s} = 15.22857\end{cases} \tag{8.5.23}$$

再利用(8.3.16)式$\beta_i = \frac{S_y}{S_{x_i}}\tilde{\beta}_i$,可以转化为非标准化变量估计式:

$$\hat{\beta}_1 = \frac{S_y}{S_x}\hat{\tilde{\beta}}_1 = \frac{3.877539}{14.20665} \times 0.4283736 = 0.116921$$

同样可计算:

$$\hat{\beta}_2 = 0.097931$$

$$\hat{\beta}_3 = 0.273851$$

于是

$$\hat{y}_t = -0.544804 + \underset{(0.02262)}{0.116921x_t} + \underset{(0.015236)}{0.097931p_t} + \underset{(0.094288)}{0.273851s_t} \qquad R^2 = 0.956793 \tag{8.5.24}$$

其中:

$$\hat{\beta}_0 = \bar{y} - \hat{\beta}_1\bar{x} - \hat{\beta}_2\bar{p} - \hat{\beta}_3\bar{s} = -0.544804$$

$$S_{\hat{\beta}1} = \frac{S_y}{S_x}S_{\hat{\tilde{\beta}}1} = \frac{3.877539}{14.20665} \times 0.082877 = 0.02262$$

$S_{\hat{\beta}2}$,$S_{\hat{\beta}3}$ 可以类似的方法算出。在估计式(8.5.21)中参数β_3的符号得到了纠正,由不显著变为显著,估计地更合理。

岭回归方法是20世纪70年代以后发展起来的新方法,不论在方法本身还是实际应用,研究地还很不充分,但是,对处理多重共线问题特别有用。

§8.6 小　　结

1. 多重共线性的概念

所谓多重共线性是指解释变量之间存在完全的线性关系或近似的线性关系。

2. 多重共线性的后果

(1) 使得参数估计值$\hat{\beta}_i$很不稳定,并且对样本非常敏感。

(2) 使得参数估计值的方差$V(\hat{\beta}_i)$增大。

(3) 在对参数进行显著性t检验时,由于方差$V(\hat{\beta}_i)$的增大,增加了接收零假设的可能性,进而可能导致模型定型错误。

(4) 参数的置信区间明显增大。

3. 多重共线性的检验

(1) 不显著系数法;

（2）利用解释变量之间所构成的回归方程的拟合优度 R_j^2 检验；
（3）利用缺某一个解释变量的拟合优度检验；
（4）相关系数矩阵法；
（5）利用方差膨胀因子 $VIF_i = (X'X)_{ii}^{-1} = (1 - R_i^2)^{-1}$ 进行判断。
4. 消除多重共线性的方法
（1）增加样本容量；
（2）在适当的情况下可不作处理；
（3）利用事前信息；
（4）变换模型形式；
（5）将时间序列与横断面数据结合使用；
（6）删除不必要的共线解释变量；
（7）对所有变量作滞后差分变换；
（8）引入附加方程；
（9）Frisch 综合分析法；
（10）岭回归估计法。

复习思考题

1. 什么是变量之间的多重共线性？举例说明。
2. 将下列函数用适当的方法消除多重共线：
（1）消费函数为

$$C = \beta_0 + \beta_1 W + \beta_2 P + u$$

其中 C、W、P 分别代表消费、工资收入和非工资收入，W 与 P 可能高度相关，但研究表明 $\beta_2 = \frac{1}{2}\beta_1$

（2）需求函数为

$$Q = \beta_0 + \beta_1 Y + \beta_2 P + \beta_3 P_s + u$$

其中 Q、Y、P、P_S 分别为需求量、收入水平、该商品价格水平及其替代品价格水平，P 与 P_s 可能高度相关。
3. 下表是某种商品的需求量、价格及居民收入的统计资料：

需求量、价格及居民收入的相关数据

年份	1(1995)	2	3	4	5	6	7	8	9	10
需求量(y)	3.5	4.3	5.0	6.0	7.0	9.0	8.0	10	12	14
价格(x_1)	16	13	10	7	7	5	4	3	3.5	2
收入(x_2)	15	20	30	42	50	54	65	72	85	90

（1）检验 x_1 与 x_2 间的多重共线性。

(2) 利用 Frisch 综合分析法,建立适当的回归方程。

4. $y_t = \beta_1 x_{1t} + \beta_2 x_{2t} + u_t$,并且 $y' = (4, -2, 4, 0)$,$x'_1 = (1, 1, 2, 2)$ 和 $x_{2t} = 2x_{1t}$。

(1) 先构造正规方程,然后证明参数 β_1 和 β_2 的最小二乘估计量有无穷多解。

(2) 在正规方程中,任取两组不同解,证明它们能得到相同的 $\hat{y}$ 值与相同的误差平方和。

(3) 证明线性组合 $5\beta_1 + 10\beta_2$ 是可估计的,但 $\beta_1 + \beta_2$ 是不可估计的。

5. 某公司经理试图建立识别对管理有利的个人能力模型,他选取了 15 名新近提拔的职员做一系列测试,考察他们的交易能力(x_1)、与其他人联系的能力(x_2)及决策能力(x_3),每名职员的工作情况(y)依次对这三个变量作回归,原始数据见下表。

y、x_1、x_2、x_3 的相关数据

y	x_1	x_2	x_3
80	50	72	18
75	51	74	19
84	42	79	22
62	42	71	17
92	59	85	25
75	45	73	17
63	48	75	16
69	39	73	19
68	40	71	20
87	55	80	30
92	48	83	33
82	45	80	20
74	45	75	18
80	61	75	20
62	59	70	15

(1) 建立回归模型,并进行回归分析。

(2) 模型是否显著?

(3) 计算每个 β_i 的方差膨胀因子 VIF_i,并判断是否存在多重共线性?

第九章 随机解释变量与模型设定误差

✓ 本章要点

(1) 随机解释变量不满足经典假定 $COV(x,u)=0$ 时，参数的 *OLS* 估计量将失去无偏性和一致性(相合性)；(2) 工具变量的概念、工具变量法的应用以及工具变量法估计量的统计性质；(3) 样本观测值分组平均数据的参数 *OLS* 估计量的统计性质；(4) 模型的制定偏误，对参数 *OLS* 估计量统计性质的影响；(5) 模型变量的测量误差，对参数 *OLS* 估计量统计性质的影响以及测量误差的检验。

§9.1 随机性解释变量

一、随机解释变量问题

在经典回归模型的讨论中，我们总是假定解释变量 x 是非随机的，如果是随机的也必须与随机项 u 不相关，即 $COV(x,u)=0$。但是，在经济现象中，这个假定往往是不能得到满足的。一是由于许多经济变量是不可控的，所以解释变量的观测值是具有随机性的；二是由于随机项 u 包括了模型中略去的解释变量，而略去的解释变量同模型中的解释变量往往是相关的，其结果造成随机项 u 与模型中的解释变量相关。我们把单方程线性计量模型中的解释变量为随机解释变量的问题称为随机解释变量问题。

二、随机解释变量不满足经典假定 $COV(x_t,u_t)=0$ 时，*OLS* 法估计量将失去无偏性和一致性(相合性)

为了叙述方便我以一元线性回归模型为例：

$$y_t = \beta_0 + \beta_1 x_t + u_t \tag{9.1.1}$$

其中 x_t 为随机解释变量，且不满足经典假定 $COV(x_t,u_t)=0$，其他经典假定均满足。

无论随机解释变量的随机性如何，其参数的最小二乘估计量仍然有表达式：

$$\hat{\beta}_1 = \frac{\sum \dot{x}_t \dot{y}_t}{\sum \dot{x}_t^2} = \beta_1 + \frac{\sum \dot{x}_t \dot{u}_t}{\sum \dot{x}_t^2} \tag{9.1.2}$$

对式(9.1.2)两边取均值便有：

$$E(\hat{\beta}_1) = \beta_1 + E\left(\frac{\sum \dot{x}_t \dot{u}_t}{\sum \dot{x}_t^2}\right) \tag{9.1.3}$$

由于不满足条件 $COV(x_t, u_t) = 0$,所以

$$E\left(\frac{\sum \dot{x}_t \dot{u}_t}{\sum \dot{x}_t^2}\right) \neq 0$$

$$E(\hat{\beta}_1) = \beta_1 + E\left(\frac{\sum \dot{x}_t \dot{u}_t}{\sum \dot{x}_t^2}\right) \neq \beta_1 \tag{9.1.4}$$

表明 $\hat{\beta}_1$ 不是 β_1 的无偏估计量。其偏倚量为

$$偏倚量 = E(\hat{\beta}_1) - \beta_1 = E\left(\frac{\sum \dot{x}_t \dot{u}_t}{\sum \dot{x}_t^2}\right) \tag{9.1.5}$$

由于 $\underset{n\to\infty}{Plim}\left(\frac{\sum \dot{x}_t \dot{u}_t}{n}\right) = COV(x_t, u_t) \neq 0$,设 x 与 u 之间的相关系数为 ρ,即 $COV(x_t, u_t) = \rho\sigma_x\sigma_u$ 。再对式(9.1.2)两边取极限

$$\underset{n\to\infty}{Plim}\,\hat{\beta}_1 = \beta_1 + \underset{n\to\infty}{Plim}\frac{\sum \dot{x}_t u_t}{\sum \dot{x}_t^2} = \beta_1 + \frac{COV(x_t, u_t)}{V(x_t)} = \beta_1 + \rho\frac{\sigma_u}{\sigma_x} \neq \beta_1 \tag{9.1.6}$$

表明 $\hat{\beta}_1$ 不是 β_1 的一致估计量。也就是说,由于 $COV(x_t, u_t) \neq 0$,其参数的最小二乘估计量既是有偏的,又是非一致的。

§9.2 工具变量法(*IV* 法)

一、工具变量的概念

若模型中存在随机解释变量问题,一般随机解释变量与随机项是高度相关,应用 *OLS* 法得到的参数估计量是有偏且不一致的。解决这个问题的常用方法是工具变量法。

工具变量(Instrument Variable ,IV)法的基本思想是:当随机解释变量 x 与随机项 u 是高度相关时,则设法寻找另一个变量 z,它与随机解释变量 x 高度相关,而与随机项 u 不相关,从而用 z 代替 x。变量 z 称为工具变量。

选择工具变量应满足的条件:

(1) 工具变量必须是真正的外生变量;

(2) 工具变量与所替代的随机解释变量高度相关;

(3) 工具变量与模型中的其他解释变量不相关,或相关性很小,避免出现多重共线性。

(4) 在同一个模型中采用多个工具变量,这些工具变量之间也必须不相关,或相关性很小,避免出现多重共线性。

二、工具变量法

为了讨论方便我们将(9.1.1)写成离差形式

$$\dot{y}_t = \beta_1 \dot{x}_t + \dot{u}_t \tag{9.2.1}$$

这里随机解释变量 x_t与随机项 u_t高度相关,即 $COV(x_t, u_t) \neq 0$,使得 OLS 法失效。假设我们找到工具变量 z_t,z_t与 x_t高度相关而与随机项 u_t不相关,用工具变量 z_t的离差形式 $\dot{z}_t$去乘模型(9.2.1)的两边,再对样本容量 n 求和得

$$\sum \dot{z}_t \dot{y}_t = \beta_1 \sum \dot{z}_t \dot{x}_t + \sum \dot{z}_t \dot{u}_t \tag{9.2.2}$$

由于 $\dot{z}_t$ 与 $\dot{u}_t$ 不相关,便有 $COV(z_t, u_t) = 0$,所以取 $\sum \dot{z}_i \dot{u}_i \approx 0$,于是(9.2.2)式可以改写成

$$\sum \dot{z}_t \dot{y}_t = \hat{\beta}_1 \sum \dot{z}_t \dot{x}_t \tag{9.2.3}$$

(9.2.3)称之为拟正规方程,从而可得

$$\begin{cases} \hat{\beta}_1 = \dfrac{\sum \dot{z}_t \dot{y}_t}{\sum \dot{z}_t \dot{x}_t} \\ \hat{\beta}_0 = \bar{y} - \hat{\beta}_1 \bar{x} \end{cases} \tag{9.2.4}$$

问题得到解决。上述这种求模型参数估计量的方法叫做工具变量法。

三、工具变量法参数估计量的统计性质

由(9.2.1)和(9.2.4)有

$$\hat{\beta}_1 = \frac{\sum \dot{z}_t \dot{y}_t}{\sum \dot{z}_t \dot{x}_t} = \frac{\sum \dot{z}_t (\beta_1 \dot{x}_t + \dot{u}_t)}{\sum \dot{z}_t \dot{x}_t} = \beta_1 + \frac{\sum \dot{z}_t \dot{u}_t}{\sum \dot{z}_t \dot{x}_t} \tag{9.2.5}$$

(9.2.5)两边取期望值:

$$E(\hat{\beta}_1) = \beta_1 + E\left(\frac{\sum \dot{z}_t \dot{u}_t}{\sum \dot{z}_t \dot{x}_t}\right) \neq \beta_1 \tag{9.2.6}$$

所以,$\hat{\beta}_1$ 不是 β_1 的无偏估计量。

(9.2.5)两边取概率极限:

$$Plim\,\hat{\beta}_1 = \beta_1 + \frac{Plim\,\frac{1}{n}\sum \dot{z}_t \dot{u}_t}{Plim\,\frac{1}{n}\sum \dot{z}_t \dot{x}_t} = \beta_1 + \frac{COV(z_t, u_t)}{COV(z_t, x_t)} = \beta_1 \tag{9.2.7}$$

即

$$Plim\,\hat{\beta}_1 = \beta_1 \tag{9.2.8}$$

表明 $\hat{\beta}_1$ 是 β_1 的一致估计量。

同样可以证明,$\hat{\beta}_0$ 是 β_0 的一致估计量(读者可以自己给出)。

上述方法可以自然地推广到多元模型中去。

工具变量法是解决随机性解释变量与随机项相关时,估计模型中参数的一种简单有

效方法。但是,在实际问题中,如何选择工具变量是一个比较困难的问题。在满足工具变量条件下,所选择的工具变量不同,模型参数估计值也不同,这就产生了参数估计量不唯一的问题。这些问题在后面的方程组中还要进一步讨论。

四、案例分析 9.2.1

表 9.2.1 是某地区国内消费总额 y_t、国内生产总值 x_t和进口额 z_t的样本观测值,请分析国内消费总额 y_t关于国内生产总值 x_t的线性回归关系:

$$y_t = \beta_0 + \beta_1 x_t + u_t$$

表 9.2.1 **国内消费总额、国内生产总值和进口额** 单位:亿元

序号	国内消费总额(y_t)	国内生产总值(x_t)	进口额(z_t)
1	108.1	149.3	15.9
2	114.8	161.2	16.4
3	123.2	171.5	19.0
4	126.9	175.5	19.1
5	132.1	180.8	18.8
6	137.7	190.7	20.4
7	146.0	202.1	22.7
8	154.1	212.1	26.5
9	162.3	226.1	28.1
10	164.3	231.9	27.6
11	167.6	239.0	26.3

对上述模型先做一个 *OLS* 得结果如图 9.2.1 所示:

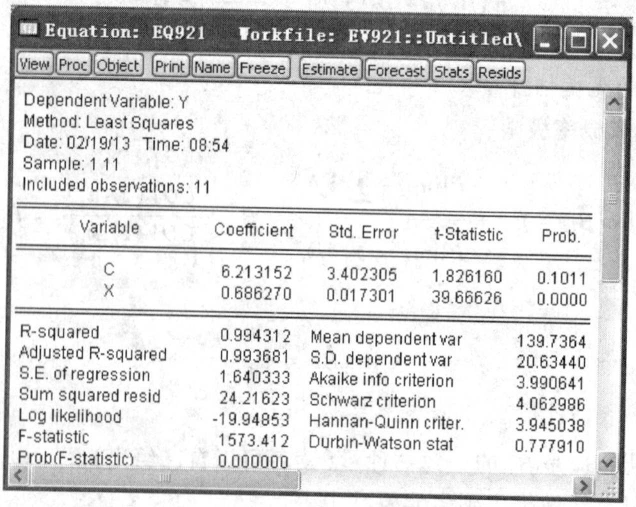
Equation: EQ921 Workfile: EV921::Untitled\

Dependent Variable: Y
Method: Least Squares
Date: 02/19/13 Time: 08:54
Sample: 1 11
Included observations: 11

Variable	Coefficient	Std. Error	t-Statistic	Prob.
C	6.213152	3.402305	1.826160	0.1011
X	0.686270	0.017301	39.66626	0.0000

R-squared	0.994312	Mean dependent var	139.7364
Adjusted R-squared	0.993681	S.D. dependent var	20.63440
S.E. of regression	1.640333	Akaike info criterion	3.990641
Sum squared resid	24.21623	Schwarz criterion	4.062986
Log likelihood	-19.94853	Hannan-Quinn criter.	3.945038
F-statistic	1573.412	Durbin-Watson stat	0.777910
Prob(F-statistic)	0.000000		

图 9.2.1 y 对 x 回归结果

$$\hat{y}_t = 6.213152 + 0.686270x_t$$

在模型中国内生产总值也是随机变量，假设它与随机项高度相关，这就违背了经典假定 $COV(x_t, u_t) = 0$。经计算模型的随机项 u_t 与进口额 z_t 的相关系数为 0.1297，相关性很小，可以认为进口额 z_t 与随机项 u_t 不相关，但是，进口额与国内生产总值高度相关，因此，可以选择进口额 z_t 做国内生产总值 x_t 的工具变量，计算

$$\hat{\beta}_1 = \frac{\sum \dot{z}_t \dot{y}_t}{\sum \dot{x}_t \dot{z}_t} = \frac{911.1836}{1\ 314.3664} = 0.693249$$

$$\hat{\beta}_0 = \bar{y} - \hat{\beta}_1 \bar{x} = 4.855248$$

工具变量法可利用 EViews 软件进行计算，其过程为：在工作文件主窗口，点击 Quik\Estimate Equation，打开 Equation Specification 对话框，在 Method 窗口选择 TSLS（两阶段最小二乘法）估计方法。

在 Equation Specification 窗口输入回归方程的变量：

y c x

在 Instrument list 窗口输入

z

如图 9.2.2 所示。

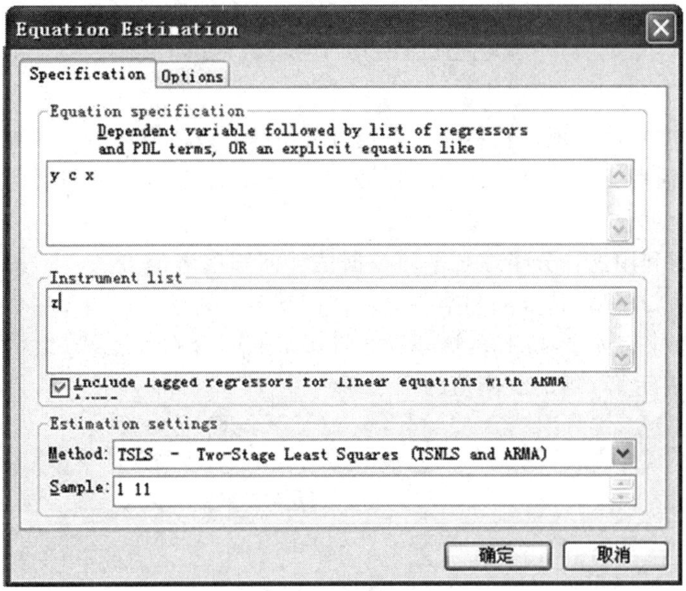

图 9.2.2　EViews 工具变量法操作

点击“确定”便得到计算结果如图 9.2.3 所示：

图 9.2.3 的计算结果与我们手工计算结果基本一致。

工具变量法还可利用 EViews 软件中的 TSLS 命令，在工作文件主窗口输入命令：

TSLS *y c x* @ *z*

可以得到相同的结果。

Equation: EQ922 Workfile: EV921::Untitled\

View | Proc | Object | Print | Name | Freeze | Estimate | Forecast | Stats | Resids

Dependent Variable: Y
Method: Two-Stage Least Squares
Date: 02/19/13 Time: 08:57
Sample: 1 11
Included observations: 11
Instrument list: Z

Variable	Coefficient	Std. Error	t-Statistic	Prob.
C	4.855248	3.555457	1.365576	0.2052
X	0.693249	0.018093	38.31565	0.0000

R-squared	0.994210	Mean dependent var	139.7364
Adjusted R-squared	0.993566	S.D. dependent var	20.63440
S.E. of regression	1.655096	Sum squared resid	24.65409
F-statistic	1468.089	Durbin-Watson stat	0.781732
Prob(F-statistic)	0.000000	Second-Stage SSR	236.1857

图 9.2.3 EViews 工具变量法的回归结果

§9.3 样本观测值分组平均数据的回归参数估计

在经济统计中,许多统计资料往往是经过分组综合以后发表的。例如,城市职工家庭平均收入,平均消费支出等。另外,在实际处理大样本时,为了整理计算方便,也往往将样本观测值分组。

本节将介绍利用这种分组综合平均数据估计回归参数的方法。不失一般性,我们只讨论一元线性回归模型,其方法和结果可以推广到多元线性回归模型中去。

设变量 x 和 y 有 n 个观测值,被分成 g 组。x_{ij} 和 y_{ij} 分别代表第 j 组中 x 和 y 的第 i 个观测值。以 n_j 表示第 j 组的观测值的个数,则

$$\begin{cases} \bar{x}_j = \dfrac{1}{n_j}\sum_{i=1}^{n_j} x_{ij} \\ \bar{y}_j = \dfrac{1}{n_j}\sum_{i=1}^{n_j} y_{ij} \end{cases} \quad (j = 1,2,\cdots,g) \tag{9.3.1}$$

$\bar{x}_j$ 和 $\bar{y}_j$ 分别表示 x 和 y 的观测值第 j 组的平均值。

假设变量之间有模型

$$y_{ij} = \beta_o + \beta_1 x_{ij} + u_{ij} \tag{9.3.2}$$

$$(i = 1,2,\cdots,n_j, j = 1,2,\cdots,g)$$

并且随机项 u_{ij} 满足经典假定。此时模型(9.3.2)可以用 *OLS* 法进行估计。然而,现在我们只知道各组观测值的平均值 $\bar{x}_j,\bar{y}_j(j = 1,2,\cdots,g)$。

为此,我们对模型(9.3.2)两端求和,再取平均值,便有

$$\bar{y}_j = \beta_0 + \beta_1 \bar{x}_j + \bar{u}_j \tag{9.3.3}$$

其中 $\bar{u}_j = \frac{1}{n_j}\sum_{i=1}^{n_j} u_{ij}$

对于模型(9.3.3)*OLS* 法是否还适用？下面我们对这个问题进行讨论。

先计算 $\bar{u}_j$ 的期望值：

$$E(\bar{u}_j) = E\left(\frac{1}{n_j}\sum_i u_{ij}\right) = \frac{1}{n_j}\sum_i E(u_{ij}) = 0 \tag{9.3.4}$$

再计算 $\bar{u}_j$ 的方差：

$$V(\bar{u}_j) = E(\bar{u}_j^2) = \frac{1}{n_j^2}\sum_i E(u_{ij}^2) = \frac{\sigma_u^2}{n_j} \tag{9.3.5}$$

(9.3.5)表明，只有各组观测值的个数相等，即 $n_1 = n_2 \cdots = n_g$ 时，$\bar{u}_j$ 满足假定3，否则 $\bar{u}_j$ 将具有异方差性。

显然，其余假定 $\bar{u}_j$ 仍然满足(读者可自己证明)。

现在假设各组观测值数目不等，模型(9.3.3)具有异方差性，并且方差结构由(9.3.5)给出。

为消除异方差，将模型(9.3.3)作如下变换：

$$\sqrt{n_j}\,\bar{y}_j = \sqrt{n_j}\,\beta_0 + \beta_1\sqrt{n_j}\,\bar{x}_j + \sqrt{n_j}\,\bar{u}_j \tag{9.3.6}$$

记

$$\begin{cases} y_j^* = \sqrt{n_j}\,\bar{y}_j \\ x_{1j}^* = \sqrt{n_j} \\ x_{2j}^* = \sqrt{n_j}\,\bar{x}_j \\ u_j^* = \sqrt{n_j}\,\bar{u}_j \end{cases} \tag{9.3.7}$$

于是(9.3.6)可以改写为：

$$y_j^* = \beta_0 x_{1j}^* + \beta_1 x_{2j}^* + u_j^* \tag{9.3.8}$$

显然，变换后的模型(9.3.8)已消除异方差，因为：

$$V(u_j^*) = V(\sqrt{n_j}\,\bar{u}_j) = n_j V(\bar{u}_j) = \sigma_u^2$$

可以对模型(9.3.8)应用 *OLS* 法。

在实际应用时应该注意：

(1) 用分组数据求得的参数估计量的方差要比用非分组数据得出的参数估计量的方差要大。

(2) 用分组数据模型的拟合优度，一般大于用非分组数据的拟合度。

(3) 在处理实际问题确实要分组时，在条件允许的情况下对样本观测值应采取等分组法(即每组观测值数目相等)，这样将避免出现异方差性，给我们的参数估计带来方便。

§9.4　模型的制定偏误

在研究经济问题时,模型制定的正确与否是非常关键的步骤。但是,由于各种各样的原因,比如当解释变量无法测量,或对经济问题本身认识得不全面,可能在回归模型中省略或丢失了一些重要变量,也可能由于经济理论不清楚,使回归模型中包含了一些不应包含的解释变量。本节将讨论出现这些问题时,可能产生的后果。这里我们仍然假定随机项满足基本假定,并且与自变量不相关。

一、遗漏了重要的解释变量

假定正确模型应为

$$y_i = \beta_0 + \beta_1 x_{1i} + \beta_2 x_{2i} + u_i \tag{9.4.1}$$

假设遗漏了重要解释变量 x_2,则模型变为

$$y_i = \beta_0^* + \beta_1^* x_{1j} + u'_i \tag{9.4.2}$$

(一)对参数估计量的影响

对(9.4.2)应用 *OLS* 法,将有

$$\begin{aligned}\hat{\beta}_1^* &= \frac{\sum \dot{x}_{1i}\dot{y}_i}{\sum \dot{x}_{1i}^2} = \frac{\sum \dot{x}_{1i}(\beta_0 + \beta_1 x_{1i} + \beta_2 x_{2i} + u_i)}{\sum \dot{x}_{1i}^2} \\ &= \beta_1 + \beta_2 \frac{\sum \dot{x}_{1i}\dot{x}_{2i}}{\sum \dot{x}_{1i}^2} + \frac{\sum \dot{x}_{1i}u_i}{\sum \dot{x}_{1i}^2}\end{aligned} \tag{9.4.3}$$

对(9.4.3)两边取期望值:

$$E(\hat{\beta}_1^*) = \beta_1 + \beta_2 \frac{\sum \dot{x}_{1i}\dot{x}_{2i}}{\sum \dot{x}_{1i}^2} \tag{9.4.4}$$

由(9.4.4)知,β_1^* 的 *OLS* 估计量作为 β_1 的估计量是有偏的。其偏差为

$$E(\hat{\beta}_1^*) - \beta_1 = \beta_2 \frac{\sum \dot{x}_{1i}\dot{x}_{2i}}{\sum \dot{x}_{1i}^2} \tag{9.4.5}$$

而且这种偏差不能通过扩大样本来消除,除非 x_1 与 x_2 不相关,即 $\sum \dot{x}_{1i}\dot{x}_{2i} = 0$ 时,偏差才能消失。所以,$\hat{\beta}_1^*$ 不仅不是 β_1 的无偏估计量,而且是非一致的。

一个启示:遗漏自变量 x_2 时,β_1 的估计量所产生的偏差皆因 x_2 与 x_1 相关所致。如果由于某种原因,我们想抛弃自变量 x_2,就必须考虑 x_2 与另一个自变量 x_1 之间的相关性强度。只有这两个变量之间的相关性不太强时,抛弃 x_2 才不至于使 β_1^* 产生太大的偏差。

同样可以证明,$\hat{\beta}_0^*$ 作为 β_0 的估计也是有偏且非一致的。

(二)对参数估计量方差的影响

下面我们再考虑遗漏自变量 x_2 对 $\hat{\beta}_1^*$ 的方差 $V(\hat{\beta}_1^*)$ 的影响。

由模型(9.4.2),可以得到

$$V(\hat{\beta}_1^*) = \frac{\sigma_u^2}{\sum \dot{x}_{1i}^2} \tag{9.4.6}$$

由模型(9.4.1)和方差(9.4.6)便有

$$\begin{aligned} V(\hat{\beta}_1) &= \frac{\sigma_u^2 \sum \dot{x}_{2i}^2}{\sum \dot{x}_{1i}^2 \sum \dot{x}_{2i}^2 - (\sum \dot{x}_{1i} \sum \dot{x}_{2i})^2} \\ &= \frac{\sigma_u^2 / \sum \dot{x}_{1i}^2}{1 - r_{12}^2} \geqslant V(\hat{\beta}_1^*) \end{aligned} \tag{9.4.7}$$

其中 $0 \leqslant r_{12}^2 \leqslant 1$

可见,当自变量 x_2 与自变量 x_1 相关时,由于多重共线的影响, $V(\hat{\beta}_1)$ 大于 $V(\hat{\beta}_1^*)$。只有 x_2 与 x_1 不相关,即 $r_{12}=0$ 时, $V(\hat{\beta}_1) = V(\beta_1^*)$。

一个启示:

在模型(9.4.1)中抛弃 x_2 可以使另一个自变量 x_1 的系数 β_1 的估计量的方差减小,其减小量为

$$V(\hat{\beta}_1) - V(\hat{\beta}_1^*) \tag{9.4.8}$$

同时,抛弃 x_2 又会使 β_1 的估计量产生偏差,其偏移量为:

$$BIAS(\hat{\beta}_1) = \beta_2 \frac{\sum \dot{x}_1 \dot{x}_2}{\sum \dot{x}_{1i}^2} \tag{9.4.9}$$

只有当 β_1 的估计量的方差的减小量大于偏移量的平方:

即　$$V(\hat{\beta}_1) - V(\hat{\beta}_1^*) > [BIAS(\hat{\beta}_1^*)]^2$$

或　$$MSE(\hat{\beta}_1^*) = V(\hat{\beta}_1^*) + [BIAS(\hat{\beta}_1^*)]^2 < V(\hat{\beta}_1)$$

时,那么,通过抛弃 x_2 来消除模型中的多重共线性便是一种可取的办法。

其中 $MSE(\hat{\beta}_1^*)$ 称为 $\hat{\beta}_1^*$ 的均方误差(Mean Square Error)。它由两部分组成:一部分是 $\hat{\beta}_1^*$ 的方差(属于统计误差),另一部分是 $\hat{\beta}_1^*$ 偏移量的平方(属于系统误差)。

二、模型中误加了不相干的解释变量

设正确模型应为

$$y_i = \beta_0 + \beta_1 x_{1i} + u_i \tag{9.4.10}$$

假设模型中误加了与 y 不相干的解释变量 x_2,则模型变为

$$y_i = \beta_0^* + \beta_1^* x_{1i} + \beta_2^* x_{2i} + u'_i \tag{9.4.11}$$

(一)对参数估计量的影响

对(9.4.11)应用 OLS 法,得参数估计量

$$\hat{\beta}_1^* = \frac{\sum \dot{x}_{2i}^2 \sum \dot{x}_{1i}\dot{y}_i - \sum \dot{x}_{1i}\dot{x}_{2i} \sum \dot{x}_{2i}\dot{y}_i}{\sum \dot{x}_{1i}^2 \sum \dot{x}_{2i}^2 - (\sum \dot{x}_{1i}\dot{x}_{2i})^2} \tag{9.4.12}$$

把正确关系(9.4.10)代入(9.4.12)式右端,得

$$\hat{\beta}_1^* = \beta_1 + \frac{\sum \dot{x}_{2i}^2 \sum \dot{x}_{1i}u_i - \sum \dot{x}_{1i}\dot{x}_{2i} \sum \dot{x}_{2i}u_i}{\sum \dot{x}_{1i}^2 \sum \dot{x}_{2i}^2 - (\sum \dot{x}_{1i}\dot{x}_{2i})^2} \tag{9.4.13}$$

对(9.4.13)式两边取期望值,便有

$$E(\hat{\beta}_1^*) = \beta_1 \tag{9.4.14}$$

表明,模型中误加了不相干自变量不影响其他自变量系数估计量的无偏性。

类似地有:

$$\begin{aligned}\hat{\beta}_2^* &= \frac{\sum \dot{x}_{1i}^2 \sum \dot{x}_{2i}\dot{y}_i - \sum \dot{x}_{1i}\dot{x}_{2i} \sum \dot{x}_{1i}\dot{y}_i}{\sum \dot{x}_{1i}^2 \sum \dot{x}_{2i}^2 - (\sum \dot{x}_{1i}\dot{x}_{2i})^2} \\ &= \frac{\sum \dot{x}_{1i}^2 \sum \dot{x}_{2i}u_i - \sum \dot{x}_{1i}\dot{x}_{2i} \sum \dot{x}_{1i}u_i}{\sum \dot{x}_{1i}^2 \sum \dot{x}_{2i}^2 - (\sum \dot{x}_{1i}\dot{x}_{2i})^2}\end{aligned} \tag{9.4.15}$$

对(9.4.15)式两边取期望值,便有

$$E(\hat{\beta}_2^*) = 0 \tag{9.4.16}$$

从直观意义上讲,不相干变量系数 $\hat{\beta}_2^*$ 的期望值为零,也是合理的。

(二) 对参数估计量方差的影响

模型(9.4.11)中参数 β_1^* 的估计值的方差:

$$\begin{aligned}V(\hat{\beta}_1^*) &= \frac{\sigma_u^2 \sum \dot{x}_{2i}^2}{\sum \dot{x}_{1i}^2 \sum \dot{x}_{2i}^2 - (\sum \dot{x}_{1i}\dot{x}_{2i})^2} \\ &= \frac{V(\hat{\beta}_1)}{1 - r_{12}^2} \geqslant V(\hat{\beta}_1)\end{aligned} \tag{9.4.17}$$

r_{12} 为 x_2 与 x_1 之间的相关系数。(9.4.17)表明,仅当 $r_{12}=0$ 时,有 $V(\hat{\beta}_1^*) = V(\hat{\beta}_1)$,一般情况是 $V(\hat{\beta}_1^*) > V(\hat{\beta}_1)$。

可见,模型中误加了一个不相干自变量,虽然不影响其他变量的系数估计量的无偏性,但使这些估计量的方差变大。

模型制定得是否正确是经济计量分析的关键。自变量过多会导致参数估计量的方差增大,从而增加显著性检验的不可靠性,而自变量过少又会导致参数估计量发生偏差。

克服以上问题的较好方法是在制定模型时,根据经济理论尽可能准确地把与 y 有密切关系的变量作为自变量选进模型。如果经济理论不充分,可借助统计准则来决定取舍。虽然近些年来,人们提出了许多变量选择准则,但是,还没有在理论上比较完善、被人们普遍接受的满意的方法,一个简单易行的方法是 $\bar{R}^2$ 准则。通常的做法是把那些经济理论根据不充分的变量,逐个加进模型,每加一个,计算一次修正拟合优度 $\bar{R}^2$,如果 $\bar{R}^2$ 值比原来大,就保留这个变量,否则就抛弃这个变量。

§9.5 模型变量的观测误差

以前我们对模型参数进行估计时,都是认为样本资料是准确的,可靠的。但事实上在搜集数据和处理数据的过程中可能受到各种因素的影响，使样本数据存在一定的误差。我们称之为“测量误差”或“观测误差”。由于测量误差的存在，将对模型的参数估计产生影响。

设真实模型为

$$y_t = \beta_0 + \beta_1 x_t + u_t \tag{9.5.1}$$

其中 y_t为因变量的理论真实值，x_t为解释变量的理论真实值，u_t 满足基本假定。但 y_t与 x_t 都是不可直接观测的，而只能得到它们的观测值 y_t^* 和 x_t^* 。设观测误差分别为 w_t 和 v_t ，则

$$\begin{aligned} y_t^* &= y_t + w_t \qquad w_t \sim N(0,\sigma_w^2) \\ x_t^* &= x_t + v_t \qquad v_t \sim N(0,\sigma_v^2) \end{aligned} \tag{9.5.2}$$

其中 y_t^* 为 y_t的观测值，x_t^* 为 x_t的观测值，w_t 、u_t 、v_t 相互无关，w_t 与 x_t^* 也无关，并且每个误差序列本身都没有自相关。

用观测到的样本数据估计模型(9.5.1)等价于估计模型(9.5.3)：

$$y_t^* = \beta_0 + \beta_1 x_t^* + (u_t + w_t - \beta_1 v_t) \tag{9.5.3}$$

对(9.5.3)应用 *OLS* 法，可以得到参数的估计量：

$$\begin{aligned} \hat{\beta}_1 &= \frac{\sum \dot{x}_t^* \dot{y}_t^*}{\sum \dot{x}_t^{*2}} = \frac{\sum (\dot{x}_t + \dot{v}_t)(\dot{y}_t + \dot{w}_t)}{\sum (\dot{x}_t + \dot{v}_t)^2} \\ &= \frac{\sum (\dot{x}_t + \dot{v}_t)(\beta_1 \dot{x}_t + \dot{u}_t + \dot{w}_t)}{\sum (\dot{x}_t + \dot{v}_t)^2} \\ &= \frac{\beta_1 \sum \dot{x}_t^2 + \beta_1 \sum \dot{x}_t \dot{v}_t + \sum \dot{x}_t \dot{u}_t + \sum \dot{u}_t \dot{v}_t + \sum \dot{x}_t \dot{w}_t + \sum \dot{v}_t \dot{w}_t}{\sum \dot{x}_t^2 + 2\sum \dot{x}_t \dot{v}_t + \sum \dot{v}_t^2} \\ &= \beta_1 + \frac{-\beta_1 \sum \dot{v}_t^2 - \beta_1 \sum \dot{x}_t \dot{v}_t + \sum \dot{x}_t \dot{u}_t + \sum \dot{u}_t \dot{v}_t + \sum \dot{x}_t \dot{w}_t + \sum \dot{v}_t \dot{w}_t}{\sum \dot{x}_t^2 + 2\sum \dot{x}_t \dot{v}_t + \sum \dot{v}_t^2} \end{aligned} \tag{9.5.4}$$

由于 x_t、u_t 、v_t 与 w_t 都是随机变量，

$$E\left(\frac{-\beta_1 \sum \dot{v}_t^2 - \beta_1 \sum \dot{x}_t \dot{v}_t + \sum \dot{x}_t \dot{u}_t + \sum \dot{u}_t \dot{v}_t + \sum \dot{x}_t \dot{w}_t + \sum \dot{v}_t \dot{w}_t}{\sum \dot{x}_t^2 + 2\sum \dot{x}_t \dot{v}_t + \sum \dot{v}_t^2}\right) \neq 0$$

表明变量存在观测误差时，普通最小二乘估计量 $\hat{\beta}_1$ 不是 β_1 的无偏估计量。

我们再通过扩大样本容量，评估其是否具有一致性。u_t 、v_t 、w_t 相互无关，且与 x_t无关，因此，(9.5.4)式可以对样本取极限：

$$\begin{aligned} \underset{n\to\infty}{Plim}\,\hat{\beta}_1 &= \underset{n\to\infty}{Plim} \frac{\beta_1 \sum \dot{x}_t^2 + \beta_1 \sum \dot{x}_t \dot{v}_t + \sum \dot{x}_t \dot{u}_t + \sum \dot{u}_t \dot{v}_t + \sum \dot{x}_t \dot{w}_t + \sum \dot{v}_t \dot{w}_t}{\sum \dot{x}_t^2 + 2\sum \dot{x}_t \dot{v}_t + \sum \dot{v}_t^2} \\ &= \frac{\beta_1 V(x)}{V(x) + \sigma_v^2} = \frac{\beta_1}{1 + \sigma_v^2 / V(x)} \end{aligned} \tag{9.5.5}$$

(9.5.5)式表明变量存在观测误差时,普通最小二乘估计量 $\hat{\beta}_1$ 不是 β_1 的一致估计量,当 $\beta_1>0$ 时,低估了回归参数的真值,即普通最小二乘估计量 $\hat{\beta}_1$ 小于真值 β_1。

变量的观测误差问题是数据问题,目前计量经济学家们还没有提出有效的解决方法。一般的做法往往是忽略测量误差问题,希望误差足够小,不至于破坏估计方法的合理性。

§9.6 观测误差的检验

观测误差的存在使得回归参数被低估,影响了计量分析的效果,因此有必要对是否存在观测误差进行检验。

豪斯曼(Hausman)1978 年提出一个检验是否存在观测误差的方法,我们假设估计一元线性回归模型

$$y_i = \beta x_i + u_i$$

具体检验步骤如下:

(1) 对模型中可能存在观测误差的变量 x_i,找出它的工具变量 z_i。

(2) 用变量 x_i 对工具变量 z_i 做回归 $\hat{x}_i = \hat{\alpha} + \hat{\gamma} z_i$,再做残差 $\hat{w}_i = x_i - \hat{\alpha} - \hat{\gamma} z_i$。

(3) 在原回归模型中加入 $\hat{w}_i$ 项 $y_i = \beta x_i + \eta \hat{w}_i + u_i^*$,应用 *OLS* 法得到 $\hat{w}_i$ 的系数估计值 $\hat{\eta}$。

(4) 对 $\hat{w}_i$ 的系数 η 进行 t 检验,若接受原假设 H_0:即接受不存在测量误差的原假设。反之,则存在测量误差。

例 9.6.1 我们研究我国出口额与国内生产总值的关系,拟建立回归模型

$$y_t = \beta_0 + \beta_1 x_t + u_t$$

其观测数据如表 9.6.1 所示。

表 9.6.1 1995—2010 年我国出口总额、国内生产总值与年底储蓄额的数据

单位:亿元

年份	出口总额(y)	国内生产总值(x)	年底储蓄额(z)
1995	12 451.8	60 793.7	29 662.3
1996	12 576.4	71 176.6	38 520.8
1997	15 160.7	78 973.0	46 279.8
1998	15 231.6	84 402.3	53 407.5
1999	16 159.8	89 677.1	59 621.8
2000	20 635.2	99 214.6	64 332.4
2001	22 024.4	109 655.2	73 762.4
2002	26 947.9	120 332.7	86 910.7

续表

年份	出口总额(y)	国内生产总值(x)	年底储蓄额(z)
2003	36 287.9	135 822.8	103 617.7
2004	49 103.3	159 878.3	119 555.4
2005	62 648.1	184 937.4	141 051.0
2006	77 597.2	216 314.4	161 587.3
2007	93 563.6	265 810.3	172 534.2
2008	100 394.9	314 045.4	217 885.4
2009	82 029.7	340 902.8	260 771.7
2010	107 022.8	401 202.0	303 302.5

但我们怀疑 x 可能有测量误差,会影响分析结果,于是我们采用豪斯曼(Hausman)检验。

(1) 我们用居民储蓄 z 作为国内生产总值 x 的工具变量。

(2) x 对 z 做回归得方程:$\hat{x}_t = 15\ 857.41 + 1.282811z_t$

得到残差:$\hat{w}_t = x_t - 158\ 57.41 - 1.282811z_t$

(3) 将 $\hat{w}_t$ 加入原模型中,应用 OLS 法的方程:

$$\underset{(T)}{\hat{y}_t} = \underset{(-1.30417)}{-6\ 124.154} + \underset{(13.17152)}{0.310201x_t} + \underset{(1.375507)}{0.309974\hat{w}_t} \qquad R^2 = 0.9330$$

(4) 对 $\hat{w}_t$ 的系数进行 t 检验,$T = |1.3755| < 2.160 = t_{0.025}(13)$,不否定原假设 H_0,即不存在测量误差。

以上过程在 EViews 软件中,输入以下命令可以直接完成:

EQUATION EQ961. LS X C Z

GENR W = x - 15 857.41 - 1.282811 * z(也可以定义:GENR W = RESID)

EQUATION EQ962 LS Y C X W

计算结果如图 9.6.1 和 9.6.2 所示。

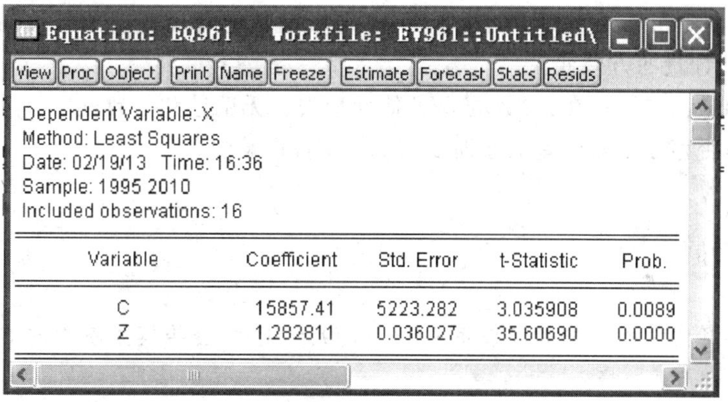

图 9.6.1　x 对工具变量 z 的回归

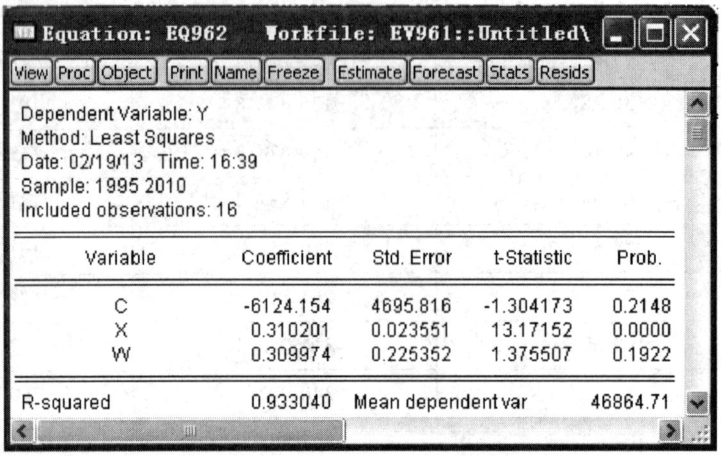

Variable	Coefficient	Std. Error	t-Statistic	Prob.
C	-6124.154	4695.816	-1.304173	0.2148
X	0.310201	0.023551	13.17152	0.0000
W	0.309974	0.225352	1.375507	0.1922
R-squared	0.933040	Mean dependent var	46864.71	

图 9.6.2　y 对 x 和 $\hat{w}$ 的回归结果

§9.7　小　　结

1. 随机解释变量不满足经典假定 $COV(x,u)=0$ 时

(1) *OLS* 法估计量将失去无偏性

(2) *OLS* 法估计量将失去一致性

2. 工具变量法(*IV* 法)

(1) 工具变量的概念

(2) 工具变量法的使用

(3) 工具变量法参数估计量的统计性质

3. 样本观测值分组平均数据的回归参数估计

4. 模型的制定偏误

(1) 在模型中遗漏了重要的解释变量,参数估计量往往要产生偏移。

(2) 在模型中误加了不相干的解释变量,不影响其他解释变量的系数估计量的无偏性,但使这些估计量的方差变大。

5. 由于测量误差的存在,参数的 *OLS* 估计量失去无偏性和一致性

6. 检验是否存在观测误差的豪斯曼(Hausman)检验法

复习思考题

1. 随机解释变量不满足经典假定 $COV(x,u)=0$ 时,会给模型参数的 *OLS* 法估计量带来什么影响? 并证明之。

2. 什么是工具变量法? 选择工具变量应满足哪些条件?

3. 对工具变量法估计量由式(9.2.4)有 $\begin{cases}\hat{\beta}_1 = \dfrac{\sum \dot{z}_t \dot{y}_t}{\sum \dot{z}_t \dot{x}_t} \\ \hat{\beta}_0 = \bar{y} - \hat{\beta}_1 \bar{x}\end{cases}$，证明：$\hat{\beta}_0$ 是 β_0 的一致估计量。

4. 试说明模型中遗漏了重要解释变量，给模型参数的 *OLS* 估计量带来什么影响，并证明之。

5. 试说明模型中误加了不相干的解释变量，给模型参数的 *OLS* 估计量带来什么影响，并证明之。

6. 说明测量误差的概念；如果样本数据存在测量误差，将给模型的 *OLS* 估计量带来什么影响？并证明之。

7. 检验是否存在观测误差的豪斯曼(Hausman)检验法的步骤是怎样的？

8. 下表给出了消费 c_t、收入 x_t、储蓄 s_t 的测量数据，建立模型

$$c_t = \beta_0 + \beta_1 x_t + u_t$$

消费、收入和储蓄数据表

c_t消费	x_t收入	s_t储蓄
15.6	18.6	1.5
18.9	20.4	1.6
20.5	25.6	2.5
25.6	30.4	4.1
30.4	36.1	4.2
36.2	40.2	2.2
38.4	42.6	5.4
45.6	50.2	2.9
50.2	54.1	3.2
55.2	60.8	1.5
58.2	63.4	4.6
63.2	70.5	3.4
72.3	80.9	4.3
80.4	91.6	4.6
90.6	100.2	5.6

但是怀疑收入 x_t 有测量误差，假设储蓄 s_t 可以做工具变量，试用豪斯曼(Hausman)检验法做出判断。

第十章　非线性模型

✓ 本章要点

(1) 几种常见的非标准线性模型的标准化;(2) 非线性模型的标准线性化以及利用 EViews 软件使用高斯—牛顿迭代法估计非线性回归模型。

至今为止我们所讨论的经济问题,都是假定因变量和解释变量之间存在着线性关系,即解释变量线性和参数线性。但是,对实际经济问题的分析中,所建立的经济模型往往不符合上面的线性要求。回归模型的函数形式可分为三类:第一类是因变量与自变量以及参数二者都呈线性关系,这种模型称为标准线性模型,例如,$y = \beta_0 + \beta_1 x + \beta_2 x_2 + \cdots + \beta_k x_k + u$ 就是标准线性模型。第二类是因变量与自变量不成线性关系,但与参数呈线性关系,这种模型称为非标准线性模型,例如,$y = \beta_0 + \beta_1 x + \beta_2 x^2 + \beta_3 x^3 + u$ 就是非标准线性模型。第三类是因变量同参数不成线性关系的模型,这种模型称为非线性模型,例如,$y = \beta_0 + \beta_1 x_1^{\beta_1} + \beta_2 x_2^{\beta_2} + u$ 就是非线性模型。到目前为止,我们所讨论的统计方法都是建立在标准线性模型基础上的。为此需要讨论如何把非标准线性模型和非线性模型化为标准线性模型。

§10.1　非标准线性模型的标准化

非标准线性模型虽然变量之间是非线性的,但被解释变量与参数之间却是线性的,可以利用变量直接代换法将非标准线性模型化为标准线性模型。

常见的非标准线性模型有以下几种。

一、多项式函数模型

形如

$$y = \beta_0 + \beta_1 x + \beta_2 x^2 + \cdots + \beta_k x^k + u \qquad (10.1.1)$$

的模型称为多项式函数模型。

设

$$z_1 = x, z_2 = x^2, \cdots, z_k = x^k \qquad (10.1.2)$$

利用(10.1.2)可将(10.1.1)化为标准线性模型:

$$y = \beta_0 + \beta_1 z + \beta_2 z_2 + \cdots + \beta_k z_k + u \tag{10.1.3}$$

多项式函数在生产与成本这个领域中应用较广泛。例如总成本函数就是一个三次函数,如图 10.1.1 所示。

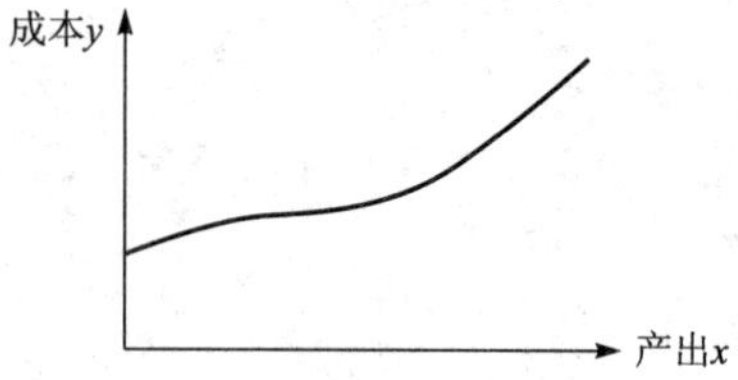

图 10.1.1 成本-产出曲线

设 y 表示总成本,x 表示产出,总成本函数可以表示为:

$$y_t = \beta_0 + \beta_1 x_t + \beta_2 x_t^2 + \beta_3 x_t^3 \tag{10.1.4}$$

改写成模型为:

$$y_t = \beta_0 + \beta_1 x_t + \beta_2 x_t^2 + \beta_3 x_t^3 + u_t \tag{10.1.5}$$

便可以利用变换(10.1.2)将模型(10.1.5)化为标准线性模型:

$$y_t = \beta_0 + \beta_1 z_1 + \beta_2 z_2 + \beta_3 z_3 + u_t$$

二、双曲函数模型

设 y 与 x 之间具有双曲线函数形式:

$$y = \beta_0 + \frac{\beta_1}{x} + u \tag{10.1.6}$$

设

$$z = \frac{1}{x} \tag{10.1.7}$$

利用变换(10.1.7)将(10.1.6)化为标准线性模型:

$$y = \beta_0 + \beta_1 z + u \tag{10.1.8}$$

三、半对数函数模型

形如

$$\ln y = \beta_0 + \beta_1 x + u \tag{10.1.9}$$

$$y = \beta_0 + \beta_1 \ln x + u \tag{10.1.10}$$

为半对数函数模型。

对这类函数模型可设

$$y^* = \ln y \qquad x^* = \ln x$$

将原模型化为标准线性模型。例如,(10.1.9)和(10.1.10)可化为

$$y^* = \beta_0 + \beta_1 x + u \tag{10.1.11}$$

$$y = \beta_0 + \beta_1 x^* + u \tag{10.1.12}$$

半对数函数模型应用举例:

例如,在金融课程中的终值复利公式:

$$y_t = y_0(1 + r)^t \tag{10.1.13}$$

其中 y_0 为 y 的初始值,y_t 为 第 t 期的 y 值,r 为 y 的复利率。

将(10.1.13)两边取对数:

$$\ln y_t = \ln y_0 + t\ln(1 + r) \tag{10.1.14}$$

令 $\beta_0 = \ln y_0$, $\beta_1 = \ln(1 + r)$

则函数(10.1.14)可表示为：

$$\ln y_t = \beta_0 + \beta_1 t \tag{10.1.15}$$

函数(10.1.15)引入随机项，得

$$\ln y_t = \beta_0 + \beta_1 t + u_t \tag{10.1.16}$$

(10.1.16)便是半对数模型。参数 β_1 的经济含义是表示因变量 y 的增长率。原因是：

对(10.1.15)式求导数便有

$$\beta_1 = \frac{dy/y}{dt} = \frac{y\text{的相对变化}}{t\text{的绝对变化}} \tag{10.1.17}$$

(10.1.17)表明斜率 β_1 度量了给定解释变量的绝对变化所引起的因变量相对变动，即增长率。所以，因变量是对数的半对数模型又称为增长模型。

四、双对数函数模型

双对数函数形如

$$\ln y = \ln\beta_0 + \beta_1 \ln x \tag{10.1.18}$$

将(10.1.18)改为模型

$$\ln y = \ln\beta_0 + \beta_1 \ln x + u \tag{10.1.19}$$

称为双对数函数模型。

对这类函数模型可设

$$y^* = \ln y \qquad x^* = \ln x \tag{10.1.20}$$

将原模型化为标准线性模型。例如，(10.1.19)可化为

$$y^* = \alpha + \beta_1 x^* + u \tag{10.1.21}$$

其中 $\alpha = \ln\beta_0$。应该注意的是，对(10.1.21)应用普通最小二乘法求得 $\hat{\alpha}$，$\hat{\beta}_1$ 分别是 α、β_1 的无偏估计量。但是，$\hat{\beta}_0 = e^{\hat{\alpha}}$ 却不是 β_0 的无偏估计量。不过在许多问题中截距是次要的，可不必过多地考虑它的无偏性。

双对数函数模型应用很广泛，因为它有一个很好的特性：斜率 β_1 度量了 y 对 x 的弹性，即自变量变化 1% 时，因变量变动的百分比。原因是：对(10.1.18)式两边取微分便有：

$$\beta_1 = \frac{dy/y}{dx/x} = \frac{dy}{dx} \cdot \frac{x}{y} \tag{10.1.22}$$

应用举例：

例如，y 表示最终能源需求指数，x 表示国内生产总值(*GDP*)，z 表示实际能源价格，我们建立一个双对数函数最终能源需求模型：

$$\ln y = \beta_0 + \beta_1 \ln x + \beta_2 \ln z + u \tag{10.1.23}$$

参数 β_1 和 β_2 分别表示能源需求对国内生产总值和实际能源价格的需求弹性。具体说，β_1 表示在实际能源价格不变的条件下，国内生产总值每增加一个百分点，能源需求量将平均增加 β_1 个百分点。由于 β_1 是在能源价格不变(z 为常量)时的弹性，因此我们称此弹性为偏弹性。β_2 的解释类似。

§10.2 非线性模型的标准线性化

一、非线性模型变量的间接代换

有一些非线性模型通过适当的变换就可以化为标准线性模型,这种模型称为可线性化模型。

例如:柯布-道格拉斯(Coob-Douglas)生产函数模型($C-D$ 函数)

$$Q = AL^{\alpha}K^{\beta}e^{u} \tag{10.2.1}$$

就是这类模型的一个典型,其中 Q 代表产出,L 代表劳动力投入,K 代表资本的投入,u 是随机项,A、α、β 是参数。

对(10.2.1)两边取对数

$$\ln Q = \ln A + \alpha \ln L + \beta \ln K + u \tag{10.2.2}$$

显然,(10.2.2)是一个双对数函数模型。

设 $y = \ln Q$, $a = \ln A$, $x_1 = \ln L$, $x_2 = \ln K$,则(10.2.2)可改写成

$$y = a + \alpha x_1 + \beta x_2 + u \tag{10.2.3}$$

对于新的变量 y,x_1, x_2来说,(10.2.3)是一个标准线性化模型。这种先取对数再进行变量代换的方法叫做间接代换法。假设随机项 u 满足经典回归的基本假定,对(10.2.3)应用 *OLS* 法,便可得出参数 a,α,β 的估计值,再把它们代回原模型,便可得到样本回归方程:

$$\hat{Q} = \hat{a}L^{\hat{\alpha}}K^{\hat{\beta}} \tag{10.2.4}$$

这里应注意,$\hat{\alpha}$, $\hat{\beta}$ 分别是 α ,β 的无偏估计量,$\hat{A} = e^{\hat{a}}$ 不是 A 的无偏估计量。参数 α 表示产出对劳动投入的偏弹性。具体说,α 表示在资本投入保持不变的条件下,劳动投入每增加一个百分点,产出将平均增加 α 个百分点。β 的解释类似。

还有一些非线性模型的变换没有一般规律可循,只能具体问题具体分析。

例 10.2.1 试将下列非线性模型线性化

$$(1)\ y = \frac{x^2}{\beta_0 x^2 + \beta_1 x + u} \tag{10.2.5}$$

$$(2)\ y = \frac{e^{\beta_0 + \beta_1 x + u}}{1 - e^{\beta_0 + \beta_1 x + u}} \tag{10.2.6}$$

其中 β_0、β_1为参数, u 为随机项。

(1) 模型(10.2.5)可通过变换

$$y^* = \frac{1}{y},\ x^* = \frac{1}{x},\ u^* = \frac{u}{x^2}$$

将模型(10.2.5)化为标准线性模型

$$y^* = \beta_0 + \beta_1 x^* + u^*$$

(2) 模型(10.2.6)可通过变换

$$y^* = \ln \frac{y}{y+1}$$

将模型(10.2.6)化为标准线性模型：

$$y^* = \beta_0 + \beta_1 x + u$$

二、不可线性化模型的处理方法

许多实际问题中所建立的非线性模型无法通过变量变换的方法化为线性。例如模型

$$y = \beta_0 + \beta_1 x_1^{\beta_1} + \beta_2 x_2^{\beta_2} + u$$

无论通过什么初等变换都不可能实现线性化,这样的模型称为不可线性化模型。对于这一类模型的参数估计,我们介绍一种常用的一般方法,即借助于泰勒(Taylor)级数展开式进行逐次的线性近似的估计方法——高斯－牛顿(Gauss-Newton)迭代估计法。

(一) 迭代估计法的基本思想

这种方法的基本思想是:通过泰勒(Taylor)展开先使非线性方程在某一组初始参数估计值附近线性化,然后对这一线性方程应用 *OLS* 法,得出一组新的参数估计值。下一步是使非线性方程在新参数估计值附近线性化,对新的线性方程再应用 *OLS* 法,又得出一组新的参数估计值。不断重复上述过程,直至参数估计值收敛时为止,其步骤如下：

设有模型

$$y = f(x_1, x_2, \cdots, x_k; \beta_1, \beta_2, \cdots, \beta_p) + u \tag{10.2.7}$$

k 为自变量的个数,p 为参数的个数,f 为非线性函数。

(1) 将非线性函数 f 在参数 $\beta_1, \beta_2, \cdots, \beta_p$ 的给定初始值 $\beta_{10}, \beta_{20}, \cdots, \beta_{p0}$ 点邻域展开为泰勒级数

$$y = f(x_1, x_2, \cdots, x_k; \beta_{10}, \beta_{20}, \cdots, \beta_{p0}) + \sum_{i=1}^{p} \left(\frac{\partial f}{\partial \beta_i}\right)_{\beta_{i0}} (\beta_i - \beta_{i0}) +$$

$$\frac{1}{2} \sum_{i=1}^{p} \sum_{j=1}^{p} \left(\frac{\partial^2 f}{\partial \beta_i \partial \beta_j}\right)_{\beta_{i0}} \beta_{j0} (\beta_i - \beta_{i0})(\beta_j - \beta_{j0}) + \cdots + u \tag{10.2.8}$$

取(10.2.8)式右端前两项,略去 f 展开式第三项及以后所有各项,即高阶项,便有线性近似：

$$y - f(x_1, x_2, \cdots, x_k; \beta_{10}, \beta_{20}, \cdots, \beta_{p0}) + \sum_{i=1}^{p} \beta_{i0} \left(\frac{\partial f}{\partial \beta_i}\right)_{\beta_{i0}} = \sum_{i=1}^{p} \beta_i \left(\frac{\partial f}{\partial \beta_i}\right)_{\beta_{i0}} + u \tag{10.2.9}$$

(10.2.9)式对参数 β_i $(i = 1, 2, \cdots, p)$ 已具有线性形式。

(2) 将(10.2.9)式左端看成一组新的因变量,将(10.2.9)右端 $\left(\frac{\partial f}{\partial \beta_i}\right)_{\beta_{i0}}$ $(i = 1, 2 \cdots, p)$ 看成一组新的自变量,这样(10.2.9)就已经成为标准线性模型,对(10.2.9)应用 *OLS* 法,得出第一组参数的估计值 $\hat{\beta}_{11}, \hat{\beta}_{21}, \cdots, \hat{\beta}_{p1}$。

(3) 重复(1),在新参数估计值 $\hat{\beta}_{11}, \hat{\beta}_{21}, \cdots, \hat{\beta}_{p1}$ 点邻域再作一次泰勒展开,得到新

的线性回归模型

$$y - f(x_1, x_2, \cdots, x_k; \hat{\beta}_{11}, \hat{\beta}_{21}, \cdots, \hat{\beta}_{p1}) + \sum_{i=1}^{p} \hat{\beta}_{i1}\left(\frac{\partial f}{\partial \beta_i}\right)_{\hat{\beta} i1}$$

$$= \sum_{i=1}^{p} \beta_i \left(\frac{\partial f}{\partial \beta_i}\right)_{\hat{\beta} i1} + u \qquad (10.2.10)$$

(4) 重复(2),对(10.2.10)应用 *OLS* 法,又得出第二组参数的估计值 $\hat{\beta}_{12}$, $\hat{\beta}_{22}$, $\cdots$, $\hat{\beta}_{p2}$ 。

(5) 如此反复,得出一组点序列 $\hat{\beta}_{1j}$, $\hat{\beta}_{2j}$, $\cdots$, $\hat{\beta}_{pj}$, $(j = 1,2,\cdots)$,使其收敛为止或满足下述条件:

$$\left|\frac{\hat{\beta}_{ij+1} - \hat{\beta}_{ij}}{\hat{\beta}_{ij}}\right| < \delta(i = 1,2\cdots,p) \qquad (10.2.11)$$

δ 是根据需要事先给的任意小正数。

这里应指出的是迭代过程可能不收敛,这时应重选一组新的初始参数值,重新作逐次线性的近似估计。如果改变初始参数估计值仍不能使迭代过程收敛,那么就必须放弃逐次线性近似法而改用其他方法。需要指出的是,上述迭代估计过程的收敛性和收敛速度与参数初始值的选取有密切关系。

例 10.2.2 考虑模型

$$y = \beta_0 + \beta_1 x_1^{\beta_1} + \beta_2 x_2^{\beta_2} + u \qquad (10.2.12)$$

假定已取得(x_1 、x_2 、y)的 n 个样本点,试叙述逐次线性化的步骤。

解:当 $\beta_1 = 1$, $\beta_2 = 1$ 时,原模型(10.2.12)成为线性模型,所以参数的初始估计值可取 $\beta_{00} = 1$, $\beta_{10} = 1$, $\beta_{20} = 1$,将模型右端函数 $f(\beta_0, \beta_1, \beta_2) = \beta_0 + \beta_1 x_1^{\beta_1} + \beta_2 x_2^{\beta_2}$ 在初始值($\beta_{00} = \beta_{10} = \beta_{20} = 1$)点邻域作泰勒展开并取线性近似:

由于

$$f(1,1,1) = 1 + x_1 + x_2$$

$$\left(\frac{\partial f}{\partial \beta_0}\right)_{(1,1,1)} = 1$$

$$\left(\frac{\partial f}{\partial \beta_1}\right)_{(1,1,1)} = x_1 + x_1 \ln x_1$$

$$\left(\frac{\partial f}{\partial \beta_2}\right)_{(1,1,1)} = x_2 + x_2 \ln x_2$$

所以

$$\begin{aligned} y &= f(\beta_0, \beta_1, \beta_2) = f(1,1,1) + \left(\frac{\partial f}{\partial \beta_0}\right)_{(1,1,1)} (\beta_0 - 1) + \\ &\quad \left(\frac{\partial f}{\partial \beta_1}\right)_{(1,1,1)} (\beta_1 - 1) + \left(\frac{\partial f}{\partial \beta_2}\right)_{(1,1,1)} (\beta_2 - 1) + u \\ &= (1 + x_1 + x_2) + (\beta_0 - 1) + (x_1 + x_1 \ln x_1)(\beta_1 - 1) \\ &\quad + (x_2 + x_2 \ln x_2)(\beta_2 - 1) \\ &= \beta_0 + \beta_1 (x_1 + x_1 \ln x_1) + \beta_2 (x_2 + x_2 \ln x_2) - x_1 \ln x_1 - x_2 \ln x_2 \end{aligned} \qquad (10.2.13)$$

整理(10.2.13)得

$$y + x_1\ln x_1 + x_2\ln x_2 = \beta_0 + \beta_1(x_1 + x_1\ln x_1) + \beta_2(x_2 + x_2\ln x_2) \quad (10.2.14)$$

设

$$\begin{cases} y^* = y + x_1\ln x_1 + x_2\ln x_2 \\ x_1^* = x_1 + x_1\ln x_1 \\ x_2^* = x_2 + x_2\ln x_2 \end{cases}$$

则(10.2.14)化为标准线性模型：

$$y^* = \beta_0 + \beta_1 x_1^* + \beta_2 x_2^* + u \quad (10.2.15)$$

对线性模型(10.2.15)应用 *OLS* 法，求出一组新的参数估计值 $\hat{\beta}_{01},\hat{\beta}_{11},\hat{\beta}_{21}$。将参数的初始估计值由(1,1,1)改成($\hat{\beta}_{01},\hat{\beta}_{11},\hat{\beta}_{21}$)重复上述过程，得出另一组估计值($\hat{\beta}_{02},\hat{\beta}_{12},\hat{\beta}_{22}$)，如此循环往复直到参数估计值达到预定精度要求为止。

(二) 迭代估计法的 EViews 软件计算

利用 EViews 软件，可以使用高斯—牛顿迭代法估计非线性回归模型。我们用一个例子来说明它的使用方法。

我们利用表 10.2.1 中的一组数据，估计某企业的 *C* - *D* 函数模型

$$y = AL^{\alpha}K^{\beta}e^{v} \quad (10.2.16)$$

其中的 A 、α、β 为参数，y 代表产出，L 代表劳动投入，K 代表资本投入。

表 10.2.1　　投入产出数据表

序号	y	L	K
1	202	23	98
2	220	25	98
3	230	26	102
4	235	26	112
5	245	28	125
6	248	28	135
7	252	30	136
8	260	32	140
9	268	34	145
10	270	34	150
11	275	38	152
12	285	40	160
13	290	45	166
14	301	50	170
15	310	50	175

方法1：

在工作文件主窗口输入命令：

@ PARAM 1 1 2 1 3 1　　表示取1,2,3三个参数A、α、β的初始值均取1

NLS Y = C(1) * L^C(2) * K^C(3)　　写入非线性模型表达式

方法2：

(1) 在工作文件窗口中点击序列C,并在C序列窗口中输入参数的初始值1,本例中三个参数A、α、β的初始值均取1,如图10.2.1所示。

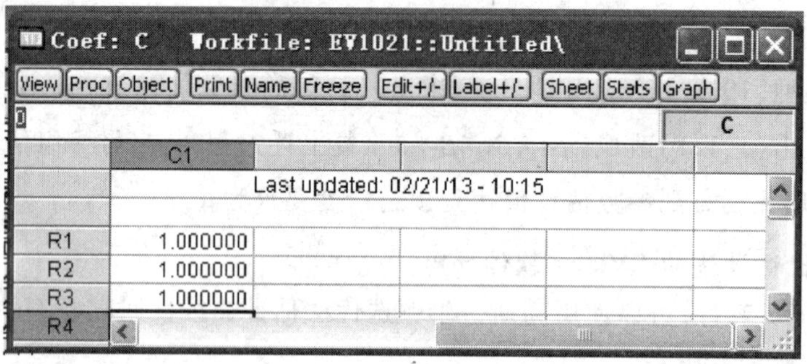

图10.2.1　初始值的选取

(2) 在工作文件窗口中点击"Objects\New Object",再选择"Equation"。

(3) 在弹出的对话框(Equation specification)中输入非线性模型的表达式：

Y = C(1) * L^C(2) * K^C(3)

(4) 点击"确定"后,系统将自动进行迭代运算,输出结果如图10.2.2所示。

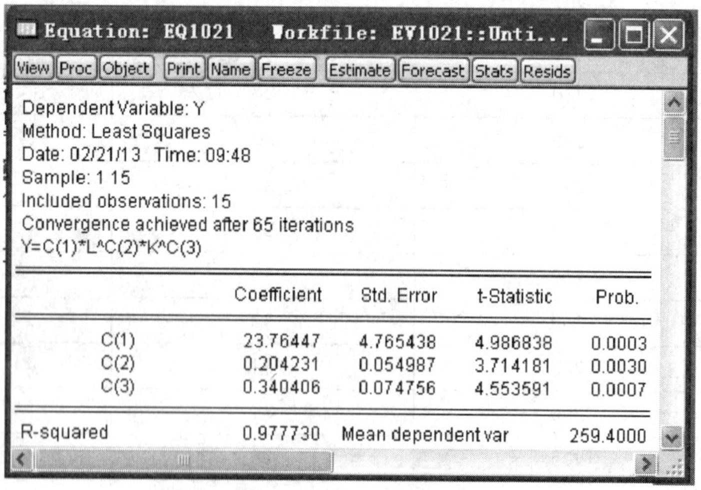

图10.2.2　C－D函数的估计结果

报告迭代了15次后收敛。得到非线性模型

$$\hat{y} = 23.76447 L^{0.204231} K^{0.340406} \qquad R^2 = 0.977730$$

$$t = (4.986838)(3.714181)(4.553591)$$

方法 3:(不指定参数的初始值即默认机器中已有的初始值)

(1) 在工作文件中,点击“Quick\Estimate Equation ”。

(2) 在 Equation Specification 对话框中,输入命令:y = c(1) * L^c(2) * K^c(3)。

(3) 点即“OK”也可以得到图 10. 2. 2 的结果。

三、关于非线性回归问题的几点说明

(1) 对非线性模型来说,首先,我们不能从回归残差中得出随机项方差 σ^2 的无偏估计量。其次,由于非线性模型中的参数估计量同随机项不成线性关系,所以它们不服从正态分布,其结果使得 t 检验和 F 检验都不适用。

(2) 我们用本节的方法得出的样本回归方程,可以用来预测未来某个时期 f 的因变量值,其计算公式如下:

$$\hat{y}_f = f(x_{1f}, x_{2f}, \cdots, x_{kf}; \hat{\beta}_1, \hat{\beta}_2, \cdots, \hat{\beta}_p) \tag{10.2.17}$$

这里应该指出,由于 $\hat{y}_f$ 已经不再是随机项的线性函数,因此,$\hat{y}_f$ 已经不具备经典线性回归中估计值的最佳、线性、无偏的性质,置信区间也已无法构造了。

§ 10.3　小　　结

1. 非标准线性模型的标准化

(1) 多项式函数模型的标准化

(2) 双曲函数模型的标准化

(3) 半对数模型的标准化

(4) 双对数模型的标准化

2. 非线性模型的标准线性化

(1) 非线性模型变量的间接代换法

(2) 不可线性化模型的处理方法

应用高斯－牛顿迭代估计法:

设有非线性模型

$$y = f(x_1, x_2, \cdots, x_k; \beta_1, \beta_2, \cdots, \beta_p) + u$$

对给定的初始值$(\beta_{10}, \beta_{20}, \cdots, \beta_{p0})$将函数 f 展开为泰勒(Taylor)级数,取一次线性近似:

$$y - f(x_1, x_2, \cdots, x_k; \beta_{10}, \beta_{20}, \cdots, \beta_{p0}) + \sum_{i=1}^{p} \beta_{i0} \left(\frac{\partial f}{\partial \beta_i} \right)_{\beta_{i0}} = \sum_{i=1}^{p} \beta_i \left(\frac{\partial f}{\partial \beta_i} \right)_{\beta_{i0}} + u$$

已具有线性形式,再对此线性模型进行估计,得一组新的参数估计值$(\hat{\beta}_{11}, \hat{\beta}_{21}, \cdots, \hat{\beta}_{p1})$,如此重复直至满意为止。

(3) 利用 EViews 软件完成高斯－牛顿迭代估计计算

复习思考题

1. 某产品的产量与科技投入之间呈二次函数模型

$$y = \alpha_0 + \alpha_1 x + \alpha_2 x^2 + u$$

其统计资料如下表所示。

产量 y 与投入 x 的数据

年份	产量 y	投入 x
1	30	2
2	40	2.8
3	48	3
4	60	3.5
5	80	4
6	100	5
7	120	5.5
8	150	7
9	200	8
10	300	10

试对模型进行回归分析。

2. 对下列模型进行适当变换化为标准线性模型

(1) $y = \beta_0 + \beta_1 \dfrac{1}{x} + \beta_2 \dfrac{1}{x^2} + u$

(2) $Q = AL^{\alpha}K^{\beta}e^{u}$

(3) $y = e^{\beta_0 + \beta_1 x + u}$

(4) $y = \dfrac{1}{1 + e^{-(\beta_0 + \beta_1 x + u)}}$

第十一章　虚拟变量模型

✓ 本章要点

(1) 虚拟变量的概念;(2) 虚拟变量作为自变量的情况;(3) 虚拟变量作为因变量的情况;(4) 非线性概率模型——逻辑模型的概念及应用;(5) 利用 EViews 软件估计逻辑模型的参数。

§11.1　虚拟变量与线性模型

一、虚拟变量的概念

虚拟变量(Dummy Variable)指的是一种取值为 0 或 1 的变量。

以前我们所研究的回归模型中,解释变量一般都可以用数量指标来描述。例如,利润、成本、收入、价格等都是具有数量特征的。但是,在现实经济生活中,还有一类变量如季节、民族、自然灾害、战争、政府制定的某项经济政策等,都可能成为影响某个因变量的重要因素。这些变量所反映的并不是数量,而是某种性质或属性,所以称为质变量,而把反映数量的变量称为量变量。

由于回归模型是一种定量模型,所以要想把质变量纳入回归模型,必须先把它们定量化。质变量的实质是反映某种性质或属性是否存在。因此,我们可以构造一种特殊变量,只取 1 和 0 两个数值,并且规定当变量值取 1 时,表示存在某种性质或属性,取 0 时表示不存在某种性质或属性。由于这种变量是人为地虚构出来的,所以称为虚拟变量(Dummy Variable)或称为哑变量、虚设变量、属性变量、双值变量、类型变量、定性变量、二元变量、名义变量等,习惯上用字母 D 表示。

在经济计量模型中,引入虚拟变量,可以扩大模型的应用范围,使模型更能准确反映真实情况。

二、虚拟变量作为自变量的情况

(一) 自变量中只有虚拟变量

例如调查某地区性别与收入之间的关系,我们可以用模型表示:

$$y_i = \alpha + \beta D_i + u_i \tag{11.1.1}$$

其中 y_i代表收入,D_i为虚拟变量:

$$D_i=\begin{cases}1 & （男）\\ 0 & （女）\end{cases}$$

可以看出,α代表女性的收入,β代表男性与女性收入之间的差额。这从(11.1.1)式容易得出

$$E(y_i)=\alpha+\beta D_i=\begin{cases}\alpha & D_i=0\quad（女）\\ \alpha+\beta & D_i=1\quad（男）\end{cases}$$

检验假设$\beta=0$是否成立,就是检验男女的平均收入之间是否有差别。若$H_0:\beta=0$成立,说明收入与性别没有明显关系。若$H_0:\beta=0$不成立,说明收入与性别有明显关系。

(二)自变量中既有量变量又有虚拟变量

我们知道消费主要由收入决定的,但是有时还要考虑一些特殊情况,如:出现严重自然灾害,发生战争等年份,政府为保证广大人民群众的利益,对某些消费品采取限制措施导致消费的变化。

1. 特殊年份只影响消费函数的截距

设消费模型为

$$C_t=\beta_0+\beta_1 y_t+u_t \tag{11.1.2}$$

如果特殊年份只影响消费函数的截距而不影响斜率,可以引进一个反映这种影响的虚拟变量D,并将模型改写成:

$$C_t=\beta_0+\alpha D_t+\beta_1 y_t+u_t \tag{11.1.3}$$

其中

$$D_t=\begin{cases}1 & 特殊年份\\ 0 & 正常年份\end{cases}$$

当(11.1.3)满足经典回归假定时,可应用OLS法得:

$$\hat{C}_t=\begin{cases}(\hat{\beta}_0+\hat{\alpha})+\hat{\beta}_1 y_t & 特殊年份\\ \hat{\beta}_0+\hat{\beta}_1 y_t & 正常年份\end{cases}$$

α表示特殊年份与正常年份平均消费的差异。根据检验假设$H_0:\alpha=0$是否成立,可以判断特殊年份与正常年份的截距有无显著差异。

2. 特殊年份既影响消费函数的截距又影响斜率

引进虚拟变量D,将模型(11.1.2)改写成:

$$\begin{aligned}C_t&=(\beta_0+\alpha_0 D_t)+(\beta_1+\alpha_1 D_t)y_t+u_t\\&=\beta_0+\alpha_0 D_t+\beta_1 y_t+\alpha_1 D_t y_t+u_t\end{aligned} \tag{11.1.4}$$

其中

$$D_t=\begin{cases}1 & 特殊年份\\ 0 & 正常年份\end{cases}$$

当(11.1.4)满足经典回归假定,可应用OLS法得到:

$$\hat{C}_t=\begin{cases}(\hat{\beta}_0+\hat{\alpha}_0)+(\hat{\beta}_1+\hat{\alpha}_1)y_t & 特殊年份\\ \hat{\beta}_0+\hat{\beta}_1 y_t & 正常年份\end{cases}$$

显然,α_0表示特殊年份与正常年份平均消费的截距差异,α_1则表示斜率的差异。从上面分析,我们可以看到,利用虚拟变量可以把特殊年份与正常年份构成统一的模型来表示,并且可以利用 *OLS* 法得出适合各时期的统一的参数估计量。这里应该指出,应用 *OLS* 法的条件是特殊年份与正常年份消费具有相同的方差。

(三)多个虚拟变量的引进及虚拟变量陷阱问题

某些商品的销售量是有季节性的,假设销售函数模型为:

$$C_t = \beta_0 + \beta_1 x_{1t} + \cdots + \beta_k x_{kt} + u_t \tag{11.1.5}$$

其中 C_t表示销量,$x_{1t}, x_{2t}, \cdots, x_{kt}$表示决定销量的解释变量,为了把季节变化对销售的影响反映到模型中,如果我们引进四个虚拟变量:

$$D_{it} = \begin{cases} 1 & \text{第 } i \text{ 季} \qquad i = 1,2,3,4 \\ 0 & \text{其他季} \end{cases}$$

这样销售函数的季节回归模型为

$$C_t = \beta_0 + \beta_1 x_{1t} + \cdots + \beta_k x_{kt} + \alpha_1 D_{1t} + \alpha_2 D_{2t} + \alpha_3 D_{3t} + \alpha_4 D_{4t} + u_t \tag{11.1.6}$$

这里要特别指出,四个虚拟变量之间具有关系:

$$D_{1t} + D_{2t} + D_{3t} + D_{4t} = 1 \tag{11.1.7}$$

出现完全多重共线的问题,使 *OLS* 法不能用,这就是虚拟变量的陷阱问题。为了克服陷阱问题,需要改变虚拟变量的引入方法。改为引入虚拟变量

$$D_{it} = \begin{cases} 1 & \text{第 } i \text{ 季} \qquad i = 2,3,4 \\ 0 & \text{其他季} \end{cases}$$

第 1 季度用 $D_{2t} = D_{3t} = D_{4t} = 0$ 表示,这时销售函数的季节回归模型可写为

$$C_t = \beta_0 + \beta_1 x_{1t} + \cdots + \beta_k x_{kt} + \alpha_2 D_{2t} + \alpha_3 D_{3t} + \alpha_4 D_{4t} + u_t \tag{11.1.8}$$

这样就避免了陷阱问题。由上可见,反映四季的差别只需用三个虚拟变量来反映,否则虚拟变量之间将产生完全多重共线,即落入虚拟变量的陷阱。

一般地,在应用虚拟变量时,如果质变量有 n 个,只能设 $n-1$ 个虚拟变量,以防止落入虚拟变量的陷阱。

(四)折线回归

经济现象是错综复杂的,在实际中可能遇到折线的情况,如图 11.1.1 所示。

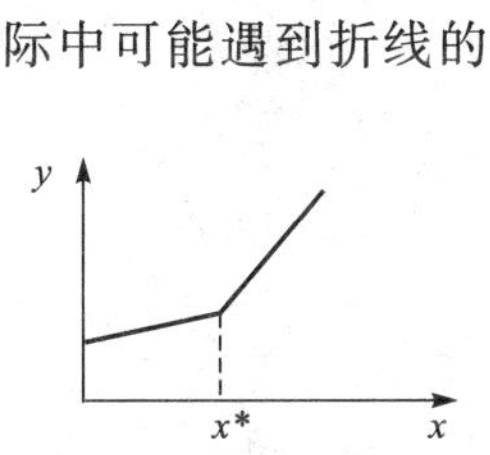

图 11.1.1 折线

例如,工业增长率(x)达到一定程度后,通货膨胀率(y)会大幅度上升,即经济过热会引起高通货膨胀率。因此,对图 11.1.1 中表示的情况就不难理解了。这个图形的特点是全部数据以自变量 x^* 为界分为两部分,当 $x < x^*$ 时,y 与 x 的关系表现为一条直线,当 $x > x^*$ 时,y 与 x 的关系表现为另一条直线。我们可以用一个统一的折线回归模型来

表示:

$$y_t = \beta_0 + \beta_1 x_t + \beta_2 (x_t - x^*) D_t + u_t \tag{11.1.9}$$

$$D_t = \begin{cases} 1 & x_t > x^* \\ 0 & x_t \leq x^* \end{cases}$$

当(11.1.9)满足经典回归假定,应用 *OLS* 法得:

$$\hat{y}_t = \begin{cases} \hat{\beta}_0 + \hat{\beta}_1 x_t & x_t \leq x^* \\ (\hat{\beta}_0 - \hat{\beta}_2 x^*) + (\hat{\beta}_1 + \hat{\beta}_2) x_t & x_t > x^* \end{cases}$$

要检验真实的回归线在 x^* 点是否确有弯折,只要对(11.1.9)估计式中的 β_2 进行显著性检验便可知晓。

(五) 虚拟变量在模型结构稳定性建模中的应用

模型的稳定性,是指两个不同时期(或不同空间)研究同一性质的问题时,所建立的同一形式的回归模型的参数之间有无显著差异,若存在差异则认为模型结构不稳定。

在现实的经济现象中,往往由于某些重要因素的影响使解释变量和被解释变量之间可能会发生结构变化。例如,研究我国利用外资对出口的影响,可能由于改革前后的政策不同,模型的结构会产生很大差异。利用虚拟变量可以检验模型的稳定性。

假设根据来自同一个总体的两个(不同时期)样本,估计统一性使得计量模型分别为:

样本 1: $$y_t = \beta_0 + \beta_1 x_t + u_t \tag{11.1.10}$$

样本 2: $$y_t = \alpha_0 + \alpha_1 x_t + v_t \tag{11.1.11}$$

设置虚拟变量: $$D_t = \begin{cases} 0 & \text{样本 1} \\ 1 & \text{样本 2} \end{cases}$$

将样本 1 和样本 2 的数据合并,估计模型(10.1.12)

$$y_t = \beta_0 + \beta_1 x_t + (\alpha_0 - \beta_0) D_t + (\alpha_1 - \beta_1) D_t x_t + e_t \tag{11.1.12}$$

然后利用 t 检验判断 $D_t, D_t x_t$ 的系数的显著性,可以得到四种结果:

(1) $D_t, D_t x_t$ 的两个系数均等于零,即 $\alpha_0 = \beta_0, \alpha_1 = \beta_1$,表明两个回归模型之间没有显著差异,模型结构是稳定的,称之为"重合回归"(Coincident Regressions),用图形表示,如图 11.1.2(a)所示。

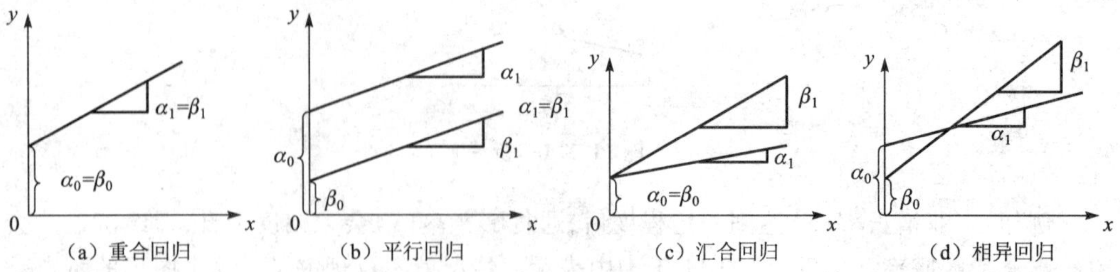

图 11.1.2 四种不同检验结果

(2) D_t的系数不等于零,D_tx_t的系数等于零,即 $\alpha_0 \neq \beta_0, \alpha_1 = \beta_1$,表明两个模型之间的差异仅仅表现在截距上,称之为“平行回归”(Parallel Regressions),用图形表示,如图 11.1.2(b)所示。

(3) D_t的系数等于零,D_tx_t的系数不等于零,即 $\alpha_0 = \beta_0, \alpha_1 \neq \beta_1$,表明两个模型的截距相同,但是斜率存在显著差异,即结构差异仅仅表现在斜率上,称之为“汇合回归”(Concurrent Regressions),用图形表示,如图 11.1.2(c)所示。

(4) D_t, D_tx_t的系数均不等于零,即 $\alpha_0 \neq \beta_0, \alpha_1 \neq \beta_1$,表明两个回归模型完全不同,称之为“相异回归”(Dissimilar Regressions),用图形表示,如图 11.1.2(d)所示。

上述四种情况,只有第一种情况模型结构是稳定的,其余情况都表明结构不稳定。

例 11.1.1 在表 11.1.1 中列出了我国 1986—2005 年的国内生产总值(x)和出口贸易总额(y)的统计资料(单位:亿元)。我们用 1986—1995 年和 1996—2005 年的数据分别估计同一个形式的出口模型,试分析出口模型结构的稳定性。

表 11.1.1　1986—2005 年我国出口总额和国内生产总值的数据　单位:亿元

年份	出口总额(y)	国内生产总值(x)	虚拟变量 D1
1986	1 082.1	10 274.4	0
1987	1 470.0	12 050.6	0
1988	1 766.7	15 036.8	0
1989	1 956.0	17 000.9	0
1990	2 985.8	18 718.3	0
1991	3 827.1	21 826.2	0
1992	4 676.3	26 937.3	0
1993	5 284.8	35 260.0	0
1994	10 421.8	48 108.5	0
1995	12 451.8	59 810.5	0
1996	12 576.4	70 142.5	1
1997	15 160.7	78 060.9	1
1998	15 231.6	83 024.3	1
1999	16 159.8	88 479.2	1
2000	20 635.2	98 000.5	1
2001	22 024.4	108 068.2	1
2002	26 287.9	119 095.7	1
2003	36 287.9	135 174.0	1
2004	49 103.3	159 586.8	1
2005	62 648.1	183 618.5	1

解：设样本 1 为 1986—1995 年的模型

$$y=\alpha_0+\alpha_1 x+u \tag{11.1.13}$$

设样本 2 为 1996—2005 年的模型

$$y=\beta_0+\beta_1 x+v \tag{11.1.14}$$

根据表 11.1.1 的数据，分别估计模型得方程：

样本 1：

$$\begin{gathered}\hat{y}_{\text{样本1}}=-1\,619.595+0.234388x \\ t=(-4.28391)\quad(19.0617)\end{gathered} \tag{11.1.15}$$

样本 2：

$$\begin{gathered}\hat{y}_{\text{样本2}}=-22\,067.45+0.442279x \\ t=(-7.12937)\quad(16.8254)\end{gathered} \tag{11.1.16}$$

为比较方程(11.1.15)与(11.1.16)是否有显著差异，设置虚拟变量：

$$D1=\begin{cases}0 & 1986-1995\text{ 年}\\ 1 & 1996-2005\text{ 年}\end{cases} \tag{11.1.17}$$

合并两段数据，估计模型(11.1.18)：

$$y=\alpha_0+\alpha_1 x+\gamma_0 D1+\gamma_1 xD1+e \tag{11.1.18}$$

其中 $\gamma_0=\beta_0-\alpha_0$，$\gamma_1=\beta_1-\alpha_1$。估计结果如图 11.1.3 所示：

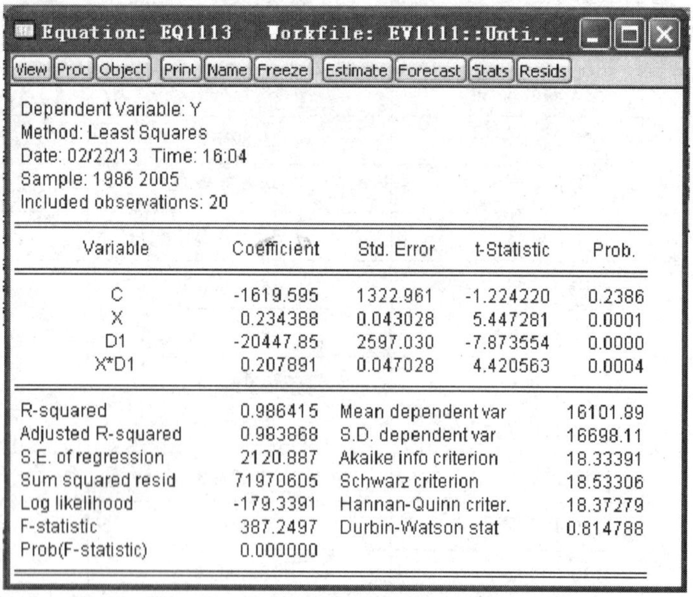
Equation: EQ1113 Workfile: EV1111::Unti...

View Proc Object Print Name Freeze Estimate Forecast Stats Resids

Dependent Variable: Y
Method: Least Squares
Date: 02/22/13 Time: 16:04
Sample: 1986 2005
Included observations: 20

Variable	Coefficient	Std. Error	t-Statistic	Prob.
C	-1619.595	1322.961	-1.224220	0.2386
X	0.234388	0.043028	5.447281	0.0001
D1	-20447.85	2597.030	-7.873554	0.0000
X*D1	0.207891	0.047028	4.420563	0.0004

R-squared	0.986415	Mean dependent var	16101.89
Adjusted R-squared	0.983868	S.D. dependent var	16698.11
S.E. of regression	2120.887	Akaike info criterion	18.33391
Sum squared resid	71970605	Schwarz criterion	18.53306
Log likelihood	-179.3391	Hannan-Quinn criter.	18.37279
F-statistic	387.2497	Durbin-Watson stat	0.814788
Prob(F-statistic)	0.000000		

图 11.1.3 合并两段数据估计结果

由图 11.1.3 得方程：

$$\begin{gathered}\hat{y}=-1\,619.595+0.234388x-20\,447.85D1+0.207891xD1 \\ t=(-1.22422)\quad(5.447281)\quad(-7.873554)\quad(4.420563)\end{gathered} \tag{11.1.19}$$

由于 $D1$ 和 $xD1$ 的系数都非常显著，即 $\alpha_0\neq\beta_0$，$\alpha_1\neq\beta_1$ 表明两个模型的结构有明显的差

异,也就是说模型结构不稳定。

三、虚拟变量作因变量的情况[①]

(一)因变量为虚拟变量的回归模型

如果我们分析居民家庭购买某些耐用商品的状况,比如说购买汽车的状况。

对一个具体家庭来说,或者已经购买了汽车,或者尚未购买汽车,只有两种状况,而这些状况则与诸如家庭收入、家庭生活必需品的开支等因素有关。

如果要进行回归分析,那么购买汽车的状况便是因变量,而家庭收入等因素便是自变量。显然,这时因变量便是虚拟变量。

我们假定家庭购买汽车的状况 y 只同家庭收入 x 有关,而且二者呈线性关系,此时回归模型可以写成:

$$y_i = \beta_0 + \beta_1 x_i + u_i \tag{11.1.20}$$

其中

$$y_i = \begin{cases} 1 & \text{已购买汽车} \\ 0 & \text{尚未购买汽车} \end{cases}$$

并且假定 $E(u_i) = 0$

对给定的 x_i, y_i的条件期望值:

$$E(y_i/x_i) = \beta_0 + \beta_1 x_i \tag{11.1.21}$$

设 p_i代表 $y_i = 1$ 的概率,则$(1 - p_i)$代表 $y_i = 0$ 的概率。于是 y_i的概率分布为:

y_i	0	1
概率	$1 - p_i$	p_i

因此,y_i的期望值为:

$$E(y_i/x_i) = 0 \times (1 - p)_i + 1 \times p_i = p_i \tag{11.1.22}$$

由此可见,模型(11.1.20)中因变量 y_i的条件期望值可解释为第 i 个家庭购买汽车的概率。

由于概率 p_i的数值必介于 0 与 1 之间,所以,概率解释要求 $E(y_i/x_i)$满足条件

$$0 \leqslant E(y_i/x_i) \leqslant 1 \tag{11.1.23}$$

由于 y_i的条件期望值具有概率含义,所以,模型(11.1.20)称为线性概率模型。

(二)不满足经典回归基本假定的问题

模型(11.1.20)在形式上同普通回归模型很相似,但是,由于 y 是虚拟变量(只取 0 或 1 两个值),因而出现了不满足经典回归基本假定的问题。

1. 随机项 u_i不服从正态分布

由模型(11.1.20)有

① 这段内容借鉴了陈鹤琴《经济计量学》(中国商业出版社)的讲法,但本书作了相应的修改。

$$u_i = y_i - \beta_0 - \beta_1 x_i \tag{11.1.24}$$

便有

$$u_i = \begin{cases} 1 - \beta_0 - \beta_1 x_i & \text{当 } y_i = 1 \text{ 时} \\ -\beta_0 - \beta_1 x_i & \text{当 } y_i = 0 \text{ 时} \end{cases} \tag{11.1.25}$$

由于 y_i 只取 0 或 1 两个值，u_i 也成为两值变量，也就是说，u_i 已经变成一个只能取两个可能值的离散型随机变量。此时它构成的分布是与正态分布完全不同的二点分布。

2. 随机项 u_i 具有异方差性

随机项 u_i 即使满足 $E(u_i)=0$ 和 $E(u_iu_j)=0\ (i\neq j)$，也不能保证 u_i 的同方差性。

由(11.1.25)和 y_i 的概率分布知

u_i	$1-\beta_0-\beta_1x_i$	$-\beta_0-\beta_1x_i$
概率	p_i	$1-p_i$

(11.1.26)

由二点分布知，u_i 的方差为

$$V(u_i) = p_i(1-p_i) \tag{11.1.27}$$

因为概率 $p_i = \beta_0 + \beta_1 x_i$ 对不同的自变量观测值 x_i 彼此不同，所以，u_i 具有异方差性。

由于随机项 u_i 具有异方差性，将使 *OLS* 估计量失去有效性，为此必须采取消除异方差的措施。由第六章§6.4节知，我们可以将模型(11.1.20)各项除以标准差，得

$$\frac{y_i}{\sqrt{V(u_i)}} = \frac{\beta_0}{\sqrt{V(u_i)}} + \beta_1 \frac{x_i}{\sqrt{V(u_i)}} + \frac{u_i}{\sqrt{V(u_i)}} \tag{11.1.28}$$

模型(11.1.28)已无异方差性。

但是，方差

$$V(u_i) = p_i(1-p_i) = (\beta_0 + \beta_1 x_i)(1 - \beta_0 - \beta_1 x_i)$$

中含有未知参数 β_0 和 β_1，所以，首先必须估计出 p_i 或 $E(y_i/x_i)$。作为一种处理问题的方法，我们可以用 y_i 的 *OLS* 估计量来估计 $E(y_i/x_i)$，这样就可取

$$\hat{V}(u_i) = \hat{y}_i^{OLS}(1 - \hat{y}_i^{OLS}) \tag{11.1.29}$$

这样问题就解决了。

3. 条件 $0 \leqslant E(y_i/x_i) \leqslant 1$ 不满足

由(11.1.22)知

$$E(y_i/x_i) = p_i$$

而期望值作为概率，就要它满足条件(11.1.23)

$$0 \leqslant E(y_i/x_i) \leqslant 1 \tag{11.1.23}$$

由(11.1.21)式知，

$$E(y_i/x_i) = \beta_0 + \beta_1 x_i \tag{11.1.21}$$

要求线性函数(11.1.21)满足条件(11.1.23)，不是对任何 x_i 值都能成立的。

这个问题在样本回归方程中明显反映出来，如图 11.1.4 所示。

图 11.1.4 中圆点代表样本观察值，由于 y 只能取 0 或 1 两个值，所以圆点只能位于横轴和与横轴相距一个单位长度的平行线上。对于回归线必定是一条穿过上述两组点的

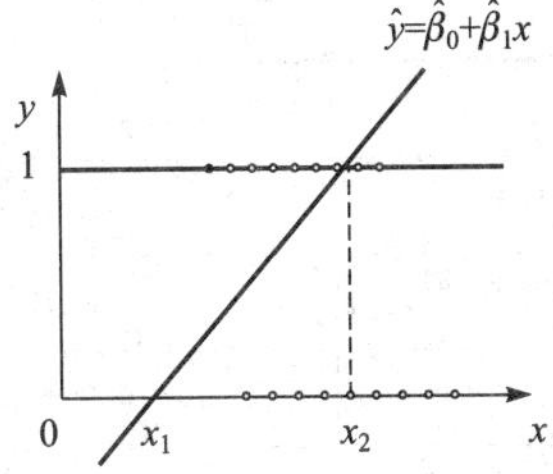

图 11.1.4 线性概率模型中的散布图和样本回归直线

直线,而与平行线交于 x_1 和 x_2 两点。

显然,当 $x<x_1$ 时,$E(y_i/x_i)<0$,

当 $x>x_2$ 时,$E(y_i/x_i)>1$

克服这一困难的最简单方法是:

当 $\hat{y}<0$ 时,取 $\hat{y}=0$

当 $\hat{y}>1$ 时,取 $\hat{y}=1$

这种处理方法不能令人十分满意,因为这样处理是把大概率当作必然事件处理,小概率当作不可能事件处理,不过由于方法简单人们还是常常采用。处理这个问题的较好方法是放弃线性模型,而选用对任意自变量值都能保证条件期望值 $E(y_i/x_i)$ 介于 0 与 1 之间的非线性模型。

4. 关于拟合优度

从图 11.1.4 中可以看出,回归直线的拟合优度一般较差。因此,不宜再将 R^2 值用作衡量模型与实际数据拟合得好坏的标准。通常仅着眼于总体拟合优度是否显著,而不计较 R^2 本身数值的大小。

(三) 线性概率模型举例

为了研究耐用消费品购买情况与有关经济变量之间的函数关系,J. A 费歇(Tanet, A · Fisher)抽查了美国 762 个家庭,并用调查所得的横断面样本去拟合以下模型:

$$y_i = \beta_0 + \sum_{j=1}^{16} \beta_j x_{ji} + u_i \tag{11.1.30}$$

其中 y_i 代表第 i 个家庭购买耐用消费品的概率,16 个自变量 $x_j(j=1,2\cdots16)$ 的定义及回归分析结果如表 11.1.2 所示。

表 11.1.2 耐用品购买模型估计结果

自变量 x_j	系数估计值 $\hat{\beta}_j$	标准差估计值
常数项	0.1411	
年可支配收入 x_1	0.0251	0.0118
$x_2=(x_1^2)$	-0.0004	0.0004
支票账目 x_3	-0.0051	0.0108
银行存款 x_4	0.0013	0.0047
联邦储蓄公债 x_5	-0.0079	0.0067

续表

自变量 x_j	系数估计值$\hat{\beta}_j$	标准差估计值
居住状况:租赁住房 x_6(1:租赁;0:其他)	-0.0469	0.0937
居住状况:自有住房 x_7(1:自有住房;0:其他)	0.0136	0.0712
每月房租 x_8	-0.7540	1.0983
每月抵押付款 x_9	-0.9809	0.5162
不包括分期付款的个人借款 x_{10}	-0.0367	0.0326
户主年龄 x_{11}	0.0046	0.0048
$x_{12}(=x_{11}^2)$	-0.00034	
户主婚姻状况 x_{13}(1:已婚;0:未婚)	0.1760	0.0501
孩子数 x_{14}	0.0398	0.0358
$x_{15}(=x_{14}^2)$	-0.0036	0.0072
购置计划 x_{16}(1:有;0:无)	0.1760	0.0384
$R^2=0.1336$		

* 表中所有金融数据均以千美元为单位。

资料来源:Janet A. Fisher, The Review of Economics and Statistics, Vol. 64, no. 1, p. 67, 1962.

这个表有以下三个特点:

(1)拟合优度很小,只有0.1336,但是,由于样本容量很大,F值并不小:

$$F=\frac{R^2/k}{(1-R^2)/(n-k-1)}$$
$$=\frac{0.1336/16}{(1-0.1336)/(762-17)}=6.4370$$

因此,在0.01显著水平下,拟合优度是显著的。

(2)自变量中既有可支配收入、银行存款等量变量,也有反映住房状况、婚姻状况等虚拟变量。

(3)模型中可支配收入、年龄和孩子数三个自变量除一次项外,还加一个平方项,用以反映在其他条件不变的情况下,某个家庭购置耐用消费品的概率并非随收入和年龄的增长而直线上升。

自变量系数估计量$\hat{\beta}_j$的含义,除了$\hat{\beta}_0$,$\hat{\beta}_1$,$\hat{\beta}_2$,$\hat{\beta}_{11}$,$\hat{\beta}_{12}$,$\hat{\beta}_{14}$和$\hat{\beta}_{15}$外,所有系数均代表某种边缘条件概率。例如,$\hat{\beta}_4$表示在其他自变量保持不变的情况下,一个家庭的银行存款增加1千美元,该家庭购置耐用消费品的条件概率增大值为0.0013。

利用表11.1.2的估计结果可以用于预测:

例如,假定某家庭的可支配收入为$x_1=15$千美元,其余自变量均为0,则该家庭购买耐用消费品的条件概率为

$$\hat{y}=\hat{\beta}_0+\hat{\beta}_1x_1+\hat{\beta}_2x_1^2=0.1411=0.0251\times15-0.0004\times15^2=0.4276$$

又如,某家庭的特征为:

$x_1=20$(可支配收入 20 千美元)

$x_2=20^2$

$x_3=4$(支票账目 4 千美元)

$x_4=10$(银行存款 10 千美元)

$x_5=1$(联邦储蓄公债 1 千美元)

$x_6=1$(租赁住房)

$x_7=0$(无自有住房)

$x_8=0.5$(月房租 0.5 千美元)

$x_9=0.3$(每月抵押付款 0.3 千美元)

$x_{10}=0$(没有个人借款)

$x_{11}=40$(户主 40 岁)

$x_{12}=40^2$

$x_{13}=1$(户主已婚)

$x_{14}=3$(有 3 个孩子)

$x_{15}=3^2$

$x_{16}=1$(有购耐用消费品的计划)

此时,该家庭购置耐用消费品的条件概率估计值为

$$\begin{aligned}\hat{y} &= \hat{\beta}_0+\sum_{j=1}^{16}\hat{\beta}_j x_j \\ &=0.1411+0.0251\times 20-0.0004\times 20^2-0.0051\times 4=\cdots=0.1760\times 1=-0.1649\end{aligned}$$

这个数值小于 0,按照规定,应取$\hat{y}=0$,即具备上述特征的家庭估计不会购置耐用消费品。

§11.2 非线性概率模型

一、模型的选择

(一)逻辑模型

在线性概率模型中,对不满足条件 $0\leqslant E(y_i/x_i)\leqslant 1$ 的处理方法是:

当$\hat{y}<0$ 时,取$\hat{y}=0$

当$\hat{y}>1$ 时,取$\hat{y}=1$

相应的图形,如图 11.2.1 所示。

我们可用与图 11.2.1 相类似的非线性函数——逻辑函数(它实际上是概率分布函数的一种),来逼近图 11.2.1 中的函数曲线:

$$p_i=F(z_i)=\frac{1}{1+e^{-z_i}}=\frac{1}{1+e^{-(\beta_0+\beta_1 x_i)}} \tag{11.2.1}$$

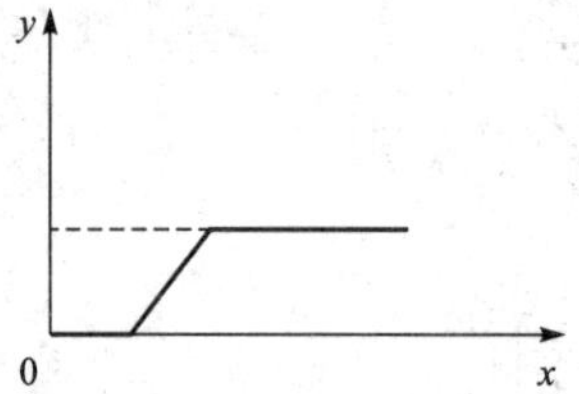

图 11.2.1　改进后的线性概率模型中的样本回归直线

其中 $z_i=\beta_0+\beta_1x_i$,p_i为采取某选择的概率,x_i为自变量。这个函数具有我们希望的良好性质,它的图形是一条S型曲线。

当 $z_i\rightarrow+\infty$ 时,$p_i\rightarrow1$

当 $z_i\rightarrow-\infty$ 时,$p_i\rightarrow0$　　　(11.2.2)

当 $z_i=0$,$p_i=\dfrac{1}{2}$

根据(11.2.1)和(11.2.2)可以画出逻辑函数的图形,如图11.2.2所示。

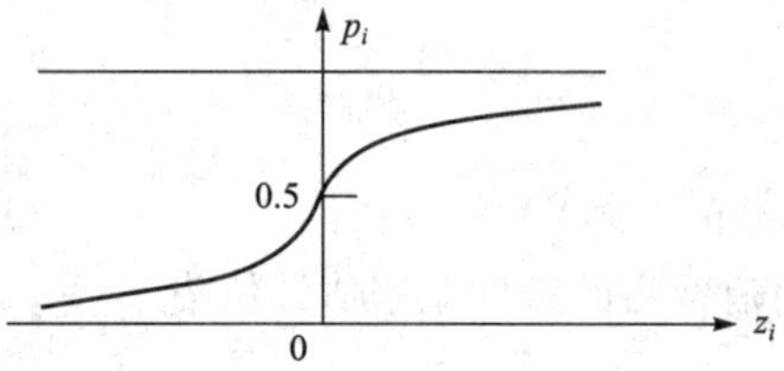

图 11.2.2　逻辑函数曲线

由(11.2.1)可得

$$e^{z_i}=\frac{p_i}{1-p_i} \tag{11.2.3}$$

对(11.2.3)式两边取对数:

$$\ln\left(\frac{p_i}{1-p_i}\right)=z_i=\beta_0+\beta_1x_i \tag{11.2.4}$$

我们可以把 $\ln\left(\dfrac{p_i}{1-p_i}\right)$ 整体看作一个变量,于是便有线性回归模型

$$\ln\left(\frac{p_i}{1-p_i}\right)=\beta_0+\beta_1x_i+u_i \tag{11.2.5}$$

(11.2.5)式称为逻辑模型。

(二) 常用的二元选择模型

在(一)小节中,我们为了使因变量的取值满足概率分布的要求,我们取逻辑函数 $F(z_i)=\dfrac{1}{1+e^{-z_i}}=\dfrac{e^{z_i}}{1+e^{z_i}}$为分布函数,形成了逻辑模型。分布函数的类型决定了二元选择模型的类型。根据分布函数 F 的不同,二元选择模型可以有不同的类型,常用的二元选择模型如表11.2.1所示。

表 11.2.1　　**常用的二元选择模型**

分布类型	分布函数 F	对应的二元选择模型
标准正态分布	$\Phi(z)$	Probit 模型
逻辑分布	$\dfrac{e^z}{1+e^z}$	Logit 模型
极值分布	$1-\exp(-e^z)$	Extreme Value 模型

二、逻辑模型的估计方法

（一）因变量观测值可以分组的情形

我们仍然以分析居民家庭购买某些耐用商品的状况，比如说购买汽车的状况为例。假设样本容量足够大，以致使每一个自变量观测值都有 5 至 6 个以上的因变量观察值与之对应。在这种情况下，所有因变量观测值可以按不同自变量观测值分成许多组，例如，共可分为 G 组。假设第 i 组共有 n_i个家庭收入为 x_i，其中有 r_i个家庭已购买汽车，其余尚未购买。于是收入为 x_i的家庭，购买汽车的概率为

$$\hat{p}_i=\frac{r_i}{n_i} \tag{11.2.6}$$

这里 $\hat{p}_i$是概率真值 p_i的估计值，显然，每组内家庭个数不能太少，家庭个数越多，概率估计值越接近真值。

因为(11.2.5)式可近似表示为：

$$\ln\left(\frac{p_i}{1-p_i}\right)\approx\ln\left(\frac{\hat{p}_i}{1-\hat{p}_i}\right) \tag{11.2.7}$$

于是，(11.2.5)式可以表示为：

$$\ln\left(\frac{\hat{p}_i}{1-\hat{p}_i}\right)=\beta_0+\beta_1x_i+u_i \tag{11.2.8}$$

对于模型(11.2.5)而言，$\ln\left(\dfrac{p_i}{1-p_i}\right)$就是因变量，通过上述方法我们实际上求出了这个因变量的所有观察值，因此可用估计普通线性模型的方法求出 β_0和 β_1的估计值。但必须指出，这一方法能否正确得出参数估计值的关键是每一个自变量 x_i所对应的因变量观察值不能少于 5 或 6 个。如果样本容量不太大或自变量数目很多，上述条件不能满足，则此法不适用。

此种方法，显然可以推广到多个自变量的情况。

（二）因变量观测值不能重复观测的情况

如果样本容量不够大，以至每个自变量观测值只对应一个或很少几个因变量观测值，分组就不可能实现了。这时可采用极大似然法估计模型(11.2.5)。我们仍以消费者是否购买汽车为例进行讨论。

1. 建立似然函数

对第 i 个消费者进行观测所得到的结果只有两种情况：已经购买汽车，即 $y_i=1$，或者尚未购买汽车，即 $y_i=0$。

设 $y_i=1$ 的概率为 p_i，则 $y_i=0$ 的概率为$(1-p_i)$，于是变量 y 服从两点分布，其概率

分布列为：

$$p_i^{y_i}(1-p_i)^{1-y_i} \qquad (i=1,2,\cdots,n) \tag{11.2.9}$$

所谓似然函数，就是样本中全部观测值的联合分布(此时参数是未知的)：

$$\psi = \prod_{i=1}^{n} p_i^{y_i}(1-p_i)^{1-y_i} \tag{11.2.10}$$

由(11.2.1)知，p_i可以表示为$p_i = F(z_i) = \dfrac{1}{1+e^{-z_i}} = \dfrac{1}{1+e^{-(\beta_0+\beta_1 x_i)}}$，所以(11.2.10)可以表示为：

$$\begin{aligned}\psi &= \prod_{i=1}^{n}[F(z_i)]^{y_i}[1-F(z_i)]^{1-y_i} \\ &= \prod_{i=1}^{n}[F(\beta_0+\beta_1 x_i)]^{y_i}[1-F(\beta_0+\beta_1 x_i)]^{1-y_i}\end{aligned} \tag{11.2.11}$$

2. 极大似然估计

极大似然估计的基本思想是：我们观测到的样本应该是出现概率最大的样本。本问题中，既然来自总体的样本具有概率分布(11.2.11)，我们应该要求参数β_0和β_1的取值使(11.2.11)达到极大值，满足上述极值条件求出的β_0和β_1的估计量，称为极大似然估计量。

对(11.2.11)式两边取对数：

$$\ln\psi = \sum_{i=1}^{n} y_i \ln F(\beta_0+\beta_1 x_i) + \sum_{i=1}^{n}(1-y_i)\ln[1-F(\beta_0+\beta_1 x_i)] \tag{11.2.12}$$

(11.2.12)分别对参数β_0和β_1求导数，可得极值条件的表达式：

$$\begin{cases}\dfrac{\partial \ln\psi}{\partial\beta_0} = \displaystyle\sum_{i=1}^{n} y_i \frac{f(z_i)}{F(z_i)} - \sum_{i=1}^{n}(1-y_i)\frac{f(z_i)}{1-F(z_i)} = 0 \\ \dfrac{\partial \ln\psi}{\partial\beta_1} = \displaystyle\sum_{i=1}^{n} y_i x_i \frac{f(z_i)}{F(z_i)} - \sum_{i=1}^{n}(1-y_i)x_i\frac{f(z_i)}{1-F(z_i)} = 0\end{cases} \tag{11.2.13}$$

其中

$$\begin{cases}F(z_i) = \dfrac{1}{1+e^{-z_i}}, \quad 1-F(z_i) = \dfrac{e^{-z_i}}{1+e^{-z_i}} \\ f(z_i) = \dfrac{dF(z_i)}{dz_i} = \dfrac{e^{-z_i}}{(1+e^{-z_i})^2} = F(z_i)[1-F(z_i)]\end{cases} \tag{11.2.14}$$

由(11.2.14)有关系：

$$\begin{cases}\dfrac{f(z_i)}{F(z_i)} = 1-F(z_i) \\ \dfrac{f(z_i)}{1-F(z_i)} = F(z_i)\end{cases} \tag{11.2.15}$$

把(11.2.15)代入(11.2.13)得到化简了的正规方程组：

$$\begin{cases}\sum F(z_i) = \sum y_i \\ \sum F(z_i)x_i = \sum x_i y_i\end{cases} \tag{11.2.16}$$

因为$F(z_i) = \dfrac{1}{1+e^{-(\beta_0+\beta_1 x_i)}}$是$\beta_0$和$\beta_1$的非线性函数，所以，(11.2.16)是$\beta_0$和$\beta_1$的非线性

方程组,线性方程组的解法已不适用,但是,我们可以用线性迭代法近似求解。

设 β_0^* 和 β_1^* 分别代表 β_0 和 β_1 的真值,将 $F(z_i)$ 在 (β_0^*,β_1^*) 点邻域泰勒(Taylor)展开,并取线性近似,得到

$$\begin{aligned}F(\beta_0+\beta_1 x_i) &\approx F(\beta_0^*+\beta_1^* x_i)+\left.\frac{\partial F}{\partial\beta_0}\right|_{(\beta_0^*,\beta_1^*)}(\beta_0-\beta_0^*)+\left.\frac{\partial F}{\partial\beta_1}\right|_{(\beta_0^*,\beta_1^*)}(\beta_1-\beta_1^*)\\ &=F(\beta_0^*+\beta_1^* x_i)+f(\beta_0^*+\beta_1^* x_i)(\beta_0-\beta_0^*)+f(\beta_0^*+\beta_1^* x_i)(\beta_1-\beta_1^*)x_i\\ &=F_i^*+f_i^*(\beta_0-\beta_0^*)+f_i^*(\beta_1-\beta_1^*)x_i \qquad (11.2.17)\end{aligned}$$

其中

$$\begin{cases}F_i^*=F(\beta_0^*+\beta_1^* x_i)\\ f_i^*=f(\beta_0^*+\beta_1^* x_i)\end{cases} \qquad (11.2.18)$$

将(11.2.17)代入正规方程组(11.2.16)得

$$\begin{cases}(\beta_0-\beta_0^*)\sum f_i^*+(\beta_1-\beta_1^*)\sum f_i^* x_i=\sum\tilde{y}_i\\ (\beta_0-\beta_0^*)\sum f_i^* x_i+(\beta_1-\beta_1^*)\sum f_i^* x_i^2=\sum x_i\tilde{y}_i\end{cases} \qquad (11.2.19)$$

其中 $\tilde{y}_i=y_i-F_i^*$

解线性方程组(11.2.19),得 β_0 和 β_1 的极大似然估计值:

$$\begin{cases}\beta_0=\beta_0^*+\dfrac{D_0(\beta_0^*,\beta_1^*)}{D(\beta_0^*,\beta_1^*)}\\ \beta_1=\beta_1^*+\dfrac{D_1(\beta_0^*,\beta_1^*)}{D(\beta_0^*,\beta_1^*)}\end{cases} \qquad (11.2.20)$$

其中

$$D=\begin{vmatrix}\sum f_i^* & \sum f_i^* x_i\\ \sum f_i^* x_i & \sum f_i^* x_i^2\end{vmatrix}$$

$$D_0=\begin{vmatrix}\sum\tilde{y}_i & \sum f_i^* x_i\\ \sum x_i\tilde{y}_i & \sum f_i^* x_i^2\end{vmatrix} \qquad (11.2.21)$$

$$D_1=\begin{vmatrix}\sum f_i^* & \sum\tilde{y}_i\\ \sum f_i^* x_i & \sum x_i\tilde{y}_i\end{vmatrix}$$

由于参数真值 β_0^*,β_1^* 实际上并不知道,所以(11.2.20)只不过是形式上的解,并不是真正的解。然而只要对这种形式解进行逐步迭代,便可得到真正的解。

选取 β_0 和 β_1 的零级近似值 $\hat{\beta}_0^{(0)},\hat{\beta}_1^{(0)}$ 代替(11.2.20)右端的 β_0^*,β_1^*,便可得到 β_0 和 β_1 的一级近似值:

$$\begin{cases}\hat{\beta}_0^{(1)}=\hat{\beta}_0^{(0)}+\dfrac{D_0(\hat{\beta}_0^{(0)},\hat{\beta}_1^{(0)})}{D(\hat{\beta}_0^{(0)},\hat{\beta}_1^{(0)})}\\ \hat{\beta}_1^{(1)}=\hat{\beta}_1^{(0)}+\dfrac{D_1(\hat{\beta}_0^{(0)},\hat{\beta}_1^{(0)})}{D(\hat{\beta}_0^{(0)},\hat{\beta}_1^{(0)})}\end{cases} \qquad (11.2.22)$$

再用一级近似值$\hat{\beta}_0^{(1)}$,$\hat{\beta}_1^{(1)}$代替(11.2.22)式右边的$\hat{\beta}_0^{(0)}$,$\hat{\beta}_1^{(0)}$,便可得到β_0和β_1的二级近似值,这样逐步迭代下去经过n次迭代后,得到

$$\begin{cases}\hat{\beta}_0^{(n)}=\hat{\beta}_0^{(n-1)}+\dfrac{D_0(\hat{\beta}_0^{(n-1)},\hat{\beta}_1^{(n-1)})}{D(\hat{\beta}_0^{(n-1)},\hat{\beta}_1^{(n-1)})}\\ \hat{\beta}_1^{(n)}=\hat{\beta}_1^{(n-1)}+\dfrac{D_1(\hat{\beta}_0^{(n-1)},\hat{\beta}_1^{(n-1)})}{D(\hat{\beta}_0^{(n-1)},\hat{\beta}_1^{(n-1)})}\end{cases}\tag{11.2.23}$$

当相邻两个迭代值之差的绝对值小于事先规定的误差时,迭代便可以终止。若以$\hat{\beta}_0$和$\hat{\beta}_1$代表最终得出的估计量,则概率模型的极大似然估计式为:

$$\hat{p}_i=\frac{1}{1+e^{-(\hat{\beta}_0+\hat{\beta}_1x_i)}}\tag{11.2.24}$$

式中$\hat{p}_i$代表具有特征$x=x_i$的消费者购买汽车的概率的估计值。

应该说明的是,这种迭代对参数的任意初始值均收敛,而且似然函数的迭代数列必收敛于全域的极大值。

以上方法可以推广到多元模型的情况,此时,

$$z_i=\beta_0+\sum_{j=1}^{k}\beta_jx_{ji}\tag{11.2.25}$$

在这种情况下,正规方程将由两个扩充为$(k+1)$个,行列式的阶数将由2扩充为$(k+1)$。例如$k=2$,便有

$$z_i=\beta_0+\beta_1x_{1i}+\beta_2x_{2i}\tag{11.2.26}$$

此时的正规方程组为

$$\begin{cases}\sum F(z_i)=\sum y_i\\ \sum F(z_i)x_{1i}=\sum x_{1i}y_i\\ \sum F(z_i)x_{2i}=\sum x_{2i}y_i\end{cases}\tag{11.2.27}$$

极大似然估计值为:

$$\begin{cases}\beta_0=\beta_0^*+\dfrac{D_0(\beta_0^*,\beta_1^*,\beta_2^*)}{D(\beta_0^*,\beta_1^*,\beta_2^*)}\\ \beta_1=\beta_1^*+\dfrac{D_1(\beta_0^*,\beta_1^*,\beta_2^*)}{D(\beta_0^*,\beta_1^*,\beta_2^*)}\\ \beta_2=\beta_2^*+\dfrac{D_2(\beta_0^*,\beta_1^*,\beta_2^*)}{D(\beta_0^*,\beta_1^*,\beta_2^*)}\end{cases}\tag{11.2.28}$$

其中

$$D=\begin{vmatrix}\sum f_i^* & \sum f_i^*x_{1i} & \sum f_i^*x_{2i}\\ \sum f_i^*x_{1i} & \sum f_i^*x_{1i}^2 & \sum f_i^*x_{1i}x_{2i}\\ \sum f_i^*x_{2i} & \sum f_i^*x_{1i}x_{2i} & \sum f_i^*x_{2i}^2\end{vmatrix}$$

$$D_0 = \begin{vmatrix} \sum \tilde{y}_i & \sum f_i^* x_{1i} & \sum f_i^* x_{2i} \\ \sum \tilde{y}_i x_{1i} & \sum f_i^* x_{1i}^2 & \sum f_i^* x_{1i} x_{2i} \\ \sum \tilde{y}_i x_{2i} & \sum f_i^* x_{1i} x_{2i} & \sum f_i^* x_{2i}^2 \end{vmatrix}$$

$$D_1 = \begin{vmatrix} \sum f_i^* & \sum \tilde{y}_i & \sum f_i^* x_{2i} \\ \sum f_i^* x_{1i} & \sum \tilde{y}_i x_{1i} & \sum f_i^* x_{1i} x_{2i} \\ \sum f_i^* x_{2i} & \sum \tilde{y}_i x_{2i} & \sum f_i^* x_{2i}^2 \end{vmatrix}$$

$$D_2 = \begin{vmatrix} \sum f_i^* & \sum f_i^* x_{1i} & \sum \tilde{y}_i \\ \sum f_i^* x_{1i} & \sum f_i^* x_{1i}^2 & \sum \tilde{y}_i x_{1i} \\ \sum f_i^* x_{2i} & \sum f_i^* x_{1i} x_{2i} & \sum \tilde{y}_i x_{2i} \end{vmatrix}$$

读者自己可以推广到 k 元的情况。

3. 案例分析

利用 EViews 软件可以很方便地估计逻辑模型的参数。

例 11.2.1 我们考察个体家庭月收入与购买耐用消费品(汽车)的关系,我们用 y 表示虚拟变量,取值 1 表示已购买耐用消费品,取值 0 表示没有购买耐用消费品,用 x 表示家庭月收入,我们收集了 36 个样本值如表 11.2.2 所示。

表 11.2.2 **家庭收入与购买耐用品的数据**

序号	y	x	序号	y	x
1	0	1 586	19	0	3 564
2	0	1 564	20	0	2 654
3	0	987	21	1	5 324
4	0	964	22	1	6 532
5	0	1 697	23	1	7 113
6	0	3 254	24	1	6 641
7	0	2 684	25	1	6 924
8	1	4 561	26	1	7 541
9	0	3 546	27	1	8 549
10	0	2 654	28	1	5 554
11	1	5 289	29	1	6 561
12	1	4 689	30	1	7 894
13	0	3 657	31	1	6 594
14	1	4 682	32	1	5 954
15	0	1 236	33	0	1 364
16	0	1 689	34	0	2 689
17	0	1 987	35	0	1 556
18	0	1 872	36	1	5 691

我们利用表 11.2.2 的数据,建立逻辑模型。点击 Quick / Estimate Equation 出现对话框,在 Equation Specification 对话框中,输入公式命令:

$$Y=1/(1+EXP(-C(2)-C(3)*X))$$

这里 $EXP(\quad)$ 是 EViews 取指数函数形式 e^x 的标记。点击“确定”便得到计算结果,如图 11.2.3。

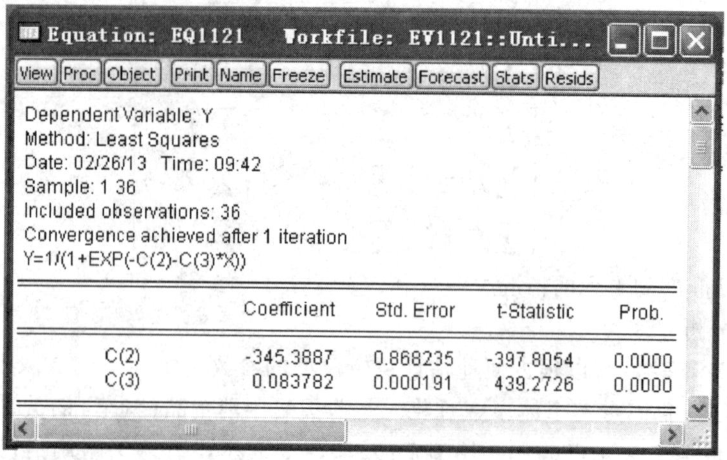

图 11.2.3 逻辑模型 EViews 估计结果

最后逻辑模型的估计式为:

$$\hat{p}_i=\frac{1}{1+e^{345.3887-0.083782x_i}}$$

§11.3 小 结

1. 虚拟变量

(1) 虚拟变量(Dummy Variable)指的是一种取值为 0 或 1 的变量。该变量所反映的并不是数量,而是某种性质或属性,所以称为质变量。

(2) 虚拟变量在线性回归模型中,可以作自变量。

(3) 虚拟变量在线性回归模型中,可以作因变量,构成线性概率模型。

但它有一定的局限性,它不满足条件:

$$0\leqslant E(y_i/x_i)\leqslant 1。$$

2. 非线性概率模型

(1) 解决线性概率模型不满足条件 $0\leqslant E(y_i/x_i)\leqslant 1$ 的方法是采用逻辑函数:

$$p_i=F(z_i)=\frac{1}{1+e^{-z_i}}=\frac{1}{1+e^{-(\beta_0+\beta_1x_i)}}$$

(2) 逻辑模型的估计方法

① 因变量观测值可以分组的情况

估计逻辑模型：$$\ln\left(\frac{\hat{p}_i}{1-\hat{p}_i}\right)=\beta_0+\beta_1 x_i+u_i$$

② 因变量观测值不能重复观测的情况

利用极大似然估计法。

复习思考题

1. 什么是虚拟变量？

2. 什么是虚拟陷阱？

3. 根据某商品销售量 y 和个人收入 x 的季度数据建立如下模型

$$y_t=\beta_0+\beta_1 D_{1t}+\beta_2 D_{2t}+\beta_3 D_{3t}+\beta_4 D_{4t}+\beta_5 x_{5t}+u_t$$

其中定义虚拟变量 D_{it} 为第 i 季度时其数值取 1，其余为 0，这时会发生什么问题？参数是否能够用最小二乘法进行估计？

4. 下表给出了 2003—2006 年服装季度销售额的原始数据：

2003—2006 年服装季度销售额原始数据 单位：百万元

年度/季度	1	2	3	4
2003	4 190	4 927	6 843	6 912
2004	4 521	5 522	5 350	7 204
2005	4 902	5 912	5 972	7 987
2006	5 458	6 359	6 501	8 607

现考虑如下模型：$S_t=\beta_1+\beta_2 D_{2t}+\beta_3 D_{3t}+\beta_4 D_{4t}+u_t$

其中，$D_2=1$：第二季度，$D_3=1$：第三季度，$D_4=1$：第四季度，$S=$ 销售额。

请回答以下问题：

(1) 估计此模型。

(2) 解释 β_1、β_2、β_3 和 β_4。

5. 考虑如下回归模型：$y_i=\beta_1+\beta_2 D_{2i}+\beta_3 D_{3i}+\beta_4(D_{2i}D_{3i})+\beta_5 x_i+u_i$

其中 $y=$ 大学教师的年收入；

$x=$ 教学年份；

$$D_2=\begin{cases}1:\text{男性}\\0:\text{女性}\end{cases}$$

$$D_3=\begin{cases}1:\text{白人}\\0:\text{其他人种}\end{cases}$$

请回答以下问题：

(1) $D_{2i}D_{3i}$ 的作用是什么？

(2) β_4 的含义是什么？

(3) 求 $E(y_i | D_2 = 1, D_3 = 1, x_i)$ 。

6. 考虑以下逻辑模型方程:

$$\mathrm{Ln}\left(\frac{\hat{p}_i}{1-\hat{p}_i}\right) = -9.456 + 0.3638\ (\text{income})_i - 1.107(\text{baby - sitter})_i$$

其中

	外出用餐	在家用餐
取值	1	0
概率	p_i	$(1-p_i)$

income = 年收入(单位:千元)

$$\text{baby - sitter} = \begin{cases} 1, \text{雇用保姆} \\ 0, \text{不雇用保姆} \end{cases}$$

现假定某家庭的年收入为 44 千元并且雇用了保姆。请问此家庭外出用餐的概率。

7. 下表给出了对某农田喷洒不同浓度的农药的结果:

农药浓度与杀死害虫数的数据

浓度($x_{\%}$)	害虫总数(N_i)	杀死害虫数(n_i)	$P_i = n_i/N_i$
2.6	50	6	0.120
3.8	48	16	0.333
5.1	46	24	0.522
7.7	49	42	0.857
10.2	50	44	0.880

请构造一个合适的模型来反应农药浓度与害虫杀死率之间的关系。

第十二章　分布滞后模型和自回归模型

✓ 本章要点

(1)分布滞后模型、自回归模型的概念;(2)分布滞后模型估计所面临的困难;(3)分布滞后模型的直接估计法;(4)几种常用的自回归模型;(5)自回归模型的估计方法。

§12.1　分布滞后模型的概念

一、问题的提出

以前各章所讨论的问题大都没有考虑时间因素,即认为因变量的变化仅仅依赖于解释变量的当期影响,这类回归模型属于静态模型。在现实经济活动中,即解释变量与被解释变量之间的关系不可能在瞬间发生,往往有一个"时间滞后",也就是说,解释变量需要一段时间才能完全作用于被解释变量。例如,本期的消费水平不仅取决于本期的收入水平,而且还受以前各期收入水平的影响。为了研究受时滞因素影响的经济变量的变化规律,就需要在回归模型中引入滞后变量进行分析。一个变量如果可以取过去时期的数值,该变量就称为滞后变量,把滞后变量引入回归模型就形成滞后变量模型。

在时间序列的模型中,如果模型除了包含本期自变量外,还包含以往若干期的自变量,这种模型称为分布滞后模型。例如,线性回归模型

$$y_t = \alpha + \beta_0 x_t + \beta_1 x_{t-1} + \beta_2 x_{t-2} + \cdots + \beta_k x_{t-k} + u_t \tag{12.1.1}$$

就是一个分布滞后模型。一般地可表达为

$$y_t = f(x_t, x_{t-1}, \cdots, x_{t-k}) + u_t \tag{12.1.2}$$

其中 $x_{t-1}, x_{t-2}, \cdots, x_{t-k}$ 称为 x 的一期,二期,…,k 期滞后变量。

如果模型的自变量中包含因变量的滞后变量,这种模型称为自回归模型。例如:

$$y_t = \alpha + \beta x_t + \gamma y_{t-1} + u_t \tag{12.1.3}$$

就是一个自回归模型。这种模型的特点是因变量 y 自己对自己作回归,自回归模型的名字由此而来。

二、产生滞后效应的原因

分析产生滞后效应的原因,对于制定正确的模型有着重要意义。引起滞后效应的具

体原因很多,大体可分为两类:

第一类是主观原因,即心理原因。一方面,人们受习惯势力的影响,往往不能迅速调整自己的行为使之适合于新的环境。例如,消费者的收入增加了,消费也不会立刻有明显增长,因为人们要改变自己的消费习惯以适应新情况需要经过一段时间。这意味着消费同收入的关系上出现滞后效应。另一方面,人们往往由于对信息了解不全面,因而对变化了的新情况反应迟钝,出现了滞后效应。

第二类是客观原因。它包括技术性原因、制度性原因和经济变量自身的原因。

技术性原因:产品生产是有周期性的。例如今年西瓜的供给量,是农民根据去年或以前若干年的市场价格制订的,这样供给量与价格之间就出现了滞后效应。例如工业品的生产,当前产量是同若干年前的投资有关,这样投资与效果之间就出现了滞后效应。再如新技术对旧技术的替代、新型生产材料对原有生产材料的替代是经济发展的趋势,这种替代将会发生,但不可能立即实现。因为实现这种替代,需要资金、设备、工艺技术的准备,管理方式的更新和相关知识学习的过程。

制度性原因:它同某些规章制度造成的约束有关。例如合同关系对原材料供应的影响;定期存款对购买力的影响等。这种制度性的约束使人们对外界变化了的情况不能立即做出反应,即出现了滞后现象。

经济变量自身的原因:很多经济变量的发展变化有很强的延续性,当前水平与前期水平密切相关。例如,基本建设投资会对国内生产总值产生长期影响,一旦建成使用就会在多年内促进国内生产总值增长。

由此可见,滞后效应是经济生活中的普遍现象。在模型中引入滞后变量也是计量经济学中常见的一类模型。

三、短期效应和长期效应

如果滞后效应持续有限长时间,则模型为

$$y_t = \alpha + \beta_0 x_t + \beta_1 x_{t-1} + \beta_2 x_{t-2} + \cdots + \beta_k x_{t-k} + u_t \tag{12.1.1}$$

称为有限滞后模型,其中 k 称为滞后期数或滞后长度,系数 β_0 称为短期乘数或短期影响乘数。$\beta_1,\beta_2,\cdots,\beta_k$ 可度量前 k 期中 x 每变动一个单位时,对 y 的影响,称为过渡性乘数。

如果滞后效应持续无限长时间,则模型可表示为

$$y_t = \alpha + \beta_0 x_t + \beta_1 x_{t-1} + \beta_2 x_{t-2} + \cdots + \beta_k x_{t-k} + \cdots + u_t \tag{12.1.4}$$

称为无限滞后模型。如果

$$\sum_{i=0}^{\infty} \beta_i = \beta \tag{12.1.5}$$

存在,则称 β 为长期乘数。通常在讨论无限滞后模型时,总是假定:

$$\begin{cases} \sum_{i=0}^{\infty} \beta_i = \beta < \infty \\ \lim_{i \to \infty} \beta_i = 0 \end{cases} \tag{12.1.6}$$

这一假定是符合一般经济现象的,即滞后期间隔越长,对当期的影响越小。β 代表 x 变动

对 y 的长期影响，即 x 值的单位变动对 y 值的总影响，它在数值上应等于全部影响系数之和。

四、分布滞后模型估计所面临的困难

对于无限滞后模型，如通常那样直接应用 *OLS* 法已经不可能。

对于有限分布滞后模型，即使随机误差项满足经典回归假定，对它应用 *OLS* 法也存在以下困难：

（1）产生多重共线问题。时间序列的各期变量之间往往是高度相关的，因而分布滞后模型常常产生多重共线性问题。

（2）损失自由度问题。由于样本容量有限，当滞后变量数目增加时，必然使得自由度减少。由于经济数据的收集常常受到各种条件的限制，估计这类模型时经常会遇到数据不足的困难。

（3）对于有限滞后模型，最大滞后期 k 较难确定。它的确定往往带有主观随意性。

为了避免有限滞后模型直接应用 *OLS* 法的困难，总是假定影响系数具有某种特殊结构，依照不同的系数结构的假定，建立不同的估计方法。

§12.2 分布滞后模型的直接估计法

设无限滞后模型

$$y_t = \alpha + \beta_0 x_t + \beta_1 x_{t-1} + \beta_2 x_{t-2} + \cdots + \beta_k x_{t-k} + \cdots + u_t \tag{12.2.1}$$

一、艾特－丁伯根（Alt-Tinbergen）法

为了克服最大滞后期 k 难以确定的问题，F. F. Alt 和 J. Tinbergen 提出所谓顺序估计法。假定 $x_t, x_{t-1}, x_{t-2}, \cdots$ 都是非随机性解释变量，因此，可利用 *OLS* 估计法，求出 y_t 对 x_t 的回归方程，再求出 y_t 对 x_t, x_{t-1} 的回归方程，依此顺序逐步做下去，直至滞后变量的回归系数在统计上不显著，或其符号不稳定时为止。依照这种方法，Alt 根据 40 个季度的资料，将燃料油的消费量 y 对订货单进行了回归，得到如下结果：

$$\hat{y}_t = 8.37 + 0.171 x_t$$

$$\hat{y}_t = 8.27 + 0.111 x_t + 0.064 x_{t-1}$$

$$\hat{y}_t = 8.27 + 0.109 x_t + 0.071 x_{t-1} - 0.055 x_{t-2}$$

$$\hat{y}_t = 8.32 + 0.108 x_t + 0.063 x_{t-1} + 0.022 x_{t-2} - 0.020 x_{t-3}$$

Alt 认为第二个回归方程是最佳估计式，因为后两个估计式 x_{t-2} 的系数符号不稳定。

Alt-Tinbergen 方法的优点是简单易行。缺点是对滞后期数没有给出先验的准则；在样本容量有限的条件下，当滞后期数顺序延滞时，自由度损失过大，不能保证统计检验的有效性；无法消除多重共线的问题。

二、经验加权估计法

经验加权估计法就是从经验出发为滞后变量赋予一定的权数，利用这些权数构成各

滞后变量的线性组合,构成新的变量,再应用 *OLS* 对新变量模型进行估计。由于权数的选择不同决定了模型滞后结构的不同。常见的滞后结构类型有以下几种:

(一)递减滞后结构

这类滞后结构假定权数是递减的,认为滞后变量对因变量的影响随着时间的推移越来越小,即遵循近大远小的原则。这种滞后结构在经济现象中较为常见。

例如,假定滞后期数 $k=3$,指定递减权数为$\frac{1}{2},\frac{1}{4},\frac{1}{6},\frac{1}{8}$,则新的线性组合变量为

$$w_{1t}=\frac{1}{2}x_t+\frac{1}{4}x_{t-1}+\frac{1}{6}x_{t-2}+\frac{1}{8}x_{t-3}$$

(二)矩形滞后结构

这类滞后结构假定权数不变,即认为滞后变量对因变量的影响不随时间的推移而变化,其作用保持不变,称为矩形滞后结构或不变滞后结构。

例如,假定滞后期数 $k=3$,指定递减权数为$\frac{1}{3}$,则新的线性组合变量为

$$w_{2t}=\frac{1}{3}x_t+\frac{1}{3}x_{t-1}+\frac{1}{3}x_{t-2}+\frac{1}{3}x_{t-3}$$

(三)Λ 型滞后结构

在这种形式中,权数开始为递增,然后为递减,形成"Λ"形状,因此称为 Λ 型滞后结构或倒 V 型滞后结构。

例如,假定滞后期数 $k=4$,指定递减权数为$\frac{1}{6},\frac{1}{4},\frac{1}{2},\frac{1}{5},\frac{1}{7}$,则新的线性组合变量为

$$w_{3t}=\frac{1}{6}x_t+\frac{1}{4}x_{t-1}+\frac{1}{2}x_{t-2}+\frac{1}{5}x_{t-3}+\frac{1}{7}x_{t-4}$$

在实际应用中,我们应该根据研究对象,提出合理且最合适的滞后结构类型。

由于随机误差项与解释变量不相关,从而也与解释变量的线性组合不相关,因此可直接应用最小二乘法进行估计。此方法具有简单易行、避免了多重共线性的干扰并且参数估计具有一致性的优点;缺点是设置权数的主观随意性较大,要求研究者对实际问题的特征有比较透彻的了解。

例 12.2.1 已知某地区制造业的资本存量 x 和工业产值 y 的统计资料如表 12.2.1 所示。

表 12.2.1 某地区制造业的资本存量 x 和工业产值 y 的统计资料 单位:百万元

年份	y	x	年份	y	x
1985	1 542.68	848.47	1990	1 549.25	867.58
1986	1 516.42	849.20	1991	1 562.65	867.27
1987	1 526.32	885.27	1992	1 586.36	894.71
1988	1 528.24	916.94	1993	1 600.24	912.14
1989	1 538.26	876.81	1994	1 634.58	997.09

续表

年份	y	x	年份	y	x
1995	1 685. 64	977. 67	2001	2 236. 24	1 229. 93
1996	1 778. 64	1 049. 40	2002	2 770. 29	1 579. 07
1997	1 896. 34	1 042. 99	2003	3 062. 64	1 715. 08
1998	1 908. 65	1 063. 12	2004	3 346. 25	2 007. 75
1999	1 970. 35	1 261. 02	2005	3 543. 21	2 161. 36
2000	2 106. 12	1 053. 06	2006	3 879. 25	2 482. 72

假设有限分布滞后模型为

$$y_t = \alpha + \beta_0 x_t + \beta_1 x_{t-1} + \beta_2 x_{t-2} + \beta_3 x_{t-3} + u_t$$

运用经验加权法，采用递减之后 $1, \frac{1}{2}, \frac{1}{4}, \frac{1}{8}$ 估计模型。

首先建立线性组合变量

$$z_t = x_t + \frac{1}{2}x_{t-1} + \frac{1}{4}x_{t-2} + \frac{1}{8}x_{t-3}$$

估计经验加权模型

$$y_t = \alpha + z_t + u_t$$

可以利用 EViews 建立工作文件，输入 x 和 y 的数据，生成线性组合数据 z_t，再应用 *OLS* 对新变量模型进行估计，经验加权模型回归分析结果，如图 12. 2. 1 所示。

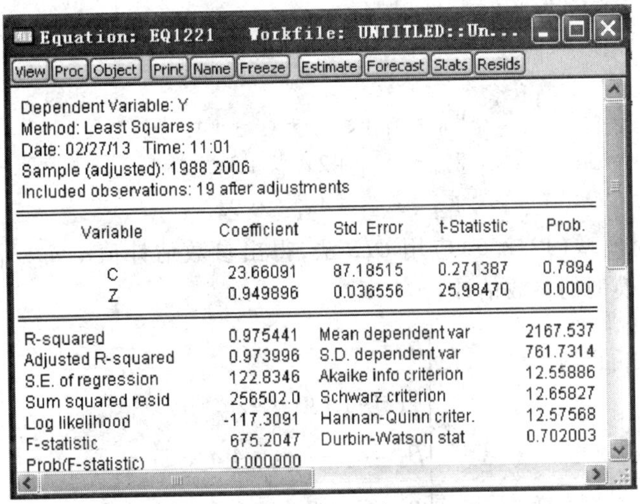

图 12. 2. 1 经验加权模型的估计

即

$$\hat{y}_t = 23.66091 + 0.949896 z_t$$

$$\hat{y}_t = 23.66091 + 0.949896\left(x_t + \frac{1}{2}x_{t-1} + \frac{1}{4}x_{t-2} + \frac{1}{8}x_{t-3}\right)$$

$$\hat{y}_t = 23.66091 + 0.949896x_t + 0.474948x_{t-1} + 0.237474x_{t-2} + 0.118737x_{t-3}$$

三、阿尔蒙(Almon)估计法

(一)阿尔蒙估计法

对模型(12.2.1)的系数,我们总是要求它满足条件(12.1.6),即系数 β_j 的和为有限以及 β_j 渐近地趋于0,至于以什么方式趋向零没有作具体要求。依据数学分析的魏斯特拉斯(Weierstrass)定理,多项式可以逼近各种形式的函数。于是,Almon 对模型(12.2.1)中的系数 β_j 用阶数适当的多项式去逼近,经过适当变换,得出一个可用常规方法估计的新模型。

设

$$\beta_j = a_0 + a_1 j + a_2 j^2 + \cdots + a_r j^r \qquad r < k \tag{12.2.2}$$

最高阶数 r 应视函数形式而定。但是,在实际应用时,一般 r 取3或4已经足够了。

作为例子,我们取 $k=3, r=2$。此时分布滞后模型为

$$y_t = \alpha + \beta_0 x_t + \beta_1 x_{t-1} + \beta_2 x_{t-2} + \beta_3 x_{t-3} + u_t \tag{12.2.3}$$

所作的变换为:

$$\beta_j = a_0 + a_1 j + a_2 j^2 \qquad j = 0,1,2,3. \tag{12.2.4}$$

其中 a_0, a_1, a_2 为待定参数。

将(12.2.4)代入(12.2.3)整理得

$$\begin{aligned} y_t = \alpha &+ a_0(x_t + x_{t-1} + x_{t-2} + x_{t-3}) + a_1(x_{t-1} + 2x_{t-2} + 3x_{t-3}) \\ &+ a_2(x_{t-1} + 4x_{t-2} + 9x_{t-3}) + u_t \end{aligned} \tag{12.2.5}$$

将(12.2.5)简记为

$$y_t = \alpha + a_0 W_{0t} + a_1 W_{1t} + a_2 W_{2t} + u_t \tag{12.2.6}$$

其中

$$W_{0t} = x_t + x_{t-1} + x_{t-2} + x_{t-3}$$
$$W_{1t} = x_{t-1} + 2x_{t-2} + 3x_{t-3}$$
$$W_{2t} = x_{t-1} + 4x_{t-2} + 9x_{t-3}$$

利用样本数据,对模型(12.2.6)应用 *OLS* 法,得出参数估计值 $\hat{\alpha}, \hat{a}_0, \hat{a}_1, \hat{a}_2$,再利用变换(12.2.4)可求原模型的参数估计:

$$\begin{cases} \hat{\beta}_0 = \hat{a}_0 \\ \hat{\beta}_1 = \hat{a}_0 + \hat{a}_1 + \hat{a}_2 \\ \hat{\beta}_2 = \hat{a}_0 + 2\hat{a}_1 + 4\hat{a}_2 \\ \hat{\beta}_3 = \hat{a}_0 + 3\hat{a}_1 + 9\hat{a}_2 \end{cases} \tag{12.2.7}$$

上述方法很容易推广至具有更多滞后解释变量的情形。

设有限模型如下:

$$y_t = \alpha + \beta_0 x_t + \beta_1 x_{t-1} + \cdots + \beta_k x_{t-k} + u_t \tag{12.2.8}$$

我们仍取 $r=2$;β_j 的结构为

$$\beta_j = a_0 + a_1 j + a_2 j^2 \tag{12.2.9}$$

其中 a_0, a_1, a_2 为待定参数。

将(12.2.9)代入(12.2.8)整理得：

$$y_t = \alpha + a_0 \sum_{j=0}^{k} x_{t-j} + a_1 \sum_{j=0}^{k} j x_{t-j} + a_2 \sum_{j=0}^{k} j^2 x_{t-j} + u_t \tag{12.2.10}$$

记

$$\begin{cases} W_{0t} = \sum_{j=0}^{k} x_{t-j} \\ W_{1t} = \sum_{j=0}^{k} j x_{t-j} \\ W_{2t} = \sum_{j=0}^{k} j^2 x_{t-j} \end{cases} \tag{12.2.11}$$

(12.2.10)简记为：

$$y_t = \alpha + a_0 W_{0t} + a_1 W_{1t} + a_2 W_{2t} + u_t \tag{12.2.12}$$

(12.2.12)称为 Almon 模型。

对(12.2.12)应用 *OLS* 法，得参数估计值 $\hat{\alpha}, \hat{a}_0, \hat{a}_1, \hat{a}_2$。利用变换(12.2.9)得原模型系数的估计值：

$$\begin{cases} \hat{\beta}_0 = \hat{a}_0 \\ \hat{\beta}_1 = \hat{a}_0 + \hat{a}_1 + \hat{a}_2 \\ \hat{\beta}_1 = \hat{a}_0 + 2\,\hat{a}_1 + 4\,\hat{a}_2 \\ \cdots \\ \hat{\beta}_k = \hat{a}_0 + k\,\hat{a}_1 + k^2 \hat{a}_2 \end{cases} \tag{12.2.13}$$

(二) 阿尔蒙估计法的优点

(1) 克服了自由度不足的问题。例如对 β_j 作了(12.2.9)的假定后，由原模型(12.2.8)的 $k+1$ 个自变量简化为只含三个自变量的模型(12.2.12)，原模型需要估计 $(k+2)$ 个参数，现在只需估计四个参数，因此，一般不会有自由度不足的问题。

(2) Almon 变换具有充分的柔顺性。为了使参数结构的假定更好地符合 β_j 的实际变化方式，我们可以适当改变多项式(12.2..9)的阶数，提高逼近的精度。

(三) 阿尔蒙估计法的缺点

(1) 滞后期数 k 值究竟取多大最好，没有明确的准则。

(2) 多项式的阶数 r 必须事先确定，而 r 的实际确定往往带有主观性。

(3) 具有多重共线性。由于阿尔蒙模型中每个自变量 W 都是原模型自变量 x 及其滞后变量的线性组合，所以，各个 W 之间存在较强的相关性。

四、应用举例

例 12.2.2　表 12.2.2 给出某企业产品 1991—2010 年的产量 y 和销售量 x 的资料。

假定产量 y 取决于本年和前三年的销售量,即 $k=3$。则分布滞后模型为

$$y_t=\alpha+\beta_0x_t+\beta_1x_{t-1}+\beta_2x_{t-2}+\beta_3x_{t-3}+u_t \qquad (12.2.14)$$

假定用二次多项式逼近,则(即 $r=2$)

$$\beta_j=a_0+a_1j+a_2j^2 \qquad j=0,1,2,3 \qquad (12.2.15)$$

由(12.2.6)式,可将(12.2.14)改写成:

$$y_t=\alpha+a_0W_{0t}+a_1W_{1t}+a_2W_{2t}+u_t \qquad (12.2.16)$$

其中

$$\begin{cases}W_{0t}=x_t+x_{t-1}+x_{t-2}+x_{t-3}\\ W_{1t}=x_{t-1}+2x_{t-2}+3x_{t-3}\\ W_{2t}=x_{t-1}+4x_{t-2}+9x_{t-3}\end{cases} \qquad (12.2.17)$$

表 12.2.2　　1991—2010 年某产品产量 y 和销售量 x 资料

年份	y	x	W_0	W_1	W_2
1991	4 230	3 620			
1992	4 560	3 890			
1993	4 950	4 560			
1994	5 100	4 880	16 950	23 200	52 700
1995	5 210	5 010	18 340	25 670	58 130
1996	5 328	4 900	19 350	28 450	65 570
1997	5 300	5 100	19 890	29 560	68 860
1998	5 390	5 200	20 210	29 930	69 790
1999	5 460	5 210	20 410	30 100	69 700
2000	5 680	5 300	20 810	30 910	71 910
2001	6 010	5 890	21 600	31 320	72 940
2002	6 420	5 900	22 300	32 120	73 980
2003	6 890	6 450	23 540	33 580	77 160
2004	7 226	6 510	24 750	35 920	83 060
2005	7 568	7 200	26 060	37 110	85 410
2006	7 892	7 234	27 394	39 570	91 290
2007	8 260	7 790	28 734	41 164	94 624
2008	9 570	7 890	30 114	43 858	101 526
2009	10 020	8 900	31 814	45 172	104 156
2010	10 200	8 890	33 470	48 050	110 570

根据公式(12.2.17)计算 W_{0t}, W_{1t}, W_{2t},列入表 12.2.2 中,利用 y 和 W 的数据,应用 *OLS* 法得估计式:

$$\hat{y}_t=\underset{(314.3160)}{-1260.105}+\underset{(0.276694)}{0.793320}W_{0t}-\underset{(0.713237)}{0.496433}W_{1t}+\underset{(0.233501)}{0.079785}W_{2t} \qquad (12.2.18)$$

$$\hat{\beta}_0 = \hat{a}_0 = 0.79332$$
$$\hat{\beta}_1 = \hat{a}_0 + \hat{a}_1 + \hat{a}_2 = 0.376672$$
$$\hat{\beta}_2 = \hat{a}_0 + 2\hat{a}_1 + 4\hat{a}_2 = 0.119594 \qquad (12.2.19)$$
$$\hat{\beta}_3 = \hat{a}_0 + 3\hat{a}_1 + 9\hat{a}_2 = 0.022086$$

原模型为

$$\hat{y}_t = -1260.105 + 0.79332x_t + 0.376672x_{t-1} + 0.119594x_{t-2} + 0.022086x_{t-3} \qquad (12.2.20)$$

从计算结果可以看出，当年的生产量主要由当年销售量决定，其次是上一年的销量。以上计算过程可以利用 EViews 来完成。

方法 1

在 EViews 中输入 x 和 y 的数据，然后在命令窗口生成多项式变量 W0、W1、W2：

```
GENR w0 = x + x( -1) + x( -2) + x( -3)
GENR w1 = x( -1) +2 * x( -2) +3 * x( -3)
GENR W2 = x( -1) +4 * x( -2) +9 * x( -3)
```

再应用 *OLS* 法得到回归结果如图 12.2.2 所示：

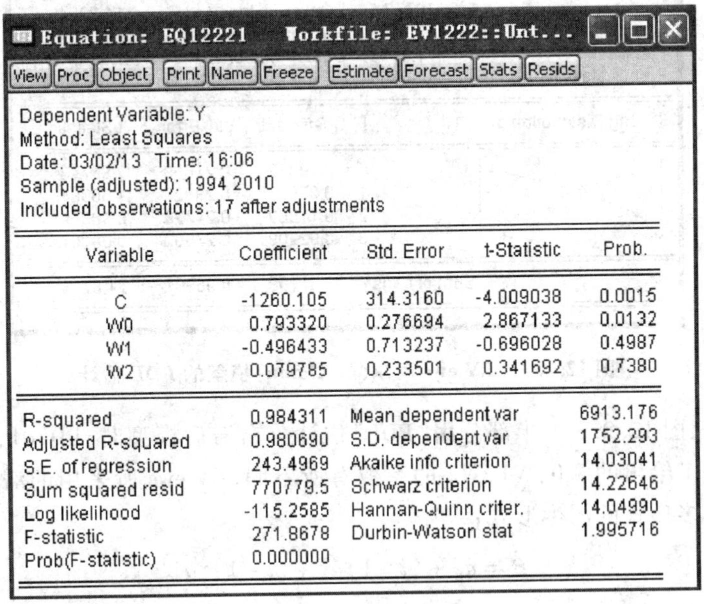

Equation: EQ12221 Workfile: EV1222::Unt...

View Proc Object Print Name Freeze Estimate Forecast Stats Resids

Dependent Variable: Y
Method: Least Squares
Date: 03/02/13 Time: 16:06
Sample (adjusted): 1994 2010
Included observations: 17 after adjustments

Variable	Coefficient	Std. Error	t-Statistic	Prob.
C	-1260.105	314.3160	-4.009038	0.0015
W0	0.793320	0.276694	2.867133	0.0132
W1	-0.496433	0.713237	-0.696028	0.4987
W2	0.079785	0.233501	0.341692	0.7380

R-squared	0.984311	Mean dependent var	6913.176
Adjusted R-squared	0.980690	S.D. dependent var	1752.293
S.E. of regression	243.4969	Akaike info criterion	14.03041
Sum squared resid	770779.5	Schwarz criterion	14.22646
Log likelihood	-115.2585	Hannan-Quinn criter.	14.04990
F-statistic	271.8678	Durbin-Watson stat	1.995716
Prob(F-statistic)	0.000000		

图 12.2.2 阿尔蒙(Almon)模型的估计

由图 12.2.2 可得到方程：

$$\hat{y}_t = \underset{(314.3160)}{-1260.105} + \underset{(0.276694)}{0.793320}W_{0t} - \underset{(0.713237)}{0.496433}W_{1t} + \underset{(0.233501)}{0.079785}W_{2t} \qquad (12.2.21)$$

显然(12.2.21)与(12.2.18)结果相同。重复(12.2.19)的过程，即可得到(12.2.20)。

方法 2

在实际应用中，EViews 还提供了多项式分布滞后命令“PDL”用于估计分布滞后模型。

在本例中,在命令窗口输入命令:

LS y c PDL(x,3,2)

其中,命令“PDL”表示进行阿尔蒙多项式分布滞后模型的估计,括号中的3表示x的滞后长度,2表示阿尔蒙多项式的阶数。屏幕将显示回归分析结果如图12.2.3所示。

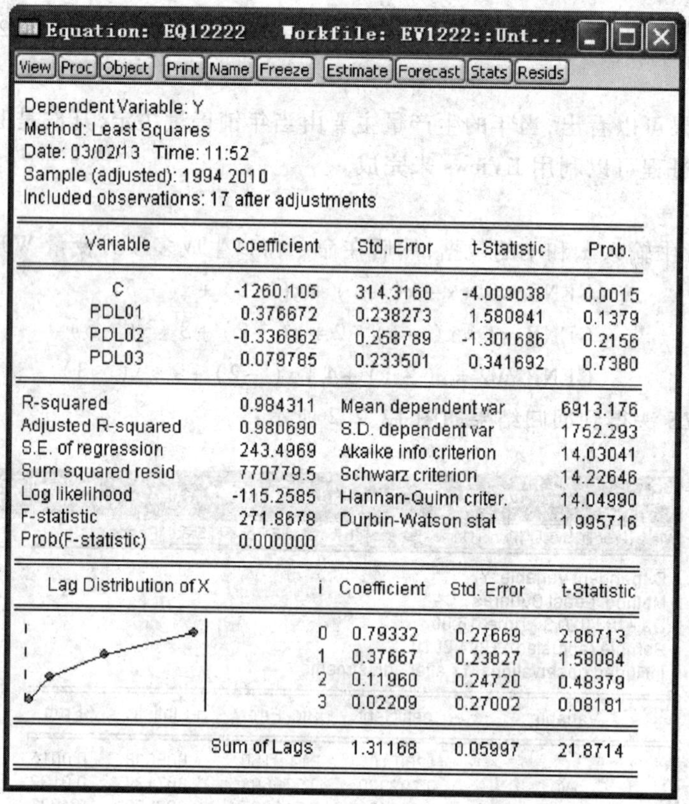

Equation: EQ12222 Workfile: EV1222::Unt...

View | Proc | Object | Print | Name | Freeze | Estimate | Forecast | Stats | Resids

Dependent Variable: Y
Method: Least Squares
Date: 03/02/13 Time: 11:52
Sample (adjusted): 1994 2010
Included observations: 17 after adjustments

Variable	Coefficient	Std. Error	t-Statistic	Prob.
C	-1260.105	314.3160	-4.009038	0.0015
PDL01	0.376672	0.238273	1.580841	0.1379
PDL02	-0.336862	0.258789	-1.301686	0.2156
PDL03	0.079785	0.233501	0.341692	0.7380

R-squared	0.984311	Mean dependent var	6913.176
Adjusted R-squared	0.980690	S.D. dependent var	1752.293
S.E. of regression	243.4969	Akaike info criterion	14.03041
Sum squared resid	770779.5	Schwarz criterion	14.22646
Log likelihood	-115.2585	Hannan-Quinn criter.	14.04990
F-statistic	271.8678	Durbin-Watson stat	1.995716
Prob(F-statistic)	0.000000		

Lag Distribution of X	i	Coefficient	Std. Error	t-Statistic
	0	0.79332	0.27669	2.86713
	1	0.37667	0.23827	1.58084
	2	0.11960	0.24720	0.48379
	3	0.02209	0.27002	0.08181
Sum of Lags		1.31168	0.05997	21.8714

图12.2.3 EViews阿尔蒙(Almon)模型的PDL估计

需要说明的是,图12.2.3上半部分用“PDL”估计分布滞后模型时,PDL01,PDL02,PDL03的系数与方法1给出的W0,W1,W2的系数有所不同,EViews所采用的滞后系数多项式变换是阿尔蒙多项式的派生形式:

$$\hat{\beta}_i = \hat{a}_0 + (i-1)\hat{a}_1 + (i-1)^2\hat{a}_2 \tag{12.2.22}$$

$$\hat{\beta}_0 = 0.376672 + (0-1)\times(-0.336862) + (0-1)^2\times 0.079785 = 0.793319$$

$$\hat{\beta}_1 = 0.376672 + (1-1)\times(-0.336862) + (1-1)^2\times 0.079785 = 0.376672$$

同样有:$\hat{\beta}_2 = 0.119595$,$\hat{\beta}_3 = 0.022088$

便有原模型的样本方程:

$$\begin{aligned}\hat{y}_t = & -1\,260.105 + 0.793319x_t + 0.376672x_{t-1} \\ & + 0.119595x_{t-2} + 0.022088x_{t-3}\end{aligned} \tag{12.2.23}$$

图 12. 2. 3 下半部分给出解释变量 x 各滞后变量的系数 β_i 估计值、标准差、t 统计量及滞后系数之和。此结果与(12. 2. 20)和(12. 2. 23)比较有微小差别,这是由于计算误差所致。

§12. 3　几种常用的自回归模型

一、柯克(Koyck)模型

对无穷滞后模型

$$y_t = \alpha + \beta_0 x_t + \beta_1 x_{t-1} + \cdots + \beta_k x_{t-k} + \cdots + u_t \tag{12.3.1}$$

所面临的困难, Koyck 假定模型(12. 3. 1)中的系数按几何级数的方式递减,也就是解释变量 x_{t-j}对被解释变量 y_t的影响随滞后期 j 的增大而按几何速度减小,直至消失。因此, Koyck 提出系数结构具有形式:

$$\begin{cases} \beta_j = \lambda^j \beta_0 \\ 0 < \lambda < 1 \end{cases} \quad (j = 0, 1, 2, \cdots) \tag{12.3.2}$$

这一假定与(12. 1. 6)的假定是一致的。λ 称为递减率,λ 值越接近零,递减速度越快。

将 Koyck 假定(12. 3. 2)代入(12. 3. 1)得 Koyck 分布滞后模型:

$$y_t = \alpha + \beta_0 x_t + \lambda\beta_0 x_{t-1} + \lambda^2 \beta_0 x_{t-2} + \cdots + \lambda^k \beta_0 x_{t-k} + \cdots + u_t \tag{12.3.3}$$

对模型(12. 3. 3)的估计, Koyck 提出了一个简单、巧妙的方法,人们常称这种方法为 Koyck 变换:

将(12. 3. 3)滞后一期并乘以 λ,得

$$\lambda y_{t-1} = \lambda\alpha + \lambda\beta_0 x_{t-1} + \lambda^2 \beta_0 x_{t-2} + \cdots + \lambda^{k+1} \beta_0 x_{t-(k+1)} + \cdots + \lambda u_{t-1} \tag{12.3.4}$$

(12. 3. 3)式减去(12. 3. 4)式,得

$$y_y - \lambda y_{t-1} = \alpha(1 - \lambda) + \beta_0 x_t + u_t - \lambda u_{t-1} \tag{12.3.5}$$

或

$$\begin{cases} y_t = \alpha(1 - \lambda) + \beta_0 x_t + \lambda y_{t-1} + v_t \\ v_t = u_t - \lambda u_{t-1} \end{cases} \tag{12.3.6}$$

模型(12. 3. 6)称为柯克模型。

在模型(12. 3. 6)中只需估计三个参数 α、β_0及 λ,解决了自由度减少的问题;同时,在模型(12. 3. 6)中,只含有自变量 x_t和滞后因变量 y_{t-1}两个变量作解释变量,解决了多重共线性的问题。

但是,在模型(12. 3. 6)中,出现了滞后因变量 y_{t-1}作为 y_t的解释变量,而 y_{t-1}是随机变量,违背了解释变量是非随机变量的常规假定,因此,柯克变换引出两个新问题。

(1) 柯克模型中的随机项 v_t存在序列相关性(随机项不满足假定 4)

事实上,即使原模型中的随机项 u_t满足全部经典假定:

$$\begin{aligned} E(v_t v_{t-1}) &= E[(u_t - \lambda u_{t-1})(u_{t-1} - \lambda u_{t-2})] \\ &= E[u_t u_{t-1} + \lambda^2 u_{t-1} u_{t-2} - \lambda u_{t-1}^2 - \lambda u_t u_{t-2}] \\ &= -\lambda E(u_{t-1}^2) \\ &= -\lambda \sigma_u^2 \end{aligned} \tag{12.3.7}$$

(12.3.7)表明 v_t 与 v_{t-1} 相关。

(2) 自变量 y_{t-1} 与随机项 v_t 相关(随机项不满足假定5)

事实上,一方面 y_t 与 v_t 有关,y_{t-1} 与 v_{t-1} 有关,另一方面(12.3.7)表明 v_t 与 v_{t-1} 有关,所以 y_{t-1} 不仅同 v_{t-1} 有关,而且同 v_t 有关。

由于 Koyck 变换引出的两个问题,因而使得柯克模型的参数估计量是有偏并且是非一致的估计量。

在柯克模型(12.3.6)中,滞后因变量 y_{t-1} 起着自变量的作用,因而它是一个自回归模型。这就是说,柯克变换使分布滞后模型转变成了自回归模型。它表明分布滞后模型与自回归模型之间存在着深刻的联系。

例 12.3.1 表12.3.1给出1995—2011年我国年消费 CO 与收入 y 的数据。假定本期消费不仅与本期收入有关,而且与以前所有各期有关,此时消费模型具有如下形式:

$$CO_t = \alpha + \beta_0 y_t + \beta_1 y_{t-1} + \beta_2 y_{t-2} + \cdots + u_t \tag{12.3.8}$$

其中 CO_t 和 y_t 分别代表第 t 期的消费和收入。假定随机项 u_t 满足全部经典假定,试用柯克法估计此消费模型。

表 12.3.1 **消费 CO 与收入 y 的数据** 单位:元

年	y_t	CO_t	CO_{t-1}
1995	4 288.1	3 537.5	
1996	4 838.9	3 919.5	3 537.5
1997	5 160.3	4 186.0	3 919.5
1998	5 425.1	4 331.6	4 186.0
1999	5 854.0	4 615.9	4 331.6
2000	6 295.9	4 998.0	4 615.9
2001	6 859.6	5 309.0	4 998.0
2002	7 702.8	6 030.0	5 309.0
2003	8 472.2	6 511.0	6 030.0
2004	9 422.0	7 182.0	6 511.0
2005	10 493.0	7 943.0	7 182.0
2006	11 759.0	8 679.0	7 943.0
2007	13 786.0	9 997.0	8 679.0
2008	15 780.8	11 243.0	9 997.0
2009	17 175.0	12 265.0	11 243.0
2010	20 133.4	13 471.0	12 265.0
2011	23 979.2	15 161.0	13 471.0

利用柯克变换将无穷滞后模型(12.3.8)化成自回归模型:

$$\begin{cases} CO_t = \alpha^* + \beta_0 y_t + \lambda CO_{t-1} + v_t \\ \alpha^* = \alpha(1-\lambda) \end{cases} \tag{12.3.9}$$

由表12.3.1可以看出,由于变量 CO_{t-1} 缺第一个数据,即用柯克模型代替原分布滞

后模型时损失一个观察值。对(12.3.9)应用 *OLS* 法,得

$$\hat{CO}_t = 93.32204 + \underset{(0.072506)}{0.138803}y_t + \underset{(0.133525)}{0.878290}CO_{t-1} \qquad R^2 = 0.998220 \quad (12.3.10)$$

由表 12.3.1 中的数据可以看出 y_t与 CO_{t-1}之间有较强的共线性,使得 β_0不显著。我们的目的在于说明柯克估计法的使用,所以对多重共线性暂不去管它。利用(12.3.10)计算原模型中系数 α 和 β 的估计值。

$$\hat{\alpha} = \frac{\hat{\alpha}^*}{1-\hat{\lambda}} = \frac{93.32204}{1-0.878290} = 766.7574$$

$$\hat{\beta}_0 = 0.13880$$

$$\hat{\beta}_1 = \hat{\lambda}\hat{\beta}_0 = 0.878290 \times 0.138803 = 0.121909$$

$$\hat{\beta}_2 = \hat{\lambda}^2\hat{\beta}_0 = 0.878290^2 \times 0.138803 = 0.107072$$

$$\hat{\beta}_3 = \hat{\lambda}^3\hat{\beta}_0 = 0.878290^3 \times 0.138803 = 0.09404$$

……

于是原模型为:

$$\hat{CO}_t = 766.7574 + 0.13880y_t + 0.121909y_{t-1} + 0.107072y_{t-2} + 0.09404y_{t-3} + \cdots$$

利用 EViews 可以完成以上计算:

首先建立消费 *CO* 和收入 *y* 的工作文件,再建立一个滞后变量 *CO1*。

在命令窗口输入:

```
GENR   CO1 = CO( -1)
LS CO C Y CO1
```

得到计算结果,如图 12.3.1 所示。

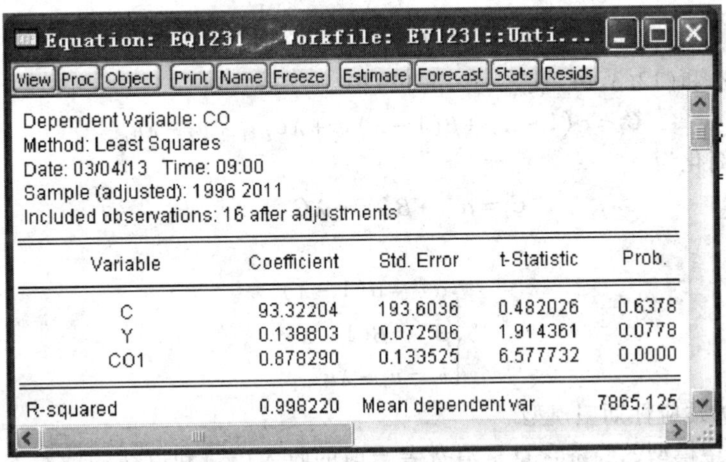

Variable	Coefficient	Std. Error	t-Statistic	Prob.
C	93.32204	193.6036	0.482026	0.6378
Y	0.138803	0.072506	1.914361	0.0778
CO1	0.878290	0.133525	6.577732	0.0000
R-squared	0.998220	Mean dependent var	7865.125	

图 12.3.1 柯克(Koyck)模型的估计

由图 12.3.1 可以得到方程(12.3.10)的结果。其系数转换工作这里不再详述。

二、适应性期望模型

我们以消费函数为例展开讨论。弗里德曼(Friedman)的消费理论认为,本期消费水平不是取决于本期实际收入,而是取决于预期收入(长期固定收入),即第 t 期的消费水平 C_t 不是依赖于同期的实际收入水平 y_t,而是依赖于期望收入水平(长期固定收入水平)y_t^*。

因此消费模型可表示为

$$C_t = \alpha + \beta y_t^* + u_t \tag{12.3.11}$$

由于期望值 y_t^* 是无法观测的,因而需要对 y_t^* 做出适应性期望假定:

$$y_t^* = y_{t-1}^* + (1-\lambda)(y_t - y_{t-1}^*) \tag{12.3.12}$$

$$0 \leqslant \lambda \leqslant 1$$

其中 y_{t-1}^* 为解释变量第 $t-1$ 期的期望值,y_t 为解释变量第 t 期的实际值。(12.3.12)式的含意为:解释变量现期的期望值 y_t^* 是在前期期望值的基础上,根据现期实际观测值与前期期望值的差进行调整,使之更适应实际情况。如果 $\lambda=1$,则 $y_t^* = y_{t-1}^*$,即以前期期望值作为现期期望值,也就是没有进行调整。如果 $\lambda=0$ 时,则 $y_t^* = y_t$ 现期期望值在本期完全实现,没有产生差异。

假定(12.3.12)的目的是通过期望值使之更好地适应实际情况,所以称为适应性假定,也称误差学习假定,其含意是该假定具有根据自变量的实际值与期望值之间的误差来寻找更符合实际情况的新期望值的特点。

由模型(12.3.11)解出 y_t^*

$$y_t^* = -\frac{\alpha}{\beta} + \frac{1}{\beta}C_t - \frac{1}{\beta}u_t \tag{12.3.13}$$

推迟一期

$$y_{t-1}^* = -\frac{\alpha}{\beta} + \frac{1}{\beta}C_{t-1} - \frac{1}{\beta}u_{t-1} \tag{12.3.14}$$

再将(12.3.13)和(12.3.14)代入(12.3.12)得

$$C_t = \alpha(1-\lambda) + \beta(1-\lambda)y_t + \lambda C_{t-1} + u_t - \lambda u_{t-1} \tag{12.3.15}$$

将(12.3.15)简化为

$$C_t = \alpha^* + \beta^* y_t + \lambda C_{t-1} + v_t \tag{12.3.16}$$

其中

$$\begin{cases} \alpha^* = \alpha(1-\lambda) \\ \beta^* = \beta(1-\lambda) \\ v_t = u_t - \lambda u_{t-1} \end{cases} \tag{12.3.17}$$

(12.3.16)称为适应性期望模型。

适应性期望模型的经济含意是消费者当前的收入(y_t)和以往的消费习惯(C_{t-1})影响着当前消费(C_t)。显然,这是一个自回归模型。这个模型同柯克模型(12.3.6)在形式上十分相似,但两者的经济理论基础却不相同。适应性模型的经济理论基础要充分得多。

三、部分调整模型

部分调整模型首先是由内尔沃(Nerlove)基于这样的事实提出的:在讨论滞后效应

时，自变量在某一时期内的变动所引起的因变量值的变化，要经过相当长一段时间才能充分表现出来。为了适应解释变量的变化，因变量有一个预期的最佳值（或希望值、理想值）与之对应。例如，对应一定的销售量存在着预期最佳库存量，即本期商品最佳库存量取决于本期的实际销量。因此，部分调整模型所根据的行为假定是模型所表达的不应是 t 期自变量观测值与同期因变量观测值之间的关系，而应是 t 期自变量观测值与同期因变量希望达到的水平之间的关系。即

$$C_t^* = \alpha + \beta y_t + u_t \tag{12.3.18}$$

例如，y_t 代表第 t 期的收入水平，C_t^* 代表第 t 期期望达到的消费水平。

由于因变量的期望值是不可观测的，因此需要对它进行部分调整。由于种种原因，如资金和原材料的限制、合同的不易变更性、决策的延迟及惯性等，使因变量的期望值难于实现，变量的实际变动（$C_t - C_{t-1}$）一般仅是达到期望水平（$C_t^* - C_{t-1}$）的一部分。假设所达到的比例为 δ，那么部分调整假设可写为：

$$\begin{cases} C_t - C_{t-1} = \delta(C^* - C_{t-1}) \\ 0 \leqslant \delta \leqslant 1 \end{cases} \tag{12.3.19}$$

常数 δ 称为调整系数。当 $\delta = 1$ 时，表示实际消费水平的变化等于所期望的消费水平的变化；当 $\delta = 0$ 时，表示实际消费水平不变，即 t 期的实际消费水平与前期相等。

由部分调整假设（12.3.19）式，可得：

$$C_t^* = \frac{1}{\delta} C_t - \frac{1-\delta}{\delta} C_{t-1} \tag{12.3.20}$$

将（12.3.20）代入模型（12.3.18）式，整理得：

$$C_t = \alpha\delta + \delta\beta y_t + (1-\delta) C_{t-1} + \delta u_t \tag{12.3.21}$$

或

$$\begin{cases} C_t = \alpha^* + \beta_1^* y_t + \beta_2^* C_{t-1} + v_t \\ \alpha^* = \alpha\delta \\ \beta_1^* = \delta\beta \\ \beta_2^* = 1 - \delta \\ v_t = \delta u_t \end{cases} \tag{12.3.22}$$

（12.3.22）式称为部分调整模型。

部分调整模型也是一个与柯克模型十分相似的自回归模型，但其经济理论基础要比柯克模型更充分。

最后应该指出的是：利用调整系数，可以计算调整到某一给定比例（p）时所需的周期数目（n）。

设调整系数为 δ，经过一个周期后，剩下（$1-\delta$）未调整的部分；经过第二个周期后，未调整的部分为 $(1-\delta) - \delta(1-\delta) = (1-\delta)^2$，以此类推下去，经过 n 个周期后，未调整部分为 $(1-\delta)^n$，完成调整部分为 $1-(1-\delta)^n$。从而有

$$p = 1 - (1-\delta)^n \tag{12.3.23}$$

从而有

$$n=\frac{\lg(1-p)}{\lg(1-\delta)} \tag{12.3.24}$$

例如:我们希望完成调整:$p=90\%$

当 $\delta=0.8$ 时,所需周期数

$$n=\frac{\lg 0.1}{\lg 0.2}=1.43$$

当 $\delta=0.4$ 时,所需周期数

$$n=\frac{\lg 0.1}{\lg 0.6}=4.51$$

可以看出,调整系数表明了调整速度,δ 越大调整速度越快。

柯克模型、适应性期望模型、部分调整模型,显然它们的经济假设的前提不同,但是,最终都得到了十分相似的自回归模型。而自回归模型与分布滞后模型之间存在着深刻的联系,实质上,他们都是几何滞后分布的不同表现形式。因而研究自回归模型的估计问题,实际上也解决了几何滞后分布模型的估计问题。

§12.4 自回归模型的估计

一、三种自回归模型的回顾

为了使讨论更具普遍性,我们把§12.3学过的三种自回归模型概括成如下形式:

$$y_t=\beta_0+\beta_1 x_t+\beta_2 y_{t-1}+v_t \tag{12.4.1}$$

其中

$$v_t=\begin{cases}u_t-\lambda u_{t-1} & \text{(柯克模型、适应性期望模型)} \quad (12.4.2)\\ \delta u_t & \text{(部分调整模型)} \quad (12.4.3)\end{cases}$$

显然,模型(12.4.2)的随机项 v_t 不满足假定4,即 v_t 具有相关性,同时也不满足假定5,即随机解释变量 y_{t-1} 与 v_t, v_{t-1},…相关。模型(12.4.3)的 v_t 仅仅不满足假定5,即随机解释变量 y_{t-1} 仅与 v_{t-1},v_{t-2},…相关。

不失一般性,我们可以对模型(12.4.1)作进一步的简化:

(1) 由于自回归模型的特点取决于滞后因变量 y_{t-1} 的存在,与 x_t 无关,因此在讨论模型的性质时可以将 x_t 从模型中舍去,同样常数项也可以舍去。

(2) 对模型(12.4.2) v_t 有自相关,我们不妨假设是一阶线性自相关。

此时,模型(12.4.1)可以简化为:

$$\begin{cases}y_t=\beta y_{t-1}+v_t\\ v_t=\rho v_{t-1}+\mu_t\end{cases} \quad (\mu_t\text{满足假定 }1-4\text{ 并且与 }v_{t-1}\text{无关}) \tag{12.4.4}$$

对模型(12.4.3)无自相关,模型(12.4.1)可简化为:

$$y_t=\beta y_{t-1}+v_t \quad (v_t\text{满足假定 }1-4\text{,部分调整模型}) \tag{12.4.5}$$

其中(12.4.4)与(12.4.2)对应,(12.4.5)与(12.4.3)对应。

应该指出的是(12.4.4)中 v_t 与随机解释变量 y_{t-1} 相关,而(12.4.5)中 v_t 与 y_{t-1} 不相关。

简化模型(12.4.4)和(12.4.5)作为自回归模型具有与(12.4.1)相同的特点,要搞清(12.4.1)模型的性质只需研究简化模型(12.4.4)和(12.4.5)就行了。

二、参数估计量的统计性质

对模型(12.4.4)和(12.4.5)应用普通最小二乘法有

$$\hat{\beta}=\frac{\sum_{t=2}^{n} y_{t-1} y_{t}}{\sum_{t=2}^{n} y_{t-1}^{2}}=\beta+\frac{\sum_{t=2}^{n} y_{t-1} v_{t}}{\sum_{t=2}^{n} y_{t-1}^{2}} \tag{12.4.6}$$

两端取期望值:

$$E(\hat{\beta})=\beta+E\left[\frac{\sum_{t=2}^{n} y_{t-1} v_{t}}{\sum_{t=2}^{n} y_{t-1}^{2}}\right] \tag{12.4.7}$$

由于 y_{t-1} 是随机变量,所以

$$E\left[\frac{\sum_{t=2}^{n} y_{t-1} v_{t}}{\sum_{t=2}^{n} y_{t-1}^{2}}\right] \neq 0 \tag{12.4.8}$$

表明:三种模型(柯克模型、适应性期望模型、部分调整模型)的 $\hat{\beta}$ 皆不是 β 的无偏估计量。

再对(12.4.6)两端取概率极限:

$$\underset{n \rightarrow \infty}{Plim}\, \hat{\beta}=\beta+\underset{n \rightarrow \infty}{Plim} \frac{\sum_{t=2}^{n} y_{t-1} v_{t}}{\sum_{t=2}^{2} y_{t-1}^{2}}=\beta+\frac{\underset{n \rightarrow \infty}{Plim} \sum_{t=2}^{n} y_{t-1} v_{t} / n}{\underset{n \rightarrow \infty}{Plim} \sum_{t=2}^{n} y_{t-1}^{2} / n} \tag{12.4.9}$$

对模型(12.4.5),由于 y_{t-1} 与 v_t 不相关,所以有

$$\underset{n \rightarrow \infty}{Plim} \sum_{t=2}^{n} y_{t-1} v_{t} / n=COV(y_{t-1}, v_{t})=0$$

便有

$$\underset{n \rightarrow \infty}{Plim}\, \hat{\beta}=\beta \tag{12.4.10}$$

表明,部分调整模型参数 β 的最小二乘估计量虽然不是无偏估计量,却是一致估计量。

对于模型(12.4.4),由于 y_{t-1} 与 v_t 相关,所以

$$\underset{n \rightarrow \infty}{Plim} \sum_{t=2}^{n} y_{t-1} v_{t} / n=COV(y_{t-1}, v_{t}) \neq 0$$

于是

$$\underset{n \rightarrow \infty}{Plim}\, \hat{\beta} \neq \beta \tag{12.4.11}$$

表明:柯克模型和适应性期望模型的参数 β 的最小二乘估计量不仅是有偏而且还是非一致的。也就是说,参数估计值与真值之间不仅存在着差异,而且这种差异是不能通过扩大样本来缩小。因此,最小二乘法对柯克模型和适应性期望模型不适用。

三、关于自相关的 h 检验法

自回归模型中含有滞后因变量 y_{t-1} 作为解释变量。这时要检查模型中随机项是否存在自相关性,$D—W$ 检验已经不适用了。因为应用 $D—W$ 检验的一个条件就是自变量为非随机变量。为此,Durbin 本人于 1970 年提出一种在大样本情形下检验自回归模型(12.4.1)是否有一阶自相关的方法,这种方法称为 h 检验法。他定义的统计量为:

$$h=\hat{\rho}\sqrt{\frac{n}{1-n\,\hat{V}(\hat{\beta}_2)}} \tag{12.4.12}$$

其中$\hat{\beta}_2$是 y_{t-1} 的系数估计值,$\hat{V}(\hat{\beta}_2)$是$\hat{\beta}_2$的样本方差估计值,n 为样本容量,$\hat{\rho}$为一阶自相关系数的估计量。在应用时,可取$\hat{\rho}=1-\frac{1}{2}d$,其中 d 为通常意义下的 $D—W$ 统计量。

在大样本情形下,Durbin 证明:若 $\rho=0$,则统计量 h 近似服从标准正态分布,由此得出检验方法。

假设 $H_0:\rho=0$, $H_1:\rho\neq 0$ 对给定的显著水平 α,有正态分布临界值 Z_α,若 $h>Z_\alpha$,则否定 H_0,断定随机误差项存在自相关。反之,不否定 H_0,即接受无自相关假设。

h 检验法的特点为:

(1) 统计量 h 值的大小仅与滞后因变量 y_{t-1} 的系数估计量$\hat{\beta}_2$的方差有关,至于模型中出现多少个自变量 x 或其他 y 的滞后值无关紧要。

(2) 当 $n\,\hat{V}(\hat{\beta}_2)\geqslant 1$ 时,统计量 h 值无意义,这种检验方法不能用。

(3) h 检验法只适用于大样本情形。

四、自回归模型的估计

(一) 随机项无自相关情况

部分调整模型(12.4.3)属于这种情况。它的特点是:

$$E(v_t v_{t'})=0 \quad (t\neq t'),\quad E(v_t y_{t-1})=0,\quad E(v_{t-1}y_{t-1})\neq 0$$

估计方法:最小二乘估计法(OLS 法)

对模型(12.4.3)应用 OLS 法所得的是有偏估计量,但是,在大样本的情况下,其估计量是一致的。这一点在本节二小节中已经证明。

(二) 随机项有一阶线性自相关

1. 工具变量法(IV 法)

第一步,先对模型

$$y_t=\alpha_0+\alpha_1 x_t+\alpha_2 x_{t-1}+\cdots+u_t \tag{12.4.13}$$

应用 OLS 估计。当自变量 x 的各期滞后值高度相关时，一般取滞后长度为 2 或 3。假设估计的结果为

$$\hat{y}_t = \hat{\alpha}_0 + \hat{\alpha}_1 x_t + \hat{\alpha}_2 x_{t-1}$$

滞后一期

$$\hat{y}_{t-1} = \hat{\alpha}_0 + \hat{\alpha}_1 x_{t-1} + \hat{\alpha}_2 x_{t-2} \tag{12.4.14}$$

第二步，以 $\hat{y}_{t-1}$ 作为工具变量代替(12.4.1)中的随机性解释变量 y_{t-1}，得模型：

$$y_t = \beta_0 + \beta_1 x_t + \beta_2 \hat{y}_{t-1} + v_t \tag{12.4.15}$$

再对(12.4.15)应用 OLS 法，可得到参数的一致估计值。

2. 广义最小二乘法（GLS 法）

对模型

$$\begin{cases} y_t = \beta_0 + \beta_1 x_t + \beta_2 y_{t-1} + v_t \\ v_t = \rho v_{t-1} + \mu_t \end{cases} \tag{12.4.16}$$

其中 μ_t 满足假定 1－4 且与 y_{t-1} 不相关。将(12.4.16)推迟一期乘以自相关系数 ρ 得

$$\rho y_{t-1} = \rho\beta_0 + \rho\beta_1 x_{t-1} + \rho\beta_2 y_{t-2} + \rho v_{t-1} \tag{12.4.17}$$

(12.4.16)减去(12.4.17)整理得：

$$y_t = \beta_0(1-\rho) + \beta_1 x_t - \rho\beta_1 x_{t-1} + (\beta_2 + \rho) y_{t-1} - \beta_2 \rho y_{t-2} + \mu_t \tag{12.4.18}$$

其中 μ_t 已满足假定 1－4 且与 y_{t-1} 不相关，因此可对(12.4.18)应用最小二乘法。由本节二小节讨论知，由于(12.4.18)中随机变量 y_{t-1} 作自变量，但 μ_t 与 y_{t-1}，y_{t-2} 不相关，估计量虽然有偏，却可得到一致（相合）估计量 $\hat{\beta}_1$ 和 $\widehat{\rho\beta_1}$，由此得到 ρ 的相合估计量：

$$\hat{\rho} = \frac{\widehat{\rho\beta_1}}{\hat{\beta}_1} \tag{12.4.19}$$

把 $\hat{\rho}$ 代入(12.4.18)并写成差分形式：

$$(y_t - \hat{\rho} y_{t-1}) = \beta_0(1-\hat{\rho}) + \beta_1(x_t - \hat{\rho} x_{t-1}) + \beta_2(y_{t-1} - \hat{\rho} y_{t-2}) + \mu_t \tag{12.4.20}$$

在广义差分模型(11.4.20)中，$(y_t - \hat{\rho} y_{t-1})$ 看成新因变量，$(x_t - \hat{\rho} x_{t-1})$ 和 $(y_{t-1} - \hat{\rho} y_{t-2})$ 看成新自变量，对(12.4.20)应用普通最小二乘法，可以得到 β_0，β_1 和 β_2 的一致估计量。

3. 沃利斯(Wallis)方法

Wallis 方法是把工具变量法和广义最小二乘法结合起来使用来处理自回归模型的一种方法。

为叙述方便我们把模型(12.4.16)写成向量形式

$$Y = X\beta + V \tag{12.4.21}$$

其中

$$\beta = \begin{pmatrix} \beta_0 \\ \beta_1 \\ \beta_2 \end{pmatrix} \quad X = \begin{pmatrix} 1 & x_1 & y_0 \\ 1 & x_2 & y_1 \\ \cdots & \cdots & \cdots \\ 1 & x_n & y_{n-1} \end{pmatrix} \quad Y = \begin{pmatrix} y_1 \\ y_2 \\ \vdots \\ y_n \end{pmatrix} \quad V = \begin{pmatrix} v_1 \\ v_2 \\ \vdots \\ v_n \end{pmatrix} \tag{12.4.22}$$

第一步：估计参数 β

利用 x_{t-1} 作为 y_{t-1} 的工具变量,对(12.4.21)应用工具变量法,便有 β 的一致估计量

$$\hat{\beta}=(Z'X)^{-1}Z'Y \tag{12.4.23}$$

其中

$$Z=\begin{pmatrix}1 & x_1 & x_0\\ 1 & x_2 & x_1\\ \cdots & \cdots & \cdots\\ 1 & x_n & x_{n-1}\end{pmatrix}$$

第二步:计算一阶线性自相关系数

$$\hat{V}=Y-X\hat{\beta} \tag{12.4.24}$$

计算一阶线性自相关系数,并对偏误进行校正

$$\hat{\rho}=\frac{\sum_{t=2}^{n}\hat{v}_t\hat{v}_{t-1}/(n-1)}{\sum_{t=1}^{n}\hat{v}_t^2/n}+\frac{3}{n} \tag{12.4.25}$$

第三步:利用(12.4.25)中 ρ 的估计值写出对称正定矩阵

$$\hat{\Psi}=\begin{pmatrix}1 & \hat{\rho} & \hat{\rho}^2 & \cdots & \hat{\rho}^{n-1}\\ \hat{\rho} & 1 & \hat{\rho} & \cdots & \hat{\rho}^{n-2}\\ \cdots & \cdots & \cdots & \cdots & \cdots\\ \hat{\rho}^{n-1} & \hat{\rho}^{n-2} & \hat{\rho}^{n-3} & \cdots & 1\end{pmatrix} \tag{12.4.26}$$

根据(12.4.26)计算广义最小二乘估计式

$$\hat{\beta}=(X'\hat{\psi}^{-1}X)^{-1}X'\hat{\psi}^{-1}Y \tag{12.4.27}$$

得到参数的一致估计量。

(三)随机项有一阶移动平均类型的自相关

对模型

$$\begin{cases}y_t=\beta_0+\beta_1x_t+\beta_2y_{t-1}+v_t\\ v_t=u_t-\lambda u_{t-1}\end{cases} \tag{12.4.28}$$

其中

$$\begin{cases}E(u_t)=0\\ E(u_t^2)=\sigma_u^2\\ E(u_tu_{t-s})=0\quad(s\neq0)\end{cases} \tag{12.4.29}$$

(12.4.28)代表了柯克模型和适应性期望模型。它的矩阵形式可以写成

$$Y=X\beta+V \tag{12.4.30}$$

Y,X,β 的向量表示与(12.4.22)相同。

1. 广义最小二乘法(*GLS* 法)

在 λ 已知时,利用条件(12.4.29)可以计算出协方差阵:

$$E(VV') = \sigma_u^2\Phi = \sigma_u^2\begin{pmatrix} 1+\lambda^2 & -\lambda & 0 & \cdots & 0 & 0 \\ -\lambda & 1+\lambda^2 & -\lambda & \cdots & 0 & 0 \\ \cdots & \cdots & \cdots & \cdots & \cdots & \cdots \\ 0 & 0 & 0 & \cdots & 1+\lambda^2 & -\lambda \\ 0 & 0 & 0 & \cdots & -\lambda & 1+\lambda^2 \end{pmatrix} \tag{12.4.31}$$

于是,可以对(12.4.30)应用广义最小二乘法,得估计式:

$$\hat{\beta} = (X'\Phi^{-1}X)X'\Phi^{-1}Y \tag{12.4.32}$$

2. 搜索法

在 λ 未知时, A. Zellner(泽尔纳)和 M. S. Geisel 提出以下搜索方法。

对模型

$$y_t = \beta_0 + \beta_1 x_t + \lambda y_{t-1} + u_t - \lambda u_{t-1} \tag{12.4.33}$$

以前学过的柯克模型(12.3.6)和适应性模型(12.3.16)都具有这种形式。

记 $W_t = y_t - u_t$,再将 W_t滞后一期乘 λ 作差:

$$W_t - \lambda W_{t-1} = y_t - \lambda y_{t-1} - (u_t - \lambda u_{t-1}) \tag{12.4.34}$$

把(12.4.33)代入(12.4.34)得

$$W_t - \lambda W_{t-1} = \beta_0 + \beta_1 x_t$$

或

$$W_t = \lambda W_{t-1} + \beta_0 + \beta_1 x_t \tag{12.4.35}$$

连续迭代(12.4.35)式右边的 W,可得

$$\begin{aligned} W_t = {} & \lambda^t W_0 + \beta_0(1 + \lambda + \lambda^2 + \cdots + \lambda^{t-1}) \\ & + \beta_1(x_t + \lambda x_{t-1} + \lambda^2 x_{t-2} + \cdots + \lambda^{t-1}x_1) \end{aligned} \tag{12.4.36}$$

其中 $W_0 = y_0 - u_0$可取作某一个常数初值。

(12.4.36)式可以重新写作模型

$$\begin{aligned} y_t = {} & \lambda^t W_0 + \beta_0(1 + \lambda + \lambda^2 + \cdots + \lambda^{t-1}) \\ & + \beta_1(x_t + \lambda x_{t-1} + \lambda^2 x_{t-2} + \cdots + \lambda^{t-1}x_1) + u_t \end{aligned} \tag{12.4.37}$$

如果 λ 是已知的,那么 y 就是未知参数 W_0, β_0, β_1 及随机项 u 的线性函数,因此可对(12.4.37)应用普通最小二乘法,此时数据矩阵应是

$$X = \begin{pmatrix} \lambda & 1 & x_1 \\ \lambda^2 & 1+\lambda & x_2 + \lambda x_1 \\ \lambda^3 & 1+\lambda+\lambda^2 & x_3 + \lambda x_2 + \lambda^2 x_1 \\ \cdots & \cdots & \cdots \\ \lambda^n & 1+\lambda+\lambda^2+\cdots+\lambda^{n-1} & x_n + \lambda x_{n-1} + \lambda^2 x_{n-2} + \cdots + \lambda^{n-1}x_1 \end{pmatrix} \tag{12.4.38}$$

如果 λ 是未知的,那么矩阵 X 也就是未知的。Zellner、Geisel 提出的搜索方法是,在 $0<\lambda<1$ 内选择 λ 值,对每个 λ 值计算矩阵 X,然后用普通最小二乘法拟合(12.4.37)式,选出使残差平方和最小的 λ 值及对应的 β_0 和 β_1。

然后,在上述第一轮所选出的 λ 值周围的一个小范围里,再细分网格,进行第二轮搜索,可以达到更高的精度。这样继续下去,直到满意为止。

§12.5 案例分析

自回归模型估计 EViews 软件的实现——工具变量法的应用。

表 12.5.1 给出某地区 1981—2010 年消费 y 与收入 x 的调查数据。试用

$$y_t = \beta_0 + \beta_1 x_t + \beta_2 y_{t-1} + v_t \tag{12.5.1}$$

分析消费与收入的关系。

表 12.5.1 消费 y 与收入 x 的调查数据

年份	x	y	年份	x	y
1981	135.729	116.518	1996	248.779	230.96
1982	147.63	134.46	1997	253.631	244.876
1983	164.77	144.547	1998	268.723	253.635
1984	189.134	169.268	1999	314.215	256.07
1985	198.651	180.552	2000	325.579	270.44
1986	187.659	174.033	2001	312.116	285.363
1987	170.735	176.648	2002	326.654	302.248
1988	179.496	173.46	2003	375.442	326.277
1989	190.26	182.137	2004	435.141	372.47
1990	212.357	193.835	2005	492.567	433.119
1991	229.019	200.947	2006	534.915	489.223
1992	228.098	209.012	2007	484.939	519.662
1993	222.419	206.34	2008	660.709	566.046
1994	233.203	216.654	2009	817.953	644.568
1995	238.957	223.11	2010	924.637	754.397

解法一:

第一步:首先判断滞后长度,在 EViews 软件中,打开数据表点击 Views/Cross Correlation(2)得到变量消费 y 与收入 x 的相关关系的关系图,如图 12.5.1 所示。

由图 12.5.1 可看出,消费 y 与当年和前四年的收入 x 相关。因此,可设有限分布滞后模型:

$$y_t = \alpha + \alpha_0 x_t + \alpha_1 x_{t-1} + \alpha_2 x_{t-2} + \alpha_3 x_{t-3} + \alpha_4 x_{t-4} + v_t \tag{12.5.2}$$

第二步:利用 OLS 法估计分布滞后模型(设滞后长度为 4)。

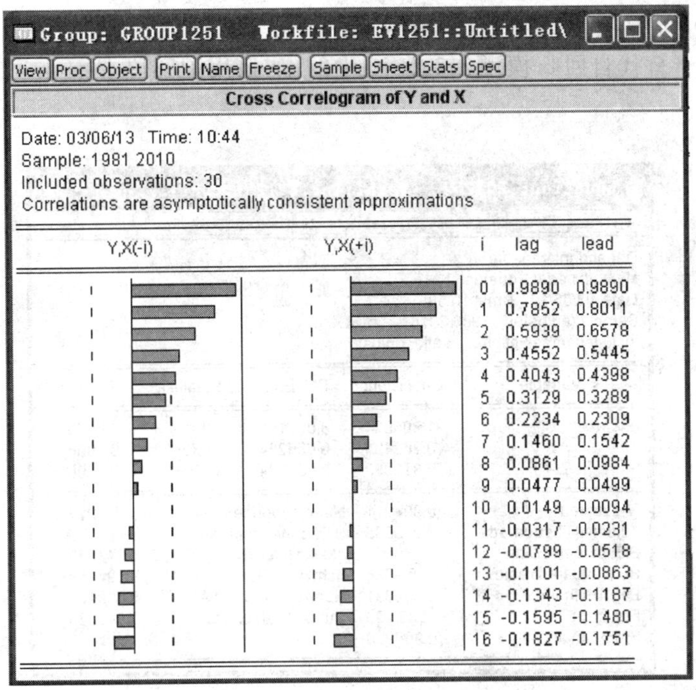

图 12.5.1 相关关系图

在工作文件主窗口点击 Quick/Estimate Equation，在对话框 Equation Specification 中，输入 Y C X(0 to -4)，得到计算结果如图 12.5.2 所示：

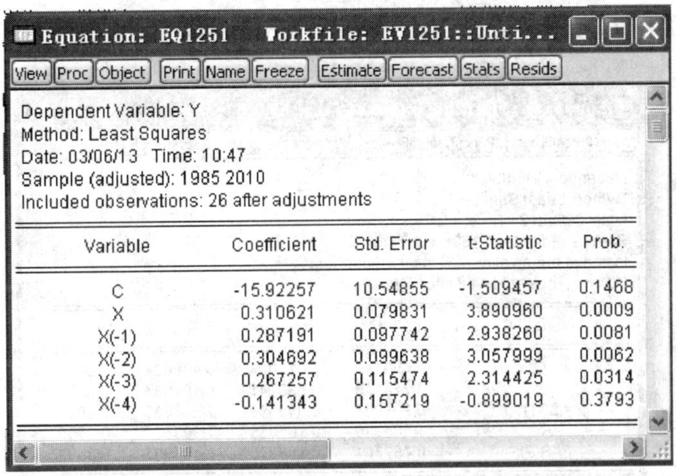
Equation: EQ1251 Workfile: EV1251::Unti...

Dependent Variable: Y
Method: Least Squares
Date: 03/06/13 Time: 10:47
Sample (adjusted): 1985 2010
Included observations: 26 after adjustments

Variable	Coefficient	Std. Error	t-Statistic	Prob.
C	-15.92257	10.54855	-1.509457	0.1468
X	0.310621	0.079831	3.890960	0.0009
X(-1)	0.287191	0.097742	2.938260	0.0081
X(-2)	0.304692	0.099638	3.057999	0.0062
X(-3)	0.267257	0.115474	2.314425	0.0314
X(-4)	-0.141343	0.157219	-0.899019	0.3793

图 12.5.2 分布滞后模型的估计

第三步：造一个工具变量，在命令窗口输入：

GENR z = y - RESID

第四步：由图 12.5.2 知：

$$z_{t-1}=\hat{y}_{t-1}=-15.92257+0.310621x_{t-1}+0.287191x_{t-2}+0.304692x_{t-3}$$

$+0.267257x_{t-4}-0.141343x_{t-5}$

用工具变量 z_{t-1} 替代自回归模型(12.5.1)中的 y_{t-1},用 *OLS* 法估计自回归模型结果,如图 12.5.3 所示。

Equation: EQ1252 Workfile: EV1251::Unti...

View Proc Object Print Name Freeze Estimate Forecast Stats Resids

Dependent Variable: Y
Method: Least Squares
Date: 03/06/13 Time: 10:58
Sample (adjusted): 1986 2010
Included observations: 25 after adjustments

Variable	Coefficient	Std. Error	t-Statistic	Prob.
C	-16.05624	8.020150	-2.001988	0.0578
X	0.263495	0.065294	4.035499	0.0006
Z(-1)	0.815093	0.098024	8.315235	0.0000

R-squared	0.994211	Mean dependent var	316.2212
Adjusted R-squared	0.993685	S.D. dependent var	160.9973
S.E. of regression	12.79398	Akaike info criterion	8.047993
Sum squared resid	3601.088	Schwarz criterion	8.194258
Log likelihood	-97.59991	Hannan-Quinn criter.	8.088560
F-statistic	1889.236	Durbin-Watson stat	0.641029
Prob(F-statistic)	0.000000		

图 12.5.3 *IV* 法估计自回归(12.5.1)模型

检验随机项有二阶自相关,因此用广义最小二乘法估计模型:

在主窗口输入命令:

LS Y C X Z(-1) AR(1) AR(2)

估计结果如图 12.5.4 所示。

Equation: EQ1253 Workfile: EV1251::Unti...

View Proc Object Print Name Freeze Estimate Forecast Stats Resids

Dependent Variable: Y
Method: Least Squares
Date: 03/06/13 Time: 11:13
Sample (adjusted): 1988 2010
Included observations: 23 after adjustments
Convergence achieved after 7 iterations

Variable	Coefficient	Std. Error	t-Statistic	Prob.
C	-23.90149	7.012044	-3.408634	0.0031
X	0.216149	0.033747	6.404937	0.0000
Z(-1)	0.901067	0.049594	18.16885	0.0000
AR(1)	1.205828	0.165055	7.305632	0.0000
AR(2)	-0.752704	0.168923	-4.455892	0.0003

R-squared	0.998417	Mean dependent var	328.4717
Adjusted R-squared	0.998065	S.D. dependent var	162.2195
S.E. of regression	7.134899	Akaike info criterion	6.957533
Sum squared resid	916.3220	Schwarz criterion	7.204380
Log likelihood	-75.01163	Hannan-Quinn criter.	7.019615
F-statistic	2838.606	Durbin-Watson stat	1.697615
Prob(F-statistic)	0.000000		

图 12.5.4 *GLS* 法估计自回归模型

图 12.5.4 的结果已不存在自相关,因为:$n=23$, $k=2$, $d_L=1.17$,$d_U=1.54$,$d_U=1.54<D-W=1.697615<2.46=4-d_U$。

最终估计结果为:

$$\hat{y}_t=-23.90149 + \underset{(6.404937)}{0.216149x_t} + \underset{(18.168850)}{0.901067z_{t-1}} \quad t= \tag{12.5.3}$$

$$R^2=0.998417 \quad DW=1.697615 \quad F=2\,838.606$$

其中

$$z_{t-1}=\hat{y}_{t-1}=-15.92257+0.310621x_{t-1}+0.287191x_{t-2}+0.304692x_{t-3}+0.267257x_{t-4}-0.141343x_{t-5}$$

自回归模型也可以转化为分布滞后模型:

$$\hat{y}_t=-38.248792+0.216149x_t+0.279890x_{t-1}+0.258778x_{t-2}+0.274548x_{t-3}+0.240833x_{t-4}-0.127395x_{t-5} \tag{12.5.4}$$

解法二:

我们可以利用表 12.5.1 的数据直接估计自回归模型

$$y_t=\beta_0+\beta_1x_t+\beta_2y_{t-1}+v_t \tag{12.5.1}$$

得到结果如图 12.5.5 所示。

Equation: EQ12521　Workfile: EW1252::Unt...

View | Proc | Object | Print | Name | Freeze | Estimate | Forecast | Stats | Resids

Dependent Variable: Y
Method: Least Squares
Date: 03/06/13　Time: 15:27
Sample (adjusted): 1982 2010
Included observations: 29 after adjustments

Variable	Coefficient	Std. Error	t-Statistic	Prob.
C	-10.29090	4.475177	-2.299551	0.0298
X	0.251798	0.043471	5.792260	0.0000
Y(-1)	0.813463	0.062641	12.98604	0.0000

R-squared	0.997038	Mean dependent var	294.2882
Adjusted R-squared	0.996810	S.D. dependent var	159.3114
S.E. of regression	8.997654	Akaike info criterion	7.329502
Sum squared resid	2104.902	Schwarz criterion	7.470946
Log likelihood	-103.2778	Hannan-Quinn criter.	7.373801
F-statistic	4375.974	Durbin-Watson stat	1.218849
Prob(F-statistic)	0.000000		

图 12.5.5　模型(12.5.1)*OLS* 法估计结果

回归结果显示,t 检验、F 检验 R^2 都显著,但是 $\hat{\rho}=1-\frac{d}{2}=0.390576$

$$h=\hat{\rho}\sqrt{\frac{n}{1-n\,\hat{V}(\hat{\beta}_2)}}=0.390576\times\sqrt{\frac{29}{1-29\times0.062641^2}}=2.234274$$

在显著水平 $\alpha=0.05$，正态分布临界值 $h_{0.025}=1.96$，由于 $h=2.234274>1.96$，说明自回归模型存在一阶自相关。

在主窗口输入命令：

LS Y C X Y(−1) AR(1)

估计结果如图 12.5.6 所示。

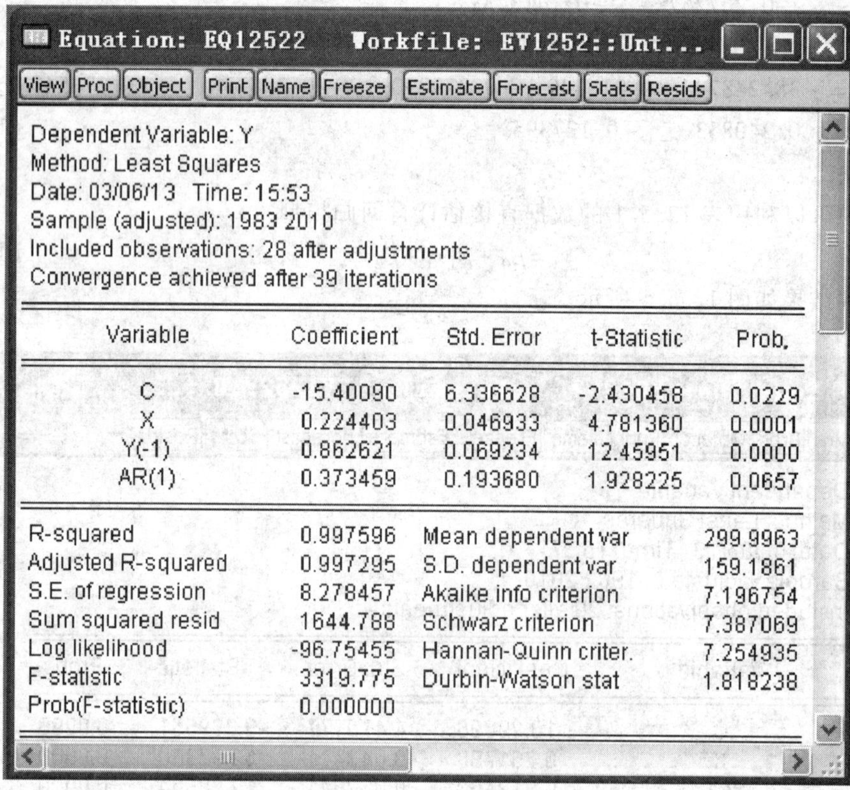
Equation: EQ12522 Workfile: EW1252::Unt...

View Proc Object Print Name Freeze Estimate Forecast Stats Resids

Dependent Variable: Y
Method: Least Squares
Date: 03/06/13 Time: 15:53
Sample (adjusted): 1983 2010
Included observations: 28 after adjustments
Convergence achieved after 39 iterations

Variable	Coefficient	Std. Error	t-Statistic	Prob.
C	-15.40090	6.336628	-2.430458	0.0229
X	0.224403	0.046933	4.781360	0.0001
Y(-1)	0.862621	0.069234	12.45951	0.0000
AR(1)	0.373459	0.193680	1.928225	0.0657

R-squared	0.997596	Mean dependent var	299.9963
Adjusted R-squared	0.997295	S.D. dependent var	159.1861
S.E. of regression	8.278457	Akaike info criterion	7.196754
Sum squared resid	1644.788	Schwarz criterion	7.387069
Log likelihood	-96.75455	Hannan-Quinn criter.	7.254935
F-statistic	3319.775	Durbin-Watson stat	1.818238
Prob(F-statistic)	0.000000		

图 12.5.6 EViews 广义最小二乘法估计结果

$$h=\hat{\rho}\sqrt{\frac{n}{1-n\,\hat{V}(\hat{\beta}_2)}}=0.090881\times\sqrt{\frac{28}{1-28\times0.069234^2}}=0.516829<1.96$$

已无自相关。

结果模型：$\hat{y}_t=-15.40090+0.224403x_t+0.862621y_{t-1}$ (12.5.5)

我们可以从另外一个角度考虑，消费者的消费是一个复杂的过程，一方面，预期收入的大小会影响消费，即消费者会按照收入预期决定自己的消费计划，另一方面，实际消费往往与预期消费之间存在偏差，消费者会按照预期的消费计划和消费习惯进行调整。因此，可以考虑适应性期望模型与部分调整模型结合起来使用，将模型转化为：

$$y_t=\beta_0+\beta_1x_t+\beta_2x_{t-1}+\beta_3y_{t-1}+\beta_4y_{t-2}+v_t \tag{12.5.6}$$

利用表 12.5.1 的数据估计模型(12.5.6),结果如图 12.5.7 所示。

Equation: EQ12523　Workfile: EV1252::Unt...

View | Proc | Object | Print | Name | Freeze | Estimate | Forecast | Stats | Resids

Dependent Variable: Y
Method: Least Squares
Date: 03/06/13　Time: 16:16
Sample (adjusted): 1983 2010
Included observations: 28 after adjustments

Variable	Coefficient	Std. Error	t-Statistic	Prob.
C	-4.604996	4.403774	-1.045693	0.3066
X	0.219252	0.039156	5.599499	0.0000
X(-1)	0.049140	0.058654	0.837804	0.4108
Y(-1)	1.208380	0.154037	7.844735	0.0000
Y(-2)	-0.463683	0.140545	-3.299188	0.0031

R-squared	0.998399	Mean dependent var	299.9963
Adjusted R-squared	0.998120	S.D. dependent var	159.1861
S.E. of regression	6.901449	Akaike info criterion	6.861772
Sum squared resid	1095.490	Schwarz criterion	7.099666
Log likelihood	-91.06481	Hannan-Quinn criter.	6.934499
F-statistic	3585.399	Durbin-Watson stat	2.078420
Prob(F-statistic)	0.000000		

图 12.5.7　模型(12.5.6)估计结果

由图 12.5.7 可以看出,x_{t-1}的系数不显著,删除 x_{t-1}再作模型:

$$y_t = \beta_0 + \beta_1 x_t + \beta_2 y_{t-1} + \beta_3 y_{t-2} + v_t \tag{12.5.7}$$

回归估计结果如图 12.5.8 所示。

Equation: EQ12524　Workfile: EV1252::Unt...

View | Proc | Object | Print | Name | Freeze | Estimate | Forecast | Stats | Resids

Dependent Variable: Y
Method: Least Squares
Date: 03/06/13　Time: 16:20
Sample (adjusted): 1983 2010
Included observations: 28 after adjustments

Variable	Coefficient	Std. Error	t-Statistic	Prob.
C	-3.660425	4.230488	-0.865249	0.3955
X	0.235565	0.033760	6.977685	0.0000
Y(-1)	1.287803	0.120654	10.67350	0.0000
Y(-2)	-0.515156	0.125617	-4.100998	0.0004

R-squared	0.998350	Mean dependent var	299.9963
Adjusted R-squared	0.998144	S.D. dependent var	159.1861
S.E. of regression	6.858457	Akaike info criterion	6.820406
Sum squared resid	1128.922	Schwarz criterion	7.010720
Log likelihood	-91.48568	Hannan-Quinn criter.	6.878587
F-statistic	4840.417	Durbin-Watson stat	2.217834
Prob(F-statistic)	0.000000		

图 12.5.8　模型(12.5.7)估计结果

回归结果显示,t 检验、F 检验 R^2 都显著,其 h 检验

$$h=\hat{\rho}\sqrt{\frac{n}{1-n\hat{V}(\hat{\beta}_2)}}=-0.10892\times\sqrt{\frac{28}{1-28\times0.120654^2}}=-0.74880662$$

$|h|=0.74880662<1.96$ 接受原假设 $\rho=0$,表明模型中已无自相关。

最终估计结果为:

$$\underset{t=}{\hat{y}_t=-3.660425}+\underset{(6.977685)}{0.235565x_t}+\underset{(10.67350)}{1.287803y_{t-1}}-\underset{(-4.100998)}{0.515156y_{t-2}}\quad R^2=0.998350 \tag{12.5.8}$$

§12.6 小　　结

1. 分布滞后模型和自回归模型

(1) 分布滞后模型和自回归模型的概念

(2) 产生滞后效应的原因

(3) 分布滞后模型估计所面临的困难

2. 分布滞后模型的直接估计法

(1) 艾特-丁伯根(Alt-Tinbergen)估计法

(2) 经验加权估计法

(2) 阿尔蒙(Almon)估计法

3. 几种常用的自回归模型

(1) 柯克(Koyck)模型

对无限分布滞后模型 $C_t=\alpha+\beta_0y_t+\beta_1y_{t-1}+\cdots+\beta_ky_{t-k}+\cdots+u_t$

如果系数结构具有形式:$\begin{cases}\beta_j=\lambda^j\beta_0 \quad (j=0,1,2,\cdots)\\ 0<\lambda<1\end{cases}$

可以化为柯克模型:$\begin{cases}C_t=\alpha^*+\beta_0y_t+\lambda C_{t-1}+v_t\\ \alpha^*=\alpha(1-\lambda)\\ v_t=u_t-\lambda u_{t-1}\end{cases}$

(2) 适应性期望模型

对于消费模型 $C_t=\alpha+\beta y_t^*+u_t$　y_t^* 为期望收入水平,由适应性期望假定

$$y_t^*=y_{t-1}^*+(1-\lambda)(y_t-y_{t-1}^*),0\leqslant\lambda\leqslant1,$$

模型可以化为适应性期望模型:$\begin{cases}C_t=\alpha^*+\beta^*y_t+\lambda C_{t-1}+v_t\\ \alpha^*=\alpha(1-\lambda)\\ \beta^*=\beta(1-\lambda)\\ v_t=u_t-\lambda u_{t-1}\end{cases}$

(3) 部分调整模型

对期望消费模型 $C_t^*=\alpha+\beta y_t+u_t$,$C_t^*$ 代表第 t 期期望达到的消费水平,由部分调整

假定 $C_t - C_{t-1} = \delta(C_t^* - C_{t-1})$，可以化为部分调整模型：

$$\begin{cases} C_t = \alpha^* + \beta_1^* y_t + \beta_2^* C_{t-1} + v_t \\ \alpha^* = \alpha\delta \\ \beta_1^* = \delta\beta \\ \beta_2^* = 1 - \delta \\ v_t = \delta u_t \end{cases}$$

4. 三种模型（柯克模型、适应性期望模型、部分调整模型）参数估计量的统计性质

直接应用 *OLS* 法，三种模型的参数估计量 $\hat{\beta}$ 皆不是 β 的无偏估计量，但部分调整模型却是一致估计量，而柯克模型和适应性期望模型是非一致估计量。

5. 自相关的 h 检验法

6. 自回归模型的估计

(1) 随机项无自相关情况（部分调整模型属于这种情况）

普通最小二乘法

(2) 随机项有一阶线性自回归类型的自相关

① 工具变量法

② 广义最小二乘法

③ Wallis 方法

(3) 随机项有一阶移动平均类型的自相关

① 广义最小二乘法（λ 已知）

② 搜索法（λ 未知）

复习思考题

1. 考察 $y_t = \alpha + \beta_0 x_t + \beta_1 x_{t-1} + \beta_2 x_{t-2} + \beta_3 x_{t-3} + \beta_4 x_{t-4} + u_t$，研究者利用 Almon 估计法，取 $r = 3$ 根据样本数据求出近似多项式系数的估计量为

$$\hat{\alpha} = 200 \qquad \hat{a}_0 = 100 \qquad \hat{a}_1 = 1.5 \qquad \hat{a}_2 = 1 \qquad \hat{a}_3 = -3$$

请计算原模型的系数估计值。

2. 下表给出了某企业产品 1987—2006 年的产量 y 和销售量 x 的资料。

假定产量 y 取决于本年和前三年的销售量，即 $k = 3$。则

$$y_t = \alpha + \beta_0 x_t + \beta_1 x_{t-1} + \beta_2 x_{t-2} + \beta_3 x_{t-3} + u_t$$

假定用二次多项式逼近（即 $r = 2$），请用 Almon 法估计分布滞后模型。

1987—2006 年产品产量 y 和销售量 x 资料

年份	y	x	年份	y	x
1987	4 130	3 120	1990	5 050	4 580
1988	4 360	3 790	1991	5 210	4 810
1989	4 850	4 360	1992	5 328	4 520

续表

年份	y	x	年份	y	x
1993	5 350	5 100	2000	7 226	6 510
1994	5 400	5 220	2001	7 568	7 300
1995	5 560	5 200	2002	7 892	7 234
1996	5 680	5 300	2003	8 260	7 890
1997	6 010	5 790	2004	9 570	8 190
1998	6 520	6 000	2005	10 020	8 900
1999	6 890	6 450	2006	10 200	9 290

3. 下表给出了某地区1987—2006年库存额y和销售额x的资料。试就下列模型，按一定的处理方法估计模型参数，并解释模型的经济意义，检验模型随机误差项的一阶自相关性。

(1) 设定模型：$y_t^* = \alpha + \beta x_t + u_t$，运用部分调整假定。

(2) 设定模型：$y_t = \alpha + \beta x_t^* + u_t$，运用适应性期望假定。

"*"表示期望值

某地区1987—2006年库存额y和销售额x

年份	x	y	年份	x	y
1987	35.6	50.6	1997	95.3	143.2
1988	34.6	54.2	1998	111.6	152.4
1989	35.4	63.2	1999	128.6	169.2
1990	42.8	72.5	2000	124.5	164.8
1991	52.5	84.1	2001	118.8	172.5
1992	53.4	85.6	2002	135.2	189.6
1993	58.4	86.2	2003	150.4	192.5
1994	64.8	90.4	2004	167.8	190.6
1995	72.7	112.8	2005	182.4	234.9
1996	80.3	136.6	2006	191.5	240.6

第十三章　联立方程模型

✓本章要点

(1) 联立方程模型的概念;(2) 联立方程模型参数的 *OLS* 估计量的偏倚性和不一致性;(3) 联立方程模型的类型;(4) 同时方程模型的识别问题以及结构方程的识别规则;(5) 联立方程模型的参数估计方法[间接最小二乘法(*ILS* 法)、工具变量法(*IV* 法)、二阶段最小二乘法(2*SLS* 法)]等。

§13.1　联立方程模型的概念

一、变量之间的双向关系

迄今为止我们讨论的都是单一方程模型,也就是用单一方程来描述经济现象。在单方程模型中,总有一个变量(因变量)被近似地表示成另外几个变量(自变量)的函数。这就意味着,经济变量之间的关系是一种单向的因果关系。由于经济现象是错综复杂的,有时它们之间的关系不是单一方程模型所描述的那种简单的单向因果关系,而是相互依赖相互交错的因果关系,即它们之间的关系是一种双向的因果关系。要充分反映这种关系,必须采用由若干个方程组成的模型,这样的模型称为联立方程模型。

例如,供求模型:

在市场经济条件下,某种商品的价格 P、需求量 Q^D 和供给量 Q^S 由供求平衡条件决定,因此反映供求关系的供求模型应该由需求函数、供给函数和供求平衡条件三个方程组成。

假设这种商品是农产品,需求量依赖于价格 P 和消费者的收入 Y,供给量由商品价格 P 和天气条件 W 决定,商品价格既取决于供给者又取决于购买者,需求量和供给量决定着平衡价格,而且价格又影响需求与供给。这时供求模型便有如下形式:

$$\begin{cases} Q_t^D = \alpha_0 + \alpha_1 P_t + \alpha_2 Y_t + u_{1t} & (13.1.1) \\ Q_t^s = \beta_0 + \beta_1 P_t + \beta_2 W_t + u_{2t} & (13.1.2) \\ Q_t^D = Q_t^s = Q_t & (13.1.3) \end{cases}$$

这就是某种商品(农产品)供需平衡模型,今后我们仅限于讨论线性方程组。所谓联立方程模型,就是用若干个单一线性方程模型合在一起来描述某一经济系统的联立方程组。

二、变量分类

为了便于对联立方程模型进行讨论,我们对进入联立方程模型的变量进行分类。

(一) 内生变量

所谓内生变量是指由模型本身决定的变量,也就是说它的取值是模型系统内决定的。例如在一小节中的供求模型中,商品的需求量 Q^D、供给量 Q^S 和商品的价格 P 都是由模型系统内决定的,因此是模型的内生变量。每一个内生变量都是随机变量,它不仅影响所研究的系统,而且受系统的影响。假设 P_t 是内生变量,则有

$$E(P_t u_t) \neq 0 \tag{13.1.4}$$

(二) 外生变量

所谓外生变量是指不是由模型系统内决定的变量,也就是说它的取值是由系统外部决定的。例如,供求模型中消费者的收入 Y_t 和天气条件 W_t 便是外生变量,外生变量在模型中作解释变量,它对系统产生影响,但不受系统的影响。假设 Y_t 是外生变量,则有

$$E(Y_t u_t) = 0 \tag{13.1.5}$$

(三) 前定变量(预定变量)

内生变量的滞后值叫做前定内生变量。外生变量和前定内生变量统称为前定变量。在联立模型中,前定变量都是解释变量。

三、方程的分类

(一) 行为方程

行为方程是描述政府、企业、居民经济行为的函数关系式。例如方程(13.1.1)和(13.1.2)都是行为方程。行为方程是建立在特定经济理论基础上的。(13.1.1)式反映消费者的经济行为。(13.1.2)式反映生产者的经济行为。由于经济规律本身并非是严格的确定性关系,所以行为方程应该是随机方程式,即有随机扰动项。

(二) 技术方程式

技术方程式是指类似于投入多少原料、资金,使之产出多少产品这种技术性关系,亦可称为工艺关系。例如,生产函数是劳动力、资金等因素的投入与产品生产量之间便是工艺技术关系。由于这种技术性关系既有确定性的,也有随机性的,所以技术方程式既有确定性的也有随机性的。在实际应用中,技术方程一般表示为行为方程式。也可以说,技术方程是行为方程式的表现形式之一。

(三) 制度方程式

制度方程式是由法律、制度、政策等制度性规定的经济变量之间的函数关系。例如税收方程式。

(四) 恒等式

恒等式有两种:一种是定义方程式,它是由经济理论和假设所确定的诸经济变量之间的定义关系所构成的方程式。例如,单价乘以销售数量等于销售收入,消费加上储蓄等于

国民收入。另一种是平衡方程,表示经济变量之间的平衡关系。例如(13.1.3)表示某一商品的市场达到平衡。恒等式一般都是确定性方程式,并且系数都是已知的。

四、一个简单宏观经济模型的例子——Keynesian 模型

$$\begin{cases} C_t = \alpha_0 + \alpha_1 Y_t + u_{1t} & (13.1.6) \\ I_t = \beta_0 + \beta_1 Y_t + \beta_2 Y_{t-1} + u_{2t} & (13.1.7) \\ T_t = r_0 + r_1 Y_t + u_{3t} & (13.1.8) \\ Y_t = C_t + I_t + G_t & (13.1.9) \end{cases}$$

这里 C_t表示消费,Y_t表示国民收入,I_t表示投资,G_t表示政府支出,Y_{t-1}表示 Y_t的滞后值。C_t、Y_t、I_t、T_t是内生变量,Y_{t-1}、G_t是前定变量。方程(13.1.6)是消费函数,表明社会现期消费量 C_t主要取决于国民收入水平,这是一个行为方程。方程(13.1.7)是投资函数,它表示社会投资额 I_t不仅受本期国民收入的影响,还受上一期国民收入的影响,这也是一个行为方程。方程(13.1.8)是一个税收方程,它表示税收额 T_t主要取决于国民收入水平 Y_t,这是一个制度方程。方程(13.1.9)是一个定义方程或均衡方程。

§13.2 偏倚性和不一致性的产生

联立方程模型是一组必须同时求解的方程式,也就是说模型中每一个内生变量的值都要利用模型中的全部方程才能决定。我们把所有内生变量必须由方程组同时决定的联立方程模型称为同时方程模型。由于同时性的存在,使得模型中任何一个随机项的变化都将导致所有内生变量的变化,也就是说模型中每一个内生变量都将直接或间接地同所有随机项相关。因此,在方程中作为解释变量的内生变量将与随机项相关,从而导致经典假定 5 遭到破坏。此时 *OLS* 估计法遇到了困难,使得参数的 *OLS* 估计量将不具备无偏性和一致性。

不失一般性,我们以供求平衡模型为例,设供求模型为

$$\begin{cases} Q_t^S = \beta_0 + \beta_1 P_t + v_t & (13.2.1) \\ Q_t^D = \alpha_0 + \alpha_1 P_t + \alpha_2 Y_t + u_t & (13.2.2) \\ Q_t^S = Q_t^D = Q_t & (13.2.3) \end{cases}$$

其中 Q_t^S代表供给量,Q_t^D代表需求量,P_t代表商品价格,Y_t代表消费者收入。Q_t^S、Q_t^D、P_t为内生变量、Y_t为外生变量。并假定:

$$\begin{cases} E(v_t) = 0 \\ E(v_t^2) = \sigma_v^2 \\ E(v_t v_s) = 0 \end{cases} \qquad \begin{cases} E(u_t) = 0 \\ E(u_t^2) = \sigma_u^2 \\ E(u_t u_s) = 0 \end{cases} \qquad (t \neq s)$$

$$E(u_t v_t) = 0 \qquad (13.2.4)$$

模型可以简化为

$$\begin{cases} Q_t = \beta_0 + \beta_1 P_t + v_t & (13.2.5) \\ Q_t = \alpha_0 + \alpha_1 P_t + \alpha_2 Y_t + u_t & (13.2.6) \end{cases}$$

模型中有两个独立方程,两个内生变量,所以,模型在数学上是完备的。

首先说明经典假定5遭到破坏。

将(13.2.6)代入(13.2.5)得

$$\alpha_0 + \alpha_1 P_t + \alpha_2 Y_t + u_t = \beta_0 + \beta_1 P_t + v_t$$

整理得:

$$P_t = \frac{\beta_0 - \alpha_0}{\alpha_1 - \beta_1} - \frac{\alpha_2}{\alpha_1 - \beta_1} Y_t + \frac{v_t - u_t}{\alpha_1 - \beta_1} \qquad (13.2.7)$$

计算 P_t 与 v_t 之间的协方差:

$$\begin{aligned} COV(P_t, v_t) &= E\{[P_t - E(P_t)][v_t - E(v_t)]\} \\ &= E\left[\frac{v_t - u_t}{\alpha_1 - \beta_1} \cdot v_t\right] \\ &= \frac{\sigma_v^2}{\alpha_1 - \beta_1} \neq 0 \end{aligned} \qquad (13.2.8)$$

表明:P_t 与 v_t 相关,经典假定5遭到破坏,使得单独对(13.2.5)应用 *OLS* 法时,得出的参数估计量将是有偏且非一致的。

对(13.2.5)应用 *OLS* 法,β_1 的 *OLS* 估计量为

$$\begin{aligned} \hat{\beta}_1 &= \frac{\sum \dot{P}_t \dot{Q}_t}{\sum \dot{P}_t^2} = \frac{\sum \dot{P}_t(\beta_0 + \beta_1 P_t + v_t)}{\sum \dot{P}_t^2} \\ &= \beta_1 + \frac{\sum \dot{P}_t v_t}{\sum \dot{P}_t^2} \end{aligned} \qquad (13.2.9)$$

取期望值

$$E(\hat{\beta}_1) = \beta_1 + E\left(\frac{\sum \dot{P}_t v_t}{\sum \dot{P}_t^2}\right) \neq \beta_1 \qquad (13.2.10)$$

其中 $E\left(\frac{\sum \dot{P}_t v_t}{\sum \dot{P}_t^2}\right) \neq 0$ 。(13.2.10)式表明,$\hat{\beta}_1$ 是 β_1 的有偏估计量。

对(13.2.9)两边取概率极限:

$$\begin{aligned} P\lim_{n\to\infty} \hat{\beta}_1 &= P\lim_{n\to\infty} \beta_1 + P\lim_{n\to\infty} \frac{\sum \dot{P}_t v_t}{\sum \dot{P}_t^2} \\ &= \beta_1 + \frac{P\lim\limits_{n\to\infty} \frac{1}{n} \sum \dot{P}_t v_t}{P\lim\limits_{n\to\infty} \frac{1}{n} \sum \dot{P}_t^2} \\ &= \beta_1 + \frac{COV(P_t, v_t)}{\sigma_P^2} \end{aligned}$$

$$= \beta_1 + \frac{\sigma_v^2}{(\alpha_1 - \beta_1)\sigma_P^2} \neq \beta_1 \tag{13.2.11}$$

(13.2.11)表明$\hat{\beta}_1$是β_1的非一致估计量。

综合(13.2.8)、(13.2.10)、(13.2.11)式可知,由于方程的同时性,使得 *OLS* 估计量$\hat{\beta}_1$不仅是β_1的有偏估计量而且是非一致估计量。

用类似的方法可以证明β_0也是有偏且非一致的。

§13.3 联立方程模型的类型

一、模型的结构型

联立方程模型的结构型是因为它直接反映出经济变量之间各种关系的完整结构而得名。它是依据经济理论设定模型时所采取的形式。它可以是描述某一经济结构,也可以是描述某一个经济体的行为。一般地说,结构型模型包含两类方程,一类是包含随机项和参数的随机方程,另一类是不含随机项和参数的恒等式。结构模型的每一个方程都叫结构方程,结构方程中的参数称为结构参数。由于结构模型描述了经济变量之间关系的结构,所以在结构方程的右边可能出现内生变量。这种结构方程把内生变量表示为其他内生变量、前定变量和随机项的函数形式,这种形式叫做结构方程的正规形式。

例如,§13.2 中的供求模型

$$\begin{cases} Q_t^S = \beta_0 + \beta_1 P_t + v_t & (13.3.1) \\ Q_t^D = \alpha_0 + \alpha_1 P_t + \alpha_2 Y_t + u_t & (13.3.2) \\ Q_t^S = Q_t^D = Q_t & (13.3.3) \end{cases}$$

就是一个结构型模型,一般来说,结构参数是指边际倾向、弹性或经济理论的其他的参数,此种结构参数表示每个解释变量对内生变量的直接影响。例如(13.3.1)中的β_1表示价格P_t对供给量Q_t^S的直接影响,即在其他变量保持不变的情况下,P_t变动一个单位引起Q_t^S的变动量。

如果模型中结构方程的个数等于内生变量的个数,那么在数学上才是完备的,这种模型叫做完备模型。如果模型不完备,则模型因为不能求解而失去意义。

二、模型的约简型

模型的约简型(又称简化型、约化型)是指将结构模型中的全部内生变量表示成前定变量和随机项的函数。

例如,供求模型(13.3.1)—(13.3.3),如果将结构模型中的内生变量Q_t^S、Q_t^D、P_t用前定变量Y_t和随机项表示出来,就得到相应的约简型如下:

$$\begin{cases} P_t = \Pi_{11} + \Pi_{12} Y_t + w_{1t} \\ Q_t = \Pi_{21} + \Pi_{22} Y_t + w_{2t} \end{cases} \tag{13.3.4}$$

其中约简式参数

$$\begin{cases} \Pi_{11} = \dfrac{\beta_0 - \alpha_0}{\alpha_1 - \beta_1} \quad \Pi_{12} = -\dfrac{\alpha_2}{\alpha_1 - \beta_1} \quad w_{1t} = \dfrac{v_t - u_t}{\alpha_1 - \beta_1} \\ \Pi_{21} = \dfrac{\alpha_1\beta_0 - \alpha_0\beta_1}{\alpha_1 - \beta_1} \quad \Pi_{22} = -\dfrac{\alpha_2\beta_1}{\alpha_1 - \beta_1} \quad w_{2t} = \dfrac{\alpha_1 v_t - \beta_1 u_t}{\alpha_1 - \beta_1} \end{cases} \tag{13.3.5}$$

约简型(13.3.4)中的参数 Π 称为约简型参数(简称约简参数或约化参数)。由(13.3.5)式可以看出,约简型参数 Π 是结构参数的非线性组合。

约简参数也叫影响乘数或长期乘数。它度量了前定变量的值变化一个单位时,对内生变量的影响程度。前定变量相应的结构参数只表示前定变量对内生变量的直接影响,而该前定变量相应的约简参数却表示它对内生变量的总影响,即包括直接影响与间接影响二者之和。例如(13.3.4)中外生变量 Y_t的约简参数 Π_{22}可表示为:

$$\Pi_{22} = -\frac{\alpha_2\beta_1}{\alpha_1 - \beta_1} = \alpha_2 - \frac{\alpha_1\alpha_2}{\alpha_1 - \beta_1} \tag{13.3.6}$$

其中 α_2是结构方程中外生变量 Y_t的系数,所以 α_2表示外生变量 Y_t对内生变量 Q_t的直接影响,即在其他变量保持不变情况下,Y_t变化一个单位引起 Q_t的变动量;而 $-\dfrac{\alpha_1\alpha_2}{\alpha_1 - \beta_1}$表示外生变量 Y_t对内生变量 Q_t的间接影响。因而表示为:

$$\Pi_{22}(\text{总影响}) = \alpha_2(\text{直接影响}) + \left(-\frac{\alpha_1\alpha_2}{\alpha_1 - \beta_1}\right)(\text{间接影响}) \tag{13.3.7}$$

约简参数对内生变量的总影响,从经济系统的角度可以理解为,外生变量的变动打破了原系统的原始平衡,然后系统内各种经济关系自动进行调整,最后达到新的平衡。约简参数所反映的正是外生变量的单位变动在系统达到新的平衡后对内生变量的综合影响。

由于约简型方程是将内生变量表示为前定变量和随机项的函数,而前定变量又与随机项是不相关的,因而可以用 *OLS* 法来估计约简型方程组的系数。

三、递归模型

如果一个模型的结构方程是用下列方法排列:

第一个方程的右边仅包含前定变量 $X_i(i=1,2,\cdots k)$;第二个方程右边只包含前定变量 X_i和第一个方程的内生变量 Y_1(即第一个方程中的被解释变量);第三个方程的右边也只包含前定变量 X_i和第一、二两个方程中的内生变量 Y_1, Y_2;依此类推,第 g 个方程的右边只包含前定变量和前面 $g-1$ 个方程的内生变量 Y_1到 Y_{g-1},这种模型叫做递归模型。含有 g 个内生变量,k 个前定变量的递归模型的一般形式可表示为(为了方便起见,这里的 X,Y 都省略了样本序号下标):

$$\begin{cases} Y_1 = \gamma_{11}X_1 + \gamma_{12}X_2 + \cdots + \gamma_{1k}X_k + u_1 \\ Y_2 = \gamma_{21}X_1 + \gamma_{22}X_2 + \cdots + \gamma_{2k}X_k + \beta_{21}Y_1 + u_2 \\ Y_3 = \gamma_{31}X_1 + \gamma_{32}X_2 + \cdots + \gamma_{3k}X_k + \beta_{31}Y_1 + \beta_{32}Y_2 + u_3 \\ \cdots \quad \cdots \quad \cdots \\ Y_g = \gamma_{g1}X_1 + \gamma_{g2}X_2 + \cdots + \gamma_{gk}X_k + \beta_{g1}Y_1 + \beta_{g2}Y_2 + \cdots + \beta_{g(g-1)}Y_{g-1} + u_g \end{cases}$$

(13.3.8)

其中 Y 和 X 分别代表内生变量和前定变量，而且随机项满足条件：

$$E(u_i u_j)=0 \qquad i \neq j \tag{13.3.9}$$

即属于同一时期但属于不同方程的随机项彼此不相关。

由于第一个方程右边只包含前定变量，而前定变量与随机项不相关，所以可用普通最小二乘法进行参数估计。第二个方程右边只包含前定变量和一个内生变量 Y_1，它虽然与 u_1 相关，但由于 u_1 和 u_2 不相关，所以 Y_1 与 u_2 不相关，因此这第二个方程也可以应用 *OLS* 法进行参数估计。第三个方程右边只包含前定变量和内生变量 Y_1、Y_2，由于 u_1、u_2 皆与 u_3 不相关，所以 Y_1 和 Y_2 皆不与 u_3 相关，这样第三个方程也可用 *OLS* 法进行参数估计。依此类似，由于 $E(u_i u_j)=0(i\neq j)$，所以可对递归模型中的每一个方程应用 *OLS* 法进行参数估计。

实际上，简单递归模型并没有联立方程的问题，即并不存在内生变量之间的相互依赖关系。即 Y_1 影响 Y_2，但 Y_2 并不影响 Y_1；Y_1 和 Y_2 影响 Y_3，但 Y_3 并不影响 Y_1 和 Y_2。依此类推，递归模型中每一个方程的变量之间的关系都是单向因果关系，所以，对递归模型中的每个方程可逐个应用 *OLS* 法，所得估计量仍具有最小二乘估计量的统计性质。

如果递归模型(13.3.8)写成矩阵形式，则它的内生变量系数矩阵构成一个主对角线为 1 的下三角形：

$$\begin{pmatrix} 1 & 0 & 0 & \cdots & 0 \\ -\beta_{21} & 1 & 0 & \cdots & 0 \\ -\beta_{31} & -\beta_{32} & 1 & \cdots & 0 \\ \cdots & \cdots & \cdots & \cdots & \cdots \\ -\beta_{g1} & -\beta_{g2} & \cdots & \cdots & 1 \end{pmatrix} \tag{13.3.10}$$

所以，递归模型也叫三角形模型。应该指出，递归模型仍然属于结构模型，只不过是结构方程具有特殊排列的结构模型。

§13.4　同时方程模型的识别问题

由§13.3讨论我们知道，结构模型可分为同时方程模型和递归模型，而递归模型的估计可以用 *OLS* 法解决，因此我们这里讨论的识别问题是与同时方程模型估计有关的问题。识别问题并不是统计问题，它是与模型设定有关的问题。识别问题的实质是对某个特定模型，要求判断有无可能得出有意义的结构参数值。识别问题有两种角度不同但彼此等价的提法。

一是从“参数关系体系”角度考虑问题：如果约简模型的参数已知，能否确定相应结构模型中方程的参数？如果结构方程的参数可以由相应的约简型参数来确定，称这个结构方程可以识别，否则不可识别。

二是从“统计形式唯一性”角度考虑问题：所谓“统计形式唯一性”，就是结构模型中的某个方程能够同所有方程的任何一种线性组合相区别。对于模型中的结构方程，如果它在模型中具有唯一的统计形式,则这个结构方程叫做可识别的,否则叫做不可识别的。

一个方程的可识别性又可分为恰好识别(正确识别)和过度识别两种情况:如果从约简型参数估计值只能得出唯一的一组结构参数估计值,则叫做恰好识别;如果从约简型参数估计值可以得出一组以上的结构参数估计值,则叫做过度识别。

如果结构模型中除恒等式之外的所有结构方程皆可识别,就说这个模型是可识别模型。模型可识别同样可分为两种情况:如果模型中每一个方程都是恰好识别,则称模型为恰好识别;如果模型中存在过度识别的方程,则称模型为过度识别。

这里应该指出,识别问题只对那些包含需要利用样本数据在统计上估计其参数的方程而言的,对于包含在模型中的定义方程,恒等式或平衡条件等并不存在识别问题。恰好识别又称为正确识别,在以后各节叙述中两种叫法含义相同。

下面我们用例子来说明方程的识别和模型的识别问题。

例 13.4.1 供求模型

$$\begin{cases} Q_t^D = \alpha_0 + \alpha_1 P_t + u_{1t} & (13.4.1a) \\ Q_t^S = \beta_0 + \beta_1 P_t + u_{2t} & (13.4.1b) \\ Q_t^S = Q_t^D = Q_t & (13.4.1c) \end{cases}$$

这个模型中供求量 Q 和价格 P 都是内生变量,没有外生变量。

将结构模型(13.4.1)化为约简型:

$$\begin{cases} P_t = \Pi_0 + v_{1t} & (13.4.2) \\ Q_t = \Pi_1 + v_{2t} & (13.4.3) \end{cases}$$

其中

$$\begin{cases} \Pi_0 = \dfrac{\beta_0 - \alpha_0}{\alpha_1 - \beta_1} \qquad \Pi_1 = \dfrac{\alpha_1\beta_0 - \alpha_0\beta_1}{\alpha_1 - \beta_1} \\ v_{1t} = \dfrac{u_{2t} - u_{1t}}{\alpha_1 - \beta_1} \qquad v_{2t} = \dfrac{\alpha_1 u_{2t} - \beta_1 u_{1t}}{\alpha_1 - \beta_1} \end{cases} \qquad (13.4.4)$$

很明显,联系结构参数和约简参数的方程(13.4.4)中只有两个方程,而需要确定的结构参数有 α_0、α_1、β_0、β_1 四个,方程的数目不够,不可能求四个结构参数,因此方程(13.4.1a)和(13.4.1b)皆不可识别,当然模型也不可识别。

例 13.4.2 如果将模型(13.4.1)改为

$$\begin{cases} Q_t^D = \alpha_0 + \alpha_1 P_t + \alpha_2 Y_t + u_{1t} & (13.4.5a) \\ Q_t^S = \beta_0 + \beta_1 P_t + u_{2t} & (13.4.5b) \\ Q_t^S = Q_t^D = Q_t & (13.4.5c) \end{cases}$$

这里假设需求量 Q^D 除了同价格 P 有关外,还同消费者的收入 Y 有关,这里 Y 是外生变量。该模型的约简式为

$$\begin{cases} P_t = \Pi_{10} + \Pi_{11} Y_t + v_{1t} & (13.4.6) \\ Q_t = \Pi_{20} + \Pi_{21} Y_t + v_{2t} & (13.4.7) \end{cases}$$

其中

$$\begin{cases} \Pi_{10} = \dfrac{\beta_0 - \alpha_0}{\alpha_1 - \beta_1} & \Pi_{20} = \dfrac{\alpha_1\beta_0 - \alpha_0\beta_1}{\alpha_1 - \beta_1} \\ \Pi_{11} = \dfrac{-\alpha_2}{\alpha_1 - \beta_1} & \Pi_{21} = \dfrac{-\alpha_2\beta_1}{\alpha_1 - \beta_1} \\ v_{1t} = \dfrac{u_{2t} - u_{1t}}{\alpha_1 - \beta_1} & v_{2t} = \dfrac{\alpha_1 u_{2t} - \beta_1 u_{1t}}{\alpha_1 - \beta_1} \end{cases} \tag{13.4.8}$$

现在联系结构参数和约简参数的方程在(13.4.8)中有4个,而要确定的结构参数有5个:α_0、α_1、α_2、β_0和β_1。但是,由(13.4.8)知:

$$\beta_1 = \frac{\Pi_{21}}{\Pi_{11}} \tag{13.4.9}$$

Π_{20}可改写成:

$$\begin{aligned} \Pi_{20} &= \frac{\alpha_1\beta_0 - \alpha_0\beta_1}{\alpha_1 - \beta_1} = \beta_0 + \left(\frac{\beta_0 - \alpha_0}{\alpha_1 - \beta_1}\right)\beta_1 \\ &= \beta_0 + \Pi_{10}\frac{\Pi_{21}}{\Pi_{11}} \end{aligned}$$

所以

$$\beta_0 = \Pi_{20} - \frac{\Pi_{10}\Pi_{21}}{\Pi_{11}} \tag{13.4.10}$$

我们看到,由约简参数可以唯一地确定供给方程(13.4.5b)中的结构参数β_0、β_1,我们称这个方程是可识别的,而且是正确识别;但需求函数的结构参数α_0、α_1、α_2无法确定,所以需求方程(13.4.5a)不可识别。进一步断定此模型不可识别。

从统计形式唯一性看,方程(13.4.5a)与(13.4.5b)的线性组合同(13.4.5a)不可区别,而同(13.4.5b)可以区别,所以(13.4.5a)不可识别,而方程(13.4.5b)可以识别。

例13.4.3 在需求函数(13.4.5a)中再增加一个外生变量代用品的价格P_t^*,则供求模型为

$$\begin{cases} Q_t^D = \alpha_0 + \alpha_1 P_t + \alpha_2 Y_t + \alpha_3 P_t^* + u_{1t} & (13.4.11a) \\ Q_t^S = \beta_0 + \beta_1 P_t + u_{2t} & (13.4.11b) \\ Q_t^S = Q_t^D = Q_t & (13.4.11c) \end{cases}$$

化为约简型为

$$\begin{cases} P_t = \Pi_{10} + \Pi_{11} Y_t + \Pi_{12} P_t^* + v_{1t} & (13.4.12) \\ Q_t = \Pi_{20} + \Pi_{21} Y_t + \Pi_{22} P_t^* + v_{2t} & (13.4.13) \end{cases}$$

其中

$$\begin{cases} \Pi_{10} = \dfrac{\beta_0 - \alpha_0}{\alpha_1 - \beta_1} & \Pi_{20} = \dfrac{\beta_0\alpha_1 - \alpha_0\beta_1}{\alpha_1 - \beta_1} \\ \Pi_{11} = -\dfrac{\alpha_2}{\alpha_1 - \beta_1} & \Pi_{21} = -\dfrac{\beta_1\alpha_2}{\alpha_1 - \beta_1} \\ \Pi_{12} = -\dfrac{\alpha_3}{\alpha_1 - \beta_1} & \Pi_{22} = -\dfrac{\beta_1\alpha_3}{\alpha_1 - \beta_1} \end{cases} \tag{13.4.14}$$

$$\begin{cases} v_{1t} = \dfrac{u_{2t} - u_{1t}}{\alpha_1 - \beta_1} \\ v_{2t} = \dfrac{\alpha_1 u_{2t} - \beta_1 u_{1t}}{\alpha_1 - \beta_1} \end{cases} \tag{13.4.15}$$

由(13.4.14)可得

$$\begin{cases} \beta_1 = \dfrac{\Pi_{21}}{\Pi_{11}} \\ \beta_1 = \dfrac{\Pi_{22}}{\Pi_{12}} \end{cases} \tag{13.4.16}$$

由 Π_{20} 可得：

$$\begin{aligned} \Pi_{20} &= \frac{\alpha_1\beta_0 - \beta_1\alpha_0}{\alpha_1 - \beta_1} = \beta_0 + \left(\frac{\beta_0 - \alpha_0}{\alpha_1 - \beta_1}\right)\beta_1 \\ &= \beta_0 + \Pi_{10}\beta_1 \end{aligned}$$

所以

$$\beta_0 = \Pi_{20} - \Pi_{10}\beta_1 \tag{13.4.17}$$

由于(13.4.16)中 β_1 的两个估计值一般不相等，所以 β_1 的估计值不唯一，可知供给方程(13.4.11b)是过度识别。参数 α 无法确定，所以需求方程(13.4.11a)不可识别，整个模型不可识别。

从统计形式唯一性看，方程(13.4.11a)和(13.4.11b)的线性组合同(13.4.11a)不可区别而同(13.4.11b)可以区别，可知(13.4.11a)不可识别而方程(13.4.11b)可识别。

例 13.4.4 对模型(13.4.5b)再增加一个前定变量 P_{t-1}，此时模型变为

$$\begin{cases} Q_t^D = \alpha_0 + \alpha_1 P_t + \alpha_2 Y_t + u_{1t} & (13.4.18a) \\ Q_t^S = \beta_0 + \beta_1 P_t + \beta_2 P_{t-1} + u_{2t} & (13.4.18b) \\ Q_t^S = Q_t^D = Q_t & (13.4.18c) \end{cases}$$

化为约简型

$$\begin{cases} P_t = \Pi_{10} + \Pi_{11} Y_t + \Pi_{12} P_{t-1} + v_{1t} & (13.4.19) \\ Q_t = \Pi_{20} + \Pi_{21} Y_t + \Pi_{22} P_{t-1} + v_{2t} & (13.4.20) \end{cases}$$

其中

$$\begin{cases} \Pi_{10} = \dfrac{\beta_0 - \alpha_0}{\alpha_1 - \beta_1} & \Pi_{20} = \dfrac{\beta_0\alpha_1 - \alpha_0\beta_1}{\alpha_1 - \beta_1} \\ \Pi_{11} = -\dfrac{\alpha_2}{\alpha_1 - \beta_1} & \Pi_{21} = -\dfrac{\beta_1\alpha_2}{\alpha_1 - \beta_1} \\ \Pi_{12} = \dfrac{\beta_2}{\alpha_1 - \beta_1} & \Pi_{22} = \dfrac{\alpha_1\beta_2}{\alpha_1 - \beta_1} \end{cases} \tag{13.4.21}$$

$$\begin{cases} v_{1t} = \dfrac{u_{2t} - u_{1t}}{\alpha_1 - \beta_1} \\ v_{2t} = \dfrac{\alpha_1 u_{2t} - \beta_1 u_{1t}}{\alpha_1 - \beta_1} \end{cases} \tag{13.4.22}$$

由(13.4.21)可解出唯一的一组结构参数：

$$\begin{cases}\alpha_0 = \beta_0 - \Pi_{10}(\alpha_1 - \beta_1) = \Pi_{20} - \dfrac{\Pi_{10}\Pi_{22}}{\Pi_{12}} \\ \alpha_1 = \dfrac{\Pi_{22}}{\Pi_{12}} \\ \alpha_2 = -\Pi_{11}(\alpha_1 - \beta_1) = \Pi_{21} - \dfrac{\Pi_{11}\Pi_{22}}{\Pi_{12}} \\ \beta_0 = \Pi_{20} - \Pi_{10}\beta_1 = \Pi_{20} - \dfrac{\Pi_{10}\Pi_{21}}{\Pi_{11}} \\ \beta_1 = \dfrac{\Pi_{21}}{\Pi_{11}} \\ \beta_2 = \Pi_{12}(\alpha_1 - \beta_1) = \Pi_{22} - \dfrac{\Pi_{12}\Pi_{21}}{\Pi_{11}}\end{cases} \tag{13.4.23}$$

由于结构模型(13.4.18)的参数由约简参数唯一确定，所以(13.4.18a)和(13.4.18b)两个方程皆为恰好识别，因而整个模型也恰好识别。

§13.5 结构方程的识别规则

在§13.4我们看到，采用模型的约简式来识别联立方程模型中某个结构方程的识别问题在理论上是行得通的，但对于一个具体的结构方程，为了确定它究竟属于哪种情形，从结构型转换成约简型的参数关系的推导太繁琐，当结构模型包含方程个数较多时，其约简型的参数关系式几乎不可能求出。因此，我们应研究更好的识别模型的方法——识别规则。

一、识别的阶条件——必要条件

为了叙述方便，我们引进符号如下：

G—模型所包含内生变量的总数；

G^*—包含在模型中，但该方程中不包含的内生变量数；

K—模型所包含前定变量的总数；

K^*—包含在模型中，但该方程中不包含的前定变量数。

在讨论模型识别问题时，我们总是假定模型在数学上是完备的，即模型中的内生变量数和方程数相等。假设模型中共有 G 个同时方程或者 G 个内生变量，那么可以证明：模型中任一方程可识别的必要条件是该方程所不包含的前定变量数不小于它所包含的内生变量数减1，即

$$K^* \geqslant G - G^* - 1 \tag{13.5.1}$$

式中的等号代表正确识别条件，不等号代表过度识别条件。

将(13.5.1)式两端各加 G^* 便有：

$$G^* + K^* \geqslant G - 1 \tag{13.5.2}$$

所以，任一方程可识别的必要条件又叙述为：该方程所不包含的变量(包括模型中内生变量和前定变量)总数不小于模型中的内生变量数(或方程数)减1，式中等号代表正确识别，不等号代表过度识别。

显然，条件(13.5.1)与(13.5.2)是等价的，实际应用时可取其中之一。

例 13.5.1 利用§13.4中的例13.4.3，为了简便我们消除平衡条件：

需求方程：
$$Q_t = \alpha_0 + \alpha_1 P_t + \alpha_2 Y_t + \alpha_3 P_t^* + u_{1t} \tag{13.5.3}$$
供给方程：
$$Q_t = \beta_0 + \beta_1 P_t + u_{2t} \tag{13.5.4}$$

该模型中 Q_t、P_t是内生变量，Y_t和 P_t^* 是外生变量，所以 $G=2, K=2$。

需求方程：

$$K^* = 0, \quad G^* = 0, \quad K^* + G^* = 0;$$
$$G = 2 \quad G - 1 = 1$$

阶条件 $K^* + G^* \geqslant G - 1$ 不满足，
所以，需求方程(13.5.3)不可识别。

供给方程：

$$K^* = 2, \quad G^* = 0, \quad K^* + G^* = 2 + 0 = 2;$$
$$G - 1 = 2 - 1 = 1;$$

阶条件 $K^* + G^* = 2 > 1 = G - 1$ 满足，
所以，供给方程(13.5.4)如果可识别，便是过度识别。

例 13.5.2 利用§13.4中的例13.4.4，为了简便我们仍然消除平衡条件。

需求方程：
$$Q_t = \alpha_0 + \alpha_1 P_t + \alpha_2 Y_t + u_{1t} \tag{13.5.5}$$
供给方程：
$$Q_t = \beta_0 + \beta_1 P_t + \beta_2 P_{t-1} + u_{2t} \tag{13.5.6}$$

模型中 Q_t、P_t是内生变量，Y_t和 P_{t-1}是前定变量，所以 $G=2, K=2$。

需求方程：

$$K^* = 1, \quad G^* = 0, \quad K^* + G^* = 1 + 0 = 1$$
$$G - 1 = 2 - 1 = 1;$$

阶条件 $K^* + G^* = 1 = G - 1$ 满足，
所以，需求方程(13.5.5)如果可识别，便是正确识别。

供给方程：

$$K^* = 1, \quad G^* = 0, \quad K^* + G^* = 1 + 0 = 1$$
$$G - 1 = 2 - 1 = 1;$$

阶条件 $K^* + G^* = 1 = G - 1$ 满足，
所以，供给方程(13.5.6)如果可识别，便是正确识别。

值得注意的是，识别的阶条件只是模型方程可识别的必要条件而不是充分条件，满足必要条件的方程不一定可识别。对于恰好识别和过度识别的判断只有在可识别的情况下才有意义。

二、识别的秩条件——充要条件

阶条件是一个必要条件，识别的秩条件是识别的充分且必要条件。识别的秩条件是指，在 G 个方程和 G 个内生变量的结构模型中，某个方程可识别的充要条件是该方程不包含而为其他方程所包含的那些变量（包括内生变量和前定变量）的系数矩阵的秩等于 $G-1$。即

$$R(\Delta)=G-1 \tag{13.5.7}$$

其中 Δ 代表未出现在被考察方程内而出现在其他方程内的所有变量的系数矩阵，称为识别矩阵，R 为求秩符号。

下面举例说明应用秩条件的步骤。

例 13.5.3 我们利用 §13.4 的例 13.4.4

第一步，将原模型改写成如下形式：

$$\begin{cases} -Q_t^D+\alpha_0+\alpha_1P_t+\alpha_2Y_t+u_{1t}=0 & (13.5.8)\\ -Q_t^S+\beta_0+\beta_1P_t+\beta_2P_{t-1}+u_{2t}=0 & (13.5.9)\\ Q_t^D-Q_t^S=0 & (13.5.10)\end{cases}$$

并列出系数表如下：

	Q_t^D	Q_t^S	P_t	Y_t	P_{t-1}
(13.5.8)	-1	0	α_1	α_2	0
(13.5.9)	0	-1	β_1	0	β_2
(13.5.10)	1	-1	0	0	0

假定我们要识别第一个方程(13.5.8)。

第二步，划去要识别方程(13.5.8)系数所在行；再划去要识别方程(13.5.8)非零系数所在的列。得到识别矩阵

$$\Delta=\begin{pmatrix}-1 & \beta_2\\ -1 & 0\end{pmatrix}$$

第三步，判别识别矩阵的秩是否等于 G-1

二阶行列式：

$$|\Delta|=\begin{vmatrix}-1 & \beta_2\\ -1 & 0\end{vmatrix}=\beta_2\neq0$$

所以

$$R(\Delta)=2$$

又因为

$$G-1=3-1=2$$

所以有

$$R(\Delta)=2=G-1 \qquad \text{秩条件满足；}$$

方程(13.5.8)可识别。

第四步,利用阶条件判别是恰好识别还是过度识别:

$$K^* = 1, \qquad G^* = 1, \qquad K^* + G^* = 2$$

而

$$G - 1 = 3 - 1 = 2$$

阶条件 $K^* + G^* = 2 = G - 1$ 满足,所以(13.5.8)方程恰好识别。

重复以上步骤还可对第二个方程(13.5.9)进行识别判断。

方程(13.5.9)的识别矩阵为

$$\Delta = \begin{pmatrix} -1 & \alpha_2 \\ 1 & 0 \end{pmatrix}$$

其行列式为

$$|\Delta| = \begin{vmatrix} -1 & \alpha_2 \\ 1 & 0 \end{vmatrix} = -\alpha_2 \neq 0$$

所以,秩 $R(\Delta) = 2$ 而 $G - 1 = 3 - 1 = 2$。

秩条件 $R(\Delta) = 2 = G - 1$ 满足,方程(13.5.9)可识别。

又 $K^* = 1$, $G^* = 1$, $K^* + G^* = 2$

所以,阶条件 $K^* + G^* = 2 = G - 1$ 满足,所以(12.5.9)方程恰好识别。

第三个方程(13.5.10)为定义方程,是恒等式不需要进行识别。

由于该模型需求方程和供给方程都是恰好识别,所以,模型恰好识别。

三、零约束条件

从本节例子中我们可以发现,如果一个方程包含模型中的全部变量,这个方程一定不可识别。这表明如果对方程施加若干限制,使模型中的某些变量不在方程中出现,乃是方程可识别的必要条件。某些变量不在方程中出现相当于将方程中某些变量的系数规定为0,所以称为零约束条件。零约束条件是人们用来得到可识别模型的简便方法。对此我们作如下解释:我们知道方程可识别的必要条件——阶条件为:

$$K^* + G^* \geqslant G - 1$$

或

$$K^* \geqslant G - G^* - 1 \tag{13.5.11}$$

其中 $G - G^*$ 为被考察方程所包含的内生变量数,K^* 为不包含在被考察方程中但包含在模型中的前定变量数,即对方程中施加零约束的前定变量数。(13.5.11)式的含义为对方程中施加零约束的前定变量至少等于方程中内生变量数减1。

不过要注意,当人们应用零约束条件时,必须说明允许或不允许某些变量在特定方程中出现的经济学上的理由,不能为使方程可识别对其中的变量数目作随意的增减。

§ 13.6 联立方程模型的参数估计方法概述

联立方程模型的特点决定了它不能直接用 *OLS* 法求其参数的无偏和一致估计量。这就要求人们进一步研究适合联立方程模型参数估计的方法。迄今为止，联立方程模型的估计方法可分为单方程估计法和系统估计法两类。

在估计模型时，可以对每一个方程单独进行估计而不考虑其余方程对该方程的约束，这种估计方法称为单方程估计法，又称有限信息估计法。因为这种方法没有利用其余方程对该方程所产生的约束等有关的信息。还有一种方法是对联立模型中所有方程同时进行估计，因而同时决定所有参数的估计值，这种方法称为系统估计法，又称为完全信息估计法。

一、单方程估计法

(1) 普通最小二乘法(*OLS* 法)

(2) 间接最小二乘法(Indirect Least Squares，简称 *ILS*)

(3) 工具变量法(Instrumental Variables，简称 *IV* 法)

(4) 二阶段最小二乘法(Two Stage Least Squares，简称 2*SLS*)

(5) 有限信息极大似然法(Limited Information, Maximum Likelihood，简称 *LI/ML* 法)

二、系统估计法

(1) 三阶段最小二乘法(Three Stage Least Squarest 简称 3*SLS* 法)

(2) 完全信息极大似然法(Full Information, Maximum Likelihood，简称 *FI/ML* 法)

虽然，对于联立方程模型理想的参数估计方法应当是对全系统的估计方法。但是由于种种原因，系统估计法使用得并不广泛，所以本章重点介绍单方程估计方法，而系统估计方法只作简单介绍。

这里我们要做说明的是，在 § 13.2 节我们已经知道，由于结构方程组中每一个方程的随机项与该方程中的内生说明变量之间存在相互依赖关系，所以不能直接用 *OLS* 法估计方程中的参数。但是递归模型是个例外，由于递归模型的特殊结构以及由于属于不同方程的同期随机项彼此不相关，使得每个方程中的内生说明变量与随机项不相关，所以可直接用 *OLS* 法分别对各个方程进行估计。这个在 § 13.3 节已作过叙述，这里不重复了。

§ 13.7 间接最小二乘法(*ILS* 法)

一、间接最小二乘法的基本思想

间接最小二乘法的基本思想是，将恰好识别的结构模型化为约简型，而约简型中的每个方程仅包含前定变量，因而可以用最小二乘法估计约简型中的参数，然后再由约简型的参数估计值推算出结构参数估计值。

间接最小二乘法的基本思想的实施,实际上是在满足以下假设条件才能完成:

(1)被估计的结构方程必须是恰好识别,因为只有恰好识别才能由约简型参数推导出唯一的一组结构参数。

(2)每个约简型方程的随机扰动项都应满足最小二乘法经典假定。

(3)前定变量之间不存在高度多重共线性。

在满足以上三个条件的基础上,便可实施间接最小二乘法。

二、例:供求模型

$$\begin{cases} Q_t = \alpha_0 + \alpha_1 P_t + \alpha_2 Y_t + u_{1t} & (13.7.1) \\ Q_t = \beta_0 + \beta_1 P_t + u_{2t} & (13.7.2) \end{cases}$$

其中 Q 为供求量,P 为价格,Y 为收入,Q、P 为内生变量,Y 为外生变量。

需求方程(13.7.1)包含了模型中所有变量,所以是不可识别。

供给方程(13.7.2):

$$K^* = 1, G^* = 0, K^* + G^* = 1$$
$$G - 1 = 2 - 1 = 1$$

阶条件 $K^* + G^* = 1 = G - 1$ 成立;

显然 $\Delta = \alpha_2, R(\Delta) = 1$

秩条件 $R(\Delta) = 1 = G - 1$ 成立,

所以,供给方程恰好识别。

整个模型不可识别。这里只体现间接最小二乘法实施步骤,所以,只对供给方程(13.7.2)进行估计。

将结构方程化为约简型

$$\begin{cases} P_t = \Pi_{10} + \Pi_{11} Y_t + v_{1t} & (13.7.3) \\ Q_t = \Pi_{20} + \Pi_{21} Y_t + v_{2t} & (13.7.4) \end{cases}$$

其中
$$\begin{cases} \Pi_{10} = \dfrac{\beta_0 - \alpha_0}{\alpha_1 - \beta_1} & \Pi_{20} = \dfrac{\alpha_1\beta_0 - \alpha_0\beta_1}{\alpha_1 - \beta_1} \\ \Pi_{11} = -\dfrac{\alpha_2}{\alpha_1 - \beta_1} & \Pi_{21} = -\dfrac{\alpha_2\beta_1}{\alpha_1 - \beta_1} \\ v_{1t} = \dfrac{u_{2t} - u_{1t}}{\alpha_1 - \beta_1} & v_{2t} = \dfrac{\alpha_1 u_{2t} - \beta_1 u_{1t}}{\alpha_1 - \beta_1} \end{cases} \quad (13.7.5)$$

应用 OLS 法对约简型中方程进行参数估计

$$\hat{\Pi}_{11} = \frac{\sum \dot{P}_t \dot{Y}_t}{\sum \dot{Y}_t^2} \qquad \hat{\Pi}_{21} = \frac{\sum \dot{Q}_t \dot{Y}_t}{\sum \dot{Y}_t^2} \qquad (13.7.6)$$
$$\hat{\Pi}_{10} = \bar{P} - \hat{\Pi}_{11}\bar{Y} \qquad \hat{\Pi}_{20} = \bar{Q} - \hat{\Pi}_{21}\bar{Y}$$

利用表 13.7.1 中的数据对约简型中方程进行最小二乘估计,结果如下:

$$\hat{P}_t = 6.1932 + 0.0310 Y_t \qquad R^2 = 0.8508$$
$$\hat{Q}_t = -557.6049 + 1.0775 Y_t \qquad R^2 = 0.9494 \qquad (13.7.7)$$

表 13.7.1　　供求模型数据

时间编号	Q	P	Y
1	230	23.6	800.0
2	260	25.4	812.6
3	300	30.0	823.4
4	340	32.6	830.0
5	351	33.0	850.0
6	382	34.0	859.6
7	405	35.2	900.4
8	435	38.4	950.0
9	512	40.2	963.8
10	623	42.6	1 000.0
11	712	42.3	1 026.0
12	802	45.4	1 340.6
13	888	48.2	1 350.0
14	936	50.0	1 432.4
15	1 023	50.8	1 500.0
16	1 134	52.0	1 502.8

根据公式(13.7.5)得

$$\hat{\beta}_1 = \frac{\hat{\Pi}_{21}}{\hat{\Pi}_{11}} = \frac{1.0775}{0.0310} = 34.7581$$

$$\hat{\beta}_0 = \hat{\Pi}_{20} - \hat{\beta}_1 \hat{\Pi}_{10} = -557.6049 - 34.7581 \times 6.1932 = -772.8688$$

所以,供给方程

$$\hat{Q}_t = -772.8688 + 34.7581 P_t \tag{13.7.8}$$

三、间接最小二乘估计量的特性

间接最小二乘估计量是有偏,但却是一致估计量。我们仍以二段的供求模型来说明。

先证明间接最小二乘估计量是有偏的

因为

$$\hat{\beta}_1 = \frac{\hat{\Pi}_{21}}{\hat{\Pi}_{11}} \tag{13.7.9}$$

将(13.7.6)代入(13.7.9)便有

$$\hat{\beta}_1 = \frac{\sum \dot{Q}_t \dot{Y}_t}{\sum \dot{P}_t \dot{Y}_t} \tag{13.7.10}$$

再将模型(13.7.3)和(13.7.4)中心化,便有

$$\begin{cases} \dot{P}_t = \Pi_{11}\dot{Y}_t + \dot{v}_{1t} \\ \dot{Q}_t = \Pi_{21}\dot{Y}_t + \dot{v}_{2t} \end{cases} \tag{13.7.11}$$

再把(13.7.11)代入(13.7.10)便有

$$\hat{\beta}_1 = \frac{\Pi_{21}\sum \dot{Y}_t^2 + \sum \dot{v}_{2t}\dot{Y}_t}{\Pi_{11}\sum \dot{Y}_t^2 + \sum \dot{v}_{1t}\dot{Y}_t} = \frac{\Pi_{21} + \sum \dot{v}_{2t}\dot{Y}_t/\sum \dot{Y}_t^2}{\Pi_{11} + \sum \dot{v}_{1t}\dot{Y}_t/\sum \dot{Y}_t^2} \tag{13.7.12}$$

$$E(\hat{\beta}_1) \neq \frac{\Pi_{21}}{\Pi_{11}} = \beta_1 \tag{13.7.13}$$

有偏性得证。

再证明间接最小二乘估计量是一致估计量。

对(13.7.12)取概率极限

$$P\lim \hat{\beta}_1 = \frac{\Pi_{21} + P\lim \sum \dot{v}_{2t}\dot{Y}_t/\sum \dot{Y}_t^2}{\Pi_{11} + P\lim \sum \dot{v}_{1t}\dot{Y}_t/\sum \dot{Y}_t^2}$$

由于 Y 与 v_1 和 v_2 不相关,当样本容量 $n \to \infty$ 时,

$$P\lim \sum \dot{v}_{2t}\dot{Y}_t/\sum \dot{Y}_t^2 = 0$$

$$P\lim \sum \dot{v}_{1t}\dot{Y}_t/\sum \dot{Y}_t^2 = 0$$

所以

$$P\lim \hat{\beta}_1 = \frac{\Pi_{21}}{\Pi_{11}} = \beta_1$$

一致性得证。

§13.8 工具变量法(IV 法)

IV 法的基本思想是当某个说明变量与随机项相关时,选择一个与此说明变量强相关而与相应的随机项又不相关的前定变量作为工具,来达到消除该说明变量与随机项之间的依赖关系的目的。

在§9.2 中我们已经证明,IV 估计量不具备无偏性,但具有一致性。工具变量法是一种单方程估计方法,每次只适用于模型中的一个结构方程。

一、工具变量法的步骤

工具变量法的主要步骤有:

第一步,选择适当的工具变量。

在联立方程模型中,所选择的工具变量应满足以下条件:

(1) 它必须与方程中所考虑的内生说明变量强相关。

(2) 它必须是真正的前定变量,因而与结构方程中的随机项不相关。

（3）它必须同结构方程中的其他前定变量相关性很小，以避免多重共线性。

（4）如果在同一结构方程中使用了一个以上的工具变量，这些工具变量之间的相关性也须很小，避免产生多重共线性。

人们自然会想到模型中的前定变量一般都能满足上述条件，所以每一个前定变量都可以作为内生说明变量的备选工具变量。

这里应该指出，选择工具变量的个数必须与所估计的结构方程中作解释变量的内生变量的个数相等。如果结构方程中含有前定变量，则可选择这些前定变量本身做自己的工具变量，这样做的目的是，使每一个结构参数值都能求得估计值。

第二步，分别用工具变量去乘结构方程的每一项，并对所有的样本观测值求和，得到与未知参数一样多的线性方程组成的方程组。解方程组就得到结构参数的估计值。

二、工具变量法的应用举例

下面结合具体例子说明工具变量法的应用。

（一）设有一个解释变量的结构方程

$$y_t = \beta_0 + \beta_1 x_t + u_t \tag{13.8.1}$$

其中 x_t 是该方程所在模型中的内生变量，因而 $COV(x_t, u_t) \neq 0$。在模型的其他结构方程中可找到这样的外生变量 z_t，z_t 与 x_t 高度相关，但 z_t 与 u_t 不相关即 $COV(z_t, u_t) = 0$，即 z_t 满足工具变量的条件。

由(13.8.1)有

$$\beta_0 = \bar{y} - \beta_1 \bar{x} - \bar{u} \tag{13.8.2}$$

用 z_t 乘(13.8.1)两边并求和，得到

$$\sum y_t z_t = \beta_0 \sum z_t + \beta_1 \sum z_t x_t + \sum z_t u_t \tag{13.8.3}$$

由于 $E(u_t) = 0$，所以 $\bar{u} \approx 0$，(13.8.2)可改写为

$$\hat{\beta}_0 = \bar{y} - \hat{\beta}_1 \bar{x} \tag{13.8.4}$$

又由于 $COV(z_t, u_t) = 0$，所以 $\sum z_t u_t \approx 0$，于是(13.8.3)可改写成

$$\sum y_t z_t = \hat{\beta}_0 \sum z_t + \hat{\beta}_1 \sum z_t x_t \tag{13.8.5}$$

将(13.8.4)代入(13.8.5)，整理后得到

$$\sum \dot{z}_t \dot{y}_t = \hat{\beta}_1 \sum \dot{z}_t \dot{x}_t$$

便有

$$\hat{\beta}_1 = \frac{\sum \dot{z}_t \dot{y}_t}{\sum \dot{z}_t \dot{x}_t} \tag{13.8.6}$$

这就是§9.2中得出公式(9.2.4)。

（二）设有两个内生解释变量的结构方程

$$y_t = \beta_0 + \beta_1 x_{1t} + \beta_2 x_{2t} + u_t \tag{13.8.7}$$

其中 x_{1t}，x_{2t} 是方程所在模型中的两个内生变量，并且与随机项 u_t 相关。

由(13.8.7)有

$$\beta_0 = \bar{y} - \beta_1 \bar{x}_1 - \beta_2 \bar{x}_2 - \bar{u} \tag{13.8.8}$$

选择 z_{1t} 和 z_{2t} 作为 x_{1t} 和 x_{2t} 的工具变量,分别去乘(13.8.7)并求和:

$$\begin{cases} \sum y_t z_{1t} = \beta_0 \sum z_{1t} + \beta_1 \sum x_{1t} z_{1t} + \beta_2 \sum x_{2t} z_{1t} + \sum u_t z_{1t} & (13.8.9) \\ \sum y_t z_{2t} = \beta_0 \sum z_{2t} + \beta_1 \sum x_{1t} z_{2t} + \beta_2 \sum x_{2t} z_{2t} + \sum u_t z_{2t} & (13.8.10) \end{cases}$$

由于 $E(u_t)=0$,所以 $\bar{u}\approx 0$,(12.8.8)可改写成

$$\hat{\beta}_0 = \bar{y} - \hat{\beta}_1 \bar{x}_1 - \hat{\beta}_2 \bar{x}_2 \tag{13.8.11}$$

由于 $COV(z_{1t}, u_t) = 0$, $COV(z_{2t}, u_t) = 0$,所以 $\sum u_t z_{1t} \approx 0$, $\sum u_t z_{2t} \approx 0$,于是(13.8.9)和(13.8.10)可以改写成

$$\begin{cases} \sum y_t z_{1t} = \hat{\beta}_0 \sum z_{1t} + \hat{\beta}_1 \sum x_{1t} z_{1t} + \hat{\beta}_2 \sum x_{2t} z_{1t} & (13.8.12) \\ \sum y_t z_{2t} = \hat{\beta}_0 \sum z_{2t} + \hat{\beta}_1 \sum x_{1t} z_{2t} + \hat{\beta}_2 \sum x_{2t} z_{2t} & (13.8.13) \end{cases}$$

将(13.8.11)分别代入(13.8.12)和(13.8.13),整理后得到

$$\begin{cases} \sum \dot{y}_t \dot{z}_{1t} = \hat{\beta}_1 \sum \dot{x}_{1t} \dot{z}_{1t} + \hat{\beta}_2 \sum \dot{x}_{2t} \dot{z}_{1t} & (13.8.14) \\ \sum \dot{y}_t \dot{z}_{2t} = \hat{\beta}_1 \sum \dot{x}_{1t} \dot{z}_{2t} + \hat{\beta}_2 \sum \dot{x}_{2t} \dot{z}_{2t} & (13.8.15) \end{cases}$$

解方程组可得

$$\hat{\beta}_1 = \frac{\sum \dot{y}_t \dot{z}_{1t} \sum \dot{x}_{2t} \dot{z}_{2t} - \sum \dot{y}_t \dot{z}_{2t} \sum \dot{x}_{2t} \dot{z}_{1t}}{\sum \dot{x}_{1t} \dot{z}_{1t} \sum \dot{x}_{2t} \dot{z}_{2t} - \sum \dot{x}_{1t} \dot{z}_{2t} \sum \dot{x}_{2t} \dot{z}_{1t}}$$

$$\hat{\beta}_2 = \frac{\sum \dot{y}_t \dot{z}_{2t} \sum \dot{x}_{1t} \dot{z}_{1t} - \sum \dot{y}_t \dot{z}_{1t} \sum \dot{x}_{1t} \dot{z}_{2t}}{\sum \dot{x}_{1t} \dot{z}_{1t} \sum \dot{x}_{2t} \dot{z}_{2t} - \sum \dot{x}_{1t} \dot{z}_{2t} \sum \dot{x}_{2t} \dot{z}_{1t}}$$

显然 β_0 可由(13.8.11)求出。

三、工具变量法的有效性

下面对工具变量法有效性进行讨论。

设结构模型中第一个方程具有如下形式

$$\begin{aligned} y_1 = \gamma_{10} + \gamma_{12} y_2 + \cdots + \gamma_{1g_1} y_{g1} + \beta_{11} x_1 + \beta_{12} x_2 \\ + \cdots + \beta_{1k_1} x_{k_1} + u_1 \end{aligned} \tag{13.8.16}$$

模型(13.8.16)共有 $(g_1 - 1)$ 个内生说明变量和 k_1 个前定变量。

(一) 若方程(13.8.16)恰好识别

由阶条件知

$$K_1^* + G_1^* = G - 1$$

或

$$K_1^* = G - G_1^* - 1 = g_1 - 1 \tag{13.8.17}$$

(13.8.17)表示方程(13.8.16)中所不包含的前定变量 $x_{k_1+1}, x_{k_1+2}, \cdots, x_k$ 的个数恰好等于(13.8.16)中作为说明变量的内生变量 $y_2, y_3, \cdots, y_{g_1}$ 的个数,工具变量的选择是唯一的(同样 $x_1, x_2, \cdots, x_{k_1}$ 本身作为自己的工具变量),作拟正规方程组,可求得结构参数唯一的

工具变量法估计值。因此,工具变量法对于恰好识别的结构方程是一种有效的方法。

(二) 若方程(13.8.16)过度识别

则有

$$K_1^* > g_1 - 1 \tag{13.8.18}$$

表明在模型中有 $x_{k_1+1}, x_{k_1+2}, \cdots, x_k$,即有 K_1^* 个前定变量可选做工具变量。

由于 K_1^* 大于 $g_1 - 1$,所以,从 K_1^* 个前定变量中选择 $g_1 - 1$ 个作为工具变量,就产生了选择的任意性。由于估计量与所选的工具变量有关,因此就使得估计量不唯一,这就产生了估计量的优劣问题。工具变量虽然能给出过度识别方程的参数估计值,但这种估计具有任意性而且失去了未被选用的前定变量所提供的信息。所以,工具变量法对过度识别方程不是一种有效的估计方法。

四、对工具变量法作简单评述

(1) 工具变量法只适用于恰好识别。

(2) 由于模型中内生变量间因果关系的交错,内生变量与许多前定变量都是相关的,因此选择合适的工具变量是相当困难的。

(3) 前定变量多于一个时,要求它们之间又要满足不相关,有时是困难的。

(4) 由于 u 是不可观察的,很难确定它与工具变量无关。

(5) 此方法估计出的参数估计值是非无偏,却是一致估计量。

由于以上原因,在实际中,人们很少直接用工具变量法对结构参数进行估计,但它为二阶段最小二乘法作了准备。

§ 13.9 二阶段最小二乘法(2*SLS* 法)

一、2*SLS* 法的基本思想

间接最小二乘法只适用于恰好识别的结构方程。工具变量法对于恰好识别的结构方程是有效的。但对过度识别方程虽然能够给出过度识别结构方程的参数估计,但这种方法不是有效的。其原因在于选择工具变量的任意性和失去了未被选用的前定变量所提供的信息。对一个特定的内生说明变量,究竟选择哪个前定变量作为工具变量最为适当,并无一个可遵循的准则。那么如何解决在模型中选取前定变量来构造内生说明变量的工具变量呢?

一个很自然的想法是,如果模型中每个内生说明变量的工具变量都在前定变量中选取,那么工具变量的最普遍的形式便是模型中所有前定变量的线性组合,也就是我们可以利用间接最小二乘法将约简型方程估计式作为工具变量。因为这些估计式是模型中全部前定变量的线性组合,作为工具变量选用了全部前定变量的观测值,这就解决了选择工具变量的唯一性和合理性的问题。所谓合理就是指工具变量与它所代表的内生说明变量相关性最强。

二、二阶段最小二乘法的步骤

设有结构模型

$$\begin{cases} y_{1t} = \beta_2 y_{2t} + \gamma_1 x_{1t} + u_{1t} \\ y_{2t} = \beta_1 y_{1t} + \gamma_2 x_{2t} + u_{2t} \end{cases} \tag{13.9.1}$$

其中 y_1、y_2 是内生变量，x_1、x_2 是外生变量。

第一阶段，写出结构模型(13.9.1)对应的约简型

$$\begin{cases} y_{1t} = \Pi_{11} x_{1t} + \Pi_{12} x_{2t} + v_{1t} \\ y_{2t} = \Pi_{21} x_{1t} + \Pi_{22} x_{2t} + v_{2t} \end{cases} \tag{13.9.2}$$

对约简型的每个方程应用 *OLS* 法，得

$$\begin{cases} \hat{y}_{1t} = \hat{\Pi}_{11} x_{1t} + \hat{\Pi}_{12} x_{2t} \\ \hat{y}_{2t} = \hat{\Pi}_{21} x_{1t} + \hat{\Pi}_{22} x_{2t} \end{cases} \tag{13.9.3}$$

于是有

$$\begin{cases} y_{1t} = \hat{y}_{1t} + \varepsilon_{1t} \\ y_{2t} = \hat{y}_{2t} + \varepsilon_{2t} \end{cases} \tag{13.9.4}$$

其中 ε_{1t}，ε_{2t} 分别为 v_{1t}，v_{2t} 的 *OLS* 估计量。

第二阶段

将(13.9.4)代入被估计的结构方程(13.9.1)的右边的内生变量：

$$\begin{cases} y_{1t} = \beta_2 \hat{y}_{2t} + \gamma_1 x_{1t} + \varepsilon_{1t}^* \\ y_{2t} = \beta_1 \hat{y}_{1t} + \gamma_2 x_{2t} + \varepsilon_{2t}^* \end{cases} \tag{13.9.5}$$

其中

$$\begin{cases} \varepsilon_{1t}^* = \beta_2 \varepsilon_{2t} + u_{1t} \\ \varepsilon_{2t}^* = \beta_1 \varepsilon_{1t} + u_{2t} \end{cases} \tag{13.9.6}$$

对模型(13.9.5)中每一个方程分别应用 *OLS* 法，得出结构参数的估计值，便是二阶段最小二乘估计量。在计算时需要用到的估计值 $\hat{y}_{1t}$ 和 $\hat{y}_{2t}$，应通过(13.9.3)算出。由于这个方法是在二个阶段分别应用最小二乘法，故叫做二阶段最小二乘法。

在实际应用二阶段最小二乘法时，第一阶段对约简型方程应用 *OLS* 法只需求出我们所需要的 $\hat{y}_{it}$，并不需要求出相应的 ε_{it} 的值。第二阶段只需用 $\hat{y}_{it}$ 代替所估计方程右边的 y_{it} 即可应用 *OLS* 法，只不过这里的 ε_{it}^* 已不是原来 u_{it} 罢了。

综上所述，二阶段最小二乘法第一阶段的任务是产生一个工具变量。第二阶段的任务是通过一种特殊形式的工具变量法得出结构参数的一致估计量。

三、应用举例

用 2*SLS* 法估计一个农产品供需模型中的结构参数

$$\begin{cases} Q_t^D = \alpha_0 + \alpha_1 P_t + \alpha_2 Y_t + u_{1t} \\ Q_t^S = \beta_0 + \beta_1 P_t + \beta_2 W_t + u_{2t} \\ Q_t^D = Q_t^S = Q_t \end{cases} \tag{13.9.7}$$

其中内生变量 Q_t^D，Q_t^S，P_t 分别代表需求量，供给量和价格；外生变量 Y_t，W_t 分别代表收入和气候条件。

把(13.9.7)模型改写成：

$$\begin{cases} Q_t = \alpha_0 + \alpha_1 P_t + \alpha_2 Y_t + u_{1t} \\ Q_t = \beta_0 + \beta_1 P_t + \beta_2 W_t + u_{2t} \end{cases} \tag{13.9.8}$$

可以证明两个方程皆可恰好识别。样本数据列表于表 13.9.1。

表 13.9.1　　样本观测值表

t	1	2	3	4	5	6	7	8	9	10
Q_t	11	16	11	14	13	17	14	15	12	18
P_t	20	18	12	21	27	26	25	27	30	28
Y_t	8.1	8.4	8.5	8.5	8.8	9.0	8.9	9.4	9.5	9.9
W_t	42	58	35	46	41	56	48	50	39	52
$\hat{P}_t$	17.26091	20.427	19.7631	20.43058	22.32239	24.69606	23.47888	27.25892	27.32318	31.03896

第一阶段：

写出约简式：

$$P_t = \Pi_{10} + \Pi_{11} Y_t + \Pi_{12} W_t + v_{1t} \tag{13.9.9}$$

对方程(13.9.9)应用 *OLS* 法，得 P 的约简方程估计量，如图 13.9.1 所示：

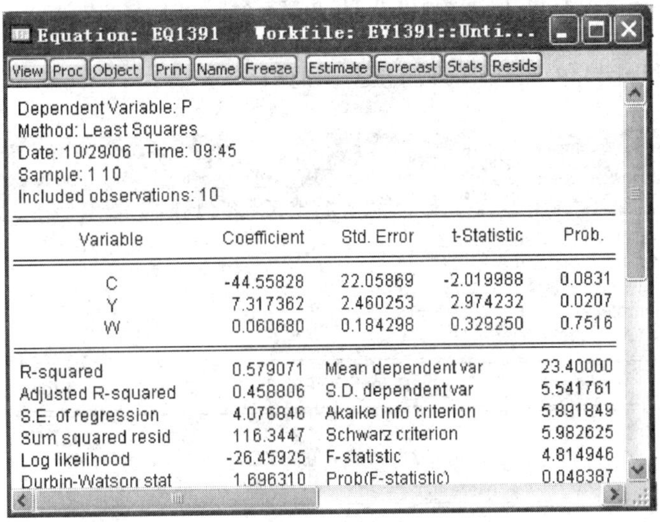
Equation: EQ1391　Workfile: EV1391::Unti...

View | Proc | Object | Print | Name | Freeze | Estimate | Forecast | Stats | Resids

Dependent Variable: P
Method: Least Squares
Date: 10/29/06　Time: 09:45
Sample: 1 10
Included observations: 10

Variable	Coefficient	Std. Error	t-Statistic	Prob.
C	-44.55828	22.05869	-2.019988	0.0831
Y	7.317362	2.460253	2.974232	0.0207
W	0.060680	0.184298	0.329250	0.7516

R-squared	0.579071	Mean dependent var	23.40000
Adjusted R-squared	0.458806	S.D. dependent var	5.541761
S.E. of regression	4.076846	Akaike info criterion	5.891849
Sum squared resid	116.3447	Schwarz criterion	5.982625
Log likelihood	-26.45925	F-statistic	4.814946
Durbin-Watson stat	1.696310	Prob(F-statistic)	0.048387

图 13.9.1　约简式(13.9.9)的估计

$$\hat{P}_t = -44.55828 + 7.317362 Y_t + 0.060680 W_t \tag{13.9.10}$$

第二阶段：

将(13.9.10)中的$\hat{P}_t$代替模型(13.9.8)中的变量 P_t：

$$\begin{cases} Q_t = \alpha_0 + \alpha_1 \hat{P}_t + \alpha_2 Y_t + u_{1t}^* \\ Q_t = \beta_0 + \beta_1 \hat{P}_t + \beta_2 W_t + u_{2t}^* \end{cases} \tag{13.9.11}$$

其中$\hat{P}_t$的数值由第一阶段的 *OLS* 估计式(13.9.10)算出(见表13.9.1)。

再用 *OLS* 法分别对模型(13.9.11)中每个方程进行估计,得出模型(13.9.11)的 2*SLS* 估计式,如图13.9.2和图13.9.3所示:

Equation: EQ1392 Workfile: EV1391::Unti...

View Proc Object Print Name Freeze Estimate Forecast Stats Resids

Dependent Variable: Q
Method: Least Squares
Date: 10/29/06 Time: 09:50
Sample: 1 10
Included observations: 10

Variable	Coefficient	Std. Error	t-Statistic	Prob.
C	182.7687	25.73807	7.101104	0.0002
P1	4.377937	0.590071	7.419344	0.0001
Y	-30.46207	4.429756	-6.876691	0.0002

R-squared	0.916987	Mean dependent var	14.10000
Adjusted R-squared	0.893268	S.D. dependent var	2.424413
S.E. of regression	0.792051	Akaike info criterion	2.614943
Sum squared resid	4.391413	Schwarz criterion	2.705719
Log likelihood	-10.07471	F-statistic	38.66183
Durbin-Watson stat	1.240691	Prob(F-statistic)	0.000165

图 13.9.2 模型(13.9.11)中第一个方程的 2*SLS* 估计

图13.9.2和图13.9.3中P1即为模型中的$\hat{P}_t$。

Equation: EQ1393 Workfile: EV1391::Unti...

View Proc Object Print Name Freeze Estimate Forecast Stats Resids

Dependent Variable: Q
Method: Least Squares
Date: 10/29/06 Time: 09:52
Sample: 1 10
Included observations: 10

Variable	Coefficient	Std. Error	t-Statistic	Prob.
C	-2.726769	1.961069	-1.390450	0.2070
P1	0.214952	0.065321	3.290700	0.0133
W	0.252610	0.036734	6.876691	0.0002

R-squared	0.916987	Mean dependent var	14.10000
Adjusted R-squared	0.893268	S.D. dependent var	2.424413
S.E. of regression	0.792051	Akaike info criterion	2.614943
Sum squared resid	4.391413	Schwarz criterion	2.705719
Log likelihood	-10.07471	F-statistic	38.66183
Durbin-Watson stat	1.240691	Prob(F-statistic)	0.000165

图 13.9.3 模型(13.9.11)中第二个方程的 2*SLS* 估计

$$
\begin{cases}
\hat{Q}_t^D = 182.7687 + 4.377937 \underset{(0.590071)}{\hat{P}_t} - 30.46207 \underset{(4.429756)}{Y_t} \\
\hat{Q}_t^S = -2.726769 + 0.214952 \underset{(0.065321)}{\hat{P}_t} + 0.252610 \underset{(0.036734)}{W_t}
\end{cases}
\tag{13.9.12}
$$

在 EViews 软件中，二阶段最小二乘法，选择工具变量 Y、W 可以直接应用 *TSLS* 来实现，对模型(12.9.8) 应用 *TSLS* 结果如图 13.9.4 和图 13.9.5 所示：

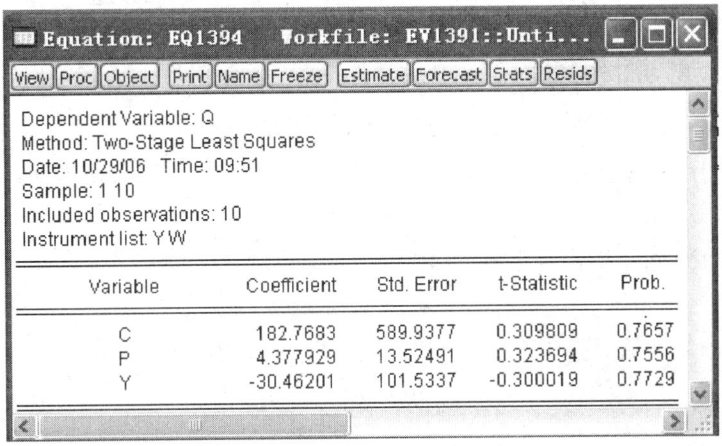
Equation: EQ1394 Workfile: EV1391::Unti...

View Proc Object Print Name Freeze Estimate Forecast Stats Resids

Dependent Variable: Q
Method: Two-Stage Least Squares
Date: 10/29/06 Time: 09:51
Sample: 1 10
Included observations: 10
Instrument list: Y W

Variable	Coefficient	Std. Error	t-Statistic	Prob.
C	182.7683	589.9377	0.309809	0.7657
P	4.377929	13.52491	0.323694	0.7556
Y	-30.46201	101.5337	-0.300019	0.7729

图 13.9.4　模型(13.9.11)中第一个方程的 EViews 的 2*SLS* 估计

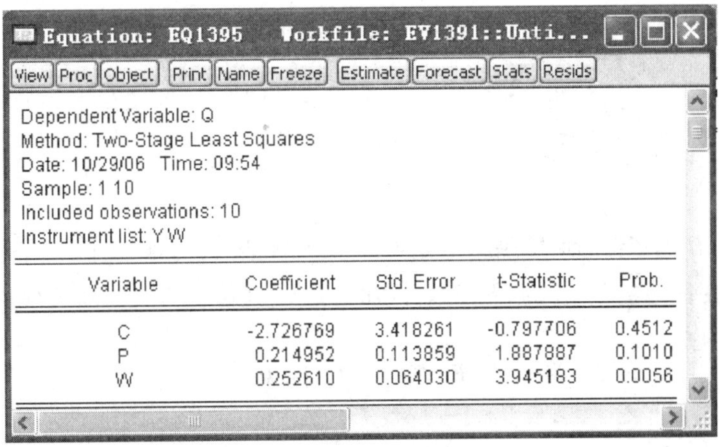
Equation: EQ1395 Workfile: EV1391::Unti...

View Proc Object Print Name Freeze Estimate Forecast Stats Resids

Dependent Variable: Q
Method: Two-Stage Least Squares
Date: 10/29/06 Time: 09:54
Sample: 1 10
Included observations: 10
Instrument list: Y W

Variable	Coefficient	Std. Error	t-Statistic	Prob.
C	-2.726769	3.418261	-0.797706	0.4512
P	0.214952	0.113859	1.887887	0.1010
W	0.252610	0.064030	3.945183	0.0056

图 13.9.5　模型(13.9.11)中第二个方程的 EViews 的 2*SLS* 估计

图 13.9.4 和图 13.9.5 的结果与图 13.9.2 和图 13.9.3 结果除了参数的方差计算外，参数估计基本一样。

四、二阶段最小二乘估计量的统计性质

二阶段最小二乘估计量是有偏的，但却是一致的。

不失一般性，我们考虑如下模型

$$\begin{cases} y_{1t} = \alpha_0 + \alpha_1 y_{2t} + \alpha_2 x_{1t} + \alpha_3 x_{2t} + u_{1t} & (13.9.13) \\ y_{2t} = \beta_0 + \beta_1 y_{1t} + u_{2t} & (13.9.14) \end{cases}$$

其中 y 为内生变量,x 为外生变量。显然,方程(13.9.13)不可识别,(13.9.14)过度识别。现在仅对(13.9.14)进行 2SLS 法估计。

第一阶段:

写出(13.9.14)的内生说明变量对前定变量 x_1 和 x_2 的回归模型

$$y_{1t} = \Pi_0 + \Pi_1 x_{1t} + \Pi_2 x_{2t} + v_{1t} \tag{13.9.15}$$

对(13.9.15)应用 OLS 法,得

$$\hat{y}_{1t} = \hat{\Pi}_0 + \hat{\Pi}_1 x_{1t} + \hat{\Pi}_2 x_{2t} \tag{13.9.16}$$

所以,$\hat{\Pi}_0$,$\hat{\Pi}_1$,$\hat{\Pi}_2$都是无偏和一致估计量。

第二阶段:

由(13.9.16)知

$$y_{1t} = \hat{y}_{1t} + \hat{v}_{1t} \tag{13.9.17}$$

其中 $\hat{v}_{1t}$是 v_{1t}的估计值。将(13.9.17)代入(13.9.14)便有

$$y_{2t} = \beta_0 + \beta_1 \hat{y}_{1t} + u_{2t}^* \tag{13.9.18}$$

其中

$$u_{2t}^* = \beta_1 \hat{v}_{1t} + u_{2t} \tag{13.9.19}$$

对模型(13.9.18)应用 OLS 法,得到

$$\hat{\beta}_1 = \frac{\sum \dot{\hat{y}}_{1t} \dot{y}_{2t}}{\sum \dot{\hat{y}}_{1t}^2} = \frac{\sum \dot{\hat{y}}_{1t}(\beta_0 + \beta_1 \hat{y}_{1t} + u_{2t}^*)}{\sum \dot{\hat{y}}_{1t}^2}$$

$$= \beta_1 + \frac{\sum \dot{\hat{y}}_{1i} u_{2t}^*}{\sum \dot{\hat{y}}_{1t}^2} \tag{13.9.20}$$

工具变量$\hat{y}_1$是 $\hat{\Pi}$ 的函数,而 $\hat{\Pi}$ 是 v_1的函数,v_1又是 u_1和 u_2的函数,因此$\hat{y}_1$是与 u_1和 u_2有关,是一随机变量,u_{2t}^*是 v_1和 u_2的函数,因而也是与 u_1和 u_2有关的随机变量。所以,

$$E\left(\frac{\sum \dot{\hat{y}}_{1t} u_{2t}^*}{\sum \dot{\hat{y}}_{1t}^2}\right) \neq 0$$

于是

$$E(\hat{\beta}_1) = \beta_1 + E\left(\frac{\sum \dot{\hat{y}}_{1t} u_{2t}^*}{\sum \dot{\hat{y}}_{1t}^2}\right) \neq \beta_1 \tag{13.9.21}$$

表明结构参数 β_1的 2SLS 估计量(13.9.20)不具备无偏性。

对(13.9.20)取概率极限:

$$P\lim \hat{\beta}_1 = \beta_1 + \frac{P\lim\limits_{n\to\infty} \sum \dot{\hat{y}}_{1t} u_{2t}^*}{P\lim\limits_{n\to\infty} \sum \dot{\hat{y}}_{1t}^2} = \beta_1 + \frac{P\lim\limits_{n\to\infty}(\sum \dot{\hat{y}}_{1t} u_{2t}^*/n)}{P\lim\limits_{n\to\infty}(\sum \dot{\hat{y}}_{1t}^2/n)}$$

因为 $\hat{\Pi}$ 是一致估计量,所以

$$P\lim_{n\to\infty}\hat{y}_{1t}=\Pi_0+\Pi_1x_{1t}+\Pi_2x_{2t}$$

$$P\lim_{n\to\infty}u_{2t}^*=p\lim_{n\to\infty}(u_{2t}+\beta_1\hat{v}_{1t})=u_{2t}+\beta_1v_{1t}$$

所以

$$P\lim_{n\to\infty}(\sum\dot{\hat{y}}_{1t}u_{2t}^*/n)=COV(\Pi_0+\Pi_1x_{1t}+\Pi_2x_{2t},\ u_{2t}+\beta_1v_{1t})=0$$

$$P\lim_{n\to\infty}(\sum\dot{\hat{y}}_{1t}^2/n)=V(\Pi_0+\Pi_1x_{1t}+\Pi_2x_{2t})=\Pi_1^2\sigma_{x1}^2+\Pi_2^2\sigma_{x2}^2\neq 0$$

所以有

$$P\lim\hat{\beta}_1=\beta_1$$

表明 β_1 的 2*SLS* 估计量具有一致性。

2*SLS* 法的参数估计量的非无偏和一致性,与 *IV* 法的参数估计量极其相似。由于 2*SLS* 法是 *IV* 法的一种特殊情形,因此二者参数估计量的性质相似也就不足为怪了。

五、应用二阶段最小二乘法应当满足的假设条件

(1) 被估计的结构方程必须是可识别的。

(2) 结构方程中的随机扰动项必须满足经典回归分析的基本假定:零均值、等方差、无自相关并且与所有前定变量协方差为零。由于约简式方程随机扰动项是结构方程随机扰动项的线性组合,因而约简式方程随机扰动项也满足上述假定。

(3) 所拟定模型的全部前定变量必须是正确设定的,并且前定变量之间不存在高度多重共线性。

(4) 假定样本容量足够大,至少观察值的数目必须大于前定变量的数目,以保证约简式的估计量有意义。

六、小结

(1) 二阶段最小二乘法是单方程估计法,适用于恰好识别的方程,也可用于过度识别方程,它可以不考虑其他方程,因此对多方程的计量经济模型也很实用。

(2) 对恰好识别方程,二阶段最小二乘法与间接最小二乘法和工具变量法会得出相同的估计量。

(3) 二阶段最小二乘法是一种特定的工具变量法,它考虑了联立方程系统所有前定变量对内生变量的影响,避免了工具变量法用于过度识别方程产生的估计量的不唯一性。

(4) 二阶段最小二乘法要求样本容量足够大,以保证第一阶段正确估计内生变量的数值。

(5) 二阶段最小二乘法的不足之处是它对误差也很敏感。

总的来说,2*SLS* 法是计算容易、省时省力,因此在估计联立方程模型时是应用较广泛的方法。

§13.10 三阶段最小二乘法(3*SLS* 法)

一、三阶段最小二乘法的基本思想

三阶段最小二乘法是泰尔(Theil)和泽尔纳(Zellner)在1962年提出的一种完全信息方法。它是2*SLS*法的逻辑推广。

将2*SLS*法推广到3*SLS*法,基于以下两个想法:

(1) 2*SLS*只使用了模型的一部分信息,忽视了模型结构对其他方程的参数值所施加的全部约束条件。

(2) 忽视了模型各个方程随机扰动项的同期相关性,即$E(u_iu_j)\neq 0$,其中i指第i个方程,j指第j个方程。

这样,单一方程估计法就不会很有效,故有改进的必要。改进的方法是引进广义最小二乘法。因此,三阶段最小二乘法的第一、二阶段是两阶段最小二乘法,第三阶段是广义最小二乘法的应用。三阶段最小二乘法要比二阶段最小二乘法具有更好的渐进有效性。但是,三阶段最小二乘法计算很复杂,样本容量必须足够大。

二、三阶段最小二乘法的步骤

设模型中包括G个内生变量和K个前定变量,其第i个方程表示为:

$$Y_i=\tilde{Y}_i\beta_i+X_i\gamma_i+u_i \qquad i=1,2,\cdots,G \tag{13.10.1}$$

其中:Y_i是第i个方程被解释变量的$(n\times 1)$样本观测值向量;

$\tilde{Y}_i$是第i个方程作为解释变量的内生变量$(n\times g_i)$阶样本矩阵(g_i表示第i个方程内作为解释变量的内生变量数目);

β_i是$(g_i\times 1)$维参数列向量;

X_i是第i个方程内的前定变量的$(n\times k_i)$阶样本观测矩阵(k_i表示第i个方程内前定变量数目);

γ_i是$(k_i\times 1)$维参数列向量;

u_i是第i个方程中随机扰动项$(n\times 1)$维列向量。

方程(13.10.1)的矩阵形式:

$$Y_i=(\tilde{Y}_i,X_i)\begin{pmatrix}\beta_i\\ \gamma_i\end{pmatrix}+u_i \tag{13.10.2}$$

记

$$Z_i=(\tilde{Y}_i,X_i) \qquad b_i=\begin{pmatrix}\beta_i\\ \gamma_i\end{pmatrix} \tag{13.10.3}$$

则(13.10.2)式可改成

$$Y_i=Z_ib_i=u_i \qquad i=1,2,\cdots,G \tag{13.10.4}$$

第一阶段，把模型(13.10.1)化为约简型：

$$y_{it}=\pi_{i1}x_{1t}+\pi_{i2}x_{2t}+\cdots+\pi_{ik}x_{kt}+v_{it}\qquad i=1,2,\cdots,G \tag{13.10.5}$$

代入样本观测值得

$$\begin{pmatrix}y_{i1}\\y_{i2}\\\vdots\\y_{in}\end{pmatrix}=\begin{pmatrix}x_{11}&x_{21}&\cdots&x_{k1}\\x_{12}&x_{22}&\cdots&x_{k2}\\\cdots&\cdots&\cdots&\cdots\\x_{1n}&x_{2n}&\cdots&x_{kn}\end{pmatrix}\begin{pmatrix}\pi_{i1}\\\pi_{i2}\\\vdots\\\pi_{ik}\end{pmatrix}+\begin{pmatrix}v_{i1}\\v_{i2}\\\vdots\\v_{in}\end{pmatrix} \tag{13.10.6}$$

简记为

$$\underset{(n\times1)}{Y_i}=\underset{(n\times k)}{X}\ \underset{(k\times1)}{\Pi_i}+\underset{(n\times1)}{V_i}\qquad i=1,2,\cdots,G \tag{13.10.7}$$

对(13.10.7)的每一个方程应用 *OLS* 法，求得 $Y_i(i=1,2,\cdots,G)$ 的估计量 $\hat{Y}_1$，$\hat{Y}_2,\cdots,\hat{Y}_G$。

第二阶段，把 $\hat{Y}_1,\hat{Y}_2,\cdots,\hat{Y}_G$代入结构方程(13.10.4)右边，对变换了的方程应用 *OLS* 法，求得 $\beta_i,\gamma_i(i=1,2,\cdots,G)$ 的 2*SLS* 估计值，并用来估计各方程中随机扰动项 u_i，得随机扰动项的估计值 $\hat{u}_1,\hat{u}_2,\cdots,\hat{u}_G$。注意这里 $\hat{u}_i$是$(n\times1)$列向量。

第三阶段，我们已经知道 X 为所有前定变量的观测值$(n\times k)$阶矩阵，用 X'左乘方程(13.10.4)，得到 KG 个方程的方程组：

$$\begin{cases}X'Y_1=X'Z_1b_1+X'u_1\\X'Y_2=X'Z_2b_2+X'u_2\\\cdots\qquad\cdots\qquad\cdots\\X'Y_G=X'Z_Gb_G+X'u_G\end{cases} \tag{13.10.8}$$

写成矩阵形式

$$\begin{pmatrix}X'Y_1\\X'Y_2\\\vdots\\X'Y_G\end{pmatrix}=\begin{pmatrix}X'Z_1&&&\\&X'Z_2&&\\&&\ddots&\\&&&X'Z_G\end{pmatrix}\begin{pmatrix}b_1\\b_2\\\vdots\\b_G\end{pmatrix}+\begin{pmatrix}X'u_1\\X'u_2\\\vdots\\X'u_G\end{pmatrix} \tag{13.10.9}$$

简记为

$$Y=Zb+U \tag{13.10.10}$$

其中

$$Y=\begin{pmatrix}X'Y_1\\X'Y_2\\\vdots\\X'Y_G\end{pmatrix}\quad Z=\begin{pmatrix}X'Z_1&&&\\&X'Z_2&&\\&&\ddots&\\&&&X'Z_G\end{pmatrix}\quad b=\begin{pmatrix}b_1\\b_2\\\vdots\\b_G\end{pmatrix}\quad U=\begin{pmatrix}X'u_1\\X'u_2\\\vdots\\X'u_G\end{pmatrix} \tag{13.10.11}$$

显然合成扰动随机项 U 是随着矩阵 X'一起变化的，因而具有异方差性，为此需要应用广义最小二乘法(GLS),但是,广义最小二乘法的计算需要知道 U 的协方差阵。

下面我们先解决 U 的协方差阵的计算:

每一个方程都有 n 个观测值。记第 i 个方程与第 j 个方程同期随机扰动项的协方差为 σ_{ij},并假定不同期随机扰动项不相关。原模型 $n\cdot G$ 个随机扰动项可用矩阵定义为

$$u=\begin{pmatrix}u_1\\u_2\\\vdots\\u_G\end{pmatrix} \tag{13.10.12}$$

$$COV(u)=E(uu')=E\begin{pmatrix}u_1u'_1 & u_1u'_2 & \cdots & u_1u'_G\\ u_2u'_1 & u_2u'_2 & \cdots & u_2u'_G\\ \cdots & \cdots & \cdots & \cdots\\ u_Gu'_1 & u_Gu'_2 & \cdots & u_Gu'_G\end{pmatrix}$$

$$=\begin{pmatrix}\sigma_{11}I & \sigma_{12}I & \cdots & \sigma_{1G}I\\ \sigma_{21}I & \sigma_{22}I & \cdots & \sigma_{2G}I\\ \cdots & \cdots & \cdots & \cdots\\ \sigma_{G1}I & \sigma_{G2}I & \cdots & \sigma_{GG}I\end{pmatrix} \tag{13.10.13}$$

记

$$\Phi=COV(U)=E(UU')=\mathrm{E}(X'uu'X)=X'E(uu')X \tag{13.10.14}$$

把(13.10.13)式代入(13.10.14)便有

$$\Phi=COV(U)=\begin{pmatrix}\sigma_{11}X'X & \sigma_{12}X'X & \cdots & \sigma_{1G}X'X\\ \sigma_{21}X'X & \sigma_{22}X'X & \cdots & \sigma_{2G}X'X\\ \cdots & \cdots & \cdots & \cdots\\ \sigma_{G1}X'X & \sigma_{G2}X'X & \cdots & \sigma_{GG}X'X\end{pmatrix} \tag{13.10.15}$$

由于 u 不可观测到,从而 σ_{ij} 也不能求得,故只能用估计值 $\hat{\sigma}_{ij}$ 来代替。$\hat{\sigma}_{ij}$ 可以利用第二阶段的随机扰动项的估计值向量 $\hat{u}_i$ 计算:

$$\hat{\sigma}_{ij}=\frac{\hat{u}'_i\hat{u}_j}{\sqrt{(n-k_i-g_i)(n-k_j-g_j)}} \tag{13.10.16}$$

将(13.10.16)代入(13.10.15)得到 $\hat{\Phi}$,这样就可以对(13.10.10)式应用广义最小二乘法,根据广义最小二乘的公式,得到:

$$\hat{b}=(Z'\hat{\Phi}^{-1}Z)^{-1}Z'\hat{\Phi}^{-1}Y \tag{13.10.17}$$

这就是三阶段最小二乘估计式。

三、小结

(一) 3SLS 估计量的特性

(1) 3SLS 估计量是非无偏,但是一致估计量。

(2) 3SLS 估计量比 2SLS 估计量更有效,因为在估计过程中使用的信息比 2SLS

法多。

(二) 实际应用 3*SLS* 法需注意的事项

3*SLS* 法作为一种系统估计法,其主要困难是参数估计值容易受到模型中个别方程定型偏倚的影响。也就是说,只要有一个方程制定不当而发生偏误,这种偏误将通过整体性的估计方法传递给整个模型中的每一个参数,使全部参数估计值发生变化。因此在实际应用这种方法时应注意以下条件:

(1) 模型的每一个方程都是正确制定的,而且都是可识别的。

(2) 原模型中随机扰动项满足经典假定;并且不同方程不同期之间随机扰动项不相关;

(3) 从联立方程中去掉任何定义方程(或恒等式);

(4) 从联立方程中去掉不能识别的方程;

(5) 如果 Φ 是分块对角阵,那么 3*SLS* 可以分别用于对应每块的方程组。

§ 13.11 与联立方程组有关的问题

一、其他方法简介

(一) 有限信息极大似然法(LIML)

有限信息极大似然法是求过度识别方程式的结构参数的一致估计量的一种单方程估计方法。用它来估计方程时,通常先将结构式方程化为约简式方程,然后求结构式参数和约简式参数的关系,建立似然函数,最后求出参数的有限信息极大似然估计量。此方法得到的参数估计量是有偏的,但是一致的。

(二) 完全信息极大似然法(FIMI)

完全信息极大似然法是一种完全的系统方法,此方法考虑所有的结构方程提供的信息,也就是说,这种方法应用于结构模型中的所有方程式,然后利用极大似然法同时估计出所有结构参数的估计值。此方法的估计量具有一致性和渐近有效性。这种方法的优点是在估计过程中充分利用了模型中提供的信息,但计算量很大,即使利用计算机,也会感到工作量很大。

除了相当小的模型外,在许多情况下可能遇到自由度的困难。因此,这是一种不常用的联立方程估计方法。

二、关于估计方法的选择问题

我们已经介绍了联立方程模型的各种估计方法。在实际应用中估计某个具体模型时,应当如何选择适当估计方法,是一个值得研究的问题。

在我们所涉及的联立方程估计法中,所提供的估计量都具有一致性,有的还具备渐进有效性。但是,它们都属于大样本性质,而在处理实际问题时所用的往往都是小样本,因此,小样本性质的研究对于估计方法的选择来说十分重要。

对小样本性质的研究不可能用解析法,因为解析法难以排除实际数据所带来的诸如多重共线性,自相关,计量误差和定型偏倚等问题的干扰,通常采用蒙特卡罗法模拟试验,因此也称统计试验法。

蒙特卡罗法小样本性质的研究是大量的,而且不同的研究者所得的结果并不完全一致,很难得出统一的结论。但在大量研究中得出对估计方法的选择有帮助的几点结论是:

(1) 在我们涉及的所有估计量中,*OLS* 估计量偏倚量最大,但估计量方差又最小。但是小方差不足以补偿大偏倚,所以 *OLS* 估计量的均方误差仍比其他估计量大。

(2) 在除 *OLS* 估计量以外的所有单方程估计量中,2*SLS* 估计量的偏倚量和方差都最小,因而均方误差也最小。但 2*SLS* 估计量对多重共线十分敏感。

(3) 系统估计量的偏倚量和方差比 2*SLS* 估计量更小,其均方误差在各种估计量中也最小。但是系统估计量对系统中任一方程的定型偏倚都很敏感,而实际的经济计量模型不可能制定完全正确,定型偏倚是不可避免的。因此,系统估计方法的上述缺点在很大程度上抵消了均方误差最小这一优点,结果使这种方法的吸引力大大削弱。

总的看来,2*SLS* 法既能给出较小的均方误差,又不受定型偏倚的影响,在估计量的性质方面给出一个适中的结果。2*SLS* 法的计算量虽然比 *OLS* 法大,但比 3*SLS* 等系统估计法要小得多,提供了一个适中的方法。因此,尽管 2*SLS* 法对多重共线性很敏感,仍不失为一种较好的估计方法。

在实际应用时,应根据以上对各种估计方法的特点的比较,再结合所研究模型的识别性质、样本容量的大小、计算量的大小及待估模型的使用目的等诸因素选择一个适当的方法。

§ 13.12 小　　结

1. 联立方程模型的识别问题

(1)联立方程模型的概念

① 变量之间的双向关系

② 变量的分类

③ 方程的分类

(2)偏倚性和不一致性的产生

由于联立方程组的同时性,使得参数的最小二乘估计量不具备无偏性和一致性。

(3)联立方程模型的类型

① 结构型

② 约简型

③ 递归模型

(4)同时方程模型的识别问题

① 若结构方程的参数可以由相应的约简型的参数来确定,则称这个结构方程可识别。

② 如果结构方程在模型中具有唯一的统计形式,则这个结构方程可识别。

③ 可识别又分恰好识别(正确识别)和过度识别两种。

(5)结构方程的识别规则

① 识别的阶条件——必要条件:

$$G^* + K^* \geqslant G - 1$$

其中 G 为模型所包含内生变量的总数;G^* 为包含在模型中,但该方程中不包含的内生变量数;K^* 为包含在模型中,但该方程中不包含的前定变量数。

② 识别的秩条件——充要条件

$$R(\Delta) = G - 1$$

即该方程不包含而为模型中其他方程所包含的那些变量(包括内生变量和前定变量)的系数矩阵(Δ)的秩等于 $G-1$。

2. 联立方程模型的参数估计方法

(1)普通最小二乘法(*OLS* 法)

只适用于递归模型

(2)间接最小二乘法(*ILS* 法)

① 间接最小二乘法的基本概念

② 使用 *ILS* 法的条件是:

A. 结构方程必须是恰好识别方程;

B. 随机扰动项应满足经典回归假定;

C. 前定变量之间不存在高度共线。

③ 间接最小二乘估计量是有偏,但却是一致估计量。

(3)工具变量法(*IV* 法)

① *IV* 估计法的基本思想

② *IV* 估计法的主要步骤

③ *IV* 估计法只适用于恰好识别方程

④ 工具变量法的参数估计量是有偏,但却是一致估计量。

(4)二阶段最小二乘法(2*SLS* 法)

① 2*SLS* 法的基本思想

② 2*SLS* 法的步骤

③ 2*SLS* 法的参数估计量是有偏,但却是一致估计量。

④ 2*SLS* 法既适用于过度识别方程,也适用于恰好识别方程。

(5)三阶段最小二乘法(3*SLS* 法)

① 三阶段最小二乘法的基本思想。

② 三阶段最小二乘法的步骤。

③ 三阶段最小二乘估计量是有偏,但却是一致估计量。

④ 三阶段最小二乘法既适用过度识别,也适用于正确识别方程。

复习思考题

1. 设有联立方程模型:

$$\begin{cases} C_t = \alpha_0 = \alpha_1 Y_t + u_{1t} \\ I_t = \beta_0 + \beta_1 Y_t + \beta_2 Y_{t-1} + u_{2t} \\ Y_t = C_t + I_t + G_t \end{cases}$$

(1) 指出模型中的内生变量、外生变量和前定变量。

(2) 讨论模型的可识别性。

2. 设市场供求模型为:

$$\begin{cases} Q_t^D = \alpha_0 + \alpha_1 P_t + \alpha_2 Y_t + u_{1t} \\ Q_t^S = \beta_0 + \beta_1 P_t + \beta_2 t + u_{2t} \\ Q_t^D = Q_t^S = Q_t \end{cases}$$

其中 Q_t^D 为需求量,Q_t^S 为供给量,Q_t 为成交量,P_t 为价格,t 为时间,Y_t 为收入,u_{1t} 和 u_{2t} 为随机项。

(1) 指出模型中的内生变量、外生变量。

(2) 求出约简型。

3. 对递归模型

$$\begin{cases} y_1 = r_{11} x_1 + u_1 \\ y_2 = \beta_{21} y_1 + r_{21} x_1 + u_2 \\ y_3 = \beta_{31} y_1 + \beta_{32} y_2 + r_{31} x_1 + u_3 \end{cases}$$

假定随机项协方差作如下假定:$E\left[\begin{pmatrix} u_1 \\ u_2 \\ u_3 \end{pmatrix} \begin{pmatrix} u_1 & u_2 & u_3 \end{pmatrix}\right] = \begin{pmatrix} \sigma_1^2 & 0 & 0 \\ 0 & \sigma_2^2 & 0 \\ 0 & 0 & \sigma_3^2 \end{pmatrix}$

试说明该模型是可识别的。如果对随机项协方差不作任何限制将会怎样?

4. 设模型

$$\begin{cases} W_t = \alpha_0 + \alpha_1 P_t + \alpha_2 R_t + u_t & (1) \\ P_t = \beta_0 + \beta_1 W_t + v_t & (2) \end{cases}$$

其中 W_t 为工资变化率,P_t 为价格变化率,R_t 为就业率,u_t,v_t 为随机项。

试讨论用最小二乘法估计方程(1)和(2)是否适当?并说明原因。

5. 利用第 4 题模型讨论用二阶段最小二乘法估计方程(1)和(2)是否适当?并说明原因。

6. 设模型中的第一个方程式为

$$\dot{y}_{1t} = \alpha_1 \dot{y}_{2t} + \alpha_2 \dot{x}_{1i} + \dot{u}_{1t}$$

其中 y 为内生变量,x 为外生变量,模型中其他的外生变量还有 $\dot{x}_2$,$\dot{x}_3$。由一组 20 个观测值得到变量的二阶矩(即变量的平方和与乘积和)如下矩阵所示:

$$\begin{array}{c} \\ \dot{y}_1 \\ \dot{y}_2 \\ \dot{x}_1 \\ \dot{x}_2 \\ \dot{x}_3 \end{array}\begin{array}{c} \begin{array}{ccccc} \dot{y}_1 & \dot{y}_2 & \dot{x}_1 & \dot{x}_2 & \dot{x}_3 \end{array} \\ \begin{pmatrix} 10 & 0 & 1 & 0 & -1 \\ 0 & 10 & -1 & -1 & 0 \\ 1 & -1 & 1 & 0 & 0 \\ 0 & -1 & 0 & 1 & 0 \\ -1 & 0 & 0 & 0 & 1 \end{pmatrix} \end{array}$$

求 α_1, α_2 的 2SLS 估计量。

7. 设简单国民经济模型为

$$\begin{cases} C = \alpha_0 + \alpha_1 Y + u_1 \\ I = \beta_0 + \beta_1 \Pi + u_2 \\ Y = C + I + G \end{cases}$$

其中 C 为消费，Y 为国民收入，I 为投资，它们均为内生变量；Π 为利润，G 为政府支出，它们均为外生变量。

（1）试判别该模型中消费方程是过度识别的。

（2）根据下表的数据，用 OLS 和 2SLS 估计这个消费函数，并比较两种方法所得结果。

简单国民经济模型有关数据

年份	Y	C	I	Π	G
1997	462	296	70	26	90
1998	502	320	74	28	98
1999	524	340	72	27	110
2000	576	362	82	30	122
2001	590	375	85	32	134
2002	644	408	96	38	136
2003	680	432	112	48	146
2004	748	458	126	52	158
2005	794	490	102	48	180
2006	878	548	130	50	202

第十四章　平稳时间序列分析

✓本章要点

(1)有关随机过程的基本概念;(2)自回归过程模型 $AR(p)$;(3)移动平均过程模型 $MA(q)$;(4)自回归移动平均模型 $ARMA(p,q)$。

时间序列分析是一种有效的短期预测方法。这种方法并不需要多少经济知识,只要具备感兴趣变量的历史数据就够了,因而模型的制定和数据的收集都比较简单,不过必须假定模型中所有数据都由某个随机过程所产生。这种由一个变量的随机时间序列所构成的模型称为时间序列模型,也称随机过程模型。

随机过程模型又分为自回归过程模型和移动平均过程模型两大类。前者以其滞后变量为依据,推算其未来值;后者是以过去的误差项为依据,推算其未来值。有时需两者并用,便产生自回归移动平均模型。

博克斯(George Box)及詹金斯(Gwilym Jenkins)对时间序列模型的研究有独特贡献。1970 年他们二人合写的《时间序列分析:预测与控制》是这方面的权威著作之一。

由于《时间序列分析》有专门的课程讲授,本章只是对其基本知识作简单介绍,为今后继续学习打下基础。

§14.1　时间序列的基本概念

一、随机过程(Stochastic Processes)

我们知道按时间顺序记录的数据,因为存在众多因素影响着其观测值,故对每一个固定的时间 t,变量 y_t是一个随机变量。

定义:我们称依赖于参数时间 t 的随机变量集合$\{y_t\}$为随机过程。例如,假设样本观测值 $y_1,y_2,\cdots,y_n$是来自无穷随机变量序列$\cdots y_{-2},y_{-1},y_0,y_1,y_2\cdots$的一部分,那么,这个无穷随机序列称为随机过程,更准确地说是离散随机过程,离散随机过程也称随机序列。

例如,线性回归模型中的随机项 u_t构成一个时间序列 $u_1,u_2,\cdots,u_n$,设想这一时间序列是无穷时间序列$\cdots u_{-1},u_0,u_1,u_2\cdots$中取出的一个样本,那么,这个无穷时间序列就是一个随机过程,即称随机时间序列或简称时间序列。

二、时间序列的数字特征

(一) 均值函数

设$\{y_t, t=1,2,\cdots\}$是一个时间序列,称

$$\mu(t)=E(y_t) \quad (t=1,2,\cdots) \tag{14.1.1}$$

为时间序列$\{y_t, t=1,2,\cdots\}$的均值函数。

虽然对于固定的t值,$E(y_t)$是一个确定的数,但是,当t变化时,$\mu(t)$是t的函数。

(二) 自协方差函数

设$\{y_t, t=1,2,\cdots\}$是一个时间序列,称

$$r(t,s)=COV(y_t,y_s)=E[(y_t-E(y_t))(y_s-E(y_s))] \quad (t,s=1,2,\cdots) \tag{14.1.2}$$

为时间序列$\{y_t;t, s=1,2,\cdots\}$的自协方差函数。

若$t=s$,则称

$$r(t,t)=E[y_t-E(y_t)]^2=V(y_t) \quad (t=1,2,\cdots) \tag{14.1.3}$$

为时间序列$\{y_t, t=1,2,\cdots\}$的方差函数,记为σ_t^2。方差函数表示时间序列$\{y_t, t=1,2,\cdots\}$在时刻t对均值$\mu(t)$的偏离程度。

(三) 自相关函数

设$\{y_t, t=1,2,\cdots\}$是一个时间序列,称

$$\rho(t,s)=\frac{COV(y_t,y_s)}{\sqrt{V(y_t)V(y_s)}} \quad (t\neq s) \tag{14.1.4}$$

为时间序列$\{y_t, t=1,2,\cdots\}$的自相关函数 。自相关函数是衡量序列$\{y_t, t=1,2,\cdots\}$中任意两个元素之间相关程度的量度。

三、平稳随机过程

(一) 平稳随机过程的概念

一个平稳的随机过程,在直观上可以看作一条围绕其均值上下波动的曲线,在理论上,我们把具有下列性质的随机过程称为宽平稳随机过程(简称为平稳随机过程):

(1) $E(y_t)=\mu=$常数(对所有t) (14.1.5)

(2) $V(y_t)=\sigma_y^2=$常数(对所有t) (14.1.6)

(3) $COV(y_t,y_{t+k})=E[(y_t-\mu)(y_{t+k}-\mu)]=r_k$ (14.1.7)

其中r_k仅与y_t和y_{t+k}相隔的时期数有关,而与时间点t无关(对所有t和k)。

随机过程是否具备平稳性对于时间序列预测来说十分重要,这一性质保证了随机过程的结构不会随时间变化,这是进行准确预测的必要条件。

(二) 白噪声

如果随机过程$\{u_t\}$服从的分布不随时间改变,而且

$$E(u_t)=0 \quad (\text{对所有的 } t) \tag{14.1.8}$$

$$V(u_t)=E(u_t^2)=\sigma_u^2=\text{常数} \quad (\text{对所有的 } t) \tag{14.1.9}$$

$$COV(u_t,\ u_s)=E(u_t\, u_s)=0 \quad (t\neq s) \tag{14.1.10}$$

那么,这一随机过程称为白噪声。

很明显,白噪声是平稳随机过程,它是平稳随机过程的特例。

(三) 平稳随机过程的自相关函数

对随机过程$\{y_t\}$,元素 y_t与 y_{t+k}之间的自相关函数定义如下:

$$\rho_k=\frac{COV(y_t,y_{t+k})}{\sqrt{V(y_t)V(y_{t+k})}} \tag{14.1.11}$$

自相关系数 ρ_k的序列$\{\rho_k\}$ $(k=0,\ \pm1,\ \pm2,\cdots)$称为自相关函数。

当 y_t为平稳随机过程时

$$\rho_k=\frac{r_k}{\sigma_y^2}=\frac{r_k}{r_0} \tag{14.1.12}$$

其中

$$r_0=V(y_t)=\sigma_y^2,r_k=COV(y_t,y_{t+k}) \tag{14.1.13}$$

由定义知,对任何随机过程 $\rho_0=1$

由公式(14.1.11)知,ρ_k是一个无量纲量。

在实际计算时,我们只能计算样本自相关函数,其样本自相关函数定义为

$$\hat{\rho}_k=\frac{\sum_{t=1}^{n-k}(y_t-\bar{y})(y_{t+k}-\bar{y})}{\sum_{t=1}^{n}(y_t-\bar{y})^2} \tag{14.1.14}$$

随机时间序列模型着重研究的是相关关系,因此自相关函数在时间序列模型中占有重要地位。

四、滞后算符

为了运算的方便,我们引进滞后算符 L,其定义:

$$Ly_t=y_{t-1} \tag{14.1.15}$$

式中 y_t和 y_{t-1}是同一随机过程的元素。如果将 L 对 y_t连续应用两次,就有

$$L^2y_t=L(Ly_t)=Ly_{t-1}=y_{t-2}$$

一般地,对任意正整数 n,有

$$L^ny_t=y_{t-n} \tag{14.1.16}$$

当 $n=0$ 时,定义为

$$L^0y_t=y_t \tag{14.1.17}$$

算符多项式定义为

$$P_n(L)=1+\varphi_1L+\varphi_2L^2+\cdots+\varphi_nL^n \tag{14.1.18}$$

例如将算符多项式作用于随机变量 y_t,

$$P_n(L)y_t = y_t + \varphi_1 y_{t-1} + \varphi_2 y_{t-2} + \cdots + \varphi_n y_{t-n} \tag{14.1.19}$$

更一般地,还可以定义 L 的一个无穷幂级数:

$$P_\infty(L) = 1 + \varphi_1 L + \varphi_2 L^2 + \cdots \tag{14.1.20}$$

设有两个算符 $P_n(L)$ 和 $Q_m(L)$,它们满足关系如下:

$$P_n(L)Q_m(L) = 1 \tag{14.1.21}$$

式中 m 和 n 可以为有限或无限。我们称 $Q_m(L)$ 为 $P_n(L)$ 的逆算符[或称 $P_n(L)$ 为 $Q_m(L)$ 的逆算符],记作 $P_n^{-1}(L)$ 即

$$Q_m(L) = P_n^{-1}(L) \tag{14.1.22}$$

例如,当 $|\varphi| < 1$ 时,对算符

$$P_1(L) = 1 - \varphi L \tag{14.1.23}$$

便有

$$P_1^{-1}(L) = 1 + \varphi L + \varphi^2 L^2 + \cdots \tag{14.1.24}$$

这是因为:

$$\begin{aligned} P_1(L)P_1^{-1}(L) &= (1 - \varphi L)(1 + \varphi L + \varphi^2 L^2 + \cdots) \\ &= 1 + \varphi L + \varphi^2 L^2 + \cdots - \varphi L - \varphi^2 L^2 - \cdots \\ &= 1 \end{aligned}$$

§14.2 自回归过程 $AR(p)$

如果预测是分析的目的,那么,随机过程的元素 y_t 对它的过去的依赖性就很重要。这使我们能够利用已经收集的样本观测值的过去信息预测变量的未来值。存在这种依赖性的简单例子是自回归过程:

$$y_t = \varphi y_{t-1} + u_t \tag{14.2.1}$$

便是这样一种过程,其中 u_t 为白噪声。

时间序列 $y_1, y_2, \cdots, y_n$ 生成过程通常是未知的,它可能比简单自回归过程(14.2.1)更复杂,例如,y_t 不仅依赖 y_{t-1},而且还依赖于 y_{t-2} 等。更一般地,这个过程有以下形式:

$$y_t = \varphi_1 y_{t-1} + \varphi_2 y_{t-2} + \cdots + \varphi_p y_{t-p} + u_t \tag{14.2.2}$$

其中 u_t 为白噪声,(14.2.2)称为 p 阶自回归(Autoregressive)过程,记作 $AR(p)$。据此(14.2.1)便是一阶自回归过程 $AR(1)$。

一、自回归过程的平稳条件

只有产生时间序列的随机过程是平稳的,用自回归模型进行预测才有意义。因此,我们首先应研究自回归过程的平稳条件。

(一)一阶自回归过程

对于一阶自回归过程(14.2.1)

$$y_t = \varphi y_{t-1} + u_t = u_t + \varphi(\varphi y_{t-2} + u_{t-1})$$

$$= u_t + \varphi u_{t-1} + \varphi^2(\varphi y_{t-3} + u_{t-2})$$
$$= u_t + \varphi u_{t-1} + \varphi^2 u_{t-2} + \varphi^3 y_{t-3}$$
$$\cdots \quad \cdots \quad \cdots$$
$$= u_t + \varphi u_{t-1} + \varphi^2 u_{t-2} + \varphi^3 u_{t-3} + \cdots \tag{14.2.3}$$

可以看到，一阶自回归过程(14.2.1)可以表示成白噪声序列的线性组合。

由于 $E(u_t)=0$，所以 $E(y_t)=0$，平稳条件 1 显然满足。对(14.2.3)两端取方差：

$$V(y_t) = \sigma_u^2(1 + \varphi^2 + \varphi^4 + \varphi^6 + \cdots) \tag{14.2.4}$$

仅当 $|\varphi|<1$ 时，(14.2.4)才有

$$V(y_t) = \frac{\sigma_u^2}{1-\varphi^2} \tag{14.2.5}$$

表明，只有当 $|\varphi|<1$ 时，平稳条件 2 才成立。

由(14.2.3)有

$$y_{t+k} = u_{t+k} + \varphi u_{t+k-1} + \varphi^2 u_{t+k-2} + \cdots + \varphi^k u_t + \cdots \tag{14.2.3$'$}$$

$$COV(y_t, y_{t+k}) = E(y_t y_{t+k}) = \varphi^k \sigma_u^2 + \varphi^{k+2}\sigma_u^2 + \varphi^{k+4}\sigma_u^2 + \cdots$$
$$= \sigma_u^2 \varphi^k (1 + \varphi^2 + \varphi^4 + \cdots) \tag{14.2.6}$$

当 $|\varphi|<1$ 时，(14.2.6)便有

$$COV(y_t, y_{t+k}) = \varphi^k \frac{\sigma_u^2}{1-\varphi^2} = \varphi^k \sigma_y^2 \tag{14.2.7}$$

其中 $\sigma_y^2 = V(y_t)$。

(14.2.7)式表明，$COV(y_t, y_{t+k})$ 仅与间隔时期数 k 有关，而与时间点 t 无关，平稳条件 3 成立。

综上所述，对于一阶自回归过程(14.2.1)，只要系数 φ 的绝对值 $|\varphi|<1$，便是平稳过程。

（二）p 阶自回归过程

将 p 阶自回归过程(14.2.2)改写成

$$(1 - \varphi_1 L - \varphi_2 L^2 - \cdots - \varphi_p L^p) y_t = u_t \tag{14.2.8}$$

引进算符多项式：

$$\varphi_p(L) = 1 - \varphi_1 L - \varphi_2 L^2 - \cdots - \varphi_p L^p \tag{14.2.9}$$

则(14.2.8)可改写成：

$$\varphi_p(L) y_t = u_t \quad 或 \quad y_t = \varphi_p^{-1}(L) u_t \tag{14.2.10}$$

若(14.2.2)是平稳随机过程，则 $\varphi_p^{-1}(L)$ 必定收敛，即 y_t 可表示为白噪声的无穷加权和。可以证明，$\varphi_p^{-1}(L)$ 收敛的充要条件是算符多项式 $\varphi_p(L)$ 的特征方程

$$\varphi_p(z) = 1 - \varphi_1 z - \varphi_2 z^2 - \varphi_3 z^3 - \cdots - \varphi_p z^p = 0 \tag{14.2.11}$$

的根全部在复平面上单位圆周之外，或所有根的模 $|z|>1$。即 p 阶自回归过程的平稳条件为

$$|z| = \sqrt{z_1^2 + z_2^2} > 1 \tag{14.2.12}$$

z_1 和 z_2 分别为实部和虚部。

当 $p=1$ 时，(14.2.11)写成

$$1-\varphi z=0$$

解方程有：

$$z=\frac{1}{\varphi}$$

平稳条件：

$$|z|=\frac{1}{|\varphi|}>1 \quad \text{即} \quad |\varphi|<1$$

同前面的结论相同。

为了研究方便，在本章中如果不作特殊说明，我们总是假定：

(1)所有自回归过程都是平稳过程。当发现时间序列是非平稳的，要清除非平稳性，一般采用差分法。只要对原始数据进行适当阶数的差分处理，便可消除非平稳性。

(2)自回归过程中每个元素的期望值都为0即 $E(y_t)=0$。如果实际的样本时间序列的均值 $\bar{y}\neq 0$，则可对它进行中心化 $(y_t-\bar{y})$，中心化后的时间序列必然有零均值。

二、自回归过程的自相关函数

一阶自回归过程 $AR(1)$ 的自相关函数，利用(14.2.7)可直接写出

$$\rho_k=\frac{r_k}{r_0}=\frac{\varphi^k\sigma_y^2}{\sigma_y^2}=\varphi^k \tag{14.2.13}$$

$AR(p)$ 的自相关函数

由于

$$r_k=COV(y_t,y_{t+k})=COV(y_t,y_{t-k}) \tag{14.2.14}$$

将(14.2.2)代入(14.2.14)得

$$\begin{aligned} r_k&=\varphi_1 COV(y_{t-1},y_{t-k})+\varphi_2 COV(y_{t-2},y_{t-k})+\cdots+\varphi_p COV(y_{t-p},y_{t-k}) \\ &=\varphi_1 r_{k-1}+\varphi_2 r_{k-2}+\cdots+\varphi_p r_{k-p} \qquad (k>0) \end{aligned} \tag{14.2.15}$$

当 $k=0$ 时，

$$\begin{aligned} r_0&=V(y_t)=E(y_t^2) \\ &=E[y_t(\varphi_1 y_{t-1}+\varphi_2 y_{t-2}+\cdots+\varphi_p y_{t-p}+u_t)] \\ &=\varphi_1 r_1+\varphi_2 r_2+\cdots\varphi_p r_p+\sigma_u^2 \end{aligned} \tag{14.2.16}$$

对 $AR(1)$ 便有

$$r_0=\varphi_1 r_1+\sigma_u^2 \tag{14.2.17}$$

再由(14.2.15)有

$$r_1=\varphi_1 r_0 \tag{14.2.18}$$

把(14.2.18)代入(14.2.17)整理得

$$r_0=\frac{\sigma_u^2}{1-\varphi_1^2} \tag{14.2.19}$$

此结果与(14.2.5)相同。

用 $r_0=\sigma_y^2$ 除(14.2.15)式两端，得

$$\rho_k=\varphi_1\rho_{k-1}+\varphi_2\rho_{k-2}+\varphi_3\rho_{k-3}+\cdots+\varphi_p\rho_{k-p} \tag{14.2.20}$$

(14.2.20)便是自回归过程 $AR(p)$ 自相关函数的表达式(也称递推公式)。

在自相关函数表达式(14.2.20)中,令 $k=1,2,3,\cdots,p$,则得一组方程式,称之为尤拉－沃克(Yule-Walker)方程:

$$\begin{cases}\rho_1=\varphi_1+\varphi_2\rho_1+\varphi_3\rho_2+\cdots+\varphi_p\rho_{p-1}\\ \rho_2=\varphi_1\rho_1+\varphi_2+\varphi_3\rho_1+\cdots+\varphi_p\rho_{p-2}\\ \rho_3=\varphi_1\rho_2+\varphi_2\rho_1+\varphi_3+\cdots+\varphi_p\rho_{p-3}\\ \cdots\quad\cdots\quad\cdots\\ \rho_p=\varphi_1\rho_{p-1}+\varphi_2\rho_{p-2}+\varphi_3\rho_{p-3}+\cdots+\varphi_p\end{cases}\tag{14.2.21}$$

其矩阵表达式为:

$$\begin{pmatrix}1&\rho_1&\rho_2&\cdots&\rho_{p-1}\\ \rho_1&1&\rho_1&\cdots&\rho_{p-2}\\ \rho_2&\rho_1&1&\cdots&\rho_{p-3}\\ \cdots&\cdots&\cdots&\cdots&\cdots\\ \rho_{p-1}&\rho_{p-2}&\rho_{p-3}&\cdots&1\end{pmatrix}\begin{pmatrix}\varphi_1\\ \varphi_2\\ \varphi_3\\ \vdots\\ \varphi_p\end{pmatrix}=\begin{pmatrix}\rho_1\\ \rho_2\\ \rho_3\\ \vdots\\ \rho_p\end{pmatrix}\tag{14.2.22}$$

简记为

$$P_p\Phi_p=\rho_p\tag{14.2.23}$$

其中 P_p 为 $p\times p$ 矩阵,Φ_p 和 ρ_p 均为 $p\times 1$ 阶向量。

由(14.2.23)可得:

$$\Phi_p=P_p^{-1}\rho_p\tag{14.2.24}$$

Φ_p 中最后一个参数 φ_p 称为偏自相关系数,序列 $\{\varphi_p\}$ $(p=1,2,3,\cdots)$ 称为偏自相关函数。(14.2.20)式表示,当自回归模型的阶为 p 时,则偏自相关函数 φ_{p+1} 及其后的 φ 值皆为零。例如,当自回归模型的阶数为 2 时,则 φ_3 及其后的 φ 值皆为零。

三、自回归过程的识别与估计

对于自回归模型(14.2.2)

$$y_t=\varphi_1 y_{t-1}+\varphi_2 y_{t-2}+\cdots+\varphi_p y_{t-p}+u_t\tag{14.2.2}$$

矩阵形式为

$$Y_p=X_p\Phi_p+U\tag*{(14.2.2)$'$}$$

其中 $Y_p=\begin{pmatrix}y_{p+1}\\ y_{p+2}\\ \vdots\\ y_n\end{pmatrix}$ $\Phi_p=\begin{pmatrix}\varphi_1\\ \varphi_2\\ \vdots\\ \varphi_p\end{pmatrix}$ $U=\begin{pmatrix}u_{p+1}\\ u_{p+2}\\ \vdots\\ u_n\end{pmatrix}$ $X_p=\begin{pmatrix}y_p&y_{p-1}&\cdots&y_1\\ y_{p+1}&y_p&\cdots&y_2\\ \vdots&\vdots&\vdots&\vdots\\ y_{n-1}&y_{n-2}&\cdots&y_{n-p}\end{pmatrix}$

(一) 自回归阶数 p 已知的情况

我们可以将(14.2.2)看成因变量为 y_t,自变量为 y_{t-1}, y_{t-2},$\cdots$, y_{t-p} 的线性回归模型,并可用 OLS 法得出参数估计值。

对(14.2.2)$'$应用最小二乘法,得参数估计

$$\hat{\Phi}_p = (X'_p X_p)^{-1} X'_p Y_p$$

应该指出,估计量 $\hat{\Phi}_p$ 虽然不是无偏的,却是一致估计量,还是可以接受的。

(二) 自回归阶数 p 未知的情况

自回归阶数 p 未知的情况,关键是模型的识别即如何确定阶数 p,一旦 p 值确定下来就转化为自回归阶数 p 已知的情况,问题就解决了。我们这里只介绍偏自相关系数定阶法。

这种方法是在自回归阶数 k 逐步增加的过程中,通过对偏自相关系数 φ_k 的显著性检验来确定适当阶数 p 的方法。偏自相关系数中的第 k 个系数 φ_k 我们用 φ_{kk} 表示。

为了对 φ_{kk} 进行检验,必须知道 OLS 估计量 $\hat{\varphi}_{kk}$ 的抽样分布。可以证明,对于大样本来讲,如果自回归过程(AR)的阶数为 p,那么,在 $k>p$ 时,偏自相关系数估计量 $\hat{\varphi}_{kk}$ 近似服从期望值为 0,方差为 $\frac{1}{n}$ 的正态分布,这里的 n 为样本容量。

要判断在 0.05 显著性水平下 φ_{kk} 是否为 0,只需要考察 $\hat{\varphi}_{kk}$ 的数值是否落在下面的区间内:

$$\left[-\frac{1.96}{\sqrt{n}}, \frac{1.96}{\sqrt{n}}\right] \approx \left[-\frac{2}{\sqrt{n}}, \frac{2}{\sqrt{n}}\right] \qquad (14.2.25)$$

如果 $\hat{\varphi}_{kk}$ 落在这个区间内,则 φ_{kk} 不显著,即确认 $\varphi_{kk}=0$,如果 $\hat{\varphi}_{kk}$ 落在此区间之外,则 φ_{kk} 显著,即确认 $\varphi_{kk} \neq 0$。若对 $k \leqslant p$ 时,φ_{kk} 皆显著,对 $k>p$ 时,φ_{kk} 皆不显著,则此过程的阶数为 p。

具体步骤如下:

(1) 先构造一个 95% 的置信区间 $\left[-\frac{2}{\sqrt{n}}, \frac{2}{\sqrt{n}}\right]$。

(2) 进行逐步回归

第一步,考虑 $AR(1)$,计算出 $\hat{\varphi}_{11}$;

第二步,考虑 $AR(2)$,计算出 $\hat{\varphi}_{22}$;

第三步,考虑 $AR(3)$,计算出 $\hat{\varphi}_{33}$;

这样一步步做下去。如果只有 $\hat{\varphi}_{11}$ 落在置信区间之外,其余皆落在区间内,则表明只有 $\varphi_{11} \neq 0$,因而 $p=1$,产生样本随机过程 $AR(1)$。如果 $\hat{\varphi}_{11}$ 和 $\hat{\varphi}_{22}$ 落在置信区间之外,其余皆落在区间之内,则表明 $\varphi_{11} \neq 0$,$\varphi_{22} \neq 0$,所以 $p=2$,产生样本随机过程 $AR(2)$。

其余依此类推。

例 14.2.1 表 14.2.1 给出了 100 个样本数据。它的 95% 的偏相关系数置信区间为

$$\left[-\frac{2}{\sqrt{n}}, \frac{2}{\sqrt{n}}\right] = [-0.2, 0.2]$$

样本数据的偏自相关函数估计值列于表 14.2.2,相应的偏相关函数的检验图如图 14.2.1 所示。

表 14.2.1 样本数据表

t	y_t	t	y_t	t	y_t	t	y_t
1	-1.245203	26	-2.155142	51	-1.701559	76	-0.448346
2	-2.229019	27	-1.205098	52	-0.557646	77	-1.407836
3	-0.102889	28	-1.125508	53	-0.935374	78	-1.416262
4	-2.504927	29	0.745601	54	-1.590731	79	-2.654282
5	-1.295782	30	0.745816	55	-1.392477	80	-1.568367
6	0.287210	31	1.652314	56	-0.702117	81	-1.182442
7	-0.000095	32	1.170398	57	-1.279344	82	0.377995
8	0.908003	33	1.748881	58	-1.310539	83	-1.028879
9	0.946282	34	0.915977	59	-1.206204	84	-1.402405
10	-0.775019	35	1.988901	60	0.213225	85	-0.865423
11	-0.868487	36	-0.225835	61	-0.614470	86	0.314383
12	-1.500287	37	1.772048	62	0.430978	87	-0.569566
13	-1.351182	38	0.256119	63	1.281028	88	0.834981
14	-1.408163	39	2.398788	64	1.625546	89	1.322164
15	-1.945642	40	0.846766	65	2.695052	90	1.643056
16	-2.029809	41	0.736914	66	1.794567	91	1.302254
17	-1.642363	42	0.219055	67	1.082367	92	1.794224
18	-0.742933	43	1.099941	68	2.351032	93	2.026379
19	-0.519426	44	-0.906636	69	1.586859	94	0.345364
20	0.308898	45	0.620321	70	2.131216	95	-0.614447
21	-0.109768	46	0.079424	71	0.253485	96	0.979460
22	-0.720097	47	0.323415	72	-0.510527	97	2.082886
23	-1.523058	48	0.146697	73	-0.909131	98	2.011572
24	-1.481303	49	1.114253	74	-1.097981	99	0.422207
25	-2.070795	50	-0.437410	75	-1.305027	100	1.239364

表 14.2.2 样本偏相关系数表

k	1	2	3	4	5	6	7	8	9	10	11	12
$\hat{\varphi}_{kk}$	0.69	0.26	-0.14	0.01	-0.20	0.09	-0.11	0.04	-0.18	0.07	-0.06	-0.16

从表 14.2.2 可以看出只有 $\hat{\varphi}_{11}$ 和 $\hat{\varphi}_{22}$ 两个数值落在区间[-0.2,0.2]之外，从 $\hat{\varphi}_{33}$ 开始全部落在区间[-0.2,0.2]之内，所以，选定 AR(2)作为生成的自回归模型。

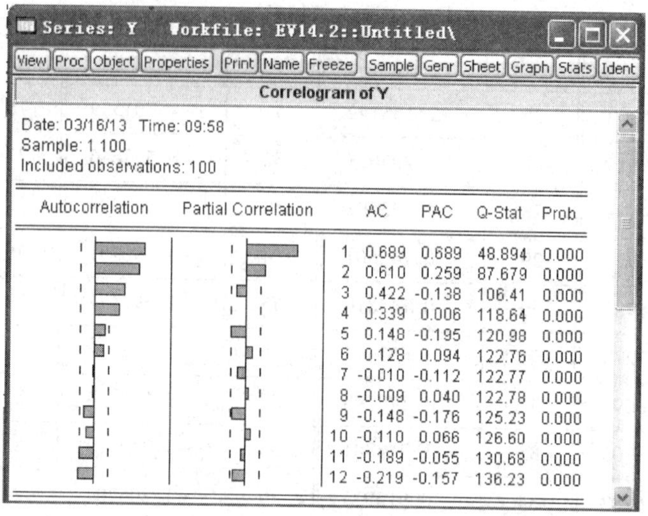
Series: Y Workfile: EV14.2::Untitled\

View Proc Object Properties Print Name Freeze Sample Genr Sheet Graph Stats Ident

Correlogram of Y

Date: 03/16/13 Time: 09:58
Sample: 1 100
Included observations: 100

Autocorrelation	Partial Correlation		AC	PAC	Q-Stat	Prob
		1	0.689	0.689	48.894	0.000
		2	0.610	0.259	87.679	0.000
		3	0.422	-0.138	106.41	0.000
		4	0.339	0.006	118.64	0.000
		5	0.148	-0.195	120.98	0.000
		6	0.128	0.094	122.76	0.000
		7	-0.010	-0.112	122.77	0.000
		8	-0.009	0.040	122.78	0.000
		9	-0.148	-0.176	125.23	0.000
		10	-0.110	0.066	126.60	0.000
		11	-0.189	-0.055	130.68	0.000
		12	-0.219	-0.157	136.23	0.000

图 14.2.1　偏自相关系数估计值显著性检验

我们也可以利用 EViews 软件,作出序列 y 的相关图 14.2.1,由图 14.2.1 可知,只有 $\hat{\varphi}_{11}$ 和 $\hat{\varphi}_{22}$ 两个偏自相关系数的值落在置信区间以外,其余皆在区间之内,因此,选定 $AR(2)$ 作为样本生成的自回归模型。

模型 $AR(2)$ 估计的结果如图 14.2.2 所示:

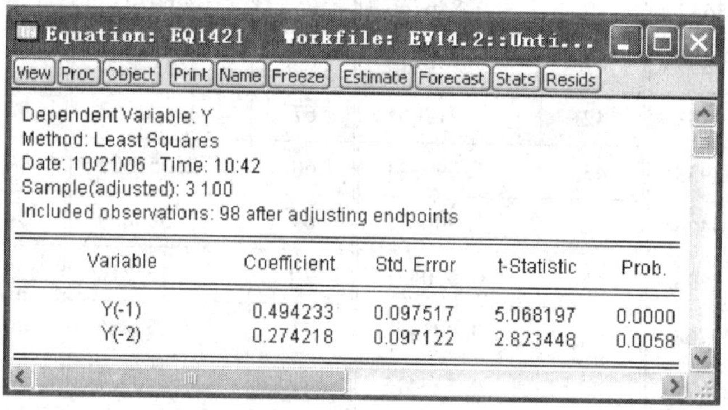
Equation: EQ1421 Workfile: EV14.2::Unti...

View Proc Object Print Name Freeze Estimate Forecast Stats Resids

Dependent Variable: Y
Method: Least Squares
Date: 10/21/06 Time: 10:42
Sample(adjusted): 3 100
Included observations: 98 after adjusting endpoints

Variable	Coefficient	Std. Error	t-Statistic	Prob.
Y(-1)	0.494233	0.097517	5.068197	0.0000
Y(-2)	0.274218	0.097122	2.823448	0.0058

图 14.2.2　$AR(2)$ 的估计结果

即方程为:

$$\hat{y}_t = 0.4942y_{t-1} + 0.2742y_{t-2}$$

§ 14.3　移动平均过程 $MA(q)$

一、移动平均过程的概念

设有无穷自回归过程

$$y_t = -\theta y_{t-1} - \theta^2 y_{t-2} - \theta^3 y_{t-3} - \cdots + u_t \tag{14.3.1}$$

其中 u_t 为白噪声，$|\theta|<1$。

(14.3.1)的滞后算符形式

$$(1+\theta L+\theta^2L^2+\theta^3L^3+\cdots)\ y_t=u_t \tag{14.3.2}$$

因为

$$(1+\theta L+\theta^2L^2+\theta^3L^3+\cdots)^{-1}=1-\theta L \tag{14.3.3}$$

所以，(14.3.2)可以改写成

$$y_t=u_t-\theta u_{t-1} \tag{14.3.4}$$

由(14.3.4)可以看出 y_t 可以表示成两个白噪声的加权和。我们把由白噪声序列各元素的加权和表示的随机过程称为移动平均过程，过程中参数的数目称为移动平均过程的阶。q 阶移动平均(Moving Average)过程简记为 $MA(q)$。它的形式是

$$y_t=u_t-\theta_1 u_{t-1}-\theta_2 u_{t-2}-\cdots-\theta_q u_{t-q} \tag{14.3.5}$$

或写成更一般的形式：$$y_t=u_t+\theta_1 u_{t-1}+\theta_2 u_{t-2}+\cdots+\theta_q u_{t-q} \tag{14.3.5$'$}$$

显然，(14.3.4)便是一阶移动平均过程 $MA(1)$，而且它可以由无穷自回归过程(14.3.1)转换而成。

二、移动平均过程的可转换条件

在§14.2中，我们已经知道，自回归过程满足平稳条件时，有限阶自回归过程(14.2.2)可以转化为无穷阶移动平均过程(14.2.10)，即表示成白噪声序列各元素的线性组合。那么，移动平均过程是否能转换为自回归过程？应该说，在一定条件下是可以转换的。为此我们把(14.3.5)改写成

$$y_t=(1-\theta_1L-\theta_2L^2-\cdots-\theta_qL^q)u_t \tag{14.3.6}$$

引进算符多项式：

$$\theta_q(L)=1-\theta_1L-\theta_2L^2-\cdots-\theta_qL^q \tag{14.3.7}$$

$\theta_q(L)$称为 q 阶移动平均算符。利用(14.3.7)可将(14.3.6)表示为

$$y_t=\theta_q(L)u_t \tag{14.3.8}$$

或

$$u_t=\theta_q^{-1}(L)y_t \tag{14.3.9}$$

如果 $\theta_q^{-1}(L)y_t$ 收敛，那么(14.3.9)式表示移动平均过程可以表示成自回归过程。与自回归过程讨论类似，$\theta_q^{-1}(L)$收敛的充要条件是 $\theta_q(L)$的特征方程：

$$\theta_q(z)=1-\theta_1z-\theta_2z^2-\cdots-\theta_qz^q=0 \tag{14.3.10}$$

的所有的根的模大于1即 $|z|>1$，也就是这些根都在复单位圆的外面。这个条件称为移动平均过程的可转换条件。满足这个条件的移动平均过程称为可逆的(Invertible)。今后如果没有特别声明，我们总是假定所有移动平均过程都是可逆。

这个结论的直接应用是，我们可以将阶数很高的自回归过程近似地用阶数较低的移动平均过程来代替，而将阶数很高的移动平均过程近似地用阶数较低的自回归过程来代替，从而实现用尽可能少的参数来构造随机过程模型的目的。

三、移动平均过程阶数的确定

对于给定的样本 $y_1,y_2,\cdots,y_n$，怎样为生成移动平均过程确定合适的阶数？为了回答

这个问题,我们首先来研究反映移动平均过程特征的自相关函数。

(一)自相关函数

为了讨论方便,我们先研究 $MA(1)$ 过程

$$y_t = u_t - \theta_1 u_{t-1} \tag{14.3.11}$$

因为 u_t 和 u_{t-1} 是白噪声,所以,它的期望值为

$$E(y_t) = E(u_t) - \theta_1 E(u_{t-1}) = 0 \tag{14.3.12}$$

方差为

$$\begin{aligned} V(y_t) &= E(u_t - \theta_1 u_{t-1})^2 \\ &= E(u_t^2) + \theta_1^2 E(u_{t-1}^2) - 2\theta_1 E(u_t u_{t-1}) \\ &= \sigma_u^2 + \theta_1^2 \sigma_u^2 \\ &= \sigma_u^2 (1 + \theta_1^2) \end{aligned} \tag{14.3.13}$$

协方差为

$$\begin{aligned} COV(y_t, y_{t+k}) &= E[(u_t - \theta_1 u_{t-1})(u_{t+k} - \theta_1 u_{t+k-1})] \\ &= E(u_t u_{t+k}) - \theta_1 E(u_{t-1} u_{t+k}) - \theta_1 E(u_t u_{t+k-1}) + \theta_1^2 E(u_{t-1} u_{t+k-1}) \\ &= \begin{cases} \sigma_u^2 + \theta_1^2 \sigma_u^2 & k = 0 \\ -\theta_1 \sigma_u^2 & k = 1 \\ 0 & k = 2, 3, \cdots \end{cases} \end{aligned} \tag{14.3.14}$$

以上讨论表明(14.3.11)是平稳的。由于 $COV(y_t, y_{t+k})$ 不依赖时间 t,而只依赖 k,所以可以用 r_k 表示。于是,自相关函数为

$$\rho_k = \frac{r_k}{r_0} = \begin{cases} \dfrac{-\theta_1}{1 + \theta_1^2} & k = 1 \\ 0 & k = 2, 3, \cdots \end{cases} \tag{14.3.15}$$

(14.3.15)式表明 $MA(1)$ 只有 1 期记忆,即当 $k > 1$ 时 $\rho_k = 0$。

对 $MA(q)$ 模型:

$$y_t = u_t - \theta_1 u_{t-1} - \theta_2 u_{t-2} - \cdots - \theta_k u_{t-k} - \cdots - \theta_q u_{t-q} \quad (k \leqslant q) \tag{14.3.16}$$

与 $MA(1)$ 的推导过程类似,可得结果:

$$r_0 = \sigma_u^2 (1 + \theta_1^2 + \cdots + \theta_q^2) \tag{14.3.17}$$

$$r_k = \sigma_u^2 (-\theta_k + \theta_1 \theta_{k+1} + \theta_2 \theta_{k+2} + \cdots + \theta_{q-k} \theta_q) \quad (k = 1, 2, \cdots, q) \tag{14.3.18}$$

于是

$$\rho_k = \begin{cases} 1 & k = 0 \\ \dfrac{-\theta_k + \theta_1 \theta_{k+1} + \theta_2 \theta_{k+2} + \cdots + \theta_{q-k} \theta_q}{1 + \theta_1^2 + \cdots + \theta_q^2} & k = 1, 2, \cdots, q \\ 0 & k > q \end{cases} \tag{14.3.19}$$

对平稳过程,方差 $V(y_t) = r_0$ 必须有限,因此要求 $(1 + \theta_1^2 + \cdots + \theta_q^2) < \infty$,对无穷阶移动平均过程要求 $(1 + \theta_1^2 + \theta_2^2 + \cdots) < \infty$。这意味着 θ_q 的绝对值必须随 q 的增大而减少。由(14.3.19)试算可以看出,$MA(q)$ 的 $|\rho_k|$ 也将随 k 的增大而减少,与自回归过程不同的

是当 $k>q$ 时，$\rho_k=0$。这表明 $MA(q)$ 只有 q 期记忆，即当 $k>q$ 时，$\rho_k=0$。

（二）阶数的确定

$MA(q)$ 只有 q 期记忆这一重要性质，可以帮助我们对模型进行识别。

假设时间序列样本 $y_1,y_2,\cdots,y_n$ 已经给定，我们便可利用（14.1.14）公式：

$$\hat{\rho}_k=\frac{\sum_{t=1}^{n-k}y_ty_{t+k}}{\sum_{t=1}^{n}y_t^2} \tag{14.3.20}$$

（这里的 y_t 已经中心化了，即 $\bar{y}=0$。）计算出各阶自相关函数的估计值 $\hat{\rho}_1,\hat{\rho}_2,\cdots$，然后对每一个 $\rho_k(k=1,2,\cdots)$ 进行显著检验。

可以证明，当样本容量很大时，$\hat{\rho}_k$ 近似服从期望值为 0，方差为 $\frac{1}{n}$ 的正态分布。

于是可以有与自回归过程类似的检验方法：

（1）构造 95% 的置信区间

$$\left[-\frac{2}{\sqrt{n}},\frac{2}{\sqrt{n}}\right]$$

（2）计算样本的各阶自相关系数 $\hat{\rho}_k(k=1,2,3,\cdots\cdots)$。

（3）考察 $\hat{\rho}_k$ 是否落在这一区间之内。如果 $\hat{\rho}_k$ 的数值落在此区间之外，表明 ρ_k 显著（即 $\rho_k\neq 0$），否则不显著（即 $\rho_k=0$）。若对 $k\leqslant q$ 时，ρ_k 皆显著，对 $k>q$ 时，ρ_k 皆不显著，则在 0.05 显著水平下，产生样本的移动平均过程的阶数确定为 q。

四、移动平均过程的参数估计

设有移动平均过程 $MA(q)$

$$y_t=u_t-\theta_1u_{t-1}-\theta_2u_{t-2}-\cdots-\theta_qu_{t-q} \tag{14.3.21}$$

估计参数 θ 的直观想法是利用 ρ_k 与 θ 之间的关系

$$\rho_k=\frac{-\theta_k+\theta_1\theta_{k+1}+\theta_2\theta_{k+2}+\cdots+\theta_{q-k}\theta_q}{1+\theta_1^2+\theta_2^2+\cdots+\theta_q^2}\quad(k=1,2,\cdots,q) \tag{14.3.22}$$

将此式中的 ρ_k 用相应的估计值 $\hat{\rho}_k$ 代替，便得到关于 θ 的 q 个非线性代数方程，解这个非线性方程组便可得到 q 个 θ 的估计值。这样得出的参数估计量是一致的。由于非线性方程组求解比较困难，一般可用迭代法近似求解。由于实际问题中遇到的移动平均过程多数都是 $MA(1)$ 或 $MA(2)$ 等低阶过程，所以迭代过程也不算太繁杂。

这种估计方法的优点是简单易行，缺点是它只注意如何去拟合 q 个自相关函数，而没有考虑如何选择参数有利于提高预测精度。因此，往往把它作为首期估计值。为此可以考虑误差平方和：

$$S(\theta)=\sum_{t=1}^{n}u_t^2 \tag{14.3.23}$$

选择适当的参数 θ 使 $S(\theta)$ 达到极小，可得到参数 θ 的一致估计量。

例 14.3.1 样本调查资料如表 14.3.1 所示。

表 14.3.1　　样本数据

日期	y_t	日期	y_t
1	-0.058	13	0.068
2	0.058	14	0.595
3	0.729	15	-0.217
4	0.280	16	-1.023
5	1.027	17	-0.226
6	0.670	18	-0.261
7	0.559	19	0.378
8	-0.482	20	-0.128
9	-1.462	21	-1.003
10	-2.039	22	1.197
11	-1.306	23	2.064
12	0.037	24	0.687

首先根据数据表 14.3.1，计算样本自相关系数，列表于表 14.3.2。

表 14.3.2　　样本自相关系数

k	1	2	3	4	5
$\hat{\rho}_k$	0.548	0.050	-0.153	-0.200	-0.108

对 ρ_k 进行显著性检验，先构造区间

$$\left[-\frac{2}{\sqrt{24}}, \frac{2}{\sqrt{24}}\right] \approx [-0.408, 0.408] \tag{14.3.24}$$

$\hat{\rho}_k$ 与置信区间(14.3.24)进行比较，只有 $\hat{\rho}_1 = 0.548$ 落在置信区间 $[-0.408, 0.408]$ 之外，其余 $\hat{\rho}_k$ 皆落在区间之内，也可以采用自相关系数图 14.3.1 进行判断：

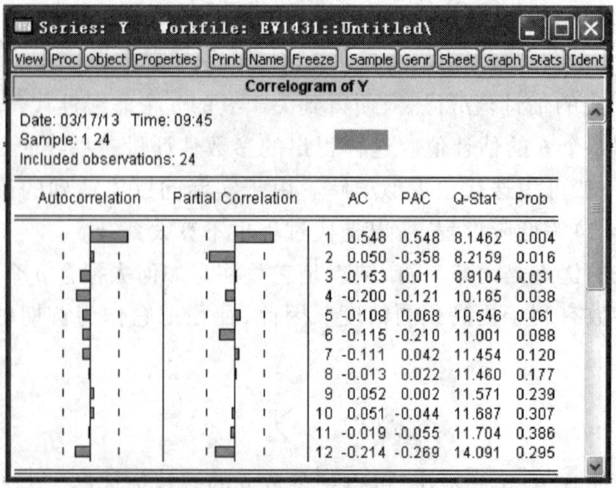

图 14.3.1　自相关系数估计值显著性检验

可以看出，只有$\hat{\rho}_1=0.548$落在置信区间之外，其余$\hat{\rho}_k$皆落在区间之内，表明该样本的移动平均过程的阶数为1，即选定$MA(1)$过程：

$$y_t=u_t-\theta_1 u_{t-1} \tag{14.3.25}$$

由于(14.3.25)估计较繁杂，所以我们直接用EViews软件计算：

在工作文件主窗口，点击Quick/Estimate Equation，在Equation Specification对话框中填入

y ma(1)

得到估计结果如图14.3.2所示。

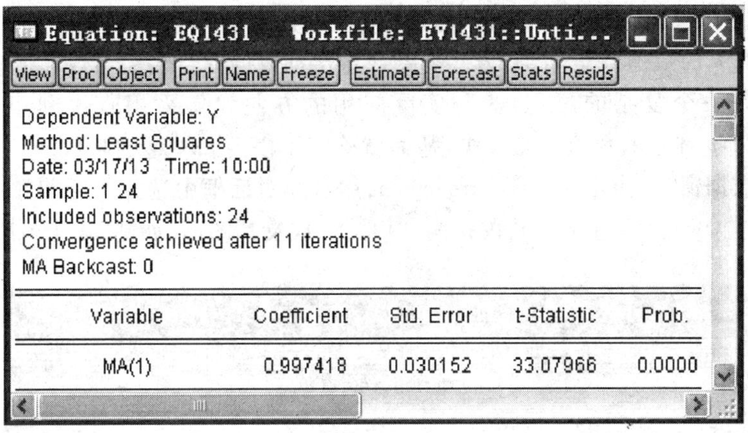

图14.3.2　MA(1)估计结果

由图14.3.2得到$MA(1)$的表达式：

$$\hat{y}_t=u_t+0.9974\ u_{t-1}$$

§14.4　自回归移动平均模型$ARMA(p,q)$

一、自回归移动平均模型的概念

如果平稳随机过程既具有自回归过程的特性又具有移动平均过程的特性，则不宜单独使用$AR(p)$或$MA(q)$模型，而需要两种模型混合使用。由于这种模型包含了自回归和移动平均两种成分，所以它的阶是二维的，由p和q两个数构成，其中p代表自回归成分的阶数，q代表移动平均成分的阶数，记作$ARMA(p,\ q)$，称作自回归移动平均混合模型或称为自回归移动平均模型。

最简单的自回归移动平均模型是$ARMA(1,1)$，其具体形式为：

$$y_t=\varphi_1 y_{t-1}+u_t-\theta_1 u_{t-1} \tag{14.4.1}$$

模型$ARMA(p,q)$的一般表达式为

$$y_t=\varphi_1 y_{t-1}+\varphi_2 y_{t-2}+\cdots+\varphi_p y_{t-p}+u_t-\theta_1 u_{t-1}-\theta_2 u_{t-2}-\cdots-\theta_q u_{t-q} \tag{14.4.2}$$

显然,$ARMA(0,q)=MA(q)$,$ARMA(p,0)=AR(p)$,因此,$MA(q)$和$AR(p)$可以分别看作$ARMA(p,q)$,当$p=0$和$q=0$时的特例。

$ARMA(p,q)$模型的优点是能以较少的参数描写单用$AR(p)$或$MA(q)$过程不能经济地描写的数据生成过程。在实际应用中,用$ARMA(p,q)$拟合实际数据时所需阶数较低,p和q的数值很少超过2。因此,*ARMA*模型在预测中具有很大的实用价值。

二、*ARMA* 模型阶数的确定和模型的估计

(一) *ARMA* 模型阶数的确定

我们如何描述一个平稳随机过程的经济系统?我们的基本想法是从随机过程中抽取样本,再根据样本数据建立模型。那么,是建立*AR*模型、*MA*模型还是*ARMA*模型?这就需要确定p和q的数值各是多少,为此需要计算样本数据的自相关系数和偏自相关系数。而这个计算是一个复杂的过程,为了实际应用的方便我们采用直接利用计算机软件EViews来判断p和q的数值各是多少,从而就确定了模型和模型的阶数。

在样本数据窗口,点击View/Correlogram,然后在对话框中选择滞后期数,我们这里选取12,再点击"OK"得到自相关系数和偏自相关系数及其图形,如图14.4.1所示。

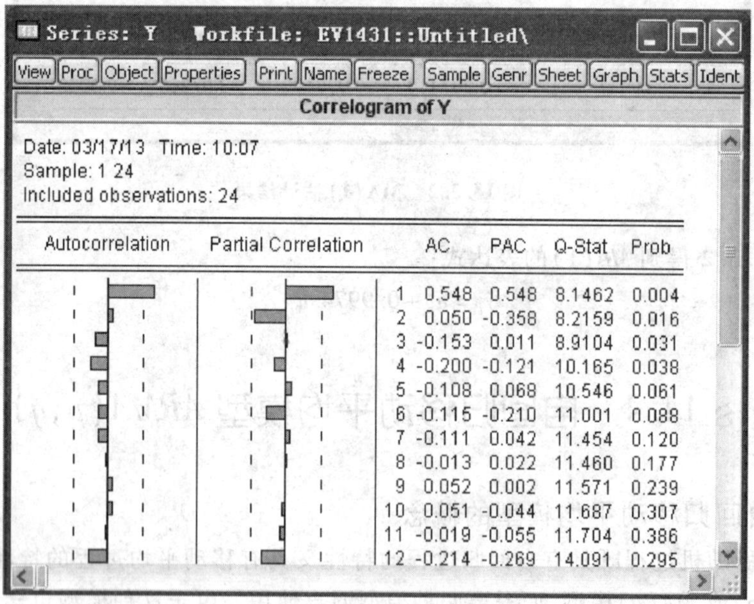

图14.4.1 自相关系数和偏自相关系数估计值显著性检验

由图14.4.1可以看出$p=1$和$q=1$,即样本数据具有$ARMA(1,1)$模型过程。

(二) 模型的估计

模型的理论计算过程较繁杂,我们这里仍然直接利用EViews软件计算。

在工作文件主窗口点击Quick/Estimate Equation,在Equation Specification对话框中填入y ma(1) ar(1)便得到模型$ARMA(1,1)$的估计结果,如图14.4.2所示。

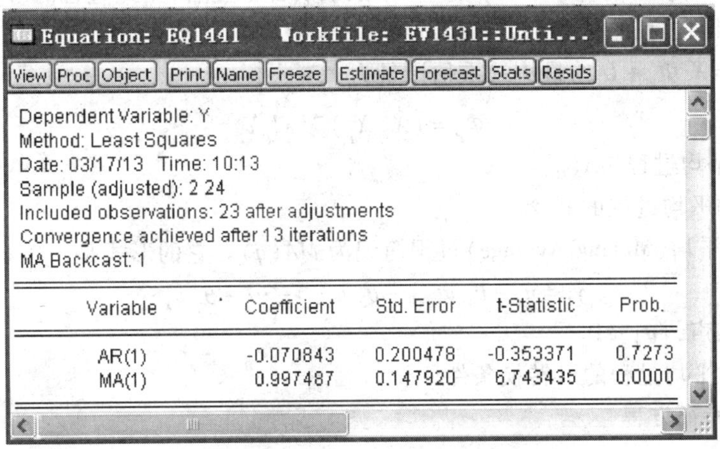
Equation: EQ1441 Workfile: EV1431::Unti...

View Proc Object Print Name Freeze Estimate Forecast Stats Resids

Dependent Variable: Y
Method: Least Squares
Date: 03/17/13 Time: 10:13
Sample (adjusted): 2 24
Included observations: 23 after adjustments
Convergence achieved after 13 iterations
MA Backcast: 1

Variable	Coefficient	Std. Error	t-Statistic	Prob.
AR(1)	-0.070843	0.200478	-0.353371	0.7273
MA(1)	0.997487	0.147920	6.743435	0.0000

图 14.4.2 *ARMA*(1,1)估计结果

由图 14.4.2 可以知道模型为：

$$\hat{y}_t = -0.0708y_{t-1} + u_t + 0.9975u_{t-1}$$

§14.5 小　结

1. 时间序列基本概念

(1) 随机过程

(2) 平稳随机过程

(3) 自相关函数

(4) 滞后算符及其运算

2. 自回归过程 $AR(p)$

$$y_t = \varphi_1 y_{t-1} + \varphi_2 y_{t-2} + \cdots + \varphi_p y_{t-p} + u_t \tag{14.2.2}$$

其中 u_t为白噪声,(14.2.2)称为 p 阶自回归(Autoregressive)过程,记作 $AR(p)$。

(1) 自回归过程的平稳条件

$\varphi_p(L)$的特征方程

$$\varphi_p(z) = 1 - \varphi_1 z - \varphi_2 z^2 - \varphi_3 z^3 - \cdots - \varphi_p z^p = 0$$

的根全部在复平面上单位圆之外,即 $z| > 1$。

(2) 自回归过程的自相关函数

$$\rho_k = \varphi_1\rho_{k-1} + \varphi_2\rho_{k-2} + \varphi_3\rho_{k-3} + \cdots + \varphi_p\rho_{k-p}$$

(3) 自回归过程的识别——偏自相关系数检验法

在 0.05 显著水平下,考察偏自相关系数$\hat{\varphi}_{kk}$的数值是否落在区间内:

$$\left[-\frac{1.96}{\sqrt{n}}, \frac{1.96}{\sqrt{n}}\right] \approx \left[-\frac{2}{\sqrt{n}}, \frac{2}{\sqrt{n}}\right]$$

若$\hat{\varphi}_{kk}$落在这个区间内,则 φ_{kk}不显著,即确认 $\varphi_{kk}=0$;反之,若$\hat{\varphi}_{kk}$落在这个区间之外,则

$\varphi_{kk} \neq 0$。若对 $k \leqslant p$ 时，φ_{kk} 皆显著；对 $k > p$ 时，φ_{kk} 皆不显著，则此过程的阶数为 p。

(4) 自回归过程的估计

模型 $Y_p = X_p \Phi_p + U$ 的最小二乘估计量为

$$\hat{\Phi}_p = (X'_p X_p)^{-1} X'_p Y_p$$

3. 移动平均过程 $MA(q)$

(1) 移动平均过程的概念

q 阶移动平均(Moving Average)过程简记为 $MA(q)$。它的形式是

$$y_t = u_t - \theta_1 u_{t-1} - \theta_2 u_{t-2} - \cdots - \theta_q u_{t-q}$$

其中 u_t 为白噪声，$|\theta| < 1$。

(2) 移动平均过程的可转换条件

$\theta_q(L)$ 的特征方程

$$\theta_q(z) = 1 - \theta_1 z - \theta_2 z^2 - \cdots - \theta_q z^q = 0$$

所有的根的模大于 1 即 $|z| > 1$，也就是这些根都在复单位圆的外面。

(3) 移动平均的阶数的确定

在 0.05 显著水平下，考察 $\hat{\rho}_k$ 的数值是否落在区间内：

$$\left[-\frac{2}{\sqrt{n}}, \frac{2}{\sqrt{n}} \right]$$

若 $\hat{\rho}_k$ 落在此区间之外，表明 ρ_k 显著。若对 $k \leqslant q$ 时，ρ_k 皆显著；对 $k > q$ 时，ρ_k 皆不显著，则此过程的阶数为 q。

(4) 移动平均过程的参数估计

利用公式

$$\rho_k = \frac{-\theta_k + \theta_1 \theta_{k+1} + \theta_2 \theta_{k+2} + \cdots + \theta_{q-k} \theta_q}{1 + \theta_1^2 + \theta_2^2 + \cdots + \theta_q^2} \quad (k = 1, 2, \cdots, q)$$

进行迭代求解 q 个 θ 的估计值，还可结合考虑误差平方和

$$S(\theta) = \sum_{t=1}^{n} u_t^2$$

选择适当的参数 θ 使 $S(\theta)$ 达到极小，可得到参数的一致估计量。

4. 自回归移动平均模型 $ARMA(p,q)$

(1) 自回归移动平均模型的概念

模型 $ARMA(p,q)$ 的一般表达式为

$$y_t = \varphi_1 y_{t-1} + \varphi_2 y_{t-2} + \cdots + \varphi_p y_{t-p} + u_t - \theta_1 u_{t-1} - \theta_2 u_{t-2} - \cdots - \theta_q u_{t-q}$$

$ARMA(p, q)$ 称作自回归移动平均混合模型或称为自回归移动平均模型，它的阶是二维的，由 p 和 q 两个数构成，其中 p 代表自回归成分的阶数，q 代表移动平均成分的阶数。

(2) $ARMA$ 模型阶数的确定和模型的估计

直接利用计算机软件 EViews 来判断 p 和 q 的数值和对模型进行估计。

复习思考题

1. 什么是随机时间序列？

2. 时间序列的数字特征有哪些？

3. 什么是平稳随机过程？

4. 什么是自回归过程 $AR(p)$？

5. 自回归过程的平稳条件是什么？

6. 什么是移动平均过程 $MA(q)$？

7. 移动平均过程的可转换条件是什么？

8. 设 $x_t = \xi \cos\theta t = \eta \sin\theta t, 0 \leqslant t \leqslant 1$，其中 ξ 和 η 是相互独立的正态分布 $N(0,\sigma^2)$ 随机变量，θ 是实数，试证 $\{x_t, 0 \leqslant t \leqslant 1\}$ 为平稳过程。

9. 求 $MA(3)$ 模型

$$y_t = 1 + u_t + 0.8u_{t-1} - 0.5u_{t-2} + 0.3u_{t-3}$$

的自协方差和自相关函数。

10. 设动态数据为 $x_1 = 0.8$，$x_2 = 0.7$，$x_3 = 0.9$，$x_4 = 0.74$，$x_5 = 0.82$，$x_6 = 0.92$，$x_7 = 0.78$，$x_8 = 0.86$，$x_9 = 0.72$，$x_{10} = 0.84$，求样本均值 $\bar{x}$，样本方差 $\hat{r}_0$，样本自协方差函数 $\hat{r}_1$、$\hat{r}_2$ 和样本自相关函数 $\hat{\rho}_1$、$\hat{\rho}_2$。

11. 利用第 10 题的数据求 $AR(2)$ 模型的最小二乘估计。

第十五章　非平稳时间序列分析

✓ 本章要点

(1) 非平稳时间序列基本概念;(2) 时间序列的平稳性检验;(3) 协整的概念以及误差修正模型(*ECM*);(4) 向量自回归模型(*VAR*);(5) 因果关系检验;(6) 条件异方差(*ARCH*)模型。

前面几章我们所讨论的计量经济模型,主要是根据某种经济理论对经济行为的认识来确立计量经济模型的形式,然后进行数据收集、参数估计以及模型的检验。这种建立模型的方法称为计量经济学中的结构法,也是二十世纪五六十年代计量经济学的主导方法论即"理论驱动"方法。然而,这种方法在二十世纪七十年代,由于石油危机引起的经济动荡使计量经济学在建模方法论方面遇到了严峻的挑战,依据传统的经济理论建立的模型已无法预测石油危机的震荡对许多经济变量的动态影响。

计量经济学家通过对经济理论、模型构建、数据形势等方面的反思,于二十世纪八十年代初提出了一种与传统的建模方法完全不同的建模思路。这种建模思想主要是"让数据为自身说话",即所谓的"数据驱动"建模思路,以样本数据的特征作为建模的主要准则。他们认为任何经济变量的观测值都是由随机数生成过程生成,因而建立模型时,应首先考虑这个生成过程的随机性质,然后才能进行模型的参数估计和统计推断工作。若统计推断不理想,则需要修正原生成过程的假定,重复进行统计推断,直到分析结果达到一定的内生一致性或收敛为止。

正是由于"理论驱动"和"数据驱动"两种建立模型的途径的不断完善,并在此基础上的发展,才有了二十世纪八十年代计量经济学的重大发展,其中经济理论中的因果关系检验、单位根检验、协整理论、误差修正模型、*ARCH* 模型以及面板数据模型等理论的出现,在很大程度上改变了传统计量经济学的理论和方法,并在经济学和金融学中得到了广泛的应用。

本章将对非平稳时间序列的基本概念、时间序列的平稳性的单位根检验以及协整理论、因果关系检验、*ARCH* 模型以及面板数据模型等逐一进行简单介绍。

§15.1　非平稳时间序列基本概念

时间序列的非平稳性,是指时间序列的统计规律随着时间的位移而发生变化,即生成变量时间序列数据的随机过程的统计特征随时间变化而变化。只要宽平稳的三个条件不全满足,则该时间序列便是非平稳的。当时间序列是非平稳的时候,如果仍然应用 *OLS* 进行回归,将导致虚假的结果或者称为伪回归。这是因为其均值函数、方差函数不再是常数,自协方差函数也不仅仅是时间间隔的函数。

常见的非平稳时间序列有以下几种:

一、随机游走(Random Walk)序列

随机游走序列是一个简单的随机过程:

$$y_t = y_{t-1} + u_t \tag{15.1.1}$$

式中 u_t 为白噪声。

y_t 的均值为

$$E(y_t) = E(y_{t-1}) + E(u_t) = E(y_{t-1}) \tag{15.1.2}$$

(15.1.2)式表明 y_t 的均值不随时间的变化而变化。

为了求出 y_t 的方差,我们将(15.1.1)式进行一系列的迭代:

$$\begin{aligned} y_t &= y_{t-1} + u_t \\ &= y_{t-2} + u_{t-1} + u_t \\ &= y_{t-3} + u_{t-2} + u_{t-1} + u_t \\ &= y_0 + u_1 + u_2 + \cdots + u_t \\ &= y_0 + \sum_{i=1}^{t} u_i \end{aligned} \tag{15.1.3}$$

式中 y_0 为 y_t 的初始值,可取任意常数或取初始值为零。则方差

$$V(y_t) = V(y_0 + \sum_{i=1}^{t} u_i) = \sum_{i=1}^{t} V(u_i) = t\sigma_u^2 \tag{15.1.4}$$

(15.1.4)式表明 y_t 的方差随时间的变化而变化,平稳性的第二个条件遭到破坏,即随机游走时间序列是非平稳序列。

随机游走时间序列的一个很有用的特点是:若将(15.1.1)式写成差分形式便有

$$\Delta y_t = y_t - y_{t-1} = u_t \tag{15.1.5}$$

(15.1.5)式表明随机游走序列的一阶差分式是平稳的。

二、带漂移项的随机游走(Random Walk with Drift)序列

带漂移项的随机游走序列由下式确定:

$$y_t = \mu + y_{t-1} + u_t \tag{15.1.6}$$

式中 μ 为非零常数,称之为“漂移项”,u_t 为白噪声序列。

μ 所以被称之为“漂移项”,是因为(15.1.6)的一阶差分:

$$\Delta y_t = y_t - y_{t-1} = \mu + u_t \tag{15.1.7}$$

(15.1.7)式表明随机游走序列向上或向下漂移取决于 μ 的符号。

由(15.1.6)式进行迭代可以得到:

$$y_t = y_0 + t\mu + \sum_{i=1}^{t} u_i \tag{15.1.8}$$

(15.1.8)式表明 y_t 是许多随机变量的一个积累,具有明显的趋势。
由于

$$E(y_t) = y_0 + t\mu + \sum_{i=1}^{t} E(u_i) = y_0 + t\mu \tag{15.1.9}$$

$$V(y_t) = V\left(y_0 + t\mu + \sum_{i=1}^{t} u_i\right) = \sum_{i=1}^{t} V(u_i) = t\sigma_u^2 \tag{15.1.10}$$

(15.1.9)和(15.1.10)式表明 y_t 的均值和方差都是 t 的函数,而且随着时间发散到无穷大。显然,带漂移项的随机游走时间序列也是非平稳时间序列。

三、带趋势项的随机游走序列

随机游走序列(15.1.1)和(15.1.6)是比较简单的非平稳序列,它们是

$$y_t = \mu + \beta t + y_{t-1} + u_t \tag{15.1.11}$$

的特例。(15.1.11)式称为带趋势项的随机游走序列,容易证明,该时间序列也是非平稳时间序列。

§15.2　时间序列的平稳性检验

在本章以前,我们所讨论的计量经济建模过程,所涉及的时间序列都隐含着一个概念,即它们都是平稳的。但是,实际问题中,很多时间序列不一定是平稳的。因此,当我们取得某随机时间序列时,首先要判断它的平稳性。

由于大多数宏观经济变量,如 *GDP*、消费总额、货币供应量 M2 等的时间序列都不是平稳的,随着时间的位移而持续地增长,也就是说有一种增长趋势的特征。但是当经济出现突发性振荡(如石油价格猛增或金融危机)后,受到冲击的这些宏观经济变量是逐渐回到它们的长期增长的趋势上去,还是呈现出随机游走的状态呢?若呈现随机游走状态,一方面如果还是用 *OLS* 进行回归,这时会导致虚伪回归(这是因为随机游走不是有限方差,高斯-马尔科夫定理不再成立,*OLS* 估计的参数不再是一致的);另一方面,由于这种冲击对变量的影响不会在短期内消失,随机游走状态也可能是持久的,所以对变量的平稳性进行检验有着极其重要的意义。

一、利用散点图判断平稳性

利用时间序列的散点图判断平稳性是一种最简单的方法。首先画出该时间序列的散点图,然后观察散点是否是围绕其均值上下波动的曲线,如果是的话,可以判断该时间序列是一个平稳时间序列。否则的话,该时间序列是非平稳的。

例如,时间序列 $\{x_t, t = 1,2,\cdots\}$,观测点在其均值水平线上下波动,如图 15.2.1 所示,则可以认为该样本来自平稳序列 $\{x_t, t = 1,2,\cdots\}$。

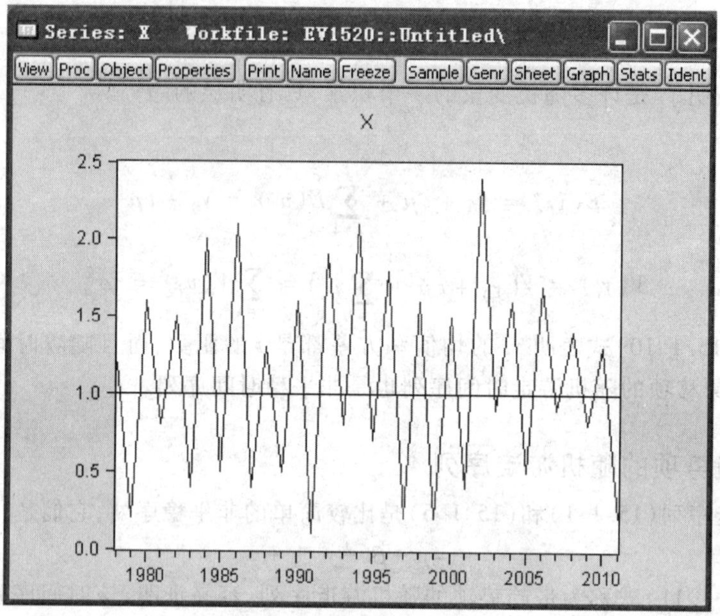

图 15.2.1 x 的散点图

这种方法简单直观,但是精度不高,只可用于粗略估计,在做科学判断时,应该用解析法。

二、利用样本自相关函数进行稳定性判断

不同时间序列具有不同形式的自相关函数,因此可以从时间序列的自相关函数的图形来判断时间序列的稳定性。但是,自相关函数是纯理论性的,对它所刻画的随机过程,我们通常只能得到有限个观测值。因此,在实际应用中,常采用样本自相关函数来判断时间序列是否为平稳过程。

一般地,由样本数据计算出样本自相关函数

$$\hat{\rho}_k = \frac{\sum_{t=1}^{T-k}(y_t - \bar{y})(y_{t+k} - \bar{y})}{\sum_{t=1}^{T}(y_t - \bar{y})^2} \tag{15.2.1}$$

当 k 逐渐增大时,$\hat{\rho}_k$ 迅速衰减,则认为该序列是平稳的;如果它衰减非常缓慢,则认为该序列是非平稳的。

三、单位根检验[DF(Dickey-Fuller)检验]

(一)单位根过程

单位根过程是较随机游走更为一般的非平稳过程,假定有增长趋势的变量 y_t 的数据生成过程可写成:

$$(1-L)y_t=\alpha+u_t \tag{15.2.2}$$

其中 u_t 是平稳过程，α 可取不同的值，L 是滞后算子 $Ly_t=y_{t-1}$。由于其特征方程 $1-z=0$ 有一个单位根 $z=1$，所以称(15.2.2)式为单位根过程。根据 α 取值不同，单位根过程可以有以下三种不同形式：

1. 当 $\alpha=0$ 时，(15.2.2)可写成

$$y_t=y_{t-1}+u_t \tag{15.2.3}$$

(15.2.3)式成为一个纯随机游走过程。

2. 当 $\alpha=\mu$ 时，(15.2.2)式可写成

$$y_t=\mu+y_{t-1}+u_t \tag{15.2.4}$$

(15.2.4)式成为一个带飘移的随机游走过程。

3. 当 $\alpha=\mu+\beta t$ 时，(15.2.2)式可写成

$$y_t=\mu+\beta t+y_{t-1}+u_t \tag{15.2.5}$$

(15.2.5)式成为一个带趋势的随机游走过程。

以上三种情况，其数据生成过程都可以概括写成如下形式：

$$y_t=\alpha+\rho y_{t-1}+u_t \tag{15.2.6}$$

当 $\alpha=0,\rho=1$ 时，式(15.2.6)就是随机游走过程；当 $\alpha=\mu,\rho=1$ 时，式(15.2.6)就是带飘移项的随机游走过程；当 $\alpha=\mu+\beta t,\rho=1$ 时，式(15.2.6)就是带趋势项的随机游走过程。

(二)单位根检验的基本思想

在(15.2.6)式中，若 $\alpha=0$，则式(15.2.6)可以写成：

$$y_t=\rho y_{t-1}+u_t \tag{15.2.7}$$

式(15.2.7)称为一阶自回归过程，记作 $AR(1)$，可以证明当 $|\rho|<1$ 时是平稳的，否则是非平稳的。

$AR(1)$过程也可以写成算符形式：

$$(1-\rho L)y_t=u_t \tag{15.2.8}$$

y_t 平稳的条件是特征方程 $1-\rho z=0$ 根的绝对值大于 1。显然，此方程仅有一个根 $z=1/\rho$，由 $|z|>1$，知平稳性要求 $|\rho|<1$。因此，检验 y_t 的平稳性的原假设和备择假设为

$$H_0: |\rho|\geqslant 1;\quad H_1: |\rho|<1 \tag{15.2.9}$$

接收原假设 H_0 表明 y_t 是非平稳的，而拒绝原假设则表明 y_t 是平稳序列。

在 $\rho=1$ 时，原假设为真，此时(15.2.7)就是随机游走过程(15.2.3)，它是非平稳的。因此检验非平稳性就是检验 $\rho=1$，或者说，就是检验单位根。这样一来，就将对非平稳性的检验转化为对单位根的检验，这就是单位根检验方法的由来。

由式(15.2.7)两边各减去 y_{t-1}，得到

$$y_t-y_{t-1}=\rho y_{t-1}-y_{t-1}+u_t$$

即

$$\Delta y_t=\delta y_{t-1}+u_t \tag{15.2.10}$$

(15.2.10)式中差分 $\Delta y_t=y_t-y_{t-1}$，$\delta=\rho-1$。

绝大多数经济变量的时间序列相关系数 ρ 都取正值且小于 1，因此，假设(15.2.9)可以改写为：

$$H_0:\delta=0;H_1:\delta<0 \tag{15.2.11}$$

当 $\delta=0$ 时,原假设 H_0 为真,则相应的随机过程是非平稳的。可以看出,非平稳性问题或单位根问题,可以表示为 $\rho=1$ 或 $\delta=0$。从而我们可以将检验时间序列 y_t 的非平稳性的问题简化成在模型(15.2.7)中,检验回归参数 $\rho=1$ 是否成立,或者在模型(15.2.10)中,检验回归参数 $\delta=0$ 是否成立。按照以前参数检验的做法,我们可以分别用两个 t 检验进行:

$$T_\rho=\frac{\hat{\rho}-1}{\sqrt{\hat{V}(\hat{\rho})}} \quad 或 \quad T_\delta=\frac{\hat{\delta}}{\sqrt{\hat{V}(\hat{\delta})}} \tag{15.2.12}$$

(15.2.12)式中 $\hat{V}(\hat{\rho})$ 和 $\hat{V}(\hat{\delta})$ 分别为参数估计量 $\hat{\rho}$ 和 $\hat{\delta}$ 的方差。

但是,这里的问题是(15.2.12)式中的统计量 T_ρ 和 T_δ 不服从 t 分布,而是一个非标准的非对称的分布,它具有 Dickey-Fuller(1979)提出的分布(简称 *DF* 分布),相应的检验就是我们下面要介绍的著名的 Dickey-Fuller(简称 *DF*)检验。

(三) *DF* 检验(Dickey-Fuller Test)

1. *DF* 检验

迪克(Dickey)和富勒(Fuller)以蒙特卡罗模拟为基础,编制了式(15.2.12)中 t_δ 统计量的临界值表——*DF* 分布临界值表,表中所列已非传统的 t 统计量,他们称之为 τ 统计量。后来该表由麦金农(Mackinnon)1991 年通过蒙特卡罗模拟法加以扩充,形成了扩充的 *DF* 分布临界值表,即 *ADF* 分布临界值表,因而形成了扩充的 *DF* 检验——*ADF* 检验。

DF 检验的具体做法是用传统方法计算出的参数的 t 统计量,不与 t 分布临界值比较而是与 *DF* 分布临界值表比较。

DF 检验的具体做法如下:

第一步:对式

$$\Delta y_t=\delta y_{t-1}+u_t \tag{15.2.10}$$

进行 *OLS* 估计,然后计算统计量 T_δ

$$T_\delta=\frac{\hat{\delta}}{\sqrt{\hat{V}(\hat{\delta})}} \tag{15.2.13}$$

第二步:检验假设 $H_0:\delta=0;H_1:\delta<0$

若 $T_\delta>\tau$,则接受原假设 H_0,即 y_t 非平稳;

若 $T_\delta<\tau$,则拒绝原假设 H_0,即 y_t 为平稳序列。

其中 τ 为 *DF* 分布表的临界值。

2. *ADF* 检验

DF 检验存在的问题是假设随机项误差 v_t 为白噪声,但大多数的经济数据序列是不满足此项要求的。为此,Dickey 和 Fuller(1979)提出用扩展的 *DF* 检验法,即扩展的迪克一富勒检验(Augmented Dickey-Fuller Test)来实现检验目的,此检验称为 *ADF* 检验。

这个检验将 *DF* 检验的右边扩展为包含 y_t 的一些滞后项使残差白噪声化,*ADF* 检验的回归式为:

模型(1) $$\Delta y_t = \delta y_{t-1} + \sum_{i=1}^{k} \lambda_i \Delta y_{t-i} + v_t$$

模型(2) $$\Delta y_t = \mu + \delta y_{t-1} + \sum_{i=1}^{k} \lambda_i \Delta y_{t-i} + v_t$$

模型(3) $$\Delta y_t = \mu + \beta t + \delta y_{t-1} + \sum_{i=1}^{k} \lambda_i \Delta y_{t-i} + v_t$$

其中 $\delta = \rho - 1$，k 为滞后项数。模型(2)含有常数项，没有时间趋势项；模型(3)含有常数项和时间趋势项。滞后项数 k 的选取采用 Schwartz(施瓦茨)(1987)推荐的方法，k 的最大值为 $[12(T/100)^{1/4}]$，其中 $[x]$ 表示 x 的最大整数部分，T 为观测值的个数。

我们用下面的例子来说明 *ADF* 检验，应用 EViews 软件是如何进行的。

例 15.2.1 检验我国国内生产总值(y)时间序列(表 15.2.1)的平稳性。

表 15.2.1　　1978—2011 年国内生产总值(y)的相关数据

年份	y	年份	y
1978	3 645.2	1995	60 793.7
1979	4 062.6	1996	71 176.6
1980	4 545.6	1997	78 973.0
1981	4 891.6	1998	84 402.3
1982	5 323.4	1999	89 677.1
1983	5 962.7	2000	99 214.6
1984	7 208.1	2001	109 655.2
1985	9 016.0	2002	120 332.7
1986	10 275.2	2003	135 822.8
1987	12 058.6	2004	159 878.3
1988	15 042.8	2005	184 937.4
1989	16 992.3	2006	216 314.4
1990	18 667.8	2007	265 810.3
1991	21 781.5	2008	314 045.4
1992	26 923.5	2009	340 902.8
1993	35 333.9	2010	401 512.8
1994	48 197.9	2011	472 881.6

利用 EViews 软件，首先建立工作文件输入样本数据。

1. 利用散点图判断平稳性

利用样本数据作散点图，如图 15.2.2 所示。

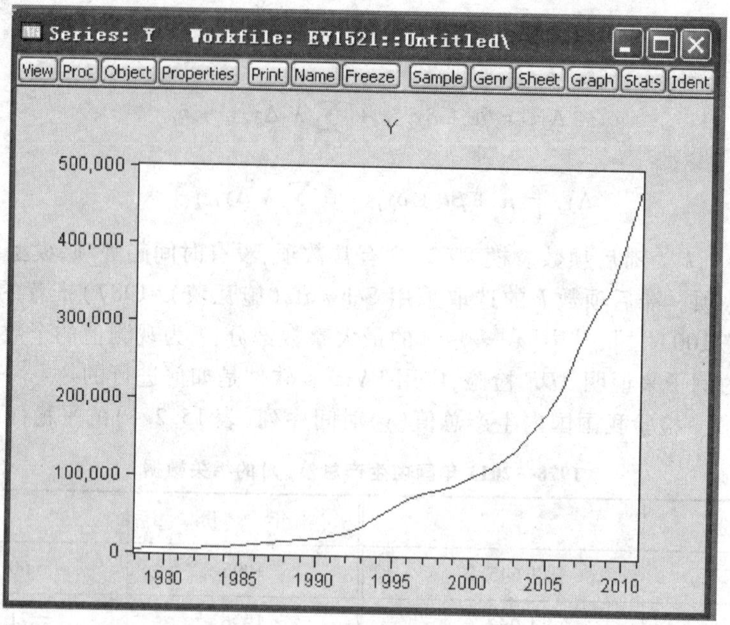

图 15.2.2 样本数据的散点图

y 的图形近似于指数增长,因而是非平稳的。

2. 利用样本自相关函数进行稳定性判断

利用样本数据作自相关函数图形,如图 15.2.3 所示。

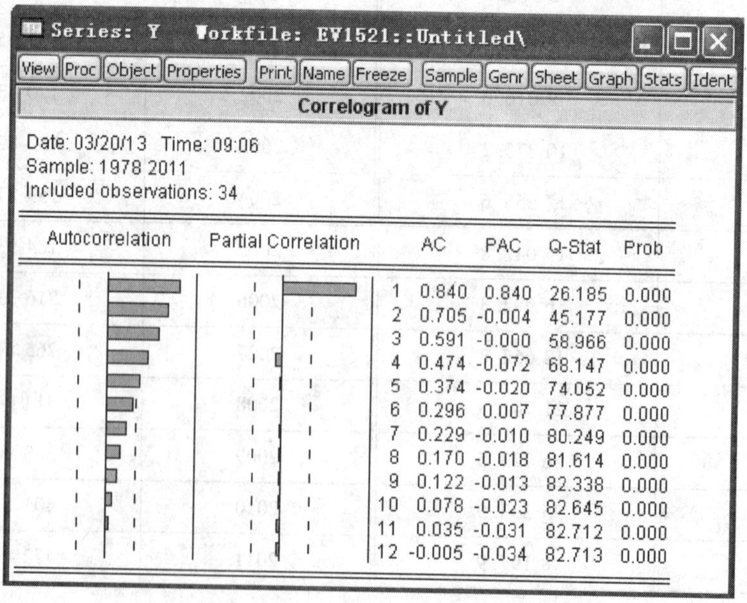
Series: Y Workfile: EV1521::Untitled\

Correlogram of Y

Date: 03/20/13 Time: 09:06
Sample: 1978 2011
Included observations: 34

Autocorrelation	Partial Correlation		AC	PAC	Q-Stat	Prob
		1	0.840	0.840	26.185	0.000
		2	0.705	-0.004	45.177	0.000
		3	0.591	-0.000	58.966	0.000
		4	0.474	-0.072	68.147	0.000
		5	0.374	-0.020	74.052	0.000
		6	0.296	0.007	77.877	0.000
		7	0.229	-0.010	80.249	0.000
		8	0.170	-0.018	81.614	0.000
		9	0.122	-0.013	82.338	0.000
		10	0.078	-0.023	82.645	0.000
		11	0.035	-0.031	82.712	0.000
		12	-0.005	-0.034	82.713	0.000

图 15.2.3 自相关函数图形

从图 15.2.3 中可以看出,自相关函数(Autcorrelation)随着 k 的增加,$\hat{\rho}_k$ 衰减缓慢,说

明 y 序列是非平稳的。

3. 单位根检验(Unit Root Test)

(1) *DF* 检验

在工作文件窗口,输入命令:

GENR $DY = Y - Y(-1)$

生成差分序列 Δy,用 *OLS* 法估计模型 $\Delta y_t = \delta y_{t-1} + u_t$的参数,如图 15.2.4 所示。

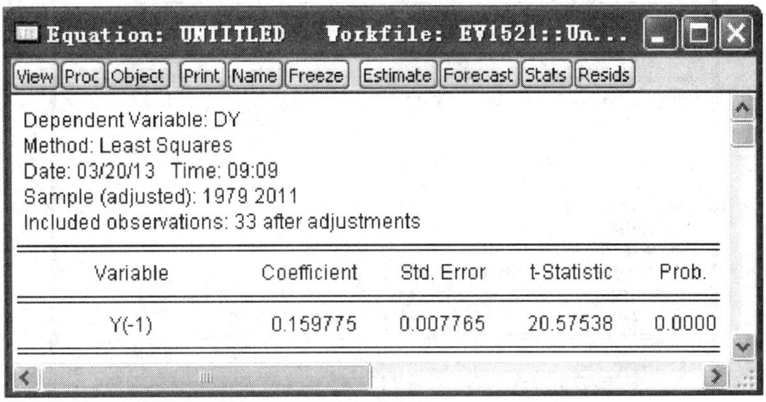

图 15.2.4　模型 $\Delta y_t = \delta y_{t-1} + u_t$的参数估计

由图 15.2.4 可知,$\hat{\delta} = 0.159\,775$,$T_{\delta} = 20.575\,38$。此结果也可以由 EViews 软件中的单位根检验功能直接给出,点击 y 的数据表中的“View/Unit Root Test”,选择项如图 15.2.5 所示,点击“OK”直接给出结果,如图 15.2.6 所示:

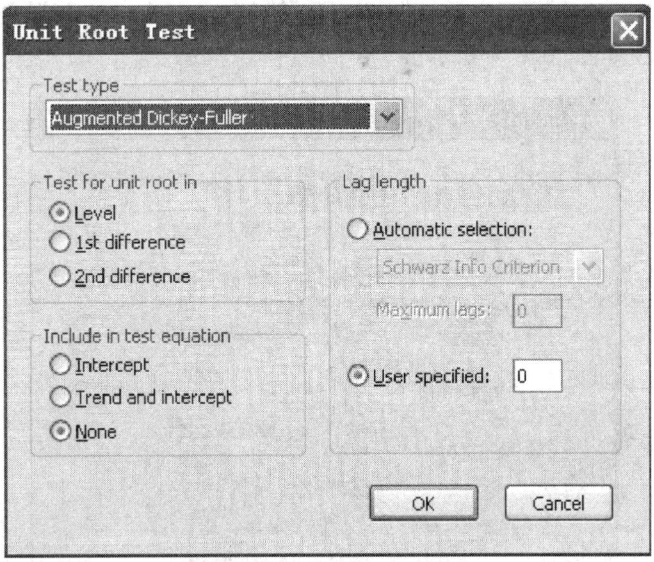

图 15.2.5　Unit Root Test 窗口

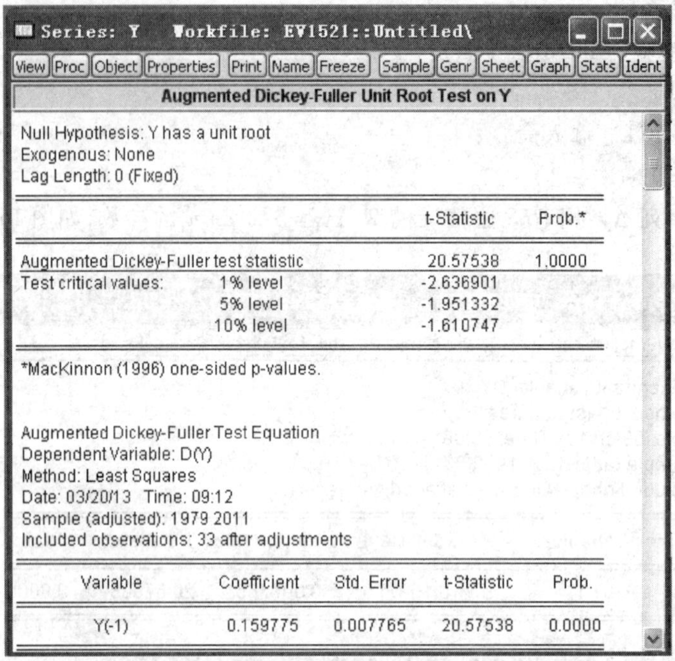
Series: Y Workfile: EV1521::Untitled\

View | Proc | Object | Properties | Print | Name | Freeze | Sample | Genr | Sheet | Graph | Stats | Ident

Augmented Dickey-Fuller Unit Root Test on Y

Null Hypothesis: Y has a unit root
Exogenous: None
Lag Length: 0 (Fixed)

		t-Statistic	Prob.*
Augmented Dickey-Fuller test statistic		20.57538	1.0000
Test critical values:	1% level	-2.636901	
	5% level	-1.951332	
	10% level	-1.610747	

*MacKinnon (1996) one-sided p-values.

Augmented Dickey-Fuller Test Equation
Dependent Variable: D(Y)
Method: Least Squares
Date: 03/20/13 Time: 09:12
Sample (adjusted): 1979 2011
Included observations: 33 after adjustments

Variable	Coefficient	Std. Error	t-Statistic	Prob.
Y(-1)	0.159775	0.007765	20.57538	0.0000

图 15.2.6 *DF* 检验结果

可以看出两种方法得出的结果相同。$T_{\delta}=20.57538$ 大于 *ADF* 表中的 1% ~5% 水平所有的临界值,因此不能拒绝原假设,即 y 序列是非平稳的。

(2) *ADF* 检验

由图 15.2.2 可以看出,序列 y 是具有时间趋势的,所以采用模型三(包含常数项和时间趋势项)并选择一阶滞后差分项。在 EViews 软件中,点击 y 的数据表中的"View/Unit Root Test",选择项如图 15.2.7 所示。

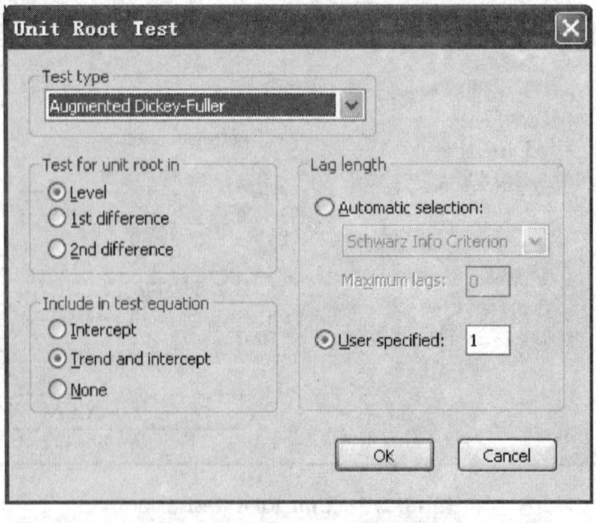

图 15.2.7 Unit Root Test 窗口

其计算结果如图 15. 2. 8 所示。

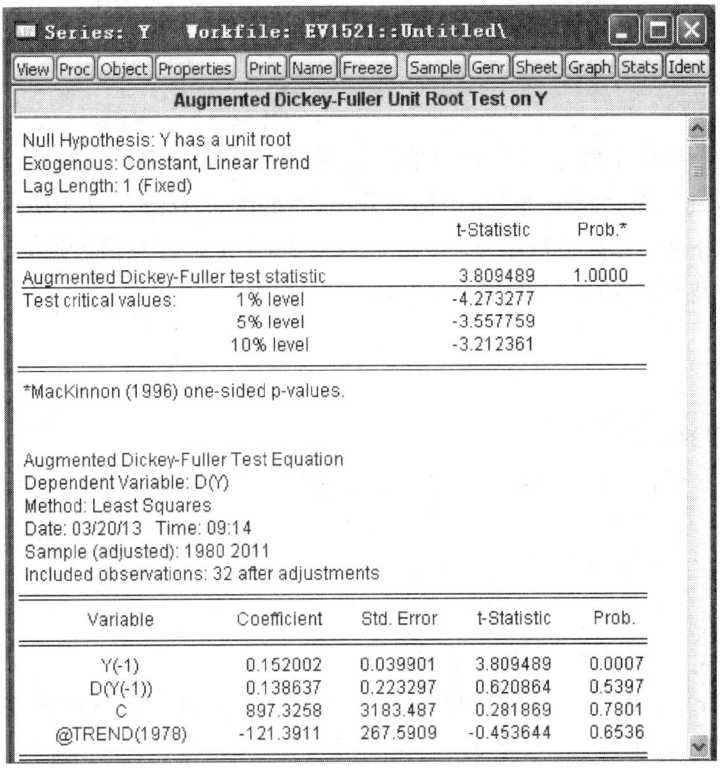

Series: Y Workfile: EV1521::Untitled\

View | Proc | Object | Properties | Print | Name | Freeze | Sample | Genr | Sheet | Graph | Stats | Ident

Augmented Dickey-Fuller Unit Root Test on Y

Null Hypothesis: Y has a unit root
Exogenous: Constant, Linear Trend
Lag Length: 1 (Fixed)

		t-Statistic	Prob.*
Augmented Dickey-Fuller test statistic		3.809489	1.0000
Test critical values:	1% level	-4.273277	
	5% level	-3.557759	
	10% level	-3.212361	

*MacKinnon (1996) one-sided p-values.

Augmented Dickey-Fuller Test Equation
Dependent Variable: D(Y)
Method: Least Squares
Date: 03/20/13 Time: 09:14
Sample (adjusted): 1980 2011
Included observations: 32 after adjustments

Variable	Coefficient	Std. Error	t-Statistic	Prob.
Y(-1)	0.152002	0.039901	3.809489	0.0007
D(Y(-1))	0.138637	0.223297	0.620864	0.5397
C	897.3258	3183.487	0.281869	0.7801
@TREND(1978)	-121.3911	267.5909	-0.453644	0.6536

图 15. 2. 8 *ADF* 检验结果

从图 15. 2. 8 可以看出 $T_{\delta}=3.809\,489$ 大于 ADF 检验 0. 1 ~ 0. 01 的各种显著水平的 τ 值，不能拒绝原假设，即有单位根，y 序列是非平稳的（@ TREND 表示趋势项）。

§15. 3 协整理论简介

在进行时间序列分析时，传统上要求所用的时间序列必须是平稳的，即没有随机趋势或确定性趋势，否则，将会产生“伪回归”问题。但是，在现实经济中的时间序列通常都是非平稳的。为了使回归有意义，可以对其实行平稳化。采用的方法是对时间序列进行差分，然后对差分序列进行回归。这样的做法忽略了原时间序列包含的有用信息，而这些信息对分析问题来说又是必要的。为了解决上述问题，近二十几年来发展了一种处理非平稳数据的新方法——协整理论。许多经济学家、经济计量学家和统计学家对这一新理论表现出极大的兴趣和热情。由于他们的系统研究，使这一理论迅速发展成为当今世界经济学界的一个热门的前沿研究领域。

一、单整的概念

由(15.1.1)和(15.1.3)式,初始值 y_0 取零有:

$$y_t = y_{t-1} + u_t = \sum_{i=1}^{t} u_i \tag{15.3.1}$$

其中 u_t 是一个平稳序列,而 y_t是由以前的 u_t 累积而成的一个单一整体,称为单整序列(Integrated Series),即时间序列分析中的积分序列,记作 $y_t \sim I(1)$。$I(1)$的含义是 y_t 只需要经过一次差分就可变成平稳序列。一般地,$y_t \sim I(d)$表示 y_t 只需经过 d 次差分就可变成平稳序列。显然,平稳序列可表示为 $I(0)$。

二、协整

(一) 协整的概念

根据 Judge(贾奇)等人(1993)对平稳和非平稳序列的研究,单整序列的线性组合具有如下性质:

(1) 如果 $x_t \sim I(0)$,则 $a + bx_t$ 是 $I(0)$;

如果 $x_t \sim I(1)$,则 $a + bx_t$ 是 $I(1)$。

(2) 如果 x_t, y_t 都是 $I(0)$,则 $ax_t + by_t$ 是 $I(0)$。

(3) 如果 $x_t \sim I(0)$, $y_t \sim I(1)$,则 $ax_t + by_t$ 是 $I(1)$,即 $I(1)$具有占优势的性质。

(4) 如果 x_t, y_t 都是 $I(1)$,则 $ax_t + by_t$ 一般情况下是 $I(1)$,但不保证一定是 $I(1)$。

例如:考虑下面两个变量

$$\begin{cases} x_t = \omega_t + \tilde{x}_t \\ y_t = a\omega_t + \tilde{y}_t \end{cases} \tag{15.3.2}$$

其中 ω_t 为 $I(1)$,$\tilde{x}_t, \tilde{y}_t$ 都是 $I(0)$且具有零均值。由性质(3)知,虽然 x_t, y_t 都是 $I(1)$,但由性质(2)知

$$u_t = y_t - ax_t = \tilde{y}_t - a\tilde{x}_t \tag{15.3.3}$$

是 $I(0)$且具有零均值,表明性质(4)不成立。但是,它反映了两个变量之间的协整关系。

定义:如果 x_t, y_t 皆为 $I(1)$,但存在某个线性组合

$$u_t = m + ax_t + by_t \tag{15.3.4}$$

是 $I(0)$且具有零均值,则称 x_t, y_t 是协整的(Cointegrated),(a,b)称为协整向量。

协整表明:尽管两个序列都是非平稳的 $I(1)$,但两者的某个线性组合却可能是平稳的。两个 $I(1)$序列之间的这种稳定关系是对经济学中所说的规律的定量描述。因此,研究变量之间的协整关系就等同于研究变量之间的定量规律。

从协整的定义可以看出协整的经济意义在于:两个经济变量,虽然它们各自具有各自的长期波动规律,但是如果它们是协整的,则它们之间存在着一个长期稳定的比例关系。例如居民实际消费支出 C_t 和实际可支配收入 Y_t 间存在协整关系,则说明它们之间存在

一个长期稳定的比例关系,这个比例关系就是边际消费倾向。从计量经济模型的意义上讲,建立如下消费模型:

$$C_t = a_0 + a_1 Y_t + u_t$$

其中　C_t 为消费,Y_t 为收入,变量选择是合理的,随机误差项一定是“白噪声”,模型参数有合理的经济解释。

(二)协整理论的意义

研究变量之间的协整关系,对研究经济问题的定量分析有着重要的意义:

(1)定量描述经济规律:协整表明尽管两个序列都是非平稳的 $I(1)$,但两者的某个线性组合却可能存在一种平稳关系。这种平稳关系,对于研究经济学中变量之间存在的稳定的经济规律的定量描述具有很重要的意义。研究变量之间的协整关系,就等于研究变量之间的定量规律。

(2)避免伪回归。如果一组非平稳时间序列不存在协整关系,则根据它们构造的回归模型就可能是伪回归。伪回归模型尽管有很高的 R^2 值和 t 值,但 OLS 的参数估计值却是非一致的[这种结果看上去很好但却是毫无意义的回归,被格兰杰(Granger)和纽博尔德(Newbold)称为伪回归]。一般在时间序列的回归中,DW 值很低而 R^2 却很高,就应怀疑存在伪回归的可能。如果建立模型前,对变量之间的协整关系进行了检验,证明了它们是协整的,那么所建立的回归模型就可以避免伪回归。所以,对变量之间的协整检验是避免伪回归的事先预防。

(3)区分变量之间的长期均衡关系和短期波动关系。长期均衡关系就是指两个时间序列共同漂移的方式。短期波动关系是指 y_t 对长期趋势的偏离 Δy_t 与 x_t 对长期趋势的偏离 Δx_t 之间的关系。误差修正模型便是一种能同时考虑变量之间这两种关系的一种模型。

三、单整检验

在具体应用协整理论进行时间序列分析时,必须先分别检验被分析序列是否为 $I(1)$ 的,进而再判别其协整性。

最简单的单整检验是通过对 AR(1)模型的随机游走性检验来进行的。先作自回归

$$y_t = \rho y_{t-1} + v_t \tag{15.3.5}$$

再改写成

$$\Delta y_t = (\rho - 1) y_{t-1} + v_t = \delta y_{t-1} + v_t \tag{15.3.6}$$

其中　$\delta = \rho - 1$。检验(15.3.6)式中 y_{t-1} 的系数 δ 是否为零,即 H_0:　$\delta = 0$(即检验 $\rho = 1$ 的单位根零假设),备择假设是系数为负数,即 H_1:$\delta < 0$。若接受 H_0,表明序列 y_t 非平稳;否则,接受备择假设 H_1,即序列 y_t 平稳。

例 15.3.1　我们仍以例 15.2.1 的数据为例(在 §15.2 中我们已经知道序列 Y 是非平稳的),在 EViews 工作窗口中,输入命令:

$$GENR\ DDY = DY - DY(-1)$$

再对 DY 和 DDY 进行单位根检验,得到的结果如图 15.3.1 和 15.3.2 所示。

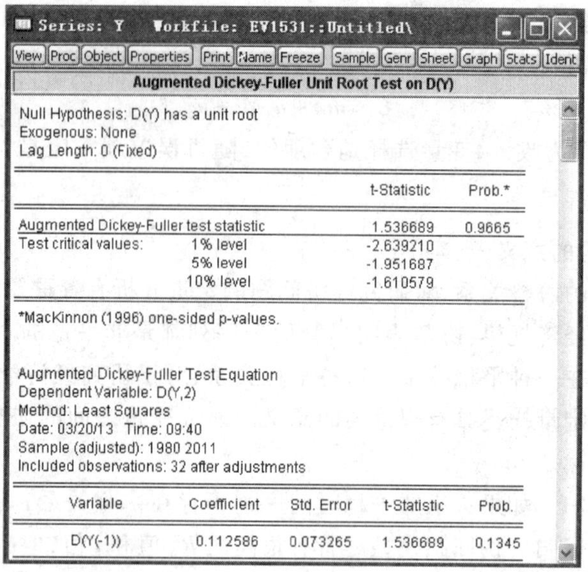

图 15.3.1 *DY* 的单位根检验

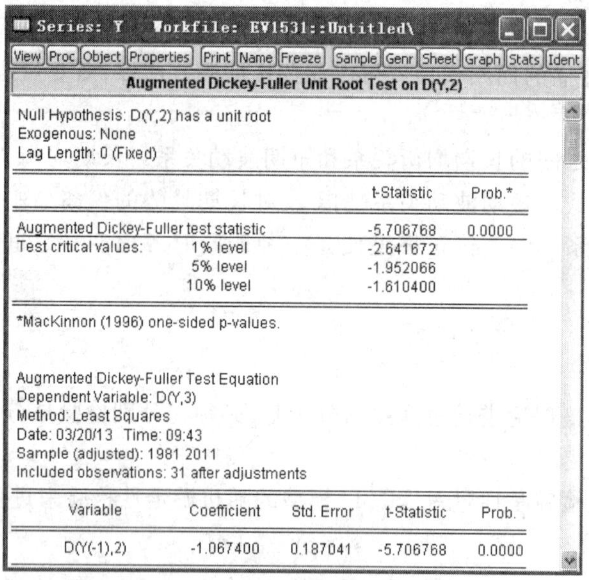

图 15.3.2 *DDY* 的单位根检验

由图 15.3.1 可以得到 $T_\delta = 1.536689$ 大于 *ADF* 表中 1% ~5% 所有的临界值,不能否定 $H_0: \delta = 0$,表明 *DY* 是非平稳的,即 *Y* 的一阶差分是非平稳的。再由图 15.3.2 可以得到 $T_\delta = -5.706768$ 小于 *AFD* 表中 1% ~5% 所有的临界值,应否定 $H_0: \delta = 0$,表明 *DDY* 是平稳的,即 *Y* 的二阶差分是平稳的。因而有 $DY \sim I(1)$,$DDY \sim I(0)$。

四、协整检验

设 x_t, y_t 都是 $I(1)$,协整回归模型如下(加进常数项和时间趋势项)

$$y_t = \alpha_0 + \alpha_1 x_t + \beta t + u_t \qquad (15.3.7)$$

则估计误差为

$$\hat{u}_t = y_t - \hat{\alpha}_0 - \hat{\alpha}_1 x_t - \hat{\beta} t \qquad (15.3.8)$$

协整存在的一个重要条件是协整回归方程的残差估计量 $\hat{u}_t$ 是平稳的。

协整性的检验分为两变量检验和多变量检验，我们这里只介绍两变量协整关系的检验。

（一）两变量的 Engle – Granger（*EG*）检验法

Engle（恩格尔）和 Granger（格兰杰）于 1987 年提出检验两变量协整性的三步检验方法，简称为 EG（又称 *AGE*）检验法。

第一步：首先检验非平稳序列 x_t, y_t 是否是 $I(1)$。

第二步：若序列 x_t, y_t 都是 $I(1)$ 的，则用 *OLS* 法估计协整回归（Cointegration Regression）模型（长期均衡模型）：

$$y_t = \alpha_0 + \alpha_1 x_t + u_t \qquad (15.3.9)$$

用

$$\hat{u}_t = y_t - \hat{\alpha}_0 - \hat{\alpha}_1 x_t \qquad (15.3.10)$$

作为均衡误差的估计值。

第三步：用 *OLS* 法估计回归模型：

$$\Delta \hat{u}_t = \delta \hat{u}_{t-1} + \sum_{i=1}^{m} \varphi_i \Delta \hat{u}_{t-1} + v_t \qquad (15.3.11)$$

然后检验 $\hat{u}_t$ 的平稳性，其检验方法与单整检验基本相同。如果零假设成立（$\delta = 0$），说明 $\hat{u}_t$ 为 $I(1)$，则 x_t, y_t 不是协整的；若零假设不成立（$\delta < 0$），说明 $\hat{u}_t$ 为 $I(0)$，则 x_t, y_t 是协整的。不同的地方是由于误差 $\hat{u}_t$ 是估计出来的，此时用作检验的 t 统计量不再具有 *DF* 分布，而是服从 Engle – Granger 分布，其临界值应由 Engle – Granger 协整检验临界值表查出。

（二）例 15.3.2　利用表 15.3.1 的数据检验 x_t 和 y_t 的协整性

表 15.3.1　　某国个人消费（y）和个人可支配收入（x）数据

年份	个人消费（y）	个人可支配收入（x）	年份	个人消费（y）	个人可支配收入（x）
1970	108 702.0	119 189.6	1978	179 037.3	204 486.0
1971	114 848.0	128 594.6	1979	108 702.0	119 189.6
1972	120 050.0	135 007.1	1980	114 848.0	128 594.6
1973	126 115.0	142 128.3	1981	120 050.0	135 007.1
1974	137 204.3	159 664.3	1982	126 115.0	142 128.3
1975	147 719.3	172 771.5	1983	137 204.3	159 664.3
1976	157 699.3	182 381.1	1984	147 719.3	172 771.5
1977	167 540.3	195 626.6	1985	157 699.3	182 381.1

续表

年份	个人消费(y)	个人可支配收入(x)	年份	个人消费(y)	个人可支配收入(x)
1986	167 540. 3	195 626. 6	1996	293 942. 5	366 745. 8
1987	179 037. 3	204 486. 0	1997	310 654. 5	390 204. 3
1988	190 101. 3	222 653. 1	1998	318 831. 5	406 873. 0
1989	206 825. 3	246 834. 6	1999	319 355. 5	401 958. 6
1990	217 224. 3	269 264. 5	2000	325 865. 5	419 684. 9
1991	232 324. 3	297 281. 6	2001	338 496. 8	421 705. 1
1992	250 069. 3	335 537. 3	2002	339 414. 8	417 919. 8
1993	251 664. 5	310 246. 9	2003	345 183. 8	434 685. 2
1994	266 898. 5	327 537. 1	2004	358 660. 8	456 565. 7
1995	281 080. 5	350 443. 2	2005	361 015. 8	439 643. 6

解法 1

第一步:首先检验非平稳序列 x_t, y_t 是否是 $I(1)$。

图 15. 3. 4 中 $Dx = x - x(-1)$,由图 15. 3. 3 和图 15. 3. 4 可知 x 是 $I(1)$的。

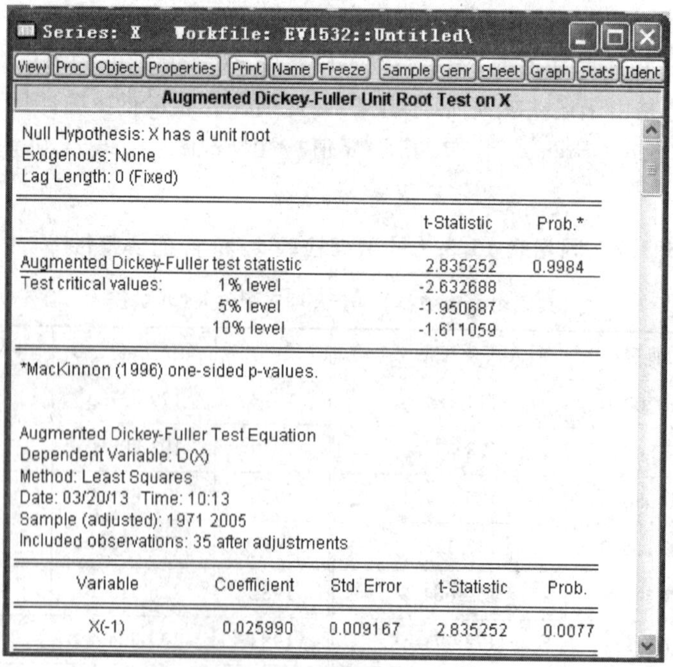
Series: X Workfile: EV1532::Untitled\

View Proc Object Properties Print Name Freeze Sample Genr Sheet Graph Stats Ident

Augmented Dickey-Fuller Unit Root Test on X

Null Hypothesis: X has a unit root
Exogenous: None
Lag Length: 0 (Fixed)

		t-Statistic	Prob.*
Augmented Dickey-Fuller test statistic		2.835252	0.9984
Test critical values:	1% level	-2.632688	
	5% level	-1.950687	
	10% level	-1.611059	

*MacKinnon (1996) one-sided p-values.

Augmented Dickey-Fuller Test Equation
Dependent Variable: D(X)
Method: Least Squares
Date: 03/20/13 Time: 10:13
Sample (adjusted): 1971 2005
Included observations: 35 after adjustments

Variable	Coefficient	Std. Error	t-Statistic	Prob.
X(-1)	0.025990	0.009167	2.835252	0.0077

图 15. 3. 3 x 的单位根检验

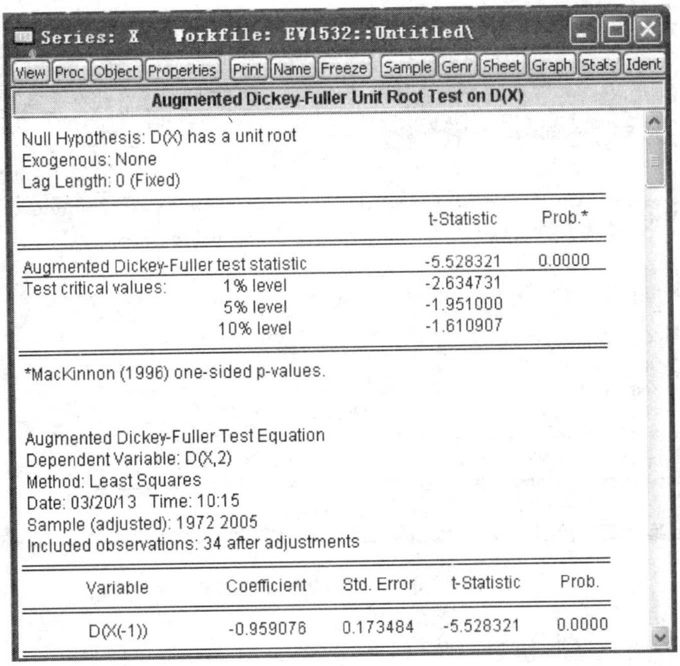

Series: X Workfile: EV1532::Untitled\

View Proc Object Properties Print Name Freeze Sample Genr Sheet Graph Stats Ident

Augmented Dickey-Fuller Unit Root Test on D(X)

Null Hypothesis: D(X) has a unit root
Exogenous: None
Lag Length: 0 (Fixed)

		t-Statistic	Prob.*
Augmented Dickey-Fuller test statistic		-5.528321	0.0000
Test critical values:	1% level	-2.634731	
	5% level	-1.951000	
	10% level	-1.610907	

*MacKinnon (1996) one-sided p-values.

Augmented Dickey-Fuller Test Equation
Dependent Variable: D(X,2)
Method: Least Squares
Date: 03/20/13 Time: 10:15
Sample (adjusted): 1972 2005
Included observations: 34 after adjustments

Variable	Coefficient	Std. Error	t-Statistic	Prob.
D(X(-1))	-0.959076	0.173484	-5.528321	0.0000

图 15.3.4 *Dx* 的单位根检验

图 15.3.6 中 $Dy = y - y(-1)$，由图 15.3.5 和图 15.3.6 可以认为 y 是(接近)$I(1)$的[接近 5% 显著水平，这里我们重点是讲述检验的方法不去计较是否是严格 $I(1)$的]。

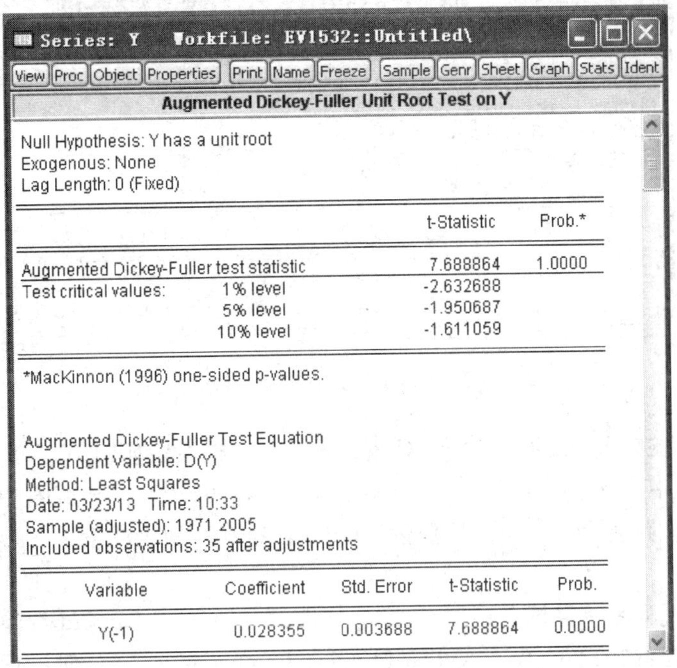

Series: Y Workfile: EV1532::Untitled\

View Proc Object Properties Print Name Freeze Sample Genr Sheet Graph Stats Ident

Augmented Dickey-Fuller Unit Root Test on Y

Null Hypothesis: Y has a unit root
Exogenous: None
Lag Length: 0 (Fixed)

		t-Statistic	Prob.*
Augmented Dickey-Fuller test statistic		7.688864	1.0000
Test critical values:	1% level	-2.632688	
	5% level	-1.950687	
	10% level	-1.611059	

*MacKinnon (1996) one-sided p-values.

Augmented Dickey-Fuller Test Equation
Dependent Variable: D(Y)
Method: Least Squares
Date: 03/23/13 Time: 10:33
Sample (adjusted): 1971 2005
Included observations: 35 after adjustments

Variable	Coefficient	Std. Error	t-Statistic	Prob.
Y(-1)	0.028355	0.003688	7.688864	0.0000

图 15.3.5 *y* 的单位根检验

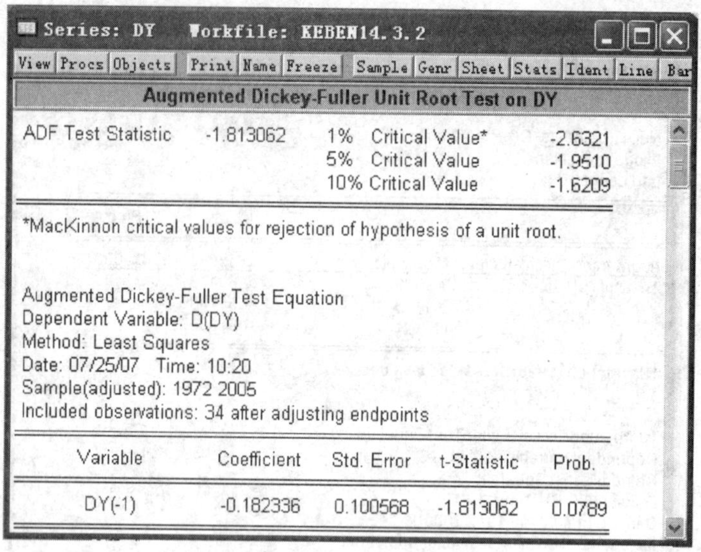

Augmented Dickey-Fuller Unit Root Test on DY

ADF Test Statistic	-1.813062	1% Critical Value*	-2.6321
		5% Critical Value	-1.9510
		10% Critical Value	-1.6209

*MacKinnon critical values for rejection of hypothesis of a unit root.

Augmented Dickey-Fuller Test Equation
Dependent Variable: D(DY)
Method: Least Squares
Date: 07/25/07 Time: 10:20
Sample(adjusted): 1972 2005
Included observations: 34 after adjusting endpoints

Variable	Coefficient	Std. Error	t-Statistic	Prob.
DY(-1)	-0.182336	0.100568	-1.813062	0.0789

图 15.3.6 *Dy* 的单位根检验

第二步:用 *OLS* 法估计协整回归(Cointegration Regression)模型:

$$y_t = \alpha_0 + \alpha_1 x_t + u_t$$

用

$$\hat{u}_t = y_t - \hat{\alpha}_0 - \hat{\alpha}_1 x_t$$

作为均衡误差的估计值,如图 15.3.7 所示。

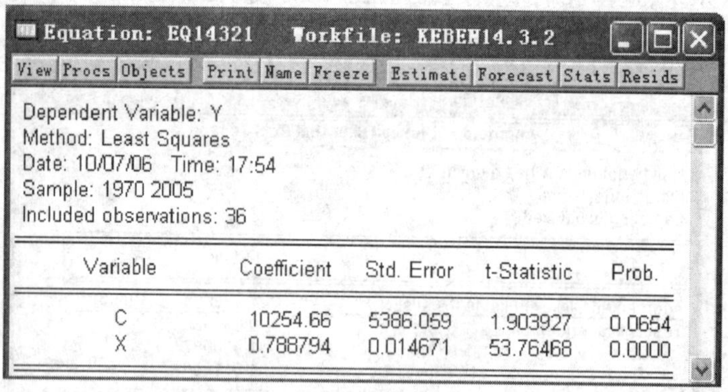

Dependent Variable: Y
Method: Least Squares
Date: 10/07/06 Time: 17:54
Sample: 1970 2005
Included observations: 36

Variable	Coefficient	Std. Error	t-Statistic	Prob.
C	10254.66	5386.059	1.903927	0.0654
X	0.788794	0.014671	53.76468	0.0000

图 15.3.7 协整方程的估计

第三步:检验残差 $\hat{u}_t$ 的平稳性。对残差进行单位根检验如图 15.3.8 所示。

图 15.3.8 中的 $E = \hat{u}_t$,由图 15.3.8 知,$T_\delta = -4.262292$ 小于 *ADF* 中 0.01 ~0.10 各显著水平下的临界值,因此,拒绝原假设,即 u_t 是平稳的,两个变量 x_t 和 y_t 是协整的。

解法 2

以上判断过程在计算机上利用 EViews 软件,可以使用 Johansen(约翰森)协整检验。

具体做法是:在 x, y 的数据表中选择 View/Cointegration Test,便出现如图 15.3.9 所示的对话框。

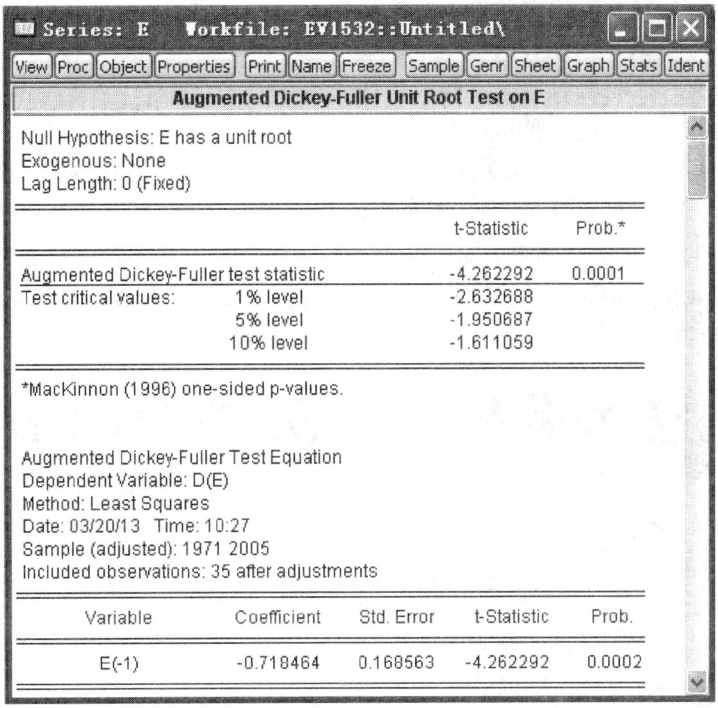

Series: E Workfile: EV1532::Untitled\

View Proc Object Properties Print Name Freeze Sample Genr Sheet Graph Stats Ident

Augmented Dickey-Fuller Unit Root Test on E

Null Hypothesis: E has a unit root
Exogenous: None
Lag Length: 0 (Fixed)

		t-Statistic	Prob.*
Augmented Dickey-Fuller test statistic		-4.262292	0.0001
Test critical values:	1% level	-2.632688	
	5% level	-1.950687	
	10% level	-1.611059	

*MacKinnon (1996) one-sided p-values.

Augmented Dickey-Fuller Test Equation
Dependent Variable: D(E)
Method: Least Squares
Date: 03/20/13 Time: 10:27
Sample (adjusted): 1971 2005
Included observations: 35 after adjustments

Variable	Coefficient	Std. Error	t-Statistic	Prob.
E(-1)	-0.718464	0.168563	-4.262292	0.0002

图 15.3.8 残差 u_t 平稳性的检验

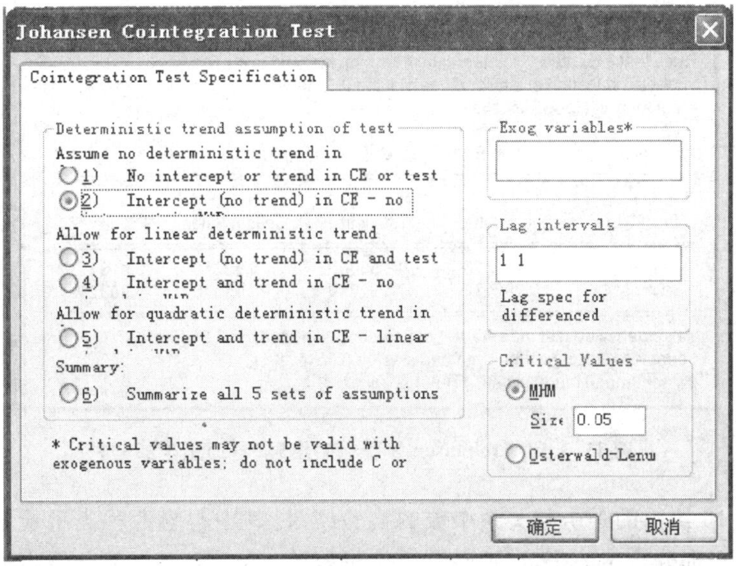

图 15.3.9 Johansen 协整检验对话框

图 15.3.9 的左上方依次表示

(1) 序列没有确定性趋势且协整方程无截距;

(2) 序列没有确定性趋势且协整方程有截距;

(3) 序列有线性趋势但协整方程只有截距;

(4) 序列和协整方程都有线性趋势;

(5) 序列有二次趋势且协整方程有线性趋势;

(6) 让计算机对以上五种情况都进行检验。

本例采用第二种形式,即观测序列没有确定性趋势且协整方程(CE)有截距。右上方第一个空白区域等待用户输入 VAR 系统中的外生变量名称,本例是只检验协整性,所以采用空白。图 15.3.9 的右侧上方第二个空白处输入模型右边的滞后阶数,并采用给出起止点的配对输入法。例如输入 12 表示等式右边包括 Δy_{t-1} 和 Δy_{t-2} 两项。本例中采用 11。定义完成后点击“确定”得到结果,如图 15.3.10 和 15.3.11 所示。

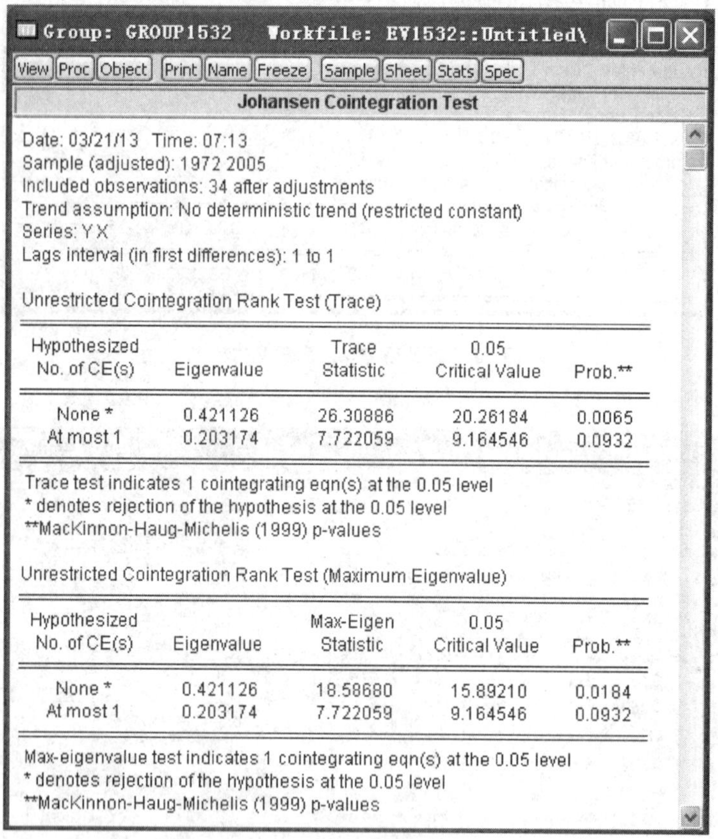

Group: GROUP1532 Workfile: EV1532::Untitled\

View | Proc | Object | Print | Name | Freeze | Sample | Sheet | Stats | Spec

Johansen Cointegration Test

Date: 03/21/13 Time: 07:13
Sample (adjusted): 1972 2005
Included observations: 34 after adjustments
Trend assumption: No deterministic trend (restricted constant)
Series: Y X
Lags interval (in first differences): 1 to 1

Unrestricted Cointegration Rank Test (Trace)

Hypothesized No. of CE(s)	Eigenvalue	Trace Statistic	0.05 Critical Value	Prob.**
None *	0.421126	26.30886	20.26184	0.0065
At most 1	0.203174	7.722059	9.164546	0.0932

Trace test indicates 1 cointegrating eqn(s) at the 0.05 level
* denotes rejection of the hypothesis at the 0.05 level
**MacKinnon-Haug-Michelis (1999) p-values

Unrestricted Cointegration Rank Test (Maximum Eigenvalue)

Hypothesized No. of CE(s)	Eigenvalue	Max-Eigen Statistic	0.05 Critical Value	Prob.**
None *	0.421126	18.58680	15.89210	0.0184
At most 1	0.203174	7.722059	9.164546	0.0932

Max-eigenvalue test indicates 1 cointegrating eqn(s) at the 0.05 level
* denotes rejection of the hypothesis at the 0.05 level
**MacKinnon-Haug-Michelis (1999) p-values

图 15.3.10 Johansen 协整检验结果(界面上半部分)

图 15.3.10 给出的是协整关系个数的检验结果,其中包含两种类型检验统计量的检验结果,上面一部分给出的是迹(Trace)统计量检验结果,下面一部分给出的是最大特征值(Maximum Eigenvalue)计量检验结果。对于每一部分,第一列是在检验原假设下协整关系的个数;第二列是矩阵 Π 的特征值,是按照大小顺序排列的;第三列是检验统计量;第四列是 5% 的临界值;最后一列是检验统计量的概率值。Johansen 协整检验是按照协整关系个数 $r=0$ 到 $r=k-1$ 顺序执行的。

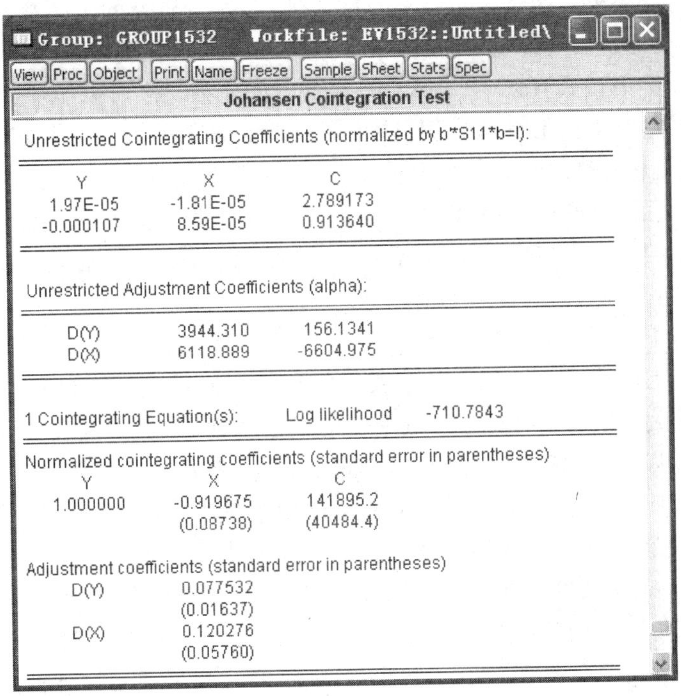
Group: GROUP1532 Workfile: EV1532::Untitled\

View Proc Object Print Name Freeze Sample Sheet Stats Spec

Johansen Cointegration Test

Unrestricted Cointegrating Coefficients (normalized by b'*S11*b=I):

Y	X	C
1.97E-05	-1.81E-05	2.789173
-0.000107	8.59E-05	0.913640

Unrestricted Adjustment Coefficients (alpha):

D(Y)	3944.310	156.1341
D(X)	6118.889	-6604.975

1 Cointegrating Equation(s): Log likelihood -710.7843

Normalized cointegrating coefficients (standard error in parentheses)

Y	X	C
1.000000	-0.919675	141895.2
	(0.08738)	(40484.4)

Adjustment coefficients (standard error in parentheses)

D(Y)	0.077532
	(0.01637)
D(X)	0.120276
	(0.05760)

图 15.3.11 Johansen 协整检验结果(界面下半部分)

为了说明检验结果,先看迹统计量检验,考察第一行:第一列“None”表示检验原假设“存在零个协整关系”,该假设下的迹统计量等于 26.30886(第三列),5% 的临界值等于 20.26184(第四列),迹统计量大于临界值,因此拒绝原假设,从而表明至少存在一个协整关系。接着再考察第一列的第二行“At most1”,其表示“至多存在 1 个协整关系”的原假设,该假设下的迹统计量等于 7.722059(第三列),小于 5% 的临界值 9.164546(第四列),因此不能拒绝原假设,从而迹统计量检验结果表明在 5% 的显著水平上存在一个协整关系。

对于最大特征值统计量检验,分析过程和迹统计量的完全相同,检验结果也表明在 5% 的显著水平上存在一个协整关系。

图 15.3.11 上半部分给出的是无约束的参数估计值,下半部分给出对应一个协整关系的正规化的参数估计结果,其协整方程为 $\hat{y} = -141\ 895.2 + 0.919675x$

五、误差修正模型(*ECM*)

误差修正模型(Error Correction Model, *ECM*)的误差修正这个术语最早是由 Sargen(萨尔甘,1964)提出的,但是误差修正模型基本形式的形成是在 1978 年由 Davidson(戴维森)、Hendry(亨得里)、Srba 和 Yeo 提出的,因而又称为 DHSY 模型。

误差修正模型是一种具有特定形式的计量经济模型。其基本思路是,若变量间存在协整关系,即表明这些变量间存在着长期稳定的关系,而这种长期稳定的关系是在短期动态过程的不断调整下得以维持的。产生这种结果的原因在于,大多数的经济时间序列的一阶差分是平稳序列。同时,存在着某种联系方式(如线性组合)把相互协整过程和长期稳定均衡状态结合起来。这时相互协整的意义是:即使所研究的水平变量各自都是一阶差分后平稳,受支配于长期分量,但这些变量的某些线性组合也可以是平稳的,即所研究变量间的长期分量相互抵消,产生了一个平稳的时间序列。之所以能够这样,是因为一种调节过程——误差修正机制在起作用,防止了长期关系的偏差在规模或数量上的扩大。因此,任何一组相互协整的时间序列变量都存在误差修正机制,反映短期调节行为。从短期看,被解释变量的变动是由较稳定的长期趋势和短期波动所决定的,短期内系统对均衡状态的偏离程度的大小直接导致波动幅度的大小。从长期看,协整关系起到了引力线的作用,将非均衡状态拉回到均衡状态。

建立误差修正模型一般分为两步,分别建立区分数据长期特征和短期特征的计量经济模型。从理论上讲,第一步,建立长期关系模型。即通过水平变量和 *OLS* 法估计出时间序列变量间的关系。若估计结果形成平稳的残差序列时,那么这些变量间就存在相互协整的关系,长期关系模型的变量选择是合理的,回归系数具有经济意义。第二步,建立短期动态关系,即误差修正方程。将长期关系模型中各变量以一阶差分形式重新加以构造,并将长期关系模型所产生的残差序列作为解释变量引入,在一个从一般到特殊的检验过程中,对短期动态关系进行逐项检验,不显著的项逐渐被剔除,直到最适当的表示方法被找到为止。值得注意的是,作为解释变量引入的长期关系模型的残差,代表着在取得长期均衡的过程中各时点上出现"偏误"的程度,使得第二步可以对这种偏误的短期调整或误差修正机制加以估计。

如果 $x_t \sim I(1)$ 和 $y_t \sim I(1)$ 是协整的,则误差修正模型的一般形式为:

$$\Delta y_t = m + \rho u_{t-1} + \sum_{i=0}^{k} (\alpha_i \Delta x_{t-i} + \beta_i \Delta y_{t-i-1}) + v_t \tag{15.3.12}$$

其中 v_t 为白噪声,$u_t = y_t - ax_t$,ρ 为调整均衡偏差的幅度,k 为滞后期。u_t 表示系统对均衡状态的偏离程度,可以称之为"均衡误差"。在模型(15.3.7)中,u_t 描述了对均衡关系偏离的一种长期调节。这样在误差修正模型中,长期调节和短期调节(Δx_t 和 Δy_t 的滞后项)的过程同样被考虑进去。因而,误差修正模型的优点在于它提供了揭示长期关系和短期调节的途径。

最常用的 *ECM* 模型的估计方法是由恩格尔(Engle)和格兰杰(Granger)于 1981 年提出的两步法,其基本思想如下:

第一步:估计协整回归模型:

$$y_t = ax_t + u_t$$

得到均衡误差 u_t 的估计量 $\hat{u}_t$:

$$\hat{u}_t = \hat{y}_t - \hat{a}x_t$$

第二步:用 *OLS* 法估计模型:

$$\Delta y_t = m + \rho \hat{u}_{t-1} + \sum_{i=0}^{k} (\alpha_i \Delta x_{t-i} + \beta_i \Delta y_{t-i-1}) + v_t$$

误差项的系数 $\rho(\rho < 0)$ 通常称为调整系数。

在具体建模中,首先要对长期关系模型的设定是否合理进行单位根检验,以保证 u_t 为平稳序列。其次,对短期动态关系中各变量的滞后项进行检验,在这个检验过程中,不显著的滞后项逐渐被剔除，直到找出最佳形式为止。通常滞后期在 $k=0,1,2,3$ 中进行。

例 15.3.3　利用表 15.3.1 的数据，估计某国个人消费(y)和可支配收入(x)之间的误差修正模型。

表 15.3.1 的数据在例 15.3.2 中已经验证了两个变量 x_t 和 y_t 是协整的。

第一步：应用 *OLS* 法作协整回归的结果，如图 15.3.12 所示。

Equation: EQ15331　Workfile: EV1532::Unt...

View | Proc | Object | Print | Name | Freeze | Estimate | Forecast | Stats | Resids

Dependent Variable: Y
Method: Least Squares
Date: 03/23/13　Time: 10:42
Sample: 1970 2005
Included observations: 36

Variable	Coefficient	Std. Error	t-Statistic	Prob.
C	10254.66	5386.059	1.903927	0.0654
X	0.788794	0.014671	53.76468	0.0000

R-squared	0.988375	Mean dependent var	281180.3
Adjusted R-squared	0.988033	S.D. dependent var	104311.8
S.E. of regression	11411.20	Akaike info criterion	21.57653
Sum squared resid	4.43E+09	Schwarz criterion	21.66450
Log likelihood	-386.3775	Hannan-Quinn criter.	21.60724
F-statistic	2890.641	Durbin-Watson stat	1.411696
Prob(F-statistic)	0.000000		

图 15.3.12　y 关于 x 的协整方程

$$\hat{y}_t = 10\,254.66 + 0.788794x_t$$

$$t = (1.903927)\,(53.76468)$$

$$R^2 = 0.988375 \qquad DW = 1.411696$$

得到残差 $\hat{u}_t$。

第二步：应用 *OLS* 法估计误差修正模型，得到方程如图 15.3.13 所示。

Equation: EQ15332　Workfile: EV1532::Unt...

View | Proc | Object | Print | Name | Freeze | Estimate | Forecast | Stats | Resids

Dependent Variable: Y1
Method: Least Squares
Date: 03/23/13　Time: 10:39
Sample (adjusted): 1971 2005
Included observations: 35 after adjustments

Variable	Coefficient	Std. Error	t-Statistic	Prob.
C	7615.249	977.8969	7.787374	0.0000
X1	0.141604	0.050748	2.790352	0.0088
E(-1)	-0.127397	0.084372	-1.509941	0.1409

R-squared	0.195714	Mean dependent var	9282.800
Adjusted R-squared	0.145446	S.D. dependent var	4948.730
S.E. of regression	4574.711	Akaike info criterion	19.77629
Sum squared resid	6.70E+08	Schwarz criterion	19.90961
Log likelihood	-343.0851	Hannan-Quinn criter.	19.82231
F-statistic	3.893409	Durbin-Watson stat	1.819549
Prob(F-statistic)	0.030660		

图 15.3.13　误差修正模型估计

图 15.3.13 中 $y1=\Delta y=y-y(-1)$，$x1=\Delta x=x-x(-1)$，$E(-1)=\hat{u}_{t-1}$

得到误差修正模型(ECM)：

$$\Delta\hat{y}_t=7\ 615.249+0.141064\Delta x_t-0.127397\hat{u}_{t-1}$$
$$t=(7.787374)(2.790352)\quad(-1.509941)$$
$$R^2=0.195714\quad DW=1.819549$$

上面的误差修正模型表明，消费的变动可以分为两部分：一部分是收入偏离长期均衡的影响，一部分是短期收入波动的影响。误差修正项系数的大小反映了对偏离长期均衡的调整力度。由于调整系数的估计值为(-0.127397)，当短期波动偏离长期均衡时，将以(-0.127397)的调整力度将非均衡状态拉回到均衡状态。

§15.4 向量自回归模型 (*VAR*)

传统的经济计量方法(如联立方程模型等结构性方法)是以经济理论为基础来描述变量关系的模型。但是，经济理论通常并不能对变量之间的动态联系提供一个严格的说明，而且方程中内生变量既可以出现在方程的左端又可以出现在方程的右端，使得参数估计变得很复杂。为了解决这些问题而出现了一种用非结构性方法来建立各个变量之间关系的模型。这就是本节所要介绍的由西姆斯(C A, Sims)于 1980 年提出的向量自回归模型(Vector Autoregression，*VAR*)。

向量自回归(*VAR*)是基于数据的统计性质建立模型，*VAR* 模型把系统中每一个内生变量作为系统中所有内生变量的滞后值的函数来构造模型，从而将单变量自回归模型推广到由多元时间序列变量组成的“向量”自回归模型。*VAR* 模型是处理多个相关经济指标的分析与预测最容易操作的模型之一，并且在一定的条件下，多元 *MA* 和 *ARMA* 模型也可转化成 *VAR* 模型，因此近年来 *VAR* 模型受到越来越多的经济工作者的重视。将 *VAR* 模型引入到经济学中，推动了经济系统动态性分析的广泛应用。*VAR* 模型常用于预测相互联系的时间序列系统及分析随机扰动对变量系统的动态冲击，从而解释各种经济冲击对经济变量形成的影响。

一、向量自回归模型的概念

向量自回归模型的一般形式

$$Y_t=\Gamma_0+\Gamma_1Y_{t-1}+\cdots+\Gamma_pY_{t-p}+u_t \tag{15.4.1}$$

其中

$$E(u_t)=0,E(u_tu_\tau')=\begin{cases}\Omega & t=\tau\\ 0 & t\neq\tau\end{cases}$$

$$Y_t=\begin{pmatrix}y_{1t}\\ \vdots\\ y_{nt}\end{pmatrix}\quad \Gamma_0=\begin{pmatrix}c_1\\ \vdots\\ c_n\end{pmatrix}\quad \Gamma_j=\begin{pmatrix}\gamma_{11,j} & \cdots & \gamma_{1n,j}\\ \vdots & \vdots & \vdots\\ \gamma_{n1,j} & \cdots & \gamma_{nn,j}\end{pmatrix}\quad u_t=\begin{pmatrix}u_{1t}\\ \vdots\\ u_{nt}\end{pmatrix}$$

其中 $t\in T$，T 是观测值的数目。

模型(15.4.1)称为向量自回归模型，记做 $VAR(P)$ (Vector Autoregression Model)

我们以二维的向量自回归过程为例来说明 *VAR* 过程的特点。

一阶滞后模型可以表示为:

$$\begin{pmatrix} y_{1t} \\ y_{2t} \end{pmatrix} = \begin{pmatrix} c_1 \\ c_2 \end{pmatrix} + \begin{pmatrix} \gamma_{11} & \gamma_{12} \\ \gamma_{21} & \gamma_{22} \end{pmatrix} \begin{pmatrix} y_{1(t-1)} \\ y_{2(t-1)} \end{pmatrix} + \begin{pmatrix} u_{1t} \\ u_{2t} \end{pmatrix} \tag{15.4.2}$$

将(15.4.2)式展开:

$$\begin{cases} y_{1t} = c_1 + \gamma_{11} y_{1(t-1)} + \gamma_{12} y_{2(t-1)} + u_{1t} \\ y_{2t} = c_2 + \gamma_{21} y_{1(t-1)} + \gamma_{22} y_{2(t-1)} + u_{2t} \end{cases}$$

这是一个 *VAR*(1)过程。

二阶滞后的模型可以表示为:

$$\begin{pmatrix} y_{1t} \\ y_{2t} \end{pmatrix} = \begin{pmatrix} c_1 \\ c_2 \end{pmatrix} + \begin{pmatrix} \gamma_{11,1} & \gamma_{12,1} \\ \gamma_{21,1} & \gamma_{22,1} \end{pmatrix} \begin{pmatrix} y_{1(t-1)} \\ y_{2(t-1)} \end{pmatrix} + \begin{pmatrix} \gamma_{11,2} & \gamma_{12,2} \\ \gamma_{21,2} & \gamma_{22,2} \end{pmatrix} \begin{pmatrix} y_{1(t-2)} \\ y_{2(t-2)} \end{pmatrix} + \begin{pmatrix} u_{1t} \\ u_{2t} \end{pmatrix} \tag{15.4.3}$$

将(15.4.3)式展开:

$$\begin{cases} y_{1t} = c_1 + \gamma_{11.1} y_{1(t-1)} + \gamma_{12.1} y_{2(t-1)} + \gamma_{11.2} y_{1(t-2)} + \gamma_{12.2} y_{2(t-2)} + u_{1t} \\ y_{2t} = c_2 + \gamma_{21.1} y_{1(t-1)} + \gamma_{22.1} y_{2(t-1)} + \gamma_{21.2} y_{1(t-2)} + \gamma_{22.2} y_{2(t-2)} + u_{2t} \end{cases}$$

这是一个 *VAR*(2)过程。

从以上例子可以看出,向量自回归过程有以下特点:

(1) 模型中每个分量都是内生变量;

(2) 模型中等号右边的解释变量都是滞后变量;

(3) 每个模型中的解释变量都相同;

(4) Y_t 的动态结构可以由它的 p 阶滞后变量表示出来,与 p 时刻之前的变量无关;

(5) $\{u_t\}$ 是向量白噪声过程,并且与 t 时刻之前的随机向量 y_t 无关。

二、向量自回归模型的估计

向量自回归模型(*VAR*)类似于联立方程模型,可以用二阶段最小二乘法进行估计。其估计的详细理论过程,请参考有关书籍。我们这里以一个例子说明其具体如何应用 EViews 软件估计的方法。

例 15.4.1 我们用 y1、y2、y3 表示我国 1979 年—2010 年工业、建筑业和第三产业的年产值,我们用他们的对数 lny1、lny2、lny3 建立 *VAR*(2)模型,有关数据见表 15.4.1。

表 15.4.1 1979—2010 年我国工业、建筑业和第三产业的年产值数据

年份	Y1	Y2	Y3	年份	Y1	Y2	Y3
1979	1 769.7	143.8	878.9	1983	2 375.6	270.6	1 338.1
1980	1 996.5	195.5	982.0	1984	2 789.0	316.7	1 786.3
1981	2 048.4	207.1	1 076.6	1985	3 448.7	417.9	2 585.0
1982	2 162.3	220.7	1 163.0	1986	3 967.0	525.7	2 993.8

续表

年份	Y1	Y2	Y3	年份	Y1	Y2	Y3
1987	4 585. 8	665. 8	3 574. 0	1999	35 861. 5	5 172. 1	33 873. 4
1988	5 777. 2	810. 0	4 590. 3	2000	40 033. 6	5 522. 3	38 714. 0
1989	6 484. 0	794. 0	5 448. 4	2001	43 580. 6	5 931. 7	44 361. 6
1990	6 858. 0	859. 4	5 888. 4	2002	47 431. 3	6 465. 5	49 898. 9
1991	8 087. 1	1 015. 1	7 337. 1	2003	54 945. 5	7 490. 8	56 004. 7
1992	10 284. 5	1 415. 0	9 357. 4	2004	65 210. 0	8 694. 3	64 561. 3
1993	14 188. 0	2 266. 5	11 915. 7	2005	77 230. 8	10 367. 3	74 919. 3
1994	19 480. 7	2 964. 7	16 179. 8	2006	91 310. 9	12 408. 6	88 554. 9
1995	24 950. 6	3 728. 8	19 978. 5	2007	110 534. 9	15 296. 5	111 351. 9
1996	29 447. 6	4 387. 4	23 326. 2	2008	130 260. 2	18 743. 2	131 340. 0
1997	32 921. 4	4 621. 6	26 988. 1	2009	135 239. 9	22 398. 8	148 038. 0
1998	34 018. 4	4 985. 8	30 580. 5	2010	160 867. 0	26 714. 4	173 087. 0

在 EViews 工作文件主窗口,点击 Quick\Estimate VAR,选中变量 lny1,lny2,lny3,滞后阶数为 2,其余各项默认,最后点击"确定"便得到如图 15.4.1 所示的结果。

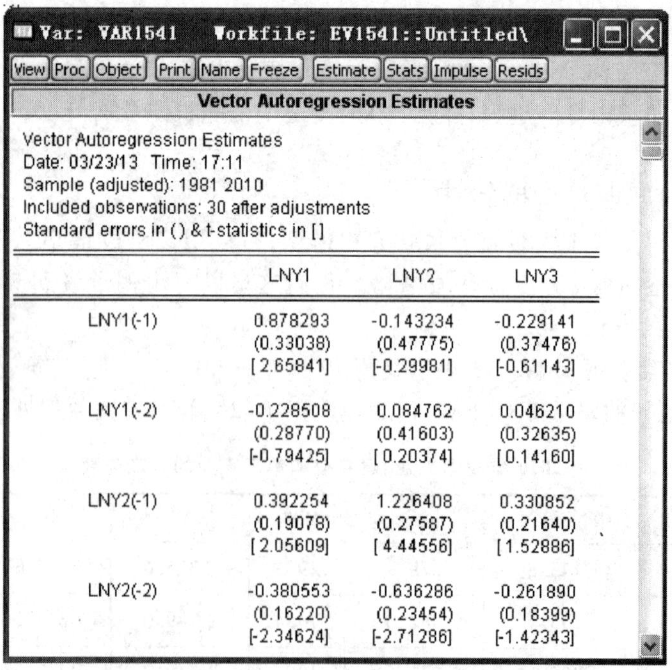
Var: VAR1541 Workfile: EV1541::Untitled\

View Proc Object Print Name Freeze Estimate Stats Impulse Resids

Vector Autoregression Estimates

Vector Autoregression Estimates
Date: 03/23/13 Time: 17:11
Sample (adjusted): 1981 2010
Included observations: 30 after adjustments
Standard errors in ( ) & t-statistics in [ ]

	LNY1	LNY2	LNY3
LNY1(-1)	0.878293	-0.143234	-0.229141
	(0.33038)	(0.47775)	(0.37476)
	[2.65841]	[-0.29981]	[-0.61143]
LNY1(-2)	-0.228508	0.084762	0.046210
	(0.28770)	(0.41603)	(0.32635)
	[-0.79425]	[0.20374]	[0.14160]
LNY2(-1)	0.392254	1.226408	0.330852
	(0.19078)	(0.27587)	(0.21640)
	[2.05609]	[4.44556]	[1.52886]
LNY2(-2)	-0.380553	-0.636286	-0.261890
	(0.16220)	(0.23454)	(0.18399)
	[-2.34624]	[-2.71286]	[-1.42343]

图 15.4.1 y1、y2、y3 的 *VAR*(2)模型估计结果

LNY3(-1)	0.190151	0.645829	1.262501
	(0.25192)	(0.36429)	(0.28576)
	[0.75480]	[1.77284]	[4.41799]
LNY3(-2)	0.108979	-0.208323	-0.173630
	(0.25521)	(0.36904)	(0.28949)
	[0.42702]	[-0.56450]	[-0.59978]
C	0.529937	-0.412029	0.504750
	(0.36437)	(0.52689)	(0.41331)
	[1.45440]	[-0.78200]	[1.22123]
R-squared	0.998735	0.997660	0.998715
Adj. R-squared	0.998405	0.997050	0.998380
Sum sq. resids	0.070284	0.146967	0.090435
S.E. equation	0.055279	0.079937	0.062705
F-statistic	3027.138	1634.582	2980.400
Log likelihood	48.27803	37.21306	44.49672
Akaike AIC	-2.751869	-2.014204	-2.499781
Schwarz SC	-2.424923	-1.687258	-2.172835
Mean dependent	9.849118	7.848641	9.686928
S.D. dependent	1.384302	1.471750	1.558104
Determinant resid covariance (dof adj.)		1.70E-08	
Determinant resid covariance		7.67E-09	
Log likelihood		152.5842	
Akaike information criterion		-8.772277	
Schwarz criterion		-7.791439	

图 15.4.1　y1、y2、y3 的 *VAR*(2) 模型估计结果(续)

此向量自回归(*VAR*)模型的估计式如图 15.4.2 所示。

```
Var: VAR1541    Workfile: EV1541::Untitled\
View Proc Object  Print Name Freeze  Estimate Stats Impulse Resids
LNY2 = C(2,1)*LNY1(-1) + C(2,2)*LNY1(-2) + C(2,3)*LNY2(-1) + C(2,4)*LNY2(-2)
+ C(2,5)*LNY3(-1) + C(2,6)*LNY3(-2) + C(2,7)

LNY3 = C(3,1)*LNY1(-1) + C(3,2)*LNY1(-2) + C(3,3)*LNY2(-1) + C(3,4)*LNY2(-2)
+ C(3,5)*LNY3(-1) + C(3,6)*LNY3(-2) + C(3,7)

VAR Model - Substituted Coefficients:
===============================
LNY1 = 0.878292889758*LNY1(-1) - 0.228508183781*LNY1(-2) + 0.392254385688
*LNY2(-1) - 0.38055306484*LNY2(-2) + 0.190150924318*LNY3(-1) + 0.108978557157
*LNY3(-2) + 0.529936625424

LNY2 =  - 0.143233620229*LNY1(-1) + 0.084761619526*LNY1(-2) + 1.22640830558
*LNY2(-1) - 0.636285849021*LNY2(-2) + 0.645828669209*LNY3(-1) -
0.208322909601*LNY3(-2) - 0.412028565672

LNY3 =  - 0.229140519471*LNY1(-1) + 0.0462103839149*LNY1(-2) + 0.330851639685
*LNY2(-1) - 0.261889502441*LNY2(-2) + 1.26250081263*LNY3(-1) - 0.173629515256
*LNY3(-2) + 0.504749800824
```

图 15.4.2　*VAR*(2)的方程估计式

关于向量自回归模型的 EViews 软件使用的详细过程,可参看于俊年编著的《计量经济学软件——EViews 的使用(第二版)》一书(对外经济贸易大学出版社 2012 年 8 月出版)。

§15.5 格兰杰(Granger)因果关系检验

一、经济变量的因果关系

经典的计量经济模型是根据经济理论确定变量之间的关系的,然后对模型进行回归分析,通过假设检验来判断所选的解释变量对被解释变量是否有显著影响。但是,这并不意味着这两个高度相关的变量之间必然存在着因果关系。例如 GDP 和货币供应量 M_2 之间通常是高度相关,但究竟是 GDP 的增长导致了 M_2 的增加,还是 M_2 的增加促进了 GDP 的增长,或者是两者互为因果关系,从理论和实践两方面来回答都不是很容易回答的问题。由此可见,研究变量之间的因果关系是很有必要的。我们这里只给出 1969 年格兰杰(C. W. J Granger)提出的因果关系检验法。

二、格兰杰(Granger)因果关系检验的基本思想

如果 X 是 Y 变化的原因,则 X 的变化应该发生在 Y 变化之前。如果 X 是引起 Y 变化的原因,则 X 应该有助于预测 Y,即在 Y 关于 Y 的滞后变量的回归模型中,添加 X 的滞后变量作解释变量,应该显著增加回归模型的解释能力;即利用 X 和 Y 的过去值对 Y 进行预测比只用 Y 的过去值对 Y 进行预测所产生的误差要小,则 X 是引起 Y 变化的格兰杰原因。如果添加 X 的滞后变量后,没有显著增加回归模型的解释能力,则称 X 不是 Y 的格兰杰原因。这里应注意的是:格兰杰检验中滞后项的长度的选择是任意的,并且因果关系检验的结果对滞后长度有时又很敏感,因此在进行格兰杰因果关系检验时,通常对不同的滞后长度分别进行检验,以选取适当的滞后长度。

三、格兰杰(Granger)因果关系检验法

(1)利用 *OLS* 法,估计两个回归模型:

$$y_t = \sum_{i=1}^{s} \alpha_i y_{t-i} + u_{1t} \tag{15.5.1}$$

$$y_t = \sum_{i=1}^{s} \alpha_i y_{t-i} + \sum_{j=1}^{k} \beta_j x_{t-j} + u_{2t} \tag{15.5.2}$$

并计算各自的残差平方和 ESS1 和 ESS2。

(2)假设 $H_0:\beta_1 = \beta_2 = \cdots = \beta_k = 0$,即假设在模型(15.5.1)中添加了 x 的滞后项并不能显著地增加模型的解释能力。

$$\text{构造统计量} \quad F = \frac{(ESS1 - ESS2)/k}{ESS2/(n-k-s)} \tag{15.5.3}$$

其中 k 为 x 的滞后项的个数,s 为 y 的滞后项的个数,n 为样本容量。

(3)利用 F 统计量对原假设 H_0 进行 F 检验,对于给定的显著水平 α,若 $F > F_\alpha$,则拒绝原假设,即认为 β_j 中至少有一个显著不为零,说明 x 是引起 y 变化的原因。反之,则认为 x 不是引起 y 变化的原因。

(4)同理,若检验 y 是引起 x 变化的原因,只需在模型(15.5.1)和(15.5.2)中将 x 和 y 互换即可。

四、格兰杰(Granger)因果关系检验的 EViews 软件的应用

例 15.5.1 表 15.5.1 给出了我国 1978—2011 年的 GDP 和 M2(广义货币供应量)的数据。

表 15.5.1　　1978—2011 年我国 GDP 和 M2 的数据

年份	GDP	M2	年份	GDP	M2
1978	3 624.1	1 159	1995	58 478.1	60 750.5
1979	4 038.2	1 458.3	1996	67 884.6	76 094.9
1980	4 517.8	1 842.9	1997	74 462.6	90 995.3
1981	4 862.4	2 234.5	1998	78 345.2	104 498.5
1982	5 294.7	2 589.8	1999	82 067.5	119 897.9
1983	5 934.5	3 075	2000	89 468.1	134 610.4
1984	7 171	4 146.3	2001	97 314.8	158 301.9
1985	8 964.4	5 198.9	2002	105 172.3	185 007
1986	10 202.2	6 720.9	2003	117 390.2	221 222.8
1987	11 962.5	8 330.9	2004	136 875.9	253 207.7
1988	14 928.3	10 099.8	2005	184 937.4	298 755.7
1989	16 909.2	11 949.6	2006	216 314.4	345 603.6
1990	18 547.9	15 293.4	2007	265 810.3	403 442.2
1991	21 617.8	19 349.9	2008	314 045.4	475 166.6
1992	26 638.1	25 402.2	2009	340 902.8	606 225
1993	34 634.4	34 879.8	2010	401 512.8	725 851.8
1994	46 759.4	46 923.5	2011	472 881.6	851 590.9

首先建立工作文件,将 GDP 和 M2 的数据输入后,对序列进行一阶差分,即 GDP1 = GDP - GDP(-1),M21 = M2 - M2(-1),经过检验 GDP1,M21 具有协整关系,我们检验变量 GDP1 和 M21 之间的因果关系。在工作文件主窗口点击"Quick \ Group statistics \ Granger Causality Test"之后进入"Series List"窗口,在空白处输入 M21 和 GDP1 后点击"OK",出现"Lag Specification(指定滞后长度)"窗口,选择适当的滞后长度,例如滞后长度为 2,点击"OK"或者在 M21 和 GDP1 的数据表中,点击 View/Granger Causality 再适当选择滞后长度,点击"OK"便出现如图 15.5.1 所示的结果。

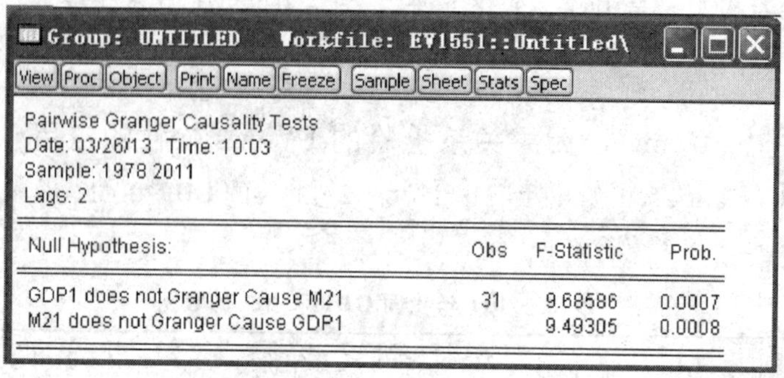
Group: UNTITLED Workfile: EV1551::Untitled\

View Proc Object Print Name Freeze Sample Sheet Stats Spec

Pairwise Granger Causality Tests
Date: 03/26/13 Time: 10:03
Sample: 1978 2011
Lags: 2

Null Hypothesis:	Obs	F-Statistic	Prob.
GDP1 does not Granger Cause M21	31	9.68586	0.0007
M21 does not Granger Cause GDP1		9.49305	0.0008

图 15.5.1 滞后长度为 2 的格兰杰因果关系检验

图 15.5.1 中给出了原假设:第一行为 GDP1 不是引起 M21 变化的 Granger 原因,第二行为 M21 不是引起 GDP1 变化的 Granger 原因,并给出相应的 F 值和相应的显著水平(概率值)。重复以上做法,选择滞后长度为 3、4,依次得到图 15.5.2 和图 15.5.3 所示的结果。

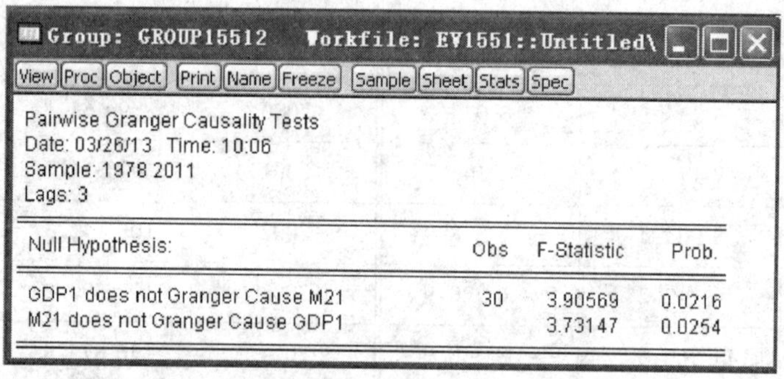
Group: GROUP15512 Workfile: EV1551::Untitled\

View Proc Object Print Name Freeze Sample Sheet Stats Spec

Pairwise Granger Causality Tests
Date: 03/26/13 Time: 10:06
Sample: 1978 2011
Lags: 3

Null Hypothesis:	Obs	F-Statistic	Prob.
GDP1 does not Granger Cause M21	30	3.90569	0.0216
M21 does not Granger Cause GDP1		3.73147	0.0254

图 15.5.2 滞后长度为 3 的格兰杰因果关系检验

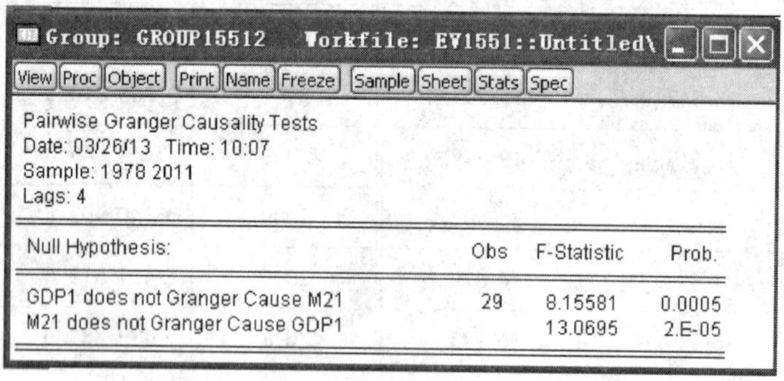
Group: GROUP15512 Workfile: EV1551::Untitled\

View Proc Object Print Name Freeze Sample Sheet Stats Spec

Pairwise Granger Causality Tests
Date: 03/26/13 Time: 10:07
Sample: 1978 2011
Lags: 4

Null Hypothesis:	Obs	F-Statistic	Prob.
GDP1 does not Granger Cause M21	29	8.15581	0.0005
M21 does not Granger Cause GDP1		13.0695	2.E-05

图 15.5.3 滞后长度为 4 的格兰杰因果关系检验

将以上结果归纳在表 15.5.2 中。

表 15.5.2 Granger 因果关系分析表

滞后长度(s=k)	Granger 因果性	F 值	P 值	结论
2	GDP1 不是引起 M21 变化的 Granger 原因	9.68586	0.0007	拒绝
	M21 不是引起 GDP1 变化的 Granger 原因	9.49305	0.0008	拒绝

续表

滞后长度(s=k)	Granger 因果性	F 值	P 值	结论
3	GDP1 不是引起 M21 变化的 Granger 原因	3.90569	0.0216	拒绝
	M21 不是引起 GDP1 变化的 Granger 原因	3.73147	0.0254	拒绝
4	GDP1 不是引起 M21 变化的 Granger 原因	8.15581	0.0005	拒绝
	M21 不是引起 GDP1 变化的 Granger 原因	13.0695	0.00002	拒绝

实际应用时,最好多选几个不同的滞后期进行检验,如果检验结果一致,则可以认为检验结果是可信的。从本例可以看出,在滞后长度 2、3 和 4 时,GDP1 与 M21 互为引起变化的 Granger 原因,即双向互为因果关系。有时为了简化表示,采用符号"GDP1→M21"表示 GDP1 是引起 M21 变化的 Granger 原因,M21→GDP1 表示 M21 是引起 GDP1 变化的 Granger 原因。

在应用 Granger 因果检验时,应注意以下方面:(1)滞后期的选取是任意的,如果 x_{t-1} 对 y_t 存在显著性影响,则不必再做滞后期更长的检验。如果 x_{t-1} 对 y_t 不存在显著性影响,则应再做滞后期更长的检验。一般情况下,要检验几个不同滞后期 k 的 Granger 因果关系检验,且结论相同,才可以最终下结论。(2)必须是存在协整关系的非平稳序列才能进行 Granger 因果关系检验。

§15.6 条件异方差(*ARCH*)模型

某些时间序列特别是金融时间序列,常常会出现某一特征值相对集中出现的情况。例如股票的收益率模型,其随机扰动项往往在较大幅度波动后面伴随着较大幅度的波动,反之亦然,这种性质称为波动的集群性。在一般的回归分析和时间序列分析中,要求随机项是同方差,而对于随机项波动的集群性不能满足随机项是同方差的要求,因此需要引入自回归条件异方差(*ARCH*)模型。

ARCH 是自回归条件异方差(Autoregressive Conditional Heteroskedasticity)的缩写,条件异方差的概念首先由 Engle(恩格尔)于 1982 年提出。

一、*ARCH* 模型

对于一般的回归模型

$$y_t = X_t'\beta + u_t \tag{15.6.1}$$

其中 $X_t' = (x_{1t}, x_{2t}, \cdots, x_{kt})$

如果随机扰动项的平方 u_t^2 服从 $AR(q)$ 过程,即

$$u_t^2 = \alpha_0 + \alpha_1 u_{t-1}^2 + \cdots + \alpha_q u_{t-q}^2 + \eta_t \quad t = 1, 2, \cdots \tag{15.6.2}$$

其中 η_t 独立同分布,并且满足 $E(\eta_t) = 0, V(\eta_t) = \lambda^2 =$ 常数,则称模型(15.6.2)为自回

归条件异方差模型,简称为 ARCH 模型。称序列 u_t 服从 q 阶的 ARCH 过程,记作 $u_t \sim ARCH(q)$。(15.6.1)和(15.6.2)构成的模型称为回归—ARCH 模型。

Engle(1982)提出 $ARCH(q)$ 模型又可简化表示为

$$u_t = \sqrt{h_t}\ \nu_t \tag{15.6.3}$$

$$h_t = \alpha_0 + \alpha_1 u_{t-1}^2 + \cdots + \alpha_q u_{t-q}^2 = \alpha_0 + \sum_{i=1}^{q} \alpha_i u_{t-i}^2 \tag{15.6.4}$$

其中 ν_t 独立同分布,且 $E(\nu_t)=0, V(\nu_t)=1$;$\alpha_0>0, \alpha_i \geqslant 0 (i=1,2,\cdots,q)$ 并且 $\sum_{i=1}^{q}\alpha_i < 1$ 以保证 ARCH 的平稳性。

对于时刻 $t-1$,u_t 的条件期望

$$E(u_t \mid u_{t-1},\cdots) = E(\sqrt{h_t}) \cdot E(\nu_t) = 0 \tag{15.6.5}$$

条件方差

$$E(u_t^2 \mid u_{t-1}^2,\cdots) = h_t \cdot E(\nu_t^2) = h_t \tag{15.6.6}$$

(15.6.6)反映了序列条件方差随时间变化的性质。

二、ARCH 效应检验

序列条件方差是否存在 ARCH 效应,最常用的检验方法是拉格朗日乘数法,即 LM—ARCH 检验。

第一步:用 OLS 法对模型(15.6.1)进行估计:

$$\hat{y}_t = X_t' \hat{\beta} \tag{15.6.7}$$

第二步:用(15.6.7)式估计出的 $\hat{u}_t$ 来计算 $\hat{u}_t^2$,然后建立并估计模型:

$$\hat{u}_t^2 = \alpha_0 + \alpha_1 \hat{u}_{t-1}^2 + \cdots + \alpha_q \hat{u}_{t-q}^2 \tag{15.6.8}$$

检验序列是否存在 ARCH 效应,即检验(15.6.8)式中所有回归系数是否同时为0。

原假设 $H_0: \alpha_1 = \alpha_2 = \cdots = \alpha_q = 0$,

备择假设 H_1:至少有一个 $\alpha_i \neq 0 \quad (1 \leqslant i \leqslant q)$

在原假设下,检验统计量

$$LM = nR^2 \sim \chi^2(q) \tag{15.6.9}$$

其中 n 是计算辅助回归(15.6.8)式时的样本数据的个数,R^2 是辅助回归(15.6.8)式的拟合优度。

对给定的显著水平 α 和自由度 q,若 $LM > \chi_\alpha^2(q)$,则拒绝 H_0,即序列存在 ARCH 效应,若 $LM \leqslant \chi_\alpha^2(q)$,则不能拒绝 H_0,即序列不存在 ARCH 效应。

三、应用举例

为了检验股票价格的波动是否具有自回归条件异方差,我们选择某股票日开盘价格指数 y 的 1614 数据作为样本序列进行检验。为了减少舍入误差,在估计时,我们将数据 y 进行自然对数处理,即将序列 $\ln y$ 作为因变量进行估计。由于股票价格指数序列常常用带漂移的随机游走模型描述,所以本例的基本模型为:

$$\ln y_t = \beta_0 + \beta_1 \ln y_{t-1} + u_t$$

首先根据数据建立工作文件,建立回归方程如图 15.6.1 所示。

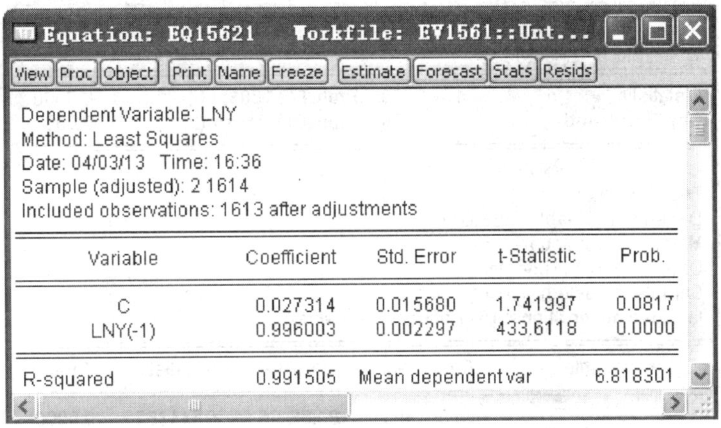
Equation: EQ15621 Workfile: EV1561::Unt...

View Proc Object Print Name Freeze Estimate Forecast Stats Resids

Dependent Variable: LNY
Method: Least Squares
Date: 04/03/13 Time: 16:36
Sample (adjusted): 2 1614
Included observations: 1613 after adjustments

Variable	Coefficient	Std. Error	t-Statistic	Prob.
C	0.027314	0.015680	1.741997	0.0817
LNY(-1)	0.996003	0.002297	433.6118	0.0000
R-squared	0.991505	Mean dependent var		6.818301

图 15.6.1 回归方程的估计结果

估计结果方程为:

$$\underset{t}{\ln y_t} = \underset{(1.741997)}{0.027314} + \underset{(433.6118)}{0.996003} \ln y_{t-1} + \hat{u}_t \qquad (15.6.10)$$

这个方程的参数很显著,并且残差 $\hat{u}_t$ 经过检验是平稳的。但是,观察图 15.6.2 可以看到 $\hat{u}_t$ 波动的"成群"现象。即波动在一段时间内较小,在另一段时间内较大,说明误差项可能具有条件异方差。

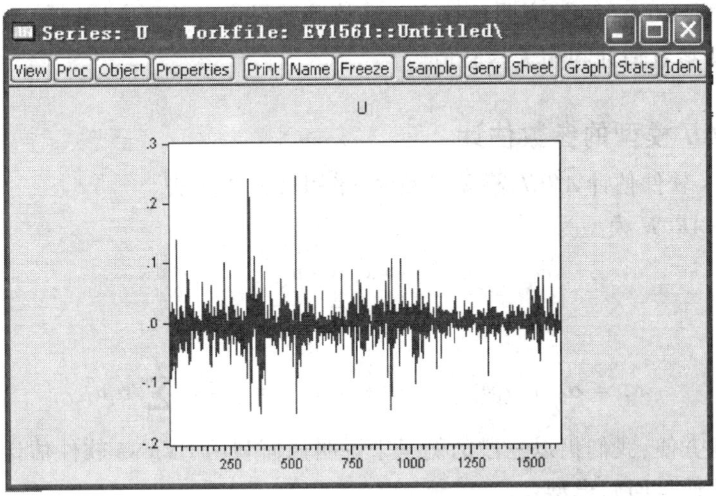

图 15.6.2 残差 $\hat{u}_t$ 波动的"成群"现象

因此,对式(15.6.10)进行条件异方差检验。对残差序列 $\hat{u}_t$ 进行 *ARCH* 检验,在方程 EQ15621 结果输出窗口(图 15.6.1)点击 View/Residual Tests/Heteroskedasticity Tests / ARCH,取滞后阶数(Numbet of Lags)为 2,点击"OK",结果如图 15.6.3 所示。

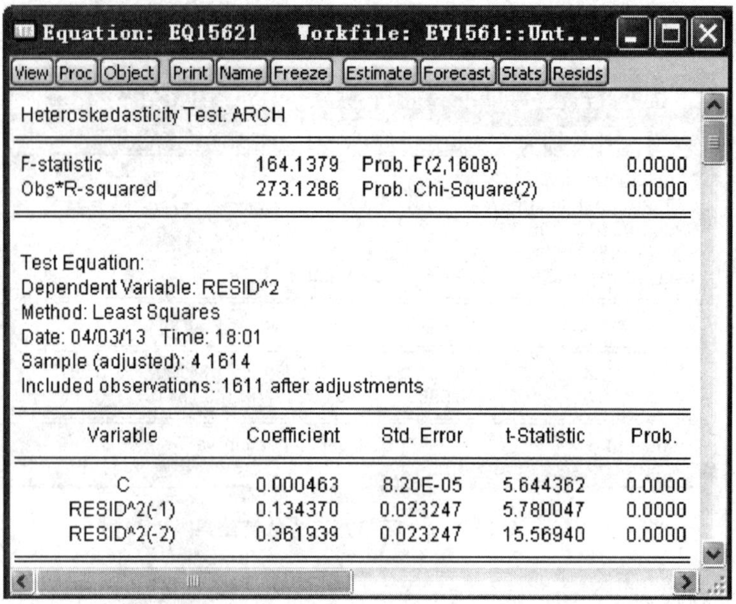
Equation: EQ15621 Workfile: EV1561::Unt...

View | Proc | Object | Print | Name | Freeze | Estimate | Forecast | Stats | Resids

Heteroskedasticity Test: ARCH

F-statistic	164.1379	Prob. F(2,1608)	0.0000
Obs*R-squared	273.1286	Prob. Chi-Square(2)	0.0000

Test Equation:
Dependent Variable: RESID^2
Method: Least Squares
Date: 04/03/13 Time: 18:01
Sample (adjusted): 4 1614
Included observations: 1611 after adjustments

Variable	Coefficient	Std. Error	t-Statistic	Prob.
C	0.000463	8.20E-05	5.644362	0.0000
RESID^2(-1)	0.134370	0.023247	5.780047	0.0000
RESID^2(-2)	0.361939	0.023247	15.56940	0.0000

图 15.6.3 LM – ARCH 检验结果

在图 15.6.3 的上半部分,给出了两种检验结果,第一行 F 检验统计量在有限样本情况下是不精确分布,只能作参考;第二行是 *LM* 统计量 Obs * R – squared 值以及检验的伴随概率,本例中 χ^2 分布的伴随概率 $p=0.0000$,小于显著水平 $\alpha=0.05$ 或 0.01,否定原假设,即残差序列 *ARCH*(2)效应明显存在。在检验结果窗口的下方同时给出了辅助回归方程(15.6.8)的参数估计和相关检验值。

四、*ARCH* 模型的参数估计

在 EViews 软件估计 *ARCH* 模型参数时,采用极大似然法。

设回归—*ARCH* 模型为

$$y_t = x'_t \beta + u_t$$

$$u_t = \sqrt{h_t}\ \nu_t$$

$$h_t = \alpha_0 + \alpha_1 u_{t-1}^2 + \cdots + \alpha_q u_{t-q}^2 = \alpha_0 + \sum_{i=1}^{q} \alpha_i u_{t-i}^2 \tag{15.6.11}$$

为了叙述方便,我们仍以三段的例子来说明如何利用 EViews 软件估计模型的方法。

我们来估计自回归模型:

$$\ln y_t = \beta_0 + \beta_1 \ln y_{t-1} + u_t$$

打开工作簿,点击 Quick/Estimate Equation,在方程定义对话框中打开 Method 下拉菜单,点击 *ARCH* 项,进入条件异方差模型对话框,在对话框的上方(Mean Equation 框中)键入回归方程,*ARCH*(q)模型的阶数 q 这里取 2,并将 GARCH 后面的 1 改为零,如图 15.6.4 所示。

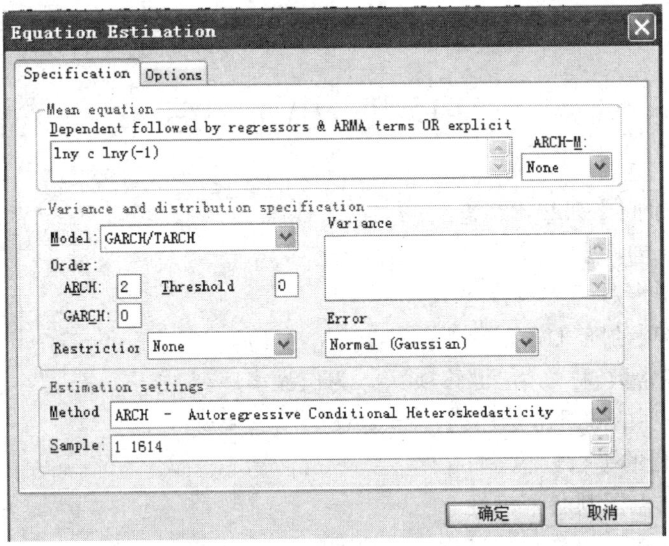

图 15.6.4 条件异方差选项对话框

点击“确定”即完成 *ARCH*(2)模型的建模过程，结果如图 15.6.5 所示。

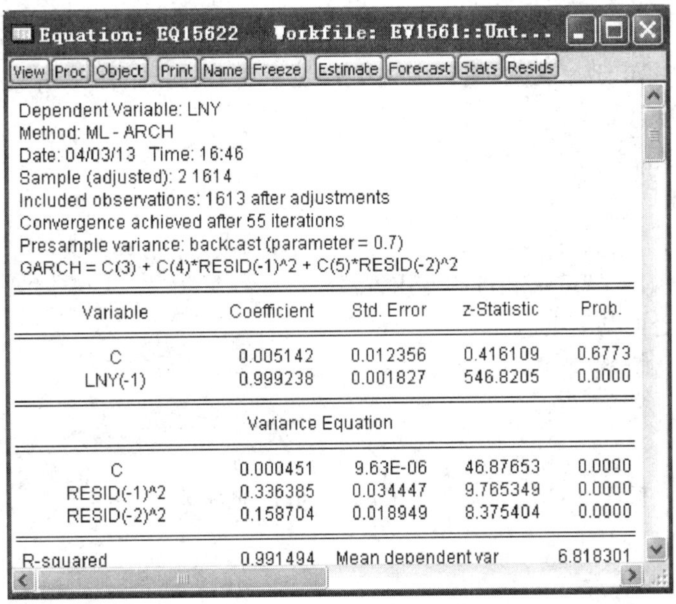

Dependent Variable: LNY
Method: ML - ARCH
Date: 04/03/13 Time: 16:46
Sample (adjusted): 2 1614
Included observations: 1613 after adjustments
Convergence achieved after 55 iterations
Presample variance: backcast (parameter = 0.7)
GARCH = C(3) + C(4)*RESID(-1)^2 + C(5)*RESID(-2)^2

Variable	Coefficient	Std. Error	z-Statistic	Prob.
C	0.005142	0.012356	0.416109	0.6773
LNY(-1)	0.999238	0.001827	546.8205	0.0000
Variance Equation				
C	0.000451	9.63E-06	46.87653	0.0000
RESID(-1)^2	0.336385	0.034447	9.765349	0.0000
RESID(-2)^2	0.158704	0.018949	8.375404	0.0000
R-squared	0.991494	Mean dependent var		6.818301

图 15.6.5 回归— *ARCH*(2)模型估计结果

图 15.6.5 上半部分给出了序列 ln*y* 的自回归模型的参数估计，回归方程为

$$\ln\hat{y}_t = 0.005142 + 0.999238\ln y_{t-1}$$

在 Variance Equation 下方为残差序列 *ARCH*(*q*)模型的参数估计，其中 *C* 表示(15.6.8)式中的常数项 α_0。*ARCH* 模型方程为 $\hat{u}_t^2 = 0.000451 + 0.336385\hat{u}_{t-1}^2 + 0.158704\hat{u}_{t-2}^2$

对于 *ARCH*(2)模型的系数 $\alpha_1 + \alpha_2 = 0.336385 + 0.158704 = 0.495089 < 1$，表明 *ARCH* 过

程满足平稳条件。

§15.7 小　　结

1. 非平稳时间序列基本概念

(1)随机游走序列：　　$y_t = y_{t-1} + u_t$

式中　u_t 为白噪声。

(2)带漂移项的随机游走序列：$y_t = \mu + y_{t-1} + u_t$

式中　μ 为非零常数，称之为"漂移项"，u_t 为白噪声序列。

(3)带趋势项的随机游走序列：$y_t = \mu + \beta t + y_{t-1} + u_t$

2. 时间序列的平稳性检验

(1) 利用散点图判断平稳性

(2) 利用样本自相关函数进行平稳性判断

$$\hat{\rho}_k = \frac{\sum_{t=1}^{T-k}(y_t - \bar{y})(y_{t+k} - \bar{y})}{\sum_{t=1}^{T}(y_t - \bar{y})^2}$$

当 k 逐渐增大时，$\hat{\rho}_k$ 迅速衰减，则认为该序列是平稳的；如果它衰减非常缓慢，则认为该序列是非平稳的。

(3) 单位根检验

① *DF* 检验

② *ADF* 检

③ *ADF* 检验的 EViews 软件的使用方法

3. 协整理论的基本概念

(1) 单整的概念

若　　$y_t = y_{t-1} + u_t = \sum_{i=1}^{t} u_i$

其中 u_t 是一个平稳序列，而 y_t 是由以前的 u_t 累积而成的一个单一整体，称为单整序列(Integrated Series)，记作 $y_t \sim I(1)$。

(2) 协整的概念

如果 x_t, y_t 皆为 $I(1)$，但存在某个线性组合 $u_t = m + ax_t + by_t$ 是 $I(0)$ 且具有零均值，则称 x_t, y_t 是协整的(Cointegrated)，(a, b) 称为协整向量。

(3) 协整理论的意义

(4) 单整检验

(5) 协整检验

(6) 误差修正模型(*ECM*)

如果 x_t 和 y_t 是协整的，则误差修正模型有下面的基本形式：

$$\Delta y_t = m + \rho u_{t-1} + \sum_{i=0}^{k} (\alpha_i \Delta x_{t-i} + \beta_i \Delta y_{t-i-1}) + v_t$$

4. 向量自回归模型

(1) 向量自回归模型的概念

向量回归模型的一般形式

$$Y_t = \Gamma_0 + \Gamma_1 Y_{t-1} + \cdots + \Gamma_p Y_{t-p} + \varepsilon_t$$

其中 $E(\varepsilon_t)=0, E(\varepsilon_t \varepsilon'_\tau) = \begin{cases} \Omega & t=\tau \\ 0 & t \neq \tau \end{cases}$

$$Y_t = \begin{pmatrix} y_{1t} \\ \vdots \\ y_{nt} \end{pmatrix} \quad \Gamma_0 = \begin{pmatrix} c_1 \\ \vdots \\ c_n \end{pmatrix} \quad \Gamma_j = \begin{pmatrix} \gamma_{11,j} & \cdots & \gamma_{1n,j} \\ \vdots & \ddots & \vdots \\ \gamma_{n1,j} & \cdots & \gamma_{nn,j} \end{pmatrix} \quad \varepsilon_t = \begin{pmatrix} \varepsilon_{1t} \\ \vdots \\ \varepsilon_{nt} \end{pmatrix}$$

其中 $t \in T$,T 是观测值的数目。

模型(15.4.1)称为向量自回归模型,记做 $VAR(P)$(Vector Autoregression Model)。

(2) 向量自回归模型的估计

① 向量自回归模型(VAR)类似于联立方程模型,可以用二阶段最小二乘法进行估计。

② 应用 EViews 软件估计的方法。

5. 格兰杰(Granger)因果关系检验

(1) 经济变量的因果关系

(2) 格兰杰因果关系检验的基本思想

(3) 格兰杰(Granger)因果关系检验法

6. *ARCH* 模型

(1) *ARCH* 模型的概念

如果随机扰动项的平方 u_t^2 服从 $AR(q)$ 过程,即

$$u_t^2 = \alpha_0 + \alpha_1 u_{t-1}^2 + \cdots + \alpha_q u_{t-q}^2 + \eta_t \quad t = 1,2,\cdots \tag{15.6.2}$$

其中 η_t 独立同分布,并且满足 $E(\eta_t)=0, V(\eta_t)=\lambda^2$,则称模型(15.6.2)为自回归条件异方差模型,简称为 *ARCH* 模型。称序列 u_t 服从 q 阶的 *ARCH* 过程,记作 $u_t \sim ARCH(q)$。

(2) *ARCH* 效应检验——*LM*(拉格朗日)检验

(3) *ARCH* 模型的参数估计

复习思考题

1. 什么是单整?
2. 什么是协整?
3. 误差修正模型的特点是什么?
4. 如何应用 EViews 软件估计误差修正模型?
5. 什么是向量自回归模型?

6. 向量自回归模型有什么特点?

7. 如何应用 EViews 软件估计向量自回归模型?

8. 怎样判断两个变量之间是否存在协整关系?

9. 格兰杰(Granger)因果关系检验是怎样进行的?它有什么不足之处?

10. 什么是 *ARCH* 模型?

11. *ARCH* 效应检验,最常用的方法是拉格朗日乘数法,即 *LM—ARCH* 检验。请问 *LM—ARCH* 检验的步骤是什么?

12. 如何应用 EViews 软件检验是否存在 *ARCH* 效应?

13. 下表给出了 1965—2006 年某地区城镇居民人均食品年支出(zhichu)和人均年消费收入(shouru)的统计数据,请利用 EViews 软件做如下工作:

(1)定义变量 zhichu1 = ln(zhichu),shuoru1 = ln(shouru);

(2)对序列 zhichu1 和 shuoru1 进行单整和协整检验;

(3)建立误差修正模型;

(4)对 zhichu1 和 shouru1 的 VAR 模型进行估计。

1965—2006 年某地区城镇居民人均食品年支出和人均年消费收入的统计数据

年份	zhichu	shouru	年份	zhichu	shouru
1965	86.2	145.2	1986	134.2	253.2
1966	89.5	148.4	1987	168.2	278.1
1967	92.4	156.1	1988	165.3	280.2
1968	94.6	158.4	1989	170.5	290.4
1969	95.1	157.2	1990	172.3	299.1
1970	102.5	167.2	1991	173.5	300.2
1971	98.5	162.4	1992	182.6	320.5
1972	104.7	170.6	1993	210.5	361.2
1973	105.5	174.2	1994	220.6	398.2
1974	110.5	180.6	1995	250.3	483.1
1975	112.6	188.1	1996	260.5	490.8
1976	106.9	166.5	1997	272.3	510.2
1977	100.2	162.5	1998	290.3	530.2
1978	99.5	161.5	1999	316.8	550.6
1979	102.3	176.2	2000	365.6	653.2
1980	106.5	182.1	2001	400.2	782.3
1981	105.2	185.4	2002	489.2	812.2
1982	109.5	189.2	2003	556.4	987.6
1983	112.1	190.1	2004	600.2	1 202.3
1984	103.2	192.1	2005	750.6	1 312.5
1985	113.5	201.5	2006	830.2	1 500.4

第四篇　计量经济模型构造理论与应用

第十六章　计量经济模型应用概述

✓ 本章要点

(1) 对经济系统的结构分析;(2) 对经济系统的经济预测;(3) 对经济系统的政策评价。

计量经济学的研究对象是社会的经济系统。一个经济系统的经济计量模型一经建立并通过检验,即可认为该模型就是实际经济系统的缩影。这个经济计量模型揭示了实际经济系统的主要特征和经济变量之间的内在联系,对实际经济系统的定量研究可以转化为对经济计量模型的研究,从而使经济计量模型成为研究实际经济系统的有力工具。定量经济研究的方法很多,除计量经济方法外,还有投入产出法、最优化法、系统动力学方法等。由于计量经济学方法是揭示经济活动中各因素之间的因果关系的一种分析方法,所以,在定量经济研究中显得更为重要。从计量经济模型在经济研究中所起的作用来划分,它可分为结构分析、经济预测和政策评价三个方面。

§16.1　结构分析

所谓结构分析就是对所研究经济系统的变量构成及其相互关系的研究,其目的在于弄清经济变量之间的因果关系、相互依赖程度、相互关系的性质及大小,从而对经济系统的结构有一个明确的认识。

静态分析、动态分析、乘数分析是结构分析的重要方式。

一、静态分析

所谓静态分析是指经济系统处在平衡状态下,对经济变量之间关系的分析。

(一) 边际分析

例如,我们建立的模型为简单需求模型的方程

$$\hat{Q} = \hat{\alpha} + \hat{\beta}p \tag{16.1.1}$$

其中　$\hat{Q}$ 为需求量,p 为商品价格。

(16.1.1)式对 p 求导数:

$$\frac{d\hat{Q}}{dp}=\hat{\beta} \tag{16.1.2}$$

其中 $\hat{\beta}$ 的经济含义就是价格的边际需求,即价格变动一个单位,需求量的变化量是 $\hat{\beta}$。

(二) 弹性分析

所谓弹性(elasticity)是指一个经济变量的相对变动对另一个相关经济变量的相对变动的影响程度。

设 x 和 y 是两个相关的经济变量,则 y 对 x 的弹性可定义为:

$$E=\frac{\Delta y/y}{\Delta x/x}=\frac{\Delta y}{\Delta x}\cdot\frac{x}{y} \tag{16.1.3}$$

可见,弹性是两个相对改变量的比值,这个比值的大小表示:当自变量变化1%时,因变量变动的百分比。

在极限状态下,(16.1.3)式应表示为

$$E=\frac{dy/y}{dx/x}=\frac{dy}{dx}\cdot\frac{x}{y} \tag{16.1.4}$$

在(16.1.1)中,需求量对价格的弹性应表示为:

$$\frac{d\hat{Q}/Q}{dp/p}=\frac{d\hat{Q}}{dp}\cdot\frac{p}{\hat{Q}}=\hat{\beta}\cdot\frac{p}{\hat{Q}} \tag{16.1.5}$$

如果建立的模型是非线性的,例如生产函数:

$$Y=AK^{\alpha}L^{1-\alpha} \tag{16.1.6}$$

式中 Y 为产出量;K 为资本;L 为劳动力;A 为一个效率参数,一般称为技术进步水平。

资本变化一个单位引起产出的变化量为

$$\frac{\partial Y}{\partial K}=\alpha\frac{Y}{K} \tag{16.1.7}$$

(16.1.7)式的经济含义就是资本的边际产出。

由(16.1.7)式可得

$$\frac{\partial Y}{\partial K}\cdot\frac{K}{Y}=\alpha \tag{16.1.8}$$

由(16.1.8)式知,参数 α 就是资本的产出弹性系数。

二、动态分析

所谓动态分析是指把模型中所包含的经济变量看作是时间的函数,分析研究整个经济系统进行变化的过程、变化的速度和轨道,从而可以获得任一给定时间点的状态。

例如(16.1.6)的生产函数,我们把每一变量都看成时间的函数,于是可以表示为

$$Y_t=A_tK_t^{\alpha}L_t^{1-\alpha} \tag{16.1.9}$$

为了分析变量的动态关系,将(16.1.9)式两边对时间 t 求导数:

$$\frac{dY}{dt}=K^{\alpha}L^{1-\alpha}\frac{dA}{dt}+\alpha AK^{\alpha-1}L^{1-\alpha}\frac{dK}{dt}+(1-\alpha)AK^{\alpha}L^{-\alpha}\frac{dL}{dt} \tag{16.1.10}$$

(这里为了简便,每个变量略去了下标"t")

(16.1.10)两边除以 Y:

$$\frac{1}{Y}\frac{dY}{dt}=\frac{1}{A}\frac{dA}{dt}+\alpha\frac{1}{K}\frac{dK}{dt}+(1-\alpha)\frac{1}{L}\frac{dL}{dt} \tag{16.1.11}$$

记　$G_Y=\frac{1}{Y}\cdot\frac{dY}{dt}$，$G_Y$ 表示产出增长率

$G_A=\frac{1}{A}\cdot\frac{dA}{dt}$，$G_A$ 表示技术进步增长率

$G_K=\frac{1}{K}\cdot\frac{dK}{dt}$，$G_K$ 表示资本的增长率

$G_L=\frac{1}{L}\cdot\frac{dL}{dt}$，$G_L$ 表示劳动力的增长率

于是，(16.1.11)可以表示为

$$G_Y=G_A+\alpha G_K+(1-\alpha)G_L \tag{16.1.12}$$

(16.1.12)式表明，产出增长率可由技术进步增长率、资本增长率、劳动力增长率三部分组成，并且与它们成正比。

将(16.1.12)式两边除以 G_Y，有

$$\frac{G_A}{G_Y}+\alpha\frac{G_K}{G_Y}+(1-\alpha)\frac{G_L}{G_Y}=1$$

或

$$P_A+P_K+P_L=1 \tag{16.1.13}$$

其中　$P_A=\frac{G_A}{G_Y}$，P_A 表示技术进步对产出增长的贡献率；

$P_K=\alpha\frac{G_K}{G_Y}$，$P_K$ 表示资本增长对产出增长的贡献率；

$P_L=(1-\alpha)\frac{G_L}{G_Y}$，$P_L$ 表示劳动力增长对产出增长的贡献率。

显然，(16.1.13)式为技术进步、资本增长、劳动力增长对产出增长所做贡献的比重结构式。

再由 $G_Y=\frac{1}{Y}\cdot\frac{dY}{dt}$，可得

$$\frac{dY}{Y}=G_Y dt \tag{16.1.14}$$

对(16.1.14)从 t_0 到 t_n 积分：

$$\int_{t_0}^{t_n}\frac{dY}{Y}=\int_{t_0}^{t_n}G_Y dt$$

$$\ln Y_{t_n}-\ln Y_{t_0}=\overline{G}_Y(t_n-t_0)$$

$$\overline{G}_Y=\frac{\ln\frac{Y_{t_n}}{Y_{t_0}}}{t_n-t_0} \tag{16.1.15}$$

(16.1.15)表明，在 t_0 至 t_n 时期内产出平均增长率可以由始期与终期的产量计算出。

同样有：

$$\overline{G}_K = \frac{\ln \dfrac{K_{t_n}}{K_{t_0}}}{t_n - t_0}$$

$$\overline{G}_L = \frac{\ln \dfrac{L_{t_n}}{L_{t_0}}}{t_n - t_0} \tag{16.1.16}$$

综上所述,通过对生产函数的动态分析,可以得到产出与投入要素的增长速度,以及各投入要素对产出做出的贡献大小。

三、乘数分析

所谓乘数指外生变量的变化对内生变量变化产生的影响。乘数的大小从一定的角度反映了模型结构的特性。

乘数又分为短期乘数、中期乘数和长期乘数。一般把现期外生变量的变化对现期内生变量的影响称为短期乘数。中期乘数(或累积中期乘数)指现期外生变量以及若干个以前时期的外生变量的共同变化之和对现期内生变量的影响。长期乘数是指所有时期外生变量的变化对现期内生变量的影响。

假设一个宏观经济模型如下:

$$\begin{cases} C_t = \beta_0 + \beta_1 (Y_t - T_t) + u_{1t} \\ I_t = \alpha_0 + \alpha_1 Y_t + \alpha_2 Y_{t-1} + u_{2t} \\ Y_t = C_t + I_t + G_t \end{cases} \tag{16.1.17}$$

式中 C_t 为国民消费;Y_t 为国民收入;I_t 为投资总量;G_t 为政府支出;T_t 为税收总额;u_{1t}、u_{2t}为随机项。

显然 C_t、Y_t、I_t 为内生变量,T_t、G_t 为外生变量。

由(16.1.17)可得

$$Y_t = \Pi_0 + \Pi_1 Y_{t-1} + \Pi_2 G_t - \Pi_3 T_t + v_t \tag{16.1.18}$$

其中 $\Pi_0 = (\alpha_0 + \beta_0)\Pi_2$

$\Pi_1 = \alpha_2 \Pi_2$

$\Pi_2 = 1/(1 - \alpha_1 - \beta_1)$

$\Pi_3 = \beta_1 \Pi_2$

$v_t = (u_{1t} + u_{2t})\Pi_2$

按(16.1.18)形式,可写出 $Y_{t-1}, Y_{t-2}, \cdots, Y_1$ 的表达式,再逐步代入,便可得到最终方程:

$$\begin{aligned} Y_t = {} & \Pi_0 (1 + \Pi_1 + \Pi_1^2 + \cdots + \Pi_1^{t-1}) + \Pi_1^t Y_0 \\ & + \Pi_2 (G_t + \Pi_1 G_{t-1} + \Pi_1^2 G_{t-2} + \cdots + \Pi_1^{t-1} G_1) \\ & - \Pi_3 (T_t + \Pi_1 T_{t-1} + \Pi_1^2 T_{t-2} + \cdots + \Pi_1^{t-1} T_1) \\ & + (v_t + \Pi_1 v_{t-1} + \Pi_1^2 v_{t-2} + \cdots + \Pi_1^{t-1} v_1) \end{aligned} \tag{16.1.19}$$

现在我们可以用(16.1.19)计算 G 对 Y 的影响乘数:

短期乘数:

$$\frac{\partial Y_t}{\partial G_t}=\Pi_2=\frac{1}{1-\alpha_1-\beta_1} \tag{16.1.20}$$

中期乘数:先计算两个时期的中期乘数:

$$\frac{\partial Y_t}{\partial G_t}+\frac{\partial Y_t}{\partial G_{t-1}}\xlongequal{\text{简记}}\left.\frac{\partial Y_t}{\partial G_t}\right|_{\Delta G_t+\Delta G_{t-1}}$$

从而

$$\left.\frac{\partial Y_t}{\partial G_t}\right|_{\Delta G_t+\Delta G_{t-1}}=\frac{\partial Y_t}{\partial G_t}+\frac{\partial Y_t}{\partial G_{t-1}}=\Pi_2(1+\Pi_1) \tag{16.1.21}$$

依次类推:

$$\left.\frac{\partial Y_t}{\partial G_t}\right|_{\Delta G_t+\Delta G_{t-1}+\Delta G_{t-2}}=\Pi_2(1+\Pi_1+\Pi_1^2) \tag{16.1.22}$$

$$\cdots\cdots\cdots\cdots\cdots\cdots$$

$$\left.\frac{\partial Y_t}{\partial G_t}\right|_{\Delta G_t+\Delta G_{t-1}+\cdots+\Delta G_{t-r+1}}=\Pi_2(1+\Pi_1+\Pi_1^2+\cdots+\Pi_1^{r-1}) \tag{16.1.23}$$

依次类推,长期乘数便有

$$\begin{aligned}\left.\frac{\partial Y_t}{\partial G_t}\right|_{\Delta G_t+\Delta G_{t-1}+\cdots}&=\Pi_2(1+\Pi_1+\Pi_1^2+\cdots)\\&=\frac{\Pi_2}{1-\Pi_1}=\frac{1}{1-\alpha_1-\alpha_2-\beta_1}\end{aligned} \tag{16.1.24}$$

§16.2 经济预测

预测是计量经济模型的主要应用之一。计量经济模型用于经济预测,在单方程计量经济模型中已经作了详细介绍,这里不再重复。但是,我们这里要说明几个问题。

一、关于外生变量赋值问题

在计量经济模型建立并通过检验后,对被解释变量进行预测时,首先要给出方程中所有解释变量在未来时期的值(称作赋值),才能利用方程计算出相应的预测值。

对模型建立的方程有两种情况:一是方程中解释变量全部为外生变量;二是除外生变量外,还包括内生滞后变量或外生滞后变量,或二者兼而有之。对内生滞后变量,其值可通过逐期预测获得,即把当期的实际值 y_t 作为下期的滞后值,代入方程计算得 y_{t+1},再用 y_{t+1} 推出 y_{t+2},直至获得第 $t+n$ 期的预测值 y_{t+n}。

关键是外生变量的赋值,我们介绍几种常用的方法。

(一)建立外生变量回归模型

这种方法的基本思想是建立外生变量的回归模型,求出外生变量的预测值,把这个预测值作为预测期外生变量的赋值。外生变量回归模型的建立可以采用以下方法:

1. 建立外生变量对时间的回归模型

最简单的线性回模型为

$$x_t=\alpha+\beta t+u_t \tag{16.2.1}$$

根据样本数据,可求得回归方程:

$$\hat{x}_t=\hat{\alpha}+\hat{\beta} t \tag{16.2.2}$$

通过检验后,便可用方程(16.2.2)对外生变量 x 进行预测。这里实际上把 x 看作内生变量,把 t 看作外生变量。对于 t 的赋值只需按时间顺序取值即可。这样得到的 x 的预测值,即可作为原预测模型的外生变量的赋值。

外生变量对时间的回归模型,不一定是最佳的线性回归模型,要根据具体情况,建立一个合适的回归模型。

2. 建立外生变量的自回归模型

把第 t 期的外生变量 x_t 作为被解释变量,把 $t-i$ 期的 $x_{t-i}(i=1,2,\cdots,k)$ 作为解释变量,建立线性回归模型:

$$x_t=\beta_0+\beta_1 x_{t-1}+\beta_2 x_{t-2}+\cdots+\beta_i x_{t-i}+\cdots+\beta_k x_{t-k}+u_t \tag{16.2.3}$$

为简单起见,我们取 $k=2$,则回归模型为

$$x_t=\beta_0+\beta_1 x_{t-1}+\beta_2 x_{t-2}+u_t \tag{16.2.4}$$

其样本方程为

$$\hat{x}_t=\hat{\beta}_0+\hat{\beta}_1 x_{t-1}+\hat{\beta}_2 x_{t-2} \tag{16.2.5}$$

利用方程(16.2.5)可以算出 x_{t+1}、x_{t+2},…的估计值。我们可把 $\hat{x}_{t+1}$,$\hat{x}_{t+2}$…作为原模型的外生变量的赋值。

(二) 主观赋值法

1. 专家赋值法

例如利用德尔菲法(Delphi Method)等专家调查法,根据专家的经验,对外生变量的未来值进行估计,然后将专家的估计值作为外生变量的赋值。

2. 根据经济发展计划赋值

假设电脑网络普及率由人均收入水平和通信设备拥有量决定。某地区根据经济发展计划,对未来几年的人均收入水平和通信设备拥有量做出规划安排,那么,可以把这些规划值作为未来外生变量的赋值。

二、关于预测不准问题

(一) 首先是建模的问题

(1) 模型本身的不精确性。由于模型是现实经济系统的简化和抽象,不可避免地忽略了一些因素的影响,因此模型本身就存在某种程度的不精确性。

(2) 选用数据的不准确以及数据整理中的不适当归并。

(3) 估计方法选择不当以及计算误差。

(4) 外生变量赋值中的误差以及抽样误差的影响。

（二）经济结构的变化

计量经济模型用于预测是在预测期的经济结构没有发生变化的条件下进行的。如果预测期的经济结构已发生变化，仍然利用前期样本建立的模型进行预测会产生较大的误差，甚至使预测失败。但是，经济系统本身是错综复杂千变万化的，要求经济结构绝对不发生变化是不可能的，因此，计量经济模型比较适用于短期预测，或者说短期预测结果比较可靠些。

近年来人们对计量经济模型的预测功能提出了疑问。这一方面是由于计量经济模型用来进行预测是要求满足经济结构不变这一条件的，而这一条件一般是很难完全满足的，因而预测不可避免产生误差；另一方面反映人们对预测的过高要求。要知道预测并不等于计划，它只提供一个参考数值或发展趋势，严格地说，用计量经济模型预测只是给出以一定的概率处于一个区间的随机变量，要给出百分之百准确的预测值，恐怕任何一种经济预测方法都无能为力。

§16.3 政策评价

所谓政策评价是指从不同的政策方案中选择一个较好的政策方案予以执行，或者说，对不同的政策方案可能产生的后果进行评价对比，从中做出选择的过程。无论国家、地区、部门和企业都面临政策评价问题，例如技术政策、投资政策、价格政策、工资政策等。

从计量经济模型角度讲，政策评价就是研究模型中作为目标变量的内生变量与作为政策变量的外生变量之间的相互关系。经济政策一般具有不可试验性。例如某项政策在局部试验可行，但在全局不一定可行。而计量经济模型起到经济“试验工厂”的作用，这就使得应用经济计量模型进行政策评价更加重要。下面介绍两种政策评价的方法。

一、工具——目标法

假设用于政策评价的计量经济模型为

$$\Gamma Y_t + BX_t + AR_{t-1} = U_t \tag{16.3.1}$$

式中 Y_t为 g 个内生变量的向量，也称目标变量；X_t为 k 个前定变量的向量；R_{t-1}为 l 个作为政策变量的外生变量的向量，称作工具变量；U_t为 g 个随机项的向量。

政策变量 R_{t-1}表示政策因素的作用是滞后的。

假设 Γ 可逆，(16.3.1)可写成简化型

$$Y_t = -\Gamma^{-1}BX_t - \Gamma^{-1}AR_{t-1} + \Gamma^{-1}U_t \tag{16.3.2}$$

假设模型中的系数均已估计出为 $\hat{\Gamma}$、$\hat{B}$、$\hat{A}$，就可以利用模型(16.3.2)研究政策变量与目标变量之间的关系，对政策进行评价。例如假设预测期的目标值已经确定为 $\hat{Y}^0_{t+1}$，前定变量 X_{t+1}已用其他方法预测出为 $\hat{X}_{t+1}$，随机项用 $\hat{U}_{t+1}$代替，假设有足够的政策变量($l \geqslant g$)，

当 $l=g$ 时,A 为一方阵,而且 $\hat{A}$ 可逆,那么,第 t 期的最优政策变量选择为

$$R_t^* = -\hat{A}^{-1}\hat{\Gamma}Y_{t+1}^0 - \hat{A}^{-1}\hat{B}\hat{X}_{t+1} + \hat{A}^{-1}\hat{U}_{t+1} \tag{16.3.3}$$

进一步还可以求出每个政策变量的最佳值相对于每个预测期目标值的敏感度,即目标值的变化对政策取值的影响:

$$\frac{\partial R_t^*}{\partial Y_{t+1}^0} = -(\hat{A}^{-1}\hat{\Gamma})' \tag{16.3.4}$$

类似有

$$\frac{\partial R_t^*}{\partial \hat{X}_{t+1}} = -(\hat{A}^{-1}\hat{B})' \tag{16.3.5}$$

综上所述,当 $l=g$ 时,利用(16.3.3)、(16.3.4)、(16.3.5)可得到为达到某一预期目标值所应采取的政策,以及在目标值变化时政策变量应采取的相应变化值。

当 $l>g$ 时,可先确定 $(l-g)$ 个政策变量值,再求余下的 g 个政策变量的最佳值,反复迭代以得到 g 个政策变量最佳值。

当 $l<g$ 时,此方法无能为力。

二、政策仿真

所谓政策仿真就是将不同的政策变量(政策方案组),不同的前定变量赋值及随机扰动项代入模型,进行一次次的计算,得出一个个不同的目标期望值,比较这些结果以鉴别各组政策变量值的优劣,实现对政策的评价。

假定模型的简化式为

$$Y_{t+1} = -\hat{\Gamma}^{-1}\hat{B}X_{t+1} - \hat{\Gamma}^{-1}\hat{A}R_t + \hat{\Gamma}^{-1}\hat{U}_{t+1} \tag{16.3.6}$$

式中参数矩阵 $\hat{\Gamma}^{-1}$、$\hat{B}$、$\hat{A}$ 均已由系统估计出,X_{t+1},$\hat{U}_{t+1}$ 均已给定,给出不同的政策水平 R_t,利用(16.3.6)进行模拟计算,便可为决策者提供一组可选择的政策方案[$R_t^{(1)}$,$Y_{t+1}^{(1)}$],[$R_t^{(2)}$,$Y_{t+1}^{(2)}$],…。决策者可以根据要求从中选出一种方案[$R_t^{(*)}$,$Y_{t+1}^{(*)}$]作为最优方案。

在政策模拟过程中,常用到仿真乘数这一指标,它定义为每个政策变量的变化对每个内生变量的影响。因此,由(16.3.6)可得仿真乘数为

$$\frac{\partial Y_{t+1}}{\partial R_t} = -(\hat{\Gamma}^{-1}\hat{A})' \tag{16.3.7}$$

(16.3.7)表示任何一个政策变量的变化对每个内生变量的影响。例如第 i 个政策变量 $(i=1,2,\cdots,l)$ 对第 j 个内生变量 $(j=1,2,\cdots,g)$ 的影响,可表示为

$$\frac{\partial Y_{j,t+1}}{\partial R_{i,t}} \tag{16.3.8}$$

则 l 个政策都变化时,对第 j 个内生变量的总影响等于每个政策变量对第 j 个内生变量影响的总和,即

$$\Delta Y_{j,t+1} = \sum_{i=1}^{l} \frac{\partial Y_{j,t+1}}{\partial R_{i,t}} \Delta R_{i,t} \tag{16.3.9}$$

由上述分析可以看出，仿真法的优点是能够把决策者的主观判断和经济计量模型的客观分析结合起来，从而提高政策评价的效果。

§16.4 小　结

1. 结构分析
(1) 静态分析
① 边际分析
② 弹性分析
(2) 动态分析
(3) 乘数分析
2. 经济预测
(1) 关于外生变量赋值问题
① 建立外生变量回归模型
② 主观赋值法
(2) 关于预测不准问题
① 建模的问题
② 经济结构的变化
3. 政策评价
(1) 工具——目标法
(2) 政策仿真

复习思考题

1. 计量经济模型在经济研究中可以在哪几方面发挥作用？
2. 什么是结构分析？
3. 结构分析的主要方式有哪几种？
4. 在经济预测中，外生变量如何赋值？
5. 政策评价的方法有哪些？
6. 证明模型：

$$\ln y = \beta_1 + \beta_2 \ln x_2 + \beta_3 \ln x_3 + u$$

β_2 和 β_3 的最小二乘估计量是 y 对 x_2 和 x_3 的固定不变的偏弹性估计量。

7. 设 $x_i = \ln(y_i)$，其中 y_1 = 人均食品消费量，y_2 = 食品价格，y_3 = 人均可支配收入。已知如下的样本协方差矩阵：

$$\begin{array}{c} \\ \dot{x}_1 \\ \dot{x}_2 \\ \dot{x}_3 \end{array} \begin{array}{c} \begin{array}{ccc} \dot{x}_1 & \dot{x}_2 & \dot{x}_3 \end{array} \\ \begin{pmatrix} 7.59 & 3.12 & 26.99 \\ 3.12 & 29.16 & 30.80 \\ 26.99 & 30.80 & 133.00 \end{pmatrix} \end{array}$$

假设需求函数模型为 $y_1 = Ay_2^{\alpha}y_3^{\beta}e^{u}$,试估计需求的收入弹性和价格弹性。

第十七章　计量模型构造理论与应用

✓ 本章要点

(1) 供给函数和需求函数；(2) 消费函数；(3) 生产函数；(4) 投资理论与模型；(5) 宏观计量经济模型的构造。

§17.1　供给函数和需求函数

一、概念

供给函数和需求函数是对市场行为的定量描述。市场行为包括生产者行为和消费者行为。市场规律告诉我们，随着商品的价格上涨，需求量将减少，供给量将增加；反之，随着商品价格的下降，需求量增加，供给量减少。所以，市场机制起到"以价制量"的作用，这便是供给与需求的规律。因此我们可以把需求量 Q_D 和供给量 Q_S 看作商品价格的函数，记作

$$Q_D = f(p) \tag{17.1.1}$$

$$Q_S = g(p) \tag{17.1.2}$$

函数 Q_D 和 Q_S 可能是线性的，也可能是非线性的，而且 Q_D 是 p 的减函数，Q_S 是 p 的增函数，在市场规律基础上进一步假定它们都是非负连续可导的，于是有

$$f'(p) < 0 \tag{17.1.3}$$

$$g'(p) > 0 \tag{17.1.4}$$

二、需求价格弹性与供给价格弹性

需求价格弹性定义为

$$E_D = \frac{dQ_D}{dp} \cdot \frac{p}{Q_D} = f'(p)\frac{p}{f(p)} \tag{17.1.5}$$

显然，$f'(p)\frac{p}{f(p)} < 0$，表明需求一般沿着价格变动相反的方向变动。

同样，供给价格弹性定义为

$$E_S = \frac{dQ_S}{dp} \cdot \frac{p}{Q_S} = g'(p)\frac{p}{g(p)} \tag{17.1.6}$$

显然,$g'(p)\dfrac{p}{g(p)}>0$,表明供给一般沿着价格变动相同的方向变动。

三、需求弹性应用的例子

由于居民的实际消费水平表现在对市场上各种商品的购买量,当供需平衡时,供给量就等于需求量。那么,商品的销售额为商品价格乘以需求量,则销售额为

$$S = p \cdot f(p) \tag{17.1.7}$$

$$\begin{aligned}\frac{dS}{dp} &= f(p) + p \cdot f'(p) \\ &= f(p)\left[1 + \frac{pf'(p)}{f(p)}\right] \\ &= f(p)[1 + E_D]\end{aligned} \tag{17.1.8}$$

(一) $\dfrac{dS}{dp}=0$ 的情况

$\dfrac{dS}{dp}=0$ 表明销售函数 S 是一个常量,说明价格变动与销售额的变动无关。要使$\dfrac{dS}{dp}=0$,必须是 $E_D=-1$。从而进一步说明,当某种商品的需求价格弹性 $E_D=-1$ 时,调整该商品价格是不可能改变它的销售额的。

(二) $\dfrac{dS}{dp}<0$ 情况

$\dfrac{dS}{dp}<0$ 说明销售函数 S 是 p 的减函数。而要使$\dfrac{dS}{dp}<0$,必须是 $E_D<-1$ 时。表明当某种商品的需求价格弹性 $E_D<-1$ 时,这种商品涨价会使销售额减少,降价反而会使销售额增加。

(三) $\dfrac{dS}{dp}>0$ 情况

$\dfrac{dS}{dp}>0$ 说明 S 是 p 的增函数。而要使$\dfrac{dS}{dp}>0$,必须是 $E_D>-1$。表明当某种产品的需求价格弹性 $E_D>-1$ 时,这种商品涨价会使销售额增加。

四、模型的建立

(一) 需求模型的建立步骤

第一步,对该商品的市场需求进行调查,全面收集该商品的需求量及影响其需求量的诸多因素的统计资料。这里的需求量是真正的需求量,即实际销售量加潜在需求量。

第二步,根据经济理论和对占有资料的分析,选出影响需求量的主要因素作为模型的解释变量。

第三步,解释变量确定后,即可确定模型的结构形式。

(二) 供给模型的建立步骤

供给模型建立的方法步骤与需求模型相同,即在占有足够资料的基础上,选定影响供

给的主要因素作为解释变量，并确定模型的结构形式。这里可以同时确定几个不同的结构形式，经过模型检验，选择其中一个满意的结果。

五、几种常用的需求函数

在制定模型时，参考常用的模型结构，再结合该问题的特点进行适当修改，是制定模型的一种可取方法。为此，我们介绍几种常见的需求函数模型，供读者参考。

(一) 线性需求函数模型

$$q_i = \beta_{i0} + \sum_{j=1}^{k} \beta_{ij} p_j + r_i I + u_i \tag{17.1.9}$$

式中 q_i 为第 i 种商品需求量；p_j 为第 j 种商品的价格；I 为收入水平。

模型的含义是第 i 种商品的需求量 q_i 是所有影响第 i 种商品需求的商品价格和收入的线性函数。这种需求函数经济理论依据并不充分，但在实际应用中确实可见。

(二) 半对数需求函数模型

$$q_i = \beta_{i0} + \sum_{j=1}^{k} \beta_{ij} \ln p_j + r_i \ln I + u_i \tag{17.1.10}$$

式中字母的含义与(17.1.9)式相同。这个模型实际上是把非线性函数变成为线性函数。

(三) 对数线性需求函数模型

$$\ln q_i = \beta_{i0} + \sum_{j=1}^{k} \beta_{ij} \ln p_j + r_i \ln I + u_i \tag{17.1.11}$$

式中字母的含义与(17.1.9)式相同。这个模型实际上是多元幂函数的线性化形式。此模型是应用得较多的一种单方程需求函数。

以上三种单方程需求函数模型都可用 *OLS* 法进行估计。但是，当截面数据异方差性较强时，应该采用 *WLS* 或 *GLS* 法进行估计。

(四) 耐用品存量调整模型

存量调整模型(Stock Adjustment Model)是一个有很大应用价值的模型。耐用品的需求量，不仅受价格、收入的影响，而且还受到该耐用品存量的影响。

假设某种耐用品 t 时刻的期望存量 S_t^* 是实际支出 I_t 和价格 p_t 的线性函数：

$$S_t^* = \alpha_0 + \alpha_1 p_t + \alpha_2 I_t + u_t \tag{17.1.12}$$

实际存量 S_t 一般不等于期望存量，但可作如下表述：

$$S_t - S_{t-1} = \lambda\ (S_t^* - S_{t-1}) \tag{17.1.13}$$

设报废率为 δ，于是有

$$S_t = (1-\delta) S_{t-1} + q_t \tag{17.1.14}$$

由(17.1.14)式可得，t 时刻的需求量 q_t 为

$$\begin{aligned} q_t &= S_t - S_{t-1} + \delta S_{t-1} \\ &= \lambda(S*_t - S_{t-1}) + \delta S_{t-1} \\ &= \lambda\alpha_0 + \lambda\alpha_1 p_t + \lambda\alpha_2 I_t + (\delta - \lambda)\ S_{t-1} + \lambda u_t \end{aligned} \tag{17.1.15}$$

(17.1.15)就是存量调整模型。

线性支出系统是一种广泛应用的需求函数模型系统,我们将在下节专门介绍。

§17.2 线性支出系统

一、线性支出系统(*LES*)

线性支出系统(Linear Expenditure System, *LES*)是一个经济理论依据较充分,应用广泛的需求函数模型系统。它是利用效用函数的概念建立起来的。1947 年 Klein(克莱茵)和 H. Rubin(鲁宾)提出了如下形式的效用函数

$$U = \sum_{i=1}^{k} \beta_i \ln(q_i - q_i^0) \tag{17.2.1}$$

式中 q_i 为第 i 种商品的实际需求量;q_i^0 为第 i 种商品的基本需求量;β_i 为第 i 种商品的由超出基本需求支出决定的边际预算额。

1954 年英国经济学家 R. Stone(斯通)在预算(V)约束条件

$$\sum_{i=1}^{k} p_i q_i - V = 0 \tag{17.2.2}$$

下(其中 p_i 为第 i 种商品的价格),求效用函数 U 的极大化,即构造拉格朗日函数:

$$L(q_i, \lambda) = \sum_{i=1}^{k} \beta_i \ln(q_i - q_i^0) + \lambda(V - \sum_{i=1}^{k} p_i q_i) \tag{17.2.3}$$

由条件极值应满足:

$$\begin{cases} \dfrac{\partial L}{\partial q_i} = 0 \\ \dfrac{\partial L}{\partial \lambda} = 0 \end{cases} \tag{17.2.4}$$

解方程组可得:

$$p_i q_i = p_i q_i^0 + \beta_i \left(V - \sum_{j=1}^{k} p_j q_j^0\right) \tag{17.2.5}$$

其中利用了条件:

$$\sum_{i=1}^{k} \beta_i = 1 \tag{17.2.6}$$

(17.2.6)的含义是所有商品的边际预算份额之和等于 1。(17.2.5)就是线性支出系统(*LES*),$i=1,2,\cdots,k$,构成了联立方程模型。其含义是第 i 种商品的需求支出额分为两部分,第一部分是对该种商品的基本需求支出,第二部分是总预算支出 V 中扣除对所有商品的基本需求支出后剩余部分中用于第 i 种商品的支出。式中 q 为内生变量,V、p 为外生变量,β、q^0 为待估参数,并且应满足条件:

$$q_i^0 \geqslant 0 \qquad i = 1,2,\cdots,k$$
$$0 \leqslant \beta_i \leqslant 1 \qquad i = 1,2,\cdots,k \tag{17.2.7}$$
$$\sum_{i=1}^{k} \beta_i = 1$$

二、扩展线性支出系统(*ELES*)

在支出系统中,预算 V 是外生变量,但它又应满足条件

$$V = \sum_{i=1}^{k} p_i q_i \tag{17.2.8}$$

而 q_i 是内生变量,这就给应用带来了困难,1973 年 Liuch 对 *LES* 作出两点修改,提出了扩展线性支出系统(Expand Linear Expanditure System,*ELES*):在模型(17.2.5)中(1) 以收入 M 代替总消费支出预算,(2) 以边际消费倾向代替边际预算份额,则模型为

$$p_i q_i = p_i q_i^0 + \beta_i^* \left(M - \sum_{j=1}^{k} p_j q_j^0\right) \tag{17.2.9}$$

式中 β_i^* 为边际消费倾向。这里

$$0 \leqslant \beta_i^* \leqslant 1$$
$$\sum_{i=1}^{k} \beta_i^* \neq 1$$

(17.2.9)便是扩展线性支出系统的表达式。

β_i^* 与 β_i 是有区别的,β_i 是由超额支出 $\left(V - \sum_{j=1}^{k} p_j q_j^0\right)$ 决定的,而 β_i^* 是由超额收入 $\left(M - \sum_{j=1}^{k} p_j q_j^0\right)$ 决定的。如果消费者将超额收入全部用于购买商品或劳务,既不储蓄也不动用储蓄,那么,超额收入等于超额支出,便有 β_i^* 等于 β_i。如果

$$\sum_{i=1}^{k} \beta_i^* < 1 \tag{17.2.10}$$

说明消费者有储蓄;如果

$$\sum_{i=1}^{k} \beta_i^* \geqslant 1 \tag{17.2.10$'$}$$

说明消费者没有储蓄或动用了储蓄。

三、线性支出系统的估计

对于模型

$$V_i = p_i q_i^0 + \beta_i^* \left(M - \sum_{j=1}^{k} p_j q_j^0\right) + u_i \tag{17.2.11}$$

式中 $V_i = p_i q_i$,其待估参数 β_i^*、q_i^0 是非线性的,因此 *OLS* 法不能直接应用。现介绍几种简单估计方法。

(一) 先验估计法

(1) 先根据先验信息,确定一组基本生活需求量 q_i^0,而 V_i、M、p_i 可以观测到。模型(17.2.11)可以改写成:

$$V_i - p_i q_i^0 = \beta_i^* (M - \sum_{j=1}^{k} p_j q_j^0) + u_i \qquad (17.2.12)$$

模型(17.2.12)表明,当基本生活需求量 q_i^0 确定之后,我们可以把($V_i - p_i q_i^0$)和($M - \sum_{j=1}^{k} p_j q_j^0$)看作两个新变量,于是,(17.2.12)可以看作为线性回归模型。对(17.2.12)应用 *OLS* 法便可得到 β_i^* 的估计值。

(2) 也可以根据先验信息,确定一组边际消费倾向 β_i^*,再来估计 q_i^0。

将模型(17.2.11)改写成:

$$V_i - \beta_i^* M = p_i q_i^0 - \beta_i^* \sum_{j=1}^{k} p_j q_j^0 + u_i \qquad (17.2.13)$$

(17.2.13)式表明,当边际消费倾向 β_i^* 确定之后,等式左端($V_i - \beta_i^* M$)可以看作为新变量,等式右端可以看作所有商品价格的线性函数,于是(17.2.13)看作为线性回归模型,可以应用 *OLS* 法求出 q_i^0 的估计值。

(二) 迭代法

先验估计法都要利用先验信息估计出 q_i^0(或 β_i^*)再去估计 β_i^*(或 q_i^0),因此,它们都具有一定主观性。为了克服先验估计法的缺点,可以将先验估计法综合起来反复使用,这就是迭代法。

迭代法的基本做法是先确定一组初始值(q_i^0),由(17.2.12)利用 *OLS* 法得到参数 β_i^* 的一次估计值$(\beta_i^*)_1$,然后把$(\beta_i^*)_1$ 代入(17.2.13)应用 *OLS* 法可得 q_i^0 的一次估计值$(q_i^0)_1$,这样反复迭代,直到两次迭代中得到的参数估计量满足收敛条件为止,迭代过程结束。

迭代法避免了先验估计法的主观性,迭代思路清楚,计算工作量也不太大,可以达到满意的精度,是一种较好的估计方法。

(三) 最小二乘法

将模型(17.2.11)改写成

$$V_i = (p_i q_i^0 - \beta_i^* \sum_{j=1}^{k} p_j q_j^0) + \beta_i^* M + u_i \qquad (17.2.14)$$

记

$$\alpha_i = p_i q_i^0 - \beta_i^* \sum_{j=1}^{k} p_j q_j^0 \qquad (17.2.15)$$

则(17.2.14)可以写成

$$V_i = \alpha_i + \beta_i^* M + u_i \qquad (17.2.16)$$

假设价格 p_i 在同一截面上是不变的,所以 α_i 只是与 i 有关的常数。对(17.2.16)应用最小二乘法，可得 α_i 和 β_i^* 估计值 $\hat{\alpha}_i$ 和 $\hat{\beta}_i^*$。

由(17.2.15)有

$$\sum_{i=1}^{k}\alpha_i = \sum_{i=1}^{k}p_iq_i^0 - \sum_{i=1}^{k}\beta_i^*\sum_{i=1}^{k}p_iq_i^0$$
$$= \sum_{i=1}^{k}p_iq_i^0(1 - \sum_{i=1}^{k}\beta_i^*)$$

则有

$$\sum_{i=1}^{k}p_iq_i^0 = \sum_{i=1}^{k}\alpha_i/(1 - \sum_{i=1}^{k}\beta_i^*) \quad (17.2.17)$$

将(17.2.17)代入(17.2.15)得

$$p_iq_i^0 = \alpha_i + \beta_i^* \cdot \sum_{i=1}^{k}\alpha_i/(1 - \sum_{i=1}^{k}\beta_i^*) \quad (17.2.18)$$

将 $\hat{\alpha}_i$ 和 $\hat{\beta}_i^*$ 代入(17.2.18)便可求得 $p_iq_i^0$ 的估计值，再利用已知的 p_i 便可求得 $q_i^0(i=1,2,\cdots,k)$，至此完成模型参数的估计。

此方法要求在同一截面上商品价格不随收入变化的假设，这对于单种商品一般是可以满足的。对于类商品价格，由于收入不同的消费者对需求商品的结构不同，则引起类价格不同，这相当于漏掉了重要自变量。另外，扩展线性支出系统是把线性支出系统中的总预算支出 V 主观地改成了收入 M，这在理论上缺少充分的依据，这在统计上相当于解释变量存在系统误差。因此，它们可能影响参数估计量的统计性质。

本节所介绍的参数估计方法，是以扩展线性支出系统模型展开的，但是，它们对线性支出系统也是适用的，只要将扩展线性支出系统中的收入 M 改为总预算支出 V，其算法是一样的。

四、*LES* 与 *ELES* 参数之间的关系

扩展线性支出系统(*ELES*)

$$p_iq_i = p_iq_i^0 + \beta_i^*(M - \sum_{j=1}^{k}p_jq_j^0) \quad (17.2.9)$$

对(17.2.9)式两边求和有

$$V = \sum_{i=1}^{k}p_iq_i^0 + M\sum_{i=1}^{k}\beta_i^* - \sum_{i=1}^{k}\beta_i^*\sum_{i=1}^{k}p_iq_i^0 \quad (17.2.19)$$

由(17.2.19)整理得：

$$M = [V - (1 - \sum_{i=1}^{k}\beta_i^*)\sum_{i=1}^{k}p_iq_i^0]/\sum_{i=1}^{k}\beta_i^* \quad (17.2.20)$$

将(17.2.20)代入(17.2.9)中，可得

$$p_iq_i = p_iq_i^0 + (\beta_i^*/\sum_{i=1}^{k}\beta_i^*)(V - \sum_{i=1}^{k}p_iq_i^0) \quad (17.2.21)$$

用(17.2.21)与线性支出系统(17.2.5)比较，可知

$$\beta_i = \beta_i^* / \sum_{i=1}^{k} \beta_i^* \qquad (17.2.22)$$

(17.2.22)式表明,当且仅当 $\sum_{i=1}^{k} \beta_i^* = 1$ 时, $\beta_i = \beta_i^*$。

五、扩展线性支出系统模型(ELES)的实例

某市职工家庭的抽样调查资料,如表 17.2.1 所示,建立了 *ELES* 模型,利用最小二乘法估计模型

$$V_i = \alpha_i + \beta_i^* M + u_i$$

得参数 α_i 和 β_i^* 的估计值 $\hat{\alpha}_i$ 和 $\hat{\beta}_i^*$,再利用公式

$$\widehat{p_i q_i^0} = \hat{\alpha}_i + \hat{\beta}_i^* \cdot \sum_{i=1}^{k} \hat{\alpha}_i / (1 - \sum_{i=1}^{k} \hat{\beta}_i^*)$$

算出 $\widehat{p_i q_i^0}$,其参数的估计结果列于表 17.2.2 中。

表 17.2.1　　2006 年某地区职工家庭收支调查资料

收入组	户数	人数	人均生活费收入(元/月)	人均消费(元/月)					
				总支出	食品	衣着	燃料	用品	非商品
300 以下	1	7	300	320.55	213.15	51.75	13.2	22.5	19.95
300~400	5	25	354.4	345.8	222.15	31.8	14	45.9	31.95
400~450	26	124	446.2	432.6	289.65	50.4	15	38.55	39
450~500	64	282	490.5	481.35	302.25	60	15.6	59.4	44.1
500~600	76	293	587.2	571.4	345.45	77.85	17	78	53.1
600~700	58	228	634.5	617.1	373.65	72.9	18.3	94.65	57.6
700~750	57	240	717.9	685.9	401.1	101.55	19	102.6	61.65
750~800	39	159	790.5	757.4	465.6	96	20	118.8	57
800~900	33	128	851.4	829.95	518.4	101.1	21.6	123	65.85
1 000 以上	41	130	1 100.5	962.25	559.8	131.85	23.4	165	82.2

表 17.2.2　　估计的 *ELES* 参数

	$\hat{\alpha}_i$	$\hat{\beta}_i^*$	T	R^2	$\widehat{p_i q_i^0}$
食品	71.46784	0.47449	15.95258	0.969522	280.9771
衣着	3.270545	0.118362	9.856164	0.923914	55.53284
燃料	9.224093	0.013527	21.85471	0.983527	15.19689
用品	-26.9199	0.178157	17.97438	0.975837	51.74466
非商品	6.849591	0.070763	10.80439	0.935864	38.09473
Σ	63.89218	0.855299			441.5462

由表 17.2.2 中数值可知，食品、衣着、用品、燃料、非商品的 R^2 和 T 检验值都很高，拟合得较好。

根据公式 $\beta_i = \beta_i^* / \sum_{i=1}^{k} \beta_i^*$ 可以计算各类商品的边际预算份额，如表 17.2.3 所示。

表 17.2.3　　各类商品的边际预算份额

类别	食品	衣着	燃料	用品	非商品
β_i	0.554765	0.138387	0.015816	0.208298	0.082735

可以看出，在各种商品中，以食品需求量最大。

利用 EViews 计算的结果如图 17.2.1 ~ 17.2.5 所示。

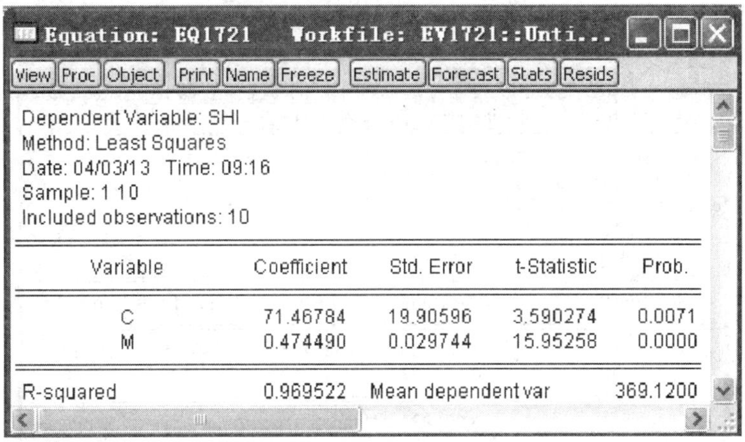

图 17.2.1　食品对收入的回归

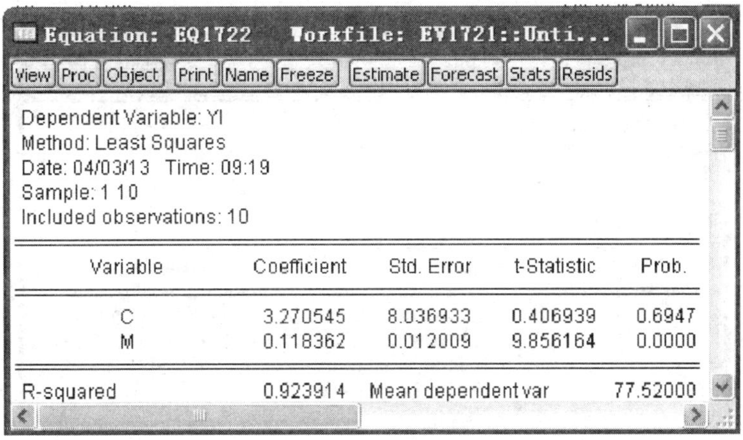

图 17.2.2　衣着对收入的回归

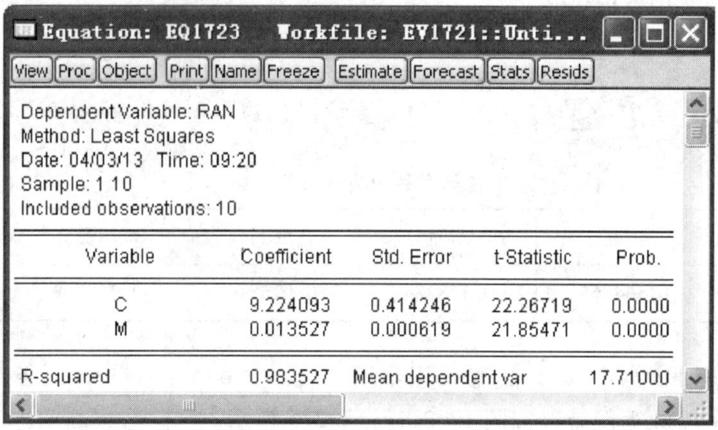
Equation: EQ1723 Workfile: EV1721::Unti...

View Proc Object Print Name Freeze Estimate Forecast Stats Resids

Dependent Variable: RAN
Method: Least Squares
Date: 04/03/13 Time: 09:20
Sample: 1 10
Included observations: 10

Variable	Coefficient	Std. Error	t-Statistic	Prob.
C	9.224093	0.414246	22.26719	0.0000
M	0.013527	0.000619	21.85471	0.0000
R-squared	0.983527	Mean dependent var		17.71000

图 17.2.3 燃料对收入的回归

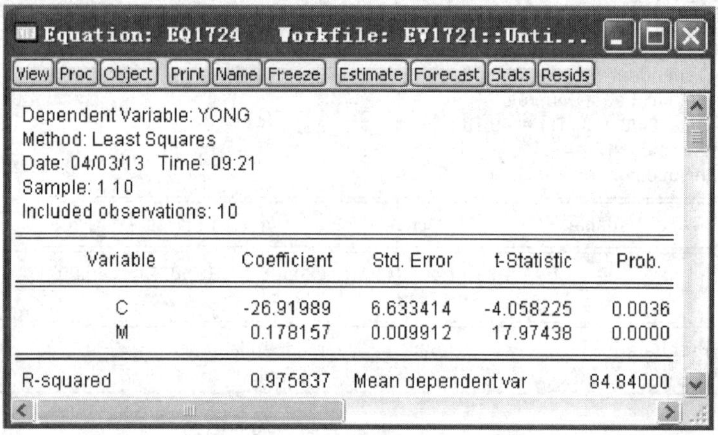
Equation: EQ1724 Workfile: EV1721::Unti...

View Proc Object Print Name Freeze Estimate Forecast Stats Resids

Dependent Variable: YONG
Method: Least Squares
Date: 04/03/13 Time: 09:21
Sample: 1 10
Included observations: 10

Variable	Coefficient	Std. Error	t-Statistic	Prob.
C	-26.91989	6.633414	-4.058225	0.0036
M	0.178157	0.009912	17.97438	0.0000
R-squared	0.975837	Mean dependent var		84.84000

图 17.2.4 用品对收入的回归

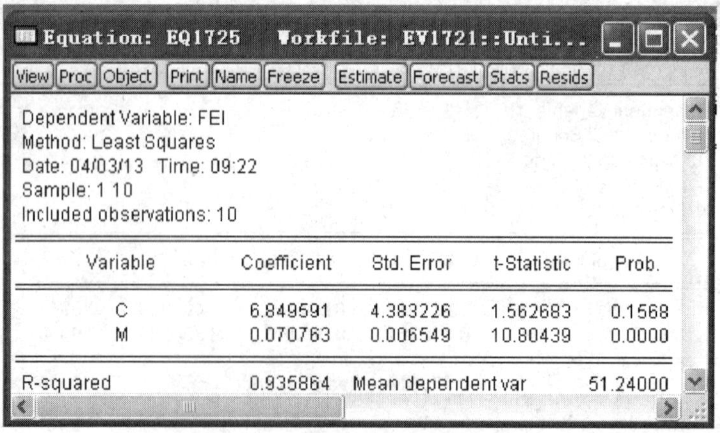
Equation: EQ1725 Workfile: EV1721::Unti...

View Proc Object Print Name Freeze Estimate Forecast Stats Resids

Dependent Variable: FEI
Method: Least Squares
Date: 04/03/13 Time: 09:22
Sample: 1 10
Included observations: 10

Variable	Coefficient	Std. Error	t-Statistic	Prob.
C	6.849591	4.383226	1.562683	0.1568
M	0.070763	0.006549	10.80439	0.0000
R-squared	0.935864	Mean dependent var		51.24000

图 17.2.5 非商品对收入的回归

图 17.2.1 ~ 17.2.5 中 SHI——食品, YI——衣着, RAN——燃料, YONG——用品, FEI——非商品, M——人均消费支出。

§17.3　消费函数

一、消费函数

消费函数是表示消费者在每一个可支配收入水平上与消费支出之间的关系。它与§17.2节中的需求函数不同。需求函数是表示在每种价格水平上与商品需求量之间的关系，属于微观经济学的内容。消费函数既可以表示社会总收入与社会总需求之间的关系，也可以表示一个集团可支配收入与消费支出之间的关系，也可表示个人可支配收入与消费支出之间的关系，也就是说，消费函数既可用于微观经济分析，也可用于宏观经济分析，而且几乎所有的宏观经济模型中都有消费函数。对于消费函数的研究不仅是微观经济学的一个重要内容，而且在宏观经济分析中，消费作为最终需求起着重要作用。

二、关于消费函数的几种理论

消费函数是西方计量经济学中的一个重要研究领域，在西方不同的消费理论假设下，建立了各种不同形式的消费函数。

（一）凯恩斯（Keynesian）绝对收入假设

Keynesian 认为，人们的消费主要取决于实际收入，即消费支出与实际收入之间保持着一定的函数关系，随着收入的增加，消费也将增加，但消费的增长低于收入的增长。这种理论被称为绝对收入学说，在这一理论假设下得到消费函数

$$c_t = \alpha + \beta y_t \qquad (17.3.1)$$

式中　c_t 为消费支出，y_t 为收入，α 是收入为零时的消费支出，它是维持消费者生活的最低消费支出，β 为边际消费倾向，并且 $0 < \beta < 1$，$\alpha > 0$。

虽然消费主要取决于收入，但现实经济生活中，除了可支配收入之外还有其他因素影响着消费，因而每一个消费与收入的样本点不可能完全落在直线（17.3.1）上，即与直线（17.3.1）有一定的偏差，所以可用模型

$$c_t = \alpha + \beta y_t + u_t \qquad (17.3.2)$$

表示。其中参数 α 和 β 可用 *OLS* 法进行估计。

绝对收入学说的消费函数（17.3.1）表示，第 t 期消费 c_t 完全随收入 y_t 的变动而变动，这种现象叫做消费的“完全可逆性”。

（二）杜生贝（Duesenberry）的相对收入假设

Duesenberry 认为消费者的消费支出不仅受本人目前收入的影响，而且也受过去时期的收入和消费的影响，特别是受过去时期较高收入和消费的影响。当某人已经达到了某种较高消费水平后，虽然收入下降，但仍想保持过去达到的那种较高的生活水平。这种现象称为消费的“不可逆性”。根据这一假设：

令

$$y_{(max)} = max\{y_{t-i}, i > 0\}$$

则消费函数的基本形式为

$$c_t = \beta_0 + \beta_1 y_t + \beta_2 y_{(\max)} \tag{17.3.3}$$

(17.3.3)表示当现期收入 y_t 下降时,c_t 受到 $y_{(\max)}$ 的抑制作用,与绝对收入假设相比,c_t 下降得较少。(17.3.3)的计量形式为

$$c_t = \beta_0 + \beta_1 y_t + \beta_2 y_{(\max)} + u_t \tag{17.3.4}$$

其中 β_0、β_1、β_2 为待估参数,并且 $\beta_0 > 0, \beta_1 > 0, \beta_2 > 0$。

在正常时期,收入逐年增加,即 y_{t-1} 为以前各期的最高收入,因此(17.3.4)可以改写成

$$c_t = \beta_0 + \beta_1 y_t + \beta_2 y_{t-1} + u_t \tag{17.3.5}$$

布朗还把相对收入推广,认为过去的消费习惯影响到当期的消费,因此,消费函数取为

$$c_t = \beta_0 + \beta_1 y_t + \beta_2 c_{\max} \tag{17.3.6}$$

其中 $c_{\max}$ 表示过去的最高消费。

在正常时期,消费水平在不断提高,因此可采用前期消费水平 c_{t-1} 代替 $c_{\max}$,即消费函数取形为

$$c_t = \beta_0 + \beta_1 y_t + \beta_2 c_{t-1} \tag{17.3.7}$$

(17.3.7)的计量形式为

$$c_t = \beta_0 + \beta_1 y_t + \beta_2 c_{t-1} + u_t \tag{17.3.8}$$

模型(17.3.8)在宏观经济分析中是用得较多的一种形式。

(三)生命周期假设

莫迪格里安尼(Modigliani)的周期说认为,个人的现期消费不仅与现期收入有关,而且与以后各期收入、拥有资产和个人的年龄有关。消费者是在更大时间范围内计划他们的消费和储蓄行为的,以便他们在整个寿命周期实现消费的最佳配置。消费者的储蓄应看成是为他们年老时消费做准备愿望的结果。在这一理论支持下消费函数取形式

$$c_t = \alpha w_t + \beta y_t \tag{17.3.9}$$

式中 c_t 为第 t 期的消费,y_t 为第 t 期的收入,w_t 为第 t 期拥有的财富。

(四)持久收入理论

弗里德曼(Friedman)认为,消费支出是取决于长期的或平均的或持久的收入。这一理论最简单的消费函数形式为

$$c_t = \alpha y_t^p \tag{17.3.10}$$

其中 y_t^p 为持久的可支配收入。然而在通常的情况下,一个人是无法确定收入变化到底是持久性的还是暂时性的。这一问题的典型实用解决方法就是假定持久收入是与当前和过去的收入相关。这一假设的最简单表达形式为

$$\begin{aligned} y_t^p &= y_{t-1} + \theta(y_t - y_{t-1}) \quad 0 < \theta < 1 \\ &= \theta y_t + (1-\theta) y_{t-1} \end{aligned} \tag{17.3.11}$$

其中 θ 为权数。(17.3.11)式表明持久收入为当前和过去收入的移动平均数。

利用(17.3.11)式,消费函数可改写成形式

$$c_t = \alpha\, \theta y_t + \alpha(1-\theta)\, y_{t-1} \tag{17.3.12}$$

表明当前收入的边际消费倾向 $\alpha\theta$ 明显低于长期平均消费倾向 α。因此,持久收入假说表明,收入的短期边际消费倾向不同于长期边际消费倾向,而长期边际消费倾向等于平均边际消费倾向。

(17.3.12)的计量模型可写成

$$c_t = \alpha\theta y_t + \alpha(1-\theta)y_{t-1} + u_t \tag{17.3.13}$$

现代消费理论把持久收入理论和生命周期理论两者结合起来,将消费函数表示为

$$c_t = \alpha w_t + \beta\theta y_t + \beta(1-\theta)y_{t-1} \tag{17.3.14}$$

式中 c_t为消费,w_t为财富,y_t为可支配收入。(17.3.14)的计量模型可写为

$$c_t = \alpha w_t + \beta\theta y_t + \beta(1-\theta)y_{t-1} + u_t \tag{17.3.15}$$

模型(17.3.15)对预测消费是很有意义的。

以上四种基本消费函数理论都论证了影响消费的主要因素,但将它们直接应用于实际的经济计量研究是不够的。因为消费行为变化是复杂的,它要受许多因素的影响,除了上面所说的主要因素以外,还有一些虽不是主要的但仍然是较重要的其他因素对消费有影响作用。这样就必须把基本消费函数理论加以补充,使得消费函数理论更加全面而切合实际。应该注意的是,这些非主要因素对消费影响一般是双向的,即这些因素的变动总是对一部分消费者的消费有正刺激作用,同时对另一部分消费者的消费有负刺激作用。西方经济学家所考虑的非主要因素有:价格水平变动与价格水平期望;利息率;收入水平变动期望;收入分配结构变动;人口特点;具体流动资产数量变化(例如储蓄可看作是流动资产)等。

§17.4 生产理论与模型

一、生产理论概述

(一)生产函数的概念

在经济理论中,生产理论有着很重要的地位。生产理论研究的范围相当广泛。所谓生产理论就是研究在一定生产技术条件下,如何获得最大利润的问题。所谓生产模型,粗略地说就是通常所说的生产函数。而生产函数是描述生产过程中生产要素投入的某种组合同可能生产的最大产量之间的依存关系的数学表达式。生产函数一般表示为

$$Y = f(A, L, K, \cdots) \tag{17.4.1}$$

式中 Y 为产出量,A、L、K 等表示技术、劳动、资本等投入要素。

生产要素对产出量的作用与影响,主要是由一定的技术条件决定的,在一定的技术条件下就有一定的生产函数。所以,生产函数实质上是反映了生产过程中投入要素与产出量之间的技术关系。

对于产出 Y,一般按每年的实物量或价值量测算。价值量应该按净产值计算,如果净产值与总产值之间有比较稳定的比例关系的话,也可按总产值计算。为了满足生产函数理论的要求,最好使用生产过程中的净产值。

对于劳动投入 L,按生产函数理论要求,应当用每单位时间劳动投入的实际贡献测算。但这样的数据常常是无法获得的,故一般以生产过程中投入的劳动总量来测算。投入的劳动总量可以用劳动者人数,也可以用工资总额来表示。

对资本投入 K,内容较多且复杂。一般它应包括生产过程中的原材料、燃料等流动资金和机器设备、厂房等固定资产的消耗以及资本的利用效率等。就我国目前情况,工业生产函数中的资本变量按固定资产净值加流动资金测算比较现实可行。农业生产函数中的资本变量按实际使用的农业生产费用测算比较合理可行。

生产函数的数学形式有多种多样,但无论取哪一种函数形式,一般都假设它是连续可微的函数,且导函数也是连续的。

为简单起见,本节研究两种投入要素的函数:

$$Y=f(L,K) \tag{17.4.2}$$

产出与投入要素的组合,一般是按利润最大化原则选择的。

$$\left.\begin{aligned}&\max_{Y,L,K}\Pi = pY-wL-rK\\&\text{满足}\quad Y=f(L,K)\end{aligned}\right\} \tag{17.4.3}$$

式中 Π 为利润,p 为产出品的价格,w 和 r 分别是投入要素 L 和 K 的价格。

将生产函数约束条件代入到利润函数中,则(17.4.3)式的问题变成无约束问题:

$$\max_{L,K}\Pi = pf(L,K)-wL-rK \tag{17.4.4}$$

在完全竞争条件下,所有价格都是由市场决定的,此时利润最大的必要条件是:

$$\begin{cases}\dfrac{\partial\Pi}{\partial L}=p\dfrac{\partial f}{\partial L}-w=0 & (17.4.5)\\[2ex]\dfrac{\partial\Pi}{\partial K}=p\dfrac{\partial f}{\partial K}-r=0 & (17.4.6)\end{cases}$$

(二)几个常用的概念

1. 边际产量

在生产函数中,边际产量(Marginal Product)是指在其他投入量不变时,增加某种生产要素的投入量与所增加的产出量的比。它可以考察一个生产要素变化对产出量的影响。边际产量可以表示为

$$MP_K=\frac{\Delta f}{\Delta K}=\frac{\partial f}{\partial K} \tag{17.4.7}$$

$$MP_L=\frac{\Delta f}{\Delta L}=\frac{\partial f}{\partial L} \tag{17.4.8}$$

由(17.4.5)、(17.4.6)便有

$$MP_L=\frac{\Delta f}{\Delta L}=\frac{w}{p} \tag{17.4.9}$$

$$MP_K=\frac{\partial f}{\partial K}=\frac{r}{p} \tag{17.4.10}$$

(17.4.9)、(17.4.10)表明在完全竞争和利润最大化条件下,各生产要素的边际产量等于它自身价格与产出价格之比。

显然应有

$$MP_L \geqslant 0, MP_K \geqslant 0 \tag{17.4.11}$$

一般情况下应有：

$$\frac{\partial MP_L}{\partial L} = \frac{\partial^2 f}{\partial L^2} \leqslant 0 \quad \frac{\partial MP_K}{\partial K} = \frac{\partial^2 f}{\partial K^2} \leqslant 0 \tag{17.4.12}$$

由边际产量定义式(17.4.9)、(17.4.10)和生产函数(17.4.2)组成联立方程组。这个方程组可以决定在利润最大化原则下，产出 Y 和投入 (L,K) 之间的组合关系。

2. 生产要素对产出的弹性系数

所谓生产要素对产出的弹性系数是当其他生产要素不变时，该生产要素相对改变量与产出相对改变量的比。例如：

劳动的产出弹性：

$$E_L = \frac{\partial Y/Y}{\partial L/L} \tag{17.4.13}$$

资产的产出弹性：

$$E_K = \frac{\partial Y/Y}{\partial K/K} \tag{17.4.14}$$

3. 生产要素边际替代率

当两种生产要素可以互相替代时，就可以采用不同的组合方式来生产同样的产品。所谓边际替代率指的是在产量一定的情况下，某一生产要素的增加与另一生产要素减少的比例或者是指两种生产要素边际产量之比。

用 $MPS_{K \to L}$ 表示 K 对 L 的边际替代率。则

$$MPS_{K \to L} = \Delta K / \Delta L \tag{17.4.15}$$

式中　ΔK（增量）引起 Y 的变化 $(\Delta Y)_K$，而 ΔL（减少量）也引起 Y 的变化 $(\Delta Y)_L$，这里 $(\Delta Y)_K$ 和 $(\Delta Y)_L$ 在绝对量上相等。

因为

$$MP_K = \frac{\Delta Y}{\Delta K}$$

$$MP_L = \frac{\Delta Y}{\Delta L}$$

$$\frac{MP_L}{MP_K} = \frac{\Delta Y/\Delta L}{\Delta Y/\Delta K} = \frac{\Delta K}{\Delta L} \quad （当\ \Delta Y\ 绝对量相等时）$$

于是

$$MPS_{K \to L} = \frac{MP_L}{MP_K} \tag{17.4.16}$$

$$MPS_{L \to K} = \frac{MP_K}{MP_L} \tag{17.4.17}$$

根据(17.4.9)和(17.4.10)式，可以推知，在利润最大化原则下，边际产量之比必定等于相应投入的价格之比：

$$MPS_{K\to L}=\frac{MP_L}{MP_K}=\frac{w}{r} \tag{17.4.18}$$

$$MPS_{L\to K}=\frac{MP_K}{MP_L}=\frac{r}{w} \tag{17.4.19}$$

4. 生产要素的替代弹性

两种要素的替代弹性是两种要素的比例的增加率与边际替代率的增加率之比,即

$$\sigma=\frac{d(K/L)/(K/L)}{d(MP_L/MP_K)/(MP_L/MP_K)}=\frac{d\ln(K/L)}{d\ln(MP_L/MP_K)} \tag{17.4.20}$$

在完全竞争和利润最大化原则下,由(17.4.18)式知,投入要素边际产量之比等于相应的要素价格之比,即替代弹性又可表示为

$$\sigma=\frac{d\ln(K/L)}{d\ln(MP_L/MP_K)}=\frac{d\ln(K/L)}{d\ln(w/r)} \tag{17.4.21}$$

替代弹性表明了资本对劳动的边际替代率变化1%时,资本对劳动的投入比例将增加百分之几。一般情况下,要素替代弹性 σ 为一正数。如果用 K 替代 L,则(17.4.21)式的分子大于0;由于 L 的减少,其边际产量 MP_L 增大,而由于 K 的增加,其边际产量 MP_K 减少,于是(17.4.21)分母也大于0,所以替代弹性 σ 大于0,表明要素之间具有有限可替代性。在特殊的情况下,要素之间不可替代,此时 K/L 不变,即(17.4.21)式的分子等于0,所以替代弹性 σ 等于0;另一种特殊情况是无论要素的数量增加或减少,其边际产量不变,此时(17.4.21)式的分母等于0,替代弹性 σ 为 ∞,表明要素之间具有无限可替代性。

5. 规模报酬

所谓规模报酬就是在一定技术条件下,生产规模的变动(投入量的变动)而引起产出量的变动,设 $\lambda>1$,则生产函数具有如下三种情况:

(1) 当 $f(\lambda L,\lambda K)=\lambda f(L,K)$ 时,为不变规模报酬;

(2) 当 $f(\lambda L,\lambda K)>\lambda f(L,K)$ 时,为递增规模报酬;

(3) 当 $f(\lambda L,\lambda K)<\lambda f(L,K)$ 时,为递减规模报酬。

第一种情况,即生产函数具有不变规模报酬时,称为正一阶齐次性或线性齐次性。

一般地,如果

$$f(\lambda K,\lambda L)=\lambda^n f(K,L)$$

对 $\lambda>1$ 和在所有的 (L,K) 点上成立,那么称生产函数为正 n 阶齐次性。当 $n=1$ 时,是不变规模报酬;当 $n>1$ 时,是递增规模报酬;当 $n<1$ 时,是递减规模报酬。

二、生产函数

为了便于实际应用,我们将生产过程的投入要素归并为劳动 L 和资本 K 两类,则生产函数可写成:

$$Y=f(L,K) \tag{17.4.22}$$

要确定(17.4.22)式的具体形式,要根据经济理论和 Y、L、K 的统计数据视情况决定。

（一）线性生产函数

线性生产函数是以投入要素的线性关系式拟合投入要素与产出量之间的关系，以劳动投入 L 和资本投入 K 两要素为例，其函数形式为

$$Y=\alpha K+\beta L \tag{17.4.23}$$

其中 α,β 为待估参数，可采用 OLS 法估计。函数(17.4.23)具有不变规模报酬，替代弹性 $\sigma=\infty$，即投入要素之间具有完全替代性。

（二）$C-D$ 生产函数

在实际中应用最广泛的生产函数便是柯布—道格拉斯(Cobb—Dauglas)生产函数。它的一般形式是

$$Y=AL^{\alpha}K^{\beta} \tag{17.4.24}$$

式中 α、β、A 为固定的待估正参数。

$C-D$ 生产函数具有以下特性：

1. 参数 α、β 分别是劳动产出弹性和资本产出弹性

即

$$\alpha=\frac{L}{Y}\cdot\frac{\partial Y}{\partial L},\quad \beta=\frac{K}{Y}\cdot\frac{\partial Y}{\partial K} \tag{17.4.25}$$

表明 $C-D$ 生产函数的特点是弹性恒定不变。

2. 弹性之和是函数齐次性的阶数

因为

$$\begin{aligned} f(\lambda L,\lambda K)&=A(\lambda L)^{\alpha}(\lambda K)^{\beta}\\ &=\lambda^{\alpha+\beta}AL^{\alpha}K^{\beta}\\ &=\lambda^{\alpha+\beta}f(L,K) \end{aligned} \tag{17.4.26}$$

表明 $C-D$ 生产函数是 $\alpha+\beta$ 阶齐次性的。当 $\alpha+\beta=1$ 时，是不变规模报酬。

3. 要素替代弹性为 1

对 $C-D$ 生产函数，劳动和资本的边际产出为

$$MP_L=\frac{\partial Y}{\partial L}=\alpha AL^{\alpha-1}K^{\beta}=\alpha\frac{Y}{L} \tag{17.4.27}$$

$$MP_K=\frac{\partial Y}{\partial K}=\beta\frac{Y}{K} \tag{17.4.28}$$

将(17.4.27)、(17.4.28)代入(17.4.20)得两要素之间的替代弹性：

$$\begin{aligned} \sigma&=\frac{\mathrm{d}(K/L)/(K/L)}{\mathrm{d}(MP_L/MP_K)/(MP_L/MP_K)}\\ &=\frac{d(K/L)/(K/L)}{d(\alpha K/\beta L)/(\alpha K/\beta L)}=1 \end{aligned} \tag{17.4.29}$$

表明两要素之间存在着不变的始终等于 1 的替代弹性。

（三）$C-D$ 生产函数的参数估计

对函数(17.4.24)的计量模型可以写成

$$Y=AL^{\alpha}K^{\beta}e^{u} \tag{17.4.30}$$

1. 参数估计方法 1

对模型(17.4.30)取对数

$$\ln Y = a + \alpha \ln L + \beta \ln K + u \tag{17.4.31}$$

式中 $a = lnA$,其中 Y、L、K 的统计数据可以是横截面数据,也可以是时间序列,u 反映不同企业或不同时间上,在生产技术或生产能力等方面的随机误差项。

我们可以利用关于产出 Y、劳动投入 L 和资本投入 K 的统计数据,对模型(17.4.31)直接应用 *OLS* 法,估计参数 a,α,β。

此种方法的缺点是:

(1)按利润最大化原则的要求,$\ln L$ 和 $\ln K$ 都是内生变量,此方法可能产生联立性偏误。

(2)K 和 L 之间往往是不独立的,可能产生多重共线问题。

(3)随机项的方差可能不是常数,即可能存在异方差问题。

2. 参数估计方法 2

如果 $C-D$ 生产函数是严格的不变规模报酬的,即满足:

$$\alpha + \beta = 1 \tag{17.4.32}$$

那么,(17.4.31)式可以写为

$$\ln Y = a + (1-\beta)\ln L + \beta \ln K + u \tag{17.4.33}$$

(17.4.33)式可以改写成:

$$\ln \frac{Y}{L} = a + \beta \ln \frac{K}{L} + u \tag{17.4.34}$$

(17.4.34)式称为生产函数的"强度形式"(Intensive Form)。它反映两个强度指标——劳动生产率(Y/L)与技术装备率(K/L)之间的关系。应用 *OLS* 法估计模型(17.4.34),可得参数 β(资本弹性),再利用关系(17.4.32)可得参数 α(劳动弹性)。

此种方法可以消除多重共线和减少异方差性的影响。但它要求生产过程是不变规模报酬,同时存在解释变量是内生变量的问题。

3. 参数估计方法 3

将(17.4.9)代入(17.4.27),便有

$$\alpha \frac{Y}{L} = \frac{w}{p} \tag{17.4.35}$$

(17.4.35)可以改写成

$$\alpha = \frac{wL}{pY} \tag{17.4.36}$$

式中 pY 为总产出值,wL 为劳动投入值,α 可以理解为总产出值中的劳动份额,在宏观经济中就是国民收入中的劳动份额。因此,由劳动份额可直接得到参数 α 的估计值,再利用

$$\beta = 1 - \alpha \tag{17.4.37}$$

便得到参数 β 的估计值。

这个方法的优点是不需要难于取得的资本投入数据;缺点是在完全竞争和利润最大

化条件下，还须满足不变规模报酬的条件。

4. 参数估计方法 4

在完全竞争、利润最大化和不变规模报酬条件下，对(17.4.35)两边取对数，便有

$$\ln\left(\frac{Y}{L}\right)=\ln\left(\frac{w}{p}\right)-\ln\alpha \tag{17.4.38}$$

(17.4.38)的计量模型形式为：

$$\ln\left(\frac{Y}{L}\right)=-\ln\alpha+\ln\left(\frac{w}{p}\right)+u \tag{17.4.39}$$

我们可对模型(17.4.39)应用最小二乘法。估计截距 $\ln\alpha$，从而得到劳动投入系数 α 的估计值。

此方法在完全竞争、利润最大化和不变规模报酬的前提条件下，消除了联立性偏误、多重共线和异方差性。

5. 参数估计方法 5

将(17.4.10)代入(17.4.28)得

$$\beta\frac{Y}{K}=\frac{r}{p} \tag{17.4.40}$$

对(17.4.40)式取对数，得

$$\ln Y=-\ln\beta+\ln K+\ln\frac{r}{p} \tag{17.4.41}$$

(17.4.41)的计量形式为

$$\ln Y=-\ln\beta+\ln K+\ln\frac{r}{p}+u \tag{17.4.42}$$

将(17.4.31)、(17.4.39)和(17.4.42)组成方程组：

$$\begin{cases}\ln Y=a+\alpha\ln L+\beta\ln K+u\\ \ln Y=-\ln\alpha+\ln L+\ln\dfrac{w}{p}+u'\\ \ln Y=-\ln\beta+\ln K+\ln\dfrac{r}{p}+u''\end{cases} \tag{17.4.43}$$

(17.4.43)是由生产函数及其利润最大化条件组成的联立方程系统。其中 $\ln Y$、$\ln L$、$\ln K$ 是系统的内生变量，$\ln\frac{w}{p}$和 $\ln\frac{r}{p}$是系统的外生变量。对方程组(17.4.43)进行估计，比只估计单一方程更全面，克服了联立性偏误，它既考虑了生产技术因素，又考虑了企业的决策行为，通常可获得渐近一致估计量。

(四) *CES* 生产函数

生产函数的应用之一就是研究要素之间替代的可能性，在不同的企业之间这种替代可能是不同的，而 $C-D$ 生产函数的替代弹性恒为1，因而，它不能反映这种差异。针对这一情况，在实际工作中应用更广泛的是不变替代(或常替代)弹性生产函数(Constant Elasticity of Substitution，*CES*)。它是由阿罗(Arrow)等人于1961年提出的，其基本形式为

$$Y=A[\delta K^{-\rho}+(1-\delta)L^{-\rho}]^{-\frac{1}{\rho}} \tag{17.4.44}$$

式中　A 为效率参数，且 $A>0$；δ 为分配参数，且 $0<\delta<1$；ρ 为替代参数，且 $\rho>-1$。

1. CES 生产函数的性质

(1) CES 生产函数的规模报酬

由(17.4.44)式,有

$$\begin{aligned} & A[\delta(\lambda K)^{-\rho}+(1-\delta)(\lambda L)^{-\rho}]^{-\frac{1}{\rho}} \\ & =\lambda A[\delta K^{-\rho}+(1-\delta)L^{-\rho}]^{-\frac{1}{\rho}} \\ & =\lambda f(K,L) \end{aligned} \tag{17.4.45}$$

表明(17.4.44)是不变规模报酬。

(2) CES 生产函数的替代弹性

由替代弹性定义(17.4.20)知:

$$\sigma=\frac{d\ln(K/L)}{d\ln(MP_L/MP_K)} \tag{17.4.46}$$

其中:

$$\begin{aligned} MP_L=\frac{\partial Y}{\partial L} & =A\left(-\frac{1}{\rho}\right)[\delta K^{-\rho}+(1-\delta)L^{-\rho}]^{-\frac{1}{\rho}-1}(1-\delta)(-\rho)L^{-\rho-1} \\ & =A(1-\delta)L^{-\rho-1}[\delta K^{-\rho}+(1-\delta)L^{-\rho}]^{-\frac{1}{\rho}-1} \end{aligned}$$

同样可得:

$$MP_K=A\delta K^{-\rho-1}[\delta K^{-\rho}+(1-\delta)L^{-\rho}]^{-\frac{1}{\rho}-1}$$

便有

$$\frac{MP_L}{MP_K}=\frac{1-\delta}{\delta}\left(\frac{K}{L}\right)^{\rho+1} \tag{17.4.47}$$

于是

$$\sigma=d\ln\left(\frac{K}{L}\right)\Big/d\left[\ln\left(\frac{1-\delta}{\delta}\right)+(1+\rho)\ln\left(\frac{K}{L}\right)\right]=\frac{1}{1+\rho} \tag{17.4.48}$$

(17.4.48)式表明,替代弹性 σ 与待估参数 ρ 有关,由于不同的样本数据可以得到不同的估计值 ρ,于是有不同的 σ。但是,一旦样本数据选定,替代弹性就固定了,这就是“不变替代弹性”的含义。

(3) CES 生产函数与 C-D 生产函数的关系

对(17.4.44)式取对数

$$\ln Y=\ln A-\frac{1}{\rho}\ln[\delta K^{-\rho}+(1-\delta)L^{-\rho}]$$

$$\begin{aligned} & \lim_{\rho\to 0}\{\ln A-\frac{1}{\rho}\ln[\delta K^{-\rho}+(1-\delta)L^{-\rho}]\} \\ & =\ln A+\ln K^{\delta}+\ln L^{1-\delta} \end{aligned}$$

便有

$$Y=A\,K^{\delta}\,L^{1-\delta} \tag{17.4.49}$$

又由(17.4.48)知,当 $\rho\to 0$ 时,$\sigma\to 1$,此时 CES 生产函数变为 C-D 生产函数。因此,C-D 生产函数可以看作是 CES 生产函数在替代弹性为 1 时的特例,反之,CES 生产函数可以看作是 C-D 生产函数推广到替代弹性不为 1 的情况。

2. CES 生产函数的一般形式

(17.4.44)是不变规模报酬的情况,它的更一般形式是

$$Y=A[\delta K^{-\rho}+(1-\delta)L^{-\rho}]^{-\frac{m}{\rho}} \tag{17.4.50}$$

式中 m 为规模报酬参数

$$A[\delta(\lambda K)^{-\rho}+(1-\delta)(\lambda L)^{-\rho}]^{-\frac{m}{\rho}} = \lambda^m A[\delta K^{-\rho}+(1-\delta)L^{-\rho}]^{-\frac{m}{\rho}} \tag{17.4.51}$$

由(17.4.51)知,对 $\lambda>1$,当 $m=1$ 时,为不变规模报酬;当 $m>1$ 时,为规模报酬递增;当 $m<1$ 时,为规模报酬递减。

3. *CES* 生产函数的估计方法

(1) 泰勒(Taylor)级数展开法

对 *CES* 的一般形式(17.4.50)取对数得

$$\ln Y=\ln A-\frac{m}{\rho}\ln[\delta K^{-\rho}+(1-\delta)L^{-\rho}] \tag{17.4.52}$$

记

$$f(\rho)=\ln[\delta K^{-\rho}+(1-\delta)L^{-\rho}] \tag{17.4.53}$$

显然,有

$$f(0)=0$$
$$f'(0)=-\delta\ln K-(1-\delta)\ln L$$
$$f''(0)=\delta(1-\delta)\left(\ln\frac{K}{L}\right)^2$$

在 $\rho=0$ 处,将函数 $f(\rho)$ 展开成泰勒级数,并取至二阶项:

$$f(\rho)\approx-\rho[\delta\ln K+(1-\delta)\ln L]+\frac{1}{2}\rho^2\cdot\delta(1-\delta)\left(\ln\frac{K}{L}\right)^2 \tag{17.4.54}$$

将(17.4.54)代入(17.4.52)

$$\ln Y\approx\ln A+m\delta\ln K+m(1-\delta)\ln L-\frac{1}{2}\rho m\delta(1-\delta)\left(\ln\frac{K}{L}\right)^2 \tag{17.4.55}$$

令

$$\begin{cases}\beta_1=\ln A\\ \beta_2=m\delta\\ \beta_3=m(1-\delta)\\ \beta_4=-\frac{1}{2}\rho m\delta(1-\delta)\end{cases} \tag{17.4.56}$$

以 $\ln Y$ 为被解释变量,$\ln K$,$\ln L$,$\left(\ln\frac{K}{L}\right)^2$ 为解释变量,应用 *OLS* 法可以估计(17.4.55)的各项系数 β_1、β_2、β_3、β_4。然后由关系

$$\begin{cases}A=e^{\beta_1}\\ m=\beta_2+\beta_3\\ \delta=\dfrac{\beta_2}{\beta_2+\beta_3}\\ \rho=\dfrac{-2\beta_4(\beta_2+\beta_3)}{\beta_2\beta_3}\\ \sigma=\dfrac{1}{1+\rho}\end{cases} \tag{17.4.57}$$

求出 CES 函数相应的参数。

(2)间接估计法

由(17.4.18)和(17.4.47)有

$$\frac{MP_L}{MP_K}=\frac{w}{r}$$

$$\frac{MP_L}{MP_K}=\frac{1-\delta}{\delta}\left(\frac{K}{L}\right)^{\rho+1}$$

于是

$$\frac{w}{r}=\frac{1-\delta}{\delta}\left(\frac{K}{L}\right)^{\rho+1}$$

或

$$\begin{aligned}\ln\left(\frac{w}{r}\right)&=\ln\frac{1-\delta}{\delta}+(\rho+1)\ln\left(\frac{K}{L}\right)\\&=\alpha_0+\alpha_1\ln\left(\frac{K}{L}\right)\end{aligned} \tag{17.4.58}$$

式中 $\alpha_0=\ln\frac{1-\delta}{\delta},\alpha_1=\rho+1$。如果能得到 w,r,K,L 的统计数据,便可对(17.4.58)应用 OLS 法得到 δ 和 ρ 的估计值 $\hat{\delta}$ 和 $\hat{\rho}$。再将 $\hat{\delta}$ 和 $\hat{\rho}$ 代入(17.4.52)便有

$$\ln Y=\ln A-\frac{m}{\hat{\rho}}\ln[\hat{\delta}K^{-\hat{\rho}}+(1-\hat{\delta})L^{-\hat{\rho}}] \tag{17.4.59}$$

再对(17.4.59)应用 OLS 法,便可得到 A 和 m 的估计值。

(五)技术进步

1. 概念

技术进步是指在同样投入条件下,能有更多产出的生产技术的改善。生产函数中的技术进步,不是单纯指科学技术进步或工艺水平的提高,而是指一个经济系统的技术进步,它是一个综合指标,还包括管理水平的提高、劳动者能力的提高、产业结构、产品结构、劳动结构变化对产出的影响。它是生产效率提高的一种宏观度量,确切地说,应称广义技术进步。

在实际中,应用得较多的是希克斯(Hicks)中性技术进步假定,其生产函数的形式为

$$Y=A(t)F(L,K) \tag{17.4.60}$$

在这种假定下,各生产要素的边际生产率之比

$$\frac{\partial Y/\partial L}{\partial Y/\partial K}=\frac{\partial[A(t)F(L,K)]/\partial L}{\partial[A(t)F(L,K)]/\partial K}=\frac{\partial F/\partial L}{\partial F/\partial K} \tag{17.4.61}$$

不随技术进步而变化。

若希克斯中性技术进步的生产函数采用 $C-D$ 型生产函数,其形式为

$$Y=A(t)L^{\alpha}K^{\beta} \tag{17.4.62}$$

式中 $A(t)=A_0e^{\mu t}$

对(17.4.62)取对数

$$\ln Y=\ln A_0+\mu t+\alpha\ln L+\beta\ln K \tag{17.4.63}$$

对(17.4.63)求导,可得

$$\frac{1}{Y}\frac{\mathrm{d}Y}{\mathrm{d}t}=\alpha\left(\frac{1}{L}\frac{\mathrm{d}L}{\mathrm{d}t}\right)+\beta\left(\frac{1}{K}\frac{\mathrm{d}K}{\mathrm{d}t}\right)+\mu \qquad (17.4.64)$$

(17.4.64)式左端表示产出的增长率,右端第一项是劳动力的增长使产出增长的部分,α为产出的劳动力弹性,第二项为资本的增长使产出增长的部分,β为产出的资本弹性,第三项μ表示由于技术进步而使产出增长的部分,称为技术进步率。

2. 技术进步率的估计方法

(1) 直接应用最小二乘法

对(17.4.63)式的模型:

$$\ln Y=\ln A_0+\mu t+\alpha\ln L+\beta\ln K+v$$

其中v为随机项,利用时间序列数据来估计其参数A_0,μ,α,β。

(2) 年增长率法

将(17.4.64)式各项用年增长率代替($\Delta t=1$年)得

$$\frac{\Delta Y}{Y}=\mu+\alpha\frac{\Delta L}{L}+\beta\frac{\Delta K}{K} \qquad (17.4.65)$$

然后用各变量的年增长率数据来估计参数μ,α和β。

如果满足一阶齐次性假定,即$\beta=1-\alpha$,则(17.4.65)式可化为

$$\frac{\Delta Y}{Y}-\frac{\Delta L}{L}=\mu+(1-\alpha)\left(\frac{\Delta K}{K}-\frac{\Delta L}{L}\right) \qquad (17.4.66)$$

这时所需估计的参数更少,还可以避免多重共线性。

3. 贡献率

由(17.4.65)式可得到

$$\frac{\mu}{\Delta Y/Y}+\frac{\alpha\Delta L/L}{\Delta Y/Y}+\frac{\beta\Delta K/K}{\Delta Y/Y}=1 \qquad (17.4.67)$$

便有

$$\eta_T=\frac{\mu}{\Delta Y/Y}$$
$$\eta_L=\frac{\alpha\Delta L/L}{\Delta Y/Y} \qquad (17.4.68)$$
$$\eta_K=\frac{\beta\Delta K/K}{\Delta Y/Y}$$

式中　η_T为技术进步对产出增长的贡献率;η_L为劳动力增长对产出增长的贡献率;η_K为资本增长对产出增长的贡献率。

显然,技术进步对经济增长的贡献越大,则贡献率η_T值应该越大。

例 17.4.1　根据1990—2006年某地区的工业统计资料(如表17.4.1所示),请估计*CES*生产函数。

表 17.4.1　　1990—2006 年某地区的工业统计资料

年　份	工业总产值 Y(亿元)	资金投入 K(亿元)	劳力投入 L(万人)
1990	1 253	110	50
1991	1 356	120	52
1992	1 698	125	54
1993	1 765	132	57
1994	1 891	153	58
1995	1 964	169	60
1996	2 018	195	62
1997	2 103	210	63
1998	2 264	250	65
1999	2 462	280	70
2000	2 698	320	76
2001	2 890	350	80
2002	3 006	400	83
2003	3 245	430	86
2004	3 569	480	90
2005	3 791	530	95
2006	3 981	590	101

首先应用 *OLS* 估计式(17.4.55)得出方程:

$$\ln\hat{Y} = -1.092343 + 1.122851\ln K + 0.856437\ln L - 0.558433\left(\ln\frac{K}{L}\right)^2 \qquad (17.4.69)$$

其中

$$\beta_1 = -1.092343, \beta_2 = 1.122851, \beta_3 = 0.856437, \beta_4 = -0.558433$$

再由(17.4.57)可求出参数:

$$A = e^{\beta_1} = 0.335430$$

$$m = \beta_2 + \beta_3 = 1.979288$$

$$\delta = \frac{\beta_2}{\beta_2 + \beta_3} = 0.567300$$

$$\rho = \frac{-2\beta_4(\beta_2 + \beta_3)}{\beta_2\beta_3} = 2.298754$$

$$\sigma = \frac{1}{1+\rho} = 0.303145$$

该地区的 *CES* 生产函数的估计式为:

$$\hat{Y}=0.335430[0.567300K^{-2.298754}+0.432700L^{-2.298754}]^{-\frac{1.979288}{2.298754}}$$

EViews 计算方程(17.4.69)结果如图 17.4.1 所示。

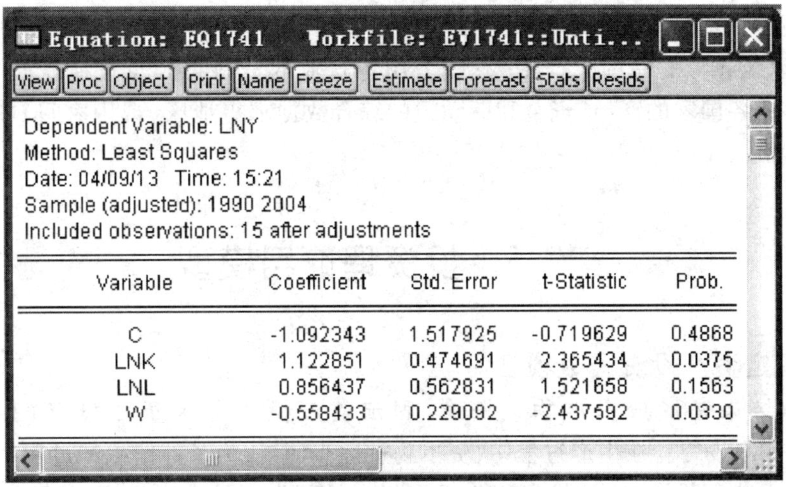

Equation: EQ1741 Workfile: EV1741::Unti...

View Proc Object Print Name Freeze Estimate Forecast Stats Resids

Dependent Variable: LNY
Method: Least Squares
Date: 04/09/13 Time: 15:21
Sample (adjusted): 1990 2004
Included observations: 15 after adjustments

Variable	Coefficient	Std. Error	t-Statistic	Prob.
C	-1.092343	1.517925	-0.719629	0.4868
LNK	1.122851	0.474691	2.365434	0.0375
LNL	0.856437	0.562831	1.521658	0.1563
W	-0.558433	0.229092	-2.437592	0.0330

图 17.4.1　方程(17.4.69)估计结果

其中 $w=\left(\ln\frac{K}{L}\right)^2$。

(六)生产函数在实际应用中应注意的问题

1. 关于产出

按照生产函数的含义,产出应该是产量而不是产值,但是,一个企业往往有许多产品,使数量累计成为不可能。所以,在实际应用时,也采用产值。这里应该明确,采用总产值还是净产值其意义是有所不同的。在总产值中包括了中间投入,而净产值中已扣除了中间投入的原材料和设备折旧的价值,因此,在实际应用时,一般应采用净产值指标,但是,如果该部门的净产值和总产值之间有比较稳定的比例关系的话,则采用总产值指标也是可以的。但不论采用哪种指标都应考察价格因素的影响,例如,采用不变价格计算总产值或净产值。

2. 关于劳动的投入量

劳动的投入量一般理解为劳动者的人数。由于劳动者的努力程度对产量是有影响的,而这是很难量化的。因此,也可以采用总的劳动时数或者不变价格计算的工资。

3. 关于资本投入量

在生产函数中,有的研究者只采用固定资产,有的还采用流动资金。在采用固定资产数据时,有的采用固定资产原值,有的采用固定资产净值(即扣除折旧的每年净投资量的总和),这两者均不代表固定资产的"真正"拥有量,但作为近似都是可以使用的。但是,不论采用哪种指标,都应扣除价格因素的影响,例如采用不变价格计算。严格地讲,它应该是现有资本存量提供的资本服务量。由于客观条件所限,某些口径的数据目前尚难以得到。

4. 关于数据资料的来源

生产函数的实证分析所采用的数据资料可分成两类:一类是利用时间序列的产出与生产要素投入的资料,另一类是利用横断面的产出与生产要素投入的资料。

横断面生产函数按资料来源又可以分成三大类:(1) 用独立核算企业资料计算各部门、各行业以至各种商品的生产函数;(2) 用各行业的资料得到总量横断面生产函数;(3) 用各地或各国家的产出、资金和劳动力的综合数据求得地区(或国家间)的生产函数的参数估计值。

§17.5 投资理论与模型

一、固定资产投资函数模型

投资的结果是形成资本物或资产,固定资产投资分为重置投资(Replacement Investment)和净投资。在生产过程中,资本物被逐步消耗,为了补偿生产过程中被消耗掉的资本物需要进行投资,这种投资称为重置投资。而为了扩大再生产,就要扩大资本存量,形成新增资本,这种投资称为净投资(Net Investment),记作 I^N,而净投资与重置投资之和称为总投资(Gross Investment)记作 I^G。

西方经济学中,关于私人企业投资行为一般有两种考虑方法,一种是把投资行为看作是决定最恰当的资本存量的过程;另一种是认为投资计划的改变是随着资本的使用价值的变化而变化的。

(一) 加速模型

设 t 时期的资本存量为 K_t,资本消耗或磨损为 D_t,总投资为 I_t^G,则

$$I_t^G = K_t - K_{t-1} + D_t \qquad (17.5.1)$$

净投资为

$$I_t^N = K_t - K_{t-1} = I_t^G - D_t \qquad (17.5.2)$$

当产品需求不变时,企业没有必要增加固定资产,这时就不会发生投资活动;而当产品需求增加时,如果企业现有的生产能力已不能满足需求,那么就要进行固定资产投资。在一定生产技术条件下,资本存量 K_t 与产出 Y_t 之间存在一定的比例关系,设有关系

$$K_t = \nu Y_t \qquad (17.5.3)$$

其中　ν 称为资本系数(Capital Coefficient)。

设 d 为资本消耗率或磨损率,则

$$D_t = dK_{t-1} \qquad (17.5.4)$$

将(17.5.3)和(17.5.4)代入(17.5.1)得

$$I_t^G = \nu(Y_t - Y_{t-1}) + dK_{t-1} \qquad (17.5.5)$$

若把 $Y_t - Y_{t-1}$ 看作为产出增加的速度,则总投资与这一速度成正向的线性关系,因此,模型(17.5.5)称为加速模型。它表明总投资与产出增加的速度和前期的资本存量有关。

(17.5.5)的计量模型为

$$I_t^G=\nu(Y_t-Y_{t-1})+dK_{t-1}+u_t \tag{17.5.5$'$}$$

将(17.5.3)代入(17.5.5)整理得

$$I_t^G=\nu Y_t-\nu(1-\mathrm{d})\ Y_{t-1} \tag{17.5.6}$$

(17.5.6)表明总投资与当期和前期的产量有关。

(二) 资本存量调整模型

由于大多数资本物可以使用若干年,资本物使用者只有经过若干年后,才能知道对这些资本物投资是否有利,实际上存在一个可获得最大利润的资本存量,即所谓期望(最佳)资本存量。设第 t 期的期望资本存量为 K_t^*,且

$$K_t^*=\nu\ Y_t \tag{17.5.7}$$

在模型(17.5.5)的讨论中,虽然没有提出期望资本存量问题,实际上是在理想状态下讨论的,即期望资本存量已经达到。但是,在实际问题中,新增资本可能仅仅是特定时期最佳(期望)资本存量与上期资本存量之差的某个百分数(λ),即

$$K_t-K_{t-1}=\lambda(K_t^*-K_{t-1}),0<\lambda<1 \tag{17.5.8}$$

其中 λ 称为调整系数。

将(17.5.8)代入(17.5.1)并利用(17.5.7)和(17.5.4)得

$$I_t^G=\nu\lambda Y_t+(d-\lambda)K_{t-1} \tag{17.5.9}$$

投资函数(17.5.9)称为最优资本存量调整模型。它的计量经济模型为

$$I_t^G=\nu\ \lambda\ Y_t+(d-\lambda)\ K_{t-1}+u_t \tag{17.5.10}$$

此模型必须先用其他方法得到折旧率 d,然后才能用普通最小二乘法估计 ν 和 λ。

模型(17.5.9)还可以表示成更实用的形式,将(17.5.9)滞后一期乘以$(1-d)$再作差

$$\begin{aligned}I_t^G-(1-d)I_{t-1}^G&=\nu\lambda Y_t+(d-\lambda)K_{t-1}-(1-d)[\nu\lambda Y_{t-1}+(d-\lambda)K_{t-2}]\\&=\nu\lambda Y_t-(1-d)\nu\lambda Y_{t-1}+(d-\lambda)I_{t-1}^G\end{aligned} \tag{17.5.11}$$

其中 $I_{t-1}^G=K_{t-1}-(1-d)K_{t-2}$。

于是,(17.5.11)的经济计量模型为

$$I_t^G=\nu\lambda Y_t-(1-d)\nu\lambda Y_{t-1}+(1-\lambda)I_{t-1}^G+u_t \tag{17.5.12}$$

(17.5.12)中的所有参数都可应用 *OLS* 法估计出来,而且不需要资本存量 K 的数据,这是一个比较实用的模型,右边增加被解释变量滞后变量是为了对资本存量作局部调节,它是投资函数的基本形式。

对本模型要说明的是,在实际使用时,如果预期产量 Y_t 是未知的,那么可用过去的产量的加权平均值 $\sum_{i=0}^{n}a_iY_{t-i}$ 来代替。例如①森口亲司建立的一个日本设备投资函数如下:

$$\begin{aligned}\hat{I}_t=&-5.359+\underset{(18.3)}{0.4688}\left(\frac{1}{4}\sum_{i=0}^{3}GNP_{t-i}\right)-\underset{(-13.3)}{0.1859}\left(\frac{1}{4}\sum_{i=1}^{4}K_{t-i}\right)+\\&\underset{(4.1)}{0.2574}\left[\sum_{i=0}^{1}\left(\frac{S_c+A_c+D}{q}\right)_{t-i}\right]\end{aligned}$$

① 此例来源:唐国兴. 计量经济学——理论、方法和模型. 上海:复旦大学出版社,1991:170.

$$\bar{R}^2 = 0.996 \qquad d = 1.157$$

其中 I 是实际投资,GNP 是实际国民生产总值,模型中用过去四期的平均作为预期产值的替代变量,K 是资本存量,模型中前四季度的期末平均值作为解释变量。为了说明调整速度,模型中增加了另外一项,S_c 是企业内部储蓄,A_c 是由于价格变动而引起的企业库存额的增减,D 是设备折旧额,q 是设备投资核价指数,这些项目形成企业的内部资金,这部分越大,企业调整投资的速度越快。所用的数据从 1965 年第一季度至 1974 年第一季度。

二、库存投资模型

库存投资在我国的国民经济统计中相当于流动资产积累,它包括生产性和非生产性两种。库存投资是维持一定规模的生产、消费、投资等经济和社会活动所必需的物质形态积蓄。最终产品一般划分为积累、消费和库存改变量(即储蓄)三部分。从广义来讲,积累和库存改变量都是投资的组成要素。要扩大再生产,实现固定资产投资,必须有足够的合理库存,库存太少会影响生产发展,库存太多又会形成积压。因此,必须研究库存的决定因素,建立恰当的库存投资模型。

(一)库存投资的加速器模型

西方经济学家梅茨勒 (L. Metzler)首先提出,生产者总要保持一个适当的库存水平,这个水平应当等于平衡水平 H_t^e,它与销售量 Y_t 之间存在一定的比例关系。那么

$$H_t^e = \eta Y_t \tag{17.5.13}$$

其中 η 为库存比例。

库存的增减即为库存投资,因此库存投资应为

$$I_t^e = H_t^e - H_{t-1} = \eta Y_t - H_{t-1} \tag{17.5.14}$$

但是,Y_t 往往是未知的,因此可用前两期的销售量的加权平均值来代替:

$$Y_t = Y_{t-1} + \lambda(Y_{t-1} - Y_{t-2}) \quad 0 \leqslant \lambda \leqslant 1 \tag{17.5.15}$$

λ 称为预期系数。将(17.5.15)代入(17.5.14),再加上随机项

$$I_t^e = \eta Y_{t-1} + \eta\lambda\Delta Y_{t-1} - H_{t-1} + u_t \tag{17.5.16}$$

(17.5.16)称为梅茨勒库存投资模型。

(二)伸缩性加速器模型

梅茨勒的假设是库存调整的理想状态。实际上,由于原材料的购入和制成品的生产都需要时间,因此,只能部分调整。同时,部分调整可使生产避免剧烈变动,保持生产相对平稳,罗威尔(M. Lovell)提出的一个有伸缩性的加速器模型是允许厂商局部调整库存,以便在一定时期内达到平衡水平,于是有

$$I_t = \delta(H_t^e - H_{t-1}) + u_t \tag{17.5.17}$$

其中 $0 < \delta \leqslant 1$,称为伸缩的加速度因子或调整系数,$I_t = H_t - H_{t-1} = \Delta H_t$,(17.5.17)表示实际库存投资是平衡状态调整量的一部分。(17.5.17)称为伸缩性的加速器模型。

(17.5.17)还可以表示为如下形式:

$$H_t = \delta H_t^e + (1-\delta) H_{t-1} + u_t \tag{17.5.18}$$

(17.5.18)式与(17.5.17)式的区别在于用库存水平 H_t 代替了作为因变量的库存改变

量 ΔH_t。

Lovell 根据美国 1947 年第二季度至 1959 年第四季度的非农场储备投资的季度资料，利用(17.5.17)进行分析。他设平衡储备 H_t^e 是销售水平 Y_t 的线性函数，并用销售改变量 ΔY_t 和未交货量 W_t 作解释变量，用普通最小二乘法得

$$\Delta \hat{H}_t = \underset{(2.9)}{2.49} + \underset{(0.041)}{0.328} Y_t - \underset{(0.093)}{0.137} \Delta Y_t + \underset{(0.007)}{0.043} W_t - \underset{(0.04+9)}{0.407} H_{t-1} \qquad (17.5.19)$$

为了得到平衡方程，设 $\Delta H = \Delta Y = 0$，显然有 $H_{t-1} = H_t = H_t^e$，则由(17.5.19)可得平衡方程：

$$\hat{H}_t^e = 6.1 + 0.806 Y_t + 0.106 W_t \qquad (17.5.20)$$

显然，调整系数 $\delta = 0.407$，表明库存投资几乎是实际库存水平与平衡库存水平之差的一半。

§17.6 宏观计量经济模型的建立

一、国民经济系统与模型

宏观经济模型（Macroeconomic Model）是以整个国民经济系统为研究对象，它是在宏观总量上把握和反映国民经济系统的运行机制和性能的。

（一）国民经济系统与模型的关系

国民经济系统是一个有机的整体，即各个经济部门是一个相互联系、相互依赖、相互制约的有机整体，因此各经济部门必然是协调地、均衡地发展。在宏观经济变量之间，必然存在着客观的数量关系。模型就是用来描述社会再生产过程中总体或各经济部门在规模、速度和比例上的相互衔接关系。这种关系最终体现在社会总供给和总需求之间的平衡性和动态性上。因此，在制作模型时，要站在全局的高度、全面系统地考察经济过程中的各种关系，集中反映总供给和总需求之间的关系。

制作宏观经济计量模型的宏观依据是国民经济系统中客观存在的综合均衡关系。国民经济系统中各个部门处于相互依赖、相互联系、相互制约的矛盾运动之中。模型的制作就是用数学语言来描绘被考察的系统，正确反映系统的各个部分之间矛盾运动的发展过程。

目前建立的投入产出模型、宏观经济模型以及绝大部分宏观经济计量模型都是在国民经济均衡性基础上制作的。近年来，非均衡理论认为在大多数情况下很难得到市场均衡价格，因而很难完全平衡，所以，非均衡模型开始为人们重视。但是，非均衡模型在参数估计上较为复杂而且不成熟，应用还较少。

宏观经济模型可以分为地区级模型、国家级模型，近年来开始建立国家间模型和世界模型。但是，最多的还是国家级宏观经济模型，一般来说国家一级经济系统是比较独立和完整的，而宏观经济研究的主要对象也是国家一级的。

(二)国民经济系统与模型导向

制作宏观经济模型,一般包括总体框架设计和个体设计两部分内容。总体框架设计是指整个模型分几个模块以及模块之间的联结设计,一般用模型框图或流程图描述。个体设计是指具体经济行为的变量选择以及变量之间的因果关系的描述,一般用行为方程或定义方程来描述。

在进行宏观经济模型总体框架设计时,首先要确定模型的导向。而模型的导向是由国民经济的发展机制决定的,社会总供给和社会总需求的矛盾是推动国民经济发展变化的基本矛盾,供需双方谁是矛盾的主要方面,谁就决定了模型的导向。

一般地说,西方发达国家的宏观经济计量模型多是需求导向的。西方经济学家认为,发达国家有足够的生产能力生产出社会需要的产品。Keynesian 关于有效需求不足的理论认为,社会存在闲置的生产力和失业的劳动力资源,只要扩大需求整个经济系统就会按良性方向运行,矛盾的主要方面是需求。发展中国家生产力低下,资源相对短缺、社会产品总量上的平衡是以供不应求为主要特征,因而矛盾的主要方面是供给。

需求导向模型在总体框架上从需求子模型开始,而且需求方面做得很细,然后才是生产、收入分配等子模型。供给导向模型是从生产子模型开始的。单纯的需求导向模型和供给导向模型是两个极端的情况。事实上,供给与需求的矛盾,既表现在总量上是否平衡又表现在结构上是否协调,一般情况是不存在绝对的供给过剩,也不存在绝对的需求过剩。因而,可以建立由需求和供给双向决定的混合导向模型,也称双导向模型。

最后应该指出,模型的导向是由供需矛盾决定的,不是由国家经济发展水平决定的。无论是发达国家还是发展中国家,供给过剩或需求过剩都是相对的有条件的,不同的经济制度产生不同的模型形式。

我国实行社会主义市场经济以来,市场机制已逐渐在中国经济中居主导地位,因此,在建立模型时应考虑我国经济特点。1998 年朱云法、张延群撰写的《中国季度宏观经济计量协整模型简介》中,介绍了当时建立模型时,就考虑了“从短期来看,需求因素具有决定性作用,从长期来看,供给因素在较长的一段时间内具有制约作用”这一特点,建立了短期以需求为主,长期因素受供给制约的模型体系。2002 年由中国社会科学院世界经济与政治研究所模型开发组研制的“中国宏观经济季度模型 China_QEM”所采用的样本数据就是中国开始推行社会主义市场经济体制期间的数据,样本区间为 1992 年第 1 季度至 2001 年第 4 季度,建立的模型就是以需求为导向的宏观经济模型(见本章 § 17.8)。

二、宏观计量经济模型的构造方法

荷兰经济学家丁伯根 (Tinbergen)是最早(1939 年)用联立方程组模型来研究国民经济变化规律的人。但是,后来克莱因(R. Klein)等建立的美国两次大战之间的经济模型被认为是现代宏观计量经济模型的雏形,而克莱因模型的基础是凯恩斯(Keynesian)的宏观经济理论。基于这种理论的宏观计量经济模型的特点是以收入—支出结构作为模型的基本结构。模型总体结构上以需求开始,供给居中,以供需平衡结束,并且模型规模有逐渐增大的趋势。

虽然,货币学派主张绕过经济系统的详细结构,只强调金融变化对整个经济的影响。但是目前所见到的大部分模型,都是在早期凯恩斯收入—支出结构基础上发展起来的。

(一) 以凯恩斯(Keynesian)收入—支出理论为基础的宏观经济模型

按照凯恩斯的有效需求理论有基本收入—支出模型：

$$\begin{cases} C_t = a_0 + a_1 Y_t + u_{1t} \\ I_t = b_0 + b_1 Y_t + b_2 Y_{t-1} + u_{2t} \\ Y_t = C_t + I_t + G_t \end{cases}$$

其中 C_t 为消费，I_t 为投资，Y_t 为国民收入，G_t 为政府支出，u_{t1}、u_{t2}是随机误差项。

这个简单的宏观经济模型是绝大多数西方经济模型的原型。当今的西方宏观经济模型，即使是增大到成百上千个方程的大模型，仍然是在此模型基础上扩充的结果。1950年，克莱因在原模型的基础上，作了简单的扩充，建立了有名的美国在两次世界大战之间(1921—1941 年)的经济发展模型，称之“Klein 战争之间模型”。此模型共有六个方程：

(1) $C_t = 16.78 + 0.800(W_{Pt} + W_{Gt}) + 0.021\Pi_t + 0.235\Pi_{t-1}$

(2) $I_t = 17.79 + 0.231\Pi_t + 0.546\Pi_{t-1} - 0.146K_{t-1}$

(3) $W_{Pt} = 1.60 + 0.420(Y_t + T_t - W_{Gt}) + 0.164(Y_{t-1} + T_{t-1} - W_{G(t-1)}) + 0.135t$

(4) $Y_t = C_t + I_t + G_t - T_t$

(5) $\Pi_t = Y_t - W_{Pt} - W_{Gt}$

(6) $K_t = K_{t-1} + I_t$

其中内生变量有六个：

C_t——消费支出

I_t——净投资

W_{Pt}——私人工资

Y_t——国民收入

Π_t——利润

K_t——年末资本存量

外生变量有四个：

G_t——政府非工资支出

W_{Gt}——政府工资

T_t——间接税

t——时间

(1) 消费方程：表明本期消费 C_t 主要由本期工资($W_{Pt} + W_{Gt}$)和本期利润 Π_t 与上期利润 Π_{t-1}来决定。

(2) 投资方程：表明投资 I_t 主要由本期利润 Π_t 与上期利润 Π_{t-1}和上期期末资本积累 K_{t-1}来决定。

(3) 就业方程：表明用私人工资额作为就业指标，它主要与本期生产规模($Y_t + T_t - W_{Gt}$)和上期生产规模($Y_{t-1} + T_{t-1} - W_{G(t-1)}$)有关，时间趋势项考虑了其他因素对就业的影响。

(4) 为定义方程，(5)(6)是平衡方程，其经济含义是明确的。

显然，Klein 战争间模型是在原模型基础上，列入了工资、利润和税收，并且把原模型中的政府支出划分为政府工资支出和政府非工资支出。这个模型虽小,但在宏观计量经济模型的发展史上占有一定的地位。

(二)以国民经济核算体系为基础的宏观经济模型

“每个国家的宏观经济模型都是在一定的核算体系的基础上建立起来的。由指标组成的核算体系反映了经济周转过程,为宏观模型提供数据,是编制宏观模型的出发点,它的结构直接影响到宏观模型的骨架。”(见乌家培、张守一编《中国宏观经济模型研究》,安徽人民出版社出版,第一章第二节。)国民经济核算体系分为东西方两种体系。西方市场经济国家采用国民账户体系(SNA),计划经济国家采用物质产品平衡表体系(MPS)。

计划经济核算体系强调创造国民收入的物质生产领域与消耗物质产品的非物质生产(服务)领域的区分,注重实物核算,使用物质平衡表、财政平衡表、劳动力平衡表、固定资产平衡表等。而西方市场经济采用的国民账户核算体系包括:国民收入账户(NIA),它分为居民、企业、政府、外商等收支情况;投入产出账户(I—O),它反映中间产品在各部门之间的流动;基金流动账户(F/F),它反映资产与负债的变化情况。

中国改革开放以来,有一个由计划经济向社会主义市场经济转变的过程,改革开放初期采用的核算体系既不是SNA体系,也不完全是MPS体系,基本上处于由MPS体系逐渐向SNA体系接近的过程。从1992年中国共产党第十四次全国代表大会正式提出建立社会主义市场经济以来,我国经济总体上由供给制约型经过供给与需求双导向型,已过渡到基本需求导向型。

1. 建立在SNA体系下的宏观经济模型的要素

建立在SNA体系下的宏观经济模型应该包括以下四个基本方面的核算:

(1) 家庭

消费支出、付税、个人储蓄等。

(2) 企业

付给家庭的支出、企业付税、进口、资本消耗、企业储蓄等。

(3) 政府

转移支付、政府采购、政府储蓄等。

(4) 国外经理人

出口、外国人储蓄。

2. 建立在MPS体系下的宏观经济模型的要素

建立在MPS体系下的宏观经济模型,应该从以下几方面入手:

(1) 社会总产值及指数

工业总产值(指数)、农业总产值(指数)、其他部门总产值(指数)等。

(2) 国民收入形成

工业净产值、农业净产值、其他部门净产值等。

(3) 国民收入分配

职工收入、农村居民货币收入、城市居民货币收入、税收、企业上缴利润等。

(4) 国民收入使用额

消费基金:居民消费、社会消费等。

积累基金:生产性积累、非生产性积累等。

(5) 人口、劳动者人数

人口:农村人口、城镇人口等。

劳动者人数:社会劳动者人数、职工人数、农业劳动者人数、工业劳动者人数等。

(6) 物价

零售物价指数、农村产品收购价格指数、职工生活物价总指数等。

(7) 投资

固定资产投资总额、工业固定资产投资等。

(8) 进出口总额与贸易收支

(9) 财政金融

财政收入、财政支出、货币流通量等。

以上只是建立宏观经济计量模型的几个方面,根据所研究问题的具体需要,可以适当增加或减少几个方面,而且每一方面可粗可细。

§17.7 中国宏观计量经济模型举例(一)

本节介绍的模型是由国家信息中心的祝宝良、梁优彩老师在《中国实用宏观经济模型1999》(中国财经出版社,1999年5月版)一书中发表的中国宏观经济模型(Project LINK)。该模型是联合国世界计量经济模型系统中的中国宏观计量经济模型(1997版)。本模型是需求导向模型。笔者认为:一方面,要与世界计量经济模型接轨须建立需求导向模型,另一方面,我国经济体制改革到现在已基本具备了建立需求导向模型的基础。这里介绍给读者,目的是让读者了解我国宏观计量经济模型发展的现状以及新进展、新动态,以便提高掌握和应用宏观计量经济模型的水平。

本模型对模型的设计思想、模型的基本结构、模型的统计基础和数据修正、模型的仿真与政策分析等应用,以及本模型与其他模型相比的特点和不足等都作了较详细的说明,对于学习宏观计量经济模型具有较好的指导意义。

一、模型设计的主导思想

建立中国的计量经济模型必须考虑中国经济自身的特点。众所周知,1979年以前,中国经济体制是高度集中的计划经济体制,经济活动的决策权集中在政府手中,企业几乎没有独立的经营管理权力,商品生产不发达。理论和实践证明,这种经济模式缺乏生机与活力。1979年实行改革开放以来,我国的经济体制逐步由计划经济向社会主义市场经济转变。但在1988年以前,由于我国部分商品的价格处于管制之中,资金、交通、能源、农业等部门的短缺制约着我国经济的发展,我国的经济仍表现为短缺经济。因此1990年前后,我国研制的计量经济模型基本上是供给导向型的模型。但1989年以来,随着我国经济体制改革的不断深化,我国的经济体制发生了较大的变化,市场机制已开始发挥作用,工业产品由卖方市场向买方市场转变,工业部门的生产量不再取决于自身的生产能力,而是由需求量的大小来确定,进出口贸易在调节我国需求方面发挥着越来越大的作用,需求已成为推动我国经济增长的主要因素。鉴于此,我们按照凯恩斯的国民收入决定理论并结合我国经济运行的特点建立了国民核算体系下需求导向的年度宏观计量经济模型(1997 年版)。模型的基本思路是从分析国民生产入手,生产由需求决定,需求分为投资、消费和净出口;同时,生产又决定收入,而收入又决定投资、消费和净出口;价格由成本和需求两方面决定;货币需求等于货币供给,货币需求由总需求、利率决定;劳动力需求由生产决定。

二、模型的统计基础和数据修正

新中国成立以来,我国的经济发展以 1979 年为界,形成了两个不同的历史阶段:1979 年以前是以计划经济体制占统治地位的阶段和 1979 年以后是从计划向市场经济转变的阶段。同时,从 1985 年起,我国的统计体系也发生了很大的变化。我国的统计体系从适应计划经济特点的物质生产体系(Material Product System, MPS)转向了适应市场经济的国民核算体系(System of National Account, SNA),统计部门对 1978 年以来的部分统计数字按国民核算体系的标准进行了估算和统计。由于这两个阶段的经济运行机制不同,统计体系不同,应用两组体现不同经济规律和不同统计口径的数据作为建模基础,无论从计量经济学理论还是从实际应用角度来说都是不牢固的。为使模型能够正确地反映我国目前经济运行规律,我们使用了 1979 年以后的历史数据。模型的统计数据大部分来源于国家统计部门的统计数据,部分数据由自己估算。

1985 年以来,我国已发布了 1978 年以来的国民生产总值和国内生产总值以及农业、工业、建筑业、商业、运输邮电业和其他服务业的增加值,包括它们的现价和不变价数据。同时,公布了按支出法计算的现价国内生产总支出以及农村居民消费、非农村居民消费、社会消费、固定资产投资、存货增加和净出口,但没有公布相应的不变价数据和平减指数。在建立模型的过程中,我们利用农村居民消费品价格指数、城市居民消费品价格指数、固定资产投资价格指数分别缩减农村居民消费、非农村居民消费和固定资产投资,用居民消费价格指数缩减社会消费,用进出口价格指数缩减商品进出口和服务进出口。不变价的存货增加和统计误差由国内生产总值减去农民消费、非农民消费、社会消费、固定资产投资和净出口得到。财政、金融、居民可支配收入、劳动力、人口、部分价格指数来源于统计资料。1990 年前的固定资产投资价格指数由固定资产积累价格指数代替,1990 年以后的由统计数据得到。1993 年以前的进出口价格指数来源于国际货币基金组织的统计,1993 年以后的数据来源于我国海关统计。企业所得由国内生产总值减去财政收入、居民可支配收入和折旧得到。折旧由折旧率和固定资产存量得到,固定资产存量由公式 $K_t = K_{t-1} \times (1 - D_{t-1}) + I_t$ 得到。其中 K_t 为 t 期固定资产净值,K_{t-1} 为 $t-1$ 期固定资产净值,I_t 为 t 期的固定资产投资,D_{t-1} 为 $t-1$ 期的折旧率。

三、模型的基本结构

该模型由 90 个方程组成,其中有 52 个行为方程,38 个定义方程。内生变量 90 个,外生变量 19 个。模型分为九个模块:生产模块(10 个方程),消费模块(10 个方程),投资和资本存量模块(14 个方程),金融模块(8 个方程),财政模块(12 个方程),价格模块(11 个方程),对外贸易模块(8 个方程),人口劳动力模块(11 个方程),收入分配模块(6 个方程)。

(一) 生产模块

由于我国人口多,耕地少,人均占有的粮食较低,我国的农业生产不是由居民对农副产品的需求决定的,而是由我国的农业生产能力决定的,在模型中,农业生产函数采取柯布—道格拉斯生产函数形式。

$$NVA = Ae^{\gamma t} KFA^{\alpha} LFA^{1-\alpha} \quad (1 \geqslant \alpha \geqslant 0)$$

其中　NVA 为农业增加值(不变价);KFA 为农业固定资产存量(不变价);LFA 为农业劳动力;γ 为全要素生产率。

工业、建筑业、运输邮电业、商业和其他服务业的生产由需求决定。例如工业的生产函数为:

$$NVIND = a_0 + a_1 \times I + a_2 \times C + a_3 \times EXM \times RATE$$

其中　$NVIND$ 为工业增加值(不变价);I 为固定资产投资(不变价);C 为消费(不变价);EXM 为出口(不变价);$RATE$ 为人民币兑美元汇率。

(二) 消费需求模块

现在,我国约 70% 的人口生活在农村。总的情况是,农民家庭的收入水平低于城市家庭,农民家庭的生活水平也大大低于城市家庭。同时,农民家庭和城市家庭具有不同的消费模式,农民家庭消费可划分为自给性消费和商品性消费两部分,其自给性消费取决于农村人口的多少。

关于商品性消费支出有很多理论和观点,凯恩斯消费理论认为消费是可支配收入的线性函数;生命周期理论认为消费不仅依赖于现期收入,而且依赖于拥有的资产;永久性收入理论认为消费是长期平均收入即永久性收入的函数;预期理论认为消费完全是一个随机过程。在模型中,我们假定商品性消费支出是实际可支配收入、储蓄存款利率和上一年商品消费水平的函数。例如城镇居民的消费函数为:

$$CHU = a_0 + a_1 \times (YHU/CPIU) + a_2 \times INRD + a_3 \times CHU(-1)$$

其中　CHU 为城市家庭商品性支出(不变价);YHU 为城市家庭可支配收入(现价);$CPIU$ 为城镇居民消费物价指数(1 990 = 100);$INRD$ 为储蓄利率(一年期利率);$CHU(-1)$ 为上一年的城市家庭购买商品支出。

复合变量 $YHU/CPIU$ 代表剔除价格变动影响后的城市家庭可支配收入,即实际可支配收入。参数 a_2 是负数,表明利率越高,储蓄存款越多,消费也就越低。滞后一年的消费水平代表消费者的消费习惯。从公式中可以看出,城镇居民的短期边际消费倾向为 a_1,长期边际消费倾向为 $[a_1/(1-a_3)]$。

(三) 投资需求模块

在发达国家,固定投资总额可分为私人固定投资和政府投资两部分。前者进一步细分为私人建筑投资和私人机器设备投资。我国缺乏如此细分的固定投资数据,因此,我国的固定资产投资总额仅划分为国内固定资产投资和外商直接投资两部分。后者决定外生。

在设定投资函数中,有很多投资理论,其基本理论假设是在一定的条件下,使投资效益最大化。按照系统结构划分,投资函数可分为两类,一类是显函数,另一类是隐函数。一个典型的显函数是乔根森提出的,其形式如下:

$$I_t = \sum \alpha \beta_j \triangle (Y_{t-j} C_{t-j}{}^{-\sigma}) + U_t$$

其中 Y 为产出;C 为资本成本,包括资本价格、利率、折旧率和税率等;σ 为资本和其他投入的替代弹性系数;U 为随机误差。

这个函数的理论前提是在产出一定的情况下,通过调整投资使利润最大化。如果 $\sigma = 0$ 以及不存在滞后,则该投资函数就变成简单加速器。显投资函数类中另一个投资函数是费尔德斯坦提出的,公式为:

$$I_t / Y_t = \gamma_0 + \gamma_1 UCAP_{t-1} + \gamma_2 (MPNR_{t-1} - COF_{t-1}) + U_t$$

其中 $MPNR$ 为最大赢利率;$UCAP$ 为开工率;COF 为资本成本。

典型的隐函数形式的投资函数如下:

$$I_t / K_t = (1/\alpha)(E_t\{\Lambda_t\} - P_t) + U_t$$

其中 Λ_t 为资本的影子价格;P_t 为资本价格;K_t 为资本存量。

该方程是从投资 $I_t = K_t - (1 - D_{t-1}) K_{t-1}$ 的约束条件下使利润最大化的一个最优化模型中推导出来的。由于对 $E_t\{\Lambda_t\}$ 有不同的估计办法,就产生不同的隐投资函数。

在我国,由于国有经济投资占我国投资总额的一半以上,如果扣除与外商投资相配套的国内投资,国有经济投资占我国国内投资总额的三分之二左右,因此,我国的投资行为在很大程度上仍是政府的行为,而不是企业行为,我国的国内固定投资主要受资金来源的限制,而不是使企业的利润最大化。在模型中,国内固定投资是固定资产投资贷款额、政府固定资产投资拨款、企业利润、折旧额和实际利率的函数。

$$IFD = a_0 + a_1 \times (IFGN + LOANF) / PIF \times 100 + a_2 \times (GDPN - YH - TAX) / PIF \times 100 + a_3 \times (INRD - PCH(PIF))$$

其中 IFD 为实际国内固定投资总额(不变价);$GDPN$ 为实际国内生产总值(现价);$IFGN$ 为固定资产投资政府拨款额(现价);$LOANF$ 为固定资产投资贷款额(现价);PIF 为固定资产投资价格指数;YH 为居民可支配收入;TAX 为政府税收收入;$INRD$ 为储蓄利率(一年期利率);PIF 为固定资产价格指数(1 990 年为 100);$PCH(PIF)$ 为 PIF 的增长率。

1979 年经济体制改革以来,国家逐渐将政府的固定资产投资拨款改为银行贷款,固定资产投资贷款额占全部固定资产投资的比重越来越大,政府的固定资产投资拨款所占比重越来越小,变量 $IFGN$ 和 $LOANF$ 具有同样的作用。复合变量($(IFGN + LOANF)/PIF$)代表国家提供的实际固定资产投资额。变量($GDPN - YH - TAX$)是企业利润和折旧额之和,代表企业的投资能力。

(四)金融模块

尽管改革开放以来,金融在我国经济中的作用越来越大,金融调控手段越来越多,但是,我国的主要货币工具仍是信贷规模控制和利率。

在金融模块中,包括货币供给和货币需求两组方程,货币供给包括农村居民存款、城镇居民存款、企业存款、存款总额和现金投放等方程。存款与收入和利率有关,现金投资与货币需求、利率有关。例如,城镇居民的储蓄方程和现金流通量方程如下:

$$TSDU = a_0 + a_1 \times TSDU(-1) + a_2 \times YHU + a_3 \times (INRD - PCH(CPIU))$$

$$MO = a_0 + a_1 \times MO(-1) + a_2 \times LOAN + a_3 \times INRD$$

其中 *TSDU* 为城镇居民储蓄存款(现价);*YHU* 为城镇居民可支配收入(现价);*INRD* 为储蓄利率;*MO* 为现金流通量(现价);*LOAN* 为贷款余额(现价)。

货币需求包括贷款余额、固定资产投资贷款和其他贷款等。其中,其他贷款方程为:

$$LOANOT = a_0 + a_1 \times LOANOT(-1) + a_2 \times GDPN + a_3 \times INRD$$

其中 *LOANOT* 为其他贷款余额(现价);*GDPN* 为国内生产总值(现价);*INRD* 为储蓄利率。

(五) 财政模块

财政模块包括财政收入和财政支出部分。财政收入包括各项税收和债务收入,税收主要由工商税、农业税、关税等组成,债务收入外生。工商税是国内生产总值减去农业增加值的函数,农业税取决于农业增加值的大小,关税收入由进口总额决定。

财政支出包括债务的还本付息支出、经济建设费、社会文教费、国防费、行政管理费等。债务的还本付息支出由债务收入决定,其他支出外生。

$$GBE = a_0 + a_2 \times GB(3,1)$$

其中 *GBE* 为债务支出;*GB* 为债务收入。

财政赤字是财政收入(不包括债务收入)和财政支出(不包括债务支出)的差额,即硬赤字。赤字靠债务的收支差额来弥补。

(六) 价格模块

在该模型的价格模块中,核心价格方程为农业增加值价格指数和工业增加值价格指数方程,其他价格指数分别由农业增加值价格指数和工业增加值价格指数以及工资率、需求等变量解释。

农业增加值价格指数由农副产品收购价格指数和工业增加值价格指数决定,农副产品收购价格指数确定外生。农业增加值价格指数方程如下:

$$PNVA = a_0 + a_1 \times PNVIND + a_2 \times PPAS$$

其中 *PNVA* 为农业增加值价格指数;*PNVIND* 为工业增加值价格指数;*PPAS* 为农副产品收购价格指数。

由于我国的工业产品市场已由卖方市场向买方市场转变,因此,工业增加值的价格是由产品成本决定的,其方程的形式如下:

$$PNVIND = a_0 + a_1 \times PNVIND(-1) + a_2 \times WAGEA + a_3 \times PIMM \times RATE$$

其中 *PNVIND* 为工业增加值价格指数;*PNVIND*(-1)为上一年工业增加值价格指数;*WAGEA* 为工业部门的工资率;*PIMM* 为进口价格指数;*RATE* 为汇率(人民币元/美元)。

方程中引入 *PNVIND*(-1)是用来说明上一年工业增加值价格对当年价格指数的滞后影响,*WAGEA* 代表劳动力成本,*PIMM* × *RATE* 代表进口投入品的成本。

固定资产投资价格指数与工业增加值价格指数和进口价格指数直接相关。与此同时,我们还引入固定资产投资增长率来描述固定资产投资需求变化对价格的影响。

$$PIF = a_0 + a_1 \times PNVIND + a_2 \times (PIMM \times RATE) + a_3 \times PCH(I)$$

其中 PIF 为固定资产投资价格指数;$PNVIND$ 为工业增加值价格指数;$PIMM$ 为进口价格指数;$RATE$ 为汇率(人民币元/美元);I 为固定资产投资总额(不变价)。

零售物价指数由农业增加值价格指数、工业增加值价格指数和进口价格指数来解释。居民消费价格指数(CPI)是社会消费品零售价格总指数、服务业价格指数和上一年居民消费价格指数的线性函数。国内生产总值平减指数由居民消费价格指数、固定资产投资价格指数和出口价格指数解释。

当时(1997 年),中国的对外贸易占世界贸易总额的 2. 9% 左右,所占份额较小,从国际贸易的总量上看,可以认为我国是小国贸易。因此,我国的出口价格基本上由世界市场价格决定,同时也受国内物价的影响。出口价格的函数取以下形式:

$$\log(PEXM) = a_0 + a_1 \times \log(PWM) + a_2 \times \log(PGDP)$$

其中 $PEXM$ 为出口价格指数;PWM 为全世界出口价格指数;$PGDP$ 为国内生产总值平减指数。

进口价格总指数均取决于世界出口价格水平,因此,进口价格指数是世界出口价格的线性函数。

(七)对外贸易模块

出口由两部分组成,即商品出口和劳务出口。商品出口是世界经济增长率和世界市场价格与中国出口价格之比即相对价格的函数,该函数采取对数形式的线性函数:

$$\log(EXM) = a_0 + a_1 \times \log(WGDP) + a_2 \times \log(PEXM/RATE/PWM)$$

其中 $WGDP$ 为全世界经济增长率;PWM 为世界出口商品价格总指数;$PEXM$ 为中国出口价格总指数;$RATE$ 为汇率(人民币/美元)。

我们假定商品出口量基本上取决于全世界各国对我国商品的需求水平,并假定出口商品的供给具有完全弹性。复合变量($PEXM/RATE/PWM$)为中国出口价格总指数与世界市场出口价格总指数之比,即相对价格,它与出口量负相关。汇率在决定出口方面起着重要的作用,汇率越高,出口价格越低,出口也就越多。

进口也由两部分组成,商品进口和劳务进口。商品进口由我国的国内需求和进口价格与我国国内价格之比即相对价格决定,其方程形式如下:

$$IMM = a_0 + a_1 \times GDP + a_2 \times (PIMM90 \times RATE/PGDP)$$

其中 IMM 为按美元不变价计算的商品进口量;$PIMM$ 为进口价格总指数;$PGDP$ 为国内生产总值缩减指数;$RATE$ 为汇率(人民币元/美元)。

(八)人口、劳动力模块

在该模块中,人口分为城镇人口和农村人口,人口外生决定。劳动力资源分为城镇劳动力资源和农村劳动力资源,劳动力资源由前期劳动资源和年满 16 岁以上的人口数解释,各部门(除农业外)的劳动力需求由其前期值和各部门的增加值或投资解释,城镇的就业人数由其前期值和非农业的增加值决定。由于农村的富余劳力较多,一旦农民在其他行业找不到工作,就算作农业的劳动力。因此,农业的就业人数由其前期值和农村年满

16 岁以上的人口解释。城镇的劳动力资源和城镇的就业人数之差为城镇的失业人数。例如工业部门的就业人数方程为：

$$LFIND = a_0 + a_1 \times LFIND(-1) + a_2 \times NVIND$$

其中 *LFIND* 为工业部门就业人数；*NVIND* 为工业增加值。

（九）收入分配模块

收入分配模块，包括企业收入、农村居民可支配收入、城镇居民可支配收入、工资率和折旧。农村居民的可支配收入方程如下：

$$YHR = a_0 + a_1(NVAN - TAXA) + a_2 IFN + a_3 YHR(-1)$$

其中 *YHR* 为农村居民可支配收入（现价）；*NVAN* 为农业增加值（现价）；*TAXA* 为农业税；*IFN* 为固定资产投资额（现价）。

农村收入主要来源于农业生产活动。变量 *IFN* 用来描述因农民从事建筑活动而增加的农村家庭现金收入，因为目前相当一大部分的建筑活动由农民建筑工完成。由于缺乏乡镇企业的增加值数据，农村居民的可支配收入方程中没有加入乡镇企业的增加值作为解释变量，而用其前期值代替。

城镇居民可支配收入由其前期值、非农业部门的增加值和城镇居民消费价格指数决定，前期值代表居民收入中的工资刚性。企业收入由国内生产总值减去财政收入和居民可支配收入以及折旧得到。

四、模型方程

有兴趣的读者可参阅王慧炯、李泊溪、李善同主编，中国财政经济出版社出版的《中国实用宏观经济模型 1999》［1999 年 5 月第一版的第 27—46 页（附录 1 和附录 2）］。

五、模型的仿真和政策分析

利用计量经济软件，可对模型进行动态仿真、政策分析和预测。

（一）动态仿真

根据我国经济发展的变化特点，我们选择动态仿真区间为 1988 年至 1996 年。模型的主要内生变量的动态仿真结果如表 17.7.1 所示。评价模型仿真结果的标准为均方根误差，其计算公式为：

$$RMSE\% = \{\sum[(Y_t - \hat{Y}_t)/Y_t]^2/T\}^{1/2} \times 100$$

其中 Y_t 为时间 t 期的实际值；$\hat{Y}_t$ 为时间 t 期的仿真值；T 为仿真区间的长度。

表 17.7.1　　模型仿真结果（1988—1996 年）

指标名称	均方根误差(%)	指标名称	均方根误差(%)
总消费	3.64	总贷款	4.23
社会消费	4.97	现金流通量	6.11
农民消费	4.50	农业增加值	3.95
非农民消费	3.03	商业增加值	8.22

续表

指标名称	均方根误差(%)	指标名称	均方根误差(%)
出口	6.29	建筑业增加值	8.25
商品出口	5.36	工业增加值	4.33
服务出口	21.43	运输邮电业增加值	4.61
国内生产总值	1.64	其他服务业增加值	2.74
固定资产投资	2.35	消费品价格指数	2.22
进口	11.40	农村居民消费品价格指数	2.09
商品进口	9.34	城镇居民消费品价格指数	2.50
劳务进口	39.56	零售物价指数	2.10
劳动力资源	0.36	农业增加值价格指数	2.68
农村劳动力	4.50	工业增加值价格指数	3.76
商业劳动力	7.94	GDP 平减指数	1.86
建筑业劳动力	11.30	投资价格指数	2.31
工业劳动力	2.10	税收	2.34
运输邮电业劳动力	8.85	农业税	7.13
其他服务业劳动力	2.19	关税	9.61
失业人数	1.95	工商税	2.78
工资	4.67	总储蓄	5.68
农村居民纯收入	3.92	企业储蓄	10.82
非农村居民收入	3.32	农民储蓄	3.65
财政总收入	2.00	非农民储蓄	3.35
非债务财政收入	2.29		

从表 17.7.1 中可以看出,70% 以上的主要内生变量的误差在 5% 以下,工业增加值、农业增加值、投资、消费、物价、贷款等变量的相对误差较小。误差较大的变量是进口、出口、企业储蓄、部分部门的劳动力需求等。形成误差的原因是多方面的,除模型本身机制及方程构造存在缺陷外,主要原因是统计数据的限制和政策变动的影响,如进出口变量受到进出口政策变化以及国际市场供求变动的影响,数据产生较大的波动。我国劳动力市场不完善,各部门冗员过多,劳动力的统计不能反映真实的需求。

(二) 政策分析

利用该模型,可以对我国的宏观经济政策的效应进行模拟分析。通过进行政策模拟分析,一方面可以检验模型能否准确地模拟实际经济状况,模型机制是否符合宏观经济理论;另一方面可以分析宏观经济政策的效应,为制定我国的宏观经济政策提供依据。模型的政策模拟结果见表 17.7.2、表 17.7.3、表 17.7.4、表 17.7.5、表 17.7.6、表 17.7.7。

表 17.7.2　　利率增加 10% 对其他经济指标的影响　　单位:%

年份	国内生产总值	固定资产投资	居民消费	零售物价	出口	进口
1988	-0.39	-0.89	-0.52	-0.12	0.01	-0.80
1989	-0.35	-0.72	-0.56	-0.15	0.01	-0.78
1990	-0.33	-0.71	-0.58	-0.18	0.01	-0.76
1991	-0.30	-0.60	-0.59	-0.20	0.01	-0.73
1992	-0.26	-0.50	-0.55	-0.22	0.01	-0.68
1993	-0.18	-0.35	-0.53	-0.23	0.01	-0.58
1994	-0.08	-0.12	-0.49	-0.23	0.01	-0.42
1995	-0.11	-0.25	-0.46	-0.23	0.01	-0.42
1996	-0.12	-0.28	-0.50	-0.24	0.01	-0.44

表 17.7.3　　汇率贬值 10% 对其他经济指标的影响　　单位:%

年份	国内生产总值	固定资产投资	居民消费	零售物价	出口	进口
1988	1.21	1.29	1.02	0.71	4.21	-0.63
1989	1.01	1.13	1.02	0.81	4.14	-1.84
1990	1.50	1.23	1.13	0.93	4.09	-1.39
1991	1.57	1.35	1.28	1.07	4.06	-1.19
1992	1.65	1.44	1.36	1.22	4.06	-0.99
1993	1.69	1.50	1.51	1.37	4.03	-0.80
1994	1.84	1.64	1.67	1.57	4.01	0.25
1995	2.16	1.92	1.84	1.79	4.01	0.29
1996	2.15	1.90	1.82	1.74	4.01	0.28

表 17.7.4　　外商直接投资增加 10% 对其他经济指标的影响　　单位:%

年份	国内生产总值	固定资产投资	居民消费	零售物价	出口	进口
1988	0.40	0.77	0.18	0.11	1.57	0.80
1989	0.33	0.55	0.21	0.15	1.57	0.74
1990	0.42	0.80	0.23	0.18	1.57	0.86
1991	0.44	0.79	0.25	0.21	1.57	0.94
1992	0.54	1.15	0.27	0.25	1.57	1.12
1993	0.69	1.90	0.31	0.29	1.56	1.43
1994	0.90	2.81	0.37	0.35	1.56	1.86
1995	0.77	2.10	0.43	0.41	1.56	1.83
1996	0.82	2.30	0.44	0.40	1.56	1.82

表 17.7.5　　农副产品收购价格提高 10%对其他经济指标的影响　　单位:%

年份	国内生产总值	固定资产投资	居民消费	零售物价	出口	进口
1988	0.07	-0.03	0.42	4.90	-0.10	0.19
1989	0.08	0.62	0.15	5.06	-0.10	0.25
1990	-0.30	-0.34	-0.11	5.17	-0.11	-0.16
1991	-0.30	0.29	-0.36	5.26	-0.11	-0.19
1992	-0.37	0.46	-0.58	5.34	-0.11	-0.20
1993	-0.47	0.45	-0.79	5.42	-0.11	-0.26
1994	-0.54	0.43	-0.96	5.50	-0.12	-0.30
1995	-0.52	0.64	-1.02	5.58	-0.13	-0.22
1996	-0.50	0.60	-0.96	5.45	-0.14	-0.21

表 17.7.6　　社会消费增加 10%对其他经济指标的影响　　单位:%

年份	国内生产总值	固定资产投资	居民消费	零售物价	出口	进口
1988	1.66	2.03	1.06	0.57	-0.03	4.83
1989	1.51	1.72	0.96	0.56	-0.04	3.78
1990	1.46	1.61	0.93	0.55	-0.03	3.30
1991	1.62	1.71	0.95	0.54	-0.01	3.27
1992	1.50	1.23	0.93	0.53	-0.01	3.04
1993	1.33	0.92	0.95	0.52	-0.01	2.75
1994	1.00	0.54	0.91	0.50	-0.01	2.25
1995	1.05	0.75	0.88	0.46	-0.01	2.13
1996	1.06	0.77	0.89	0.46	-0.01	2.13

表 17.7.7　　税收增加 10%并且增加的税收全部用于固定资产投资对其他经济指标的影响　　单位:%

年份	国内生产总值	固定资产投资	居民消费	零售物价	出口	进口
1988	0.93	3.67	0.25	0.49	-0.02	1.22
1989	0.88	3.82	0.32	0.50	-0.03	1.24
1990	0.97	4.56	0.48	0.55	-0.03	1.18
1991	0.80	4.40	0.51	0.61	-0.04	1.22
1992	0.80	4.01	0.50	0.67	-0.05	1.34
1993	0.69	3.72	0.59	0.68	-0.04	1.44
1994	0.65	2.99	0.60	0.63	-0.04	1.31
1995	0.60	2.82	0.68	0.62	-0.04	1.10
1996	0.58	2.79	0.64	0.62	-0.04	1.08

1. 增加外商直接投资

在增加外商直接投资的模拟分析中,假定外商直接投资在现在的基础上每年多增加10%。模拟分析显示,国内生产总值将由1988年多增长0.4%上升到1996年多增长0.82%,固定资产投资由1988年多增长0.77%上升到1996年多增长2.3%。出口将增长1.56%,零售物价将多上升0.26%。

2. 利率调整的影响分析

假定一年期储蓄利率每年多提高10%,即利率水平在现在的基础上平均多提高一个百分点。模拟分析显示,投资、消费和国内生产总值都有所减少,其中国内生产总值约下降0.24%,投资下降0.49%,消费下降0.53%,零售物价下降0.20%,进口下降0.6%。

3. 汇率变动的影响分析

假定从1988年以来,人民币汇率水平比现在多贬值10%,我国进出口、消费、投资、物价和国内生产总值都有所增加,其中出口多增长4%以上,投资多增长1.4%,消费多增长1.3%,零售物价上升1.2%。由于汇率贬值导致国内价格上升,其抑制进口的效应逐渐减小,进口下降幅度逐年减少,最终会导致进口由下降转为上升。

4. 调整农副产品收购价格指数

假定1988年以来,我国的农副产品收购价格在目前的基础上多提高10%,我国的零售物价水平将多上升5.3%,消费下降0.63%,国内生产总值下降0.27%,投资会增长0.32%。

5. 社会消费变动

假定社会消费每年多增加10%,分析显示,我国国内生产总值将多增长1.4%,投资多增长1.5%,消费多增长0.99%,零售物价多上升0.52%,进口多增长3.2%。

6. 税收调整

若税收增加10%,并且增加的税收全部用于固定资产投资,模拟分析显示,我国的固定资产投资将多增长3.2%,消费增长0.63%,零售物价上升0.61%,国内生产总值增长0.83%。

(三)几点结论

通过对模型的政策模拟分析,并结合我国改革开放以来的经济发展状况,可以得到如下几个结论:

1. 经济增长与通货膨胀的关系

我国的通货膨胀不能简单地与经济增长速度相联系,或者说不能简单地归结为需求拉动。事实上,我国的物价上涨相当一部分来自成本推动,较为突出的是农副产品收购价格和基础工业产品价格上升。1978年以来,消费品零售物价上涨中有50%左右是由于提高农副产品收购价格造成的。而农副产品收购价格的提高一是由于我国工农业产品比价不合理,农产品价格偏低;二是由于农业部门劳动生产率较低,政府不得不通过提高农产品收购价格来增加农民的收入;三是农业生产靠天吃饭,供给弹性较小,同时,农产品的需求弹性也很小。因此,控制经济增长速度并不能有效地抑制农产品价格上涨。如果今后能不断增加对农业的投入,加强农业科研工作,提高农业劳动生产率,增加农产品供给,改变农业靠天吃饭的局面,基本抑制住农产品价格的过快上涨是有可能的。因此,“九五”期间我国经济增长与物价涨幅的比例控制在1:9之内,是可以做到的。若“九五”期间我国*GDP*保持平均9%的增长速度,全社会零售物价指数可以控制在8%左右。

2. 保持投资与消费有一个合理的比例,促进经济协调发展

改革开放前,投资与消费存在着此消彼长的关系,投资的增加要以牺牲消费为代价。然而,改革开放以来的现实改变了这一状况,模型的模拟表明增加投资和刺激消费都能带动经济增长。17年来,我国的固定资产投资年平均增长10.4%,固定资产投资率(不变价)保持在28%左右。与此同时,人民群众的生活水平也得到显著改善,同期消费总额平均增长9.45%,投资与消费的比例大体维持在30:70的水平上,投资和消费都有较快的增长。之所以出现这种局面,主要原因是改革开放以来我国的投资主体结构发生了很大变化。

首先,我国的投资主体已由政府,逐步转向企业和个人。随着国民收入分配向个人和企业倾斜,我国居民可支配收入逐年大幅度增加,居民收入占*GDP*的比重已经由1978年的49.1%上升到1996年的63.7%,居民储蓄余额由1978年的210.6亿元增加到1996年的38 520亿元。占*GDP*的比重已由1978年的5.9%上升到1996年的56.1%。与此相适应,我国的投资主体发生了很大变化,政府投资占固定资产投资的比重逐年下降,已经由1978年的29%下降到了1996年的2.1%左右。而企业和个人投资占国内固定资产投资的比重已经由1978年的68%上升到1996年的80%,居民收入中的相当一部分转化为投资基金。这就是为什么在居民收入大幅度增加的条件下,我国仍能保持较高投资率和投资增长速度的原因。

其次,我国引进外资的步伐逐年加快,外资占我国固定资产投资的比重已经由1978年的3%上升到1996年的14%。特别是外商直接投资从无到有,到1996年占我国投资的比重已高达12.8%,外资已成为影响我国投资规模的一个重要原因。

3. 利率、汇率等金融政策对国民经济的调控使用已大大加强

国家应加大利用这些政策对投资、消费、物价调控作用的力度,逐步减少利用行政手段调控经济。

4. 振兴国家财政

改革开放以来,财政面临的困难和问题比较突出。财政职能弱化,财政收入占国民生产总值的比重下降,财政收支矛盾日益突出,赤字逐年扩大,各级财政不能充分保证基础设施、科技、教育等重点项目的投入,政府在调整经济结构、优化资源配置、协调地区发展等方面难以发挥调控作用。模型分析显示如果增加税收并把增加的税收用于投资,对经济的推动作用比较明显。因此,国家应深化财税改革,加强税收征管,提高财政收入占国民生产总值的比重。

5. 进一步扩大对外贸易,保持进出口的基本平衡

改革开放17年来,我国的进出口贸易对我国经济的发展起到了巨大的推动作用。在扩大进出口的同时,应保持对外贸易的基本平衡。若贸易逆差过大,短期内可通过借用外债加以弥补,但长期下去必然通过进一步扩大出口,减少进口来偿还外债,对我国经济稳定发展不利。由于我国是一个发展中国家,资金比较短缺,在国内需求旺盛的情况下,若贸易顺差过大,国内生产要素的净流出将会进一步导致国内供给的不足,造成国内物价上升,也不利于我国国民经济的稳定发展。

六、模型的主要特点、应用和进一步的改进

(一) 主要特点

该模型是由联合国主持的世界经济联接模型(Project LINK)系统中的中国模型。1985年,经国务院有关领导批准,我国正式参加当时由诺贝尔经济奖获得者克莱茵教授主持的世界经济联接模型(Project LINK) 系统。1986年,中国研究人员在克莱茵教授的指导下研制了中国宏观经济模型并和世界经济联接模型系统实现联接,随后每两年修改一次,1993年以后每年修改一次。1997年版的模型和1993年版的模型(由国务院发展研究中心在1993年出版)以及其他模型相比有以下几个特点:

1. 更加重视经济理论对计量经济模型研制的基础作用

经济研究没有数据,没有定量分析,会缺乏说服力;而只有数据,没有经济理论基础,经济定量分析则缺乏可信度。因此,正确的经济理论指导是建立计量经济模型及其成功应用的基础和保证。该模型是以凯恩斯的经济理论为基础并结合我国经济改革的实际情况构造和研制的。

2. 该模型是*SNA*核算体系下的需求导向模型

自20世纪70年代末期我国开始研制计量经济模型并利用计量经济方法对我国经济进行分析预测以来,由于我国长期实行计划经济的原因,直到20世纪90年代初,我国研制的计量经济模型基本上是供给导向型的模型。但1989年以来,随着我国经济体制改革的不断深化,社会主义市场经济体制逐步建立起来并开始发挥主要作用,需求已成为推动我国经济增长的主要因素。同时,我国的*SNA*核算体系也建立起来。因此,为适应我国的实际经济状况,也为了使我国经济与世界经济接轨,建立了国民核算体系下需求导向的年度宏观计量经济模型。

3. 注重了财政、金融、对外贸易和劳动就业的研究和应用

目前,国内宏观经济模型研究仍然带有较明显的传统计划经济的痕迹,特别是对于财政、金融、对外贸易和劳动就业这四个方面的研究,明显存在内容简单、解释不明了等问题。针对这一问题,在模型的研制中,加强了对这四个方面的研究,对财政、金融、劳动就业和失业以及他们和其他经济方面的关系设计了详细的模块。

4. 模型得到了较好的应用

按照联合国LINK中心的要求,我们每年2月和8月两次利用该模型对我国经济未来五年经济发展作出预测,分析结果报送联合国。几年来,我们更加重视模型的政策模拟和仿真功能,利用该模型对我国经济政策的变化和重大事件对我国经济影响进行模拟分析,先后分析了欧洲统一大市场的形成对我国经济的影响、香港回归对我国和其他亚太地区经济的影响以及进行了社科基金资助项目《我国宏观经济运行的定量分析》等,实践证明该模型运行良好。

(二) 不足之处

当然,该模型也有一些不足,许多地方有待进一步改进:

(1) 在计量经济模型的研制和应用中对经济理论的新发展重视不够。宏观经济学长期存在着两个主要的思想流派:一个思想流派信奉放任市场运行是最好的;另一个思想流

派信奉政府干预对经济运行具有重要意义。20 世纪 70 年代,产生了一个新的派别——新古典宏观经济学,该学派很大程度上取代了货币主义学派,该学派认为市场行为是理性的。与之相对立的另一派是第三代凯恩斯主义者即新凯恩斯学派,他们仍然相信政府政策能够改善经济运行,但他们重视微观经济基础。该模型基本上基于凯恩斯主义的理论,对新古典宏观经济学和新凯恩斯学派的理论成果应用不够。

(2) 模型中没有设计出改革开放以来我国经济体制的改革和变化的指标,从而不能反映经济体制的改革和变化对我国经济运行的影响。

(3) 模型中的生产、消费和投资等几个模块相对简单,不能很好地描述我国经济结构的变化以及结构变动对经济的影响。

§17.8 中国宏观计量经济模型举例(二)

本案例是选自中国社会科学院何新华、吴海英、曹永福和刘睿老师编写的《中国宏观经济季度模型 China_QEM》一书的第一章(社会科学文献出版社,2005 年第一版)。本节只是对此模型作简单介绍,目的是让读者了解中国宏观经济计量模型研究的最新动态和最新成果。该模型是应用当今世界计量经济学最新成果——协整理论方法,结合中国实际建立的。该模型的特点有:(1) 它是一个需求导向型宏观经济计量模型;(2) 采纳了动态建模理论;(3) 模型在协整理论的指导下建成,通过运用误差修正模型(*ECM*)方法,较好地区分了中国经济运行的长期规律与短期波动特征;(4) 模型数据的样本期选择了中国开始推行社会主义市场经济体制的时间区间。本模型的数据样本期大多为 1992 年第 1 季度至 2001 年第 4 季度;(5) 模型是以政策分析为目的而建立的宏观经济计量模型;(6) 模型最大限度地减少了哑变量的使用。该书对模型所依据的经济理论和模型方法理论都作了全面分析和介绍。这对如何建立宏观经济模型很有启发和指导意义。

一、China_QEM 的结构

为方便记忆,China_QEM 模型中变量的命名基本采用了其英文缩写。变量名下划线后字母的含意如下:D 表示美元值,C 表示不变价,P 表示人均值,U 表示城镇,R 表示农村。当变量名为 Y 时,ln(Y)表示对 Y 取自然对数;Y_1 表示取 Y 的一阶滞后值;ΔY 表示对 Y 取差分,即 ΔY = Y - Y_1;Δln(Y)表示先对 Y 取自然对数,再对 ln(Y)取一阶差分,即 Δln(Y) = ln(Y) - ln(Y_1);YECM 表示以 Y 为被解释变量的方程中的长期均衡项。Seasonal,S easonal_1,Seasonal_2 分别表示 1、2、3 季度的季节因子。在所给出的行为方程中,(SE)为标准差,即各估计系数下括号中的数字为相应估计系数的标准差。

China_QEM 虽然规模较小,但却涵盖了宏观经济分析所涉及的主要方面。China_QEM 分为消费、投资、进出口、政府财政、收入、价格、金融七大模块,由 18 个行为方程、3 个技术方程和 49 个恒等式组成,共包括 70 个内生变量和 17 个外生变量。图 17.8.1 为模型结构示意图。

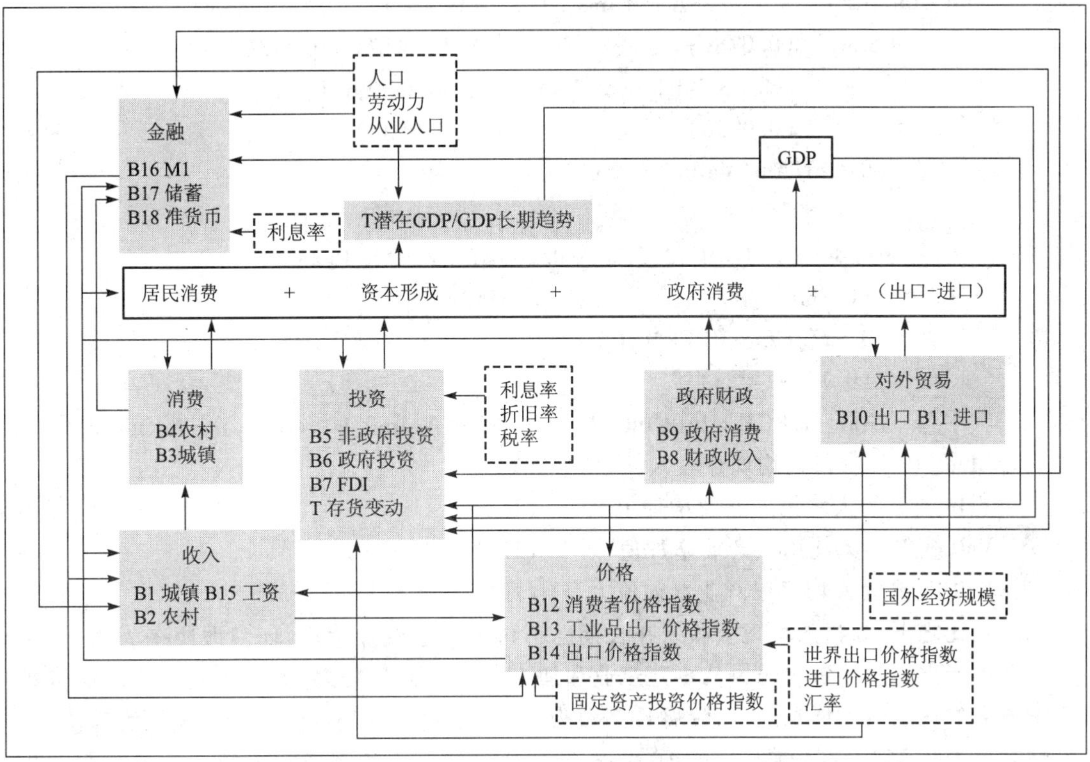

图 17.8.1 中国宏观经济季度模型 China_QEM 结构示意图

(一)收入模块

城镇人均收入方程 B1：

$$(B1)\quad \Delta\ln(Inc\_UP)=0.2733-0.3662\Delta\ln(Inc\_UP\_1)+0.2202\Delta\ln(Wage\_UP)$$
$$(SE)\ (0.0563)\ (0.0494)\qquad\qquad (0.0382)$$
$$+0.164Seasonal-0.4926Inc\_UPECM\_1$$
$$(0.441)\qquad (0.0818)$$

其中 $Inc\_UPECM=\ln(Inc\_UP)-0.9\ln(Wage\_UP)+0.1UEmpR$

Inc_UP = 城镇人均收入 (B1)

Wage_UP = 城镇人均工资 (B15)

UEmpR = 失业率 外生

城镇人均收入在长期主要取决于城镇人均工资,但同时也受到失业率的影响,失业率每上升 1 个百分点,城镇人均收入将下降 10%(半弹性系数为 -0.1);而短期内则只受到城镇人均工资的影响,同时因从事第三产业的人员占有相当比例,城镇人均收入的高低具有较明显的季节特性。长期均衡项的调节系数为 -0.4926,表明城镇人均收入对由城镇人均工资和失业率所共同决定的持久收入的偏离,只需两个多季度(1/0.4926≈2.03)即可得到完全调整。

相比之下,农村人均现金收入方程 B2：

$$\Delta\ln(CInc\_RP) = -0.2228\Delta\ln(CInc\_RP\_3) + 0.1849 - 0.2417Seasonal$$
$$(SE)\quad (0.0789) \qquad\qquad (0.0417)\ (0.0878)$$
$$-0.5883Seasonal\_1 + 0.158\Delta\ln(ValAgr\_P\_3)$$
$$(0.0938) \qquad\qquad (0.0538)$$
$$+0.6467\Delta\ln(ValInd\_P\_2)$$
$$(0.189)$$
$$-0.8698\Delta\ln(ValInd\_P\_3) + 0.265\Delta\ln(ValOth\_P\_2)$$
$$(0.205) \qquad\qquad (0.0769)$$
$$-0.9252CInc\_RPECM\_1$$
$$(0.103)$$

其中　$CInc\_RPECM = \ln(CInc\_RP) - 0.65\ln(ValInd\_P) - 0.35\ln(ValOth\_P)$

CInc_RP 为农村人均现金收入　(B2)

ValAgr_P 为人均第一产业增加值　(I12)

ValInd_P 为人均第二产业增加值　(I13)

ValOth_P 为人均第三产业增加值　(I14)

相比之下,农村人均现金收入在长期已不再依赖于农业生产,而只取决于人均二、三产业的产出。由于农村居民从事建筑业和加工贸易的人员较多,人均第二产业增加值对农村人均现金收入增长的贡献(弹性系数为0.65)要高于人均第三产业增加值的贡献(弹性系数为0.35)。在短期,人均第一产业增加值对农村人均现金收入的增长还存在一些影响,但影响大大小于人均二、三产业增加值的影响。农村人均现金收入也呈现出较明显的季节特征。长期均衡项的调节系数为 -0.9252,表明农村人均现金收入对由人均二、三产业增加值所决定的持久收入的偏离,只需1个季度左右(1/0.9252≈1.08)即可得到完全调整。本方程的政策含意在于,当前广为关注的农民增收问题,如果仅着眼于减轻农民负担,则仅将在短期起到一定的作用,若着眼于从长期增加农民收入,则应该大力发展第三产业以及积极推进城镇化建设,使农村的富余劳动力早日转移到非农产业才是可取之路。

城镇人均工资方程 B15:

$$\Delta\ln(Wage\_UP) = -0.4398\,\Delta\ln(Wage\_UP\_1) + 0.299 - 0.4118\,Seasonal$$
$$(SE)\quad (0.144) \qquad\qquad (0.0357)\ (0.0797)$$
$$-0.3689Seasonal\_1 - 0.3347Seasonal\_2$$
$$(0.0754) \qquad\qquad (0.024)$$
$$-0.1124\,Wage\_UPECM\_1 - 0.3718\,\Delta^2\ln(Val23\_PC\_2)$$
$$(0.0359) \qquad\qquad (0.13)$$
$$Wage\_UPECM = \ln(Wage\_UP) - \ln(Val23\_PC)$$

Wage_UP 为城镇人均工资　(B15)

Val23_PC 为人均二、三产业增加值(不变价)　(I15)

城镇人均工资对人均二、三产业增加值(不变价)的长期弹性系数为1,短期内人均二、三产业增加值(不变价)的增加会使城镇人均工资呈现一定程度的下降(-0.3718),

并且城镇人均工资具有较强的季节性。该式表明,短期内通货膨胀将使城镇人均工资有所上升,但从长期看,城镇人均工资在人均增加值中所占比重将保持不变。

(二)消费模块

城镇居民人均消费支出方程 B3:

$$\Delta\ln(ConsL\_UP) = -0.141 - 0.106Seasonal\_1 - 0.2672\Delta\ln(ConsL\_UP\_3)$$
$$(SE)\quad (0.0234)\,(0.0225)\qquad\qquad (0.0653)$$
$$+0.6653\Delta\ln(CPI\_1) + 0.871\Delta\ln(CPI\_3)$$
$$(0.246)\qquad\qquad (0.25)$$
$$+0.3167\Delta^2\ln(DInc\_UP) - 0.8223ConsL\_UPECM\_1$$
$$(0.186)\qquad\qquad (0.109)$$

其中　$ConsL\_UPECM = \ln(ConsL\_UP) - \ln(DInc\_UP)$

ConsL_UP 为城镇居民人均消费支出　(B3)

DInc_UP 为城镇居民人均可支配收入　(I8)

CPI 为消费者价格指数　(B12)

城镇居民人均消费支出在长期完全取决于城镇居民人均可支配收入(弹性系数为1);而在短期则受到城镇居民人均可支配收入和物价的双重影响,其中物价对城镇居民人均消费支出的影响在短期占主导地位。值得注意的是,城镇居民人均消费支出的行为特点是买涨不买跌。结合城镇人均收入(方程 B1)方程我们可以发现,我国前几年有效需求不足的主要原因一方面起因于物价的持续下滑,另一方面则与失业率上升导致的持久收入下降紧密相连。由此可以断定,试图以推动高档消费(如鼓励私人购车)、住宅消费(调低贷款利息)为手段启动城镇居民消费的做法难以奏效是必然的。人为抬高生活必需品的价格也只能收到短暂的效果。而通过创造就业机会,提高城镇人均工资才可从根本上扭转城镇居民消费不振的局面。长期均衡项的调节系数为 -0.8223,表明城镇居民人均消费支出与由城镇居民人均可支配收入所决定的长期消费水平的偏离只需 1 个多季度($1/0.8223 \approx 1.22$)即可得到完全调整。

农村人均现金消费支出方程 B4:

$$\Delta\ln(ConsL\_RP) = -0.2552\Delta\ln(ConsL\_RP\_1) - 0.2329 + 0.1327Seasonal$$
$$(SE)\quad (0.095)\qquad\qquad (0.119)\,(0.0335)$$
$$-0.1911Seasonal\_1 - 0.1024Seasonal\_2$$
$$(0.0647)\qquad\qquad (0.0638)$$
$$+0.5216\Delta\ln(CInc\_RP) + 0.6356\Delta\ln(CPI)$$
$$(0.0777)\qquad\qquad (0.298)$$
$$-0.4589ConsL\_RPECM\_1$$
$$(0.158)$$

其中　$ConsL\_RPECM = \ln(ConsL\_RP) - \ln(CInc\_RP)$

ConsL_RP 为农村人均现金生活消费支出　(B4)

CInc_RP 为农村人均现金收入　(B2)

CPI 为消费者价格指数　(B12)

农村人均现金消费支出在长期完全取决于农村人均现金收入(弹性系数为1),但在短期则受到农村人均现金收入和物价的双重影响。与城镇居民人均消费的行为类似,农村人均现金消费也呈现出买涨不买跌的特点。与城镇居民消费行为的不同之处在于,农村人均现金收入的增加在短期对农村人均现金消费支出的影响较大。若希望推动农村居民消费,则能够在短期增加农村人均现金收入的措施也能收到一定的效果。长期均衡项的调节系数为-0.4589,表明农村人均现金消费支出与由农村人均现金收入所决定的长期消费水平的偏离约需两个季度(1/0.4589≈2.18)即可得到完全调整。

(三)投资模块

国内非政府固定资产投资方程B5:

$$\Delta\ln(PrivI\_C) = 0.005433 + 0.2272\Delta\ln(GDP\_C\_2) + 0.1345\Delta\ln(GovI\_C\_1)$$

$$(SE)\ (0.0347)\ (0.104)\qquad\qquad (0.0515)$$

$$-0.922\Delta_3\ln(PrivI\_C\_1) - 0.3259\ PrivIECM\_1$$

$$(0.0174)\qquad\qquad (0.0848)$$

$$-0.2788\ \Delta_3\ln(Cost)$$

$$(0.0864)$$

其中 $PrivIECM = \ln(PrivI\_C) - \ln(GDP\_C) + \ln(Cost)$

PrivI_C 为国内非政府固定资产投资(不变价) (B5)

GDP_C 为国内生产总值(不变价) (I4)

Cost 为资本使用者成本 (I21)

GovI_C 为政府投资(不变价) (B6)

国内非政府固定资产投资在长期取决于产出水平(弹性系数为1)和资本使用者成本(弹性系数为-1),表现出以企业为主体的非政府投资行为已具有明显的市场经济特征。资本使用者成本和产出的变动在短期对国内非政府固定资产投资也有明显影响(分别为-0.2788和0.2272);政府投资在短期也对国内非政府固定资产投资有影响(0.1345)。长期均衡项的调节系数为-0.3259,表明国内非政府固定资产投资与由产出水平和资本使用者成本所共同决定的均衡投资额间的偏离只需3个季度(1/0.3259≈3.07)即可得到完全调整。本方程的政策含意在于,实施积极的财政政策(扩大政府投资)对国内非政府固定资产投资的推动作用不仅十分有限而且只能产生短期效果。注意到资本使用者成本(Cost)不仅出现在长期均衡项中,而且也出现在短期项中。因而如果所采取的财政政策或货币政策能够作用于该变量,则政策的效果将不仅在短期内出现,而且将对国内非政府固定资产投资产生长期效果。考虑到资本使用者成本由贷款利率、固定资产投资价格指数、GDP减缩指数、折旧率、税率等多个指标合成,因而不管其中的哪个变量发生变化均能影响到资本使用者成本。从财政政策的角度看,调整税率或财政贴息贷款均可作用于资本使用者成本;从货币政策的角度看,调整贷款利率也可作用于资本使用者成本。因此,财政政策和货币政策均可对国内非政府固定资产投资产生影响。

政府投资方程B6:

$$\Delta\ln(GovI\_C) = +1.096 - 2.07\ Seasonal - 0.3103\ Seasonal\_1 - 0.7429\ Seasonal\_2$$

$$(SE)\ (0.109)\ (0.111)\qquad (0.144)\qquad\qquad (0.0626)$$

$$-0.4838\ GovIECM\_1 - 0.3759\ \ln(GDP\_1/PGDP\_1)$$
$$(0.143)\qquad\qquad (0.177)$$

其中 $GovIECM = \ln(GovI\_C) - 0.5\ \ln(GovR\_C) - 0.7\ UEmpR$

GovI_C 为政府投资(不变价) (B6)

GovR_C 为政府预算内财政收入(不变价) (I27)

UEmpR 为失业率外生

GDP 为国内生产总值 (I3)

PGDP 为潜在国内生产总值 (T1)

从长期看,政府投资在一定程度上受到政府预算内财政收入的制约,但其弹性系数仅为0.5。政府投资对失业率的响应非常大(半弹性系数为0.7),即从长期看,失业率每上升1个百分点,政府投资将增加70%,反映出保证充分就业是政府的主要目标之一。长期均衡项的调节系数为-0.4838,表明政府投资计划的调整只需半年(1/0.4838≈2.07个季度)即可完成。GDP增长速度与其长期趋势之差对政府投资的影响仅表现在短期,但政府对GDP增长的波动非常重视(其系数为-0.3759),且反应迅速(仅滞后一期)。

外商来华直接投资方程B7:

$$\Delta\ln(FDI\_D) = -0.4316\Delta\ln(FDI\_D\_1) + 3.16 - 0.6344Seasonal$$
$$(SE)(0.0871)\qquad\qquad (0.482)(0.0571)$$
$$-0.1722Seasonal\_2 - 0.3834\Delta\ln(EER)$$
$$(0.067)\qquad\qquad (0.18)$$
$$-0.2734FDI\_DECM\_1 + 0.2395\ \Delta\ln(GDP\_D\_1)$$
$$(0.0458)\qquad\qquad (0.0884)$$

其中 $FDI\_DECM = \ln(FDI\_D) + \ln(EER)$

FDI_D 为外商来华直接投资(美元) (B7)

EER 为人民币实际汇率 (I42)

GDP_D 为国内生产总值(美元) (I6)

在长期主要取决于实际汇率(弹性系数为-1),并且外商来华直接投资随人民币升值而增加,表现出外商来华直接投资的主要目的已转变为拓展中国市场,而非通常认为的主要是利用中国廉价的劳动力资源从事加工贸易。在短期,外商来华直接投资也随人民币升值而增加(但系数仅为-0.3834),我国经济的增长有利于吸引外商来华直接投资,同时外商来华直接投资也表现出较强的季节特征。长期均衡项的调节系数为-0.2734,表明当人民币实际汇率发生变化后,外商来华直接投资的调整将在年内(1/0.2734≈3.66个季度)完成。

(四)政府财政模块

政府预算内财政收入方程B8:

$$\Delta\ln(GovR) = -0.04135 - 0.326Seasonal\_1 - 0.4897\ Seasonal\_2$$
$$(SE)\qquad (0.146)\qquad (0.0528)\qquad\qquad (0.0782)$$
$$-0.447\Delta\ln(GovR\_1) - 0.9863\ \Delta\ln(GDP\_2)$$
$$(0.106)\qquad\qquad (0.162)$$

$$-0.171\ \text{GovRECM\_1} + 0.7044\ \Delta^2\ln(\text{GDP})$$
$$(0.0701)\qquad\qquad(0.056)$$

其中 $\text{GovRECM} = \ln(\text{GovR}) - \ln(\text{GDP})$

GovR 为政府预算内财政收入 (B8)

GDP 为国内生产总值 (I3)

政府预算内财政收入在长期完全取决于经济增长(弹性系数为 1),而在短期则主要受季节波动和 GDP 增速的影响。长期均衡项的调节系数为(-0.171),表明当产出水平增加后,政府预算内财政收入约需一年半的时间(1/0.171≈5.84 个季度)才能达到新的均衡水平。

政府消费方程 B9:

$$\Delta\ln(\text{Gov C}) = +1.508 - 0.2695\text{Seasonal} - 0.738\Delta\ln(\text{GovC\_3})$$
$$(\text{SE})(0.489)(0.0809)\qquad\qquad(0.0872)$$
$$-0.3896\ \text{GovCECM\_1} - 0.4697\ \Delta_2\ln(\text{GovC\_1})$$
$$(0.141)\qquad\qquad(0.138)$$

其中 $\text{GovCECM} = \ln(\text{GovC}) - 0.54\ \ln(\text{GovR})$

GovC 为政府消费

GovR 为政府预算内财政收入

政府消费对政府预算内财政收入的长期弹性系数仅为 0.54,表明政府消费的增长速度远低于政府预算内财政收入的增长速度。其原因可能在于,近年来政府预算内财政收入增量的相当一部分被用作了转移支付,另外近年来各级政府部门的大幅度裁员也可能使得政府消费水平大大降低。在短期政府消费不仅有较强的惯性,而且具有较强的季节特性。长期均衡项的调节系数为 -0.3896,表明政府消费的增加落后于政府预算内财政收入的增加约半年以上(1/0.3896≈2.57 个季度)。

(五)对外贸易模块

商品出口方程 B10:

$$\Delta\ln(\text{Ex\_CD}) = +0.03961 - 0.1769\Delta\ln(\text{Ex\_CD\_1}) - 0.3677\Delta\ln(\text{ExRP})$$
$$(\text{SE})\quad(0.0309)(0.0578)\qquad\qquad(0.241)$$
$$-0.2798\ \text{Seasonal} - 0.1432\ \text{Ex\_CDECM\_1} + 0.3441\ \Delta\ln(\text{Im\_CD})$$
$$(0.0544)\qquad\qquad(0.06)\qquad\qquad(0.127)$$

其中 $\text{Ex\_CDECM} = \ln(\text{Ex\_CD}) - 0.9\ \ln(\text{Im\_CD}) - 0.1\ \ln(\text{GDP10\_CD}) + \ln(\text{ExRP})$

Ex_CD 为出口(美元,不变价) (B10)

Im_CD 为进口(美元,不变价) (B11)

ExRP 为出口相对价格 (I30)

GDP10_CD 为 10 国 GDP 合计(美元,不变价) 外生

表明商品出口对出口相对价格的长期弹性系数为 -1,对我国主要贸易伙伴(美国、日本、德国、韩国、英国、荷兰、法国、意大利、加拿大和澳大利亚)的出口占中国 2000 年出口总额的 56.77%,加上中国通过香港转口到这 10 国的出口(占中国出口总额的 14.21%),中国对该 10 国的出口共占当年出口总额的 70.98%,可以较好地代表中国出

口的目的地,经济规模的长期弹性系数仅为0.1,对进口的长期弹性系数为0.9。表明在长期我国出口主要取决于出口的相对价格,同时出口与进口密切相连。短期内出口相对价格也是出口的主要影响因素(-0.3677)。由于加工贸易所占比重较大,进口也是出口的短期影响因素(0.3441)。此外出口还呈现出较强的季节特性。长期均衡项的调节系数为-0.1432,表明出口与由进口、主要贸易伙伴的需求以及出口相对价格共同决定的均衡水平出现的偏离,约需一年半(1/0.1432≈6.98个季度)方可得到完全调整。从该方程可知,由于出口对我国主要贸易伙伴需求的弹性较小,并且其对出口的影响仅表现在长期,所以要想增加我国的出口,所能采取的措施只能是通过降低出口相对价格。鉴于出口相对价格=出口价格/人民币汇率/以美元计算的世界出口价格指数,而由于我国事实上采取了盯住美元的固定汇率,同时由于我国出口的多数商品占世界出口的比重还较小,对世界出口价格指数的影响有限,所以唯一的办法只能是降低出口价格,即实施减免税收或增加出口退税、出口补贴等。

进口方程B11:

$$\begin{aligned}\Delta\ln(Im\_CD) = & -0.1647 - 0.1502\ \Delta\ln(Im\_CD\_3) + 0.9116\Delta\ln(Ex\_CD) \\ (SE)\quad & (0.0528)\quad (0.0456)\qquad\qquad\qquad (0.0605) \\ & -0.4872\Delta\ln(ImRP) - 0.3372\ Im\_CDECM\_1 \\ & (0.135)\qquad\qquad\qquad (0.104)\end{aligned}$$

其中　$Im\_CDECM = \ln(Im\_CD) - 0.6\ \ln(Ex\_CD) - 0.4\ \ln(GDP\_CD)$

Im_CD 为进口(美元,不变价)　(B11)

Ex_CD 为出口(美元,不变价)　(B12)

ImRP 为进口相对价格　(I31)

GDP_CD 为国内生产总值(美元,不变价)　(I5)

从长期看,进口对我国收入的长期弹性为0.4,对出口的长期弹性为0.6,表明进口的增长并非主要因国内需求所致,加工贸易对进口的影响更大。从短期看,进口相对价格的下降将使进口大量增加(-0.4872),但出口的增长对进口的增加影响更大(0.9116)。长期均衡项的调节系数为-0.3372,表明当进口偏离由出口和收入水平共同决定的长期均衡进口水平时,这种偏离年内(1/0.3372≈2.97个季度)即可得到完全调整。

综合进出口方程可以看出,若想增大或保持贸易顺差,除进一步提高出口产品的质量,争取以质取胜外,采取其他措施的余地并不是太大。

(六)价格模块

消费者价格指数方程B12:

$$\begin{aligned}\Delta\ln(CPI) = & +0.0385 - 0.03918\ D2000II + 0.5142\ \Delta\ln(IndPI) \\ (SE)\quad & (0.00847)\quad (0.0183)\qquad\qquad (0.136) \\ & +0.03465\ \Delta\ln(RM1GDP) - 0.2381\ CPIECM\_1 \\ & (0.116)\qquad\qquad\qquad (0.0574)\end{aligned}$$

其中　$CPIECM = \ln(CPI) - 0.8\ \ln(IndPI) - 0.2\ \ln(ImPI)$

CPI 为消费者价格指数　(B12)

IndPI 为工业品出厂价格指数　(B13)

ImPI 为进口价格指数 (I37)

RM1GDP 为 M1 与 GDP 之比(即 RM1GDP = M1/GDP) (I40)

消费者价格指数对工业品出厂价格指数的长期弹性系数为 0.8,对进口价格指数的长期弹性系数为 0.2,表明影响消费者价格指数的因素主要来自国内。短期内工业品出厂价格指数的变动对消费者价格指数起决定作用(0.5142)。M1 口径的货币供应量的增长速度与 GDP 增长速度的差仅在短期内对消费者价格指数有些许影响(0.03465)。长期均衡项的调节系数仅为 -0.2381,表明消费者价格指数对由工业品出厂价格指数和进口价格指数共同决定的均衡状态的偏离约需一年左右(1/0.2381≈4.20 个季度)才可得到完全调整。短期内,工业品出厂价格指数的走势将对消费者价格指数的走势起主导作用(0.5142)。若货币供应量的增长速度超过 GDP 的增长速度将引致消费者价格指数略微上扬(0.03465)。消费者价格指数有一定的季节性。

工业品出厂价格指数方程 B13:

$$\begin{aligned}
\Delta\ln(\text{IndPI}) = {} & +0.5512\Delta\ln(\text{IndPI_1}) + 0.02862 + 0.274\Delta\ln(\text{IndPI_3}) \\
(\text{SE})\quad & \quad(0.0834)\qquad\qquad (0.00645)\quad(0.0787) \\
& +0.02746\text{Seasonal} - 0.05475\,\Delta\ln(\text{Wage_UP_2}) \\
& \quad(0.00751)\qquad\qquad (0.0137) \\
& -0.09846\,\Delta\ln(\text{Val23_PC_1}) - 0.2283\,\text{IndPIECM_1} \\
& \quad(0.0209)\qquad\qquad\qquad (0.0403)
\end{aligned}$$

其中 IndPIECM = ln(IndPI) - 0.05 ln(ImPI) - 0.8 ln(IPI) - 0.1 ln(PP)

IndPI 为工业品出厂价格指数 (B13)

ImPI 为进口价格指数 (I37)

IPI 为固定资产投资价格指数

PP 为城镇人均工资与不变价人均二、三产业增加值之比 (I41)

Wage_UP 为城镇人均工资(B15)

Val23_PC 为人均二、三产业增加值(不变价) (I15)

工业品出厂价格指数对进口价格指数的长期弹性系数为 0.05,对固定资产投资价格指数的长期弹性系数为 0.8,对城镇人均工资与不变价人均二、三产业增加值之比的长期弹性系数为 0.1。短期内,工业品出厂价格指数的主要影响因素是其自身的惯性。长期均衡项的调节系数仅为 -0.2283,表明当工业品出厂价格指数偏离其长期均衡状态后,其调整过程约需一年左右(1/0.2283≈4.38 个季度)才能完成。短期内,工业品出厂价格指数的走势主要取决于其惯性和季节性。

出口价格指数方程 B14:

$$\begin{aligned}
\Delta\ln(\text{ExPI}) = {} & -0.06124 + 0.03269\,\text{Seasonal} + 0.6196\,\Delta\ln(\text{ImPI}) \\
(\text{SE})\quad & \quad(0.0132)\quad(0.0144)\qquad\qquad (0.0863) \\
& +1.399\,\Delta\ln(\text{IndPI_3}) - 0.3398\,\text{ExPIECM_1} \\
& \quad(0.314)\qquad\qquad\qquad (0.0905)
\end{aligned}$$

其中 ExPIECM = ln(ExPI) - 0.5 ln(ImPI) - 0.5 ln(IndPI)

ExPI 为出口价格指数 (B14)

ImPI 为进口价格指数 (I37)

IndPI 为工业品出厂价格指数 (B13)

出口价格指数对进口价格指数和工业品出厂价格指数的长期弹性系数均为 0.5,反映出加工贸易在出口中所占比重较大的特点。滞后三期的工业品出厂价格指数(反映出一般贸易中从签订合同到完成交易需要一定的时间)对出口价格指数的短期波动起主导作用(1.399),进口价格指数对出口价格指数的短期波动也有重要影响(0.6196)。长期均衡项的调节系数为 -0.3398,表明出口价格指数对由进口价格指数和工业品出厂价格指数共同决定的长期均衡偏离的调整约需 3 个季度(1/0.3398≈2.94)即可完成。

(七)金融模块

M1 口径的货币供应量方程 B16:

$$\Delta\ln(M1) = -0.2821\,\Delta\ln(M1\_2) + 0.1365 - 0.07816\,M1ECM\_1 - 0.103Seasonal$$
$$(SE)\quad (0.0765)\qquad\qquad (0.0237)\quad (0.027)\qquad\qquad (0.0133)$$
$$-0.8029\Delta\ln(Defl\_1) - 0.1056\Delta\ln(Defl\_2) + 0.05554\Delta_2\ln(GDP\_1)$$
$$(0.28)\qquad\qquad (0.0329)\qquad\qquad (0.0201)$$

其中 $M1ECM = \ln(M1) - \ln(GDP) + 0.1\ RateL\_Cs$

M1 为 M1 口径的货币供应量 (B16)

GDP 为国内生产总值 (I3)

Defl 为 GDP 减缩指数 (I36)

RateL_Cs 为一年期实际贷款利息率(季利率) (I45)

M1 口径的货币供应量对 GDP 的长期弹性系数为 1,对贷款利率的长期半弹性系数为 -0.1,即在长期,M1 口径的货币供应量将与 GDP 保持同步增长,而实际贷款利率(季利率)每下调 1 个百分点,M1 口径的货币供应量将上升 10%。短期内,M1 口径的货币供应量主要受到整体价格水平的影响且反应迅速(其滞后一期的系数为 -0.8029,滞后两期的系数为 -0.1056)。长期均衡项的调节系数为 -0.07816,表明当 M1 口径的货币供应量偏离由 GDP 和贷款利率共同决定的长期均衡货币供应量时,调整的过程将非常缓慢(1/0.07816≈12.79 个季度)才可以完全得到调整。该系数反映出我国货币需求在短期较不稳定,调整周期较长的特点。短期内,GDP 增长将引起 M1 的增加,而通货膨胀(以 GDP 减缩指数表示)对 M1 的增加起反向作用,即随着通货膨胀的加剧会导致货币需求量的减少。

准货币增量方程 B18:

$$\Delta^2\ln(M2\_M1) = +0.0003451 + 0.7707\,\Delta^2\ln(Sav) - 0.9363\,M2\_M1ECM\_1$$
$$(SE)\qquad (0.00112)\quad (0.0359)\qquad\qquad (0.0766)$$
$$+0.04978\ D2001II$$
$$(0.0066)$$

其中 $M2\_M1ECM = \Delta\ln(M2\_M1) - \Delta\ln(Sav)$

M2_M1 为准货币 (B18)

Sav 为居民储蓄存款余额 (B17)

D2001II 为哑变量,其取值为 2001 年第 2 季度为 1,其余为零。

准货币增量在长期与新增储蓄存款同步增长(弹性系数为1),短期内新增储蓄存款的变动也对准货币的增长起决定性作用(0.7707)。长期均衡项的调节系数为 -0.9363,表明当新增储蓄存款发生变化后,准货币供应量将迅速调整至新水平(1/0.9363≈1.07个季度)。

新增居民储蓄存款方程 B17:

$$\Delta^2\ln(Sav) = -0.4212\ \Delta^2\ln(Sav\_1) - 0.005032 + 0.0241\ Seasonal$$

(SE) (0.0944) (0.00305) (0.00796)

$$+0.002201\Delta(RateD\_Cs\_1) + 0.3784\ \Delta^2(\Delta\ln(PSav))$$

(0.00112) (0.0834)

$$-0.362\ SavECM\_1$$

(0.12)

其中 $SavECM = \Delta\ln(Sav) - 0.9\ \Delta\ln(PSav) + 0.008\ RateD\_Cs$

Sav 为居民储蓄存款余额 (B17)

PSav 为潜在储蓄存款余额 (I43)

RateD_Cs 为一年期实际存款利息率(季利率) (I44)

在长期,新增居民储蓄存款对新增潜在储蓄存款的长期弹性系数为0.9,而对一年期实际存款利率的长期半弹性仅为 -0.008。也就是说,随着经济的不断发展,把钱存入银行不再是我国居民的唯一选择。短期内新增居民储蓄存款将主要受潜在储蓄存款的影响(0.3784)。长期均衡项的调节系数为 -0.362,表明当由潜在储蓄存款和存款利率共同决定的均衡新增居民储蓄存款发生变化时,新增居民储蓄存款约半年(1/0.362≈2.76个季度)就可调整至新的水平。本方程表明银行存款已不再是居民投资的唯一选择,存款利率的变动对新增居民储蓄存款的影响无论在短期还是在长期均非常有限,这为过去数次下调存款利率并且新增加存款利息税后,居民储蓄存款仍居高不下的现状提供了有力的佐证。

二、China_QEM 的应用情况

China_QEM 于2002年底建成后已被成功用于有关人民币升值、世界价格波动、主要贸易伙伴经济变动以及利息率变动对我国宏观经济的影响等方面的研究中(详见:何新华、吴海英、刘仕国 a, 2003;何新华、吴海英、刘仕国 b, 2003 ;何新华 a, 2004;何新华 b, 2004)。① 对相关领域的研究提供了必要的定量支持,使相关分析的逻辑性得到加强,使所得结论的可信程度大大提高。

关于人民币升值的模拟结果表明(何新华、吴海英、刘仕国 a,2003),采用 China_QEM 对人民币升值进行政策模拟的结果与经济学理论基本相符。如汇率调整后出现的"J曲

① 研究人员利用 China_QEM 的应用成果:何新华、吴海英、刘仕国 a:"人民币汇率调整对我国宏观经济的影响探析"载于《世界经济》2003年第11期;何新华、吴海英、刘仕国 b:"人民币升值对宏观经济运行仅存在短期负面效应",载于《国际经济评论》2003年第9~10期;何新华 a:"升值优于加息"载于《国际贸易》2004年11期;何新华 b"外部冲击对中国宏观经济的影响" 载于《2003—2004:世界经济形势分析与预测》,社会科学文献出版社,2004。

线效应”,人民币升值所引致的通货收缩压力等,均与经济学理论相一致。

模拟结果显示,当汇率调整为一次性冲击时,因人民币升值而引致的“J 曲线效应”对经常项目的改善只在前 5 个季度,其后经常项目顺差将呈减少趋势。而当对汇率进行渐进式调整时,“J 曲线效应”却几乎不存在(只在第 1 季度出现,且幅度很小)。

当最终调整幅度相同时,渐进式调整虽然在长期与瞬间大幅度调整对宏观经济产生的影响类似,但在短期对价格的冲击要小得多。考虑到我国当时尚未摆脱通货紧缩的现实,文章认为渐进式调整较为可取。当然采取这一政策的前提是继续保持对资本项目的严格管制,严禁外汇黑市交易。否则,在人民币升值预期的影响下可能将使渐进式调整的努力失效。

尽管人民币升值将不可避免地对我国经济产生负面影响,但从模型运行结果看这种冲击的影响是极为有限的,即使人民币升值 15% 也不致使我国经济陷入日本式的通货收缩。

关于世界价格波动及主要贸易伙伴国的经济增长对我国宏观经济的影响的模拟结果显示(何新华 b,2004),我国宏观经济受世界出口价格的影响是非常有限的。当我国进口价格与世界出口价格同时上扬时,将对国内价格水平产生一定的影响,但对我国经济的发展基本不会产生大的影响。模拟结果表明,我国经济受贸易伙伴国经济增长的影响也非常有限。我国经济主要还是内需主导型经济。

关于升值和加息的模拟结果显示(何新华 a,2004),如人民币升值 10% 以内即可基本达到均衡汇率,则人民币升值优于上调利息率。但如果人民币升值 10% 尚不足以满足均衡汇率的要求,则从长期看,选择上调利息率与人民币升值并无太大差别,但人民币升值在短期对宏观经济的负面影响较大,因而以选择上调利息率为好。

从对物价的影响看,贷款利息率的上调对物价产生的影响尽管非常小,但显然未能起到控制物价过快增长的作用。产生这种结果的原因在于,由于我国事实上实行的是固定汇率和强制结售汇制度,在外资大量流入的背景下,利息率的上调对货币供应量的调节力度是非常有限的。相比之下,调高人民币汇率却可通过以人民币标价的进口品价格的下降使工业品出厂价格指数和消费者价格指数得以下降。

然而值得注意的是,人民币汇率的上调在短期内对宏观经济的影响要大大高于对利息率的调整,尤其是在目前人民币低估幅度较高的情况下,一次到位的调整可能会对宏观经济产生难以承受的冲击。

通过合并对汇率和利息率的调整可以发现,由于其对宏观经济产生的负面影响过大,有可能使宏观经济运行受到严重伤害,而这与宏观经济政策制定的初衷是相悖的。通过政策模拟我们也发现,央行的政策空间是非常有限的。

综合而言,选择使人民币升值的做法既可使过热的投资得到有效控制,也可抑制物价增长过猛的势头,是较为可取的一种政策,但其代价将是至少两年内经济增长率的大幅波动。如采取这一政策,必然要求出台相应的政策以抵消其对经济增长的负面影响。如何应对经济增长 3 ~4 个百分点的下降,将是一个非常棘手的问题。另外,如何保证实际利率转为非负,也是亟待解决的问题。

综合上述,China_QEM 在过去两年对中国宏观经济中出现的热点问题的分析研究中发挥了积极的作用。随着模型的进一步完善,以政策分析为目的建立的 China_QEM 必将成为国内宏观经济政策研究领域内不可或缺的分析工具。

2003 年下半年,原 China_QEM 开发小组的部分成员应邀参加了亚洲开发银行(亚行)中国模型的开发建设工作。通过对 China_QEM 进行必要的扩充与完善,亚行的中国宏观经济模型已于 2004 年初步建成,并被亚行有关部门用于有关中国宏观经济的分析研究之中。

三、未来模型扩展的方向

目前 China_QEM 还只是一个非常简单的宏观经济模型。由于我国目前公布的季度数据还很有限,部分变量还需利用年度数据和相关数据进行估算。随着统计体系的不断完善,越来越多的数据将有望通过正常渠道取得。

如在不久的将来能够获得相关数据,模型在以下方面均应加以改进:(1) 投资部分应关注金融市场进一步发展所带来的影响,加入代表股市、债市对投资影响的变量;(2) 商品进出口部分应对商品贸易进行分类并考虑加入关税、出口退税等因素的影响;(3) 金融部分应加入反映中央银行与商业银行行为的方程,以更好地对货币政策的作用与效果进行分析;(4) 政府部分应在税收、转移支付、预算外收支、债务收支等方面进行扩充;(5) 应将不同产业的产出及对劳动力的需求内生,以对产业结构调整和劳动力在各产业间的转移进行研究;(6) 价格部分应在更细的层次上展开,特别是固定资产投资价格指数应争取内生化;(7) 目前在对外部分 China_QEM 仅考虑了商品进出口及外商来华直接投资,为了便于全面分析我国的国际收支状况,应加入服务贸易、收益汇入(出)以及资本项目下的其他内容……总之,如数据和经费许可,有关 China_QEM 模型还有许多工作可做。

值得高兴的是,现在已有越来越多的机构和研究人员对 China_QEM 模型的研制产生兴趣。我们殷切希望国内外同行对我们现有的模型提出建设性的改进意见,使其在不断完善的基础上成为分析中国宏观经济的得力工具。

§17.9 小　结

1. 供给函数和需求函数

(1) 供给函数和需求函数基本概念

(2) 需求价格弹性与供给价格弹性

(3) 模型建立的步骤

(4) 几种常用的需求函数

2. 线性支出系统

(1) 线性支出系统(LES)

(2) 扩展线性支出系统(ELES)

3. 线性支出系统的估计

4. LES 与 ELES 参数之间的关系

5. 消费函数

（1）消费函数的概念

（2）关于消费函数的几种理论

① 凯恩斯绝对收入假设

② 杜生贝相对收入假设

③ 生命周期假设

④ 持久收入理论

6. 生产理论概述

（1）生产函数的概念

（2）几个常用的概念

① 边际产量

② 生产要素对产出的弹性系数

③ 生产要素的边际替代率

④ 生产要素的替代弹性

7. 生产函数

（1）线性生产函数

（2）C－D 生产函数

（3）C－D 生产函数的参数估计

（4）CES 生产函数

（5）CES 生产函数的参数估计

（6）生产函数中的技术进步的概念

（7）生产函数在实际应用中应注意的问题

8. 固定资产投资函数模型

（1）加速模型

$$I_t^G = \nu(Y_t - Y_{t-1}) + dK_{t-1} + u_t$$

其中　K_t 为资本存量，I_t^G 为总投资，Y_t为产出，ν 为资本系数，d 为资本消耗系数。

（2）资本存量调整模型

$$I_t^G = \nu\lambda Y_t + (d - \lambda)K_{t-1} + u_t$$

λ 为资本调整系数，其余字母含意与(1)相同。

9. 库存投资模型

（1）库存投资的加速器模型

$$I_t^e = \eta Y_{t-1} + \eta\lambda\Delta Y_{t-1} - H_{t-1} + u_t$$

其中　I_t^e 为库存投资，η 为库存比例，Y_t 为销售量，λ 为预期系数，H_t 为库存水平。

（2）伸缩性加速器模型

$$I_t = \delta(H_t^e - H_{t-1}) + u_t$$

其中　I_t 为库存投资，H_t^e 为库存平衡水平，δ 为调整系数。

10. 国民经济系统与模型

（1）国民经济系统与模型的关系

(2) 国民经济系统与模型导向

11. 宏观计量经济模型的构造方法

(1) 以凯恩斯收入—支出理论为基础的宏观经济模型

$$C_t = a_0 + a_1 Y_t + u_{1t}$$
$$I_t = b_0 + b_1 Y_t + b_2 Y_{t-1} + u_{2t}$$
$$Y_t = C_t + I_t + G_t$$

其中 C_t 为消费,I_t 为投资,Y_t 为国民收入,G_t 为政府支出,u_{t1}、u_{t2} 为随机误差项。

这个简单模型是绝大多数西方宏观经济模型的原型。

(2) 以国民经济核算体系为基础的宏观经济模型

① 西方市场经济国家采用国民账户体系(SNA)

② 计划经济国家采用物质产品平衡表体系(MPS)

12. 中国宏观计量经济模型举例

(1)《中国实用宏观经济模型 1999》(1999 年 5 月第 1 版,中国财政经济出版社)

(2)《中国宏观经济季度模型 China_QEM》(2005 年 6 月第 1 版,社会科学文献出版社)

复习思考题

1. 某种商品需求量的收入弹性为 0.6,价格弹性为 0.4,若收入增加 10%,价格上升 5%,则人们在该商品上的支出额将会增加(或减少)百分之几?

2. 扩展线性支出系统(ELES)与线性支出系统(LES)之间有什么区别和联系?

3. ELES 与 LES 参数之间关系是什么?

4. 将商品分成食品、衣着、日用品、住房、燃料、文化生活服务六大类,建立如下的线性支出系统需求模型:

$$V_i = p_i q_i^0 + \beta_i (V - \sum_j p_j q_j^0), \qquad i = 1,2,\cdots,6$$

其中 V_i 为人均购买第 i 类商品的支出;p_i 为第 i 类商品的价格;q_i^0 为第 i 类商品的基本需求量;V 为总支出。

根据调查资料,利用最小二乘法,估计参数结果如下表所示:

参数估计结果

	1 食品	2 衣着	3 日用品	4 住房	5 燃料	6 服务
$\hat{\beta}_i$	0.38	0.09	0.18	0.31	0.02	0.02
$\hat{p}_i q_i^0$	120	20	15	18	10	5

假设人均总消费支出 $V = 280$,请根据模型计算各类需求的生活消费支出弹性,即生活消费总支出增加 1% 时各类需求量的相对变化率。

5. 证明：在完全竞争条件下，当利润达到最大时，生产要素的边际产量可以表示为

$$MP_L = \frac{w}{p}$$

$$MP_K = \frac{r}{p}$$

其中 w 为劳力 L 的单价，r 为资本 K 的价格，p 为产品价格。

6. 设生产函数为

$$X = A(0.6L^{-\rho} + 0.4K^{-\rho})^{-\frac{m}{\rho}}$$

(1) 问 m 为何值时该生产技术是规模报酬不变的。

(2) 当 $m = 2, \rho = 1$ 时，求资本对劳动的边际替代率和替代弹性。

7. 证明 $C-D$ 生产函数

$$Y = AL^{\alpha}K^{\beta}$$

两个生产要素 L 和 K 的替代弹性恒为 1。

8. CES 生产函数与 $C-D$ 生产函数的关系是什么？请证明之。

9. 总投资和净投资的含义分别是什么？

10. 投资的加速模型的含义是什么？

11. 资本存量调整模型的含义是什么？它与加速模型有何区别？

12. 库存投资的加速器模型的含义是什么？

13. 库存投资伸缩性加速器模型的含义是什么？它与加速器模型的区别是什么？

14. 请叙述国民经济系统与模型之间的关系。

15. 什么是模型的导向？模型导向是由什么决定的？模型导向都有哪些类型？

16. 建立宏观计量经济模型的基本理论依据有哪些？

附　　表

附表 1　　标准正态分布表

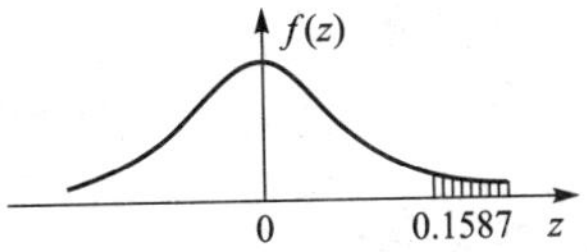

例：

$$Z=\frac{X-\mu}{\sigma}$$

$$P(Z>1.0)=0.1587$$

Z	.00	.01	.02	.03	.04	.05	.06	.07	.08	.09
0.0	.5000	.4960	.4920	.4880	.4840	.4801	.4761	.4721	.4681	.4641
0.1	.4602	.4562	.4522	.4483	.4443	.4404	.4364	.4325	.4286	.4247
0.2	.4207	.4168	.4129	.4090	.4052	.4013	.3974	.3936	.3897	.3859
0.3	.3821	.3783	.3745	.3707	.3669	.3632	.3594	.3557	.3520	.3483
0.4	.3446	.3409	.3372	.3336	.3300	.3264	.3228	.3192	.3156	.3121
0.5	.3085	.3050	.3015	.2981	.2946	.2912	.2877	.2843	.2813	.2776
0.6	.2743	.2709	.2676	.2643	.2611	.2578	.2546	.2514	.2483	.2451
0.7	.2420	.2389	.2358	.2327	.2296	.2266	.2236	.2206	.2177	.2148
0.8	.2119	.2090	.2061	.2033	.2005	.1977	.1949	.1922	.1894	.1867
0.9	.1841	.1814	.1788	.1762	.1736	.1711	.1685	.1660	.1635	.1611
1.0	.1587	.1562	.1539	.1515	.1492	.1469	.1446	.1423	.1401	.1379
1.1	.1357	.1335	.1314	.1292	.1271	.1251	.1230	.1210	.1190	.1170
1.2	.1151	.1131	.1112	.1093	.1075	.1056	.1038	.1020	.1096	.0985
1.3	.0968	.0951	.0934	.0918	.0901	.0885	.0869	.0853	.0838	.0823
1.4	.0808	.0793	.0778	.0764	.0749	.0735	.0721	.0708	.0694	.0681
1.5	.0668	.0655	.0643	.0630	.0618	.0606	.0594	.0582	.0571	.0559
1.6	.0548	.0537	.0526	.0516	.0505	.0495	.0485	.0475	.0465	.0455
1.7	.0446	.0436	.0427	.0418	.0409	.0401	.0392	.0384	.0375	.0367
1.8	.0359	.0351	.0344	.0336	.0322	.0322	.0314	.0307	.0301	.0294
1.9	.0287	.0281	.0274	.0268	.0262	.0256	.0250	.0244	.0239	.0233
2.0	.0228	.0222	.0217	.0212	.0207	.0202	.0197	.0192	.0188	.0183
2.1	.0179	.0174	.0170	.0165	.0162	.0158	.0154	.0150	.0146	.0143
2.2	.0139	.0136	.0132	.0129	.0125	.0122	.0119	.0116	.0113	.0110
2.3	.0107	.0104	.0102	.0099	.0096	.0094	.0091	.0089	.0087	.0084
2.4	.0082	.0080	.0078	.0075	.0073	.0071	.0096	.0068	.0066	.0064
2.5	.0062	.0060	.0059	.0057	.0055	.0054	.0052	.0051	.0049	.0048
2.6	.0047	.0045	.0044	.0043	.0041	.0040	.0039	.0038	.0037	.0036
2.7	.0035	.0034	.0033	.0032	.0031	.0030	.0029	.0028	.0027	.0026
2.8	.0026	.0025	.0024	.0023	.0023	.0022	.0021	.0021	.0020	.0019
2.9	.0019	.0018	.0018	.0017	.0016	.0016	.0015	.0015	.0014	.0014
3.0	.0013	.0013	.0013	.0012	.0012	.0011	.0011	.0011	.0010	.0010

附表 2　　t 分布临界值表

例:自由度 $\nu=10$, $P(t>1.812)=0.05$ $P(t<-1.812)=0.05$

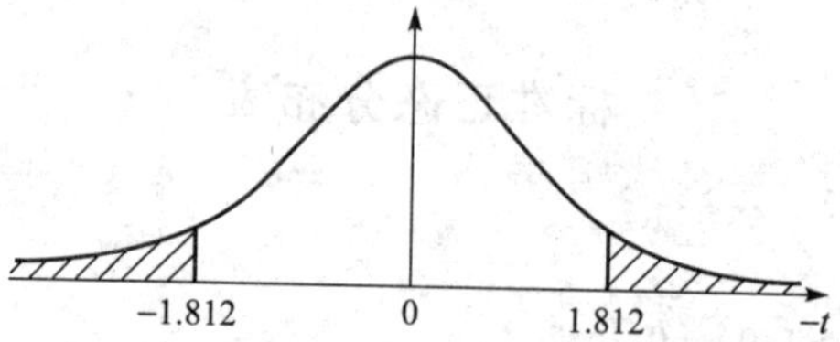

ν \ α	.25	.20	.15	.10	.05	.025	.01	.005	.0005
1	1.000	1.376	1.963	3.076	6.314	12.706	31.821	63.657	636.619
2	.816	1.061	1.386	1.886	2.920	4.303	6.965	9.925	31.598
3	.765	.978	1.250	1.638	2.353	3.182	4.541	5.841	12.941
4	.741	.941	1.190	1.533	2.132	2.776	3.747	4.604	8.610
5	.727	.920	1.156	1.476	2.015	2.571	3.365	4.032	6.859
6	.718	.906	1.134	1.440	1.943	2.447	3.143	3.707	5.959
7	.711	.896	1.119	1.415	1.895	2.365	2.998	3.499	5.405
8	.706	.889	1.108	1.397	1.860	2.306	2.896	3.355	5.041
9	.703	.883	1.100	1.383	1.833	2.262	2.821	3.250	4.781
10	.700	.879	1.093	1.372	1.812	2.228	2.764	3.169	4.587
11	.697	.876	1.088	1.363	1.796	2.201	2.718	3.106	4.437
12	.659	.873	1.083	1.356	1.782	2.179	2.681	3.055	4.318
13	.694	.870	1.079	1.350	1.771	2.160	2.650	3.012	4.221
14	.692	.868	1.076	1.345	1.761	2.145	2.624	2.977	4.140
15	.691	.866	1.074	1.341	1.753	2.131	2.602	2.947	4.073
16	.690	.865	1.071	1.337	1.746	2.120	2.583	2.921	4.015
17	.689	.863	1.069	1.333	1.740	2.110	2.567	2.898	3.965
18	.688	.862	1.067	1.330	1.734	2.101	2.552	2.878	3.922
19	.688	.861	1.066	1.328	1.729	2.093	2.539	2.861	3.883
20	.687	.860	1.064	1.325	1.725	2.086	2.528	2.845	3.850
21	.686	.859	1.063	1.323	1.721	2.080	2.518	2.831	3.819
22	.686	.858	1.061	1.321	1.717	2.074	2.508	2.819	3.792
23	.685	.858	1.060	1.319	1.714	2.069	2.500	2.807	3.767
24	.685	.857	1.059	1.318	1.711	2.064	2.492	2.397	3.745
25	.684	.856	1.058	1.316	1.708	2.060	2.485	2.787	3.725
26	.684	.856	1.058	1.315	1.706	2.056	2.479	2.779	3.707
27	.684	.855	1.057	1.314	1.703	2.052	2.473	2.771	3.690
28	.683	.855	1.056	1.313	1.701	2.048	2.467	2.763	3.674
29	.683	.854	1.055	1.311	1.699	2.045	2.462	2.756	3.659
30	.683	.854	1.055	1.310	1.697	2.042	2.457	2.750	3.646
40	.681	.851	1.050	1.303	1.684	2.021	2.423	2.704	3.551
60	.679	.848	1.046	1.296	1.671	2.000	2.390	2.660	3.460
120	.677	.845	1.041	1.289	1.658	1.980	2.358	2.617	3.373
∞	.674	.842	1.036	1.282	1.645	1.960	2.326	2.576	3.291

附表 3　χ^2 分布临界值表

例：对于自由度 $\nu=10$，$P(\chi^2>15.99)=0.10$

P / ν	.995	.99	.975	.95	.90	.75	.50	.25	.10	.05	.025	.01	.005	P / ν
1						0.102	0.455	1.323	2.71	3.84	5.02	6.63	7.88	1
2	0.0100	0.0201	0.0506	0.103	0.211	0.575	1.386	2.77	4.61	5.99	7.38	9.21	10.60	2
3	0.0717	0.115	0.216	0.352	0.584	1.213	2.37	4.11	6.25	7.81	9.35	11.34	12.84	3
4	0.207	0.297	0.484	0.711	1.064	1.923	3.36	5.39	7.78	9.49	11.14	13.28	14.86	4
5	0.412	0.554	0.831	1.145	1.610	2.67	4.35	6.63	9.24	11.07	12.83	15.09	16.75	5
6	0.676	0.872	1.237	1.635	2.20	3.45	5.35	7.84	10.64	12.59	14.45	16.81	18.55	6
7	0.989	1.239	1.690	2.17	2.83	4.25	6.35	9.04	12.02	14.07	16.01	18.48	20.3	7
8	1.344	1.606	2.18	2.73	3.49	5.07	7.34	10.22	13.36	15.51	17.53	20.1	22.0	8
9	1.735	2.09	2.70	3.33	4.17	5.90	8.34	11.39	14.68	16.92	19.02	21.7	23.6	9
10	2.16	2.56	3.25	3.94	4.87	6.74	9.34	12.55	15.99	18.31	20.5	23.2	25.2	10
11	2.60	3.05	3.82	4.57	5.58	7.58	10.34	13.70	17.28	19.68	21.9	24.7	26.8	11
12	3.07	3.57	4.40	5.23	6.30	8.44	11.34	14.85	18.55	21.0	23.3	26.2	28.3	12
13	3.57	4.11	5.01	5.89	7.04	9.30	12.34	15.98	19.81	22.4	24.7	27.7	29.8	13
14	4.07	4.66	5.63	6.57	7.79	10.17	13.34	17.12	21.1	23.7	26.1	29.1	31.3	14
15	4.60	5.23	6.26	7.26	8.55	11.04	14.34	18.25	22.3	25.0	27.5	30.6	32.8	15
16	5.14	5.81	6.91	7.06	9.31	11.91	15.34	19.37	23.5	26.3	28.8	32.0	34.3	16
17	5.70	6.41	7.56	8.67	10.09	12.79	16.34	20.5	24.8	27.6	30.2	33.4	35.7	17
18	6.26	7.01	8.23	9.39	10.86	13.68	17.34	21.6	26.0	28.9	31.5	34.8	37.2	18
19	6.84	7.63	8.91	10.21	11.65	14.56	18.34	22.7	27.2	30.1	32.9	36.2	38.6	19
20	7.43	8.26	9.59	10.85	12.44	15.45	19.34	23.8	28.4	31.4	34.2	37.6	40.0	20
21	8.03	8.90	10.28	11.59	13.24	16.34	20.3	24.9	29.6	32.7	35.5	38.9	41.4	21
22	8.64	9.54	10.98	12.34	14.04	17.24	21.3	26.0	20.8	33.9	36.8	40.3	42.8	22
23	9.26	10.20	11.69	13.09	14.85	18.14	22.3	27.1	22.0	35.2	38.1	41.6	44.2	23
24	9.89	10.86	12.40	13.85	15.66	19.04	23.3	28.2	23.2	36.4	39.4	43.0	45.6	24
25	10.52	11.52	13.12	14.61	16.47	19.94	24.3	29.3	24.4	37.7	40.6	44.3	46.9	25
26	11.46	12.20	13.84	15.38	17.29	20.8	25.3	30.4	35.6	38.9	41.9	45.6	48.3	26
27	11.81	12.88	14.57	16.15	18.11	21.7	26.3	31.5	36.7	40.1	43.2	47.0	49.6	27
28	12.46	13.56	15.31	16.93	18.94	22.7	27.3	32.6	37.9	41.3	44.5	48.3	51.0	28
29	13.12	14.26	16.05	17.71	19.77	23.6	28.3	33.7	39.1	42.6	45.7	49.6	52.3	29
30	13.79	14.95	16.79	18.49	10.6	24.5	29.3	34.8	40.3	43.8	47.0	50.9	53.7	30
40	20.7	22.2	24.4	26.5	29.1	33.7	39.3	45.6	51.8	55.8	59.3	63.7	66.8	40
50	28.0	29.7	32.4	34.8	37.7	42.9	49.3	56.3	63.2	67.5	71.4	76.2	79.5	50
60	35.5	37.5	40.5	43.2	46.5	52.3	59.3	67.0	74.4	79.1	83.3	88.4	92.0	60
70	43.3	43.4	48.8	51.7	55.3	61.7	69.3	77.6	85.5	90.5	95.0	100.4	104.2	70
80	51.2	53.5	57.2	60.4	64.3	71.1	79.3	88.1	96.6	101.9	106.6	112.3	116.3	80
90	59.2	61.8	65.6	69.1	73.3	80.6	89.3	98.6	107.6	113.1	118.1	124.1	128.3	90
100	67.3	70.1	74.2	77.9	82.4	90.1	99.3	109.1	118.5	124.3	129.6	135.8	140.2	100

附表 4

F 分布临界值表

例：自由度 $\nu_1=5, \nu_2=10, P(F>3.33)=0.05, P(F>5.64)=0.01$

注：ν_2 中下面的数字是 1% 的显著水平，上面的为 5% 的显著水平。

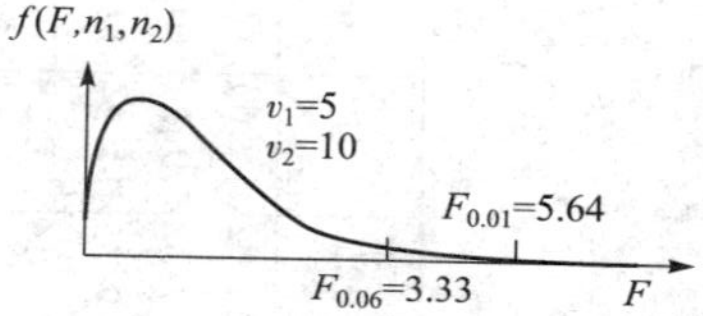

ν_2（分母自由度） \ ν_1（分子自由度）	1	2	3	4	5	6	7	8	9	10	11	12	14	16	20	24	30	40	50	75	100	200	500	∞
1	161	200	216	225	230	234	237	239	241	242	243	244	245	246	284	249	250	251	252	253	253	254	254	254
	4 051	4 999	5 403	5 625	5 764	5 859	5 928	5 981	6 022	6 056	6 082	6 106	6 142	6 169	6 208	6 234	6 258	6 286	6 302	6 323	6 334	6 352	6 361	6 366
2	18.51	19.00	19.16	19.25	19.30	19.33	19.36	19.37	19.38	19.39	19.40	19.41	19.42	19.43	19.44	19.45	19.46	19.47	19.47	19.48	19.49	19.49	19.50	19.50
	98.49	99.00	99.17	99.25	99.30	99.33	99.34	99.36	99.38	99.40	99.41	99.42	99.43	99.44	99.45	99.46	99.47	99.48	99.48	99.49	99.49	99.49	99.50	99.50
3	10.13	9.55	9.28	9.12	9.01	8.94	8.88	8.84	8.81	8.78	8.76	8.74	8.71	8.69	8.66	8.64	8.62	8.60	8.58	8.57	8.56	8.54	8.54	8.53
	34.12	30.82	29.46	28.71	28.24	27.91	27.67	27.49	27.34	27.23	27.13	27.05	26.92	26.83	26.69	26.60	26.50	26.41	26.35	26.27	26.23	26.18	26.14	26.12
4	7.71	6.94	6.59	6.39	6.26	6.16	6.09	6.04	6.00	5.96	5.93	5.91	5.87	5.84	5.80	5.77	5.74	5.71	5.70	5.68	5.66	5.65	5.64	5.63
	21.20	18.00	16.69	15.98	15.52	15.21	14.98	14.80	14.66	14.54	14.45	14.37	14.24	14.15	14.02	13.93	13.83	13.74	13.69	13.61	13.57	13.52	13.48	13.46
5	6.61	5.79	5.41	5.19	5.05	4.95	4.88	4.82	4.78	4.74	4.70	4.68	4.64	4.60	4.56	4.53	4.50	4.46	4.44	4.42	4.40	4.38	4.37	4.36
	16.26	13.27	12.06	11.39	10.97	10.67	10.45	10.27	20.15	10.05	9.96	9.89	9.77	9.68	9.55	9.47	9.38	9.29	9.24	9.17	9.13	9.07	9.04	9.02
6	5.99	5.14	4.76	4.53	4.39	4.28	4.21	4.15	4.10	4.06	4.03	4.00	3.96	3.92	3.87	3.84	3.81	3.77	3.75	3.72	3.71	3.69	3.68	3.67
	13.74	10.92	9.78	9.15	8.75	8.47	8.26	8.10	7.98	7.87	7.79	7.72	7.60	7.52	7.39	7.31	7.23	7.14	7.09	7.02	6.99	6.94	6.90	6.88
7	5.59	4.74	4.35	4.12	3.97	3.87	3.79	3.73	3.68	3.63	3.60	3.57	3.52	3.49	3.44	3.41	3.38	3.34	3.32	3.29	3.28	3.25	3.24	3.23
	12.25	9.55	8.45	7.85	7.46	7.19	7.00	6.84	6.71	6.62	6.54	6.47	6.35	6.27	6.15	6.07	5.98	5.90	5.85	5.78	5.75	5.70	5.67	5.65
8	5.32	4.46	4.07	3.84	3.69	3.58	3.50	3.44	3.39	3.34	3.31	3.28	3.23	3.20	3.15	3.12	3.08	3.05	3.03	3.00	2.98	2.96	2.94	2.93
	11.26	8.65	7.59	7.01	6.63	6.37	6.19	6.03	5.91	5.82	5.74	5.67	5.56	5.48	5.36	5.28	5.20	5.11	5.06	5.00	4.96	4.91	4.88	4.85

续表

ν_2 \ ν_1 (分子自由度)	1	2	3	4	5	6	7	8	9	10	11	12	14	16	20	24	30	40	50	75	100	200	500	∞
9	5.12	4.26	3.86	3.63	3.48	3.37	3.29	3.23	3.18	3.13	3.10	3.07	3.02	2.98	2.93	2.90	2.86	2.82	2.80	2.77	2.76	2.73	2.72	2.71
	10.56	8.02	6.99	6.42	6.06	5.80	5.62	5.47	5.35	5.26	5.18	5.11	5.00	4.92	4.80	4.73	4.64	4.56	4.51	4.45	4.41	4.36	4.33	4.31
10	4.96	4.10	3.71	3.48	3.33	3.22	3.14	3.07	3.02	2.97	2.94	2.91	2.86	2.82	2.77	2.74	2.70	2.67	2.64	2.61	2.59	2.56	2.55	2.54
	10.04	7.56	6.55	5.99	5.64	5.39	5.21	5.06	4.95	4.85	4.78	4.71	4.60	4.52	4.41	4.33	4.25	4.17	4.12	4.05	4.01	3.96	3.93	3.91
11	4.84	3.98	3.59	3.36	3.20	3.09	3.01	2.95	2.90	2.86	2.82	2.79	2.74	2.70	2.65	2.61	2.57	2.53	2.50	2.47	2.45	2.42	2.41	2.40
	9.65	7.20	6.22	5.67	5.32	5.07	4.88	4.74	4.63	4.54	4.46	4.40	4.29	4.21	4.10	4.02	3.94	3.86	3.80	3.74	3.70	3.66	3.62	3.60
12	4.75	3.88	3.49	3.26	3.11	3.00	2.92	2.85	2.80	2.76	2.72	2.69	2.64	2.60	2.54	2.50	2.46	2.42	2.40	2.36	2.35	2.32	2.31	2.30
	9.33	6.93	5.95	5.41	5.06	4.82	4.65	4.50	4.39	4.30	4.22	4.16	4.05	3.98	3.86	3.78	3.70	3.61	3.56	3.49	3.46	3.41	3.38	3.36
13	4.67	3.80	3.41	3.18	3.02	2.92	2.84	2.77	2.27	2.67	2.63	2.60	2.55	2.51	2.46	2.42	2.38	2.34	2.32	2.28	2.26	1.24	2.22	2.21
	9.07	6.70	5.74	5.20	4.86	4.62	4.44	4.30	4.19	4.10	4.02	3.96	3.85	3.78	3.67	3.59	3.15	3.42	3.37	3.30	3.27	3.21	3.18	3.16
14	4.60	3.74	3.34	3.11	2.96	2.85	2.77	2.70	2.65	2.60	2.56	2.53	2.48	2.44	2.39	2.35	2.31	2.27	2.24	2.21	2.19	2.16	2.14	2.13
	8.86	6.51	5.56	5.03	4.69	4.46	4.28	4.14	4.03	3.94	3.86	3.80	3.70	3.62	3.51	3.43	3.34	3.26	3.21	3.14	3.11	3.06	3.02	3.00
15	4.54	3.68	3.29	3.06	2.90	2.79	2.70	2.64	2.59	2.55	2.51	2.48	2.43	2.39	2.33	2.29	2.25	2.21	2.18	2.15	2.12	2.10	2.08	2.07
	8 068	6.36	5.42	4.89	4.56	4.32	4.14	4.00	3.89	3.80	3.73	3.67	3.56	3.48	3.36	3.29	3.20	3.12	3.07	3.00	2.97	2.92	2.89	2.87
16	4.49	3.63	3.24	3.01	2.85	2.74	2.66	2.59	2.54	2.49	2.45	2.42	2.37	2.33	2.28	2.24	2.20	2.16	2.13	2.09	2.07	2.04	2.02	2.01
	8.53	6.23	5.29	4.77	4.44	4.20	4.03	3.89	3.78	3.69	3.61	3.55	3.45	3.37	3.25	3.18	3.10	3.01	2.96	2.89	2.86	280	2.77	2.75
17	4.45	3.59	3.20	2.96	2.81	2.70	2.62	2.55	2.50	2.45	2.41	2.38	2.33	2.29	2.23	2.19	2.15	2.11	2.08	2.04	2.02	1.99	1.97	1.96
	8.40	6.11	5.18	4.67	4.34	4.10	3.93	3.79	3.68	3.59	3.52	3.45	3.35	3.27	3.16	3.08	3.00	2.92	2.86	2.79	2.76	2.70	2.67	2.65
18	4.41	3.55	3.16	2.93	2.77	2.66	2.58	2.51	2.46	2.41	2.37	2.34	2.29	2.25	2.19	2.15	2.11	2.07	2.04	2.00	1.98	1.95	1.93	1.92
	8.28	6.01	5.09	4.58	4.25	4.01	3.85	3.71	3.60	3.51	3.44	3.37	3.27	3.19	3.07	3.00	2.91	2.83	2.78	2.71	2.68	2.62	2.59	2.57
19	4.38	3.52	3.13	2.90	2.74	2.63	2.55	2.48	2.43	2.38	2.34	2.31	2.26	2.21	2.15	2.11	2.07	2.02	2.00	1.96	1.94	1.91	1.90	1.88
	8.18	5.93	5.01	4.50	4.17	3.94	3.77	3.63	3.52	3.43	3.36	3.30	3.19	3.12	3.00	2.92	2.84	2.76	2.70	2.63	2.60	2.54	2.51	2.49

分母自由度

续表

ν_2 \ ν_1	分子自由度																							
	1	2	3	4	5	6	7	8	9	10	11	12	14	16	20	24	30	40	50	75	100	200	500	∞
20	4.35	3.49	3.10	2.87	2.71	2.60	2.52	2.45	2.40	2.35	2.31	2.28	2.23	2.18	2.12	2.08	2.04	1.99	1.96	1.92	1.90	1.87	1.85	1.84
	8.10	5.85	4.94	4.43	4.10	3.87	3.71	3.56	3.45	3.37	3.30	3.23	3.13	3.05	2.94	2.86	2.77	2.69	2.63	2.56	2.53	2.47	2.44	2.42
21	4.32	3.47	3.07	2.84	2.68	2.57	2.49	2.42	2.37	2.32	2.23	2.25	2.20	2.15	2.09	2.05	2.00	1.96	1.93	1.89	1.87	1.84	1.82	1.81
	8.02	5.78	4.87	4.37	4.04	3.81	3.65	3.51	3.40	3.31	3.24	3.17	3.07	2.99	2.88	2.80	2.72	2.63	2.58	2.51	2.47	2.42	2.38	2.36
22	4.30	3.44	3.05	2.82	2.66	2.55	2.47	2.40	2.35	2.30	2.26	2.23	2.18	2.13	2.07	2.03	1.98	1.93	1.91	1.87	1.84	1.81	1.80	1.78
	7.94	5.72	4.82	4.31	3.99	3.76	3.59	3.45	3.35	3.26	3.18	3.12	3.02	2.94	2.83	2.75	2.67	2.58	2.53	2.46	2.42	2.37	2.33	2.31
23	4.28	3.42	3.03	2.80	2.64	2.53	2.45	2.38	2.32	2.28	2.24	2.20	2.14	2.10	2.04	2.00	1.96	1.91	1.88	1.84	1.82	1.79	1.77	1.76
	7.88	5.66	4.76	4.26	3.94	3.71	3.54	3.41	3.30	3.21	3.14	3.07	2.97	2.89	2.78	2.79	2.62	2.53	2.48	2.41	2.37	2.32	2.28	2.26
24	4.26	3.40	3.01	2.78	2.62	2.51	2.43	2.36	2.30	2.26	2.22	2.18	2.13	2.09	2.02	1.98	1.94	1.89	1.86	1.82	1.80	1.76	1.74	1.73
分	7.82	5.61	4.72	4.22	3.90	3.67	3.50	3.36	3.25	3.17	3.09	3.05	2.93	2.85	2.74	2.66	2.58	2.49	2.44	2.36	2.33	2.27	2.23	2.21
母 25	4.24	3.38	2.99	2.76	2.60	2.49	2.41	2.32	2.28	2.24	2.20	2.16	2.11	2.06	2.00	1.96	1.92	1.87	1.84	1.80	1.77	1.74	1.72	1.71
自	7.77	5.57	4.68	4.18	3.86	3.63	3.46	3.34	3.21	3.13	3.05	2.99	2.89	2.81	2.70	2.62	2.54	2.45	2.40	2.32	2.29	2.23	2.19	2.17
由 26	4.22	3.37	2.98	2.74	2.59	2.47	2.39	2.32	2.27	2.22	2.18	2.15	2.10	2.05	1.99	1.95	1.90	1.85	1.82	1.78	1.76	1.72	1.70	1.69
度	7.72	5.53	4.64	4.14	3.82	3.59	3.42	3.29	3.17	3.09	3.02	2.96	2.86	2.77	2.66	2.58	2.50	2.41	2.36	2.28	2.25	2.19	2.15	2.13
27	4.21	3.35	2.96	2.73	2.57	2.46	2.37	2.30	2.25	2.20	2.16	2.13	2.08	2.03	1.97	1.93	1.88	1.84	1.80	1.76	1.74	1.71	1.68	1.67
	7.68	5.49	4.60	4.11	3.79	3.56	3.39	3.26	3.14	3.06	2.98	2.93	2.83	2.74	2.63	2.55	2.47	2.38	2.33	2.25	2.21	2.16	2.12	2.10
28	4.20	3.34	2.95	2.71	2.56	2.44	2.36	2.29	2.24	2.19	2.15	2.12	2.06	2.02	1.96	1.91	1.87	1.81	1.78	1.75	1.72	1.69	1.67	1.65
	7.64	5.45	4.57	4.07	3.76	3.53	3.36	3.23	3.11	3.03	2.95	2.90	2.80	2.71	2.60	2.52	2.44	2.35	2.30	2.22	2.18	2.13	2.09	2.06
29	4.18	3.33	2.93	2.70	2.54	2.43	2.35	2.28	2.22	2.18	2.14	2.10	2.05	2.00	1.94	1.90	1.85	1.80	1.77	1.73	1.71	1.68	1.65	1.64
	7.60	5.42	4.54	4.04	3.73	3.50	3.33	3.20	3.08	3.00	2.92	2.87	2.77	2.68	2.57	2.49	2.41	2.32	2.27	2.19	2.15	2.10	2.06	2.03
30	4.17	3.32	2.92	2.69	2.53	2.42	2.34	2.27	2.21	2.16	2.12	2.09	2.04	1.99	1.93	1.89	1.84	1.79	1.76	1.72	1.69	1.66	1.64	1.62
	7.56	5.39	4.51	4.02	3.70	3.47	3.30	3.17	3.06	2.98	2.90	2.84	2.74	2.66	2.55	2.47	2.38	2.29	2.24	2.16	2.13	2.07	2.03	2.01

续表

ν_2 \ ν_1 分子自由度	1	2	3	4	5	6	7	8	9	10	11	12	14	16	20	24	30	40	50	75	100	200	500	∞
32	4.15	3.30	2.90	2.67	2.51	2.40	2.32	2.25	2.19	2.14	2.10	2.07	2.02	1.97	1.91	1.86	1.82	1.76	1.74	1.69	1.67	1.64	1.61	1.59
	7.50	5.34	4.46	3.97	3.66	3.42	3.25	3.12	3.01	2.94	2.86	2.80	2.70	2.62	2.51	2.42	2.34	2.25	2.20	2.12	2.08	2.02	1.98	1.96
34	4.13	3.28	2.88	2.65	2.49	2.38	3.30	2.23	2.17	2.12	2.08	2.50	2.00	1.95	1.89	1.84	1.80	1.74	1.71	1.67	1.64	1.61	1.59	1.57
	7.44	5.29	4.42	3.93	6.61	3.38	3.21	3.08	2.97	2.89	2.82	2.76	2.66	2.58	2.47	2.38	2.30	2.21	2.15	2.08	2.04	1.98	1.94	1.91
36	4.11	3.26	2.86	2.63	2.48	2.36	2.28	2.21	2.15	2.10	2.06	2.03	1.98	1.93	1.87	1.82	1.78	1.72	1.69	1.65	1.62	1.59	1.56	1.55
	7.39	5.25	4.38	3.89	3.58	3.35	3.18	3.04	2.94	2.86	2.78	2.72	2.62	3.54	2.43	2.35	2.26	2.17	2.12	2.04	2.00	1.94	1.90	1.87
38	4.10	3.25	2.85	2.62	2.46	2.35	2.26	2.19	2.14	2.09	2.05	2.02	1.96	1.92	1.85	1.80	1.76	1.71	1.67	1.63	1.60	1.57	1.54	1.53
	7.35	5.21	4.34	3.86	3.54	3.32	3.15	3.02	2.91	2.82	2.75	2.69	2.59	2.51	2.40	2.32	2.22	2.14	2.08	2.00	1.97	1.90	1.86	1.84
40	4.08	3.23	2.84	2.61	2.45	2.34	2.25	2.18	2.12	2.07	2.04	2.00	1.95	1.90	1.84	1.79	1.74	1.69	1.66	1.61	1.59	1.55	1.53	1.51
	7.31	5.18	4.31	3.83	3.51	3.29	3.12	2.99	2.88	2.80	2.73	2.66	2.56	2.49	2.37	2.29	2.20	2.11	2.05	1.97	1.94	1.88	1.84	1.81
分母自由度 42	4.07	3.22	2.83	2.59	2.44	2.32	2.24	2.17	2.11	2.06	2.02	1.99	1.94	1.89	1.82	1.78	1.73	1.68	1.64	1.60	1.57	1.54	1.51	1.49
	7.72	5.15	4.29	3.80	3.49	3.26	3.10	2.96	2.86	2.77	2.70	2.64	2.54	2.46	2.35	2.26	2.17	2.08	2.02	1.94	1.91	1.85	1.80	1.78
44	4.06	3.21	2.82	2.58	2.43	2.31	2.23	2.16	2.10	2.05	2.01	1.98	1.92	1.88	1.81	1.76	1.72	1.66	1.63	1.58	1.56	1.52	1.50	1.48
	7.24	5.12	4.26	3.78	3.46	3.24	3.07	2.94	2.84	2.75	2.68	2.62	2.52	2.44	2.32	2.24	2.15	2.06	2.00	1.92	1.88	1.82	1.78	1.75
46	4.05	3.20	2.81	2.57	2.42	2.30	2.22	2.14	2.09	2.04	2.00	1.97	1.91	1.87	1.80	1.75	1.71	1.65	1.62	1.57	1.54	1.51	1.48	1.46
	7.21	5.10	4.24	3.76	3.44	3.22	3.05	2.92	2.82	2.73	2.66	2.60	2.50	2.42	2.30	2.22	2.13	2.04	1.98	1.90	1.86	1.80	1.76	1.72
48	4.04	3.19	2.80	2.56	2.41	2.30	2.21	2.14	2.08	2.03	1.99	1.96	1.90	1.86	1.79	1.74	1.70	1.64	1.61	1.56	1.53	1.50	1.47	1.45
	7.19	5.08	4.22	3.74	3.42	3.20	3.04	2.90	2.80	2.71	2.64	2.58	2.48	2.40	2.28	2.20	2.11	2.02	1.99	1.88	1.84	1.78	1.73	1.70
50	4.03	3.18	2.79	2.56	2.40	2.29	2.20	2.13	2.07	2.02	1.98	1.95	1.90	1.85	1.78	1.74	1.69	1.63	1.60	1.55	1.52	1.48	1.46	1.44
	7.17	5.06	4.20	3.72	3.41	3.18	3.02	2.88	2.78	2.70	2.62	2.56	2.46	2.39	2.26	2.18	2.10	2.00	1.94	1.86	1.82	1.76	1.71	1.68
55	4.02	3.17	2.78	2.54	2.38	2.27	2.18	2.11	2.05	2.00	1.97	1.93	1.88	1.83	1.76	1.72	1.67	1.61	1.58	1.52	1.50	1.46	1.43	1.41
	7.12	5.01	4.16	3.68	3.37	3.15	2.98	2.85	2.75	2.66	2.59	2.53	2.43	2.35	2.23	2.15	2.06	1.96	1.90	1.82	1.78	1.71	1.66	1.64

续表

分子自由度 ν_1；分母自由度 ν_2

ν_2 \ ν_1	1	2	3	4	5	6	7	8	9	10	11	12	14	16	20	24	30	40	50	75	100	200	500	∞
60	4.00	3.15	2.76	2.52	2.37	2.25	2.17	2.10	2.04	1.99	1.95	1.92	1.86	1.81	1.75	1.70	1.65	1.59	1.56	1.50	1.48	1.44	1.41	1.39
	7.08	4.98	4.13	3.65	3.34	3.12	2.95	2.82	2.72	2.63	2.56	2.50	2.40	2.32	2.20	2.12	2.03	1.93	1.87	1.79	1.74	1.68	1.63	1.60
65	3.99	3.14	2.75	2.51	2.36	2.24	2.15	2.08	2.02	1.98	1.94	1.90	1.85	1.80	1.73	1.68	1.63	1.57	1.54	1.49	1.46	1.42	1.39	1.37
	7.04	4.95	4.10	3.62	3.31	3.09	2.93	2.79	2.70	2.61	2.54	2.47	2.37	2.30	2.18	2.09	2.00	1.90	1.84	1.76	1.71	1.64	1.60	1.56
70	3.98	3.13	2.74	2.50	2.35	2.23	2.14	2.07	2.01	1.97	1.93	1.89	1.84	1.79	1.72	1.67	1.62	1.56	1.53	1.47	1.45	1.40	1.37	1.35
	7.01	4.92	4.08	3.60	3.29	3.07	2.91	2.77	2.67	2.59	2.51	2.45	2.35	2.28	2.15	2.07	1.98	1.88	1.82	1.74	1.69	1.62	1.56	1.53
80	3.96	3.11	2.72	2.48	2.33	2.21	2.12	2.05	1.99	1.95	1.91	1.88	1.82	1.77	1.70	1.65	1.60	1.54	1.51	1.45	1.42	1.38	1.35	1.32
	6.96	4.88	4.04	3.56	3.25	3.04	2.87	2.74	2.64	2.55	2.48	2.41	2.32	2.24	2.11	2.03	1.94	1.84	1.78	1.70	1.65	1.57	1.52	1.49
100	3.94	3.09	2.70	2.46	2.30	2.19	2.10	2.03	1.97	1.92	1.88	1.85	1.79	1.75	1.68	1.63	1.57	1.51	1.48	1.42	1.39	1.34	1.30	1.28
	6.90	4.82	3.98	3.51	3.20	2.99	2.82	2.69	2.59	2.51	2.43	2.36	2.26	2.19	2.06	1.98	1.89	1.79	1.73	1.64	1.59	1.51	1.46	1.43
125	3.92	3.07	2.68	2.44	2.29	2.17	2.08	2.01	1.95	1.90	1.86	1.83	1.77	1.72	1.65	1.60	1.55	1.49	1.45	1.39	1.36	1.31	1.27	1.25
	6.84	4.78	3.94	3.47	3.17	2.95	2.79	2.65	2.56	2.47	2.40	2.33	2.23	2.15	2.03	1.94	1.85	1.75	1.68	1.59	1.54	1.46	1.40	1.37
150	3.91	3.06	2.67	2.43	2.27	2.16	2.07	2.00	1.94	1.89	1.85	1.82	1.76	1.71	1.64	1.59	1.54	1.47	1.44	1.37	1.34	1.29	1.25	1.22
	6.81	4.75	3.91	3.44	3.14	2.92	2.76	2.62	2.53	2.44	2.37	2.30	2.20	2.12	2.00	1.91	1.83	1.72	1.66	1.56	1.51	1.43	1.37	1.33
200	3.89	3.04	2.65	2.41	2.26	2.14	2.05	1.98	1.92	1.87	1.83	1.80	1.74	1.69	1.62	1.57	1.52	1.45	1.42	1.35	1.32	1.26	1.22	1.19
	6.76	4.71	3.88	3.41	3.11	2.90	2.73	2.60	2.50	2.41	2.34	2.28	2.17	2.09	1.97	1.88	1.79	1.69	1.62	1.53	1.48	1.39	1.33	1.28
400	3.86	3.02	2.62	2.39	2.23	2.12	2.03	1.96	1.90	1.85	1.81	1.78	1.72	1.67	1.60	1.54	1.49	1.42	1.38	1.32	1.28	1.22	1.16	1.13
	6.70	4.66	3.83	3.36	3.06	2.85	2.69	2.55	2.46	2.37	2.29	2.23	2.12	2.04	1.92	1.84	1.74	1.64	1.57	1.47	1.42	1.32	1.24	1.19
1000	3.85	3.00	1.61	2.38	2.22	2.10	2.02	1.95	1.89	1.84	1.80	1.76	1.70	1.65	1.58	1.53	1.47	1.41	1.36	1.30	1.26	1.19	1.13	1.08
	6.66	4.62	3.80	3.34	3.04	2.82	2.66	2.53	2.43	2.34	2.26	2.20	2.09	2.01	1.89	1.81	1.71	1.61	1.54	1.44	1.38	1.28	1.19	1.11
∞	3.84	2.99	2.60	2.37	2.21	2.09	2.01	1.94	1.88	1.83	1.79	1.75	1.67	1.64	1.57	1.52	1.46	1.40	1.35	1.28	1.24	1.17	1.11	1.00
	6.64	4.60	3.78	3.32	3.02	2.80	2.64	2.51	2.41	2.32	2.24	2.18	2.07	1.99	1.87	1.79	1.69	1.59	1.52	1.41	1.36	1.25	1.15	1.00

附表 5　　杜宾－沃森检验上下界表

5% 的上下界

n	$k=2$		$k=3$		$k=4$		$k=5$		$k=6$	
	d_L	d_U	d_L	d_U	d_L	d_U	d_L	d_U	d_L	d_U
15	1.08	1.36	0.95	1.54	0.82	1.75	0.69	1.97	1.56	2.21
16	1.10	1.37	0.98	1.54	0.86	1.73	0.74	1.93	0.62	2.15
17	1.13	1.38	1.02	1.54	0.90	1.71	1.78	1.90	0.67	2.10
18	1.16	1.39	1.05	1.54	0.93	1.69	0.82	1.87	0.71	2.06
19	1.18	1.40	1.08	1.54	0.97	1.68	0.86	1.85	0.75	2.02
20	1.20	1.41	1.10	1.54	1.00	1.68	0.90	1.83	0.79	1.99
21	1.22	1.42	1.13	1.54	1.03	1.67	0.93	1.81	0.83	1.96
22	1.24	1.43	1.15	1.54	1.05	1.66	0.96	1.80	0.86	1.94
23	1.26	1.44	1.17	1.54	1.08	1.66	0.99	1.79	0.90	1.92
24	1.27	1.45	1.19	1.55	1.10	1.66	1.01	1.78	0.93	1.90
25	1.29	1.45	1.21	1.55	1.12	1.66	1.04	1.77	0.95	1.89
26	1.30	1.46	1.22	1.55	1.14	1.65	1.06	1.76	0.98	1.88
27	1.32	1.47	1.24	1.56	1.16	1.65	1.08	1.76	1.01	1.86
28	1.33	1.48	1.26	1.56	1.18	1.65	1.10	1.75	1.03	1.85
29	1.34	1.48	1.27	1.56	1.20	1.65	1.12	1.74	1.05	1.84
30	1.35	1.49	1.28	1.57	1.21	1.65	1.14	1.74	1.07	1.83
31	1.36	1.50	1.30	1.57	1.23	1.65	1.16	1.74	1.09	1.83
32	1.37	1.50	1.31	1.57	1.24	1.65	1.18	1.73	1.11	1.82
33	1.38	1.51	1.32	1.58	1.26	1.65	1.19	1.73	1.13	1.81
34	1.39	1.51	1.33	1.58	1.27	1.65	1.21	1.73	1.15	1.81
35	1.40	1.52	1.34	1.58	1.28	1.65	1.22	1.73	1.16	1.80
36	1.41	1.52	1.35	1.59	1.29	1.65	1.24	1.73	1.18	1.80
37	1.42	1.53	1.36	1.59	1.31	1.66	1.25	1.72	1.19	1.80
38	1.43	1.54	1.37	1.59	1.32	1.66	1.26	1.72	1.21	1.79
39	1.43	1.54	1.38	1.60	1.33	1.66	1.27	1.72	1.22	1.79
40	1.44	1.54	1.39	1.60	1.34	1.66	1.29	1.72	1.23	1.79
45	1.48	1.57	1.43	1.62	1.38	1.67	1.34	1.72	1.29	1.78
50	1.50	1.59	1.46	1.63	1.42	1.67	1.38	1.72	1.34	1.77
55	1.53	1.60	1.49	1.64	1.45	1.68	1.41	1.72	1.38	1.77
60	1.55	1.62	1.51	1.65	1.48	1.69	1.44	1.73	1.41	1.77
65	1.57	1.63	1.54	1.66	1.50	1.70	1.47	1.73	1.44	1.77
70	1.58	1.64	1.55	1.67	1.52	1.70	1.49	1.74	1.46	1.77
75	1.60	1.65	1.57	1.68	1.54	1.71	1.51	1.74	1.49	1.77
80	1.61	1.66	1.59	1.69	1.56	1.72	1.53	1.74	1.51	1.77
85	1.62	1.67	1.60	1.70	1.57	1.72	1.55	1.75	1.52	1.77
90	1.63	1.68	1.61	1.70	1.59	1.73	1.57	1.75	1.54	1.78
95	1.64	1.69	1.62	1.71	1.60	1.73	1.58	1.75	1.56	1.78
100	1.65	1.69	1.63	1.72	1.61	1.74	1.59	1.76	1.57	1.78

注：n 是观察值的数目；k 是解释变量的数目，包括常数项。

续表 1% 的上下界

n	$k=2$		$k=3$		$k=4$		$k=5$		$k=6$	
	d_L	d_U	d_L	d_U	d_L	d_U	d_L	d_U	d_L	d_U
15	0.81	1.07	0.70	1.25	0.59	1.46	0.49	1.70	0.39	1.96
16	0.84	1.09	0.74	1.25	0.63	1.44	0.53	1.66	0.44	1.90
17	0.87	1.10	0.77	1.25	0.67	1.43	0.57	1.63	0.48	1.85
18	0.90	1.12	0.80	1.26	0.71	1.42	0.61	1.60	0.52	1.80
19	0.93	1.13	0.83	1.26	0.74	1.41	0.65	1.58	0.56	1.77
20	0.95	1.15	0.86	1.27	0.77	1.41	0.68	1.57	0.60	1.74
21	0.97	1.16	0.89	1.27	0.80	1.41	0.72	1.55	0.63	1.71
22	1.00	1.17	0.91	1.28	0.83	1.40	0.75	1.54	0.66	1.69
23	1.02	1.19	0.94	1.29	0.86	1.40	0.77	1.53	0.70	1.67
24	1.04	1.20	0.96	1.30	0.88	1.41	0.80	1.53	0.72	1.66
25	1.05	1.21	0.98	1.30	0.90	1.41	0.83	1.52	0.75	1.65
26	1.07	1.22	1.00	1.31	0.93	1.41	0.85	1.52	0.78	1.64
27	1.09	1.23	1.02	1.32	0.95	1.41	0.88	1.51	0.81	1.63
28	1.10	1.24	1.04	1.32	0.97	1.41	0.90	1.51	0.83	1.62
29	1.12	1.25	1.05	1.33	0.99	1.42	0.92	1.51	0.85	1.61
30	1.13	1.26	1.07	1.34	1.01	1.42	0.94	1.51	0.88	1.61
31	1.15	1.27	1.08	1.34	1.02	1.42	0.96	1.51	0.90	1.60
32	1.16	1.28	1.10	1.35	1.04	1.43	0.98	1.51	0.92	1.60
33	1.17	1.29	1.11	1.36	1.05	1.43	1.00	1.51	0.94	1.59
34	1.18	1.30	1.13	1.36	1.07	1.43	1.01	1.51	0.95	1.59
35	1.19	1.31	1.14	1.37	1.08	1.44	1.03	1.51	0.97	1.59
36	1.21	1.32	1.15	1.38	1.10	1.44	1.04	1.51	0.99	1.59
37	1.22	1.32	1.16	1.38	1.11	1.45	1.06	1.51	1.00	1.59
38	1.23	1.33	1.18	1.39	1.12	1.45	1.07	1.52	1.02	1.58
39	1.24	1.34	1.19	1.39	1.14	1.45	1.09	1.52	1.03	1.58
40	1.25	1.34	1.20	1.40	1.15	1.46	1.10	1.52	1.05	1.58
45	1.29	1.38	1.24	1.42	1.20	1.48	1.16	1.53	1.11	1.58
50	1.32	1.40	1.28	1.45	1.24	1.49	1.20	1.54	1.16	1.59
55	1.36	1.43	1.32	1.47	1.28	1.51	1.25	1.55	1.21	1.59
60	1.38	1.45	1.35	1.48	1.32	1.52	1.28	1.56	1.25	1.60
65	1.41	1.47	1.38	1.50	1.35	1.53	1.31	1.57	1.28	1.61
70	1.43	1.49	1.40	1.52	1.37	1.55	1.34	1.58	1.31	1.61
75	1.45	1.50	1.42	1.53	1.39	1.56	1.37	1.59	1.34	1.62
80	1.47	1.52	1.44	1.54	1.42	1.57	1.39	1.60	1.36	1.62
85	1.48	1.53	1.46	1.55	1.43	1.58	1.41	1.60	1.39	1.63
90	1.50	1.54	1.47	1.56	1.45	1.59	1.43	1.61	1.41	1.64
95	1.51	1.55	1.49	1.57	1.47	1.60	1.45	1.62	1.42	1.64
100	1.52	1.56	1.50	1.58	1.48	1.60	1.46	1.63	1.44	1.65

参考书目

1. 高铁梅．计量经济分析方法与建模——EViews 应用及实例．第 2 版．北京:清华大学出版社,2009.
2. 张晓峒．应用数量经济学．北京:机械工业出版社,2009.
3. 孙敬水．计量经济学教程．北京:清华大学出版社,北京交通大学出版社,2005.
4. 于俊年．计量经济学软件——EViews 的使用．第二版．北京:对外经济贸易大学出版社,2012.
5. 林清泉．计量经济学．北京:中国人民大学出版社, 2006.
6. 王文博．计量经济学．西安:西安交通大学出版社, 2004.
7. 高炜宇,谢识予．高等计量经济学．北京:高等教育出版社,2002.
8. 谢识予,朱弘鑫．高等计量经济学．上海:复旦大学出版社, 2005.
9. 潘红宇．时间序列分析．北京:对外经济贸易大学出版社,2006.
10. 张润清,崔和瑞．计量经济学．北京:科学出版社, 2005.
11. 何新华,吴海英,曹永福,刘睿．中国宏观经济季度模型 China_QEM. 北京:社会科学文献出版社, 2005.
12. 陈鹤琴．经济计量学．北京:中国商业出版社, 1989.
13. 唐国兴．计量经济学——理论方法和应用．上海:复旦大学出版社,1989.
14. 贺坚,蔡世雅,李惠芬．经济计量学原理与应用．沈阳:辽宁大学出版社,1987.
15. 张保法．经济计量学．郑州:河南人民出版社,1989.
16. 李子奈．计量经济学——方法和应用．北京:清华大学出版社,1992.
17. 李卓立．实用经济计量学．北京:清华大学出版社,1987.
18. 金光熙,曾宪龄．经济计量模型——原理、方法、应用．沈阳:东北工学院出版社,1990.
19. 张明星．经济计量学．长沙:中南工业大学出版社, 1991.
20. 刘振亚．计量经济学教程．北京:中国人民大学出版社, 1997.
21. Robert S. Pindyck, Daniel L. Rubinfeld. Econometric Models and Economic Forecasts. 英文版第 4 版．中译本．北京:机械工业出版社,1999.
22. 乌家培,张守一．中国宏观经济模型研究．合肥:安徽人民出版社,1986.
23. J. Johnston. 经济计量学方法．林少宫,等,译．北京:中国展望出版社,1989.
24. 多恩布什,费希尔．宏观经济学．北京:中国人民大学出版社,1997.
25. 乔治 . G. 贾奇,等．经济计量理论与实践引论．周逸江,赵文奇,译．北京:中国统计出版社, 1993.
26. 王慧炯,李泊溪,李善同．中国实用宏观经济模型 1999. 北京:中国财政经济出版社,1999.
27. 王萼芳．高等代数．上海:上海科学技术出版社,1981.
28. 王铭文．概率论与数理统计．沈阳:辽宁人民出版社,1983.